Der Koran

Übersetzung von
Adel Theodor Khoury

Unter Mitwirkung von
Muhammad Salim Abdullah

Mit einem Geleitwort von
Inamullah Khan
Generalsekretär des
Islamischen Weltkongresses

D1731623

Gütersloher Verlagshaus

Bibliografische Information der Deutschen Nationalbibliothek

Die Deutsche Nationalbibliothek verzeichnet diese Publikation in der Deutschen Nationalbibliografie; detaillierte bibliografische Daten sind im Internet über http://dnb.d-nb.de abrufbar.

5. Auflage, 2011
Copyright © 1987 by Gütersloher Verlagshaus, Gütersloh,
in der Verlagsgruppe Random House GmbH, München

Umschlaggestaltung: Init GmbH, Bielefeld
Satz: SatzWeise, Föhren
Druck und Einband: GGP Media GmbH, Pößneck
Printed in Germany
ISBN 978-3-579-08024-6

www.gtvh.de

MOTAMAR AL-ALAM AL-ISLAMI
—WORLD MUSLIM CONGRESS—
P.O. Box 5030, Karachi-2 ☐ 224, Sharafabad, Karachi-0511

Zum Geleit

Unter allen offenbarten Büchern der Welt ist es der Koran, der ein vollständiges Modell des menschlichen Lebens enthält. Seine moralischen und geistlichen Lehren sind auf das Ziel und den Zweck ausgerichtet, Muslime oder Gläubige (Mu'min) zu schaffen und eine tugendhafte Gesellschaft, die islamische Umma, zu bilden. Gleichwohl gibt es viele koranische Anordnungen, die mit den Worten beginnen: »O ihr Menschen«, Worten, die an die Menschheit allgemein gerichtet sind. Der Koran lehrt den Menschen und im Besonderen den Muslim, wie er seine Pflichten erfüllen soll und seine Verantwortung als beachtetes Mitglied der Gesellschaft zu tragen hat. Ich bin froh, dass die Deutsche Sektion des Islamischen Weltkongresses in Zusammenarbeit mit dem Christlich-Islamischen Institut das lobenswerte Werk der Übersetzung des Heiligen Korans unternommen hat. Ihre Veröffentlichung als solche wird nicht nur die heranwachsenden Muslime in Deutschland befähigen, die Lehren des Heiligen Korans besser zu verstehen, sondern sie wird auch helfen, den Inhalt dieses göttlichen Buches der Rechtleitung allen deutschsprachigen Menschen sowohl in Europa als auch in anderen Teilen der Welt zugänglich zu machen.

Der Heilige Koran ist zugleich eine Abhandlung über hohe Moral, ein Buch, das zu edlen Werten führt, und ein vollständiges System bzw. Modell des praktischen Gesetzes (sharīᶜa). Ein durchschnittlicher Leser des Heiligen Korans mag denken, dass er Richtlinien gibt in Bezug auf Fasten, Pflichtgebet, gesetzliche Abgabe oder Wallfahrt. Aber ein tieferes Studium kann einen erfahrenen Leser erleuchten über verschiedene tiefe Themen wie das letzte Selbst, die Aspekte der Wirklichkeit, die Überlegenheit des Menschen über die Natur und sein Streben, sein eigenes Schicksal zu gestalten. Der Heilige Koran enthält zugleich eine Auseinandersetzung mit Theorien über Raum, Zeit, Sinn der Wahrnehmung und anbrechende Evolution. Was die modernen Wissenschaftler stolz macht auf ihre empirische Haltung, ist schon längst erwähnt worden im Heiligen Koran, welcher eine Hauptquelle der Erkenntnis ist.

Wir Muslime besitzen die Kenntnis und halten am Glauben fest, dass der Koran immer schon im Himmel existiert hat, in schriftlicher Form und in Arabisch. So steht der Koran im Herzen des islamischen Lebens und Denkens, und die islamische Kultur, die vom Koran abgeleitet ist, ist ausgefüllt mit der Beschreibung zahlreicher wissenschaftlicher Phänomene, welche meist mit den heutigen wissenschaftlichen Ideen konkurrieren können, und dies trotz der Tatsache, dass der Koran vor 1400 Jahren offenbart wurde. Beispiele solcher wissenschaftlicher Ideen erscheinen im Koran auf dem Gebiet der Astronomie, des Tierreiches, der menschlichen Fortpflanzung und der Schöpfung. Der Koran ist voller Überlegungen über die Himmel; und, abgesehen von den Versen, die besonders die Schöpfung beschreiben, gibt es im Koran ungefähr vierzig andere Verse, die über die Astronomie Auskunft geben. Die Muslime haben nur eine schwache Anerkennung ihres Beitrags zur Psychologie erfahren, der vom Koran, dem größten Buch über Psychologie zur Erforschung des menschlichen Verhaltens, abgeleitet ist.

Es ist die Pflicht eines jeden Muslims, Mann, Frau oder Kind, den Koran zu lesen und seinen besten Fähigkeiten entsprechend zu verstehen. Der Koran muss nicht nur mit Hilfe der Augen, der Stimme und der Zunge gelesen werden, sondern auch, indem wir dieses innere »Licht des Herzens« einschalten, das für unsere intellektuelle Ausstrahlung zu sorgen vermag. Sollte irgendeiner von uns durch sein Studium oder seine Betrachtung des Korans nur eine schwache Erkenntnis oder nur ein dürftiges Verständnis von ihm erhalten, so ist es unsere Pflicht, anderen unser Wissen weiterzugeben, sie wenn möglich zu unterrichten und mit ihnen die Erfahrungen zu teilen, die sich aus der Berührung mit der geistlichen Welt ergeben. Wie voller sind dann unsere Freude und das Erlebnis des Wunders, wenn der Koran unsere geistlichen Augen öffnet! Kein Wunder, dass die Muslime die Notwendigkeit verspürt haben, ihn zu übersetzen, was dazu führte, ihn in über hundert Sprachen zu übertragen.

Der Koran befiehlt der islamischen Gemeinschaft, das Wissen zu erwerben, damit sie sowohl die sich entwickelnden Sitten besser versteht als auch die Art und Weise besser erfasst, wie sie sich nach seinem Willen in dieser diesseitigen Welt verhalten soll. Diesem besonderen Befehl des Korans folgend, waren die früheren Muslime fähig, einen substanziellen Beitrag zum vorhandenen Wissensstand zu leisten. Es ist eine der ernst zu nehmenden Tatsachen der heutigen Zeit, dass es den alten Normen nicht gelungen ist, unsere Jugend zu halten und zu überzeugen. Und wir stehen vor einer neuen Ära der Unwissenheit.

Jeder Mensch ist durch seine Vorurteile und Traditionen und sein Milieu, derer er sich unbewusst bleibt, bestimmt. Und es gibt noch weitere Faktoren, die ihn vorbelasten und daran hindern, die Kulturen, die nicht seine eigenen sind, und die Normen, die ihm fremd sind, wahrzunehmen. Die Weltgemeinschaft sowohl auf der kulturellen wie auch auf der physischen Ebene kann nicht ohne Wandel das Denken pflegen; und der Mensch als Wesen, das in die Geschichte eingetaucht ist, ist am meisten dem Wandel unterworfen. Große Kunstwerke wurden zu verschiedenen Zeiten verschieden verstanden, und unsere Antworten auf

Situationen fallen in verschiedenen Abschnitten unseres Lebens unterschiedlich aus. Unser Ziel sollte es sein zu sehen, was der Koran dem Menschen in seiner heutigen Lage sagt und wie der moderne Mensch sich dem Heiligen Buch nähern soll, um fähig zu sein, das zu begreifen, was es sagt.

Der Koran ist das Wort Gottes. Er ist offenbart worden, um den Menschen an den Pakt zu erinnern, der mit Gott am Tag der Schöpfung geschlossen wurde. Darum muss der Mensch den Sinn des Wortes Gottes feststellen, weil Worte, die ihres Sinnes entleert sind, keine Kommunikation herstellen können. Das Gleiche ist wahr in Bezug auf die Übersetzung des Korans, der das göttliche Buch ist, den Menschen offenbart als (ewige) Rechtleitung sowohl für das Diesseits als auch für das Jenseits. Der Koran wurde offenbart in erhabenem Arabisch; durch seine großartige Diktion und seinen Stil behält er die Reinheit seines göttlichen Ursprungs. Um den Koran in der richtigen Perspektive zu verstehen und aufzunehmen, müssen wir Muslime von neuem noch mehr Anstrengungen unternehmen.

Karatschi (Pakistan), den 4. Juni 1987
7 Shawwal, 1407

Dr. Inamullah Khan

Generalsekretär des Islamischen Weltkongresses
Präsident der Weltkonferenz der Religionen für den Frieden (WCRP)
Träger des Niwano-Friedenspreises 1987

Vorwort

Die Anwesenheit von Millionen Muslimen in den europäischen Ländern hat nicht nur Schwellenängste oder gar feindselige Haltungen aufkommen lassen. Bei vielen Christen ist vielmehr auch ein verstärktes Interesse für den Islam und die Probleme der muslimischen Minderheit erwacht. Immer mehr Menschen suchen aufrichtig die Begegnung mit den Anhängern des Islams, erklären sich mit ihnen solidarisch und haben damit begonnen, sich mit dem Koran zu beschäftigen. Das geschieht auf nahezu allen Ebenen: im Kindergarten, in der Schule, in der Nachbarschaft, in den Betrieben und Krankenhäusern, in gemeinsamen Gesprächen in den Kirchengemeinden und vereinzelt auch bereits in den Moscheen.

Bei den bisher gebräuchlichen deutschen Ausgaben des Korans vermissen die Muslime oft ein ausreichendes Einfühlungsvermögen in ihr Denken. Sie werfen ihnen vor, zumeist ihrem Koranverständnis nicht zu entsprechen. Auch wird von den christlichen Gesprächspartnern an die Muslime immer dringender die Frage nach einer »authentischen« deutschsprachigen Version des Korans herangetragen, zumal bekannt ist, dass im englisch- und französischsprachigen Raum derartige von den islamischen Weltorganisationen anerkannte Übersetzungen seit Jahren angeboten werden.

Die vorliegende Übersetzung will all diesen Anliegen Rechnung tragen. Da sie sich so eng wie möglich an das arabische Original hält und dort, wo mehrere Deutungen möglich sind, der islamischen Tradition den Vorzug einräumt, vermag sie den deutschen Muslimen ein höchstmögliches Maß an Textsicherheit zu geben. Das ist umso höher einzuschätzen, als man in Zukunft im Umfeld der gesellschaftlichen Integration und des religiösen Dialogs mit einer größer werdenden Zahl deutschsprachiger Muslime rechnen muss.

Die weiteren Möglichkeiten, den koranischen Text zu deuten,

werden in den knappen Anmerkungen erwähnt. Wer ausführlichere Angaben sucht, der möge sich des mehrbändigen wissenschaftlichen Kommentars von A. Th. Khoury, in dem der arabische Originaltext des Korans neben der Übersetzung wiedergegeben wird, bedienen, der ebenfalls im Gütersloher Verlagshaus erschienen ist.

Ein Register, bezogen auf die wichtigsten Namen und Begriffe, will den fruchtbaren Umgang mit dem Koran erleichtern. Die Liste der in den Anmerkungen herangezogenen Bibelstellen aus dem Alten und dem Neuen Testament soll den Lesern helfen, über die gemeinsamen Grundlagen der drei monotheistischen Religionen, Judentum, Christentum und Islam, nachzudenken.

Um diese Ausgabe noch nützlicher zu machen, wird im Anhang eine Textauswahl aus dem Ḥadīth, der Urkunde der islamischen Tradition, veröffentlicht. Bei der Auswahl dieser Texte stand die Bemühung im Vordergrund, hier vor allem die religiösen, dem geistlichen Leben der Gläubigen förderlichen Aussprüche und Handlungen des Propheten Muḥammad wiederzugeben.

Zur Bedeutung der verschiedenen Zeichen im Text des Korans möge der Leser die technischen Hinweise beachten, die nach der Einleitung abgedruckt sind.

Denjenigen, die zur Korrektur mancher Stelle in dieser durchgesehenen Auflage beigetragen haben, sei hier ausdrücklich gedankt. Allen Menschen guten Willens, die sich für Verständigung, Versöhnung und Solidarität unter den Religionsgemeinschaften und Völkern einsetzen, sei diese Arbeit gewidmet.

Adel Theodor Khoury und *Muhammad Salim Abdullah*

Inhalt

Zum Geleit   V

Vorwort   IX

Der Koran. Gottes Wort im Leben der Gemeinde
Muhammad Salim Abdullah   XVII

Hinweise für den Leser XXXIX

Umschrift und Lautwerte arabischer Buchstaben   XL

DIE SUREN DES KORANS

Sure 1: Die Eröffnung (al-Fātiḥa), zu Mekka, 7 Verse .   1
Sure 2: Die Kuh (al-Baqara), zu Medina, 286 Verse . .   2
Sure 3: Die Sippe ʿImrāns (Āl ʿImrān), zu Medina,
        200 Verse   38
Sure 4: Die Frauen (al-Nisāʾ), zu Medina, 176 Verse . .   58
Sure 5: Der Tisch (al-Māʾida), zu Medina, 120 Verse . .   79
Sure 6: Das Vieh (al-Anʿām), zu Mekka, 165 Verse . .   95
Sure 7: Der Bergkamm (al-Aʿrāf), zu Mekka, 206 Verse.   113
Sure 8: Die Beute (al-Anfāl), zu Medina, 75 Verse . . .   133
Sure 9: Die Umkehr (al-Tauba), zu Medina, 129 Verse .   141
Sure 10: Jonas (Yūnus), zu Mekka, 109 Verse   156
Sure 11: Hūd, zu Mekka, 123 Verse   166
Sure 12: Josef (Yūsuf), zu Mekka, 111 Verse   177
Sure 13: Der Donner (al-Raʿd), zu Medina, 43 Verse . .   187
Sure 14: Abraham (Ibrāhīm), zu Mekka, 52 Verse   192
Sure 15: Ḥidjr (al-Ḥidjr), zu Medina, 99 Verse   197
Sure 16: Die Bienen (al-Naḥl), zu Mekka, 128 Verse . .   201

Sure 17: Die Nachtreise (al-Isrāʾ), zu Mekka, 111 Verse . 212

Sure 18: Die Höhle (al-Kahf), zu Mekka, 110 Verse . . . 221

Sure 19: Maria (Maryam), zu Mekka, 98 Verse 231

Sure 20: Ṭā Hā, zu Mekka, 135 Verse 237

Sure 21: Die Propheten (al-Anbiyāʾ), zu Mekka,
112 Verse 245

Sure 22: Die Wallfahrt (al-Ḥadjj), zu Medina, 78 Verse . 252

Sure 23: Die Gläubigen (al-Muʾminūn), zu Mekka,
118 Verse 260

Sure 24: Das Licht (al-Nūr), zu Medina, 64 Verse 266

Sure 25: Die Unterscheidungsnorm (al-Furqān),
zu Mekka, 77 Verse 273

Sure 26: Die Dichter (al-Shuʿarāʾ), zu Mekka, 227 Verse . 279

Sure 27: Die Ameisen (al-Naml), zu Mekka, 93 Verse . . 287

Sure 28: Die Geschichte (al-Qaṣaṣ), zu Mekka, 88 Verse . 294

Sure 29: Die Spinne (al-ʿAnkabūt), zu Mekka, 69 Verse . 302

Sure 30: Die Byzantiner (al-Rūm), zu Mekka, 60 Verse . 308

Sure 31: Luqmān, zu Mekka, 34 Verse 313

Sure 32: Die Anbetung (al-Sadjda), zu Mekka, 30 Verse . 316

Sure 33: Die Parteien (al-Aḥzāb), zu Medina, 73 Verse . 319

Sure 34: Sabaʾ, zu Mekka, 54 Verse 327

Sure 35: Schöpfer (Fāṭir), zu Mekka, 45 Vers 332

Sure 36: Yā Sīn, zu Mekka, 83 Verse 336

Sure 37: Die sich reihen (al-Ṣāffāt), zu Mekka, 182 Verse 341

Sure 38: Ṣād, zu Mekka, 88 Verse 347

Sure 39: Die Scharen (al-Zumar), zu Mekka, 75 Verse . 352

Sure 40: Der vergibt (Ghāfir), zu Mekka, 85 Verse . . . 359

Sure 41: Im Einzelnen dargelegt (Fuṣṣilat), zu Mekka,
54 Verse 366

Sure 42: Die Beratung (al-Shūrā), zu Mekka, 53 Verse . 371

Sure 43: Der Prunk (al-Zukhruf), zu Mekka, 89 Verse . . 376

Sure 44: Der Rauch (al-Dukhān), zu Mekka, 59 Verse . . 381

Sure 45: Die auf den Knien sitzt (al-Djāthiya),
zu Mekka, 37 Verse 384

Sure 46: Die Dünen (al-Aḥqāf), zu Mekka, 35 Verse . . 387

Sure 47: Muḥammad, zu Medina, 38 Verse 391

Sure 48: Der Erfolg (al-Fatḥ), zu Medina, 29 Verse . . . 394
Sure 49: Die Gemächer (al-Ḥudjurāt), zu Medina,
18 Verse 398
Sure 50: Qāf, zu Mekka, 45 Verse 400
Sure 51: Die aufwirbeln (al-Dhāriyāt), zu Mekka,
60 Verse 403
Sure 52: Der Berg (al-Ṭūr), zu Mekka, 49 Verse 406
Sure 53: Der Stern (al-Nadjm), zu Mekka, 62 Verse . . . 408
Sure 54: Der Mond (al-Qamar), zu Mekka, 55 Verse . 411
Sure 55: Der Erbarmer (al-Raḥmān),
zu Mekka/Medina, 78 Verse 414
Sure 56: Die eintreffen wird (al-Wāqiʿa), zu Mekka,
96 Verse 417
Sure 57: Das Eisen (al-Ḥadīd), zu Medina, 29 Verse . . . 420
Sure 58: Der Streit (al-Mudjādala), zu Medina, 22 Verse . 423
Sure 59: Die Versammlung (al-Ḥashr), zu Medina,
24 Verse 426
Sure 60: Die Prüfung (al-Mumtaḥina), zu Medina,
13 Verse 429
Sure 61: Die Reihe (al-Ṣaff), zu Medina, 14 Verse 431
Sure 62: Der Freitag (al-Djumuʿa), zu Medina, 11 Verse . 433
Sure 63: Die Heuchler (al-Munafiqūn), zu Medina,
11 Verse 434
Sure 64: Die Übervorteilung (al-Taghābun),
zu Medina, 18 Verse 435
Sure 65: Die Entlassung (al-Ṭalāq), zu Medina, 12 Verse . 437
Sure 66: Das Verbot (al-Taḥrīm), zu Medina, 12 Verse . 439
Sure 67: Die Königsherrschaft (al-Mulk), zu Mekka,
30 Verse 441
Sure 68: Das Schreibrohr (al-Qalam), zu Mekka, 52 Verse 443
Sure 69: Die fällig wird (al-Ḥāqqa), zu Mekka, 52 Verse . 445
Sure 70: Die Himmelsleiter (al-Maʿāridj), zu Mekka,
44 Verse 447
Sure 71: Noach (Nūḥ), zu Mekka, 28 Verse 449
Sure 72: Die Djinn (al-Djinn), zu Mekka, 28 Verse . . . 450

Sure 73: Der sich eingehüllt hat (al-Muzzammil),
zu Mekka, 20 Verse   452
Sure 74: Der sich zugedeckt hat (al-Muddaththir),
zu Mekka, 56 Verse   454
Sure 75: Die Auferstehung (al-Qiyāma), zu Mekka,
40 Verse   456
Sure 76: Der Mensch (al-Insān), zu Medina, 31 Verse . .   457
Sure 77: Die gesandt werden (al-Mursalāt), zu Mekka,
50 Verse   459
Sure 78: Der Bericht (al-Nabaʾ), zu Mekka, 40 Verse . .   461
Sure 79: Die entreißen (al-Nāziʿāt), zu Mekka, 46 Verse .   462
Sure 80: Er runzelte die Stirn (ʿAbasa), zu Mekka,
42 Verse   464
Sure 81: Das Umwinden (al-Takwīr), zu Mekka, 29 Verse   465
Sure 82: Zerbrechen (al-Infiṭār), zu Mekka, 19 Verse . .   466
Sure 83: Die das Maß verkürzen (al-Muṭaffifīn),
zu Mekka, 36 Verse   467
Sure 84: Sich spalten (al-Inshiqāq), zu Mekka, 25 Verse .   468
Sure 85: Die Sternzeichen (al-Burūdj), zu Mekka,
22 Verse   469
Sure 86: Der Nachtstern (al-Ṭāriq), zu Mekka, 17 Verse .   470
Sure 87: Der Allerhöchste (al-Aʿlā), zu Mekka, 19 Verse .   471
Sure 88: Die bedecken wird (al-Ghāshiya), zu Mekka,
26 Verse   472
Sure 89: Die Morgenröte (al-Fadjr), zu Mekka, 30 Verse .   473
Sure 90: Das Gebiet (al-Balad), zu Mekka, 20 Verse . . .   474
Sure 91: Die Sonne (al-Shams), zu Mekka, 15 Verse . .   475
Sure 92: Die Nacht (al-Layl), zu Mekka, 21 Verse   476
Sure 93: Der Morgen (al-Ḍuhā), zu Mekka, 11 Verse . .   477
Sure 94: Das Weiten (al-Sharḥ), zu Mekka, 8 Verse . . .   477
Sure 95: Der Feigenbaum (al-Tīn), zu Mekka, 8 Verse   .   478
Sure 96: Der Embryo (al-ʿAlaq), zu Mekka, 19 Verse . .   478
Sure 97: Die Bestimmung (al-Qadr), zu Mekka, 5 Verse .   479
Sure 98: Das deutliche Zeichen (al-Bayyina), zu Medina   480
Sure 99: Das Beben (al-Zalzala), zu Medina, 8 Verse . .   481
Sure 100: Die laufen (al-ʿĀdiyāt), zu Mekka, 11 Verse . .   481

Sure 101: Die Katastrophe (al-Qāriʿa), zu Mekka, 11 Verse 482

Sure 102: Wettstreit um noch mehr (al-Takāthur),
zu Mekka, 8 Verse 482

Sure 103: Der Nachmittag (al-ʿAṣr), zu Mekka, 3 Verse . 483

Sure 104: Der Stichler (al-Humaza), zu Mekka, 9 Verse . 483

Sure 105: Der Elefant (al-Fīl), zu Mekka, 5 Verse 484

Sure 106: Quraysh, zu Mekka, 4 Verse 484

Sure 107: Die Hilfeleistung (al-Māʿūn), zu Mekka, 7 Verse 485

Sure 108: Die Fülle (al-Kauthar), zu Mekka, 3 Verse . . . 485

Sure 109: Die Ungläubigen (al-Kāfirūn), zu Mekka, 6 Verse 486

Sure 110: Die Unterstützung (al-Naṣr), zu Medina, 3 Verse 486

Sure 111: Der Palmenfaser (al-Masad), zu Mekka, 5 Verse 487

Sure 112: Der aufrichtige Glaube (al-Ikhlāṣ), zu Mekka,
4 Verse 487

Sure 113: Das Frühlicht (al-Falaq), zu Mekka, 5 Verse . . 488

Sure 114: Die Menschen (al-Nās), zu Mekka, 6 Verse . . 488

ANHANG

Texte aus der Tradition (Ḥadīth) zu Themen des Korans . 489

Einleitung: Sunna und Ḥadīth 490

Texte zu einigen Koranstellen 495

Gott: Erhabenheit, Vorsehung, Huld, Barmherzigkeit, Vergebung, Menschenfreundlichkeit und
Liebe 499

Muḥammad: Vergebung, Fürsprache 505

Das Gute/Das Böse, Gebote/Verbote, das Rechte/
das Verwerfliche 509

Diesseits/Jenseits 516

Islam/Religion, Reinigungsriten, Gebet, Fasten . . . 519

Tugenden: Dankbarkeit, Geduld, Bewährung in der
Prüfung 525

Familie, Verwandte, Pietät 530

Keuschheit, Unzucht, Ehebruch 533

Gerechtigkeit 535

Wahrhaftigkeit, Lüge, Heuchelei 536

Ehe, Ehepartner 537

Brüderlichkeit, Hilfsbereitschaft, Liebe 540

Regierungsverantwortung 547

Gesetzliche Strafen: Diebstahl, Unzucht, Ehebruch . 547

Tod und Gericht, Vergeltung, Paradies/Hölle 550

Namen- und Sachregister zum Koran 559

Bibelstellenregister 579

Muhammad Salim Abdullah

Der Koran
Gottes Wort im Leben der Gemeinde

»Im Namen Gottes, des Erbarmers, des Barmherzigen.
Wir haben ihn *(den Koran)* in der Nacht der Bestimmung hinab-
gesandt. Woher sollst du wissen, was die Nacht der Bestimmung
ist? Die Nacht der Bestimmung ist besser als tausend Monate.
Die Engel und der Geist kommen in ihr mit der Erlaubnis ihres
Herrn herab mit jedem Anliegen. (Voller) Frieden ist sie bis zum
Aufgang der Morgenröte.«

Mit diesen Worten berichtet die 97. Sure des Korans (1–5) von
der ersten Offenbarung, die Muhammad im Alter von vierzig
Jahren, am 27. Ramadāntage des Jahres 610 n. Chr. (jul. Zeitrechnung) empfing und durch die er nach islamischem Glauben
zum »khātam al-nabiyyīn«, zum »Siegel der Propheten« (Sure
33,40), berufen wurde.

Bei dem Wort »Koran«, arabisch Qur'ān, handelt es sich um ein
Lehnwort aus dem Aramäischen mit der Bedeutung: Lesung,
Vortrag, von qara'a = lesen, rezitieren. Von den Muslimen wird
der Koran häufig schlicht als »Das Buch« (al-kitāb) bezeichnet,
das die Gesamtheit der göttlichen Botschaften enthält, die der
Prophet im Laufe von zwei Jahrzehnten empfing, wie sie in dem
vor Anbeginn der Welt geschaffenen Urbild, der »Mutter des Buches« (umm al-kitāb), verzeichnet stehen. Im Koran selbst heißt
es dazu: »Nein, es ist ein glorreicher Koran auf einer wohlverwahrten Tafel« (85,21–22); und: »Er ist aufgezeichnet in der Urnorm des Buches bei Uns, erhaben und weise« (43,4). Der Koran
ist also das Wort Gottes, und der Gläubige leitet ein Zitat aus ihm
daher folgerichtig stets ein mit der Formel: qāla llāh (Gott hat
gesagt).

Zwar bekennen sich heute nahezu 1,2 Milliarden Menschen zu
den Lehren des Islams, und kein anderes Buch wird bis in unsere

Tage gleich viel gelesen, zitiert und memoriert oder hat in gleichem Maße das Leben des Einzelnen, der Familie und der Gesellschaft so sehr geprägt wie der Koran, dennoch ist das Urteil der nichtislamischen Welt über ihn geteilt. Schon Goethe schrieb in seinem Westöstlichen Diwan: »Grenzenlose Tautologien und Wiederholungen bilden den Körper dieses heiligen Buches, das uns, sooft wir auch darangehen, immer von neuem anwidert, dann aber anzieht, in Erstaunen setzt und am Ende Verehrung abnötigt.« Der Stil des Korans sei seinem Inhalt und Zweck gemäß streng, groß, furchtbar, stellenweise wahrhaft erhaben: »So treibt ein Keil den anderen, und darf sich über die große Wirksamkeit des Buches niemand verwundern. Weshalb es denn auch von den echten Verehrern für unerschaffen und ›mit Gott gleich ewig‹ erklärt wurde.«

Das schönste Urteil über die heilige Schrift des Islams hat Emile Dermenghem in seinem Buch *Mohammed* (Reinbek 1960) gefällt. Er schreibt: »Das heilige Buch des Islams kann nicht als ein literarisches Werk, dessen Verfasser Mohammad wäre, aufgefasst werden. Sein Wert und auch seine Schönheit gehen über das Literarische hinaus und spiegeln seinen Ursprung und die ihm zugesprochene Natur wider. Die erschöpfende Wirksamkeit eines Kunstwerkes, und eben dieses im Besonderen, ist das Ergebnis eines engen Verkehrs des ausstrahlenden und des empfangenden Geistes. Der Koran ist ein ›inspiriertes‹ Buch schon deshalb, weil er nicht allein die Frucht der bewusst denkenden Vernunft ist, und weil das Bewusstsein dessen, der ihn in klar erkennbaren Trancezuständen verkündete, ohne vielleicht die unbewussten Tiefen seiner Persönlichkeit immer zu verlassen, offenbar in eine Wirklichkeit eingetaucht war, welche die Welt des Scheins überragt.« Andererseits zwinge die Tatsache, dass der Koran als ungeschaffenes Wort betrachtet werde, das man im Gebet rezitiert, also dazu diene, zum Ewigen zu gelangen (vgl. Koran 5,35), dieses Buch anders als wie irgendeine Dichtung zu behandeln. Dermenghem: »Ohne festen Plan, explosiv, in Verbindung mit zufälligen Umständen entstanden, nicht widerspruchslos – so steht dieses lebenskräftige, dynamische Buch vor uns.«

1. Die Stellung des Korans in der Gemeinde

Der Koran vermittelt ein das ganze Leben des Menschen umfassendes und bestimmendes Gefüge religiöser Traditionen, gesellschaftlicher Ordnungen und politischer Bindungen. Er ist für die Muslime die Urnorm des Gesetzes, die primäre Wirklichkeit des Islams. Er ist nicht nur die Verdichtung aller Lehren des Propheten, aus der ein breiter Strom von Traditionen gespeist wird, sondern vor allem die letztgültige Autorität, das Wort Gottes durch den Mund des Propheten, das den Islam begründet. Der Koran ist zwar eine verbalinspirierte Offenbarungsurkunde, also Wort für Wort an Muhammad diktiert, aber seine Autorität beruht nicht in erster Linie auf dieser Überlieferungsweise, sondern liegt eine Schicht tiefer. Für den Muslim ist der Koran, wie bereits erwähnt, das Abbild einer ewigen, übergeschichtlichen Urschrift der Offenbarung, die bei Gott aufbewahrt wird. Das wird aus folgenden Abschnitten des ehrwürdigen Buches deutlich:

- »Beim deutlichen Buch! Wir haben es in einer gesegneten Nacht hinabgesandt – Wir haben ja (die Menschen) immer wieder gewarnt –, in der jede weise Angelegenheit einzeln entschieden wird als eine Angelegenheit von unserer Seite – ja, Wir haben immer wieder (Warner) gesandt ...« (al-Dukhān 44,2–5).
- »Wir, ja Wir haben die Ermahnung hinabgesandt, und Wir werden sie gewiss bewahren« (al-Ḥidjr 15,9).
- »Betrachten sie denn nicht sorgfältig den Koran? Wenn er von einem anderen als Gott wäre, würden sie in ihm viel Widerspruch finden« (al-Nisāʾ 4,82).
- »Dies ist das Buch, an ihm ist kein Zweifel möglich ...« (al-Baqara 2,2).
- »Sprich: Wenn die Menschen und die Djinn zusammenkämen, um etwas beizubringen, was diesem Koran gleich wäre, sie brächten nicht seinesgleichen bei, auch wenn sie einander helfen würden. Und Wir haben den Menschen in diesem Koran verschiedene Gleichnisse dargelegt. Doch bestehen die meisten Menschen auf dem Unglauben« (al-Isrāʾ 17,88–89).

So warnt der Koran auch eindringlich vor leichtfertigen Ausdeutungen seiner Verse, etwa in der Sure Āl ʿImrān (3,7): »Er ist es, der das Buch auf dich herabgesandt hat. In ihm gibt es eindeutig festgelegte Zeichen – sie sind die Urnorm des Buches – und andere, mehrdeutige. Diejenigen, in deren Herzen Abweichen von der Wahrheit steckt, folgen dem, was in ihm mehrdeutig ist, im Trachten danach, (die Menschen) zu verführen, und im Trachten danach, es (eigener) Deutung zu unterziehen. Um seine Deutung aber weiß niemand außer Gott. Und diejenigen, die im Wissen fest gegründet sind, sagen: ›Wir glauben; das eine und das andere ist von unserem Herrn.‹ Jedoch bedenken (es) nur die Einsichtigen.«

Der Muslim versucht also, sein heiliges Buch auf eine andere Weise zu verstehen, nämlich in laut vorgetragener Rezitation. Er macht sich den Koran innerlich zu eigen. Folglich benutzt er auch im profanen Leben koranische Formulierungen und eignet sich eine koranische Denkweise an, die sein Weltbild prägt. Daher ist die heilige Schrift des Islams kein abstraktes Buch, das als Objekt für sich besteht. Der Koran existiert als Anrede, die Antwort erwartet, die den Hörer mit einbezieht. *Islam* heißt ja auch unter anderem Hingabe, und *Muslim* der sich Hingebende. Der Koran schafft sich also eine Gruppe von Nachfolgern, die islamische Gemeinde. Sie – die Muslime – leben in und nach ihm, und er – der Koran – lebt umgekehrt in, mit und unter der Rezitation und Antwort des Glaubens weiter. Der »Christus des Islams« ist also der Koran und nicht der Prophet, durch dessen Mund er offenbart wurde. Im Christentum wurde das Wort Fleisch, im Islam zum Buchstaben, zu einem Buch, dem Koran.

In seinem *Buch der Ewigkeit* singt der 1938 verstorbene muslimische Dichter Sir Muḥammad Iqbal:

Willst du ein Herz als rechter Moslem haben,
Blick auf dein Innres und in den Koran!
In seinen Versen hundert neue Welten
Jahrhunderte in seinem Wort enthalten.
Der Welten eine reicht für unsere Ära;

Es fasst sie, wessen Herz den Sinn erfasst.
Ein Gläubiger ist selbst ein Gottesvers,
Er zieht die Welten an so wie ein Kleid.
Wenn eine Welt in seiner Brust veraltet,
Ist's der Koran, der eine neu entfaltet!

Er ist, wie Gott, verborgen und doch klar,
Lebendig und beständig, voll Verkündigung.
In ihm liegt das Geschick von West und Osten –
Nun zeige der Gedanken Blitzesschnelle!
Er spricht zum Moslem: Gib die Seele hin!
Was du mehr hast als nötig, gib es hin!
Du schufst ein neu Gesetz und neue Riten!
Betrachte sie im Lichte des Korans!
Erkenn des Lebens Höhen und die Tiefen,
Erkenne die Bestimmung auch des Lebens!

Unsre Versammlung hat nicht Wein noch Schänken,
Die Laute des Korans hat ew'ge Lieder!
Mag unser Schlag auch ohne Wirkung sein –
Im Himmel gibt es tausend gute Spieler!
Das Gottgedenken braucht nicht Nationen,
Und es bedarf der Zeiten nicht, des Raums.

2. Die Entstehungsgeschichte des Korans und die Sicherung des Textes

Wenn man um diese zentrale Bedeutung des Korans für die islamische Gemeinde weiß, wird leicht verständlich, dass die ʿUlamāʾ (Gelehrten) geradezu eifersüchtig über die Reinheit des Textes wachen.

Der Prophet Muhammad selbst lernte alle ihm zukommenden Offenbarungen auswendig und memorierte sie regelmäßig, sodass ihm der Text stets gegenwärtig blieb. Außerdem traf er eine Reihe von Vorkehrungen zur Sicherung und Erhaltung der Texte. Man weiß, dass er eine Anzahl Personen eigens dazu angestellt hatte, um ihnen jede empfangene Offenbarung sofort in die Feder zu diktieren. Fünfzehn Namen von Sekretären des Propheten sind überliefert, darunter auch die späteren Kalifen Abū Bakr, ʿUmar, ʿUthmān und ʿAlī, der Schwiegersohn des Propheten.

Als in der frühislamischen Gemeinde das Verlangen wuchs, die heiligen Texte auswendig zu lernen, bildete Muhammad selbst vier Männer, deren Namen uns mit ʿAbdullāh ibn Masʿūd, Sālim Maulā Abī Ḥudhayfa, Muʿādh ibn Djabal und Ubayy ibn Kaʿb überliefert sind, zu Schriftgelehrten aus und übertrug ihnen die Vermittlung des Korans. ʿAbdullāh, ein Landarbeiter, und Sālim, ein befreiter Sklave, stammten aus Mekka und waren nach Medina ausgewandert. Muʿādh und Ubayy gehörten zu den Notabeln von Medina. Indem Muhammad die ersten Schriftgelehrten des Islams aus verschiedenen Volksschichten berief, schuf er jedermann den ihm gemäßen Zugang zu den Quellen der Schrift.

Neben diesen vier vom Propheten selbst geschulten Koranlehrern oder Schriftgelehrten sind uns die Namen von dreißig männlichen und drei weiblichen Koran-Rezitatoren überliefert, darunter auch der Sekretär des Propheten, Zayd ibn Thābit. Im Jahre 4 nach der Hidjra (626 n. Chr.) sandte Muhammad siebzig seiner Gefährten als Koranlehrer zu verschiedenen arabischen Stämmen. Jeder von ihnen konnte den Koran auswendig rezitieren. Noch zu Lebzeiten des Propheten hatten Tausende von Muslimen auf diese Weise den Koran ihrem Gedächtnis anvertraut.

Der Überlieferung zufolge fielen im Kampf gegen Musaylima, der sich nach dem Tode des Propheten, im Jahre 632, gegen die Gemeinde erhoben hatte, allein 500 von 3000 Koran-Rezitatoren. So beauftragte der Kalif Abū Bakr auf ʿUmars Vorschlag hin den bereits erwähnten Zayd ibn Thābit, alle schriftlich vorhandenen Fragmente (Zettel, Palmblätter, Steine, Knochen, Leder und Holzstücke) zu sammeln, sie durch mündlich verbürgte Überlieferungen der Koran-Rezitatoren zu ergänzen und die Texte dann auf geordnete Blätter (ṣuḥuf) zu übertragen. Nachdem der so entstandene Text von einer Rezitatoren-Kommission überprüft und gebilligt worden war, wurde er zu einem Buch zusammengefasst und im Laufe des Monats Ramaḍān des Jahres 633 n. Chr. von Anfang bis zum Ende in den Gebetsversammlungen der Gemeinde vorgetragen und von dieser schließlich als authentisch anerkannt.

Neben diesem ersten Koran-Exemplar, das schließlich in den Besitz von ʿUmars Tochter, der Prophetenwitwe Ḥafṣa kam, existierten vier andere Rezensionen in den Provinzen. Verfasser dieser Aufzeichnungen waren, neben den bereits erwähnten Schriftgelehrten ʿAbdullāh ibn Masʿūd und Ubayy ibn Kaʿb, der langjährige Diener des Propheten Abū Mūsā ʿAbdullāh al-Ashʿarī und Miqdād ibn ʿAmr, einer der frühesten Anhänger des Islams. Die Aufzeichnungen dieser vier Männer unterschieden sich vom Ḥafṣa-Exemplar, wie wir heute wissen, lediglich in der Anordnung der Suren und in einigen unbedeutenden textlichen Varianten. Es blieb dem Kalifen ʿUthmān vorbehalten, den Text im Jahre 653, also 21 Jahre nach dem Tode des Propheten, zu kanonisieren. Vorlage zu dem so genannten medinischen Musterkodex (al-imām) war der Ḥafṣa-Koran und Vorsitzender der Redaktionskommission wieder Zayd ibn Thābit, der auch die erste Sammlung vorgenommen hatte.

Von diesem Musterkodex wurden sieben Abschriften in die seinerzeitigen Metropolen geschickt, unter anderem nach Mekka, Kūfa, Baṣra und Damaskus, mit der gleichzeitigen Verordnung, dass künftig keinerlei Abweichungen vom Standardtext mehr erlaubt seien, auch wenn es sich nur um die Aussprache der Konsonanten handele. Als Folge wurden alle abweichenden Abschriften vernichtet. Seither gibt es nur noch die so genannte ʿuthmānʼsche Rezension, die auf Zayd ibn Thābit zurückgeht und deren Text noch heute gültig und vorhanden ist.

Der Textsicherung dienten aber auch die sich fünfmal täglich wiederholenden Gebete, während derer der Koran rezitiert wurde, sodann die Rechtsprechung, die auf Texten des Korans basierte. Weiter wurden blindgeborene Kinder angehalten, den Koran auswendig zu lernen, aus der Überlegung heraus, dass ein Blinder, nicht fähig, einer gewöhnlichen Beschäftigung nachzugehen, wohl imstande sei, Wächter des unverfälschten Korantextes zu werden. Sie erhielten für diesen Dienst den Ehrentitel eines »Ḥāfiẓ«, eines »Wächters der Schrift«. Wenn während des Monats Ramaḍān in den Moscheen der gesamten Welt der Koran vorgetragen wird, steht hinter dem Imām in der Regel ein Ḥāfiẓ und wacht über den genauen Vortrag des Vorbeters.

Der britische Orientalist Sir William Muir fasst in seinem Werk *Das Leben Muhammads* seine Betrachtungen über die Authentizität des Korans wie folgt zusammen: »Was wir haben, obschon wahrscheinlich nicht von ihm selbst korrigiert, ist doch sein Eigenes ... Wir dürfen, auf die stärksten Beweise hin, feststellen, dass jeder Spruch des Korans die echte und unverfälschte Fassung von Muhammad selbst ist ... Es besteht andererseits jede Gewähr, innerlich und äußerlich, dass wir den Text besitzen, den Muhammad selbst ausgab und gebrauchte ... und wir glauben, dass der Koran so sicher das Wort Muhammads ist, als die Muslime glauben, dass er das Wort Gottes ist« (S. 28). Und der deutsche Islam- und Koran-Forscher Theodor Nöldeke meint: »Kleine Schreibfehler können vorhanden sein, aber der Koran ʿUthmāns enthält nur echte Bestandteile, obwohl manchmal in sehr merkwürdiger Reihenfolge. Die Bemühungen europäischer Gelehrter, die Existenz späterer Änderungen im Koran zu beweisen, sind gescheitert« (Encyclopaedia Britannica, 9. Ausgabe, unter dem Stichwort »Qurʾān«).

3. Aufbau und Inhalt des Korans

Der Koran ist eingeteilt in 114 Kapitel (Suren), die bis auf die neunte Sure sämtlich mit der Formel: Bismi llāhi r-raḥmāni r-raḥīm (Im Namen Gottes, des Erbarmers, des Barmherzigen) eingeleitet werden. Die Suren umfassen insgesamt 6348 Verse, die man āyāt, d. h. Zeichen, oder āyāt Allāh, d. h. Zeichen Gottes, nennt. Zum Zwecke der Rezitation wurde der Koran überdies in 30 Teile gegliedert, die wiederum für die einzelnen Gebete in Rukūʿ unterteilt sind.

Für den Koran werden auch noch andere Bezeichnungen benutzt, die den Inhalt signalisieren: al-kitāb (das Buch); al-nūr (das Licht); al-hudā (die Rechtleitung); al-dhikr (die Ermahnung, die Erinnerung) und al-furqān (die Unterscheidungsnorm). Der Koran ist die Warnung und das göttliche und göttlich offenbarte Gesetz (al-sharʿ), das dem vernunftbegabten Geschöpf Pflichten auferlegt, die es erfüllen muss (taklīf). Der Koran legt die »arkān al-dīn« (die Grundpflichten des Islams: Glaubenszeugnis, Gebet, Mildtätigkeit, Fasten, Pilgerfahrt) fest, und er ist »al-ṣirāṭ al-mus-taqīm« (der gerade Weg), die Richtschnur zum Heil. Mit jedem Gebet fleht der Muslim Gott um Rechtleitung an: »Führe uns den geraden Weg, den Weg derer, die Du begnadet hast, die nicht dem Zorn verfallen und nicht irregehen« (al-Fātiḥa 1,6–7). Der Inhalt des Korans will daher vornehmlich als Richtschnur, als Weg zum Heil aufgefasst werden, als »Mittel, zu Gott zu gelangen« (al-Māʾida 5,35) als dem eigentlichen Ziel des irdischen Daseins.

Der Koran führt den Menschen durch verschiedene Entwicklungsphasen diesem hohen Ziel entgegen. Zunächst lehrt er den Menschen, zwischen Gut und Böse zu unterscheiden, um ihn zur sittlichen Reife zu führen. Das heilige Buch gibt die Normen an, die nötig sind, um diese Entwicklungsstufe zu erreichen: Der Gläubige soll alle guten Eigenschaften in sich vereinigen.

Er soll nicht nur die Wahrheit lieben, sondern er muss auch wissen, was dazu gehört. So soll er unter anderem friedliebend sein, versöhnungsbereit, verträglich, treu, mäßig, geduldig, mitleidig. Ebenso soll er wissen, dass alle guten Eigenschaften ihren Wert verlieren, wenn sie nicht zur rechten Zeit und am richtigen Ort auf die rechte Art angewandt werden.

Wenn der Mensch diese Stufe der Sittlichkeit erreicht hat, wird er in das geistige Stadium weitergeführt. Das geschieht, indem der Koran ihm eröffnet, dass er für ein höheres Ziel erschaffen ist und dass er auf dieses Ziel ausgerichtet bleiben muss. Der Gläubige lernt, dass Absicht und innere Gesinnung den Wert und die Würde einer Tat bestimmen. Deshalb soll er stets darüber wachen, dass die Absicht, die einer Tat oder einem Werk zugrunde liegt, lauter bleibt. Der Gläubige soll daher in jeder Situation seines Lebens um Gottes willen handeln.

Die Haltung, die der Muslim gegenüber dem Nächsten einnimmt, ist in jeder der aufgeführten Entwicklungsphasen anders. Am Anfang handelt der Mensch nach dem Naturgesetz: Er erweist dem Nächsten Gutes und erwartet, dass der andere seine Güte mit Dankbarkeit beantwortet. Der reifere Gläubige tut Gutes, ohne zu erwarten, dass seine Tat mit Güte erwidert wird, hört aber auf, Gutes zu tun, wenn der andere seinem Tun Böses entgegensetzt. In einem noch höheren Entwicklungsstadium ist der Gläubige gut zu seinem Nächsten, selbst wenn ihm mit Bösem vergolten wird.

Der Koran drückt dies so aus: »Gott gebietet, Gerechtigkeit (ʿadl) zu üben, Gutes zu tun *(iḥsān)* und die Verwandten zu beschenken *(ītāʾ dhī l-qurbā)* (al-Naḥl 16,90).

Das Wort ʿadl bedeutet: Gutes gegen Gutes; iḥsān ist: Gutes tun, ohne dass der andere etwas zurückerstattet; ītāʾ dhī l-qurbā aber bedeutet: das Geben wie an Verwandte – wie Eltern ihren Kindern etwas geben.

Der Gläubige muss über der Vergeltung (Böses mit Bösem) stehen. Solange er nicht imstande ist, davon abzugehen, wird er noch von natürlichen Trieben beherrscht und ist noch nicht vollkommen in den Zustand »Islam« eingetreten. Der Koran sagt, man müsse dem Übeltäter vergeben können. Daher wird der fortgeschrittene Gläubige weder Vergebung noch Vergeltung dem Drang seiner natürlichen Triebe überlassen. Ihm liegt vielmehr die Besserung des Übeltäters am Herzen. So lesen wir es im Koran: »Eine schlechte Tat soll mit etwas gleich Bösem vergolten werden. Wer aber verzeiht und Besserung schafft, dessen Lohn obliegt Gott. Er liebt ja die nicht, die Unrecht tun« (al-Shūrā 42,40). Der wahrhaft geistliche Mensch soll durch seine Vergebung und Vergeltung nach der Besserung des Übeltäters streben. Für den, der sich auf den Weg der geistlichen Entwicklung begibt, bedeutet Glauben im Anfang einfach annehmen, auf das vertrauen, was man als Wahrheit erkannt hat. In diesem Stadium, auf dieser Entwicklungsstufe gelten für ihn die geistlichen Gesetze (sharīʿa) als Vorschriften, die für die Gesundung von Körper und Geist notwendig sind. Je weiter er nun auf seinem Weg fortschreitet, umso tiefer werden seine Einsichten in die Wahrheit. So wird sein Glaube (īmān) zum Wissen (ʿirfān), und die sharīʿa wird für ihn zur ṭarīqa (zum Lebensweg). Die Weisungen der Religion werden zum Weg, der ans Endziel führt. Diesem Weg folgt er weder aus Furcht vor Strafe, noch weil er auf Belohnung hofft. Zu einem solchen Gläubigen sagt der Koran: Was immer du auch tust, Gott hat dir alles vergeben (vgl. 4,110; 39,53).

In der letzten Entwicklungsphase schließlich erhält der Gläubige die Sicherheit des Glaubens. Sharīʿa wird ḥaqīqa (Wirklichkeit). Er entdeckt, dass alles, was von außen her an ihn herangetragen wurde, nichts anderes als die Stimme seines tiefsten Wesens ist: Er selbst ist also eigentlich der Weg. Sein Wille wird eins mit dem Willen des Schöpfers; was ihm geschenkt wurde, gibt er zurück mit den Worten des Korans: »Mein Gebet und meine Kulthandlung, mein Leben und mein Sterben gehören Gott, dem Herrn der Welten« (al-Anʿām 6,162). Das war von Anfang an auch sein Gelöbnis: Lā ilāha illā llāh. Ich bezeuge, dass niemand der Anbetung würdig ist außer Gott, und dass es keinen Gegenstand der Liebe und des Verlangens gibt außer Gott.

Gewöhnlich wird das Gesetz des Korans in vier Hauptkategorien eingeteilt: 1. die Glaubensüberzeugungen (ʿaqāʾid); 2. die Kultvorschriften (ʿibādāt); 3. die Vorschriften für das Handeln des Menschen in seiner sittlichen Finalität (akhlāq) und 4. die Vorschriften für die zwischenmenschlichen Beziehungen (muʿā-malāt).

Zusammenfassend bleibt hier festzustellen, dass der Koran für den Gläubigen zum einen die Gesamtheit der Wahrheit darstellt, von der er vor Gott und den Menschen Zeugnis ablegen muss – der Muslim ist ja in erster Linie *muʾmin*, d.h. Zeuge Gottes –, und zum anderen das Gesetz für das Leben in der weltlichen Gemeinschaft aufstellt.

Der Schweizer Ernst Zbinden, der an mehreren Koran-Übersetzungen mitgewirkt hat, schreibt über die heilige Schrift: »Das Große am Koran ist die unerhörte Bestimmtheit und Hartnäckigkeit, mit der die Einzigkeit Gottes verkündet wird, ist das Drängen auf ethische Betätigung in der Gemeinde der Gläubigen, ist

das Pochen auf den Ernst des letzten Gerichts: Da findet man
Perlen der religiösen Geistigkeit, getragen von der ursprünglichen Glut des offenbarenden Erlebnisses.«

Abschließen möchte ich mit einem Gedicht auf den Koran aus
der Feder eines europäischen Muslims, des bosnischen Dichters
Musa Casim Catic (1878–1914):

Koran

Himmlisches Buch! Du hast in meinem Herzen
Des Glaubens Flamm' entzündet durch dein Wort –
Durch deinen Garten schlingt sich der Gedanke fort.
Ich pflückt' dein blumig Versspiel, da entwichen
meine Schmerzen.

Und Meere und Erd' im Schein der Himmelskerzen
Bezeugten: Ewig bleibt bestehen Gottes Wort!
Wo sich die Wahrheit deiner Lehr' verströmet, dort
Beugen vor deiner Hoheit sich die Sünderherzen.

Auch dein unwürd'ger Sänger wähnt, der Entrückte,
Dass ihm dein heil'ger Mund durch einen Kuss beglückte!
Des Gottes Mund, aus welchem seine Lehre floss,
Aus dem der Honig seiner Worte sich ergoss,
Im ganzen Weltenall als Fackel tief verehrt,
O ew'ge Wahrheit! Überall als Gottes Wort gelehrt!

4. Schriftverständnis

In der islamischen Theologie ist es schon recht früh zu tief ge-
henden Divergenzen um das rechte Schriftverständnis gekommen. Vor allem ging es dabei um den Fragenkomplex: Ist der
Koran *Gottes Werk,* also von ihm geschaffen, oder *Gottes Wort,*
also ungeschaffen von aller Ewigkeit her, der göttlichen Wesen-
heit immanent gleich den anderen Attributen Gottes?

Um es vorweg zu sagen: Für die Mehrheitstheologie aller Rechtsschulen steht unzweifelhaft fest, dass der Koran eine verbal-,
nicht eine realinspirierte Offenbarungsurkunde ist.

Religionsgeschichtlich betrachtet, wurde der theologische Streit
zwischen zwei Denkrichtungen, den Muʿtaziliten und den
Ashʿariten (von ʿAlī ibn Ismāʿīl al-Ashʿarī, 874–955), ausgetra-
gen. Die muʿtazilitische Schule geht auf die Theologen Wāṣil ibn
ʿAṭāʾ (699–748) und ʿAmr ibn ʿUbayd (699–761) zurück. Die
Muʿtaziliten suchten den Koran rationalistisch zu deuten und
stützten sich dabei vornehmlich auf die Philologie. Sie vertraten
zwar auch einen strengen, die Einheit Gottes absolut betonenden
Monotheismus, aber ebenso den Standpunkt, dass der Koran
Gottes Werk, also realinspiriert, geschaffen sei. Unter ihnen fand
eine Art *islamischer Aufklärung* statt, in deren Mittelpunkt die
Doktrin von der Freiheit und Verantwortlichkeit des Menschen
stand.

Die Muʿtazila setzte sich in der ersten Hälfte des 9. Jahrhunderts
schließlich durch, als die These vom *Geschaffensein des Korans*
zum Staatsdogma erhoben wurde und die Kalifen, wie etwa al-
Muʿtaṣim (833–842), versuchten, diesem Dogma mit den Mitteln
der Inquisition Allgemeingültigkeit zu verschaffen.

Dass die Muʿtazila – ihr letzter großer Theologe war al-Zamakh-
sharī (gestorben 1144) – schließlich scheiterte, ist dem ortho-
doxen Theologen Aḥmad ibn Ḥanbal (780–855) zuzuschreiben,
dem Gründer der ḥanbalitischen Rechtsschule des sunnitischen
Islams. Zwar wird die Lehre der Muʿtazila auch heute von zahlreichen Theologen als möglicher Denkansatz und als Hilfsmittel
vorsichtig angewandt, aber als Denkschule ist sie verschwunden
bzw. als Häresie verpönt.

Die Lehre Ibn Ḥanbals wurde dagegen in der Folgezeit von den
Vertretern der Orthodoxie als unveräußerliches Glaubensgut
dogmatisiert und weitervererbt. Davon zeugt seither jedes Glau-
bensbekenntnis und jede auch nur einigermaßen umfassende
theologische Abhandlung, beginnend mit Ashʿarī bis hin zu
dem großen Reformator Muhammad ʿAbduh (gestorben 1905).
Ashʿarīs Denkschule wählte den *Mittelweg* zwischen dem un-

beugsamen Dogmatismus der einen und der rationalistischen Konzeption der anderen Seite. Seine Theologie – die heute die Mehrheitstheologie darstellt – entschied sich für die zeitlose Existenz des Korans, der, von Menschenmund nachgesprochen, über den Begriffsbereichen von Geschaffen und Ungeschaffen steht. Sie geht vom Prinzip der »gläubigen Aufnahme« aus. Dazu ein typisches ashʿaritisches Glaubenszeugnis aus dem 9. Jahrhundert, das heute noch Gültigkeit besitzt:

Darin heißt es vom Koran als dem ungeschaffenen Wort Gottes, er sei »geschrieben in den Codices, rezitiert mit der Zunge der Menschen und bewahrt in der Brust der Menschen, ohne darin selbst Platz zu nehmen. Tinte, Papier und Schrift sind geschaffen, denn sie sind das Werk von Menschen. Aber das Wort Gottes als solches ist nicht geschaffen. Die Schrift, die Buchstaben, Worte und Verse sind ein Hinweis des Korans, weil die Menschen dieser Hinweise bedürfen. Doch das Wort Gottes selbst beruht in seinem Wesen, und sein Sinngehalt wird nur durch diese Dinge den Menschen verständlich.«

Dass man in jener Zeit jedoch auch schon relativieren konnte, erfuhr die islamische Welt im Jahre 1950, als erstmals eine Bekenntnisschrift aus dem frühen 11. Jahrhundert veröffentlicht wurde. Sie stammt von dem 1013 verstorbenen Theologen al-Bāqillānī. Auch für Bāqillānī ist das Wort Gottes von Ewigkeit existent und somit nicht geschaffen. Aber diese dogmatische Feststellung gilt für ihn nur für den Koran als das eigentliche Wort Gottes, während die den Menschen vorliegende schriftliche oder mündliche Wiedergabe des Korans zeitgebunden und damit der Sphäre des Irdischen zuzuordnen ist. Ihm zufolge gehören die Buchstaben und Laute in den Bereich der menschlichen Textwiedergabe und nicht zum Text selbst. Nicht einmal die Sprache gehöre zum eigentlichen Wort Gottes. Wenn es im Koran etwa heiße, das Wort Gottes sei auf das Herz des Propheten herabgesandt, so sei zunächst festzuhalten, dass der Ausdruck »herabgesandt« nicht räumlich verstanden werden dürfe, sondern im übertragenen Sinn als »mitteilen« zu verstehen sei. Außerdem müsse man unterscheiden zwischen dem, der herabsendet – Gott –, dem, was herabgesandt wurde – das ewige Wort Gottes –, und schließlich dem, womit herabgesandt wurde – die arabische Sprache, »mit der Gabriel den Koran dem Propheten vorgelesen hat, und mit der wir ihn vorlesen werden, bis zum Tag der Auferstehung«.

Mit anderen Worten: Bāqillānī erhebt den eigentlichen Koran zurück in die Transzendenz. Den Menschen ist er nur mittelbar zugänglich und verständlich, nämlich in einer durch die jeweilige Umwelt bedingten sprachlichen Umschreibung.

5. Schriftgebrauch

5.1 Die frühe Dogmatisierung des Korans als ungeschaffenes Wort Gottes hatte unter anderem zur Folge, dass diese erste und wichtigste Erkenntnisquelle islamischen Glaubens sich nahezu vollständig einer *Exegese* entzog. Sie verbot sich gewissermaßen von selbst, ein Umstand, der theologiegeschichtlich umso bedeutsamer wird, wenn man sich einmal das heutige Verständnis von christlicher Exegese und Textkritik vergegenwärtigt.

Die Herausnahme des Korans aus dem theologischen Entwicklungsprozess hat es mit sich gebracht, dass die Sunna und die Institution des Idjmāʿ (Übereinstimmung der Gemeinschaft) schon recht früh in den Mittelpunkt theologischer Bemühungen rückten und damit auch die Entwicklung des islamischen Schriftverständnisses prägten. Auch die zwischen dem 7. und 11. Jahrhundert entstandenen Korankommentare (tafsīr) gehen auf die Auslegungen durch den Propheten selbst zurück, die von den Prophetengefährten und ihren Nachfolgern übermittelt und in der Sunna festgehalten wurden.

Das arabische Wort *Sunna,* gemeinhin mit Tradition übersetzt, heißt soviel wie: gewohnte Handlungsweise, Brauch, der Weg, den man beschreitet, Lebensführung. In der islamischen Terminologie versteht man darunter primär die Handlungsweise, das Vorbild des Propheten, dem der gläubige Muslim nacheifern soll. Über die Verbindlichkeit der Sunna heißt es im Koran:

- »Sprich: Wenn ihr Gott liebt, dann folgt mir, so wird Gott euch lieben und euch eure Sünden vergeben. Und Gott ist voller Vergebung und barmherzig« (3,31).
- »Wer dem Gesandten gehorcht, gehorcht Gott. Und wenn jemand sich abkehrt – siehe, Wir haben dich nicht als Hüter über sie gesandt« (4,80).
- »... Und was der Gesandte euch zukommen lässt, das sollt ihr nehmen. Und was er euch verwehrt, davon sollt ihr euch fernhalten. Und fürchtet Gott. Gott verhängt eine harte Strafe« (59,7).

Dennoch unterscheiden sich Koran und Sunna in ihrer Wertigkeit. Was als Überlieferung von Muhammad her gilt, wurde dem Propheten nicht wie beim Koran Wort für Wort, sondern dem Inhalt nach eingegeben, und es blieb ihm überlassen, die Gedanken so in Worte zu kleiden, wie es seiner Sprachgewohnheit entgegenkam. Die Rezitation des Korans ist, ob der Gläubige den Sinn erfasst oder nicht, ein Stück Ritus. Das ist bei der schriftlich fixierten Sunna, dem Ḥadīth, anders. Er ist eine realinspirierte Urkunde und dient somit lediglich als Hilfsmittel für den Fortschritt im religiösen Leben.

Der Koran ist zudem das Beglaubigungswunder des Propheten. Diese Auszeichnung kommt dem Ḥadīth nicht zu. Der Ḥadīth enthält nicht das Wort Gottes, sondern die von Gott inspirierten Auslegungen des Propheten.

Der *Idjmāʿ* setzt die Tradition und damit auch die Theologie des Ḥadīth fort. Es handelt sich bei ihm um die übereinstimmende Überzeugung der islamischen Gemeinschaft.

Wenn Fragen auftauchen, zu deren Lösung oder Beantwortung weder der Koran noch die Sunna herangezogen werden können, ist der Muslim verpflichtet, sich ein eigenes Urteil anhand von analogen Fällen im Koran bzw. im Ḥadīth zu bilden. Dieses Verfahren nennt man *Idjtihād* (von idjtahada = sich bemühen, sich anstrengen, allen Ernstes nach etwas streben). In der heutigen islamischen Theologie versteht man darunter folgerichtig das Bemühen um die Lösung theologischer Fragen, für die es weder im Koran noch in den Sunnatexten eine unmittelbare Auskunft gibt. Der Oberbegriff für dieses Verfahren, insbesondere bei der Rechtsfindung, ist *Qiyās* (Analogieschluss). Der Qiyās gilt allerdings nicht als unumstößliche Wahrheit. Er wird vielmehr lediglich als mehr oder weniger sichere Meinung, also als Theorie gewertet. Nur dann, wenn die gesamte Gelehrtengemeinschaft, die ʿUlamāʾ, eine bestimmte theologische Frage in völliger Einhelligkeit beantwortet, ist die auf diesem Wege herbeigeführte Entscheidung »unfehlbar richtig«. Diese Entscheidung nennt man dann Idjmāʿ d. h. die Übereinstimmung der islamischen Gemeinschaft, wobei heute die Übereinstimmung der ʿUlamāʾ stellvertretend als Übereinstimmung aller Muslime gewertet und anerkannt wird.

Im Hinblick auf dieses Verfahren hat der Prophet Muhammad einmal gesagt, dass seine Gemeinschaft »nie in einem Irrtum übereinstimmen« werde und dass die Meinungsverschiedenheiten unter den Muslimen »ein Zeichen göttlicher Barmherzigkeit« seien.

5.2 Seit dem Ende des 19. Jahrhunderts bemühten sich islamische Denker um eine Neuinterpretation des Glaubensgutes. Damit einher ging der Versuch, die Religion von allen Formen des Aberglaubens und allen materiellen Beweggründen entspringenden Auswüchsen zu reinigen. Diese Wiederherstellung des reinen Glaubens sollte als das leitende Prinzip in religiösen wie in weltlichen Belangen gelten, für den Einzelnen ebenso wie für die Gesellschaft, für den Staat ebenso wie für die islamische Gemeinschaft. Diese Bewegung wird als *Salafiyya* bezeichnet, abgeleitet von salaf = die Vorgänger im Glauben.

Das grundlegende Postulat dieser Bewegung lautet: Der Islam ist berufen, das Glück des Menschen nicht erst im Jenseits zu verwirklichen, sondern schon auf Erden. Er ist somit berufen, alle wissenschaftlichen oder technischen Entwicklungen mit einzubeziehen. Um dieses Ziel zu erreichen, muss sich der Islam nach Auffassung der Reformisten vom Ballast der im Laufe der Jahrhunderte eingeführten Gebräuche und Einrichtungen befreien, soweit diese nicht ihrem Wesen nach mit den grundlegenden Glaubenssätzen verbunden sind. Zurückgreifend auf die Quellen, muss der Glaube im Hinblick auf die heutigen Probleme neu überdacht werden, d. h., die verschlossene Pforte des *Idjtihād*, der persönlichen Anstrengung, muss auf der Grundlage von Koran und Sunna wieder geöffnet werden, und zwar jenseits der Unterschiede der vier klassischen Rechtsschulen.

In dieser neuen Tradition standen sicherlich schon der Reformator Ibn ʿAbd al-Wahhāb (1720–1792) und Djamāl al-Dīn al-Afghānī (1839–1897). Der eigentliche Gründer der Reformbewegung ist jedoch *Muhammad ʿAbduh* (1848–1905), ein Schüler Afghānīs. Er sollte später »der Reformator des Jahrhunderts« genannt werden.

ʿAbduh, später Shaykh al-Azhar und Großmufti von Ägypten, prägte den heute noch gültigen Lehrsatz, dass eine Rückbesinnung auf den ursprünglichen Islam von einer Neuinterpretation des Glaubenserbes und einer Anpassung an die Gepflogenheiten der modernen Entwicklung abhängig sei. Er lehrte, dass das richtige Verständnis des Korans letztlich vom richtigen Verständnis der Welt abhänge. Wie Djamāl al-Dīn al-Afghānī hatte sich auch Muhammad ʿAbduh intensiv mit westeuropäischer Philosophie und Politik beschäftigt. Der Rationalismus und die Französische Revolution beeindruckten ihn tief. Andererseits sah er mit scharfem Blick die Schwächen der westlichen Kultur. Vom Christentum meinte er, dass es der modernen Vernunftskritik nicht gewachsen sei. So trieb ihn die Erfahrung eines säkularisierten Europas zum väterlichen Islam zurück, dem er freilich sehr kritisch gegenübertrat: Auch der Islam ist krank und muss erneuert werden. Seine Doppeldiagnose der tief sitzenden, aber keineswegs tödlichen Krankheit lautete: Die Tradition von zwölf Jahrhunderten hat den einfachen und kraftvollen Islam des Propheten überwuchert; die positive Beziehung zwischen Offenbarung und Vernunft ist verloren gegangen. ʿAbduhs Rezept: Die Rückkehr zum ursprünglichen Islam – zum Koran – bringt die Lösung für beide Konflikte.

Vor allem ist ʿAbduh davon überzeugt, dass sich Vernunft und Offenbarung im Islam nicht ausschließen, sondern ergänzen. Die geoffenbarte Religion dient der moralischen Entwicklung der Menschheit, während die Wissenschaft alle der Vernunft zugänglichen Bereiche der Welt dirigiert und entwickelt.

Weil Gott selbst nun der Urheber der Vernunft ist, kann sie der Mensch auch völlig frei im Rahmen der geoffenbarten Wahrheit benutzen. Wo ein scheinbarer Widerspruch zwischen Vernunft und Offenbarung entsteht, muss der Mensch zunächst davon ausgehen, dass er einem Missverständnis zum Opfer gefallen ist. Im Zweifelsfall soll ein Konflikt zugunsten der Vernunft entschieden werden.

Diese Theologie signalisierte zweifellos ein neu erwachtes islamisches Selbstbewusstsein, die Zuversicht, die von der Vernunft vorangetriebenen Strömungen der Modernisierung in den Islam voll integrieren zu können. Das Beispiel der Reformtheologie ʿAbduhs zeigt deutlich, dass eine theologische Erneuerung begonnen hat. Und in der Tat ist seinerzeit ein Prozess der Neuinterpretation des Glaubenserbes für eine veränderte Gegenwart und Zukunft in Gang gesetzt worden, wenngleich man natürlich nicht übersehen darf, dass sich diese Entwicklung an der Peripherie des Islams abspielt. Die Gruppe der Reformtheologen ist noch relativ klein; sie wird von der Mehrheit der Muslime und vom religiösen Establishment bislang weder voll akzeptiert noch hinreichend zur Kenntnis genommen. Aber darauf kommt es nach Meinung vieler Beobachter vorläufig auch gar nicht an. Entscheidend ist, dass einige bekennende Muslime, die sich der Zukunft ihres Glaubens fest verpflichtet fühlen, eine Neuinterpretation faktisch in Angriff genommen haben und damit den Beweis erbringen, dass sie im Rahmen des Islams möglich ist. Aber: So unwiderruflich diese Entwicklung auch sein mag, die Interpretationsfrage – sie dürfte der Angelpunkt für die Zukunft der islamischen Ökumene sein – bleibt zunächst ein kritisches Thema, gerade heute, da der Islam politisch erstarkt und mehr und mehr nostalgischen Denkweisen verfällt.

Eine weitere Frage zielt auf die Beziehung zwischen Offenbarung und Geschichte. Ist die koranische Offenbarung so endgültig und verbindlich fixiert, dass sie sich kritiklos und unveränderbar außerhalb der geschichtlichen Entwicklung befindet? In dieser

Frage laufen die Probleme der Koraninterpretation wie der Offenheit gegenüber einer neuen gesellschaftlichen Situation in einem Riesenknoten zusammen. Hier kann man ablesen, wie viel theologischen Spielraum der Islam besitzt, um sich den neuen geschichtlichen Entwicklungen anzupassen, ohne in einen Frontalzusammenstoß mit seinem eigenen Ausgangspunkt – der Absolutheit der göttlichen Offenbarung im Koran – zu geraten. Muhammad ʿAbduh glaubt, die Widersprüche zwischen der religiösen Offenbarung und dem in der Vernunft begründeten Realitätsverständnis der Gegenwart durch eine Rückbesinnung auf den ursprünglichen Islam des Propheten lösen zu können. Diese Hoffnung beruht allerdings zweifellos auf einem aufklärerischen Geschichtsverständnis: Geschichte ist die progressive und kontinuierliche Entwicklung von Ideen. Wenn Muslime heute ihr Handeln verändern und ihren Glauben neu interpretieren, dann geschieht das als Weiterentwicklung desselben ursprünglichen Islams.

Diese und ähnliche – auch weiter gehende – Ansichten wurden seither von einer Reihe von islamischen Denkern vertreten und vertieft. Hier einige Beispiele:

Asaf Fayzee (Indien): »Ich glaube, dass der Koran eine Botschaft Gottes ist. Er ist die Stimme Gottes, wie sie von Muhammad gehört wurde, in der Redeweise Muhammads, der arabischen Sprache. Muhammad gab sie in Muhammads Worten wieder. Ich glaube, dass diese Worte in jedem Zeitalter von neuem interpretiert und neu verstanden werden müssen. Ich glaube, dass es die Pflicht jedes Muslims ist, die Botschaft für sich zu verstehen.«

Hasan Saab (Beirut) versteht die koranische Botschaft als einen »nie endenden Dialog zwischen Gott und Mensch«.

Ibn Milad (Tunis) spricht von einer Wechselwirkung zwischen geoffenbarter Wahrheit und jeweiliger menschlicher Wirklichkeit.

Mohammad Aziz Lahbabi (Marokko) tastet sich in eine ähnliche Richtung vor: »Eine nur abstrakte Wahrheit, die sich nicht auf einen konkreten Kontext bezieht, keine Beziehung zur lebendigen zeitgenössischen Wirklichkeit hat, die ist buchstäblich nicht wahr ...«

Zwei wichtige exegetische Instrumente seien hier noch erwähnt, von denen eines dem Bereich der *Koranselbstinterpretation* zuzuordnen ist, leider aber zu selten herangezogen wird, wenn es um Möglichkeiten einer zeitgemäßen Interpretation der Offenbarung geht, also um ein neues, zeitgemäßes Schriftverständnis. Der Inhalt der islamischen Offenbarungsschrift kann beipielsweise in drei Ebenen eingeordnet werden, die sich sowohl in ihrer Gewichtung unterscheiden, wie sie sich andererseits auch ergänzen. Sie liefern gewissermaßen den Schlüssel zum rechten Koranverständnis und sind auf diese Weise auch ein unverzichtbares Hilfsmittel, um islamische Existenz in einer für den Islam atypischen Umwelt verwirklichen zu können. Diese drei Ebenen sind: (a) die Ebene des Glaubens; (b) die Ebene des Brauchtums und (c) die Ebene des Verfahrens. Die Anwendung ist entweder informatorischer, erneuernder oder kritischer Natur.

Praktisch bedeutet das, dass die Glaubensartikel (Ebene des Glaubens) unveränderbar und ewig gültig sind. Dazu gehören ewige Wahrheiten wie die Einheit Gottes, die göttliche Offenbarung durch den Mund des Propheten, Auferstehung, Jüngstes Gericht, Erlösung, Bestrafung unter anderem. Dieser Teilaspekt des Inhalts der Offenbarung ist informatorischer Natur und kann vom Menschen weder interpretiert noch hinterfragt werden. Das ist beim Brauchtum (Ebene des Brauchtums) anders. So sind beispielsweise Gebet und Fasten ein Brauch, der von Gott festgelegt worden ist. Die Menschen sind angewiesen, ihn einzuhalten. Bräuche sind aber keine offenbarten Wahrheiten, sie sind vielmehr auf Geheiß Gottes eingeführt worden. Dem Brauchtum liegt das Prinzip zugrunde, dass es nur dann eingeführt worden ist oder wird, nachdem Gott den Befehl dazu gegeben hat. Die Ebene des Verfahrens hingegen trifft den »weltlichen Teil« der islamischen Lehre, z.B. den rechtlichen Bereich, den Handel, den gesellschaftlichen Teil des Lebens. Hier gilt die Regel, dass alle Transaktionen frei und erlaubt sind, so nicht ein ausdrückliches Gebot oder Verbot vorliegt.

Als weiteres Hilfsmittel für die historische Exegese bietet sich die

Lebensgeschichte des Propheten an, die durch die Offenbarungen zeitlich gegliedert und bestimmten Lebensdaten und Ereignissen in der Prophetengeschichte zugeordnet werden. Dadurch wird dem Leser ermöglicht, das historische Umfeld kennen zu lernen, in das jeweils offenbart wurde. Von hier aus ist es möglich, zu einem besseren Verständnis des Korans oder bestimmter Teile der Offenbarungsurkunde zu gelangen und damit zu einem veränderten Schriftverständnis.

Wie man auch zu den neuen Ansätzen stehen mag: Sie sind nicht islamfeindlich. Sie bauen im Gegenteil auf ein altes Traditionselement auf. Die islamische Gemeinde ist eben nicht nur Empfänger und Objekt der Offenbarung. Sie ist vielmehr gleichzeitig aufgerufen, das Gotteswort durch die Geschichte zu tragen und es jeweils im Lichte ihrer Erfahrungen und Bedürfnisse neu zu interpretieren.

Soest, im Februar 1987

Literaturangaben

Muhammad Salim Abdullah: Islam. Für das Gespräch mit Christen (GTB 793), Gütersloh 1992.

Hermann Stieglecker: Die Glaubenslehren des Islam, Paderborn 1962, 2. Aufl. 1983.

Mohammad Iqbal: Buch der Ewigkeit (übersetzt von Annemarie Schimmel), München 1957.

Ernst Zbinden: Aus dem Koran. Die Offenbarungen des Propheten Mohammed ibn Abdallah (nach der Übersetzung von Friedrich Rückert), Zürich 1953.

Muslimische Bibliothek: Muhammeds Geburt (Buch 6), Wien 1964.

Hinweise für den Leser

Zur Gestaltung der Rezitation und des frommen Gebrauchs der koranischen Botschaft gliedert sich der Text des Korans in 30 Teile, welche wiederum in je zwei Abschnitte aufgeteilt sind. Insgesamt sind es also 60 Abschnitte.

Teile, Abschnitte und deren Untergliederung (¼, ½ und ¾) werden durch ein fettes Sternchen (*) vor dem jeweiligen Vers angezeigt. Wenn der Beginn dieser Gliederung mit dem Anfang einer Sure zusammenfällt, wird auf das Sternchen verzichtet. Ein dünnes Sternchen (*), hochgesetzt nach einem Wort bzw. am Anfang eines Verses, weist auf den Kurzkommentar in den Anmerkungen hin. Der Kommentar wird dann unter Angabe der betreffenden Verszahl abgedruckt, z. B.: 25: ...

Die Übersetzung ist um größtmögliche Treue zum arabischen Original bemüht. Notwendige Zusätze werden in ( ) gesetzt. Wo Abweichungen vom genauen Wortlaut des Originals unumgänglich sind, um Verwechselungen und Missdeutungen vorzubeugen, wird die genaue Wiedergabe des Originals in den Anmerkungen unter dem Hinweis: *wörtlich* abgedruckt.

Umschrift und Lautwerte arabischer Buchstaben

ʾ	= Explosionslaut – vor jedem anlautenden Vokal gesprochen
th	= stimmloses englisches th (thing)
dj	= stimmhaftes dsch
djj	= Doppel dj
ḥ	= scharfes, ganz hinten in der Kehle gesprochenes h
kh	= ch (wie in: ach)
dh	= stimmhaftes englisches th (the)
z	= französisches z
sh	= sch
ṣ	= dumpfes stimmloses s
ḍ	= dumpfes stimmloses d
ṭ	= dumpfes stimmloses t
ẓ	= dumpfes englisches th (the)
ʿ	= gepresster, in der Kehle gebildeter, stimmhafter Reibelaut
gh	= Gaumen-r
w	= englisches w
y	= englisches y; deutsches j
ā ī, ū	= lange Vokale.

ء	ʾ	ر	r
ب	b	ز	z
ت	t	س	s
ث	th	ش	sh
ج	dj (جّـ، djj)	ص	ṣ
ح	ḥ	ض	ḍ
خ	kh	ط	ṭ
د	d	ظ	ẓ
ذ	dh	ع	ʿ

غ	gh	م	m
ف	f	ن	n
ق	q	هـ	h
ك	k	و	w
ل	l	ي	y

Die Suren des Korans

Die Eröffnung (al-Fātiḥa)

zu Mekka, 7 Verse

1 Im Namen Gottes, des Erbarmers, des Barmherzigen.
2 Lob sei Gott, dem Herrn der Welten*, 3 dem Erbarmer, dem Barmherzigen, 4 der Verfügungsgewalt besitzt über den Tag des Gerichtes! 5 Dir dienen wir, und Dich bitten wir um Hilfe. 6 Führe uns den geraden Weg, 7 den Weg derer, die Du begnadet hast, die nicht dem Zorn verfallen und nicht irregehen.

2:   Oder: der Weltenbewohner

Sure 2

Die Kuh (al-Baqara)

zu Medina, 286 Verse

Teil *Im Namen Gottes, des Erbarmers, des Barmherzigen.
[1] 1 Alif Lām Mīm*. 2 Dies ist das Buch, an ihm ist kein Zweifel möglich, es ist eine Rechtleitung für die Gottesfürchtigen, 3 die an das
Unsichtbare glauben und das Gebet verrichten und von dem, was
Wir ihnen beschert haben, spenden, 4 und die an das glauben,
was zu dir herabgesandt und was vor dir herabgesandt wurde,
und die über das Jenseits Gewissheit hegen. 5 Diese folgen einer
Rechtleitung von ihrem Herrn, und das sind die, denen es wohl
ergeht. 6 Denen, die ungläubig sind, ist es gleich, ob du sie warnst
oder ob du sie nicht warnst; sie glauben nicht. 7 Versiegelt hat
Gott ihre Herzen und ihr Gehör, und über ihrem Augenlicht liegt
eine Hülle. Und bestimmt ist für sie eine gewaltige Pein.

8 Unter den Menschen gibt es welche, die sagen: »Wir glauben an
Gott und an den Jüngsten Tag.« Doch sie sind keine Gläubigen.
9 Sie versuchen, Gott und diejenigen, die glauben, zu betrügen.
Sie betrügen aber (letztlich) nur sich selbst, und sie merken es
nicht. 10 In ihren Herzen ist Krankheit, und Gott hat ihre Krankheit noch vermehrt. Und für sie ist eine schmerzhafte Pein bestimmt dafür, dass sie zu lügen pflegten. 11 Und wenn ihnen gesagt wird: »Stiftet nicht Unheil auf der Erde«, sagen sie: »Wir
schaffen ja nur Ordnung.« 12 Und doch sind eben sie die Unheilstifter, aber sie merken es nicht. 13 Und wenn ihnen gesagt wird:
»Glaubt, wie die (anderen) Menschen glauben«, sagen sie: »Sollen
wir denn glauben, wie die Toren glauben?« Und doch sind eben
sie die Toren, aber sie wissen es nicht. 14 Und wenn sie diejenigen, die glauben, treffen, sagen sie: »Wir glauben.« Und wenn sie
mit ihren teuflischen Anführern allein sind, sagen sie: »Wir stehen
auf eurer Seite; wir treiben ja nur Spott.« 15 Gott ist es, der ihrer

1:    Die Bedeutung dieser arabischen Buchstaben ist noch nicht geklärt.

spottet und sie im Übermaß ihres Frevels verharren lässt, sodass sie blind umherirren. **16** Das sind die, die den Irrtum um die Rechtleitung erkauft haben. Doch bringt ihr Handel keinen Gewinn, noch folgen sie der Rechtleitung. **17** Mit ihnen ist es wie mit dem, der ein Feuer anzündete. Als es erleuchtete, was um ihn herum war, nahm Gott ihnen das Licht hinweg und ließ sie in Finsternissen zurück, sodass sie nicht sehen können. **18** Taub, stumm, blind sind sie: Sie werden nicht umkehren. **19** Oder es ist wie ein heftiger Regen vom Himmel mit Finsternissen und Donner und Blitz. Sie stecken sich die Finger in die Ohren vor den Donnerschlägen aus Angst vor dem Tod. Und Gott umgreift die Ungläubigen. **20** Der Blitz raubt ihnen beinahe das Augenlicht. Sooft er ihnen leuchtet, gehen sie in seinem Licht; lässt er es über ihnen dunkel werden, bleiben sie stehen. Und wenn Gott wollte, würde Er ihr Gehör und ihr Augenlicht fortnehmen. Gott hat Macht zu allen Dingen.

21 O ihr Menschen, dienet eurem Herrn, der euch und die, die vor euch lebten, erschuf, auf dass ihr gottesfürchtig werdet, **22** der euch die Erde zu einer Unterlage und den Himmel zu einem Bau machte, und der vom Himmel Wasser herabkommen ließ und dadurch Früchte als Lebensunterhalt für euch hervorbrachte. So stellt Gott keine anderen als Gegenpart zur Seite, wo ihr (es) doch wisst. **23** Und wenn ihr im Zweifel seid über das, was Wir auf unseren Diener hinabgesandt haben, dann bringt eine Sure gleicher Art bei und ruft eure Zeugen anstelle Gottes an, so ihr die Wahrheit sagt*. **24** Wenn ihr es nicht tut – und ihr werdet es nie tun können –, dann hütet euch vor dem Feuer, dessen Brennstoff Menschen und Steine sind und das für die Ungläubigen bereitet ist. **25** Und verkünde denen, die glauben und die guten Werke tun, dass für sie Gärten bestimmt sind, unter denen Bäche fließen*. Sooft ihnen daraus eine Frucht als Lebensunterhalt beschert wird, sagen sie: »Das ist, was uns vorher beschert wurde«; es wird

---

23:    Zu dieser Herausforderung vgl. 10,38; 11,13; 17,88; 52,34.
25:    Die Gärten werden als Hänge dargestellt.

[1 ¼] ihnen aber nur Ähnliches* gebracht. Und sie haben darin geläuterte Gattinnen. Und sie werden darin ewig weilen. *26 Gott schämt sich nicht, als Gleichnis eine Mücke oder das, was darüber hinausgeht*, zu nehmen. Diejenigen nun, die glauben, wissen, dass es die Wahrheit von ihrem Herrn ist. Diejenigen, die ungläubig sind, sagen: »Was will Gott mit einem solchen Gleichnis?« Er führt damit viele irre und leitet damit viele recht. Und Er führt damit nur die Frevler irre, 27 die den Bund Gottes, nachdem er geschlossen worden ist, brechen und das zerschneiden, was Gott befohlen hat zu verbinden, und die auf der Erde Unheil stiften. Das sind die Verlierer. 28 Wie könnt ihr Gott verleugnen, wo ihr tot waret und Er euch lebendig gemacht hat? Dann lässt Er euch sterben und macht euch wieder lebendig, und dann werdet ihr zu Ihm zurückgebracht. 29 Er ist es, der für euch alles, was auf der Erde ist, erschaffen hat, dann hat Er sich zum Himmel aufgerichtet und ihn zu sieben Himmeln gestaltet. Und Er weiß über alle Dinge Bescheid.

30 Und als* dein Herr zu den Engeln sprach: »Ich werde auf der Erde einen Nachfolger einsetzen.« Sie sagten: »Willst Du auf ihr einen einsetzen, der auf ihr Unheil stiftet und Blut vergießt, während wir dein Lob singen und deine Heiligkeit rühmen?« Er sprach: »Ich weiß, was ihr nicht wisst.« 31 Und Er lehrte Adam alle Dinge samt ihren Namen. Dann führte Er sie den Engeln vor und sprach: »Tut Mir die Namen dieser kund, so ihr die Wahrheit sagt.« 32 Sie sagten: »Preis sei Dir! Wir haben kein Wissen außer dem, was Du uns gelehrt hast. Du bist der, der alles weiß und weise ist.« 33 Er sprach: »O Adam, tu ihnen ihre Namen kund.« Als er ihre Namen kundgetan hatte, sprach Er: »Habe ich euch nicht gesagt: Ich weiß das Unsichtbare der Himmel und der Erde, und Ich weiß,

25: Nur Ähnliches: Die Ähnlichkeit darf nicht über die Andersartigkeit des Paradieses hinwegtäuschen; oder sie ist ein Hinweis auf die gleich bleibende Qualität der Früchte des Paradieses
26: was größer oder kleiner ist als eine Mücke.
30: Und (gedenke) als ...: Zeitsatz, der im Koran häufig in verkürzter Form gebraucht wird.

was ihr offenlegt und was ihr verschweigt?« 34 Und als Wir zu den Engeln sprachen: »Werft euch vor Adam nieder.« Da warfen sie sich nieder, außer Iblīs. Der weigerte sich und verhielt sich hochmütig, und er war einer der Ungläubigen.

35 Und Wir sprachen: »O Adam, bewohne du und deine Gattin das Paradies. Esst reichlich von ihm zu eurem Wohl, wo ihr wollt. Aber nähert euch nicht diesem Baum, sonst gehört ihr zu denen, die Unrecht tun.« 36 Da ließ sie Satan beide vom Paradies* fallen und vertrieb sie vom Ort, wo sie waren. Und Wir sprachen: »Geht hinunter. Die einen von euch sind Feinde der anderen. Ihr habt auf der Erde Aufenthalt und Nutznießung für eine Weile.« 37 Da nahm Adam von seinem Herrn Worte (der Umkehr) entgegen, so wandte Er sich ihm gnädig zu. Er ist der, der sich gnädig zuwendet, der Barmherzige. 38 Wir sprachen: »Geht von ihm alle hinunter. Wenn dann von Mir eine Rechtleitung zu euch kommt, dann haben diejenigen, die meiner Rechtleitung folgen, nichts zu befürchten, und sie werden nicht traurig sein. 39 Diejenigen aber, die nicht glauben und unsere Zeichen für Lüge erklären, das sind die Gefährten des Feuers; sie werden darin ewig weilen.«

40 O ihr Kinder Israels, gedenket meiner Gnade, mit der Ich euch begnadet habe, und erfüllt euren Bund mit Mir, so will Ich meinen Bund mit euch erfüllen. Vor Mir sollt ihr Ehrfurcht haben. 41 Und glaubt an das, was Ich hinabgesandt habe zur Bestätigung dessen, was bei euch ist. Und seid nicht die Ersten, die es verleugnen. Und verkauft nicht meine Zeichen für einen geringen Preis. Mich sollt ihr fürchten. 42 Und verkleidet nicht das Wahre mit dem Falschen, und verschweigt nicht die Wahrheit, wo ihr es doch wisst. *43 Und verrichtet das Gebet und entrichtet die Abgabe, und ver- [1½] neigt euch mit denen, die sich verneigen. 44 Wollt ihr denn den Menschen die Frömmigkeit gebieten und dabei euch selbst vergessen, wo ihr doch das Buch verlest? Habt ihr denn keinen Verstand? 45 Und sucht Hilfe in der Geduld und im Gebet. Und das ist ja schwer, außer für die Demütigen, 46 die damit rechnen, dass

---

36: Wörtlich: von ihm, davon.

sie ihrem Herrn begegnen und dass sie zu Ihm zurückkehren werden.

47 O ihr Kinder Israels, gedenket meiner Gnade, mit der Ich euch begnadet habe, und dass Ich euch vor den Weltenbewohnern bevorzugt habe. **48** Und hütet euch vor einem Tag, an dem keine Seele für eine andere etwas begleichen kann, keine Fürsprache von ihr angenommen und kein Lösegeld von ihr genommen wird, und an dem sie* keine Unterstützung erfahren. **49** Und als Wir euch von den Leuten des Pharao erretteten, die euch schlimme Pein zufügten, indem sie eure Söhne abschlachteten und nur eure Frauen am Leben ließen – darin war für euch eine gewaltige Prüfung von eurem Herrn. **50** Und als Wir euretwegen das Meer spalteten und euch so retteten und die Leute des Pharao ertrinken ließen, während ihr zuschautet. **51** Und als Wir uns mit Mose für vierzig Nächte verabredeten. Dann nahmt ihr euch, nachdem er weggegangen war*, das Kalb und habt so Unrecht getan. **52** Dann verziehen Wir euch nach diesem (Frevel), auf dass ihr dankbar würdet. **53** Und als Wir Mose das Buch und die Unterscheidungsnorm zukommen ließen, auf dass ihr der Rechtleitung folgt. **54** Und als Mose zu seinem Volk sagte: »O mein Volk, ihr habt euch selbst Unrecht getan, indem ihr euch das Kalb genommen habt. Kehrt zu eurem Schöpfer um und tötet einander*. Das ist besser für euch in den Augen eures Schöpfers.« Da wandte Er sich euch wieder gnädig zu. Er ist der, der sich gnädig zuwendet, der Barmherzige. **55** Und als ihr sagtet: »O Mose, wir werden dir nicht glauben, bis wir Gott mit eigenen Augen sehen.« Da ergriff euch der Donnerschlag, während ihr zuschautet. **56** Dann erweckten Wir euch nach eurem Tod, auf dass ihr dankbar würdet. **57** *Und Wir ließen die Wolken euch überschatten und sandten auf euch das Manna und die Wachteln hinunter: »Esst von den köstlichen Dingen, die Wir euch beschert haben.« Und nicht Uns taten sie

48:    die Menschen vor dem Gericht.
51:    Wörtlich: nach ihm.
54:    Vgl. Bibel: Exodus 32,27–29.
57–60: Vgl. 7,160–162.

Unrecht, sondern sich selbst haben sie Unrecht getan. 58 Und als Wir sprachen: »Tretet in diese Stadt ein und esst reichlich davon zu eurem Wohl, wo ihr wollt; und betretet das Tor in der Haltung der Niederwerfung und sagt: Entlastung!*, dann vergeben Wir euch eure Verfehlungen. Und Wir werden den Rechtschaffenen noch mehr geben. 59 Dann vertauschten es diejenigen, die Unrecht taten, mit einem Ausspruch, der anders war als das, was ihnen gesagt worden war*. Da sandten Wir über diejenigen, die Unrecht taten, ein Zorngericht vom Himmel herab dafür, dass sie frevelten.

60 Und als Mose um Wasser für sein Volk bat. Da sprachen Wir: [1 3/4] »Schlag mit deinem Stab auf den Stein.« Da brachen aus ihm zwölf Quellen hervor, sodass jede Menschengruppe wusste, wo ihre Trinkstelle war. – »Esst und trinkt von dem, was Gott beschert hat, und verbreitet nicht Unheil auf der Erde.« 61 Und als ihr sagtet: »O Mose, wir werden es nicht aushalten, nur eine einzige Speise zu haben. So rufe für uns deinen Herrn an, dass Er uns etwas hervorbringe von dem, was die Erde sonst wachsen lässt an Gemüse, Gurken, Knoblauch, Linsen und Zwiebeln.« Er sagte: »Wollt ihr denn das Minderwertige in Tausch gegen das Bessere nehmen? Zieht hinab nach Ägypten. Ihr habt dort, was ihr erbittet.« Und über sie wurden Erniedrigung und Elend gelegt, und sie zogen sich den Zorn Gottes zu. Dies dafür, dass sie immer wieder die Zeichen Gottes verleugneten und die Propheten zu Unrecht töteten*; dies dafür, dass sie ungehorsam waren und immer wieder Übertretungen begingen. 62 Diejenigen, die glauben, und diejenigen, die Juden sind, und die Christen und die Sābier*, all die, die an Gott und den Jüngsten Tag glauben und Gutes tun, erhalten ihren Lohn bei ihrem Herrn, sie haben nichts zu befürchten, und sie werden nicht traurig sein. 63 Und als Wir eure Ver-

---

58: Bitte um Vergebung, um Abladen der Schuld.
59: Oder: mit einem Verhalten, das mit dem Inhalt des Ausspruches nicht übereinstimmt.
61: Oder: Getreide. Vgl. Bibel: Exodus 16,1–3; Numeri 11,5.
61: Vgl. Evangelium: Matthäus 23,37; Lukas 13,34.
62: Wahrscheinlich eine Täufergemeinde wie die Mandäer.

pflichtung entgegennahmen und über euch den Berg emporhoben: »Nehmt, was Wir euch zukommen ließen, mit aller Kraft
und gedenket dessen, was darin steht, auf dass ihr gottesfürchtig
seid.« 64 Aber ihr, ihr kehret euch danach ab. Ohne die Huld Gottes gegen euch und seine Barmherzigkeit wäret ihr gewiss unter
den Verlierern. 65 Und ihr wisst um diejenigen von euch, die gegen den Sabbat eine Übertretung begangen haben, worauf Wir zu
ihnen sprachen: »Werdet zu verabscheuten Affen*.« 66 So machten Wir es zu einem abschreckenden Beispiel für die Zeitgenossen
und die Nachfolgenden und zu einer Ermahnung für die Gottesfürchtigen.
67 *Und als Mose zu seinem Volk sagte: »Gott befiehlt euch, eine
Kuh zu schächten.« Sie sagten: »Nimmst du uns zum Gegenstand
des Spottes?« Er sagte: »Ich suche Zuflucht bei Gott davor, dass
ich zu den Törichten gehöre.« 68 Sie sagten: »Rufe für uns deinen
Herrn an, dass Er uns deutlich mache, wie sie sein soll.« Er sagte:
»Er spricht: Es soll eine Kuh sein, die weder alt noch zu jung zum
Kalben ist, eben mittleren Alters dazwischen. Nun tut, was euch
befohlen wird.« 69 Sie sagten: »Rufe für uns deinen Herrn an, dass
Er uns deutlich mache, welcher Farbe sie sein soll.« Er sagte: »Er
spricht: Es soll eine gelbe Kuh sein, deren Farbe intensiv ist und
die den Zuschauern Freude macht.« 70 Sie sagten: »Rufe für uns
deinen Herrn an, dass Er uns deutlich mache, wie sie sein soll,
denn die Kühe kommen uns doch ähnlich vor. Aber wir werden
gewiss, so Gott will, die richtige finden.« 71 Er sagte: »Er spricht:
Es soll eine Kuh sein, die weder zum Pflügen des Ackers noch zum
Bewässern der Felder gezwungen wurde, fehlerfrei und ohne
Farbmischung.« Sie sagten: »Jetzt hast du die Wahrheit gebracht.«
Sie schächteten sie. Doch beinahe hätten sie es nicht getan.
72 *Und als ihr jemanden getötet hattet und über ihn miteinander
Streit bekamt. Aber Gott bringt doch heraus, was ihr verschwiegen
hattet. 73 Da sprachen Wir: »Schlagt ihn mit einem Stück von

65:   Vgl. 7,163.166.
67–71: Vgl. Bibel: Numeri 19,1–10.
72–73: Vgl. Bibel: Deuteronomium 21,1–9.

ihr*.« So macht Gott die Toten wieder lebendig und lässt euch seine Zeichen sehen, auf dass ihr verständig werdet. 74 Nach diesem Geschehen verhärteten sich eure Herzen, sodass sie wie Steine waren oder noch härter. Denn unter den Steinen gibt es welche, aus denen die Bäche hervorbrechen; und es gibt welche, die sich spalten, sodass das Wasser aus ihnen herauskommt; und es gibt welche, die aus Ehrfurcht vor Gott herunterfallen. Und Gott lässt nicht unbeachtet, was ihr tut.

75 Erhofft ihr etwa, dass sie mit euch glauben, wo doch ein Teil von ihnen das Wort Gottes hörte, es aber dann wissentlich entstellte, nachdem er es verstanden hatte? 76 Wenn sie diejenigen, die glauben, treffen, sagen sie: »Wir glauben.« Und wenn sie miteinander allein sind, sagen sie: »Wollt ihr denn mit ihnen über das reden, was Gott euch eröffnet hat, sodass sie damit vor eurem Herrn mit euch streiten? Habt ihr denn keinen Verstand?« 77 Wissen sie denn nicht, dass Gott weiß, was sie geheim halten und was sie offen legen? 78 Unter ihnen gibt es Ungelehrte, die das Buch nicht kennen, sondern nur Wunschvorstellungen heranziehen. Sie stellen ja nur Mutmaßungen an. 79 Aber wehe denen, die das Buch mit ihren Händen schreiben und dann sagen: »Dies ist von Gott her«, um es für einen geringen Preis zu verkaufen! Wehe ihnen wegen dessen, was ihre Hände geschrieben haben, und wehe ihnen wegen dessen, was sie erwerben! 80 Und sie sagen: »Das Feuer wird uns sicher nur für eine Anzahl von Tagen berühren.« Sprich: Habt ihr bei Gott ein (solches) Versprechen erhalten? – dann wird Gott sein Versprechen niemals brechen –, oder sagt ihr über Gott, was ihr nicht wisst? 81 Nein, diejenigen, die eine schlechte Tat erworben haben und die ihre Schuld umfängt, das sind die Gefährten des Feuers; sie werden darin ewig weilen. 82 Und diejenigen, die glauben und die guten Werke tun, das sind die Gefährten des Paradieses; sie werden darin ewig weilen. 83 Und als Wir die Verpflichtung der Kinder Israels entgegennah-

2. Teil
[2]

73:   von der Kuh. Somit wird er wieder zum Leben erweckt, damit er den Namen seines Mörders preisgibt.

79:   D. h.: was sie begehen und zu verantworten haben.

men: »Ihr sollt nur Gott dienen, die Eltern gut behandeln, und auch die Verwandten, die Waisen und die Bedürftigen. Sprecht freundlich zu den Menschen. Verrichtet das Gebet und entrichtet die Abgabe.« Danach habt ihr – bis auf wenige von euch – den Rücken gekehrt und euch abgewandt. 84 Und als Wir eure Verpflichtung entgegennahmen: »Ihr sollt nicht gegenseitig euer Blut vergießen und nicht einander aus euren Wohnstätten vertreiben.« Da habt ihr sie bekräftigt, indem ihr dies bezeugt habt. 85 Dennoch tötet gerade ihr einander und vertreibt einen Teil von euch aus ihren Wohnstätten, indem ihr einander in Schuld und Übertretung gegen sie unterstützt. Und wenn sie als Gefangene zu euch kommen, so löst ihr sie aus. Dabei ist euch doch verboten, sie zu vertreiben. Glaubt ihr denn nur an einen Teil des Buches und verleugnet den anderen? Die Vergeltung für diejenigen unter euch, die dies tun, ist nichts als Schande im diesseitigen Leben, und am Tag der Auferstehung werden sie der härtesten Pein zugeführt werden. Und Gott lässt nicht unbeachtet, was ihr tut. 86 Das sind die, die das diesseitige Leben gegen das Jenseits erkauft haben. So wird ihnen die Pein nicht erleichtert, und sie werden keine Unterstützung erfahren.

87 Und Wir ließen dem Mose das Buch zukommen und nach ihm die Gesandten folgen. Und Wir ließen Jesus, dem Sohn Marias, die deutlichen Zeichen zukommen und stärkten ihn mit dem Geist der Heiligkeit. Wollt ihr euch denn jedes Mal, wenn euch ein Gesandter etwas bringt, was ihr nicht mögt, hochmütig verhalten und einen Teil (von ihnen) der Lüge zeihen und einen (anderen) Teil töten? 88 Und sie sagen: »Unsere Herzen sind unbeschnitten.« Aber nein! Gott hat sie wegen ihres Unglaubens verflucht. Darum sind sie so wenig gläubig. 89 Und als ein Buch* von Gott zu ihnen kam, das bestätigte, was bei ihnen war – zuvor pflegten sie um den Sieg über die zu bitten, die nicht glauben –; als nun zu ihnen kam, was sie kannten, da verleugneten sie es. So komme Gottes Fluch über die Ungläubigen! 90 Schlimm ist das, wofür sie ihre Seelen verkauft haben, dass sie verleugneten, was Gott herab-

89:   Das ist der Koran.

gesandt hat, aus ungerechter Ablehnung, dass Gott etwas von seiner Huld herabsendet, auf wen von seinen Dienern er will. So haben sie sich Zorn über Zorn zugezogen. Und die Ungläubigen erhalten eine schmähliche Pein. 91 Und wenn zu ihnen gesagt wird: »Glaubt an das, was Gott herabgesandt hat«, sagen sie: »Wir glauben an das, was auf uns herabgesandt wurde.« Sie verleugnen aber, was nachher kam, obwohl das die Wahrheit ist, das bestätigt, was bei ihnen ist. Sprich: Warum habt ihr früher die Propheten Gottes getötet, wenn ihr gläubig seid? *92 Und Mose kam doch [2¼] zu euch mit den deutlichen Zeichen. Dann aber nahmt ihr euch, nachdem er weggegangen war*, das Kalb und habt so Unrecht getan. 93 Und als Wir eure Verpflichtung entgegennahmen und den Berg über euch emporhoben: »Nehmt, was Wir euch zukommen ließen, mit aller Kraft und hört darauf.« Sie sagten: »Wir hören, und wir gehorchen nicht.« Und für ihren Unglauben mussten sie das Kalb wie ein Getränk* in ihre Herzen aufnehmen. Sprich: Schlimm ist das, was euer Glaube euch befiehlt, wenn ihr (überhaupt) gläubig seid.

94 Sprich: Wenn die jenseitige Wohnstätte bei Gott euch unter Ausschluss der anderen Menschen zusteht, dann wünscht euch den Tod, so ihr die Wahrheit sagt. 95 Aber niemals werden sie ihn sich wünschen wegen der Werke, die ihre Hände vorausgeschickt haben. Und Gott weiß über die, die Unrecht tun, Bescheid. 96 Und du wirst sicher finden, dass unter den Menschen sie am meisten am Leben hängen – auch mehr als die Polytheisten. Manch einer von ihnen möchte gern tausend Jahre alt werden. Aber das Altwerden wird ihn gewiss nicht von der Pein wegrücken. Und Gott sieht wohl, was sie tun. 97 Sprich: Wenn einer dem Gabriel ein Feind ist – denn er hat ihn* auf dein Herz herabkommen lassen mit der Erlaubnis Gottes als Bestätigung dessen, was vor ihm vorhanden war und als Rechtleitung und Frohbotschaft für die Gläubigen –, 98 wenn einer ein Feind ist Gott und seinen En-

---

92: Wörtlich: nach ihm.
93: Vgl. Bibel: Exodus 32,20; Deuteronomium 9,21.
97: den Koran.

geln und seinen Gesandten, und Gabriel und Michael, dann ist Gott den Ungläubigen ein Feind. 99 Und Wir sandten zu dir gewiss deutliche Zeichen hinab. Nur die Frevler verleugnen sie. 100 Will ein Teil von ihnen denn jedes Mal, wenn sie einen Bund schließen, ihn verwerfen? Nein, die meisten von ihnen glauben nicht. 101 Und als zu ihnen ein Gesandter von Gott her kam, der bestätigte, was bei ihnen war, warf ein Teil derer, denen das Buch zugekommen war, das Buch Gottes hinter seinen Rücken, als ob sie von nichts wüssten.

102 Und sie folgten dem, was die Satane unter der Herrschaft Salomos vortrugen. Aber nicht Salomo war ungläubig, sondern die Satane waren ungläubig; sie lehrten die Menschen die Zauberei und das, was auf die Engel in Babel, Hārūt und Mārūt*, herabgesandt worden war. Diese jedoch lehrten niemanden, ohne zu sagen: »Wir sind nur eine Versuchung, so werde nicht ungläubig.« So lernten sie von ihnen das, womit sie zwischen dem Mann und seiner Frau Zwietracht stifteten. Und sie vermögen niemanden damit zu schädigen, es sei denn mit Gottes Erlaubnis. Und sie lernten, was ihnen schadete und nicht nützte. Und sie wussten, dass derjenige, der dies erkauft, im Jenseits keinen Anteil hat. Schlimm ist das, wofür sie ihre Seele verkauft haben. Wenn sie es doch wüssten! 103 Und wenn sie geglaubt hätten und gottesfürchtig gewesen wären! ... Eine Belohnung von Gott ist doch besser, wenn sie es doch wüssten!

104 O ihr, die ihr glaubt, sagt nicht: »Achte auf uns« (rāʿinā), sondern sagt: »Schau auf uns« (unẓurnā)*. Und hört darauf. Und für die Ungläubigen ist eine schmerzhafte Pein bestimmt. 105 Diejenigen von den Leuten des Buches und von den Polytheisten, die nicht glauben, mögen es nicht gern, dass auf euch etwas Gutes von eurem Herrn herabgesandt wird. Gott aber schenkt seine

---

102: Über diese zwei Engel, die den Dämonen die Zauberkunst beigebracht haben, sind verschiedene Legenden überliefert und divergierende Interpretationen vertreten worden. Eine Variante bezeichnet sie nicht als Engel (malak), sondern als Könige (malik).

104: Der Hintergrund dieser Maßnahme ist unklar; vgl. 4,46.

Barmherzigkeit in besonderer Weise, wem Er will. Und Gott besitzt große Huld. *106 Was Wir auch an Zeichen aufheben oder der [2½] Vergessenheit preisgeben, Wir bringen dafür ein besseres oder ein gleiches. Weißt du denn nicht, dass Gott Macht hat zu allen Dingen? 107 Weißt du denn nicht, dass Gott die Königsherrschaft der Himmel und der Erde hat? Außer Gott habt ihr weder Freund noch Helfer. 108 Oder wollt ihr von eurem Gesandten das Gleiche fordern, was früher von Mose gefordert wurde? Wer den Unglauben gegen den Glauben eintauscht, ist vom rechten Weg abgeirrt. 109 Viele von den Leuten des Buches möchten gerne euch, nachdem ihr gläubig geworden seid, wieder zu Ungläubigen machen, da sie von sich aus Neid empfinden, nachdem ihnen die Wahrheit deutlich wurde. So verzeiht und seid nachsichtig, bis Gott mit seinem Befehl eintrifft. Gott hat Macht zu allen Dingen. 110 Verrichtet das Gebet und entrichtet die Abgabe. Und was ihr für euch an Gutem vorausschickt, das werdet ihr bei Gott vorfinden. Gott sieht wohl, was ihr tut.

111 Sie sagen: »Es werden das Paradies nur die betreten, die Juden oder Christen sind.« Das sind ihre Wünsche. Sprich: Bringt her euren Beweis, so ihr die Wahrheit sagt. 112 Nein, wer sich völlig Gott hingibt und dabei rechtschaffen ist, der hat seinen Lohn bei seinem Herrn. Diese haben nichts zu befürchten, und sie werden nicht traurig sein. 113 Die Juden sagen: »Die Christen haben keine Grundlage.« Und die Christen sagen: »Die Juden haben keine Grundlage.« Dabei lesen sie (alle) das Buch. Auch diejenigen, die unwissend sind, äußern sich in der gleichen Weise. Gott wird am Tage der Auferstehung zwischen ihnen über das urteilen, worüber sie uneins waren. 114 Und wer ist ungerechter als der, der verhindert, dass in den Anbetungsstätten Gottes seines Namens gedacht wird, und bestrebt ist, sie zu zerstören? Gerade diese dürfen sie nicht anders als voller Furcht betreten. Bestimmt ist für sie im Diesseits Schande und im Jenseits eine gewaltige Pein.

115 Gottes ist der Osten und der Westen. Wohin ihr euch auch wenden möget, dort ist das Antlitz Gottes. Gott umfasst und weiß alles. 116 Und sie sagen: »Gott hat sich ein Kind genommen.« Preis sei Ihm! Ihm gehört doch, was in den Himmeln und auf der

Erde ist. Alle sind Ihm demütig ergeben. 117 Er ist der Schöpfer
der Himmel und der Erde. Wenn Er eine Sache beschlossen hat,
sagt Er zu ihr nur: Sei!, und sie ist.

118 Diejenigen, die unwissend sind, sagen: »Wenn doch Gott zu
uns spräche oder ein Zeichen zu uns käme!« Auch diejenigen, die
vor ihnen lebten, äußerten sich in der gleichen Weise. Ihre Herzen
sind einander ähnlich. Wir haben die Zeichen deutlich gemacht
für Leute, die Gewissheit hegen. 119 Wir sandten dich mit der
Wahrheit als Freudenboten und Warner. Und du hast dich nicht
für die Gefährten der Hölle zu verantworten. 120 Weder die Juden
noch die Christen werden mit dir zufrieden sein, bis du ihrer Glaubensrichtung folgst. Sprich: Nur die Rechtleitung Gottes ist die
(wahre) Rechtleitung. Und wenn du ihren Neigungen folgst nach
dem, was dir an Wissen zugekommen ist, so wirst du vor Gott weder Freund noch Helfer haben. 121 Diejenigen, denen Wir das
Buch zukommen ließen und die es lesen, wie es richtig gelesen
werden soll, glauben daran. Diejenigen, die nicht daran glauben,
das sind die Verlierer. 122 O ihr Kinder Israels, gedenket meiner
Gnade, mit der Ich euch begnadet habe, und dass Ich euch vor
den Weltenbewohnern bevorzugt habe. 123 Und hütet euch vor
einem Tag, an dem keine Seele für eine andere etwas begleichen
kann, kein Lösegeld von ihr angenommen wird und keine Fürsprache ihr nützt, und an dem sie keine Unterstützung erfahren.

[2 3/4] *124 Und als Abraham von seinem Herrn durch Worte auf die
Probe gestellt wurde* und er sie erfüllte. Er sprach: »Ich mache
dich zum Vorbild für die Menschen.« Er sagte: »Und auch welche
von meiner Nachkommenschaft.« Er sprach: »Mein Bund erstreckt
sich aber nicht auf die, die Unrecht tun.« 125 Und als Wir das
Haus zu einem Versammlungsort für die Menschen und zu einer
sicheren Stätte machten: »Nehmt euch die Stätte Abrahams* zu

124: Inhalt dieser Worte: Gebote und Verbote; Kultriten; Forderungen des
   Glaubens; Zeichen durch die Himmelskörper; oder Befehl an Abraham,
   seinen Sohn zu opfern (vgl. 37,106).
125: der Stein, auf dem Abraham bei der Errichtung der Ka'ba stand, oder das
   gesamte Bethaus, oder die gesamten Wallfahrtsorte.

einem Gebetsort.« Und Wir erlegten Abraham und Ismael auf: »Reinigt mein Haus für diejenigen, die den Umlauf vollziehen und die eine Einkehrzeit einlegen und die sich verneigen und niederwerfen.« 126 Und als Abraham sagte: »Mein Herr, mach dieses zu einem sicheren Gebiet und beschere seinen Bewohnern Früchte, denen von ihnen, die an Gott und den Jüngsten Tag glauben.« Er sprach: »Und wer nicht glaubt, den lasse Ich ein wenig genießen, alsdann zwinge Ich ihn in die Pein des Feuers – welch schlimmes Ende!« 127 Und als Abraham dabei war, vom Haus die Fundamente hochzuziehen, (er) und Ismael. (Sie beteten:) »Unser Herr, nimm es von uns an. Du bist der, der alles hört und weiß. 128 Unser Herr, mache uns beide Dir ergeben und (mache) aus unserer Nachkommenschaft eine Gemeinschaft, die Dir ergeben ist. Und zeige uns unsere Riten*, und wende Dich uns gnädig zu. Du bist der, der sich gnädig zuwendet, der Barmherzige. 129 Unser Herr, lass unter ihnen einen Gesandten aus ihrer Mitte erstehen*, der ihnen deine Zeichen verliest und sie das Buch und die Weisheit lehrt und sie läutert. Du bist der Mächtige, der Weise.« 130 Und wer verschmäht die Glaubensrichtung Abrahams außer dem, der seine Seele geringschätzt? Wir haben ihn ja im Diesseits auserwählt. Und im Jenseits gehört er zu den Rechtschaffenen. 131 Und als sein Herr zu ihm sprach: »Sei (Mir) ergeben.« Er sagte: »Ich ergebe mich dem Herrn der Welten.« 132 Und Abraham hat es seinen Söhnen aufgetragen, er und auch Jakob: »O meine Söhne, Gott hat für euch die (reine) Religion erwählt. So sollt ihr nur als Gottergebene sterben.« 133 Oder wart ihr zugegen, als Jakob im Sterben lag? Als er zu seinen Söhnen sagte: »Wem werdet ihr dienen nach mir?« Sie sagten: »Dienen werden wir deinem Gott und dem Gott deiner Väter Abraham, Ismael und Isaak, dem einzigen Gott. Und wir sind Ihm ergeben.« 134 Das ist eine Gemeinschaft, die

---

128: Das sind wohl die Kulthandlungen, vor allem solche, die mit der Wallfahrt zusammenhängen.

129: Vgl. 2,151; 3,164; 62,2. Der Koran und der Ḥadīth beziehen diese Bitte auf die Sendung Muhammads.

dahingegangen ist. Sie erhält, was sie erworben hat, und ihr erhaltet, was ihr erworben habt. Und ihr habt nicht zu verantworten, was sie zu tun pflegten.

135 Und sie sagen: »Werdet Juden oder Christen, so folgt ihr der Rechtleitung.« Sprich: Nein, (wir folgen) der Glaubensrichtung Abrahams, als Anhänger des reinen Glaubens; und er gehörte nicht zu den Polytheisten. 136 Sprecht: Wir glauben an Gott und an das, was zu uns herabgesandt wurde, und an das, was herabgesandt wurde zu Abraham, Ismael, Isaak, Jakob und den Stämmen, und an das, was Mose und Jesus zugekommen ist, und an das, was den (anderen) Propheten von ihrem Herrn zugekommen ist. Wir machen bei keinem von ihnen einen Unterschied. Und wir sind Ihm ergeben. 137 Wenn sie an das Gleiche glauben, woran ihr glaubt, so folgen sie der Rechtleitung. Wenn sie sich abkehren, so befinden sie sich im Widerstreit. Gott wird dich vor ihnen schützen. Er ist der, der alles hört und weiß. 138 (Nehmt an) das Kennzeichen* Gottes. Und wer hat ein schöneres Kennzeichen als Gott? Ihm (allein) dienen wir. 139 Sprich: Was streitet ihr mit uns über Gott, wo Er unser Herr und euer Herr ist? Wir haben unsere Werke, und ihr habt eure Werke (zu verantworten). Und wir sind zu Ihm aufrichtig. 140 Oder wollt ihr sagen, dass Abraham, Ismael, Isaak, Jakob und die Stämme Juden oder Christen gewesen sind? Sprich: Wisst ihr es besser oder Gott? Wer ist denn ungerechter als der, der ein Zeugnis, das er von Gott hat, verschweigt? Aber Gott lässt nicht unbeachtet, was ihr tut. 141 Das ist eine Gemeinschaft, die dahingegangen ist. Sie erhält, was sie erworben hat, und ihr erhaltet, was ihr erworben habt. Und ihr habt nicht zu verantworten, was sie zu tun pflegten.

[3]   *142 Die Toren unter den Menschen werden sagen: »Was hat sie von ihrer Gebetsrichtung abgebracht, die sie (bisher) eingehalten haben*? Sprich: Gottes ist der Osten und der Westen. Er führt, wen Er will, zu einem geraden Weg. 143 Und so haben Wir euch

---

138: Wörtlich: Salbung, Färbung, Farbzeichen.
142: Nachdem sie in Richtung Jerusalem gebetet hatten, wurde den Muslimen die Gebetsrichtung nach Mekka angeordnet.

zu einer in der Mitte stehenden Gemeinschaft* gemacht, auf dass
ihr Zeugen seid über die Menschen und dass der Gesandte Zeuge
sei über euch. Und Wir haben die Gebetsrichtung, die du eingehalten hast, nur eingesetzt, um zu erfahren, wer dem Gesandten
folgt, (und um ihn zu unterscheiden) von dem, der auf seinen Fersen kehrtmacht. Wahrlich, das ist schwer, außer für die, die Gott
rechtleitet. Nimmer wird Gott es zulassen, dass euer Glaube umsonst gewesen ist. Gott hat Mitleid mit den Menschen und ist
barmherzig. 144 Wir sehen, wie du dein Gesicht zum Himmel hin
und her richtest. So werden Wir dir eine Gebetsrichtung festlegen,
mit der du zufrieden sein wirst. Wende also dein Gesicht in Richtung der heiligen Moschee*. Und wo immer ihr seid, wendet euer
Gesicht in ihre Richtung. Diejenigen, denen das Buch zugekommen ist, wissen bestimmt, dass es die Wahrheit von ihrem Herrn
ist. Gott lässt nicht unbeachtet, was sie tun. 145 Du magst zu denen, denen das Buch zugekommen ist, mit jedem Zeichen kommen, sie werden deiner Gebetsrichtung nicht folgen. Und auch du
wirst ihrer Gebetsrichtung nicht folgen. Keiner von ihnen wird der
Gebetsrichtung der anderen folgen. Und wenn du ihren Neigungen folgst nach dem, was an Wissen zu dir gekommen ist, gehörst
du gewiss zu denen, die Unrecht tun.
146 Diejenigen, denen Wir das Buch zukommen ließen, kennen
es, wie sie ihre Söhne kennen. Aber ein Teil von ihnen verschweigt
wissentlich die Wahrheit. 147 Es ist die Wahrheit von deinem
Herrn. So sei nicht einer der Zweifler. 148 Jeder hat eine Richtung*, zu der er sich wendet. So eilt zu den guten Dingen um die
Wette. Wo immer ihr euch befindet, Gott wird euch alle zusammenbringen. Gott hat Macht zu allen Dingen.
149 Von wo du auch herausgehst, wende dein Gesicht in Richtung
der heiligen Moschee. Es ist wirklich die Wahrheit von deinem

---

143: die das Gleichgewicht zwischen den Extremen hält, mit einem aus-
     gewogenen Ordnungssystem und Verhalten.
144: die Kaʿba in Mekka.
148: Gemeint ist hier nicht nur die Gebetsrichtung, sondern auch die Lebens-
     ordnung und Orientierung.

Herrn. Gott lässt nicht unbeachtet, was ihr tut. 150 Und von wo du auch herausgehst, wende dein Gesicht in Richtung der heiligen Moschee. Und wo immer ihr auch seid, wendet euer Gesicht in ihre Richtung, damit die Menschen keinen Beweisgrund gegen euch haben, außer denen von ihnen, die Unrecht tun – fürchtet sie nicht, sondern fürchtet Mich –, und damit Ich meine Gnade an euch vollende und auch dass ihr die Rechtleitung findet, 151 so wie Wir auch unter euch einen Gesandten aus eurer Mitte entsandt haben, der euch unsere Zeichen verliest, euch läutert und euch das Buch und die Weisheit lehrt und euch das lehrt, was ihr nicht wusstet. 152 Darum gedenket Meiner, dann gedenke Ich euer, und danket Mir und seid nicht undankbar gegen Mich.

153 O ihr, die ihr glaubt, sucht Hilfe in der Geduld und im Gebet. Gott ist mit den Geduldigen. 154 Und sagt nicht von denen, die auf dem Weg Gottes getötet werden, sie seien tot. Sie sind vielmehr lebendig, aber ihr merkt es nicht. 155 Und Wir werden euch sicher Prüfungen aussetzen mit ein wenig Furcht und Hunger und mit Verlust an Vermögen, Seelen und Früchten. Und verkünde den Geduldigen frohe Botschaft, 156 die, wenn ein Unglück sie trifft, sagen: »Wir gehören Gott, und wir kehren zu Ihm zurück.« 157 Auf sie kommen Segnungen und Barmherzigkeit von ihrem Herrn herab. Das sind die, die der Rechtleitung folgen.

[3 ¼]   *158 Siehe, Ṣafā und Marwa* gehören zu den Kultzeichen Gottes. Wer also die Wallfahrt zum Haus (Gottes) oder den Pilgerbesuch vollzieht, für den ist es kein Vergehen, zwischen ihnen den Lauf zu verrichten. Und wenn einer freiwillig Gutes tut, so zeigt sich Gott erkenntlich und weiß Bescheid. 159 Diejenigen, die verschweigen, was Wir an deutlichen Zeichen und Rechtleitung hinabgesandt haben, nachdem Wir es den Menschen im Buch deutlich gemacht haben, diese wird Gott verfluchen, und verfluchen werden sie auch die Fluchenden, 160 außer denen, die umkehren und Besserung zeigen und (alles) offen legen. Denen wende Ich mich gnädig zu. Ich bin der, der sich gnädig zuwendet, der Barm-

---

158: Das sind zwei Hügel in der Nähe der Kaʿba, über 400 Meter voneinander entfernt, zwischen denen der Pilger den Lauf zu vollziehen hat.

herzige. 161 Über diejenigen, die nicht glauben und als Ungläubige sterben, kommt der Fluch Gottes und der Engel und der Menschen allesamt. 162 Sie werden darin* ewig weilen. Ihnen wird die Pein nicht erleichtert, und ihnen wird kein Aufschub gewährt. 163 Und euer Gott ist ein einziger Gott, es gibt keinen Gott außer Ihm, dem Erbarmer, dem Barmherzigen. 164 In der Erschaffung der Himmel und der Erde; im Aufeinanderfolgen von Nacht und Tag; in den Schiffen, die auf dem Meer fahren mit dem, was den Menschen nützt; im Wasser, das Gott vom Himmel herabkommen lässt und mit dem Er die Erde nach ihrem Absterben wieder belebt und auf ihr allerlei Getier sich ausbreiten lässt; im Wechsel der Winde und der zwischen Himmel und Erde in Dienst gestellten Wolken, (in alledem) sind Zeichen für Leute, die verständig sind. 165 Unter den Menschen sind welche, die sich neben Gott andere als Gegenpart nehmen, die sie lieben, wie man Gott liebt. Doch diejenigen, die glauben, lieben Gott noch mehr. Wenn nur diejenigen, die Unrecht tun, angesichts der Pein sehen würden, dass alle Kraft Gott gehört und dass Gott harte Pein verhängt! 166 (Und dies), wenn diejenigen, denen man folgte, sich von denen, die ihnen folgten, lossagen, sie die Pein sehen, die Verbindungen für sie abgeschnitten sind, 167 und diejenigen, die (ihnen) folgten, sagen: »Hätten wir doch eine Möglichkeit zur Rückkehr, damit wir uns von ihnen lossagen, so wie sie sich von uns losgesagt haben!« Auf diese Weise lässt Gott sie ihre Werke sehen als Grund zu vielfachem Bedauern für sie. Und sie werden aus dem Feuer nicht herauskommen. 168 O ihr Menschen, esst von dem, was es auf der Erde gibt, so es erlaubt und köstlich ist. Und folgt nicht den Fußstapfen des Satans. Er ist euch ein offenkundiger Feind. 169 Er befiehlt euch nur Böses und Schändliches, und dass ihr über Gott sagt, was ihr nicht wisst. 170 Und wenn ihnen gesagt wird: »Folgt dem, was Gott herabgesandt hat«, sagen sie: »Wir folgen lieber dem, was wir bei unseren Vätern vorgefunden haben.« Was denn, auch wenn ihre Väter nichts verstanden haben und der Rechtleitung nicht ge-

---

162: unter dem Fluch, oder eher: in der Pein der Hölle.

folgt sind? 171 Mit denen, die ungläubig sind, ist es, wie wenn einer etwas* anschreit, was nur Rufen und Zurufen hört. Taub, stumm, blind sind sie, so haben sie keinen Verstand. 172 O ihr, die ihr glaubt, esst von den köstlichen Dingen, die Wir euch beschert haben, und danket Gott, so ihr (wirklich) Ihm dient. 173 Verboten hat Er euch nur Verendetes, Blut, Schweinefleisch und das, worüber ein anderer als Gott angerufen worden ist*. Wer aber gezwungen wird, ohne dass er Auflehnung oder Übertretung begeht, den trifft keine Schuld. Gott ist voller Vergebung und barmherzig.

174 Diejenigen, die verschweigen, was Gott vom Buch herabgesandt hat, und es für einen geringen Preis verkaufen, werden in ihrem Bauch nichts als Feuer verzehren. Gott wird sie am Tag der Auferstehung nicht ansprechen und nicht für rein erklären. Und für sie ist eine schmerzhafte Pein bestimmt. 175 Das sind die, die den Irrtum gegen die Rechtleitung erkauft haben, und auch die Pein gegen die Vergebung. Wie können sie sich dem Feuer gegenüber so standhaft zeigen! 176 Dies geschicht, weil Gott das Buch mit der Wahrheit herabgesandt hat. Und diejenigen, die über das Buch uneins sind, befinden sich in einem tiefern Widerstreit.

[3 ½] *177 Frömmigkeit besteht nicht darin, dass ihr euer Gesicht nach Osten und Westen wendet. Frömmigkeit besteht darin, dass man an Gott, den Jüngsten Tag, die Engel, das Buch und die Propheten glaubt, dass man, aus Liebe zu Ihm*, den Verwandten, den Waisen, den Bedürftigen, dem Reisenden und den Bettlern Geld zukommen lässt und (es) für den Loskauf der Sklaven und Gefangenen (ausgibt), und dass man das Gebet verrichtet und die Abgabe entrichtet. (Fromm sind auch) die, die ihre eingegangenen Pflichten erfüllen, und die, die in Not und Leid und zur Zeit der Gewalt geduldig sind. Sie sind es, die wahrhaftig sind, und sie sind die Gottesfürchtigen.

178 O ihr, die ihr glaubt, vorgeschrieben ist euch bei Totschlag die

171: das Vieh.
173: Vgl. 5,3; 6,145; 16,115.
177: zu Gott – oder: trotz seiner Liebe zu ihm, d. h. zum Geld.

Wiedervergeltung: der Freie für den Freien, der Sklave für den Sklaven, das Weib für das Weib. Wenn einem von seinem Bruder etwas nachgelassen wird, dann soll die Beitreibung* auf rechtliche Weise und die Leistung an ihn auf gute Weise erfolgen. Dies ist eine Erleichterung vonseiten eures Herrn und eine Barmherzigkeit. Wer danach Übertretungen begeht, für den ist eine schmerzhafte Pein bestimmt. 179 In der Wiedervergeltung liegt für euch Leben*, o ihr Einsichtigen, auf dass ihr gottesfürchtig werdet.

180 Vorgeschrieben ist euch, wenn einer von euch im Sterben liegt, falls er Vermögen hinterlässt, eine Verfügung zu Gunsten der Eltern und der Angehörigen auf rechtliche Weise zu machen. Das ist eine Rechtspflicht für die Gottesfürchtigen. 181 Wenn jemand es abändert, nachdem er es gehört hat, so lastet die Schuld daran auf denjenigen, die es abändern. Gott hört und weiß alles. 182 Wer aber vonseiten eines Erblassers eine Unrechtmäßigkeit oder ein schuldhaftes Verhalten befürchtet und dann zwischen ihnen Aussöhnung schafft, den trifft keine Schuld. Gott ist voller Vergebung und barmherzig.

183 O ihr, die ihr es glaubt, vorgeschrieben ist euch zu fasten, so wie es denen vorgeschrieben worden ist, die vor euch lebten, auf dass ihr gottesfürchtig werdet, 184 (und dies) für eine Anzahl von Tagen. Wer von euch krank ist oder sich auf einer Reise befindet, für den gilt eine Anzahl anderer Tage. Denjenigen aber, die es (eigentlich einhalten) können, ist als Ersatzleistung die Speisung eines Bedürftigen auferlegt. Wenn einer freiwillig Gutes tut, so ist es besser für ihn. Und dass ihr fastet, ist besser für euch, wenn ihr Bescheid wisst. 185 Der Monat Ramaḍān ist es, in dem der Koran herabgesandt wurde als Rechtleitung für die Menschen und als deutliches Zeichen der Rechtleitung und der Unterscheidungsnorm. Wer von euch nun in dem Monat anwesend ist, der soll in ihm fasten. Und wer krank ist oder sich auf einer Reise befindet, für

178: des Blutgeldes.
179: Denn die Wiedervergeltung beschränkt die Blutrache auf die Person des Täters, sie erstreckt sich nicht auf den ganzen Stamm. Außerdem wirkt sie abschreckend.

den gilt eine Anzahl anderer Tage. Gott will für euch Erleichterung, Er will für euch nicht Erschwernis, und dass ihr die Zahl (der Tage) vollendet und Gott dafür hochpreiset, dass Er euch rechtgeleitet hat, und dass ihr wohl dankbar werdet. 186 Wenn dich meine Diener nach Mir fragen, so bin Ich nahe, und Ich erhöre den Ruf des Rufenden, wenn er Mich anruft. Sie sollen nun auf Mich hören, und sie sollen an Mich glauben, auf dass sie einen rechten Wandel zeigen.

187 Erlaubt ist euch, in der Nacht während der Fastenzeit Umgang mit euren Frauen zu haben. Sie sind eine Bekleidung für euch, und ihr seid eine Bekleidung für sie. Gott weiß, dass ihr euch immer wieder selbst betrogen habt, so hat Er sich euch gnädig wieder zugewandt und euch verziehen. Verkehrt nunmehr mit ihnen und trachtet nach dem, was Gott euch vorgeschrieben hat. Und esst und trinkt, bis ihr in der Morgendämmerung den weißen Faden vom schwarzen Faden unterscheiden könnt. Danach vollzieht das Fasten bis zur Nacht. Und verkehrt nicht mit ihnen, während ihr in den Moscheen eine Einkehrzeit einlegt. Dies sind die Bestimmungen Gottes, tretet ihnen nicht zu nahe. So macht Gott den Menschen seine Zeichen deutlich, auf dass sie gottesfürchtig werden.

188 Und verzehrt nicht untereinander euer Vermögen durch Betrug, und übergebt es nicht den Richtern, um einen Teil des Vermögens der Menschen in sündhafter Weise wissentlich zu verzehren.

[3 ¾] *189 Sie fragen dich nach den Neumonden. Sprich: Sie sind Zeitbestimmungen für die Menschen und für die Wallfahrt. Und Frömmigkeit besteht nicht darin, dass ihr durch die Hinterseite in die Häuser geht. Frömmigkeit besteht darin, dass man gottesfürchtig ist. Geht also in die Häuser durch ihre Türen. Und fürchtet Gott, auf dass es euch wohl ergehe.

190 Und kämpft auf dem Weg Gottes gegen diejenigen, die gegen euch kämpfen, und begeht keine Übertretungen. Gott liebt die nicht, die Übertretungen begehen. 191 Und tötet sie, wo immer ihr sie trefft, und vertreibt sie, von wo sie euch vertrieben haben. Denn Verführen ist schlimmer als Töten. Kämpft nicht gegen

sie bei der heiligen Moschee, bis sie dort gegen euch kämpfen. Wenn sie gegen euch kämpfen, dann tötet sie. So ist die Vergeltung für die Ungläubigen. 192 Wenn sie aufhören, so ist Gott voller Vergebung und barmherzig. 193 Kämpft gegen sie, bis es keine Verführung mehr gibt und bis die Religion nur noch Gott gehört. Wenn sie aufhören, dann darf es keine Übertretung geben, es sei denn gegen die, die Unrecht tun. 194 Ein heiliger Monat (darf zur Vergeltung dienen) für einen heiligen Monat*. Bei den heiligen Dingen gilt die Wiedervergeltung. Wer sich gegen euch vergeht, gegen den dürft ihr euch ähnlich vergehen, wie er sich gegen euch vergeht. Und fürchtet Gott und wisst, dass Gott mit den Gottesfürchtigen ist. 195 Und spendet auf dem Weg Gottes und streckt nicht eure Hände nach dem Verderben aus*, und tut Gutes. Gott liebt die, die Gutes tun.

196 Und vollzieht die Wallfahrt und den Pilgerbesuch für Gott. Wenn ihr behindert seid, dann gebt, was an Opfertieren erschwinglich ist. Und schert euch nicht den Kopf, bis die Opfertiere ihren erlaubten Schlachtort erreicht haben. Wer von euch krank ist oder ein Leiden am Kopf hat, der hat eine Ersatzleistung zu bringen: Fasten oder Almosen oder Tieropfer. Wenn ihr nun in Sicherheit seid, so soll derjenige, der nach dem Pilgerbesuch (das normale Leben) bis zur (Zeit der) Wallfahrt genossen hat, darbringen, was an Opfertieren erschwinglich ist*. Wer es nicht vermag, der soll während der Wallfahrt drei Tage fasten und sieben, nachdem ihr zurückgekehrt seid: Das sind insgesamt zehn. Dies gilt für den,

194: Wenn die Feinde das Friedensabkommen im heiligen Monat brechen, dürfen die Muslime ihnen auch im heiligen Monat mit derselben Münze heimzahlen. Der Grundsatz der Wiedervergeltung wird auch auf solche Fälle angewandt.

195: Das bezeichnet wohl die Haltung derer, die nicht spenden und sich nicht für die Sache Gottes einsetzen.

196: Derjenige, der nach dem Pilgerbesuch das normale Leben genießt bis zur Zeit der Wallfahrt, hebt für diese Zeit den Weihezustand auf. Daher hat er eine Ersatzleistung für diese Unregelmäßigkeit (welche als Erleichterung der Weihevorschriften verstanden wird) zu bringen.

dessen Angehörige nicht im Bezirk der heiligen Moschee wohnen. Fürchtet Gott und wisst, dass Gott eine harte Strafe verhängt. **197** Die Wallfahrt findet in bekannten Monaten* statt. Wer sich in ihnen die Wallfahrt auferlegt, hat sich während der Wallfahrt des Geschlechtsumgangs, des Frevels und des Streites zu enthalten. Und was ihr an Gutem tut, das weiß Gott. Und versorgt euch mit Wegzehrung. Aber die beste Wegzehrung ist die Gottesfurcht. Und fürchtet Mich, o ihr Einsichtigen. **198** Es ist für euch kein Vergehen, dass ihr nach einer Huld von eurem Herrn strebt. Und wenn ihr von ʿArafāt* herabeilt, dann gedenket Gottes vor der heiligen Kultstätte. Gedenket Seiner, wie Er euch rechtgeleitet hat. Ihr gehörtet ja vordem zu denen, die irregehen. **199** Dann eilt herab, von wo die Menschen herabeilen, und bittet Gott um Vergebung. Gott ist voller Vergebung und barmherzig. **200** Und wenn ihr eure Riten beendet habt, dann gedenket Gottes, wie ihr eurer Väter (früher) gedacht habt* oder mit noch innigerem Gedenken. Unter den Menschen gibt es welche, die sagen: »Unser Herr, beschenke uns im Diesseits.« Diese haben im Jenseits keinen Anteil. **201** Und unter ihnen gibt es welche, die sagen: »Unser Herr, schenke uns im Diesseits Gutes und auch im Jenseits Gutes, und bewahre uns vor der Pein des Feuers.« **202** Diese erhalten einen Anteil von dem, was sie sich erworben haben, Gott ist schnell im Abrechnen.

[4] *203 Und gedenket Gottes in einer bestimmten Anzahl von Tagen. Wer sich beeilt und es in zwei Tagen durchführt, den trifft keine Schuld. Und wer längere Zeit braucht, den trifft auch keine Schuld*. (Dies gilt) für den, der gottesfürchtig ist. Fürchtet Gott und wisst, dass ihr zu Ihm versammelt werdet.

197: Das sind nach den muslimischen Kommentatoren die drei letzten Monate des Mondjahres: Shawwāl, Dhū l-qaʿda und Dhū l-ḥidjja, wobei der letzte der eigentliche Wallfahrtsmonat ist.
198: Das ist der Berg östlich von Mekka, auf dessen Hängen sich die Pilger am 9. Dhū l-ḥidjja versammeln.
200: Die Araber pflegten die Großtaten und die Vorzüge ihrer Vorfahren öffentlich hoch zu preisen.
203: Das sind die drei so genannten Tashrīq-Tage in Minā, vom 11. bis 13. Dhū

204 Und unter den Menschen gibt es manch einen, dessen Reden über das diesseitige Leben dir gefällt und der Gott zum Zeugen anruft für das, was in seinem Herzen ist. Dabei ist er der streitsüchtigste Widersacher. 205 Und wenn er sich abkehrt*, reist er auf der Erde umher, um Unheil auf ihr zu stiften und Saatfelder und Nachwuchs zu verderben. Aber Gott liebt das Unheil nicht. 206 Und wenn man zu ihm sagt: »Fürchte Gott«, so führt ihn die Überheblichkeit zur Schuld. So ist die Hölle das, was für ihn eben ausreicht. Welch schlimme Lagerstätte! 207 Und unter den Menschen gibt es auch manch einen, der sich selbst veräußern würde im Streben nach dem Wohlwollen Gottes. Und Gott hat Mitleid mit den Dienern. 208 O ihr, die ihr glaubt, tretet allesamt in die Ergebung* und folgt nicht den Fußstapfen des Satans. Er ist euch ein offenkundiger Feind. 209 Wenn ihr aber strauchelt, nachdem die deutlichen Zeichen zu euch gekommen sind, so wisst, dass Gott mächtig und weise ist. 210 Erwarten sie denn etwas anderes, als dass Gott zu ihnen in überschattenden Wolken kommt, und auch die Engel? Die Angelegenheit ist dann entschieden. Und zu Gott werden die Angelegenheiten zurückgebracht.

211 Frag die Kinder Israels, wie viele deutliche Zeichen Wir ihnen zukommen ließen. Wenn aber einer die Gnade Gottes eintauscht, nachdem sie zu ihm gekommen ist, so verhängt Gott eine harte Strafe. 212 Das diesseitige Leben ist denen, die ungläubig sind, verlockend gemacht worden, und sie verhöhnen diejenigen, die glauben. Aber diejenigen, die gottesfürchtig sind, stehen am Tag der Auferstehung über ihnen. Und Gott beschert den Lebensunterhalt, wem Er will, ohne (viel) zu rechnen.

213 Die Menschen waren eine einzige Gemeinschaft. Dann ließ Gott die Propheten als Freudenboten und Warner erstehen. Er sandte mit ihnen das Buch mit der Wahrheit herab, damit es zwischen den Menschen über das urteile, worüber sie uneins waren.

l-ḥidjja. Wer also die Riten dieser drei Tage in den ersten zwei Tagen oder erst im dritten Tag vollzieht, den trifft keine Schuld.

205: oder: Und wer an der Macht ist.

208: Oder: in den Frieden; oder: ins Heil.

Und nur jene, denen es zuteil wurde, waren darüber uneins, nachdem die deutlichen Zeichen zu ihnen gekommen waren – dies aus ungerechter Auflehnung untereinander. Nun hat Gott die, die glauben, mit seiner Erlaubnis zu der Wahrheit geleitet, über die sie uneins waren. Und Gott führt, wen Er will, zu einem geraden Weg.

214 Oder meint ihr, dass ihr ins Paradies eingehen werdet, noch ehe euch das Gleiche widerfahren ist wie denen, die vor euch dahingegangen sind? Not und Leid berührten sie, und sie wurden hin und her geschüttelt, sodass der Gesandte und diejenigen, die mit ihm gläubig waren, dann sagten: Wann kommt die Unterstützung Gottes? Wahrlich, die Unterstützung Gottes ist nahe.

215 Sie fragen dich, was sie spenden sollen. Sprich: Was ihr an Gutem spendet, das sei für die Eltern, die Angehörigen, die Waisen, die Bedürftigen und den Reisenden. Und was ihr an Gutem tut, Gott weiß es.

216 Vorgeschrieben ist auch der Kampf, obwohl er euch zuwider ist. Aber vielleicht ist euch etwas zuwider, während es gut für euch ist. Und vielleicht liebt ihr etwas, während es schlecht für euch ist. Und Gott weiß, aber ihr wisst nicht Bescheid. 217 Sie fragen dich nach dem heiligen Monat, nach dem Kampf in ihm. Sprich: Der Kampf in ihm ist schwerwiegend; aber (die Menschen) vom Wege Gottes abweisen, an Ihn nicht glauben, den Zugang zur heiligen Moschee verwehren und deren Anwohner daraus vertreiben, (all das) wiegt bei Gott schwerer. Verführen wiegt schwerer als Töten. Sie hören nicht auf, gegen euch zu kämpfen, bis sie euch von eurer Religion abbringen, wenn sie (es) können. Diejenigen von euch, die sich nun von ihrer Religion abwenden und als Ungläubige sterben, deren Werke sind im Diesseits und im Jenseits wertlos. Das sind die Gefährten des Feuers; sie werden darin ewig weilen.

218 Diejenigen, die glauben, und diejenigen, die ausgewandert sind und sich auf dem Weg Gottes eingesetzt haben, dürfen auf die Barmherzigkeit Gottes hoffen. Und Gott ist voller Vergebung und barmherzig.

[4 ¼] *219 Sie fragen dich nach dem Wein und dem Glücksspiel. Sprich: In ihnen liegt eine große Sünde und auch vielfacher Nutzen für die Menschen. Aber die Sünde in ihnen ist größer als der Nutzen. Und sie fragen dich, was sie spenden sollen. Sprich: Das Entbehrliche. So macht Gott euch die Zeichen deutlich, auf dass ihr nachdenkt 220 über das Diesseits und das Jenseits. Und sie fragen dich nach den Waisen. Sprich: Für sie Ordnung schaffen ist besser. Aber wenn ihr den Umgang mit ihnen pflegt, so sind sie eure Brüder. Und Gott weiß den Unheilstifter zu unterscheiden von dem, der Ordnung schafft. Und wenn Gott gewollt hätte, hätte Er euch in Bedrängnis gebracht. Gott ist mächtig und weise.

221 Und heiratet nicht polytheistische Frauen, bis sie gläubig geworden sind. Wahrlich, eine gläubige Sklavin ist besser als eine polytheistische Frau, auch wenn sie euch gefallen sollte. Und lasst die Polytheisten nicht zur Heirat zu, bis sie gläubig geworden sind. Wahrlich, ein gläubiger Sklave ist besser als ein Polytheist, auch wenn er euch gefallen sollte. Jene rufen zum Feuer. Gott aber ruft zum Paradies und zur Vergebung mit seiner Erlaubnis. Und Er macht den Menschen seine Zeichen deutlich, auf dass sie es bedenken.

222 Und sie fragen dich nach der Menstruation. Sprich: Sie ist ein Leiden. So haltet euch von den Frauen während der Menstruation fern und nähert euch ihnen nicht, bis sie wieder rein sind. Wenn sie sich nun gereinigt haben, dann geht zu ihnen, wie Gott es euch befohlen hat. Gott liebt die Bußfertigen, und Er liebt die, die sich reinigen. 223 Eure Frauen sind für euch ein Saatfeld. Geht zu eurem Saatfeld, wo immer ihr wollt. Und schickt für euch (etwas Gutes) voraus. Und fürchtet Gott und wisst, dass ihr Ihm begegnen werdet. Und verkünde den Gläubigen frohe Botschaft.

224 Und macht Gott nicht bei euren Eiden zu einem Hinderungsgrund, Pietät zu üben und gottesfürchtig zu sein und Frieden unter den Menschen zu stiften. Und Gott hört und weiß alles. 225 Gott belangt euch nicht wegen unbedachter Rede in euren Eiden. Aber Er belangt euch wegen dessen, was eure Herzen begehen. Und Gott ist voller Vergebung und langmütig.

226 Diejenigen, die schwören, sich ihrer Frauen zu enthalten, haben vier Monate zu warten. Wenn sie es aber zurücknehmen, so ist Gott voller Vergebung und barmherzig. 227 Und wenn sie sich

zur Entlassung entschließen – siehe, Gott hört und weiß alles. 228 Die entlassenen Frauen haben drei Perioden lang zu warten. Es ist ihnen nicht erlaubt zu verschweigen, was Gott in ihrem Schoß erschaffen hat, so sie an Gott und den Jüngsten Tag glauben. Ihre Gatten haben eher das Recht, sie während dieser Zeit zurückzunehmen, wenn sie eine Aussöhnung anstreben. Und sie* haben Anspruch auf das Gleiche, was ihnen obliegt, und dies auf rechtliche Weise. Die Männer stehen eine Stufe über ihnen. Und Gott ist mächtig und weise. 229 Die Entlassung darf zweimal erfolgen. Dann müssen sie* entweder in rechtlicher Weise behalten oder im Guten freigegeben werden. Und es ist euch nicht erlaubt, etwas von dem, was ihr ihnen zukommen ließet, zu nehmen, es sei denn, beide fürchten, die Bestimmungen Gottes nicht einzuhalten. Und wenn ihr fürchtet, dass die beiden die Bestimmungen Gottes nicht einhalten werden, so besteht für sie beide kein Vergehen in Bezug auf das, womit sie sich loskauft. Dies sind die Bestimmungen Gottes, übertretet sie nicht. Diejenigen, die Gottes Bestimmungen übertreten, das sind die, die Unrecht tun. 230 Wenn er sie entlässt, so ist sie ihm nicht mehr erlaubt, ehe sie nicht einen anderen Gatten geheiratet hat. Wenn dieser sie entlässt, dann ist es für sie kein Vergehen, wieder zueinander zurückzukehren, wenn sie meinen, die Bestimmungen Gottes einhalten zu können. Dies sind die Bestimmungen Gottes. Er macht sie deutlich für Leute, die Bescheid wissen. 231 Und wenn ihr die Frauen entlasst und sie das Ende ihrer Frist erreichen, dann behaltet sie in rechtlicher Weise oder gebt sie in rechtlicher Weise frei. Behaltet sie aber nicht aus Schadenslust, um Übertretungen zu begehen. Wer dies tut, der hat sich selbst Unrecht getan. Und nehmt euch nicht die Zeichen Gottes zum Gegenstand des Spottes, und gedenket der Gnade Gottes zu euch und dessen, was Er von dem Buch und der Weisheit auf euch herabgesandt hat, um euch damit zu ermahnen. Und fürchtet Gott und wisst, dass Gott über alle Dinge Bescheid weiß. 232 Und wenn ihr die Frauen ent-

228: die Frauen.
229: die Frauen.

lasst und sie das Ende ihrer Frist erreichen, dann hindert sie nicht, ihre (jeweiligen) Gatten (wieder) zu heiraten, falls sie sich in rechtlicher Weise geeinigt haben. Damit wird derjenige von euch ermahnt, der an Gott und den Jüngsten Tag glaubt. Dies ist lauterer und reiner für euch. und Gott weiß, ihr aber wisst nicht Bescheid.

*233 Und die Mütter sollen ihre Kinder zwei volle Jahre stillen. [4 ½ Das gilt für den, der das Stillen bis zum Ende führen will. Und derjenige, dem (das Kind) geboren wurde, hat für ihren Lebensunterhalt und ihre Kleidung in rechtlicher Weise zu sorgen. Von niemandem wird mehr gefordert, als er vermag. Einer Mutter darf nicht wegen ihres Kindes Schaden zugefügt werden, und auch nicht einem Vater wegen seines Kindes. Und der Erbe hat die gleichen Verpflichtungen. Wenn sie sich jedoch in beiderseitigem Einvernehmen und nach Beratung für die Entwöhnung entscheiden, so ist das für sie kein Vergehen. Und wenn ihr eure Kinder stillen lassen wollt, so ist das für euch kein Vergehen, sofern ihr das, was ihr (an Lohn) ausgesetzt habt, in rechtlicher Weise übergebt. Und fürchtet Gott. Und wisst, Gott sieht wohl, was ihr tut.

234 Und wenn welche von euch abberufen werden und Gattinnen zurücklassen, so sollen diese vier Monate und zehn Tage zuwarten. Und wenn sie das Ende ihrer Frist erreicht haben, so besteht für euch kein Vergehen, wenn sie über sich in rechtlicher Weise verfügen. Und Gott hat Kenntnis von dem, was ihr tut. 235 Und es ist für euch kein Vergehen, wenn ihr Heiratsabsichten gegenüber solchen Frauen andeutet oder bei euch innerlich hegt. Gott weiß, dass ihr an sie denken werdet. Aber vereinbart nichts heimlich mit ihnen, es sei denn, ihr sagt etwas, was sich geziemt. Und entscheidet euch nicht, die Ehe zu schließen, bis die vorgeschriebene Frist zu Ende gegangen ist. Und wisst, dass Gott weiß, was in eurem Innern ist. So nehmt euch vor Ihm in Acht. Und wisst, dass Gott voller Vergebung und langmütig ist.

236 Es ist für euch kein Vergehen, wenn ihr die Frauen entlasst, solange ihr sie noch nicht berührt oder für sie noch keine Morgengabe ausgesetzt habt. Und sichert ihnen – der Wohlhabende nach seinem Maß und der Unbemittelte nach seinem Maß – eine Versorgung auf rechtliche Weise. (Dies gilt) als Rechtspflicht für die

Rechtschaffenen. 237 Und wenn ihr sie entlasst, noch ehe ihr sie
berührt habt, während ihr für sie eine Morgengabe ausgesetzt
habt, so (steht ihnen) die Hälfte von dem (zu), was ihr ausgesetzt
habt, es sei denn, sie lassen (etwas davon) nach oder der, unter
dessen Obhut die Eheschließung steht, lässt (etwas davon) nach.
Und dass ihr (etwas) nachlasst, entspricht eher der Gottesfurcht.
Und vergesst die Großmut untereinander nicht. Gott sieht wohl,
was ihr tut.
238 Haltet die Gebete ein, und das mittlere Gebet. Und steht vor
Gott in demütiger Ergebenheit. 239 Und wenn ihr (etwas) befürchtet, (so betet), ob ihr nun zu Fuß seid oder reitet. Und so ihr
in Sicherheit seid, dann gedenket Gottes, wie er euch gelehrt hat,
was ihr nicht wusstet.
240 Und diejenigen von euch, die abberufen werden und Gattinnen zurücklassen, haben ihren Gattinnen eine Versorgung für ein
Jahr zu vermachen, ohne sie (aus dem Haus) auszuweisen. Wenn
sie aber von sich aus ausziehen, so besteht für euch kein Vergehen, wenn sie über sich in rechtlicher Weise verfügen. Und Gott
ist mächtig und weise. 241 Und den entlassenen Frauen steht eine
Versorgung in rechtlicher Weise zu. (Das gilt) als Rechtspflicht für
die Gottesfürchtigen. 242 So macht Gott euch seine Zeichen
deutlich, auf dass ihr verständig werdet.

[4 3/4]   *243 Hast du nicht auf jene geschaut, die zu Tausenden aus ihren
Wohnstätten auszogen aus Angst vor dem Tod? Gott sprach zu
ihnen: »Sterbet.« Dann machte Er sie wieder lebendig. Gott ist voller Huld gegen die Menschen. Aber die meisten Menschen sind
nicht dankbar. 244 Und kämpft auf dem Weg Gottes. Und wisst,
dass Gott alles hört und weiß. 245 Wer ist es, der Gott ein gutes
Darlehen leiht? Er wird es ihm vielfach verdoppeln. Und Gott teilt
bemessen und auch großzügig zu. Und zu Ihm werdet ihr zurückgebracht. 246 Hast du nicht auf die Vornehmen unter den Kindern Israels nach Mose geschaut, als sie zu einem ihrer Propheten*
sagten: »Setz uns einen König ein, damit wir auf dem Weg Gottes
kämpfen.« Er sagte: »Kann es aber möglich sein, dass ihr, wenn

246: Vgl. Bibel: 1 Samuel 8.

euch vorgeschrieben wird zu kämpfen, doch nicht kämpft?« Sie
sagten: »Warum sollten wir denn nicht auf dem Weg Gottes
kämpfen, wo wir doch aus unseren Wohnstätten und von unseren
Söhnen vertrieben worden sind?« Als ihnen aber vorgeschrieben
wurde zu kämpfen, kehrten sie sich ab bis auf wenige von ihnen.
Und Gott weiß Bescheid über die, die Unrecht tun. 247 Und ihr
Prophet sagte zu ihnen: »Gott hat euch Ṭālūt* zum König eingesetzt.« Sie sagten: »Wie sollte er die Königsherrschaft über uns erhalten, wo wir doch eher Recht auf die Königsherrschaft haben als
er und ihm kein beachtliches Vermögen zuteil wurde?« Er sagte:
»Gott hat ihn vor euch auserwählt und ihm darüber hinaus ein
größeres Maß an Wissen und Körperstatur gegeben. Und Gott
lässt seine Königsherrschaft zukommen, wem Er will. Und Gott
umfasst und weiß alles.« 248 Und ihr Prophet sagte zu ihnen:
»Das Zeichen seiner Königsherrschaft wird sein, dass die Lade, in
der eine Ruhe spendende Gegenwart von eurem Herrn ist und ein
Rest von dem, was die Sippe Moses und die Sippe Aarons hinterlassen haben*, zu euch kommt, getragen von den Engeln. Darin
ist für euch ein Zeichen, so ihr gläubig seid.« 249 Und als Ṭālūt
mit seinen Truppen ausrückte*, sagte er: »Gott wird euch mit
einem Fluss prüfen. Wer daraus trinkt, gehört nicht zu mir, und
wer davon nicht kostet, gehört zu mir, ausgenommen, wer nur
eine Handvoll schöpft.« Da tranken sie daraus bis auf wenige von
ihnen. Und als er und diejenigen, die mit ihm gläubig waren, den
Fluss überquert hatten, sagten sie: »Wir haben heute keine Kraft
gegen Goliat und seine Truppen.« Da sagten diejenigen, die damit
rechneten, dass sie Gott begegnen werden: »Wie manche geringe
Schar hat doch schon mit Gottes Erlaubnis eine große Schar besiegt! Und Gott ist mit den Standhaften.« 250 Und als sie sich ge-

247: Das ist der König Saul der Bibel.
248: Die Lade ist ein Zeichen der Gegenwart Gottes inmitten seines Volkes
und spendet daher Ruhe und Zuversicht. Der Rest aus der Hinterlassen-
schaft Moses und Aarons wird hier wahrscheinlich als eine Art Reliquie
dargestellt.
249: Vgl. Bibel: Richter 7,5 ff.

gen Goliat und seine Truppen stellten, sagten sie: »Unser Herr, gieße Standhaftigkeit über uns aus, festige unsere Schritte und unterstütze uns gegen die ungläubigen Leute.« 251 Und sie schlugen sie mit Gottes Erlaubnis. Und David tötete Goliat. Und ihm ließ Gott die Königsherrschaft und die Weisheit zukommen, und Er lehrte ihn manches, was Er eben wollte. Und würde Gott nicht die einen Menschen durch die anderen abwehren, so würde die Erde voller Unheil sein. Aber Gott ist voller Huld gegen die Weltenbewohner. 252 Das sind die Zeichen Gottes. Wir verlesen sie dir der Wahrheit entsprechend. Und du bist gewiss einer der Gesandten.

*253 Das sind die Gesandten. Wir haben die einen von ihnen vor den anderen bevorzugt. Unter ihnen sind welche, mit denen Gott gesprochen hat. Einige von ihnen hat Er um Rangstufen erhöht. Und Wir haben Jesus, dem Sohn Marias, die deutlichen Zeichen zukommen lassen und ihn mit dem Geist der Heiligkeit gestärkt. Und wenn Gott gewollt hätte, hätten diejenigen, die nach ihnen lebten, einander nicht bekämpft, nachdem die deutlichen Zeichen zu ihnen gekommen waren. Aber sie sind uneins geworden. Unter ihnen sind solche, die geglaubt haben, und solche, die ungläubig geworden sind. Und wenn Gott gewollt hätte, hätten sie einander nicht bekämpft. Aber Gott tut, was Er will.

254 O ihr, die ihr glaubt, spendet von dem, was Wir euch beschert haben, bevor ein Tag kommt, an dem es weder Kaufgeschäft noch Freundschaft, noch Fürsprache gibt. Die Ungläubigen sind die, die Unrecht tun.

255 *Gott, es gibt keinen Gott außer Ihm, dem Lebendigen, dem Beständigen. Nicht überkommt Ihn Schlummer und nicht Schlaf. Ihm gehört, was in den Himmeln und was auf der Erde ist. Wer ist es, der bei Ihm Fürsprache einlegen kann, es sei denn mit seiner Erlaubnis? Er weiß, was vor ihnen und was hinter ihnen liegt, während sie nichts von seinem Wissen erfassen, außer was Er will. Sein Thron umfasst die Himmel und die Erde, und es fällt Ihm nicht schwer, sie zu bewahren. Er ist der Erhabene, der Majestätische.

255: Dieser ist als Thronvers bekannt.

256 Es gibt keinen Zwang in der Religion. Der rechte Wandel unterscheidet sich nunmehr klar vom Irrweg. Wer also die Götzen verleugnet und an Gott glaubt, der hält sich an der festesten Handhabe, bei der es kein Reißen gibt. Und Gott hört und weiß alles. **257** Gott ist der Freund derer, die glauben; Er führt sie aus den Finsternissen hinaus ins Licht. Diejenigen, die nicht glauben, haben die Götzen zu Freunden; sie führen sie aus dem Licht hinaus in die Finsternisse. Das sind die Gefährten des Feuers, sie werden darin ewig weilen.

258 Hast du nicht auf den geschaut, der mit Abraham über seinen Herrn stritt (aus dem Grund), dass Gott ihm die Königsherrschaft zukommen ließ? Als Abraham sagte: »Mein Herr ist es, der lebendig macht und sterben lässt.« Er sagte: »Ich mache lebendig und lasse sterben.« Abraham sagte: »Gott bringt die Sonne vom Osten her. Bring du sie vom Westen.« Da war der, der ungläubig war, verwirrt. Und Gott leitet die ungerechten Leute nicht recht. **259** Oder es ist wie mit dem, der an einer Stadt vorbeikam, die über ihren Dächern verödet war. Er sagte: »Wie kann Gott diese wieder lebendig machen, nachdem sie ausgestorben ist?« Da ließ ihn Gott sterben, hundert Jahre, dann erweckte Er ihn. Er sprach: »Wie lange hast du verweilt?« Er sagte: »Verweilt habe ich einen Tag oder einen Teil von einem Tag.« Er sprach: »Nein, du hast hundert Jahre verweilt. Schau auf deine Speise und deinen Trank, sie sind nicht verfault. Und schau auf deinen Esel. Das ist, damit Wir dich zu einem Zeichen für die Menschen machen. Und schau auf die Gebeine, wie Wir sie aufrichten und sie dann mit Fleisch überziehen.« Als (dies) ihm deutlich wurde, sagte er: »Ich weiß nun, dass Gott Macht hat zu allen Dingen.« **260** Und als Abraham sagte: »Mein Herr, zeig mir, wie Du die Toten wieder lebendig machst.« Er sprach: »Glaubst du denn nicht?« Er sagte: »Doch. Aber mein Herz soll Ruhe finden.« Er sprach: »Dann nimm vier Vögel, richte sie auf dich zu (und schlachte sie). Dann lege auf jeden Berg ein Stück von ihnen, und dann rufe sie. Sie werden zu dir eilends kommen. Und wisse, dass Gott mächtig und weise ist.«

261 Mit denen, die ihr Vermögen auf dem Weg Gottes spenden, ist es wie mit einem Saatkorn, das sieben Ähren wachsen lässt mit hundert Körnern in jeder Ähre. Gott gibt das Doppelte, wem Er will. Gott umfasst und weiß alles. 262 Diejenigen, die ihr Vermögen auf dem Weg Gottes spenden und, nachdem sie gespendet haben, nicht auf ihr Verdienst pochen und nicht Ungemach zufügen, haben ihren Lohn bei ihrem Herrn, sie haben nichts zu befürchten, und sie werden nicht traurig sein. *263 Freundliche Worte und Verzeihen sind besser als ein Almosen, dem Ungemach folgt. Gott ist auf niemanden angewiesen und langmütig. 264 O ihr, die ihr glaubt, vereitelt nicht eure Almosen, indem ihr auf euer Verdienst pocht und Ungemach zufügt, gleich dem, der sein Vermögen spendet, um von den Menschen gesehen zu werden, und nicht an Gott und den Jüngsten Tag glaubt. Mit ihm ist es wie mit einem Felsen, der von Erdreich bedeckt ist. Es trifft ihn ein Platzregen und macht ihn zu einem kahlen Ding. Sie verfügen über nichts von dem, was sie erworben haben. Und Gott leitet die ungläubigen Leute nicht recht. 265 Mit denen, die ihr Vermögen spenden im Streben nach dem Wohlwollen Gottes und zur Festigung ihrer Seelen, ist es wie mit einem Garten auf einer Anhöhe. Es trifft ihn ein Platzregen, und er bringt den doppelten Ernteertrag. Und wenn ihn kein Platzregen trifft, dann ist es der Tau. Und Gott sieht wohl, was ihr tut.

266 Möchte einer von euch einen Garten von Palmen und Weinstöcken haben, unter dem Bäche fließen und in dem er allerlei Früchte hat? Dann trifft ihn das Alter, während er (noch) schwache Nachkommen hat. Nun trifft ihn* ein Wirbelsturm mit Feuer, er verbrennt. So macht Gott euch die Zeichen deutlich, damit ihr nachdenkt. 267 O ihr, die ihr glaubt, spendet von den köstlichen Dingen, die ihr erworben habt, und von dem, was Wir für euch aus der Erde hervorgebracht haben. Und sucht nicht das Schlechte aus, um davon zu spenden, wo ihr es nicht nehmen würdet, es sei denn, ihr würdet ein Auge zudrücken. Und wisst, dass Gott auf niemanden angewiesen ist und des Lobes würdig.

268 Der Satan droht euch Armut an und befiehlt euch Schändliches. Gott verheißt euch Vergebung von seiner Seite und Huld.

266: den Garten.

[5 ¼]

Gott umfasst und weiß alles. 269 Er schenkt die Weisheit, wem Er will. Und wem die Weisheit geschenkt wird, dem wird viel Gutes geschenkt. Jedoch bedenken es nur die Einsichtigen. 270 Was ihr an Spenden spendet oder an Gelübden gelobt, Gott weiß es. Diejenigen, die Unrecht tun, haben keine Helfer. 271 Wenn ihr die Almosen offen zeigt, so ist es schön. Wenn ihr sie geheimhaltet und den Armen zukommen lasst, so ist es besser für euch, und Er sühnt euch etwas von euren Missetaten. Gott hat Kenntnis von dem, was ihr tut. *272 Es ist nicht deine Aufgabe, sie rechtzuleiten, sondern Gott leitet recht, wen Er will. Und was ihr an Gutem spendet, es ist zu eurem Vorteil. Und ihr spendet nur in der Suche nach dem Antlitz Gottes. Und was ihr an Gutem spendet, wird euch voll zurückerstattet, und euch wird nicht Unrecht getan. 273 (Die Spenden sind) für die Armen, die auf dem Weg Gottes Behinderung erleiden, sodass sie nicht im Land umherwandern können. Der Törichte hält sie für reich wegen ihrer Zurückhaltung. Du erkennst sie an ihrem Merkmal. Sie betteln die Menschen nicht in aufdringlicher Weise an. Und was ihr an Gutem spendet, Gott weiß es. 274 Diejenigen, die ihr Vermögen bei Nacht und Tag, geheim oder offen, spenden, haben ihren Lohn bei ihrem Herrn, sie haben nichts zu befürchten, und sie werden nicht traurig sein.

275 Diejenigen, die den Zins verzehren, werden nur so aufstehen, wie der aufsteht, den der Satan packt und verprügelt. Dies, weil sie sagen: Das Verkaufen ist gleich dem Zinsnehmen. Aber Gott hat das Verkaufen erlaubt und das Zinsnehmen verboten. Wer eine Ermahnung von seinem Herrn bekommt und dann aufhört, darf das, was vorher geschah, behalten. Seine Angelegenheit wird Gott überlassen. Diejenigen aber, die es von neuem tun, das sind die Gefährten des Feuers; darin werden sie ewig weilen. 276 Gott vernichtet das Zinsnehmen, und er verzinst die Almosen. Gott liebt keinen, der sehr ungläubig und sündig ist. 277 Diejenigen, die glauben, die gute Werke tun, das Gebet verrichten, die Abgabe entrichten, haben ihren Lohn bei ihrem Herrn, sie haben nichts zu befürchten, und sie werden nicht traurig sein. 278 O ihr, die ihr glaubt, fürchtet Gott und lasst, was künftig an Zinsnehmen anfällt, bleiben, so ihr gläubig seid. 279 Wenn ihr es nicht tut, so

[5 ½]

erwartet Krieg von Gott und seinem Gesandten. Wenn ihr umkehrt, steht euch euer Kapital zu; so tut ihr kein Unrecht, und es
wird euch kein Unrecht getan. 280 Und wenn (ein Schuldner) in
Bedrängnis ist, dann gewährt ihm Aufschub, bis sich (bei ihm) Erleichterung einstellt. Dass ihr (es ihm) aber als Almosen erlasst, ist
besser für euch, so ihr Bescheid wisst. 281 Und hütet euch vor
einem Tag, an dem ihr zu Gott zurückgebracht werdet. Dann wird
jeder Seele voll zurückerstattet, was sie erworben hat. Und ihnen
wird nicht Unrecht getan.

282 O ihr, die ihr glaubt, wenn es unter euch um eine Schuld auf
eine bestimmte Frist geht, dann schreibt es auf. Ein Schreiber soll
(es) in eurem Beisein der Gerechtigkeit gemäß aufschreiben. Kein
Schreiber soll sich weigern zu schreiben, wie Gott ihn gelehrt hat.
Er soll schreiben, und der, gegen den das Recht besteht*, soll (es)
diktieren, und er soll Gott, seinen Herrn, fürchten und nichts davon abziehen. Und wenn derjenige, gegen den das Recht besteht,
schwachsinnig oder hilflos ist oder nicht selbst zu diktieren vermag, so soll sein Sachwalter der Gerechtigkeit gemäß diktieren.
Und lasst zwei Zeugen aus den Reihen eurer Männer (es) bezeugen. Wenn es aber keine zwei Männer gibt, dann sollen es ein
Mann und zwei Frauen sein aus den Reihen der Zeugen, mit denen ihr einverstanden seid, sodass, wenn eine der beiden sich irrt,
die eine von ihnen die andere erinnern kann. Die Zeugen sollen
sich nicht weigern, wenn sie dazu aufgerufen werden. Und unterlasst nicht aus Verdruss, es aufzuschreiben, ob es klein oder groß
ist, (um es festzulegen) bis zu seiner Frist. Das ist für euch gerechter bei Gott und richtiger für das Zeugnis und bewirkt eher, dass
ihr keine Zweifel hegt. Es sei denn, es handelt sich um eine an Ort
und Stelle vorhandene Ware, die ihr untereinander aushändigt,
dann ist es für euch kein Vergehen, wenn ihr sie nicht aufschreibt.
Und nehmt Zeugen, wenn ihr miteinander Kaufgeschäfte ab-
schließt. Kein Schreiber und kein Zeuge soll einem Schaden ausgesetzt werden. Wenn ihr (es) aber tut, so ist das ein Frevel von
euch. Und fürchtet Gott. Gott lehrt euch, und Gott weiß alle

282: der Schuldner.

Dinge. *283 Und wenn ihr auf einer Reise seid und keinen Schrei- [5 3/4]
ber findet, so soll ein Pfand genommen werden. Und wenn die
einen von euch den anderen etwas anvertrauen, so soll derjenige,
dem etwas anvertraut wurde, das ihm Anvertraute zurückgeben,
und er soll Gott, seinen Herrn, fürchten. Und verschweigt nicht
das Zeugnis. Wer es verschweigt, dessen Herz ist sündig. Gott
weiß, was ihr tut. 284 Gott gehört, was in den Himmeln und was
auf der Erde ist. Und ob ihr das, was in eurem Inneren ist, offenlegt oder geheim haltet, Gott rechnet mit euch darüber ab. Er vergibt, wem Er will, und Er peinigt, wen Er will. Und Gott hat Macht
zu allen Dingen.

285 Der Gesandte glaubt an das, was zu ihm von seinem Herrn
herabgesandt wurde, und ebenso die Gläubigen. Jeder glaubt an
Gott und seine Engel und seine Bücher und seine Gesandten. Wir
machen bei keinem seiner Gesandten einen Unterschied. Und sie
sagen: »Wir hören, und wir gehorchen. Schenke uns deine Vergebung, unser Herr. Zu Dir führt der Lebensweg. 286 Gott fordert
von niemandem mehr, als er vermag. Ihm gereicht zum Vorteil,
was er erworben hat, und ihm gereicht zum Schaden, was er begangen hat. Unser Herr, belange uns nicht, wenn wir vergessen
oder sündigen. Unser Herr, lege auf uns keine Last, wie Du sie auf
die gelegt hast, die vor uns lebten. Unser Herr, lade uns nichts auf,
wozu wir keine Kraft haben. Verzeihe uns, vergib uns und erbarme
dich unser. Du bist unser Schutzherr, so unterstütze uns gegen die
ungläubigen Leute.«

Sure 3

Die Sippe ʿImrāns (Āl ʿImrān)

zu Medina, 200 Verse

Im Namen Gottes, des Erbarmers, des Barmherzigen.
1 Alif Lām Mīm*. 2 Gott, es gibt keinen Gott außer Ihm, dem Lebendigen, dem Beständigen. 3 Er hat auf dich das Buch mit der
Wahrheit herabgesandt als Bestätigung dessen, was vor ihm vorhanden war. Und Er hat die Tora und das Evangelium herabgesandt 4 zuvor als Rechtleitung für die Menschen, und Er hat die
Unterscheidungsnorm herabgesandt. Diejenigen, die die Zeichen
Gottes verleugnen, erhalten eine harte Pein. Und Gott ist mächtig
und übt Rache. 5 Vor Gott ist nichts verborgen, weder auf der Erde noch im Himmel. 6 Er ist es, der euch im Mutterschoß gestaltet, wie Er will. Es gibt keinen Gott außer Ihm, dem Mächtigen,
dem Weisen. 7 Er ist es, der das Buch auf dich herabgesandt hat.
In ihm gibt es eindeutig festgelegte Zeichen – sie sind die Urnorm
des Buches* – und andere, mehrdeutige. Diejenigen, in deren Herzen Abweichen von der Wahrheit steckt, folgen dem, was in ihm
mehrdeutig ist, im Trachten danach, (die Menschen) zu verführen,
und im Trachten danach, es (eigener) Deutung zu unterziehen.
Um seine Deutung aber weiß niemand außer Gott. Und diejenigen, die im Wissen fest gegründet sind, sagen: »Wir glauben; das
eine und das andere ist von unserem Herrn.« Jedoch bedenken (es)
nur die Einsichtigen. 8 Unser Herr, lass unsere Herzen nicht abweichen, nachdem Du uns rechtgeleitet hast. Und schenke uns von
Dir Barmherzigkeit. Du bist ja der Freigebige. 9 Unser Herr, Du
wirst die Menschen auf einen Tag versammeln, an dem kein Zweifel möglich ist. Gott bricht das Versprechen nicht.

1:   Die Bedeutung dieser Buchstaben ist noch nicht geklärt.
7:   Wörtlich: die Mutter des Buches, d.h. entweder die Quintessenz des
     Buches oder die Urschrift, die nach dem Koran (13,39) bei Gott auf-
     bewahrt ist.

10 Denen, die ungläubig sind, werden weder ihr Vermögen noch ihre Kinder vor Gott etwas nützen. Sie sind Brennstoff des Feuers. 11 Es ist wie mit den Leuten des Pharao und denen, die vor ihnen lebten. Sie erklärten unsere Zeichen für Lüge, so ergriff sie Gott wegen ihrer Sünden. Und Gott verhängt harte Strafen. 12 Sprich zu denen, die ungläubig sind: Ihr werdet besiegt und zur Hölle versammelt werden – welch schlimme Lagerstätte! 13 Ihr hattet ein Zeichen in zwei Gruppen, die aufeinandertrafen: Die eine Gruppe kämpfte auf dem Weg Gottes, die andere war ungläubig. Sie* sahen mit eigenen Augen, dass jene zweimal so zahlreich waren wie sie. Aber Gott stärkt mit seiner Unterstützung, wen Er will. Darin ist eine Lehre für die Einsichtigen.

14 Verlockend ist den Menschen gemacht worden die Liebe zu dem, was man begehrt: Frauen, Söhne, ganze Zentner von Gold und Silber, gekennzeichnete Pferde, Vieh und Ackerland. Dies ist Nutznießung des diesseitigen Lebens. Aber bei Gott ist die schöne Heimstatt. *15 Sprich: Soll ich euch etwas kundtun, was besser ist [6] als dieses? Für diejenigen, die gottesfürchtig sind, sind bei ihrem Herrn Gärten, unter denen Bäche fließen und in denen sie ewig weilen werden, und geläuterte Gattinnen und Wohlgefallen von Gott – Gott sieht wohl die Diener –, 16 (für sie), die sagen: »Unser Herr, wir glauben, so vergib uns unsere Sünden und bewahre uns vor der Pein des Feuers«, 17 die geduldig, wahrhaftig und demütig ergeben sind, die Spenden geben und die in der Morgendämmerung um Vergebung bitten.

18 Gott bezeugt, dass es keinen Gott gibt außer Ihm, ebenso die Engel und diejenigen, die das Wissen besitzen. Er steht für die Gerechtigkeit ein. Es gibt keinen Gott außer Ihm, dem Mächtigen, dem Weisen. 19 Die Religion bei Gott ist der Islam. Diejenigen, denen das Buch zugekommen ist, sind erst uneins geworden, nachdem das Wissen zu ihnen gekommen war, dies aus ungerechter Auflehnung untereinander. Wenn aber jemand die Zeichen Gottes verleugnet – siehe, Gott ist schnell im Abrechnen. 20 Wenn sie mit dir streiten, dann sprich: Ich ergebe mich Gott

13:   die Gläubigen.

völlig, und auch die, die mir folgen. Und sprich zu denen, denen das Buch zugekommen ist, und zu den Ungelehrten: Werdet ihr nun Muslime werden? Wenn sie Muslime werden, folgen sie der Rechtleitung. Wenn sie sich aber abkehren, so obliegt dir nur die Ausrichtung (der Botschaft). Und Gott sieht wohl die Diener. 21 Denen, die die Zeichen Gottes verleugnen und die Propheten zu Unrecht töten* und diejenigen unter den Menschen töten, die die Gerechtigkeit gebieten, verkünde eine schmerzhafte Pein. 22 Das sind die, deren Werke im Diesseits und Jenseits wertlos sind, und sie werden keine Helfer haben.

23 Hast du nicht auf jene geschaut, denen ein Anteil vom Buch zugekommen ist, wie sie zum Buch Gottes gerufen werden, damit es zwischen ihnen urteilt, und wie dann ein Teil von ihnen den Rücken kehrt und sich abwendet? 24 Dies, weil sie sagen: »Das Feuer wird uns sicher nur einige gezählte Tage berühren.« Siehe, betört hat sie in ihrer Religion, was sie immer wieder erdichtet haben. 25 Wie wird es wohl sein, wenn Wir sie auf einen Tag versammeln, an dem kein Zweifel möglich ist, und wenn jeder Seele voll erstattet wird, was sie erworben hat? Und ihnen wird nicht Unrecht getan. 26 Sprich: O Gott, der Du über die Königsherrschaft verfügst, Du gibst die Königsherrschaft, wem Du willst, und Du nimmst die Königsherrschaft, wem Du willst. Du verleihst Macht, wem Du willst, und Du erniedrigst, wen Du willst. In deiner Hand liegt das Gute. Du hast Macht zu allen Dingen. 27 Du lässt die Nacht in den Tag übergehen, und Du lässt den Tag in die Nacht übergehen. Du bringst das Lebendige aus dem Toten, und Du bringst das Tote aus dem Lebendigen hervor, und Du bescherst Unterhalt, wem Du willst, ohne (viel) zu rechnen.

28 Die Gläubigen sollen sich nicht die Ungläubigen anstelle der Gläubigen zu Freunden nehmen. Wer das tut, hat keine Gemeinschaft mit Gott, es sei denn, ihr hütet euch wirklich vor ihnen. Gott warnt euch vor sich selbst. Und zu Gott führt der Lebensweg. 29 Sprich: Ob ihr das geheim haltet, was in eurem Inneren ist, oder es offenlegt, Gott weiß es. Und Er weiß, was in den Himmeln und

21: Vgl. Evangelium: Matthäus 23,37; Lukas 13,34.

was auf der Erde ist. Und Gott hat Macht zu allen Dingen. 30 An dem Tag, da jede Seele das vorgebracht findet, was sie an Gutem getan hat und was sie an Bösem getan hat. Sie wird wünschen, es läge zwischen ihr und ihm* eine weite Entfernung. Und Gott warnt euch vor sich selbst. Und Gott hat Mitleid mit den Dienern.

31 Sprich: Wenn ihr Gott liebt, dann folgt mir, so wird Gott euch lieben und euch eure Sünden vergeben. Und Gott ist voller Vergebung und barmherzig. 32 Sprich: Gehorchet Gott und dem Gesandten. Wenn sie sich abkehren – siehe, Gott liebt die Ungläubigen nicht.

*33 Gott hat sich Adam, Noach, die Sippe Abrahams und die Sippe ʿImrāns von den Weltenbewohnern erwählt, 34 eine Nachkommenschaft, von der die einen von den anderen stammen. Und Gott hört und weiß alles. 35 Als die Frau ʿImrāns sagte: »Mein Herr, ich gelobe Dir das, was in meinem Leib ist, und weihe es Dir. Nimm es von mir an. Du bist der, der alles hört und weiß.« 36 Als sie mit ihr niederkam, sagte sie: »Mein Herr, ich habe da ein Mädchen geboren.« – Gott wusste doch besser, was sie geboren hatte, ein männliches Kind ist eben nicht wie ein weibliches. – »Und ich habe sie Maria genannt. Und ich suche bei Dir Zuflucht für sie und ihre Nachkommenschaft vor dem gesteinigten Satan.« 37 Da nahm sie ihr Herr auf schöne Weise an und ließ sie auf schöne Weise heranwachsen. Er vertraute sie Zakaria an. Sooft Zakaria zu ihr in das Heiligtum trat, fand er bei ihr Lebensunterhalt. Er sagte: »O Maria, woher hast du das?« Sie sagte: »Von Gott. Gott beschert Unterhalt, wem Er will, ohne (viel) zu rechnen.«

38 *Dort rief Zakaria seinen Herrn an und sagte: »Mein Herr, schenke mir von Dir her eine gute Nachkommenschaft. Du erhörst ja das Gebet.« 39 Da riefen ihm die Engel, während er im Heiligtum stand und betete, zu: »Gott verkündet dir Yaḥyā*; er wird ein Wort von Gott für wahr halten und wird Herrscher, Asket und Prophet sein, einer von den Rechtschaffenen.« 40 Er sagte: »Mein

[6 ¼]

30:　dem Bösen, das sie getan hat, oder dem Tag des Gerichtes.
38 ff.:　Vgl. Evangelium: Lukas 1,5–25.
39:　Johannes der Täufer.

Herr, wie soll ich einen Knaben haben, wo ich ein hohes Alter erreicht habe und meine Frau unfruchtbar ist?« Er sprach: »So ist es; Gott tut, was Er will.« 41 Er sagte: »Mein Herr, setze mir ein Zeichen.« Er sprach: »Dein Zeichen ist, dass du drei Tage lang zu den Menschen nicht sprechen wirst, außer durch Winken. Und gedenke viel deines Herrn und preise (Ihn) am Spätabend und am Morgen.« 42 Als die Engel sagten: »O Maria, Gott hat dich auserwählt und rein gemacht, und Er hat dich vor den Frauen der Weltenbewohner auserwählt. 43 O Maria, sei deinem Herrn demütig ergeben, wirf dich nieder und verneige dich mit denen, die sich verneigen.« 44 Dies gehört zu den Berichten über das Unsichtbare, die Wir dir offenbaren. Du warst ja nicht bei ihnen, als sie ihre Losstäbe warfen, wer von ihnen Maria betreuen solle. Und du warst nicht bei ihnen, als sie miteinander stritten. 45 Als die Engel sagten: »O Maria, Gott verkündet dir ein Wort von Ihm, dessen Name Christus* Jesus, der Sohn Marias, ist; er wird angesehen sein im Diesseits und Jenseits, und einer von denen, die in die Nähe (Gottes) zugelassen werden. 46 Er wird zu den Menschen sprechen in der Wiege und als Erwachsener und einer der Rechtschaffenen sein.« 47 Sie sagte*: »Mein Herr, wie soll ich ein Kind bekommen, wo mich kein Mensch berührt hat?« Er sprach: »So ist es; Gott schafft, was Er will. Wenn Er eine Sache beschlossen hat, sagt Er zu ihr nur: Sei!, und sie ist.« 48 Und Er wird ihn lehren das Buch, die Weisheit, die Tora und das Evangelium. 49 Und (Er wird ihn) zu einem Gesandten an die Kinder Israels (machen): »Ich komme zu euch mit einem Zeichen von eurem Herrn: Ich schaffe euch aus Ton etwas wie eine Vogelgestalt, dann blase ich hinein, und es wird zu einem Vogel mit Gottes Erlaubnis; und ich heile Blinde und Aussätzige und mache Tote wieder lebendig mit Gottes Erlaubnis; und ich tue euch kund, was ihr esst und in euren Häusern aufspeichert. Darin ist für euch ein Zeichen, so ihr gläubig seid. 50 Und (ich komme), das zu bestätigen, was von der Tora vor mir vorhanden war, und um euch einiges von dem zu erlauben, was

45:   der Messias, der Gesalbte.
47:   Vgl. Evangelium: Lukas 1,34–37.

euch verboten wurde. So komme ich zu euch mit einem Zeichen von eurem Herrn. Daher fürchtet Gott und gehorchet mir. 51 Gott ist mein Herr und euer Herr, so dienet Ihm. Das ist ein gerader Weg.« *52 Als Jesus Unglauben von ihrer Seite spürte, sagte er: [6 ½] »Wer sind meine Helfer (auf dem Weg) zu Gott hin?« Die Jünger sagten: »Wir sind die Helfer Gottes. Wir glauben an Gott. Bezeuge, dass wir gottergeben sind. 53 Unser Herr, wir glauben an das, was Du herabgesandt hast, und wir folgen dem Gesandten. So verzeichne uns unter denen, die bezeugen.« 54 Sie schmiedeten Ränke, und Gott schmiedete Ränke. Gott ist der beste derer, die Ränke schmieden. 55 Als Gott sprach: »O Jesus, Ich werde dich abberufen und zu Mir erheben und dich von denen, die ungläubig sind, rein machen. Und Ich werde diejenigen, die dir folgen, über die, die ungläubig sind, stellen bis zum Tag der Auferstehung. Dann wird zu Mir eure Rückkehr sein, und Ich werde zwischen euch über das urteilen, worüber ihr uneins waret. 56 Diejenigen, die ungläubig sind, werde Ich mit einer harten Pein peinigen im Diesseits und Jenseits, und sie werden keine Helfer haben.« 57 Denjenigen aber, die glauben und die gute Werke tun, wird Er ihren Lohn voll erstatten. Gott liebt die nicht, die Unrecht tun. 58 Das verlesen Wir dir von den Zeichen und der weisen Ermahnung.

59 Mit Jesus ist es vor Gott wie mit Adam. Er erschuf ihn aus Erde, dann sagte Er zu ihm: Sei!, und er war. 60 Es ist die Wahrheit von deinem Herrn. Darum sei nicht einer von den Zweiflern. 61 Und wenn man mit dir darüber streitet nach dem, was zu dir als Wissen gekommen ist, dann sprich: Kommt her, lasst uns unsere Söhne und eure Söhne, unsere Frauen und eure Frauen, uns selbst und euch selbst zusammenrufen und dann den Gemeinschaftseid* leisten und den Fluch Gottes auf die Lügner herabkommen lassen. 62 Das ist gewiss der wahre Bericht. Und es gibt keinen Gott außer Gott. Gott ist der Mächtige, der Weise. 63 Wenn sie sich abkehren, so weiß Gott über die Unheilstifter Bescheid. 64 Sprich: O ihr Leute des Buches, kommt her zu einem zwischen

---

61: Der Gemeinschaftseid ist die Grundlage des hier vorgeschlagenen Gottesurteils.

uns und euch gleich angenommenen Wort: dass wir Gott allein dienen und Ihm nichts beigesellen, und dass wir nicht einander zu Herren nehmen neben Gott. Doch wenn sie sich abkehren, dann sagt: »Bezeugt, dass wir gottergeben sind.« 65 O ihr Leute des Buches, warum streitet ihr über Abraham, wo doch die Tora und das Evangelium erst nach ihm herabgesandt wurden? Habt ihr denn keinen Verstand? 66 Siehe, ihr habt über etwas gestritten, wovon ihr Wissen habt*. Warum streitet ihr denn nun über das, wovon ihr kein Wissen habt? Gott weiß, ihr aber wisst nicht Bescheid. 67 Abraham war weder Jude noch Christ, sondern er war ein Anhänger des reinen Glaubens, ein Gottergebener, und er gehörte nicht zu den Polytheisten. 68 Diejenigen unter den Menschen, die am ehesten Abraham beanspruchen dürfen, sind die, die ihm gefolgt sind, und dieser Prophet und diejenigen, die glauben. Und Gott ist der Freund der Gläubigen.

69 Eine Gruppe von den Leuten des Buches möchte euch gern in die Irre führen. Aber sie führen nur sich selbst in die Irre, und sie merken es nicht. 70 O ihr Leute des Buches, warum verleugnet ihr die Zeichen Gottes, wo ihr sie selbst bezeugt? 71 O ihr Leute des Buches, warum verkleidet ihr die Wahrheit mit dem Falschen und verschweigt die Wahrheit, wo ihr es wisst?

72 Eine Gruppe von den Leuten des Buches sagt: »Glaubt an das, was auf diejenigen, die glauben, herabgesandt wurde, nur am Anfang des Tages, und verleugnet es an seinem Ende. Vielleicht werden sie umkehren. 73 Und glaubt nur denen, die eurer Religion folgen.« Sprich: Die Rechtleitung ist ja die Rechtleitung Gottes. (Fürchtet ihr,) dass jemandem (anderen) das Gleiche zukommt, was euch zugekommen ist, oder dass sie mit euch vor eurem Herrn streiten? Sprich: Die Huld liegt in der Hand Gottes, Er lässt sie zukommen, wem Er will. Gott umfasst und weiß alles. 74 Er schenkt seine Barmherzigkeit besonders, wem Er will. Und Gott besitzt große Huld.

66:   Der Gegenstand des Streites ist nicht näher zu bestimmen, muss jedoch in der Zuständigkeit der Gesprächspartner gelegen haben. Vielleicht ist er auf die Sendung Jesu Christi zu beziehen.

*75 Unter den Leuten des Buches gibt es manch einen, der, wenn [6 3/4]
du ihm einen Zentner anvertraust, ihn dir zurückgibt, und manch
einen, der, wenn du ihm einen (einzigen) Dinar anvertraust, ihn dir
nur dann zurückgibt, wenn du ihm dauernd zusetzt. Das rührt daher, dass sie sagen: »Man kann uns in Bezug auf die Ungelehrten
nicht belangen.« Damit sagen sie über Gott eine Lüge, und sie wissen es. 76 Nein! Wenn einer seine Verpflichtung erfüllt und gottesfürchtig ist – siehe, Gott liebt die Gottesfürchtigen. 77 Diejenigen, die den Bund Gottes und ihre Eide für einen geringen Preis
verkaufen, haben am Jenseits keinen Anteil. Gott wird sie nicht
ansprechen und nicht zu ihnen schauen am Tag der Auferstehung,
und sie auch nicht für rein erklären. Und für sie ist eine schmerzhafte Pein bestimmt. 78 Unter ihnen gibt es eine Gruppe, die ihre
Zunge beim Lesen des Buches verdrehen, damit ihr meint, es gehöre zum Buch, während es nicht zum Buch gehört, und die sagen, es sei von Gott her, während es nicht von Gott kommt. Und
(damit) sagen sie gegen Gott eine Lüge aus, und sie wissen es.
79 Es steht keinem Menschen zu, dass Gott ihm das Buch, die Urteilskraft* und die Prophetie zukommen lässt und dass er dann zu
den Menschen sagt: »Seid meine Diener anstelle Gottes.« Vielmehr
(wird er sagen): »Seid Gottesgelehrte, da ihr das Buch lehrt und da
ihr es erforscht.« 80 Und auch nicht, dass er euch befiehlt, die Engel und die Propheten zu Herren zu nehmen. Kann er euch den
Unglauben befehlen, nachdem ihr Gottergebene geworden seid?
81 Und als Gott die Verpflichtung der Propheten entgegennahm:
»Was immer Ich euch für ein Buch und eine Weisheit zukommen
lasse, wenn danach ein Gesandter zu euch kommt, der bestätigt,
was bei euch ist, dann müsst ihr an ihn glauben und ihn unterstützen.« Er sprach: »Erkennt ihr es an und betrachtet ihr euch Mir
gegenüber daran gebunden?« Sie sagten: »Wir erkennen es an.« Er
sprach: »So bezeugt es, und Ich gehöre mit euch zu den Zeugen.«
82 Diejenigen, die sich danach abkehren, das sind die Frevler.
83 Suchen sie sich etwa eine andere Religion als die Religion Got-

---

79: Oder: Urteilsvollmacht, d.h. Zuständigkeit, in Rechtsfragen das Urteil
     aufgrund der Bestimmungen Gottes zu fällen.

tes, wo Ihm ergeben ist, wer in den Himmeln und auf der Erde ist, ob freiwillig oder widerwillig, und wo sie (alle) zu Ihm zurückgebracht werden? 84 Sprich: Wir glauben an Gott und an das, was auf uns herabgesandt wurde, und an das, was herabgesandt wurde auf Abraham, Ismael, Isaak, Jakob und die Stämme, und an das, was Mose und Jesus und den Propheten von ihrem Herrn zugekommen ist. Wir machen bei keinem von ihnen einen Unterschied. Und wir sind Ihm ergeben*. 85 Wer eine andere Religion als den Islam sucht, von dem wird es nicht angenommen werden. Und im Jenseits gehört er zu den Verlierern. 86 Wie sollte Gott Leute rechtleiten, die ungläubig geworden sind, nachdem sie gläubig waren und bezeugt haben, dass der Gesandte wahrhaftig ist, und nachdem die deutlichen Zeichen zu ihnen gekommen sind? Gott leitet die ungerechten Leute nicht recht. 87 Die Vergeltung für sie ist, dass der Fluch Gottes und der Engel und der Menschen allesamt über sie kommt*. 88 Sie werden darin ewig weilen. Ihnen wird die Pein nicht erleichtert, und ihnen wird kein Aufschub gewährt, 89 außer denen, die danach umkehren und Besserung zeigen. Denn Gott ist voller Vergebung und barmherzig. 90 Von denen, die, nachdem sie gläubig waren, ungläubig werden und an Unglauben zunehmen, wird ihre Reue nicht angenommen werden. Das sind die, die irregehen. 91 Von denen, die ungläubig geworden sind und als Ungläubige sterben – nicht die Erde voll Gold würde von einem von ihnen angenommen, auch wenn er sich damit loskaufen wollte. Für sie ist eine schmerzhafte Pein bestimmt, und sie werden keine Helfer haben.

92 Ihr werdet die (wahre) Frömmigkeit nicht erlangen, bis ihr von dem spendet, was ihr liebt. Und was immer ihr spendet, Gott weiß es. *93 Alle Speisen waren den Kindern Israels erlaubt, außer dem, was Israel sich selbst verboten hat*, bevor die Tora herabgesandt wurde. Sprich: Bringt die Tora her und lest sie vor, so ihr die

4. Teil
[7]

84: Vgl. 2,136.
87: Vgl. 2,161.
93: Durch ihre Sünden und Übertretungen haben die Kinder Israels selbst Gott veranlasst, ihnen zur Strafe Speiseverbote aufzuerlegen.

Wahrheit sagt. 94 Diejenigen, die nach diesem* gegen Gott Lügen erdichten, das sind die, die Unrecht tun. 95 Sprich: Gott sagt die Wahrheit. So folgt der Glaubensrichtung Abrahams, als Anhänger des reinen Glaubens, und er gehörte nicht zu den Polytheisten. 96 Das erste Haus, das für die Menschen errichtet wurde, ist gewiss dasjenige in Bakka*; voller Segen ist es und Rechtleitung für die Weltenbewohner. 97 In ihm sind deutliche Zeichen. Es ist die Stätte Abrahams, und wer es betritt, ist in Sicherheit. Und Gott hat den Menschen die Pflicht zur Wallfahrt nach dem Haus auferlegt, allen, die dazu eine Möglichkeit finden. Und wenn einer ungläubig ist, so ist Gott auf die Weltenbewohner nicht angewiesen.

98 Sprich: O ihr Leute des Buches, warum verleugnet ihr die Zeichen Gottes? Gott ist ja Zeuge über das, was ihr tut. 99 Sprich: O ihr Leute des Buches, warum weist ihr den, der glaubt, vom Weg Gottes ab, indem ihr euch ihn krumm wünscht, wo ihr doch Zeugen seid? Und Gott lässt nicht unbeachtet, was ihr tut.

100 O ihr, die ihr glaubt, wenn ihr einer Gruppe derer gehorcht, denen das Buch zugekommen ist, werden sie euch, nachdem ihr gläubig geworden seid, wieder zu Ungläubigen machen. 101 Wie könnt ihr ungläubig werden, wo euch die Zeichen Gottes verlesen werden und sein Gesandter unter euch ist? Wer an Gott festhält, wird zu einem geraden Weg geleitet. 102 O ihr, die ihr glaubt, fürchtet Gott, wie Er richtig gefürchtet werden soll, und sterbt nicht anders denn als Gottergebene. 103 Und haltet allesamt am Seil Gottes fest und spaltet euch nicht. Und gedenket der Gnade Gottes zu euch, als ihr Feinde waret und Er Vertrautheit zwischen euren Herzen stiftete, sodass ihr durch seine Gnade Brüder wurdet; und als ihr euch am Rande einer Feuergrube befandet und Er euch davor rettete. So macht euch Gott seine Zeichen deutlich, auf dass ihr der Rechleitung folgt. 104 Aus euch soll eine Gemeinschaft (von Gläubigen) entstehen, die zum Guten aufrufen, das Rechte gebieten und das Verwerfliche verbieten. Das sind die,

94: nach dieser Feststellung.
96: Mekka; siehe 2,124–141.

denen es wohl ergeht. 105 Und seid nicht wie diejenigen, die sich gespalten haben und uneins geworden sind, nachdem die deutlichen Zeichen zu ihnen gekommen waren. Bestimmt ist für sie eine gewaltige Pein, 106 am Tag, da einige Gesichter weiß und andere Gesichter schwarz sein werden. Zu denen, deren Gesichter schwarz sein werden, (wird gesprochen): »Wieso seid ihr ungläubig geworden, nachdem ihr gläubig waret? Kostet nun die Pein dafür, dass ihr ungläubig waret.« 107 Diejenigen aber, deren Gesichter weiß sein werden, befinden sich in der Barmherzigkeit Gottes; sie werden darin ewig weilen. 108 Das sind die Zeichen Gottes. Wir verlesen sie dir der Wahrheit entsprechend. Und Gott will kein Unrecht für die Weltenbewohner. 109 Gott gehört, was in den Himmeln und was auf der Erde ist. Und zu Ihm werden die Angelegenheiten zurückgebracht.

110 Ihr seid die beste Gemeinschaft, die je unter den Menschen hervorgebracht worden ist. Ihr gebietet das Rechte und verbietet das Verwerfliche und glaubt an Gott. Würden die Leute des Buches glauben, es wäre besser für sie. Unter ihnen gibt es Gläubige, aber die meisten von ihnen sind Frevler. 111 Sie werden euch keinen Schaden, nur geringes Leid zufügen. Und wenn sie gegen euch kämpfen, werden sie euch den Rücken kehren. Und dann werden sie keine Unterstützung erfahren. 112 Erniedrigung überdeckt sie, wo immer sie angetroffen werden, es sei denn, sie stehen unter dem Schutz einer Verbindung mit Gott und einer Verbindung mit Menschen. Und sie ziehen sich den Zorn Gottes zu. Und Elend überdeckt sie. Dies dafür, dass sie immer wieder die Zeichen Gottes verleugneten und die Propheten zu Unrecht töteten*; dies dafür, dass sie ungehorsam waren und immer wieder [7 ¼] Übertretungen begingen. *113 Sie sind nicht (alle) gleich. Unter den Leuten des Buches gibt es eine aufrechte Gemeinschaft. Sie verlesen die Zeichen Gottes zu (verschiedenen) Nachtzeiten, während sie sich niederwerfen. 114 Sie glauben an Gott und an den Jüngsten Tag. Sie gebieten das Rechte und verbieten das Verwerfliche und eilen zu den guten Dingen um die Wette. Sie

112: Vgl. 2,61.

gehören zu den Rechtschaffenen. 115 Was immer sie an Gutem tun, sie werden dafür nicht Undank ernten. Gott weiß über die Gottesfürchtigen Bescheid.

116 Denen, die ungläubig sind, werden weder ihr Vermögen noch ihre Kinder vor Gott etwas nützen. Das sind die Gefährten des Feuers; sie werden darin ewig weilen. 117 Mit dem, was sie in diesem diesseitigen Leben ausgeben, ist es wie mit einem eisigen Wind, der das Saatfeld von Leuten traf, die sich selbst Unrecht getan hatten, und es vernichtete. Und nicht Gott hat ihnen Unrecht getan, sondern sie tun sich selbst Unrecht. 118 O ihr, die ihr glaubt, nehmt euch keine Vertrauten unter denen, die nicht zu euch gehören. Sie werden euch kein Unheil ersparen. Sie möchten gern, ihr würdet in Bedrängnis geraten. Der Hass hat sich aus ihrem Munde kundgetan, und das, was ihre Brust verbirgt, ist schlimmer. Wir haben euch die Zeichen deutlich gemacht, so ihr verständig seid. 119 Seht, ihr liebt sie, sie aber lieben euch nicht. Ihr glaubt an das gesamte Buch. Wenn sie euch treffen, sagen sie: »Wir glauben.« Wenn sie allein sind, beißen sie sich gegen euch die Fingerspitzen vor Groll. Sprich: Sterbt an eurem Groll. Gott weiß über das innere Geheimnis Bescheid. 120 Wenn euch Gutes widerfährt, tut es ihnen Leid, und wenn euch Schlimmes trifft, freuen sie sich darüber. Wenn ihr euch geduldig und gottesfürchtig zeigt, wird ihre List euch nichts schaden. Gott umgreift, was sie tun.

121 Und als du von deinen Angehörigen in der Frühe weggingst, um die Gläubigen in Stellungen zum Kampf einzuweisen*. Und Gott hört und weiß alles. 122 Als zwei Gruppen von euch im Begriff waren, den Mut zu verlieren, wo doch Gott ihr Sachwalter war. Auf Gott sollen die Gläubigen vertrauen. 123 Gott hat euch doch in Badr unterstützt*, als ihr unterlegen waret. So fürchtet Gott, auf dass ihr dankbar werdet. 124 Als du zu den Gläubigen sagtest: »Genügt es euch denn nicht, dass

---

121: Es geht hier vielleicht um die Schlacht am Uḥud (625). Dort erlitten die Muslime eine Niederlage.
123: Der Sieg zu Badr erfolgte im Jahr 624.

euer Herr euch mit dreitausend herabgesandten Engeln beisteht?
125 Ja, wenn ihr standhaft und gottesfürchtig seid und sie sogleich gegen euch vorrücken, steht euch euer Herr bei mit fünf-
tausend stürmenden Engeln.« 126 Und Gott hat es nur deswegen gemacht, damit es für euch eine Frohbotschaft sei und
damit eure Herzen dadurch Ruhe finden – die Unterstützung
kommt nur von Gott, dem Mächtigen, dem Weisen –, 127 dies,
damit Er einen Teil derer, die ungläubig sind, ausmerze oder sie
niederwerfe, sodass sie enttäuscht zurückkehren 128 – dir steht
in dieser Angelegenheit keine Entscheidung zu –, oder damit Er
sich ihnen wieder zuwende oder sie peinige, denn sie sind Leute,
die Unrecht tun. 129 Gott gehört, was in den Himmeln und was
auf der Erde ist. Er vergibt, wem Er will, und Er peinigt, wen Er
will. Und Gott ist voller Vergebung und barmherzig.

130 O ihr, die ihr glaubt, verzehrt nicht den Zins in mehrfach ver-
doppelten Beträgen und fürchtet Gott, auf dass es euch wohl ergehe. 131 Und hütet euch vor dem Feuer, das für die Ungläubigen
bereitet ist. 132 Und gehorchet Gott und dem Gesandten, auf
[7 ½]   dass ihr Erbarmen findet. *133 Wetteifert nach einer Vergebung
von eurem Herrn und zu einem Garten, der so breit ist wie die
Himmel und die Erde, der für die Gottesfürchtigen bereitet ist,
134 die in guten und schlechten Tagen spenden, ihren Groll un-
terdrücken und den Menschen verzeihen – Gott liebt die, die Gutes tun –, 135 und die, wenn sie etwas Schändliches begangen
oder sich selbst Unrecht getan haben, Gottes gedenken und um
Vergebung für ihre Sünden bitten – und wer vergibt die Sünden
außer Gott? – und auf dem, was sie getan haben, nicht beharren,
wo sie es doch wissen. 136 Die Vergeltung für sie ist Vergebung
von ihrem Herrn und Gärten, unter denen Bäche fließen; darin
werden sie ewig weilen. Vorzüglich ist doch der Lohn derer, die
(gut) handeln.

137 Schon vor euch wurde (mit den Menschen) beispielhaft verfahren. Geht auf der Erde umher und schaut, wie das Ende derer
war, die (die Botschaft) für Lüge erklärt haben. 138 Dies ist eine
Darlegung für die Menschen und eine Rechtleitung und eine Ermahnung für die Gottesfürchtigen.

139 Und erlahmt nicht und werdet nicht traurig, wo ihr doch die Oberhand haben werdet, so ihr gläubig seid. 140 Wenn ihr Wunden erlitten habt*, so haben die (feindlichen) Leute ähnliche Wunden erlitten. Solche Tage teilen (Wir) den Menschen abwechselnd zu. (Dies geschieht) auch, damit Gott diejenigen in Erfahrung bringe, die glauben, und sich aus euren Reihen Zeugen nehme – und Gott liebt die nicht, die Unrecht tun –, 141 und damit Gott diejenigen, die glauben, läutere und die Ungläubigen vernichte, 142 – oder meint ihr, dass ihr ins Paradies eingehen werdet, noch ehe Gott in Erfahrung gebracht hat, wer von euch sich eingesetzt hat? – und damit Er in Erfahrung bringe, wer die Standhaften sind. 143 Und ihr pflegtet euch den Tod zu wünschen, bevor ihr ihm begegnet seid. Nun habt ihr ihn gesehen, indem ihr zuschautet. 144 Muhammad ist nur ein Gesandter. Vor ihm sind etliche Gesandte dahingegangen. Werdet ihr denn, wenn er stirbt oder getötet wird, auf euren Fersen kehrtmachen? Wer auf seinen Fersen kehrtmacht, wird Gott nichts schaden können. Und Gott wird (es) den Dankbaren vergelten. 145 Und niemand kann sterben außer mit der Erlaubnis Gottes gemäß einer Schrift mit festgelegter Frist. Und wer die Belohnung des Diesseits will, dem geben Wir etwas von ihm. Und wer die Belohnung des Jenseits will, dem geben Wir etwas von ihm. Und Wir werden (es) den Dankbaren vergelten. 146 Und so manchen Propheten gab es, mit dem viele Scharen gekämpft haben. Sie erlahmten nicht wegen dessen, was sie auf dem Weg Gottes traf, und sie wurden nicht schwach, und sie gaben nicht nach. Und Gott liebt die Standhaften. 147 Und nichts anderes war ihre Rede, als dass sie sagten: »Unser Herr, vergib uns unsere Schuld und unsere Maßlosigkeit in unserem Anliegen. Festige unsere Schritte und unterstütze uns gegen die ungläubigen Leute.« 148 So gab ihnen Gott den Lohn des Diesseits und den schönen Lohn des Jenseits. Und Gott liebt die Rechtschaffenen.

149 O ihr, die ihr glaubt, wenn ihr denen gehorcht, die nicht glauben, lassen sie euch auf den Fersen kehrtmachen, und ihr kehrt als

---

140: Bei der Niederlage am Uḥud (625).

Verlierer zurück. 150 Nein, Gott ist euer Schutzherr, und Er ist der beste Helfer. 151 Wir werden den Herzen derer, die ungläubig sind, Schrecken einjagen dafür, dass sie Gott solche beigesellen, für die Er keine Ermächtigung herabgesandt hat. Ihre Heimstätte ist das Feuer. Schlimm ist die Bleibe derer, die Unrecht tun. 152 Und Gott hat euch sein Versprechen wahr gemacht, als ihr sie mit seiner Erlaubnis vernichtend schluget, bis ihr verzagtet, miteinander über die Angelegenheit strittet und ungehorsam waret, nachdem Er euch hatte sehen lassen, was ihr liebt – unter euch gibt es welche, die das Diesseits wollen, und unter euch gibt es welche, die das Jenseits wollen; dann wies Er euch von ihnen ab, um euch zu prüfen. Und Er hat euch nunmehr verziehen. Gott ist voller Huld gegen die Gläubigen.

[7 3/4] *153 Als ihr wegliefet, ohne euch nach jemandem umzuwenden, während der Gesandte euch weit hinten zurief. Da belohnte Er euch mit Kummer für (den dem Propheten gemachten) Kummer, damit ihr nicht traurig seid über das, was euch entgangen war, und auch nicht über das, was euch getroffen hatte*. Und Gott hat Kenntnis von dem, was ihr tut. 154 Dann, nach dem Kummer, sandte Er auf euch Sicherheit herab, einen Schlaf, der eine Gruppe von euch überkam, während eine (andere) Gruppe sich um sich selbst kümmerte, indem sie von Gott etwas anderes als die Wahrheit dachte, wie in der Zeit der Unwissenheit gedacht wurde. Sie sagten: »Haben wir bei der Angelegenheit etwas zu entscheiden?« Sprich: Gott allein entscheidet in der ganzen Angelegenheit. Sie halten in ihrem Inneren geheim, was sie dir nicht offenlegen. Sie sagen: »Wenn wir bei der Angelegenheit etwas zu entscheiden gehabt hätten, wären wir nicht hier getötet worden.« Sprich: Auch wenn ihr in euren Häusern geblieben wäret, so wären diejenigen, für die es bestimmt war, getötet zu werden, dennoch zu ihren Sterbestätten hinausgezogen. (Dies geschieht), damit Gott prüft,

---

153: Der Kummer, den die Muslime erlitten haben, sollte sie vom Kriegsgeschehen mit allem, was dazu gehörte an Beute oder Leiden, ablenken und ihre Aufmerksamkeit auf ihre beschämende Haltung gegenüber dem Propheten richten.

was in eurer Brust ist, und läutert, was in euren Herzen ist. Und Gott weiß über das innere Geheimnis Bescheid. 155 Diejenigen unter euch, die sich abkehrten am Tag, da die beiden Scharen aufeinandertrafen*, die hat der Satan straucheln lassen wegen etwas von dem, was sie erworben haben. Gott hat ihnen nunmehr verziehen. Gott ist voller Vergebung und langmütig.

156 O ihr, die ihr glaubt, seid nicht wie diejenigen, die nicht glauben und die von ihren Brüdern, wenn diese auf der Erde umherwanderten oder sich auf einem Feldzug befanden, sagen: »Wären sie bei uns gewesen, wären sie nicht gestorben und nicht getötet worden.« Gott will dies zu einem Grund zu (tiefem) Bedauern in ihren Herzen machen*. Und Gott macht lebendig und lässt sterben. Und Gott sieht wohl, was ihr tut. 157 Und wenn ihr auf dem Weg Gottes getötet werdet oder sterbt, so sind Vergebung und Barmherzigkeit von Gott besser als das, was sie zusammentragen. 158 Und wenn ihr sterbt oder getötet werdet, so werdet ihr gewiss zu Gott versammelt werden. 159 Es ist um der Barmherzigkeit Gottes willen, dass du ihnen gegenüber umgänglich warst. Wärest du grob und hartherzig gewesen, wären sie rings um dich fortgelaufen. So verzeihe ihnen und bitte für sie um Vergebung und ziehe sie zu Rate in der Angelegenheit. Und wenn du dich entschlossen hast, dann vertraue auf Gott. Gott liebt ja die, die vertrauen. 160 Wenn Gott euch unterstützt, dann kann niemand euch besiegen. Und wenn Er euch im Stich lässt, wer ist es, der euch daraufhin unterstützen könnte? Auf Gott sollen also die Gläubigen vertrauen.

161 Es steht einem Propheten nicht zu, zu veruntreuen*. Wer veruntreut, wird das, was er veruntreut hat, am Tag der Auferstehung beibringen. Dann wird jeder Seele voll erstattet, was sie erworben

---

155: Bei der Schlacht am Uḥud (625).
156: Gott will, dass eure Haltung, die euch von ihnen unterscheidet –, oder: dass ihre eigene Haltung und ihre Gedanken angesichts des Todes ihrer Brüder ihnen ein Grund zu tiefem Bedauern seien.
161: Diese Äußerung bezieht sich wohl auf eine Begebenheit bei der Verteilung der Beute nach dem Sieg von Badr (624).

hat. Und ihnen wird nicht Unrecht getan. 162 Ist denn derjenige, der dem Wohlgefallen Gottes folgt, wie der, der sich den Groll Gottes zuzieht und dessen Heimstätte die Hölle ist? Welch schlimmes Ende! 163 Sie nehmen verschiedene Rangstufen bei Gott ein. Und Gott sieht wohl, was sie tun.

164 Gott hat den Gläubigen eine Wohltat erwiesen, als Er unter ihnen einen Gesandten aus ihrer Mitte hat erstehen lassen, der ihnen seine Zeichen verliest, sie läutert und sie das Buch und die Weisheit lehrt. Sie befanden sich ja vorher in einem offenkundigen Irrtum. 165 Wie konntet ihr, als euch ein Unglück traf, das ihr (den Feinden) doppelt so arg zugefügt hattet*, sagen: »Woher kommt das?« Sprich: Es kommt von euch selbst. Gott hat Macht zu allen Dingen. 166 Und was euch traf an dem Tag, da die beiden Scharen aufeinandertrafen, das geschah mit der Erlaubnis Gottes, damit Er die Gläubigen in Erfahrung bringe, 167 und auch die in Erfahrung bringe, die heucheln. Und es wurde zu ihnen gesagt: »Kommt her, kämpft auf dem Weg Gottes oder wehrt (die Feinde) ab.« Sie sagten: »Wenn wir wüssten, dass es einen Kampf geben würde, würden wir euch sicherlich folgen.« An jenem Tag waren sie dem Unglauben näher als dem Glauben, sie sagten ja mit ihrem Munde, was nicht in ihrem Herzen war. Und Gott weiß besser, was sie verschweigen. 168 Das sind diejenigen, die, während sie selbst zurückblieben, von ihren Brüdern sagten: »Hätten sie uns gehorcht, wären sie nicht getötet worden.« Sprich: Wehrt doch den Tod von euch ab, so ihr die Wahrheit sagt.

169 Halte diejenigen, die auf dem Weg Gottes getötet wurden, nicht für tot*. Sie sind vielmehr lebendig bei ihrem Herrn, und sie werden versorgt, 170 und sie freuen sich dabei über das, was Gott ihnen von seiner Huld zukommen ließ. Und sie erwarten die, die hinter ihnen (nachgekommen sind und) sie nicht eingeholt haben, voll Freude darüber, dass auch sie nichts zu befürchten haben und nicht traurig sein werden.

165: Das Unglück der Muslime am Uḥud (625) hatte ihre Feinde bei Badr (624) noch ärger getroffen.
169: Vgl. 2,154.

*171 Sie empfangen mit Freude Gnade und Huld von Gott und [8]
(freuen sich) darüber, dass Gott den Lohn der Gläubigen nicht verlorengehen lässt.

172 Für diejenigen, die auf Gott und den Gesandten gehört haben, nachdem sie die Wunde erlitten haben, – für diejenigen von
ihnen, die rechtschaffen und gottesfürchtig waren, ist ein großartiger Lohn bestimmt. 173 Zu ihnen haben die Menschen gesagt: »Die Menschen haben sich gegen euch versammelt, daher
fürchtet euch vor ihnen.« Aber das hat ihren Glauben nur ver-
stärkt, und sie sagten: »Gott genügt uns. Welch vorzüglicher
Sachwalter!« 174 Sie kehrten mit Gnade und Huld von Gott zurück, nichts Böses berührte sie, und sie folgten dem Wohlgefallen
Gottes. Und Gott besitzt große Huld.

175 Das ist der Satan. Er will (euch) vor seinen Freunden Angst
machen. Habt keine Angst vor ihnen, Mich sollt ihr fürchten, so
ihr gläubig seid. 176 Lass dich nicht durch die betrüben, die im
Unglauben miteinander wetteifern. Sie können Gott nichts schaden. Gott will für sie im Jenseits keinen Anteil bereithalten. Und
bestimmt ist für sie eine gewaltige Pein. 177 Diejenigen, die den
Unglauben für den Glauben erkauft haben, können Gott nichts
schaden. Und bestimmt ist für sie eine schmerzhafte Pein.
178 Und diejenigen, die ungläubig sind, sollen nicht meinen, es
sei besser für sie, dass Wir ihnen Aufschub gewähren. Wir gewähren ihnen ja Aufschub, damit sie noch mehr Schuld auf sich laden.
Und bestimmt ist für sie eine schmähliche Pein. 179 Nimmer wird
Gott die Gläubigen in dem Zustand belassen, in dem ihr euch befindet; Er will nur das Schlechte vom Guten unterscheiden*. Und
nimmer wird Gott euch über das Unsichtbare Auskunft geben.
Aber Gott erwählt von seinen Gesandten, wen Er will. So glaubt
an Gott und seine Gesandten. Und wenn ihr glaubt und gottesfürchtig seid, ist für euch ein großartiger Lohn bestimmt.

180 Diejenigen, die mit dem geizen, was Gott ihnen von seiner
Huld hat zukommen lassen, sollen nicht meinen, das sei besser
für sie. Nein, es ist schlechter für sie. Am Tag der Auferstehung

---

179: Wörtlich: bis Er das Schlechte vom Guten unterschieden hat.

wird ihnen das, womit sie gegeizt haben, (als Halskette) umgelegt werden. Gott gehört das Erbe der Himmel und der Erde. Und Gott hat Kenntnis von dem, was ihr tut. 181 Gott hat die Rede derer gehört, die da sagten: »Gott ist arm, wir sind reich*.« Wir werden aufschreiben, was sie sagten, und dass sie die Propheten zu Unrecht töteten, und Wir werden sprechen: Kostet die Pein des Höllenbrandes. 182 Dies für das, was eure Hände vorausgeschickt haben, und weil Gott den Dienern kein Unrecht tut. 183 Das sind die, die sagten: »Gott hat uns auferlegt, an keinen Gesandten zu glauben, bis er uns ein Opfer bringt, das das Feuer verzehrt*.« Sprich: Es sind vor mir Gesandte mit den deutlichen Zeichen und mit dem, was ihr gesagt habt, zu euch gekommen. Warum habt ihr sie dann getötet, so ihr die Wahrheit sagt? 184 Wenn sie dich der Lüge zeihen, so sind schon vor dir Gesandte der Lüge geziehen worden, die mit den deutlichen Zeichen gekommen waren, und mit den Schriften und dem erleuchtenden Buch.

185 Jeder wird den Tod erleiden. Euch wird euer Lohn am Tag der Auferstehung voll erstattet. Wer vom Feuer weggerückt und ins Paradies geführt wird, der erringt den Erfolg. Das diesseitige [8 ¼] Leben ist ja nur eine betörende Nutznießung. *186 Ihr werdet sicherlich an eurem Vermögen und an euch selbst geprüft werden, und ihr werdet gewiss von denen, denen das Buch vor euch zugekommen ist, und von den Polytheisten viel Ungemach hören. Wenn ihr euch aber geduldig und gottesfürchtig zeigt, so gehört dies zur Entschlossenheit in den Anliegen.

187 Und als Gott die Verpflichtung derer, denen das Buch zugekommen ist, entgegennahm: »Ihr müsst es den Menschen deutlich machen und dürft es nicht verschweigen.« Da warfen sie es hinter ihren Rücken und verkauften es für einen geringen Preis. Schlecht ist, was sie erkaufen. 188 Und meine nicht, dass diejenigen, die sich freuen über das, was sie vollbracht haben, und es lieben, für das gelobt zu werden, was sie nicht getan haben – meine nicht,

---

181: Der Vorwurf richtet sich gegen die Juden von Medina.
183: Vgl. Bibel: Brandopfer des Propheten Elija: 1 Könige 18; Brandopfer des Aaron: Levitikus 9,24.

sie würden der Pein entrinnen. Bestimmt ist für sie eine schmerzhafte Pein. 189 Und Gott gehört die Königsherrschaft der Himmel und der Erde. Und Gott hat Macht zu allen Dingen.

190 In der Erschaffung der Himmel und der Erde und im Aufeinanderfolgen von Nacht und Tag sind Zeichen für die Einsichtigen, 191 die Gottes gedenken, im Stehen und Sitzen und auf ihren Seiten liegend, und über die Erschaffung der Himmel und der Erde nachdenken: »Unser Herr, Du hast dies nicht umsonst erschaffen. Preis sei Dir! Bewahre uns vor der Pein des Feuers. 192 Unser Herr, wen Du ins Feuer eingehen lässt, den hast Du zu Schanden gemacht. Diejenigen, die Unrecht tun, werden keine Helfer haben. 193 Unser Herr, wir haben einen Rufer gehört, der zum Glauben ruft: Glaubt an euren Herrn. Da haben wir geglaubt. Unser Herr, vergib uns unsere Sünden und sühne uns unsere Missetaten, und berufe uns mit den Frommen ab. 194 Unser Herr, gib uns das, was Du uns durch deine Gesandten verheißen hast, und mache uns am Tag der Auferstehung nicht zu Schanden. Du brichst das Versprechen nicht.« 195 Da erhörte sie ihr Herr: »Ich lasse keine Tat verlorengehen, die einer von euch getan hat, ob Mann oder Weib. Die einen von euch stammen ja von den anderen. Denjenigen, die ausgewandert und aus ihren Wohnstätten vertrieben worden sind und auf meinem Weg Leid erlitten haben, die gekämpft haben und getötet worden sind, werde Ich ihre Missetaten sühnen und sie in Gärten eingehen lassen, unter denen Bäche fließen, als Belohnung von Gott.« Und bei Gott ist die schöne Belohnung.

196 Lass dich nicht betören durch das Umherziehen der Ungläubigen im Land. 197 Das ist eine geringe Nutznießung. Dann wird ihre Heimstätte die Hölle sein – welch schlimme Lagerstätte! 198 Aber für diejenigen, die ihren Herrn fürchten, sind Gärten bestimmt, unter denen Bäche fließen; darin werden sie ewig weilen, als Herberge vonseiten Gottes. Und was bei Gott ist, ist besser für die Frommen.

199 Unter den Leuten des Buches gibt es welche, die an Gott glauben und an das, was zu euch herabgesandt wurde, und an das, was zu ihnen herabgesandt wurde, und so zeigen sie sich de-

mütig gegen Gott. Und sie verkaufen nicht die Zeichen Gottes für
einen geringen Preis. Jene haben ihren Lohn bei ihrem Herrn. Gott
ist schnell im Abrechnen.

200 O ihr, die ihr glaubt, seid geduldig und miteinander standhaft
und einsatzbereit. Und fürchtet Gott, auf dass es euch wohl ergehe.

Sure 4

Die Frauen (al-Nisāʾ)

zu Medina, 176 Verse

Im Namen Gottes, des Erbarmers, des Barmherzigen.

[8 ½] *1 O ihr Menschen, fürchtet euren Herrn, der euch aus einem einzigen Wesen erschuf, aus ihm seine Gattin erschuf und aus ihnen
beiden viele Männer und Frauen entstehen und sich ausbreiten
ließ. Und fürchtet Gott, in dessen Namen ihr einander bittet, und
(achtet) die Verwandtschaftsbande. Gott ist Wächter über euch.

2 Und gebt den Waisen ihr Vermögen und tauscht nicht Schlechtes gegen Gutes aus. Und zehrt nicht ihr Vermögen auf zu eurem
Vermögen hinzu. Das wäre eine große Sünde.

3 Und wenn ihr fürchtet, gegenüber den Waisen nicht gerecht zu
sein, dann heiratet, was euch an Frauen beliebt, zwei, drei oder
vier. Wenn ihr aber fürchtet, (sie) nicht gleich zu behandeln, dann
nur eine, oder was eure rechte Hand (an Sklavinnen) besitzt. Das
bewirkt es eher, dass ihr euch vor Ungerechtigkeit bewahrt.

4 Und gebt den Frauen ihre Morgengabe als Geschenk. Wenn sie
euch freiwillig etwas davon überlassen, so könnt ihr es verbrau-
chen, und es wird euch zur Freude und zum Wohl sein.

5 Und gebt nicht den Toren euer Vermögen, durch das Gott euch
einen Unterhalt verschafft hat. Versorgt sie damit und kleidet sie,
und sagt zu ihnen, was sich geziemt. 6 Und prüft die Waisen. So-

bald sie das Heiratsalter erreicht haben, übergebt ihnen ihr Vermögen, wenn ihr bei ihnen einen rechten Wandel feststellt. Und zehrt es nicht verschwenderisch und voreilig auf, bevor sie älter werden. Und wer nicht darauf angewiesen ist, soll sich enthalten; wer arm ist, soll in rechtlicher Weise davon zehren. Und wenn ihr ihnen ihr Vermögen übergebt, dann lasst es gegen sie bezeugen. Und Gott genügt als der, der abrechnet.

7 Den Männern steht ein Teil von dem, was die Eltern und die Angehörigen hinterlassen, zu, und den Frauen steht ein Teil von dem, was die Eltern und die Angehörigen hinterlassen, zu, mag es wenig oder viel sein; (dies gilt) als Pflichtanteil. 8 Und wenn die Verwandten, die Waisen und die Bedürftigen bei der Teilung zugegen sind, so gebt ihnen etwas davon und sagt zu ihnen, was sich geziemt. 9 Fürchten sollen sich diejenigen, die, wenn sie selbst schwache Nachkommen hinterlassen würden, besorgt um sie wären. Sie sollen Gott fürchten und zutreffende Worte sprechen. 10 Diejenigen, die das Vermögen der Waisen zu Unrecht verzehren, verzehren nur Feuer in ihrem Bauch. Und sie werden in einem Feuerbrand brennen.

11 Gott trägt euch in Bezug auf eure Kinder (Folgendes) auf: Einem männlichen Kind steht so viel wie der Anteil von zwei weiblichen zu; sind es nur Frauen, über zwei an der Zahl, so stehen ihnen zwei Drittel dessen, was er hinterlässt, zu; ist es nur eine, so steht ihr die Hälfte zu. Den beiden Eltern steht jedem von ihnen ein Sechstel dessen, was er hinterlässt, zu, wenn er Kinder* hat; wenn er keine Kinder hat und seine Eltern ihn beerben, so steht seiner Mutter ein Drittel zu. Hat er Brüder, so steht seiner Mutter ein Sechstel zu. (Dies gilt) nach Berücksichtigung eines Testamentes, das er etwa gemacht hat, oder einer (bestehenden) Schuld. – Eure Väter und eure Söhne: Ihr wisst nicht, wer von ihnen euch im Nutzen näher steht*. – (Dies ist) eine Pflicht vonseiten Gottes. Gott weiß Bescheid und ist weise. *12 Euch steht die Hälfte dessen,   [8 3/4]

11: Oder: ein Kind.
11: Hier wird vielleicht davor gewarnt, die Starken zu bevorzugen und Frauen und Kinder zu benachteiligen.

was eure Gattinnen hinterlassen, zu, wenn sie keine Kinder haben. Wenn sie Kinder haben, dann steht euch ein Viertel dessen, was sie hinterlassen, zu, und zwar nach Berücksichtigung eines Testamentes, das sie etwa gemacht haben, oder einer (bestehenden) Schuld. Und es steht ihnen ein Viertel dessen, was ihr hinterlasst, zu, wenn ihr keine Kinder habt. Wenn ihr Kinder habt, dann steht ihnen ein Achtel dessen, was ihr hinterlasst, zu, und zwar nach Berücksichtigung eines Testamentes, das ihr etwa gemacht habt, oder einer (bestehenden) Schuld. Und wenn ein Mann oder eine Frau von seitlichen Verwandten beerbt wird und er einen Bruder oder eine Schwester hat, dann steht einem jeden von ihnen ein Sechstel zu. Sind es mehr, dann teilen sie sich in ein Drittel, und zwar nach Berücksichtigung eines Testamentes, das etwa gemacht worden ist, oder einer (bestehenden) Schuld. Es soll kein Schaden zugefügt werden. (Dies ist) ein Auftrag vonseiten Gottes. Gott weiß Bescheid und ist langmütig. 13 Das sind die Rechtsbestimmungen Gottes. Wer Gott und seinem Gesandten gehorcht, den lässt Er in Gärten eingehen, unter denen Bäche fließen; darin werden sie ewig weilen. Das ist der großartige Erfolg. 14 Und wer gegen Gott und seinen Gesandten ungehorsam ist und seine Rechtsbestimmungen übertritt, den lässt Er in ein Feuer eingehen; darin wird er ewig weilen. Und bestimmt ist für ihn eine schmähliche Pein.

15 Gegen diejenigen von euren Frauen, die Schändliches begehen, müsst ihr vier von euch zeugen lassen. Wenn sie es bezeugen, dann haltet sie in den Häusern fest, bis der Tod sie abberuft oder Gott ihnen einen Ausweg verschafft. 16 Und wenn zwei von euch es begehen, dann fügt ihnen beiden Leid zu. Wenn sie bereuen und Besserung zeigen, dann lasst von ihnen ab. Gott schenkt Zuwendung und ist barmherzig. 17 Gott obliegt es, sich denen (gnädig) zuzuwenden, die aus Unwissenheit das Böse tun und die dann bald darauf bereuen. Diesen schenkt Gott Zuwendung. Gott weiß Bescheid und ist weise. 18 Die gnädige Zuwendung gilt aber nicht für die, welche die bösen Taten begehen, sodass erst, wenn der Tod einem von ihnen naht, dieser sagt: »Ich bereue jetzt«; und auch nicht für die, die als Ungläubige sterben. Diesen haben Wir eine schmerzhafte Pein bereitet.

19 O ihr, die ihr glaubt, es ist euch nicht erlaubt, die Frauen wider ihren Willen zu erben*. Und setzt ihnen nicht zu, um etwas von dem zu nehmen, was ihr ihnen zukommen ließet, es sei denn, sie begehen eine eindeutige schändliche Tat. Und geht mit ihnen in rechtlicher Weise um. Wenn sie euch zuwider sind, so ist euch vielleicht etwas zuwider, während Gott viel Gutes in es hineinlegt. 20 Und wenn ihr eine Gattin gegen eine (andere) Gattin eintauschen wollt und ihr der einen von ihnen einen Zentner habt zukommen lassen, so nehmt nichts davon. Wollt ihr es denn durch Verleumdung und offenkundige Sünde nehmen? 21 Wie könnt ihr es nehmen, wo ihr bereits zueinander eingegangen seid und wo sie von euch eine feste Verpflichtung entgegengenommen haben? 22 Und heiratet nicht solche Frauen, die (vorher) eure Väter geheiratet haben, abgesehen von dem, was bereits geschehen ist. Das ist etwas Schändliches und Abscheuliches und ein übler Weg. 23 Verboten ist auch, (zu heiraten) eure Mütter, eure Töchter, eure Schwestern, eure Tanten väterlicherseits und eure Tanten mütterlicherseits, die Töchter des Bruders und die Töchter der Schwester, eure Mütter, die euch gestillt haben, und eure Milchschwestern, die Mütter eurer Frauen, eure Stieftöchter, die sich in eurer Obhut befinden und von euren Frauen stammen, zu denen ihr eingegangen seid – wenn ihr zu ihnen noch nicht eingegangen seid, dann ist es für euch kein Vergehen –, und die Ehefrauen eurer Söhne, die aus euren Lenden stammen. (Verboten ist) auch, dass ihr zwei Schwestern zur Frau zusammen habt, abgesehen von dem, was bereits geschehen ist. Gott ist voller Vergebung und barmherzig. *24 Und (verboten ist, zu heiraten) die unter Schutz Gestellten unter den Frauen, ausgenommen das, was eure rechte Hand (an Sklavinnen) besitzt. Das ist die Vorschrift Gottes für euch. Erlaubt ist euch, was jenseits dieser (Gruppe) liegt, dass ihr euch mit eurem Vermögen (Frauen) sucht in der Absicht, (sie) unter Schutz zu stellen und nicht Unzucht zu treiben. Denen unter ihnen, von denen ihr etwas genossen habt, sollt ihr – das ist eine Rechtspflicht

---

19: sie wie ein Erbteil zu behandeln.

– ihren Lohn geben*. Es besteht für euch kein Vergehen, wenn ihr, nachdem die Rechtspflicht festgesetzt ist, darüber hinaus etwas in gegenseitigem Einvernehmen vereinbart. Gott weiß Bescheid und ist weise.

25 Wer von euch keine Mittel besitzt, um unter Schutz gestellte gläubige Frauen zu heiraten, der soll Frauen heiraten aus den Reihen der gläubigen Mägde, die eure rechte Hand besitzt. Gott weiß besser Bescheid über euren Glauben. Die einen von euch stammen ja von den anderen. So heiratet sie mit der Erlaubnis ihrer Herren und gebt ihnen ihren Lohn in rechtlicher Weise, als unter Schutz gestellten Frauen, die nicht Unzucht treiben und sich keine Liebhaber nehmen. Wenn sie unter Schutz gestellt worden sind und dann Schändliches begehen, steht für sie darauf an Pein die Hälfte dessen, was für die unter Schutz gestellten Frauen steht. Dies gilt für denjenigen von euch, der die Bedrängnis fürchtet. Und wenn ihr euch geduldig zeigt, so ist es besser für euch. Und Gott ist voller Vergebung und barmherzig. 26 Gott will (es) euch deutlich machen und euch zu den Verfahrensweisen derer, die vor euch lebten, leiten und sich euch zuwenden. Gott weiß Bescheid und ist weise. 27 Und Gott will sich euch zuwenden; diejenigen aber, die den Begierden folgen, wollen, dass ihr eine gewaltige Abweichung vollzieht. 28 Gott will euch Erleichterung gewähren. Der Mensch ist ja schwach erschaffen worden.

29 O ihr, die ihr glaubt, verzehrt nicht untereinander euer Vermögen durch Betrug, es sei denn, es geht um einen Handel in gegenseitigem Einvernehmen. Und tötet nicht einander. Gott ist barmherzig zu euch. 30 Wer es (doch) in Übertretung und Unrecht tut, den werden Wir in einem Feuer brennen lassen. Das ist Gott ein Leichtes. 31 Wenn ihr die schweren Vergehen meidet von dem, was euch untersagt ist, sühnen Wir euch eure Missetaten und gewähren euch einen ehrenvollen Eingang (ins Paradies). 32 Und wünscht euch nicht das, womit Gott die einen von euch vor den anderen bevorzugt hat. Die Männer erhalten einen Anteil von

---

24: Diese Stelle wird von einigen Richtungen zur Rechtfertigung der so genannten Mutʿa-Ehe (Genussehe), einer Art Ehe auf Zeit, herangezogen.

dem, was sie erworben haben, und die Frauen erhalten einen Anteil von dem, was sie erworben haben*. Und bittet Gott (um etwas) von seiner Huld. Gott weiß über alle Dinge Bescheid.

33 Einem jeden haben Wir Erbfolger gegeben in Bezug auf das,
was die Eltern und die Angehörigen hinterlassen. Und gebt denjenigen, mit denen euch eure Eide verbinden, ihren Anteil. Gott ist
ja über alle Dinge Zeuge. 34 Die Männer haben Vollmacht und
Verantwortung gegenüber den Frauen, weil Gott die einen vor
den anderen bevorzugt hat und weil sie von ihrem Vermögen (für
die Frauen) ausgeben. Die rechtschaffenen (Frauen) sind demütig
ergeben und bewahren das, was geheim gehalten werden soll, da
Gott (es) bewahrt. Ermahnt diejenigen, von denen ihr Widerspenstigkeit befürchtet, und entfernt euch von ihnen in den Schlafge-
mächern und schlagt sie*. Wenn sie euch gehorchen, dann wendet nichts Weiteres gegen sie an. Gott ist erhaben und groß.
35 Und wenn ihr ein Zerwürfnis zwischen beiden (Ehepartnern)
befürchtet, dann bestellt einen Schiedsrichter aus seiner Familie
und einen Schiedsrichter aus ihrer Familie. Wenn sie sich aus-
söhnen wollen, wird Gott ihnen Eintracht schenken. Gott weiß
Bescheid und hat Kenntnis von allem.

*36 Und dient Gott und gesellt Ihm nichts bei. Und behandelt die [9 ¼]
Eltern gut und die Verwandten, die Waisen, die Bedürftigen, den
verwandten Beisassen, den fremden Beisassen, den Gefährten an
eurer Seite, den Reisenden und das, was eure rechte Hand besitzt.
Gott liebt die nicht, die eingebildet und prahlerisch sind, 37 die
geizen und den Leuten befehlen, geizig zu sein, und die verschweigen, was Gott ihnen von seiner Huld hat zukommen lassen
– Wir haben den Ungläubigen eine schmähliche Pein bereitet –,
38 und die ihr Vermögen spenden, um von den Menschen gesehen zu werden, und nicht an Gott glauben, und auch nicht an
den Jüngsten Tag. Und wenn einer den Satan zum Gesellen hat,
so ist das ein schlimmer Geselle. 39 Was würde ihnen (Schlimmes)

32: Die Männer, die ihre Pflichten erfüllen, erhalten ihren Lohn dafür, und
desgleichen die Frauen.
34: leicht, als Zurechtweisungsmittel.

widerfahren, wenn sie an Gott und den Jüngsten Tag glaubten und von dem spendeten, was Gott ihnen beschert hat? Und Gott weiß über sie Bescheid. 40 Gott tut nicht einmal im Gewicht eines Stäubchens Unrecht. Und wenn es eine gute Tat ist, so wird Er sie verdoppeln und von sich her einen großartigen Lohn zukommen lassen. 41 Wie wird es sein, wenn Wir von jeder Gemeinschaft einen Zeugen beibringen und dich als Zeugen über diese beibringen? 42 An jenem Tag werden diejenigen, die ungläubig und gegen den Gesandten ungehorsam waren, wünschen, sie würden dem Erdboden gleichgemacht, und sie werden vor Gott keine Aussage verschweigen.

43 O ihr, die ihr glaubt, kommt nicht zum Gebet, während ihr betrunken seid, bis ihr wisst, was ihr sagt, und auch nicht sexuell verunreinigt – es sei denn, ihr geht vorbei –, bis ihr euch gewaschen habt. Und wenn ihr krank oder auf Reisen seid, oder wenn einer von euch vom Abort kommt oder wenn ihr die Frauen berührt habt und ihr kein Wasser findet, dann sucht einen sauberen Boden und streicht euch über das Gesicht und die Hände. Gott ist voller Verzeihung und Vergebung.

44 Hast du nicht auf jene geschaut, denen ein Anteil am Buch zugekommen ist, wie sie den Irrtum erkaufen und wollen, dass ihr vom Weg abirrt? 45 Gott weiß besser über eure Feinde Bescheid. Und Gott genügt als Freund, und Gott genügt als Helfer.

46 Unter denen, die Juden sind, entstellen (einige) den Sinn der Worte und sagen: »Wir hören und gehorchen nicht«, und: »Höre zu, ohne dass du hören kannst«, und: »Achte auf uns« (rāʿinā); sie verdrehen dabei ihre Zungen und greifen die Religion an. Hätten sie gesagt: »Wir hören und gehorchen«, und: »Höre«, und: »Schau auf uns« (unẓurnā), wäre es besser und richtiger für sie*. Aber Gott hat sie wegen ihres Unglaubens verflucht, so glauben sie nur wenig. 47 O ihr, denen das Buch zugekommen ist, glaubt an das, was Wir hinabgesandt haben zur Bestätigung dessen, was bei euch ist, bevor Wir bestimmte Gesichter auswischen und sie auf ihren Rücken kehren oder sie verfluchen, wie Wir die Gefährten

46: Vgl. 2,93.104.

des Sabbats verflucht haben. Und der Befehl Gottes wird ausgeführt. 48 Gott vergibt nicht, dass Ihm beigesellt wird, und Er vergibt, was darunter liegt, wem Er will. Und wer Gott (andere) beigesellt, hat eine gewaltige Sünde erdichtet.

49 Hast du nicht auf jene geschaut, die sich selbst für rein erklären? Nein, Gott erklärt rein, wen Er will, und ihnen wird nicht ein Dattelfädchen Unrecht getan. 50 Schau, wie sie gegen Gott Lügen erdichten! Dies genügt als offenkundige Sünde. 51 Hast du nicht auf jene geschaut, denen ein Anteil am Buch zugekommen ist, wie sie an die nutzlose Magie und an die Götzen glauben und von denen, die ungläubig sind, sagen: »Diese folgen einem rechteren Weg als die, die glauben«? 52 Das sind die, die Gott verflucht hat. Und wen Gott verflucht, für den wirst du keinen Helfer finden. 53 Oder haben sie* etwa einen Anteil an der Königsherrschaft? Auch dann würden sie den Menschen nicht einmal ein Dattelgrübchen zukommen lassen. 54 Oder beneiden sie die Menschen um das, was ihnen Gott von seiner Huld hat zukommen lassen? Wir ließen ja der Sippe Abrahams das Buch und die Weisheit zukommen, und Wir ließen ihnen eine gewaltige Königsherrschaft zukommen. 55 Unter ihnen gab es solche, die daran* glaubten, und unter ihnen gab es solche, die sich davon abwandten. Und die Hölle genügt als Feuerbrand. 56 Diejenigen, die unsere Zeichen verleugnen, werden Wir in einem Feuer brennen lassen. Sooft ihre Häute gar sind, tauschen Wir ihnen andere Häute (dagegen) ein, damit sie die Pein kosten. Gott ist mächtig und weise. 57 Und diejenigen, die glauben und die guten Werke tun, werden Wir in Gärten eingehen lassen, unter denen Bäche fließen; darin werden sie auf immer ewig weilen. Darin sind geläuterte Gattinnen. Und Wir werden sie in einen ausgedehnten Schatten eingehen lassen.

53: Hier und in den folgenden Versen sind die Juden von Medina angesprochen.

55: an den Koran, oder an das, was im vorherigen Vers genannt wurde: das Buch, die Weisheit und die Königsherrschaft. Andere Deutung: an ihn, d. h. Muhammad.

[9 ½]　*58 Gott befiehlt euch, anvertraute Güter ihren Eigentümern zurückzugeben und, wenn ihr unter den Menschen urteilt, nach Gerechtigkeit zu urteilen. Wie trefflich ist das, womit Gott euch ermahnt! Gott hört und sieht alles. 59 O ihr, die ihr glaubt, gehorchet Gott und gehorchet dem Gesandten und den Zuständigen unter euch. Wenn ihr über etwas streitet, so bringt es vor Gott und den Gesandten, so ihr an Gott und den Jüngsten Tag glaubt. Das ist besser und führt zu einem schöneren Ergebnis.

60 Hast du nicht auf jene geschaut, die behaupten, sie glaubten an das, was zu dir herabgesandt wurde, und an das, was vor dir herabgesandt wurde, wie sie die Streitsachen vor die Götzen bringen wollen, wo ihnen doch befohlen wurde, sie zu verleugnen? Und der Satan will sie weit abirren lassen. 61 Und wenn zu ihnen gesagt wird: »Kommt her zu dem, was Gott herabgesandt hat, und zum Gesandten«, siehst du die Heuchler sich klar von dir abwenden. 62 Wie wird es wohl sein, wenn sie ein Unglück trifft für das, was ihre Hände vorausgeschickt haben, und sie zu dir kommen und bei Gott schwören: »Wir wollten es ja nur gut machen und Einvernehmen schaffen«? 63 Das sind die, von denen Gott weiß, was in ihrem Herzen ist. Wende dich von ihnen ab, ermahne sie und sprich zu ihnen über sie selbst eindringliche Worte. 64 Und Wir haben die Gesandten nur deswegen entsandt, damit man ihnen gehorcht mit der Erlaubnis Gottes. Würden sie, da sie gegen sich selbst Unrecht verübt haben, zu dir kommen und Gott um Vergebung bitten, und würde der Gesandte für sie um Vergebung bitten, so würden sie sicher finden, dass Gott sich gnädig zuwendet und barmherzig ist. 65 Nein, bei deinem Herrn, sie glauben nicht (wirklich), bis sie dich zum Schiedsrichter nehmen über das, was zwischen ihnen umstritten ist, und danach wegen deiner Entscheidung keine Bedrängnis in ihrem Inneren spüren, sondern sich in völliger Ergebung fügen. 66 Und wenn Wir ihnen vorgeschrieben hätten: Tötet einander oder zieht aus euren Wohnstätten aus, sie hätten es nicht getan, bis auf wenige von ihnen. Würden sie doch das tun, wozu sie ermahnt werden, es wäre sicher besser für sie und würde sie stärker festigen, 67 und Wir würden ihnen von Uns her einen großartigen Lohn zukommen

lassen, **68** und Wir würden sie einen geraden Weg führen. **69** Diejenigen, die Gott und dem Gesandten gehorchen, befinden sich mit denen, die Gott begnadet hat, von den Propheten, den Wahrhaftigen, den Zeugen und den Rechtschaffenen. Welch treffliche Gefährten sind es! **70** Das ist die Huld Gottes. Und Gott genügt als der, der Bescheid weiß.

71 O ihr, die ihr glaubt, seid auf eurer Hut, und rückt in Trupps aus oder rückt zusammen aus. **72** Unter euch gibt es manch einen, der langsam ausrückt; und wenn euch ein Unglück trifft, sagt er: »Gott hat mir Gnade erwiesen, da ich nicht mit ihnen dabei war.« **73** Und wenn euch eine Huld von Gott her trifft, sagt er sicher, als hätte zwischen euch und ihm nie Liebe bestanden*: »O wäre ich doch mit ihnen gewesen, so hätte ich einen großartigen Erfolg errungen!« ***74** So sollen diejenigen, die das diesseitige Leben gegen das Jenseits verkaufen, auf dem Weg Gottes kämpfen. Und wer auf dem Weg Gottes kämpft und daraufhin getötet wird oder siegt, dem werden Wir einen großartigen Lohn zukommen lassen. **75** Was hindert euch daran, zu kämpfen auf dem Weg Gottes und für diejenigen unter den Männern, den Frauen und den Kindern, die wie Schwache behandelt werden und die sagen: »Unser Herr, führe uns aus dieser Stadt hinaus, deren Einwohner Unrecht tun, und bestelle uns von Dir her einen Freund, und bestelle uns von Dir her einen Helfer.« **76** Diejenigen, die glauben, kämpfen auf dem Weg Gottes. Und diejenigen, die ungläubig sind, kämpfen auf dem Weg der Götzen. So kämpft gegen die Freunde des Satans. Die List des Satans ist schwach. **77** Hast du nicht auf jene geschaut, zu denen gesagt wurde: »Haltet eure Hände zurück und verrichtet das Gebet und entrichtet die Abgabe«? Als ihnen dann der Kampf vorgeschrieben wurde, hatte plötzlich ein Teil von ihnen eine solche Furcht vor den Menschen wie die Furcht vor Gott oder eine noch stärkere Furcht. Und sie sagten: »Unser Herr, warum hast Du uns den Kampf vorgeschrieben? Hättest Du uns doch für eine kurze Frist zurückgestellt!«

73:    Die Heuchler vermögen nicht in echter Selbstlosigkeit sich mit den anderen Gläubigen zu freuen.

Sprich: Die Nutznießung des Diesseits ist gering, und das Jenseits ist besser für den, der gottesfürchtig ist. Und euch wird nicht ein Dattelfädchen Unrecht getan. 78 Wo immer ihr seid, der Tod wird euch erreichen, auch wenn ihr in hochgebauten Burgen wäret. Wenn sie etwas Gutes trifft, sagen sie: »Das ist von Gott.« Und wenn sie etwas Schlechtes trifft, sagen sie: »Das ist von dir.« Sprich: Alles ist von Gott. Was ist mit diesen Leuten los, dass sie kaum eine Aussage begreifen?

79 Was dich an Gutem trifft, ist von Gott. Und was dich an Schlechtem trifft, ist von dir selbst. Und Wir haben dich zum Gesandten für die Menschen entsandt. Und Gott genügt als Zeuge. 80 Wer dem Gesandten gehorcht, gehorcht Gott. Und wenn jemand sich abkehrt – siehe, Wir haben dich nicht als Hüter über sie gesandt. 81 Und sie sagen: »(Wir leisten) Gehorsam.« Wenn sie jedoch von dir weggehen, beschließt eine Gruppe von ihnen im Dunkeln etwas anderes als das, was du sagst. Und Gott schreibt, was sie im Dunkeln beschließen, auf. Darum wende dich von ihnen ab und vertrau auf Gott. Gott genügt als Sachwalter. 82 Betrachten sie denn nicht sorgfältig den Koran? Wenn er von einem anderen als Gott wäre, würden sie in ihm viel Widerspruch finden. 83 Und wenn zu ihnen etwas durchdringt, das Sicherheit oder Angst hervorruft, verbreiten sie es. Würden sie es aber vor den Gesandten und die Zuständigen unter ihnen bringen, so würden es diejenigen von ihnen, die es herauszubekommen verstehen, (zu beurteilen) wissen*. Und ohne die Huld Gottes gegen euch und seine Barmherzigkeit wäret ihr bis auf wenige dem Satan gefolgt. 84 So kämpfe auf dem Weg Gottes. Du hast dich nur für dich selbst zu verantworten. Und sporne die Gläubigen an, vielleicht wird Gott die Schlagkraft derer, die ungläubig sind, zurückhalten. Und Gott besitzt eine noch stärkere Schlagkraft und verhängt eine noch abschreckendere Strafe. 85 Wer eine gute Fürbitte einlegt,

---

83: Oder: so würden diejenigen von ihnen (d. h. denen, die die Nachricht verbreiten und am Anfang des Verses angesprochen werden), die es herauszubekommen suchen, es von ihnen (d. h. vom Gesandten und den Zuständigen) erfahren (d. h. in der richtigen Weise erfahren).

erhält einen Anteil daran. Und wer eine schlechte Fürbitte einlegt, erhält einen entsprechenden Anteil daran. Gott umsorgt und überwacht alle Dinge. 86 Wenn ihr mit einem Gruß begrüßt werdet, dann grüßt mit einem noch schöneren Gruß, oder erwidert ihn. Und Gott rechnet über alle Dinge ab. 87 Gott, es gibt keinen Gott außer Ihm. Er wird euch sicher zu dem Tag der Auferstehung versammeln, an dem kein Zweifel möglich ist. Und wer ist wahrhaftiger als Gott in seinen Aussagen?

88 Wieso seid ihr im Hinblick auf die Heuchler zwei Gruppen, wo [10] Gott sie (in den alten Zustand) zurückversetzt hat wegen dessen, was sie erworben haben? Wollt ihr den rechtleiten, den Gott irregeführt hat? Wen Gott irreführt, für den wirst du keinen Weg finden. 89 Sie möchten gern, ihr würdet ungläubig, wie sie ungläubig sind, sodass ihr (ihnen) gleich würdet. So nehmt euch niemanden von ihnen zum Freund, bis sie auf dem Weg Gottes auswandern. Wenn sie sich abkehren, dann greift sie und tötet sie, wo immer ihr sie findet, und nehmt euch niemanden von ihnen zum Freund oder Helfer, 90 mit Ausnahme derer, die zu Leuten gelangen, zwischen denen und euch ein Vertrag besteht, oder zu euch kommen, weil Beklommenheit ihre Brust befallen hat, gegen euch zu kämpfen oder gegen ihre (eigenen) Leute zu kämpfen – und wenn Gott gewollt hätte, hätte Er ihnen Gewalt über euch verliehen, und dann hätten sie gewiss gegen euch gekämpft. Wenn sie sich von euch fernhalten und nicht gegen euch kämpfen und euch Frieden anbieten, dann erlaubt euch Gott nicht, gegen sie vorzugehen. 91 Ihr werdet andere finden, die vor euch Sicherheit und auch vor ihren (eigenen) Leuten Sicherheit haben wollen. Jedes Mal, wenn sie der Verführung unterworfen werden, werden sie dadurch (in den alten Zustand) zurückversetzt*. Wenn sie sich nicht von euch fernhalten und euch nicht den Frieden anbieten und ihre Hände nicht zurückhalten, dann greift sie und tötet sie, wo immer ihr sie trefft. Über solche Leute haben Wir euch eine offenkundige Gewalt verliehen.

88: in den Zustand des Irrtums.
91: Die Ungläubigen veranlassen sie, ihre Abmachung mit den Gläubigen zu brechen und so zu ihrer alten feindlichen Haltung zurückzukehren.

92 Es steht einem Gläubigen nicht zu, einen Gläubigen zu töten, es sei denn, (es geschieht) aus Versehen. Wer einen Gläubigen aus Versehen tötet, hat einen gläubigen Sklaven zu befreien oder ein Blutgeld an seine Angehörigen zu übergeben, es sei denn, sie erlassen es als Almosen. Wenn er zu Leuten gehört, die eure Feinde sind, während er ein Gläubiger ist, so ist ein gläubiger Sklave zu befreien. Und wenn er zu Leuten gehört, zwischen denen und euch ein Vertrag besteht, dann ist ein Blutgeld an seine Angehörigen auszuhändigen und ein gläubiger Sklave zu befreien. Wer es nicht vermag, der hat zwei Monate hintereinander zu fasten. Das ist eine Zuwendung vonseiten Gottes. Und Gott weiß Bescheid und ist weise. **93** Und wer einen Gläubigen vorsätzlich tötet, dessen Lohn ist die Hölle; darin wird er ewig weilen. Und Gott zürnt ihm und verflucht ihn und bereitet ihm eine gewaltige Pein. **94** O ihr, die ihr glaubt, wenn ihr auf dem Weg Gottes im Land umherwandert, so stellt die Lage eindeutig fest und sagt nicht zu dem, der euch den Frieden anbietet: »Du bist kein Gläubiger«, im Trachten nach den Gütern des diesseitigen Lebens. Gott schafft doch viele Möglichkeiten, Beute zu erzielen. So seid ihr früher gewesen, da hat Gott euch eine Wohltat erwiesen. Stellt also die Lage eindeutig fest. Gott hat Kenntnis von dem, was ihr tut.
95 Nicht gleich sind diejenigen unter den Gläubigen, die daheim sitzen, ohne ein Gebrechen zu haben, und diejenigen, die sich auf dem Weg Gottes mit ihrem Vermögen und mit ihrer eigenen Person einsetzen. Gott bevorzugt diejenigen, die sich mit ihrem Vermögen und mit ihrer eigenen Person einsetzen, um eine ganze Stufe vor denen, die daheim sitzen. Einem jeden hat Gott das Beste versprochen. Doch hat Gott diejenigen, die sich einsetzen, vor denen, die daheim sitzen, bevorzugt mit einem großartigen Lohn, **96** mit Rangstufen von Ihm her, mit Vergebung und Barmherzigkeit. Gott ist voller Vergebung und barmherzig.
97 Zu denen, die die Engel abberufen, während sie gegen sich selbst Unrecht verübt haben, sagen diese: »Wie war euer Zustand?« Sie sagen: »Wir wurden auf der Erde wie Schwache behandelt.« Sie sagen: »War denn die Erde Gottes nicht weit genug, sodass ihr auf ihr hättet auswandern können?« Diese haben die

Hölle zur Heimstätte – welch schlimmes Ende! 98 – mit Ausnahme derer unter den Männern, Frauen und Kindern, die wie Schwache behandelt wurden und sich keine List erdenken konnten und keinen rechten Weg fanden*. 99 Diesen möge Gott verzeihen! Und Gott ist voller Verzeihung und Vergebung. *100 Wer auf dem Weg Gottes auswandert, findet auf der Erde viele Auswege und ergiebige Versorgung. Und wer aus seinem Haus hinausgeht, um zu Gott und seinem Gesandten auszuwandern, und dann vom Tod ereilt wird, dessen Lohn obliegt Gott. Und Gott ist voller Vergebung und barmherzig. [10 ¼]

101 Und wenn ihr im Land umherwandert, ist es für euch kein Vergehen, das Gebet abzukürzen, falls ihr Angst habt, dass diejenigen, die ungläubig sind, euch der Anfechtung aussetzen. Die Ungläubigen sind euch ja ein offenkundiger Feind. 102 Und wenn du unter ihnen weilst und für sie das Gebet anführst, so soll sich eine Gruppe von ihnen mit dir aufstellen und ihre Waffen ergreifen. Wenn sie sich niederwerfen, so sollen die anderen hinter euch sein*. Dann soll eine andere Gruppe, die noch nicht gebetet hat, kommen und mit dir beten, und sie sollen auf ihrer Hut sein und ihre Waffen ergreifen. Diejenigen, die ungläubig sind, möchten gern, ihr würdet auf eure Waffen und eure Sachen nicht Acht geben, sodass sie euch auf einmal überfallen. Und es ist für euch kein Vergehen, wenn ihr unter dem Regen zu leiden habt oder krank seid, eure Waffen abzulegen. Und seid auf eurer Hut. Gott hat den Ungläubigen eine schmähliche Pein bereitet. 103 Und wenn ihr das Gebet beendet habt, dann gedenket Gottes im Stehen und Sitzen und auf euren Seiten liegend. Und wenn ihr Ruhe habt, dann verrichtet das Gebet. Das Gebet ist für die Gläubigen eine für bestimmte Zeiten festgesetzte Vorschrift. 104 Und erlahmt nicht in der Verfolgung der Leute. Wenn ihr leidet, so leiden

98: die gerne ausgewandert wären, wenn sie eine Möglichkeit dazu gehabt hätten.

102: die anderen: wörtlich: sie. – Oder: Wenn sie sich niedergeworfen haben, dann sollen sie hinter euch sein, d. h. sich hinter euch stellen, um die nächste Gruppe zu schützen.

sie auch, wie ihr leidet; ihr aber erhofft von Gott, was sie nicht erhoffen. Gott weiß Bescheid und ist weise.

105 Wir haben zu dir das Buch mit der Wahrheit hinabgesandt, damit du zwischen den Menschen nach dem urteilst, was Gott dich hat sehen lassen. Und sei nicht ein Anwalt der Verräter, 106 und bitte Gott um Vergebung. Gott ist voller Vergebung und barmherzig. 107 Und streite nicht zu Gunsten derer, die sich selbst betrügen. Gott liebt den nicht, der ein Betrüger und ein Sünder ist. 108 Sie verbergen sich vor den Menschen, sie können sich aber vor Gott nicht verbergen, wo Er bei ihnen ist, wenn sie im Dunkeln Verabredungen treffen, die Ihm nicht gefallen. Und Gott umfasst, was sie tun. 109 Da habt ihr zu ihren Gunsten im diesseitigen Leben gestritten. Wer wird denn am Tag der Auferstehung mit Gott zu ihren Gunsten streiten, oder wer wird als Sachwalter über sie eingesetzt?

110 Wer Böses begeht oder sich selbst Unrecht tut und dann Gott um Vergebung bittet, der wird finden, dass Gott voller Vergebung und barmherzig ist. 111 Und wer eine Sünde erwirbt, erwirbt sie zu seinem eigenen Schaden. Und Gott weiß Bescheid und ist weise. 112 Und wer eine Verfehlung oder eine Sünde erwirbt und sie dann einem Unschuldigen vorwirft, der lädt auf sich eine Verleumdung und eine offenkundige Sünde.

113 Und ohne die Huld Gottes gegen dich und seine Barmherzigkeit wäre eine Gruppe von ihnen im Begriff gewesen, dich irrezuführen; aber sie führen nur sich selbst in die Irre, und sie schaden dir nichts. Und Gott hat auf dich das Buch und die Weisheit herabgesandt und dich gelehrt, was du nicht wusstest. Und die [10 ½] Huld Gottes gegen dich ist gewaltig. *114 Nichts Gutes liegt in einem großen Teil ihrer vertraulichen Gespräche, es sei denn, wenn einer zu einem Almosen oder zu einer rechten Tat oder zur Aussöhnung zwischen den Menschen auffordert. Und wer dies im Streben nach dem Wohlgefallen Gottes tut, dem werden Wir einen großartigen Lohn zukommen lassen. 115 Wer sich dem Gesandten widersetzt, nachdem ihm die Rechtleitung deutlich geworden ist, und einem anderen Weg als dem der Gläubigen folgt, den lassen Wir verfolgen, was er verfolgt hat, und in der Hölle brennen –

welch schlimmes Ende! 116 Gott vergibt nicht, dass Ihm (etwas) beigesellt wird, und Er vergibt, was darunterliegt, wem Er will. Und wer Gott (andere) beigesellt, der ist weit abgeirrt. 117 Sie rufen ja statt Seiner weibliche Wesen an, sie rufen ja einen rebellischen Satan an, 118 den Gott verfluchte und der sagte: »Ich werde mir von deinen Dienern einen festgesetzten Anteil nehmen, 119 und ich werde sie irreführen, und ich werde sie Wünschen nachjagen lassen, und ich werde ihnen befehlen, und sie werden die Ohren der Herdentiere abschneiden*, und ich werde ihnen befehlen, und sie werden die Schöpfung Gottes verändern.« Und wer sich den Satan anstelle Gottes zum Freund nimmt, der wird einen offenkundigen Verlust erleiden. 120 Er macht ihnen Versprechungen und lässt sie Wünschen nachjagen. Und der Satan verspricht ihnen nur Betörung. 121 Diese haben die Hölle zur Heimstätte, und sie werden kein Mittel finden, ihr zu entrinnen. 122 Diejenigen, die glauben und die guten Werke tun, werden Wir in Gärten eingehen lassen, unter denen Bäche fließen; darin werden sie auf immer ewig weilen. Das ist das Versprechen Gottes in Wahrheit, und wer ist wahrhaftiger als Gott in seiner Aussage?
123 Weder nach euren Wünschen noch nach den Wünschen der Leute des Buches geht es. Wer Böses tut, dem wird danach vergolten, und er wird für sich anstelle Gottes weder Freund noch Helfer finden. 124 Diejenigen, die etwas von den guten Werken tun, ob Mann oder Weib, und dabei gläubig sind, werden ins Paradies eingehen, und ihnen wird nicht ein Dattelgrübchen Unrecht getan. 125 Und wer hat eine schönere Religion als der, der sich völlig Gott hingibt und dabei rechtschaffen ist und der Glaubensrichtung Abrahams, als Anhänger des reinen Glaubens, folgt? Gott hat sich Abraham ja zum Vertrauten genommen. 126 Und Gott gehört, was in den Himmeln und was auf der Erde ist. Und Gott umfasst alle Dinge.

119: Oder: einschlitzen. – Wahrscheinlich geht es hier um einen altarabischen Brauch, bestimmte Tiere als tabu zu kennzeichnen und sie nicht mehr als Lasttiere zu benutzen.

127 Sie fragen dich um Rechtsauskunft über die Frauen. Sprich: Rechtsauskunft über sie gibt euch Gott, und auch das, was euch im Buch verlesen wird über die weiblichen Waisen, denen ihr nicht das zukommen lasst, was ihnen vorschriftsgemäß zusteht, und die ihr nicht heiraten wollt, und auch über die von den Kindern, die wie Schwache behandelt werden; und ihr sollt für die Gerechtigkeit gegenüber den Waisen eintreten. Was ihr an Gutem tut, Gott weiß es. 128 Und wenn eine Frau von ihrem Gemahl Widerspenstigkeit oder Abwendung befürchtet, so ist es für sie beide kein Vergehen, untereinander Aussöhnung zu schaffen, und die Aussöhnung ist besser. Und die Menschen sind dem Geiz ständig verfallen. Und wenn ihr rechtschaffen und gottesfürchtig seid, so hat Gott Kenntnis von dem, was ihr tut. 129 Und ihr werdet es nicht schaffen, die Frauen gleich zu behandeln, ihr mögt euch noch so sehr bemühen*. Aber wendet euch nicht (von der einen) gänzlich ab, sodass ihr sie in der Schwebe lasst. Und wenn ihr nach Aussöhnung strebt und (Gott) fürchtet, so ist Gott voller Vergebung und barmherzig. 130 Und wenn die beiden sich trennen, wird Gott aus seinem umfassenden Reichtum jeden unabhängig machen. Und Gott umfasst alles und ist weise.

131 Und Gott gehört, was in den Himmeln und was auf der Erde ist. Wir haben denen, denen das Buch vor euch zugekommen ist, und auch euch aufgetragen: Fürchtet Gott. Wenn ihr ungläubig seid, so gehört Gott doch (alles), was in den Himmeln und was auf der Erde ist. Gott ist auf niemanden angewiesen und des Lobes würdig. 132 Und Gott gehört, was in den Himmeln und was auf der Erde ist. Gott genügt als Sachwalter. 133 Wenn Er will, lässt Er euch, ihr Menschen, fortgehen und andere nachrücken. Gott hat dazu die Macht. 134 Wenn einer den Lohn des Diesseits will, so besteht bei Gott der Lohn des Diesseits und des Jenseits. Gott hört und sieht alles.

[10 3/4] *135 O ihr, die ihr glaubt, tretet für die Gerechtigkeit ein und legt Zeugnis für Gott ab, auch wenn es gegen euch selbst oder (gegen)

129: Dies ergänzt die Bestimmung im Vers 4,3 bezüglich der Zahl der Frauen, die ein Muslim heiraten darf.

die Eltern und die Angehörigen sein sollte. Wenn es sich um einen Reichen oder einen Armen handelt, so hat Gott eher Anspruch auf beide: Folgt also nicht (euren) Neigungen, anstatt gerecht zu sein. Wenn ihr (das Zeugnis) verdreht oder davon ablasst, so hat Gott Kenntnis von dem, was ihr tut.

136 O ihr, die ihr glaubt, glaubt an Gott und seinen Gesandten, und das Buch, das Er auf seinen Gesandten herabgesandt hat, und das Buch, das Er zuvor herabgesandt hat. Wer Gott verleugnet und seine Engel, seine Bücher, seine Gesandten und den Jüngsten Tag, der ist weit abgeirrt. 137 Denen, die glauben und dann ungläubig werden, dann wieder glauben und dann wieder ungläubig werden und dann im Unglauben zunehmen, denen wird Gott unmöglich vergeben, und Er wird sie unmöglich einen rechten Weg führen.

138 Verkünde den Heuchlern, dass für sie eine schmerzhafte Pein bestimmt ist, 139 (sie), die sich die Ungläubigen anstelle der Gläubigen zu Freunden nehmen. Suchen sie denn bei ihnen die Macht? Alle Macht gehört Gott. 140 Er hat auf euch im Buch herabgesandt, ihr sollt, wenn ihr hört, dass Leute die Zeichen Gottes verleugnen und über sie spotten, euch nicht zu ihnen setzen, bis sie auf ein anderes Gespräch eingehen. Sonst seid ihr ihnen gleich. Gott wird die Heuchler und die Ungläubigen allesamt in der Hölle versammeln, 141 die euch gegenüber ja abwarten: Wenn euch ein Erfolg von Gott her zufällt, sagen sie: »Sind wir nicht mit euch gewesen?«; und wenn den Ungläubigen ein Glück zufällt, sagen sie: »Haben wir euch nicht in der Hand gehabt, euch aber vor den Gläubigen geschützt?« Gott wird am Tag der Auferstehung zwischen euch urteilen. Und Gott wird nie den Ungläubigen eine Möglichkeit geben, gegen die Gläubigen vorzugehen. 142 Die Heuchler versuchen, Gott zu betrügen; Er ist es aber, der sie betrügt. Und wenn sie sich zum Gebet hinstellen, stellen sie sich nachlässig hin, wobei sie von den Menschen gesehen werden wollen, und sie gedenken Gottes nur wenig. 143 Sie schwanken dazwischen und schließen sich weder diesen noch jenen an. Und wen Gott irreführt, für den wirst du keinen Weg finden.

144 O ihr, die ihr glaubt, nehmt euch nicht die Ungläubigen an-

stelle der Gläubigen zu Freunden. Wollt ihr denn Gott eine offenkundige Handhabe gegen euch liefern? 145 Die Heuchler befinden sich im untersten Grund des Feuers, und du wirst für sie
keinen Helfer finden, 146 außer denen, die umkehren und Besserung zeigen, an Gott festhalten und gegenüber Gott aufrichtig
in ihrer Religion sind. Jene zählen zu den Gläubigen. Und Gott
wird den Gläubigen einen großartigen Lohn zukommen lassen.
147 Warum sollte Gott euch peinigen, wenn ihr dankbar und
gläubig seid? Und Gott zeigt sich erkenntlich und weiß Bescheid.

*148 Gott liebt es nicht, dass jemand über das Böse öffentlich re-
det, es sei denn, es wurde ihm Unrecht getan. Gott hört und weiß
alles. 149 Ob ihr etwas Gutes offen zeigt oder geheim haltet oder
etwas Böses verzeiht, Gott ist voller Verzeihung und mächtig.

150 Diejenigen, die Gott und seine Gesandten verleugnen und
zwischen Gott und seinen Gesandten unterscheiden wollen und
sagen: »Wir glauben an die einen, verleugnen aber die anderen«,
und einen Weg dazwischen einschlagen wollen, 151 das sind die
wahren Ungläubigen. Und Wir haben für die Ungläubigen eine
schmähliche Pein bereitet. 152 Denen, die an Gott und seine Gesandten glauben und bei keinem von ihnen einen Unterschied
machen, wird Er ihren Lohn zukommen lassen. Gott ist voller Vergebung und barmherzig.

153 Die Leute des Buches fordern von dir, dass du auf sie ein
Buch vom Himmel herabsenden lässt. Sie haben von Mose etwas
noch Größeres als dieses gefordert und gesagt: »Lass uns Gott offen sehen.« Da ergriff sie der Donnerschlag wegen ihrer Ungerechtigkeit. Dann nahmen sie sich das Kalb, nachdem die deutlichen
Zeichen zu ihnen gekommen waren. Wir verziehen das, und Wir
gaben Mose eine offenkundige Ermächtigung. 154 Und Wir hoben den Berg über sie bei (der Entgegennahme) ihrer Verpflichtung empor und Wir sprachen zu ihnen: »Betretet das Tor in der
Haltung der Niederwerfung.« Und Wir sprachen zu ihnen: »Begeht
am Sabbat keine Übertretungen.« Und Wir nahmen von ihnen eine
feste Verpflichtung entgegen. 155 (Verflucht wurden sie,) weil sie
ihre Verpflichtung brachen, die Zeichen Gottes verleugneten, die
Propheten zu Unrecht töteten und sagten: »Unsere Herzen sind

unbeschnitten«* – vielmehr hat Gott sie wegen ihres Unglaubens versiegelt, sodass sie nur wenig glauben; 156 und weil sie ungläubig waren und gegen Maria eine gewaltige Verleumdung aussprachen; 157 und weil sie sagten: »Wir haben Christus Jesus, den Sohn Marias, den Gesandten Gottes, getötet.« – Sie haben ihn aber nicht getötet, und sie haben ihn nicht gekreuzigt, sondern es erschien ihnen eine ihm ähnliche Gestalt. Diejenigen, die über ihn uneins sind, sind im Zweifel über ihn. Sie haben kein Wissen über ihn, außer dass sie Vermutungen folgen. Und sie haben ihn nicht mit Gewissheit getötet, 158 sondern Gott hat ihn zu sich erhoben. Gott ist mächtig und weise. 159 Und es gibt keinen unter den Leuten des Buches, der nicht noch vor seinem Tod an ihn* glauben würde. Am Tag der Auferstehung wird er über sie Zeuge sein. – 160 Und wegen der Ungerechtigkeit derer, die Juden sind, haben Wir ihnen köstliche Dinge verboten, die ihnen (sonst) erlaubt waren, und weil sie viele vom Weg Gottes nachdrücklich abweisen; 161 und weil sie Zins nehmen, obwohl er ihnen verboten ist*; und weil sie das Vermögen der Menschen durch Betrug verzehren. Und Wir haben den Ungläubigen unter ihnen eine schmerzhafte Pein bereitet. 162 Aber diejenigen von ihnen, die im Wissen fest gegründet sind, und auch die Gläubigen glauben an das, was zu dir herabgesandt wurde und was vor dir herabgesandt wurde. Und denen, die das Gebet verrichten und die Abgabe entrichten und an Gott und den Jüngsten Tag glauben, denen wird Er einen großartigen Lohn zukommen lassen.

163 Wir gaben dir eine Offenbarung, wie Wir Noach und den Propheten nach ihm offenbart haben. Und Wir offenbarten (auch) Abraham, Ismael, Isaak, Jakob und den Stämmen, Jesus, Ijob, Jonas, Aaron und Salomo. Und Wir ließen David eine Schrift zu- [11 ¼]

155: Vgl. 2,88; – Bibel: Levitikus 26,41; Jeremia 9,25.
159: vor dem eigenen Tod an Jesus ... – Andere Deutung: vor dem Tod Jesu, also in der Endzeit.
161: Vgl. Bibel: Exodus 22,24; Levitikus 25,35–37; Deuteronomium 23,20–21.
163: Oder: einen Psalter.

kommen. **164** Und (Wir schickten) Gesandte, von denen Wir dir früher erzählt haben, und (auch) Gesandte, von denen Wir dir nicht erzählt haben – und Gott hat mit Mose wahrhaftig gesprochen –, **165** Gesandte als Freudenboten und Warner, damit die Menschen nach (dem Auftreten) der Gesandten keinen Beweisgrund gegen Gott haben. Und Gott ist mächtig und weise. **166** Aber (ja), Gott bezeugt, was Er zu dir herabgesandt hat. Er hat es mit seinem Wissen herabgesandt. Auch die Engel bezeugen es. Und Gott genügt als Zeuge. **167** Diejenigen, die ungläubig sind und vom Weg Gottes abweisen, sind weit abgeirrt. **168** Denen, die ungläubig sind und Unrecht tun, wird Gott unmöglich vergeben, und Er wird sie unmöglich einen rechten Weg führen, **169** es sei denn den Weg zur Hölle, darin werden sie auf immer ewig weilen. Und dies ist Gott ein Leichtes. **170** O ihr Menschen, der Gesandte ist von eurem Herrn mit der Wahrheit zu euch gekommen. So glaubt, das ist besser für euch. Wenn ihr ungläubig bleibt, so gehört Gott doch (alles), was in den Himmeln und auf der Erde ist. Gott weiß Bescheid und ist weise.

171 O ihr Leute des Buches, übertreibt nicht in eurer Religion und sagt über Gott nur die Wahrheit. Christus Jesus, der Sohn Marias, ist doch nur der Gesandte Gottes und sein Wort, das er zu Maria hinüberbrachte, und ein Geist von Ihm. So glaubt an Gott und seine Gesandten. Und sagt nicht: Drei*. Hört auf, das ist besser für euch. Gott ist doch ein einziger Gott. Gepriesen sei Er und erhaben darüber, dass Er ein Kind habe. Er hat, was in den Himmeln und was auf der Erde ist. Und Gott genügt als Sachwalter. **172** Christus wird es sicher nicht aus Widerwillen ablehnen, Diener Gottes zu sein, und auch nicht die in die Nähe (Gottes) zugelassenen Engel. Wenn einer es aus Widerwillen ablehnt, Ihm zu dienen, und sich hochmütig zeigt, so wird Er doch sie allesamt zu sich versammeln. **173** Denen nun, die glauben und die guten Werke tun, wird Er ihren Lohn voll erstatten, und Er wird ihnen von seiner Huld noch mehr geben. Diejenigen aber, die Widerwillen zeigen und sich hochmütig verhalten, wird Er mit einer schmerzhaften

171: D. h. drei Götter.

Pein peinigen. Und sie werden für sich anstelle Gottes weder Freund noch Helfer finden.

174 O ihr Menschen, gekommen ist nunmehr zu euch ein Beweis von eurem Herrn. Und Wir haben zu euch ein offenkundiges Licht hinabgesandt. **175** Diejenigen nun, die an Gott glauben und an Ihm festhalten, wird Er in seine Barmherzigkeit und Huld eingehen lassen und auf einem geraden Weg zu sich führen.

176 Sie fragen dich um Rechtsauskunft. Sprich: Gott gibt euch eine Rechtsauskunft über die seitliche Verwandtschaft*. Wenn jemand stirbt, ohne ein Kind zu haben, und er eine Schwester hat, dann steht ihr die Hälfte dessen, was er hinterlässt, zu. Und er beerbt sie, wenn sie kein Kind hat. Wenn es zwei (Schwestern) sind, stehen ihnen zwei Drittel dessen, was er hinterlässt, zu. Wenn es Geschwister sind, Männer und Frauen, dann steht dem männlichen Geschwister so viel wie der Anteil von zwei weiblichen zu. Gott macht es euch deutlich, damit ihr nicht irregeht. Und Gott weiß über alle Dinge Bescheid.

Sure 5

Der Tisch (al-Māʾida)

zu Medina, 120 Verse

Im Namen Gottes, des Erbarmers, des Barmherzigen.

*** 1** O ihr, die ihr glaubt, erfüllt die Verträge. Erlaubt ist euch das [11 ½] Herdenvieh außer dem, was euch bekannt gemacht wird; und ihr sollt, während ihr im Weihezustand* seid, das Jagdwild nicht für erlaubt halten. Gott entscheidet, was Er will. **2** O ihr, die ihr glaubt, verletzt den sakralen Charakter weder der Kultzeichen Got-

---

176: Ergänzung zu den Bestimmungen von Vers 4,12.

1:     während der Wallfahrt nach Mekka.

tes noch des heiligen Monats, noch der Opfertiere und der Halsgehänge*, noch derer, die sich zum heiligen Haus begeben im
Streben nach Huld und Wohlgefallen von ihrem Herrn. Wenn ihr
den Weihezustand abgelegt habt, dann dürft ihr jagen. Und der
Hass gegen bestimmte Leute, weil sie euch von der heiligen Moschee abgewiesen haben, soll euch nicht dazu verleiten, Übertretungen zu begehen. Helft einander zur Frömmigkeit und Gottesfurcht, und helft einander nicht zur Sünde und Übertretung. Und
fürchtet Gott. Gott verhängt eine harte Strafe. 3 Verboten ist euch
Verendetes, Blut, Schweinefleisch und das, worüber ein anderer
als Gott angerufen worden ist, und Ersticktes, Erschlagenes, Ge-
stürztes, Gestoßenes und das, was ein wildes Tier angefressen hat
– ausgenommen das, was ihr schächtet –, und das, was auf Opfersteinen geschlachtet worden ist. Und (verboten ist) auch, dass ihr
mit Pfeilen das Los werft. Das ist Frevel. Heute sind diejenigen,
die ungläubig sind, an eurer Religion verzweifelt, so fürchtet sie
nicht, sondern fürchtet Mich. Heute habe Ich euch eure Religion
vervollkommnet und meine Gnade an euch vollendet, und Ich habe daran Gefallen, dass der Islam eure Religion sei. Wenn aber
einer aus Hunger gezwungen wird, ohne zu einer Sünde hinzunei-
gen, so ist Gott voller Vergebung und barmherzig. 4 Sie fragen
dich, was ihnen erlaubt ist. Sprich: Erlaubt sind euch die köstlichen Dinge. Wenn ihr Jagdtiere abrichtet, indem ihr sie von dem
lehrt, was Gott euch gelehrt hat, dann esst von dem, was sie für
euch fassen, und erwähnt den Namen Gottes darüber. Und fürchtet Gott. Gott ist schnell im Abrechnen.
5 Heute sind euch die köstlichen Dinge erlaubt. Die Speise derer,
denen das Buch zugekommen ist, ist euch erlaubt, und eure Speise ist ihnen erlaubt. (Erlaubt sind) auch die unter Schutz gestellten gläubigen Frauen und die unter Schutz gestellten Frauen aus
den Reihen derer, denen vor euch das Buch zugekommen ist,
wenn ihr ihnen ihren Lohn zukommen lasst und mit ihnen in der
Absicht lebt, (sie) unter Schutz zu stellen, nicht Unzucht zu treiben und (sie) nicht als heimliche Konkubinen zu nehmen. Und

2:    die als Kennzeichen für die Opfertiere dienen.

wer den Glauben leugnet, dessen Werk ist wertlos, und im Jenseits gehört er zu den Verlierern.

6 O ihr, die ihr glaubt, wenn ihr euch zum Gebet hinstellt, so wascht (vorher) euer Gesicht und eure Hände bis zu den Ellbogen und streicht euch über den Kopf, und (wascht) eure Füße bis zu den Knöcheln. Und wenn ihr sexuell verunreinigt seid, dann reinigt euch. Und wenn ihr krank oder auf Reisen seid, oder wenn einer von euch vom Abort kommt, oder wenn ihr die Frauen berührt habt und ihr kein Wasser findet, dann sucht einen sauberen Boden und streicht euch davon über das Gesicht und die Hände*. Gott will euch keine Bedrängnis auferlegen, sondern Er will euch rein machen und seine Gnade an euch vollenden, auf dass ihr dankbar seid. 7 Und gedenket der Gnade Gottes zu euch und der Verpflichtung, durch die Er euch gebunden hat, als ihr sagtet: »Wir hören und wir gehorchen.« Und fürchtet Gott. Gott weiß über das innere Geheimnis Bescheid. 8 O ihr, die ihr glaubt, tretet für Gott ein und legt Zeugnis für die Gerechtigkeit ab. Und der Hass gegen bestimmte Leute soll euch nicht dazu verleiten, nicht gerecht zu sein. Seid gerecht, das entspricht eher der Gottesfurcht. Und fürchtet Gott. Gott hat Kenntnis von dem, was ihr tut. 9 Gott hat denen, die glauben und die guten Werke tun, versprochen: Bestimmt ist für sie Vergebung und großartiger Lohn. 10 Und diejenigen, die nicht glauben und unsere Zeichen für Lüge erklären, das sind die Gefährten der Hölle. 11 O ihr, die ihr glaubt, gedenket der Gnade Gottes zu euch, als gewisse Leute im Begriff waren, ihre Hände nach euch auszustrecken, und er ihre Hände von euch zurückhielt. Und fürchtet Gott. Auf Gott sollen die Gläubigen vertrauen.

*12 Gott nahm die Verpflichtung der Kinder Israels entgegen. [11 3/4] Und Wir ließen aus ihren Reihen zwölf Vorgesetzte auftreten. Und Gott sprach: »Ich bin mit euch. Wenn ihr das Gebet verrichtet und die Abgabe entrichtet, an meine Gesandten glaubt und ihnen beisteht und Gott ein schönes Darlehn leiht, werde Ich euch eure Missetaten sühnen, und Ich werde euch in Gärten eingehen las-

6:    Vgl. 4,43.

sen, unter denen Bäche fließen. Wer von euch hierauf ungläubig wird, der ist vom rechten Weg abgeirrt.« 13 Weil sie aber ihre Verpflichtung brachen, haben Wir sie verflucht und ihre Herzen verstockt gemacht. Sie entstellen den Sinn der Worte. Und sie vergaßen einen Teil von dem, womit sie ermahnt worden waren. Und du wirst immer wieder Verrat von ihrer Seite erfahren – bis auf wenige von ihnen. Aber verzeih ihnen und lass es ihnen nach. Gott liebt die Rechtschaffenen. 14 Und von denen, die sagen: »Wir sind Christen«, nahmen Wir ihre Verpflichtung entgegen. Sie vergaßen einen Teil von dem, womit sie ermahnt worden waren. So erregten Wir unter ihnen Feindschaft und Hass bis zum Tag der Auferstehung. Gott wird ihnen kundtun, was sie zu machen pflegten.

15 O ihr Leute des Buches, unser Gesandter ist nunmehr zu euch gekommen, um euch vieles von dem, was ihr vom Buch geheim gehalten habt, deutlich zu machen und um vieles zu übergehen. Gekommen sind zu euch von Gott ein Licht und ein deutliches Buch, 16 mit dem Gott diejenigen, die seinem Wohlgefallen nachgehen, die Wege des Friedens leitet und sie aus den Finsternissen ins Licht herausbringt mit seiner Erlaubnis; und Er leitet sie zu einem geraden Weg. 17 Ungläubig sind gewiss diejenigen, die sagen: »Gott ist Christus, der Sohn Marias.« Sprich: Wer vermag denn gegen Gott überhaupt etwas auszurichten, wenn Er Christus, den Sohn Marias, und seine Mutter und diejenigen, die auf der Erde sind, allesamt verderben lassen will? Gott gehört die Königsherrschaft der Himmel und der Erde und dessen, was dazwischen ist. Er erschafft, was Er will. Und Gott hat Macht zu allen Dingen. 18 Die Juden und die Christen sagen: »Wir sind die Söhne Gottes und seine Lieblinge.« Sprich: Warum peinigt Er euch dann für eure Sünden? Nein, ihr seid Menschen von denen, die Er erschaffen hat. Er vergibt, wem Er will, und Er peinigt, wen Er will. Und Gott gehört die Königsherrschaft der Himmel und der Erde und dessen, was dazwischen ist. Zu Ihm führt der Lebensweg. 19 O ihr Leute des Buches, unser Gesandter ist nunmehr zu euch gekommen, um euch in einer Zeit, in der die Gesandten ausgeblieben sind, Klarheit zu bringen, damit ihr nicht sagt: »Zu uns ist kein Freudenbote und kein Warner gekommen.« Zu euch ist

ein Freudenbote und ein Warner gekommen. Und Gott hat Macht zu allen Dingen.

20 Und als Mose zu seinem Volk sagte: »O mein Volk, gedenket der Gnade Gottes zu euch, als Er in eurer Mitte Propheten einsetzte und euch zu Königen machte und euch zukommen ließ, was Er niemandem von den Weltenbewohnern hat zukommen lassen. 21 O mein Volk, tretet in das heilige Land ein, das Gott euch bestimmt hat. Und kehrt nicht den Rücken, sonst würdet ihr als Verlierer umkehren.« 22 Sie sagten: »O Mose, in ihm sind gewaltige Leute. Wir werden es nie betreten, solange sie nicht aus ihm herausgehen. Wenn sie aus ihm herausgehen, dann treten wir ein.« 23 Zwei Männer von den Gottesfürchtigen, welche Gott begnadet hatte, sagten: »Tretet durch das Tor gegen sie ein; wenn ihr dadurch eintretet, werdet ihr Sieger sein. Und auf Gott sollt ihr vertrauen, so ihr Gläubige seid*.« 24 Sie sagten: »O Mose, wir werden es nie und nimmer betreten, solange sie darin sind. Geh du und dein Herr und kämpft. Wir bleiben hier sitzen.« 25 Er sagte: »Mein Herr, ich habe nur mich selbst und meinen Bruder. So scheide uns von den frevlerischen Leuten.« 26 Er sprach: »Verwehrt sei es ihnen vierzig Jahre, in denen sie auf der Erde umherziehen. So sei nicht betrübt über die frevlerischen Leute.«

*27 Und verlies ihnen den Bericht über die zwei Söhne Adams der   [12]
Wahrheit entsprechend. Als sie ein Opfer darbrachten. Es wurde von dem einen angenommen und von dem anderen nicht angenommen. Der sagte: »Ich schlage dich tot.« Er sagte: »Gott nimmt es an nur von den Gottesfürchtigen. 28 Auch wenn du deine Hand nach mir ausstreckst, um mich zu töten, so werde ich meine Hand nicht nach dir ausstrecken, um dich zu töten. Ich fürchte Gott, den Herrn der Welten. 29 Ich will, dass du meine Sünde und deine Sünde auf dich lädst und so zu den Gefährten des Feuers gehörst. Das ist die Vergeltung für die, die Unrecht tun.« 30 Seine Seele machte ihn willig, seinen Bruder zu töten. Er tötete ihn und wurde einer der Verlierer. 31 Gott schickte einen Raben, der in der Erde scharrte, um ihm zu zeigen, wie er die Leiche seines Bruders

23:   Vgl. Bibel: Numeri 13,30; 14,6–9.24.38.

bedecken könne. Er sagte: »Wehe mir! Bin ich nicht fähig, wie dieser Rabe zu sein und die Leiche meines Bruders zu bedecken?« So wurde er einer von denen, die bereuen. 32 Aus diesem Grund haben Wir den Kindern Israels vorgeschrieben: Wenn einer jemanden tötet, jedoch nicht wegen eines Mordes oder weil er auf der Erde Unheil stiftet, so ist es*, als hätte er die Menschen alle getötet. Und wenn jemand ihn am Leben erhält, so ist es, als hätte er die Menschen alle am Leben erhalten. Unsere Gesandten kamen zu ihnen mit den deutlichen Zeichen. Aber viele von ihnen verhalten sich nach alledem maßlos auf der Erde. 33 Die Vergeltung für die, die gegen Gott und seinen Gesandten Krieg führen und auf der Erde umherreisen, um Unheil zu stiften, soll dies sein, dass sie getötet oder gekreuzigt werden, oder dass ihnen Hände und Füße wechselseitig abgehackt werden, oder dass sie aus dem Land verbannt werden. Das ist für sie eine Schande im Diesseits, und im Jenseits ist für sie eine gewaltige Pein bestimmt, 34 außer denen, die umkehren, bevor ihr euch ihrer bemächtigt. Und wisst, dass Gott voller Vergebung und barmherzig ist. 35 O ihr, die ihr glaubt, fürchtet Gott und sucht ein Mittel, zu Ihm zu gelangen, und setzt euch auf seinem Weg ein, auf dass es euch wohl ergehe. 36 Wenn diejenigen, die ungläubig sind, alles hätten, was auf der Erde ist, und noch einmal das Gleiche dazu, um sich damit von der Pein des Tages der Auferstehung loszukaufen, es würde nicht von ihnen angenommen werden. Und bestimmt ist für sie eine schmerzhafte Pein. 37 Sie wollen aus dem Feuer herauskommen. Sie können aber nicht aus ihm herauskommen. Und bestimmt ist für sie eine beständige Pein.

38 Und hackt dem Dieb und der Diebin die Hände ab zur Vergeltung für das, was sie erworben haben, dies als abschreckende Strafe vonseiten Gottes. Und Gott ist mächtig und weise. 39 Wenn aber einer, nachdem er Unrecht getan hat, umkehrt und Besserung zeigt, wird Gott sich gewiss ihm zuwenden. Gott ist ja voller Vergebung und barmherzig. 40 Weißt du nicht, dass Gott die Königsherrschaft der Himmel und der Erde gehört? Er peinigt,

---

32: Oder: so soll es sein, als ...: und zwar im Hinblick auf die Bestrafung.

wen Er will, und Er vergibt, wem Er will. Und Gott hat Macht zu allen Dingen.

41 O Gesandter, lass dich nicht durch die betrüben, die im Unglauben miteinander wetteifern, aus den Reihen derer, die mit dem Mund sagen: »Wir glauben«, während ihre Herzen nicht glauben. Unter denen, die Juden sind, gibt es welche, die auf Lügen hören und auf andere Leute, die nicht zu dir gekommen sind, hören. Sie entstellen die feststehenden Worte und sagen: »Wenn euch dies gebracht wird, nehmt es an; wenn es euch aber nicht gebracht wird, dann seid auf der Hut.« Wen Gott der Versuchung preisgeben will, für den vermagst du gegen Gott überhaupt nichts auszurichten. Das sind die, deren Herzen Gott nicht rein machen will. Bestimmt ist für sie im Diesseits Schande und im Jenseits eine gewaltige Pein. 42 Sie hören auf Lügen, und sie verzehren unrechtmäßig erworbenes Gut. Wenn sie zu dir kommen, so urteile zwischen ihnen oder wende dich von ihnen ab. Wenn du dich von ihnen abwendest, werden sie dir nichts schaden; wenn du urteilst, dann urteile zwischen ihnen nach Gerechtigkeit. Gott liebt die, die gerecht handeln. 43 Wie können sie dich zum Schiedsrichter machen, wo sie doch die Tora besitzen, in der das Urteil Gottes enthalten ist, und sich hierauf nach alledem abkehren? Diese sind keine (richtigen) Gläubigen.

44 Wir haben die Tora hinabgesandt, in der Rechtleitung und Licht enthalten sind, damit die Propheten, die gottergeben waren, für die, die Juden sind, danach urteilen, und so auch die Rabbiner und die Gelehrten, aufgrund dessen, was ihnen vom Buche Gottes anvertraut wurde und worüber sie Zeugen waren. So fürchtet nicht die Menschen, sondern fürchtet Mich. Und verkauft nicht meine Zeichen für einen geringen Preis. Diejenigen, die nicht nach dem urteilen, was Gott herabgesandt hat, das sind die Ungläubigen. 45 Und Wir haben ihnen darin* vorgeschrieben: Leben um Leben, Auge um Auge, Nase um Nase, Ohr um Ohr, Zahn um

[12 ¼]

41: Oder: nicht glauben, und aus den Reihen derer, die Juden sind. Sie hören auf Lügen, und sie hören auf andere Leute …

45: Vgl. Bibel: Exodus 21,23–25; Levitikus 24,19–20; Deuteronomium 19,21.

Zahn; und auch für Verwundungen gilt die Wiedervergeltung. Wer aber dies als Almosen erlässt, dem ist es eine Sühne. Diejenigen, die nicht nach dem urteilen, was Gott herabgesandt hat, das sind die, die Unrecht tun.

46 Und Wir ließen nach ihnen Jesus, den Sohn Marias, folgen, damit er bestätige, was von der Tora vor ihm vorhanden war. Und Wir ließen ihm das Evangelium zukommen, das Rechtleitung und Licht enthält und das bestätigt, was von der Tora vor ihm vorhanden war, und als Rechtleitung und Ermahnung für die Gottesfürchtigen. 47 Die Leute des Evangeliums sollen nach dem urteilen, was Gott darin herabgesandt hat. Und diejenigen, die nicht nach dem urteilen, was Gott herabgesandt hat, das sind die Frevler.

48 Und Wir haben zu dir das Buch mit der Wahrheit hinabgesandt, damit es bestätige, was vom Buch vor ihm vorhanden war, und alles, was darin steht, fest in der Hand habe. Urteile nun zwischen ihnen nach dem, was Gott herabgesandt hat, und folge nicht ihren Neigungen, damit du nicht von dem abweichst, was von der Wahrheit zu dir gekommen ist. Für jeden von euch haben Wir eine Richtung und einen Weg festgelegt. Und wenn Gott gewollt hätte, hätte Er euch zu einer einzigen Gemeinschaft gemacht. Doch will Er euch prüfen in dem, was Er euch hat zukommen lassen. So eilt zu den guten Dingen um die Wette. Zu Gott werdet ihr allesamt zurückkehren, dann wird Er euch kundtun, worüber ihr uneins waret. 49 Und urteile zwischen ihnen nach dem, was Gott herabgesandt hat, und folge nicht ihren Neigungen. Und hüte dich vor ihnen, dass sie dich nicht verführen und abweichen lassen von einem Teil dessen, was Wir zu dir hinabgesandt haben. Wenn sie sich abkehren, so wisse, dass Gott sie wegen eines Teiles ihrer Sünden treffen will. Und gewiss sind viele von den Menschen Frevler. 50 Wünschen sie etwa die Urteilsnorm der Zeit der Unwissenheit? Wer hat denn eine bessere Urteilsnorm als Gott für Leute, die Gewissheit hegen?

[12 ½] *51 O ihr, die ihr glaubt, nehmt euch nicht die Juden und die Christen zu Freunden. Sie sind untereinander Freunde. Wer von euch sie zu Freunden nimmt, gehört zu ihnen. Gott leitet ungerechte Leute gewiss nicht recht. 52 Und du siehst, dass diejenigen, in deren Herzen Krankheit ist, sich eilig um sie bemühen; sie sagen: »Wir fürchten, dass uns eine Schicksalswende trifft.« Möge Gott den Erfolg oder einen Befehl von sich her bringen, sodass sie bereuen, was sie in ihrem Inneren geheim halten! 53 Und diejenigen, die glauben, werden sagen: »Sind das die, die bei Gott ihren eifrigsten Eid geschworen haben, sie seien auf eurer Seite?« Ihre Werke sind wertlos, sodass sie nun zu Verlierern geworden sind*.

54 O ihr, die ihr glaubt, wenn einer von euch von seiner Religion abfällt, so wird Gott (anstelle der Abgefallenen) Leute bringen, die Er liebt und die Ihn lieben, die den Gläubigen gegenüber sich umgänglich zeigen, den Ungläubigen gegenüber aber mit Kraft auftreten, die sich auf dem Weg Gottes einsetzen und den Tadel des Tadelnden nicht fürchten. Das ist die Huld Gottes; Er lässt sie zukommen, wem Er will. Gott umfasst und weiß alles. 55 Euer Freund ist Gott und sein Gesandter und auch diejenigen, die glauben, die das Gebet verrichten und die Abgabe entrichten, während sie sich verneigen. 56 Wer sich Gott und seinen Gesandten und diejenigen, die glauben, zu Freunden nimmt (gehört zu ihnen): Die Partei Gottes sind die Obsiegenden. 57 O ihr, die ihr glaubt, nehmt euch aus den Reihen derer, denen das Buch vor euch zugekommen ist, nicht diejenigen, die eure Religion zum Gegenstand von Spott und Spiel nehmen, und auch nicht die Ungläubigen zu Freunden. Und fürchtet Gott, so ihr gläubig seid. 58 Wenn ihr zum Gebet ruft, nehmen sie es zum Gegenstand von Spott und Spiel. Dies, weil sie Leute sind, die keinen Verstand haben.

59 Sprich: O ihr Leute des Buches, was anderes lässt euch uns grollen, als dass wir an Gott glauben und an das, was zu uns herabgesandt wurde, und das, was zuvor herabgesandt wurde, und dass die meisten von euch Frevler sind? 60 Sprich: Soll ich euch kundtun, was schlimmer ist als dies in Bezug auf die Belohnung bei Gott? Diejenigen, die Gott verflucht hat und denen Er zürnt und aus deren Reihen Er einige zu Affen* und Schweinen ge-

---

53:   Dieser Satz kann auch zu den Worten der Gläubigen gezählt werden.
60:   Vgl. 2,65; 7,166.

macht hat und die den Götzen dienen, diese befinden sich in einer schlimmeren Lage und sind vom rechten Weg weiter abgeirrt. 61 Und wenn sie zu euch kommen, sagen sie: »Wir glauben.« Aber sie treten als Ungläubige herein und sie gehen als solche hinaus. Und Gott weiß besser Bescheid über das, was sie verschweigen. 62 Und du siehst, dass viele von ihnen in Sünde und Übertretung und im Verzehren des unrechtmäßig Erworbenen wetteifern. Schlimm ist das, was sie zu tun pflegen. 63 Würden doch die Rabbiner und die Gelehrten ihnen die sündhaften Aussagen und das Verzehren des unrechtmäßig Erworbenen verbieten! Ja, schlimm ist das, was sie zu machen pflegen.

64 Und die Juden sagen: »Die Hand Gottes ist gefesselt.« Ihre Hände seien gefesselt und sie seien verflucht für das, was sie sagen! Nein, seine Hände sind ausgebreitet, und Er spendet, wie Er will. Und was zu dir von deinem Herrn herabgesandt wurde, wird sicher bei vielen von ihnen das Übermaß ihres Frevels und den Unglauben noch mehren. Und Wir erregten unter ihnen Feindschaft und Hass bis zum Tag der Auferstehung. Sooft sie ein Feuer zum Krieg entfachen, löscht Gott es aus. Und sie reisen auf der Erde umher, um Unheil zu stiften. Gott liebt die Unheilstifter nicht. 65 Würden die Leute des Buches glauben und gottesfürchtig sein, Wir würden ihnen ihre Missetaten sühnen und sie in die Gärten der Wonne eingehen lassen. 66 Und würden sie die Tora und das Evangelium und das, was zu ihnen von ihrem Herrn herabgesandt wurde, einhalten, sie würden von oben und unter ihren Füßen zu essen bekommen. Unter ihnen gibt es eine Gemeinde mit maßvollem Wandel. Was aber viele von ihnen betrifft, so ist schlimm, was sie tun.

[12 3/4] *67 O Gesandter, richte aus, was zu dir von deinem Herrn herabgesandt wurde. Wenn du es nicht tust, dann hast du seine Botschaft nicht ausgerichtet. Gott schützt dich vor den Menschen. Gott leitet gewiss die ungläubigen Leute nicht recht. 68 Sprich: O ihr Leute des Buches, ihr entbehrt jeder Grundlage, bis ihr die Tora und das Evangelium und das, was zu euch von eurem Herrn herabgesandt wurde, einhaltet. Und was zu dir von deinem Herrn herabgesandt wurde, wird sicher bei vielen von ihnen das Übermaß ihres Frevels und den Unglauben noch mehren. So sei nicht betrübt über die ungläubigen Leute.

69 Diejenigen, die glauben, und diejenigen, die Juden sind, und die Ṣābier* und die Christen, all die, die an Gott und an den Jüngsten Tag glauben und Gutes tun, haben nichts zu befürchten, und sie werden nicht traurig sein.

70 Und Wir nahmen die Verpflichtung der Kinder Israels entgegen und entsandten ihnen Gesandte. Jedes Mal, wenn ihnen ein Gesandter etwas brachte, was sie nicht mochten, ziehen sie einen Teil (von ihnen) der Lüge und töteten einen (anderen) Teil. 71 Und sie meinten, es käme keine Versuchung. Sie waren blind und taub. Hierauf wandte sich Gott ihnen gnädig zu. Dann wurden sie (wieder) blind und taub, und zwar viele von ihnen. Und Gott sieht wohl, was sie tun.

72 Ungläubig sind diejenigen, die sagen: »Gott ist Christus, der Sohn Marias«, wo doch Christus gesagt hat: »O ihr Kinder Israels, dienet Gott, meinem Herrn und eurem Herrn.« Wer Gott (andere) beigesellt, dem verwehrt Gott das Paradies. Seine Heimstätte ist das Feuer. Und die, die Unrecht tun, werden keine Helfer haben. 73 Ungläubig sind diejenigen, die sagen: »Gott ist der Dritte von dreien«, wo es doch keinen Gott gibt außer einem einzigen Gott. Wenn sie mit dem, was sie sagen, nicht aufhören, so wird diejenigen von ihnen, die ungläubig sind, eine schmerzhafte Pein treffen. 74 Wollen sie sich denn nicht reumütig Gott zuwenden und Ihn um Vergebung bitten? Gott ist voller Vergebung und barmherzig. 75 Christus, der Sohn Marias, ist nichts anderes als ein Gesandter; vor ihm sind etliche Gesandte dahingegangen. Seine Mutter ist eine Wahrhaftige. Beide pflegten, Speise zu essen. Siehe, wie Wir ihnen die Zeichen deutlich machen, und dann siehe, wie sie sich abwenden lassen. 76 Sprich: Wie könnt ihr anstelle Gottes dem dienen, was euch weder Schaden noch Nutzen bringen kann? Und Gott ist der, der alles hört und weiß. 77 Sprich: O ihr Leute des Buches, übertreibt nicht in eurer Religion über die Wahrheit hinaus und folgt nicht den Neigungen von Leuten, die

69: Vgl. Anmerkung zu 2,62.

früher irregegangen sind und viele irregeführt haben und vom rechten Weg abgeirrt sind.

78 Verflucht wurden diejenigen von den Kindern Israels, die ungläubig waren, durch den Mund Davids und Jesu, des Sohnes Marias. Dies dafür, dass sie ungehorsam waren und immer wieder Übertretungen begingen. 79 Sie pflegten nicht einander das Verwerfliche, das sie taten, zu verbieten. Schlimm ist, was sie zu tun pflegten. 80 Du siehst viele von ihnen die Ungläubigen zu Freunden nehmen. Schlimm ist das, was sie sich selbst vorausgeschickt haben, sodass Gott ihnen grollt; und sie werden in der Pein ewig weilen. 81 Würden sie an Gott und den Propheten und an das, was zu ihm herabgesandt wurde, glauben, hätten sie sie nicht zu Freunden genommen. Aber viele von ihnen sind Frevler.

7. Teil
[13]

*82 Du wirst sicher finden, dass unter den Menschen diejenigen, die den Gläubigen am stärksten Feindschaft zeigen, die Juden und die Polytheisten sind. Und du wirst sicher finden, dass unter ihnen diejenigen, die den Gläubigen in Liebe am nächsten stehen, die sind, welche sagen: »Wir sind Christen.« Dies deshalb, weil es unter ihnen Priester und Mönche gibt und weil sie nicht hochmütig sind. 83 Wenn sie hören, was zu dem Gesandten herabgesandt wurde, siehst du ihre Augen von Tränen überfließen wegen dessen, was sie nun von der Wahrheit kennen. Sie sagen: »Unser Herr, wir glauben. Verzeichne uns unter den Zeugen. 84 Warum sollten wir nicht an Gott glauben und an das, was von der Wahrheit zu uns gekommen ist, und nicht erhoffen, dass unser Herr uns Eingang gewährt mit den rechtschaffenen Leuten?« 85 Nun belohnt sie Gott für das, was sie gesagt haben, mit Gärten, unter denen Bäche fließen; darin werden sie ewig weilen. Dies ist die Entlohnung der Rechtschaffenen. 86 Diejenigen, die ungläubig sind und unsere Zeichen für Lüge erklären, das sind die Gefährten der Hölle.

87 O ihr, die ihr glaubt, erklärt nicht für verboten die köstlichen Dinge, die Gott euch erlaubt hat, und begeht keine Übertretungen. Gott liebt die nicht, die Übertretungen begehen. 88 Und esst von dem, was Gott euch beschert hat, so es erlaubt und köstlich ist. Und fürchtet Gott, an den ihr eben glaubt. 89 Gott belangt

euch nicht wegen unbedachter Rede in euren Eiden. Aber Er belangt euch, wenn ihr euch in den Eiden fest bindet*. Die Sühne dafür besteht darin, zehn Bedürftige mit dem zu beköstigen, womit ihr sonst eure Angehörigen beköstigt, oder sie zu kleiden oder einen Sklaven freizulassen. Wer es nicht vermag, der soll drei Tage fasten. Das ist die Sühne für eure Eide, wenn ihr schwört. Und haltet eure Eide. So macht Gott euch seine Zeichen deutlich, auf dass ihr dankbar seid.

90 O ihr, die ihr glaubt, der Wein, das Glücksspiel, die Opfersteine und die Lospfeile sind ein Gräuel von Satans Werk. Meidet es, auf dass es euch wohl ergehe. 91 Der Satan will ja durch Wein und Glücksspiel Feindschaft und Hass zwischen euch erregen und euch vom Gedenken Gottes und vom Gebet abbringen. Werdet ihr wohl nun aufhören? 92 Und gehorchet Gott und gehorcht dem Gesandten, und seid auf der Hut. Wenn ihr euch abkehrt, so wisst, unserem Gesandten obliegt nur die deutliche Ausrichtung (der Botschaft). 93 Diejenigen, die glauben und die guten Werke tun, begehen im Hinblick auf das, was sie essen, kein Vergehen, wenn sie nur gottesfürchtig sind und glauben und die guten Werke tun, und weiter gottesfürchtig sind und glauben, und dann auch gottesfürchtig und rechtschaffen sind. Und Gott liebt die Rechtschaffenen.

94 O ihr, die ihr glaubt, Gott wird euch prüfen im Hinblick auf das Jagdwild, das eure Hände und eure Lanzen treffen, damit Gott feststellt, wer Ihn im Verborgenen fürchtet. Wer danach Übertretungen begeht, für den ist eine schmerzhafte Pein bestimmt. 95 O ihr, die ihr glaubt, tötet nicht das Jagdwild, während ihr im Weihezustand seid*. Wer von euch es vorsätzlich tötet, hat als Auflage ein Stück Vieh abzugeben, gleich dem, was er getötet hat – darüber sollen zwei gerechte Leute von euch urteilen –, dies als Opfertier, das die Ka'ba erreichen soll. Oder er hat als Sühne Bedürftige zu speisen oder das Entsprechende an Fasten zu leisten. (Dies,) damit er die schweren Folgen seines Verhaltens kostet. Gott

89:   und sie dennoch nicht haltet.
95:   Vgl. 5,1.

verzeiht, was vorher geschah. Wer es aber wieder tut, an dem rächt sich Gott. Und Gott ist mächtig und übt Rache. 96 Erlaubt ist euch, die Tiere des Meeres zu jagen und sie zu essen zum Nutzen für euch und für die Reisenden, aber verboten ist euch, die Tiere des Festlandes zu jagen, während ihr im Weihezustand seid. Und fürchtet Gott, zu dem ihr versammelt werdet.

[13 ¼] *97 Gott hat die Kaʿba, das heilige Haus, für die Menschen zu einer Förderung* gemacht sowie den heiligen Monat, die Opfertiere und die Halsgehänge. Dies, damit ihr wisst, dass Gott weiß, was in den Himmeln und was auf der Erde ist, und dass Gott über alle Dinge Bescheid weiß. 98 Wisst, Gott verhängt eine harte Strafe, und Gott ist voller Vergebung und barmherzig. 99 Dem Gesandten obliegt nur die Ausrichtung (der Botschaft). Und Gott weiß, was ihr offenlegt und was ihr verschweigt. 100 Sprich: Nicht gleich sind das Verdorbene und das Köstliche, auch wenn die Menge des Verdorbenen dir gefallen sollte. So fürchtet Gott, ihr Einsichtigen, auf dass es euch wohl ergehe.

101 O ihr, die ihr glaubt, fragt nicht nach Dingen, die, wenn sie euch offengelegt würden, euch weh täten, und die, wenn ihr zu der Zeit, da der Koran herabgesandt wird, danach fragt, euch offengelegt werden. Gott hat sie übergangen. Und Gott ist voller Vergebung und langmütig. 102 Danach haben Leute vor euch gefragt, und dann haben sie sie verleugnet. 103 Gott hat keine Vorschriften festgelegt* in Bezug auf ohrgeschlitzte oder frei weidende Kamelstuten oder auf Schafe, die weiblichen Nachwuchs nacheinander werfen, oder auf Kamelhengste, die (dank ihrer Leistung) ihren Rücken (vor Traglast) schützen. Aber diejenigen, die ungläubig sind, erdichten Lügen gegen Gott, und die meisten von ihnen haben keinen Verstand. 104 Und wenn ihnen gesagt wird: »Kommt her zu dem, was Gott herabgesandt hat, und zum Gesandten«, sagen sie: »Uns genügt, was wir bei unseren Vätern vorgefunden haben.« Was denn, auch wenn ihre Väter nichts gewusst

---

97: Oder: zu einer Lebensstütze.

103: sodass solche Tiere als geweiht gelten und daher dem gewöhnlichen Dienst nicht mehr unterzogen werden dürfen.

haben und der Rechtleitung nicht gefolgt sind? 105 O ihr, die ihr glaubt, kümmert euch um euch selbst. Wer abirrt, kann euch nicht schaden, wenn ihr der Rechtleitung folgt. Zu Gott ist eure Heimkehr allesamt. Dann wird Er euch kundtun, was ihr zu tun pflegtet.

106 O ihr, die ihr glaubt, wenn einer von euch im Sterben liegt und sein Testament machen will, so soll das Zeugnis unter euch erfolgen durch zwei gerechte Leute von euch – oder durch zwei andere, die nicht von euch sind, wenn ihr im Land umherwandert und euch das Todesunglück trifft. Ihr sollt sie nach dem Gebet festhalten, und sie sollen dann, wenn ihr Zweifel habt, bei Gott schwören: »Wir verkaufen es nicht für irgendeinen Preis, auch wenn es sich um einen Verwandten handelt. Und wir verschweigen das Zeugnis Gottes nicht, sonst gehörten wir zu denen, die sich versündigen.« 107 Wenn man entdeckt, dass sie sich einer Sünde schuldig gemacht haben, sollen aus den Reihen derer, gegen die man sich versündigt hat, zwei andere, deren Erbrecht am ehesten feststeht, an ihre Stelle treten und bei Gott schwören: »Unser Zeugnis ist bestimmt wahrhaftiger als deren Zeugnis. Und wir haben keine Übertretung begangen, sonst gehörten wir zu denen, die Unrecht tun.« 108 Das bewirkt eher, dass sie das Zeugnis seinem Inhalt entsprechend vorbringen oder eben fürchten, dass nach ihren Eiden (andere) Eide zugelassen werden. Und fürchtet Gott und hört zu. Gott leitet die frevlerischen Leute nicht recht.

109 Am Tag, da Gott die Gesandten versammelt und dann spricht: »Was wurde euch geantwortet?« Sie sagen: »Wir haben kein Wissen (davon). Du bist der, der die unsichtbaren Dinge alle weiß.«   [13 ½]

110 Und als Gott sprach: »O Jesus, Sohn Marias, gedenke meiner Gnade zu dir und zu deiner Mutter, als Ich dich mit dem Geist der Heiligkeit stärkte, sodass du zu den Menschen in der Wiege und als Erwachsener sprachst; und als Ich dich das Buch, die Weisheit, die Tora und das Evangelium lehrte; und als du aus Ton etwas wie eine Vogelgestalt mit meiner Erlaubnis schufest und dann hinein-

109: als Reaktion auf eure Verkündigung.

bliesest und es mit meiner Erlaubnis zu einem Vogel wurde; und als du Blinde und Aussätzige mit meiner Erlaubnis heiltest und Tote mit meiner Erlaubnis herauskommen ließest*; und als Ich die Kinder Israels von dir zurückhielt, als du mit den deutlichen Zeichen zu ihnen kamst, worauf diejenigen von ihnen, die ungläubig waren, sagten: ›Das ist nichts als eine offenkundige Zauberei.‹«

111 Und als Ich den Jüngern offenbarte: »Glaubt an Mich und an meinen Gesandten.« Sie sagten: »Wir glauben. Bezeuge, dass wir gottergeben sind.« 112 Als die Jünger sagten: »O Jesus, Sohn Marias, kann dein Herr uns einen Tisch vom Himmel* herabsenden?« Er sagte: »Fürchtet Gott, so ihr gläubig seid.« 113 Sie sagten: »Wir wollen davon essen, sodass unsere Herzen Ruhe finden und dass wir wissen, dass du uns die Wahrheit gesagt hast, und dass wir zu denen gehören, die darüber Zeugnis geben*.« 114 Jesus, der Sohn Marias, sagte: »O Gott, unser Herr, sende auf uns einen Tisch vom Himmel herab, dass er für uns, für den ersten von uns und den letzten von uns, ein Fest sei, und ein Zeichen von Dir. Und versorge uns. Du bist der beste Versorger.« 115 Gott sprach: »Ich werde ihn auf euch hinabsenden. Wer von euch hernach ungläubig wird, den werde Ich mit einer Pein peinigen, mit der Ich keinen von den Weltenbewohnern peinige.«

116 Und als Gott sprach: »O Jesus, Sohn Marias, warst du es, der zu den Menschen sagte: ›Nehmt euch neben Gott mich und meine Mutter zu Göttern?‹« Er sagte: »Preis sei Dir! Es steht mir nicht zu, etwas zu sagen, wozu ich kein Recht habe. Hätte ich es gesagt, dann wüsstest Du es. Du weißt, was in meinem Inneren ist, ich aber weiß nicht, was in deinem Inneren ist. Du bist der, der die unsichtbaren Dinge alle weiß. 117 Ich habe ihnen nichts anderes gesagt als das, was Du mir befohlen hast, nämlich: ›Dienet Gott,

---

110: Vgl. 3,48–49.

112: Wird hier andeutungsweise Bezug genommen auf das Abendmahl (Evangelium: Matthäus 26,20–29; Markus 14,17–25; Lukas 22,14–23) oder auch auf die Vision des Apostels Petrus in Joppe (Apostelgeschichte 10,9–16)?

113: über den Tisch und das Zeichen.

meinem Herrn und eurem Herrn.‹ Ich war Zeuge über sie, solange ich unter ihnen weilte. Als Du mich abberufen hast, warst Du der Wächter über sie. Und Du bist über alle Dinge Zeuge. 118 Wenn Du sie peinigst, so sind sie deine Diener. Wenn Du ihnen vergibst, so bist Du der Mächtige, der Weise.« 119 Gott sprach: »Das ist der Tag, an dem den Wahrhaftigen ihre Wahrhaftigkeit nützen wird. Bestimmt sind für sie Gärten, unter denen Bäche fließen; darin werden sie auf immer ewig weilen. Gott hat Wohlgefallen an ihnen, und sie haben Wohlgefallen an Ihm. Dies ist der großartige Erfolg.« 120 Gott gehört die Königsherrschaft der Himmel und der Erde und dessen, was in ihnen ist. Und Er hat Macht zu allen Dingen.

Sure 6

Das Vieh (al-Anʿām)

zu Mekka, 165 Verse

Im Namen Gottes, des Erbarmers, des Barmherzigen.
1 Lob sei Gott, der die Himmel und die Erde erschaffen und die Finsternisse und das Licht gemacht hat! Dennoch setzen diejenigen, die ungläubig sind, ihrem Herrn (andere) gleich. 2 Er ist es, der euch aus Ton erschaffen und dann eine Frist beschlossen hat. Und eine bestimmte Frist ist bei Ihm festgesetzt. Dennoch zweifelt ihr daran. 3 Er ist Gott in den Himmeln und auf der Erde. Er weiß, was ihr geheim haltet und was ihr offen bekundet, und Er weiß, was ihr erwerbt.
4 Kein Zeichen von den Zeichen ihres Herrn kommt zu ihnen, ohne dass sie sich davon abwenden. 5 So erklärten sie die Wahrheit für Lüge, als sie zu ihnen kam. Aber zu ihnen werden die Berichte gelangen über das, worüber sie immer wieder gespottet haben. 6 Haben sie denn nicht gesehen, wie viele Generationen Wir

vor ihnen haben verderben lassen? Wir haben ihnen auf der Erde eine feste Stellung verliehen, die Wir euch nicht verliehen haben. Und Wir haben den Himmel über sie ergiebig regnen lassen und die Bäche unter ihnen fließen lassen. Aber Wir haben sie für ihre Sünden verderben und nach ihnen eine andere Generation entstehen lassen.

7 Hätten Wir auf dich ein Buch auf Papyrus hinabgesandt und würden sie es mit ihren Händen berühren, würden diejenigen, die ungläubig sind, dennoch sagen: »Dies ist nichts als offenkundige Zauberei.« 8 Und sie sagen: »Wäre ein Engel auf ihn herabgesandt worden!« Würden Wir einen Engel hinabsenden, wäre die Angelegenheit dann entschieden, und ihnen wird dann kein Aufschub gewährt. 9 Auch wenn Wir ihn* zu einem Engel gemacht hätten, Wir hätten ihn (doch) zu einem Mann gemacht und hätten ihnen (noch weiter) verhüllt, was sie sich ja selbst verhüllen. 10 Gespottet wurde schon vor dir über Gesandte. Da umschloss diejenigen, die sie verhöhnt hatten, das, worüber sie spotteten. 11 Sprich: Geht auf der Erde umher und schaut, wie das Ende derer war, die (die Botschaft) für Lüge erklärt haben.

12 Sprich: Wem gehört, was in den Himmeln und auf der Erde ist? Sprich: (Es gehört) Gott. Vorgeschrieben hat Er sich selbst die Barmherzigkeit. Er wird euch zum Tag der Auferstehung versammeln, an dem kein Zweifel möglich ist. Diejenigen, die sich selbst [13 3/4] verloren haben, die glauben eben nicht. *13 Ihm gehört, was in der Nacht und am Tag besteht*. Er ist der, der alles hört und weiß. 14 Sprich: Sollte ich mir zum Freund einen anderen als Gott nehmen, den Schöpfer der Himmel und der Erde, der Speise gibt und dem niemand Speise geben kann? Sprich: Mir ist befohlen worden, der erste von denen zu sein, die gottergeben sind, und: »Sei nicht einer der Polytheisten.« 15 Sprich: Ich fürchte, wenn ich gegen meinen Herrn ungehorsam bin, die Pein eines gewaltigen Tages. 16 Von wem sie an jenem Tag abgewehrt wird, dessen hat Er

9: den Zusendenden, d.h.: Wenn Wir beschlossen hätten, einen Engel zum Gesandten zu machen ...
13: Wörtlich: wohnt bzw. ruht.

sich erbarmt. Und das ist der offenkundige Erfolg. 17 Wenn Gott dich einen Schaden erleiden lässt, so gibt es niemanden, der ihn beheben könnte, außer Ihm. Und wenn Er dich Gutes erfahren lässt, so hat Er Macht zu allen Dingen. 18 Er ist der, der bezwingende Macht über seine Diener besitzt, und Er ist der, der weise ist und Kenntnis von allem hat. 19 Sprich: Was gilt als das größte Zeugnis? Sprich: Gott ist Zeuge zwischen mir und euch. Dieser Koran ist mir offenbart, damit ich euch und auch jeden, den er erreicht, durch ihn warne. Wollt ihr wirklich bezeugen, dass es neben Gott andere Götter gibt? Sprich: Ich bezeuge (es) nicht. Sprich: Er ist nur ein einziger Gott, und ich bin unschuldig an dem, was ihr (Ihm) beigesellt. 20 Diejenigen, denen Wir das Buch zukommen ließen, kennen es, wie sie ihre Söhne kennen. Diejenigen, die sich selbst verloren haben, die glauben eben nicht. 21 Und wer ist denn ungerechter, als wer gegen Gott eine Lüge erdichtet oder seine Zeichen für Lüge erklärt? Denen, die Unrecht tun, wird es sicher nicht wohl ergehen.

22 Und am Tag, da Wir sie alle versammeln. Dann sprechen Wir zu denen, die Polytheisten waren: Wo sind denn eure Teilhaber, die ihr immer wieder angegeben habt? 23 Dann wird (die Folge) ihrer Verwirrung nur sein, dass sie sagen: »Bei Gott, unserem Herrn, wir waren keine Polytheisten.« 24 Schau, wie sie sich selbst belügen und wie ihnen entschwunden ist, was sie zu erdichten pflegten.

25 Und unter ihnen gibt es welche, die dir zuhören. Aber Wir haben auf ihre Herzen Hüllen gelegt, sodass sie es nicht begreifen, und in ihre Ohren Schwerhörigkeit. Sie mögen jedes Zeichen sehen, sie glauben nicht daran. Und so, wenn sie zu dir kommen, um mit dir zu streiten, sagen diejenigen, die ungläubig sind: »Das sind nichts als die Fabeln der Früheren.« 26 Und sie verwehren es (den Leuten), und sie selbst entfernen sich davon. Sie bringen nur Verderben über sich selbst, und sie merken es nicht. 27 Könntest du nur zuschauen, wenn sie vor das Feuer gestellt werden und sagen: »O würden wir doch zurückgebracht werden! Wir würden dann nicht die Zeichen unseres Herrn für Lüge erklären, und wir würden zu den Gläubigen gehören«! 28 Vielmehr ist ihnen klar geworden, was sie früher geheim gehalten haben. Würden sie zu-

rückgebracht, sie würden zu dem zurückkehren, was ihnen verboten wurde. Sie sind ja Lügner. 29 Und sie sagen: »Es gibt nur unser diesseitiges Leben, und wir werden nicht auferweckt.« 30 Könntest du nur zuschauen, wenn sie vor ihren Herrn gestellt werden und Er spricht: »Ist dies nicht die Wahrheit?« Sie sagen: »Doch, bei unserem Herrn!« Er spricht: »Kostet nun die Pein dafür, dass ihr ungläubig waret.« 31 Den Verlust haben diejenigen, die die Begegnung mit Gott für Lüge erklären, sodass sie, wenn die Stunde plötzlich über sie kommt, sagen: »O welch ein Bedauern, dass wir sie nicht beachtet haben!« Sie tragen ihre Lasten auf ihrem Rücken. O schlimm ist das, was sie da tragen werden! 32 Das diesseitige Leben ist nur Spiel und Zerstreuung. Die jenseitige Wohnstätte ist gewiss besser für die, die gottesfürchtig sind. Habt ihr denn keinen Verstand?

33 Wir wissen wohl, dass dich betrübt, was sie sagen. Aber nicht dich zeihen sie der Lüge, sondern die, die Unrecht tun, leugnen ja die Zeichen Gottes. 34 Der Lüge wurden schon vor dir Gesandte geziehen. Und sie ertrugen es mit Geduld, dass sie der Lüge geziehen wurden und dass ihnen Leid zugefügt wurde, bis unsere Unterstützung zu ihnen kam. Niemand wird die Worte Gottes abändern können. Zu dir ist doch etwas vom Bericht über die Gesandten gekommen. 35 Und wenn du schwer daran trägst, dass sie sich abwenden, dann, wenn du imstande bist, einen Schacht in die Erde oder eine Leiter in den Himmel zu suchen und ihnen dann ein Zeichen vorzubringen ...* Wenn Gott gewollt hätte, hätte Er sie in der Rechtleitung vereint. Sei also nicht einer der Törichten. *36 Nur jene können antworten, die zuhören. Die Toten wird Gott auferwecken. Dann werden sie zu Ihm zurückgebracht. 37 Und sie sagen: »Wenn doch ein Zeichen von seinem Herrn auf ihn herabgesandt würde!« Sprich: Gott hat dazu die Macht, ein Zeichen herabzusenden. Aber die meisten von ihnen wissen nicht Bescheid.

38 Es gibt keine Tiere auf der Erde und keine Vögel, die mit ihren Flügeln fliegen, die nicht Gemeinschaften wären gleich euch. Wir

[14]

35: D.h.: dann tu es.

haben im Buch nichts übergangen. Dann werden sie zu ihrem Herrn versammelt. 39 Und diejenigen, die unsere Zeichen für Lüge erklären, sind taub, stumm, in Finsternissen. Gott führt irre, wen Er will, und wen Er will, den bringt Er auf einen geraden Weg. 40 Sprich: Was meint ihr? Wenn die Pein Gottes über euch kommt oder die Stunde über euch kommt, werdet ihr dann andere anrufen als Gott, so ihr die Wahrheit sagt? 41 Nein, Ihn werdet ihr anrufen. Dann wird Er das beheben, weswegen ihr (Ihn) anruft, wenn Er will, und ihr werdet vergessen, was ihr (Ihm) beigesellt.

42 Und Wir haben vor dir zu Gemeinschaften (Gesandte) geschickt und sie* mit Not und Leid heimgesucht, auf dass sie sich vielleicht demütigen. 43 Hätten sie sich doch gedemütigt, als unsere Schlagkraft über sie kam! Aber ihre Herzen verhärteten sich, und der Satan machte ihnen verlockend, was sie zu tun pflegten. 44 Und als sie das vergaßen, womit sie ermahnt worden waren, öffneten Wir ihnen die Tore zu allen Dingen. Als sie sich dann über das freuten, was ihnen zuteil wurde, suchten Wir sie plötzlich heim. Da waren sie ganz verzweifelt. 45 So wurde der letzte Rest der Leute, die Unrecht taten, ausgemerzt. Und Lob sei Gott, dem Herrn der Welten! 46 Sprich: Was meint ihr? Wenn Gott euer Gehör und euer Augenlicht fortnähme und euer Herz versiegelte, welcher Gott außer Gott könnte es euch zurückbringen? Schau, wie Wir die Zeichen auf verschiedene Weise darlegen, dennoch kehren sie sich ab. 47 Sprich: Was meint ihr? Wenn die Pein Gottes plötzlich oder offen über euch kommt, wer wird wohl dem Verderben preisgegeben außer den Leuten, die Unrecht tun? 48 Und Wir senden die Gesandten nur als Freudenboten und Warner. Diejenigen nun, die glauben und Besserung bringen, haben nichts zu befürchten, und sie werden nicht traurig sein. 49 Diejenigen aber, die unsere Zeichen für Lüge erklären, wird die Pein treffen dafür, dass sie immer wieder gefrevelt haben.

50 Sprich: Ich sage euch nicht, ich hätte die Vorratskammern Gottes, und ich kenne auch nicht das Unsichtbare. Und ich sage euch nicht, ich sei ein Engel. Ich folge nur dem, was mir offenbart wird.

42: die Gemeinschaften.

Sprich: Sind etwa der Blinde und der Sehende gleich? Wollt ihr denn nicht nachdenken? 51 Und warne damit diejenigen, die fürchten, zu ihrem Herrn versammelt zu werden – außer Ihm haben sie weder Freund noch Fürsprecher –, auf dass sie gottesfürchtig werden. 52 Und vertreibe diejenigen nicht, die morgens und spätabends ihren Herrn anrufen in der Suche nach seinem Antlitz. Dir obliegt in keiner Weise, sie zur Rechenschaft zu ziehen*, und ihnen obliegt in keiner Weise, dich zur Rechenschaft zu ziehen, sodass du sie vertreiben dürftest. Sonst würdest du zu denen gehören, die Unrecht tun. 53 Und so haben Wir die einen durch die anderen der Versuchung ausgesetzt, damit sie sagen: »Hat Gott gerade diesen da aus unserer Mitte eine Wohltat erwiesen?« Weiß nicht Gott besser Bescheid über die, die dankbar sind? 54 Und wenn diejenigen, die an unsere Zeichen glauben, zu dir kommen, so sprich: Friede über euch! Euer Herr hat sich selbst die Barmherzigkeit vorgeschrieben: Wenn nun einer von euch aus Unwissenheit Böses tut, aber danach umkehrt und Besserung zeigt, so ist Er voller Vergebung und barmherzig. 55 So legen Wir die Zeichen im Einzelnen dar, auch damit der Weg der Übeltäter offenkundig wird.

56 Sprich: Mir ist verboten worden, denen zu dienen, die ihr anstelle Gottes anruft. Sprich: Ich folge nicht euren Neigungen. Sonst wäre ich abgeirrt, und ich würde nicht zu denen zählen, die der Rechtleitung folgen. 57 Sprich: Ich berufe mich auf ein deutliches Zeichen von meinem Herrn, aber ihr erklärt es für Lüge. Ich verfüge nicht über das, was ihr zu beschleunigen wünscht*. Das Urteil gehört Gott allein. Er erzählt die Wahrheit, und Er ist der Beste derer, die entscheiden. 58 Sprich: Würde ich über das verfügen, was ihr zu beschleunigen wünscht, wäre die Angelegenheit zwischen mir und euch bereits entschieden. Und Gott weiß besser

---

52: Vertreibe nicht diejenigen, die gläubig sind (vgl. 11,29; 26,114) und fromm sind (vgl. 18,28), auch wenn sie die Niedrigsten in der Gesellschaft sein sollten (vgl. 11,27; 26,111), und auch wenn sie sich vielleicht früher etwas zuschulden kommen ließen (vgl. 6,54).

57: das Strafgericht, das den Ungläubigen immer wieder angedroht wird.

Bescheid über die, die Unrecht tun. *59 Er verfügt über die [14 ¼]
Schlüssel des Unsichtbaren. Niemand außer Ihm weiß über sie Bescheid. Und Er weiß, was auf dem Festland und im Meer ist. Kein
Blatt fällt, ohne dass Er darüber Bescheid weiß; und es gibt kein
Korn in den Finsternissen der Erde und nichts Feuchtes und nichts
Trockenes, ohne dass es in einem deutlichen Buch stünde. 60 Er
ist es, der euch bei Nacht abberuft und weiß, was ihr bei Tag begangen habt; und dann erweckt Er euch an ihm auf, damit eine
bestimmte Frist erfüllt wird. Dann wird eure Rückkehr zu Ihm sein,
und dann wird Er euch kundtun, was ihr zu tun pflegtet. 61 Er ist
der, der bezwingende Macht über seine Diener besitzt. Und Er
entsendet Hüter über euch, sodass, wenn der Tod zu einem von
euch kommt, unsere Boten ihn abberufen, und sie übergehen
nichts. 62 Dann werden sie zu Gott, ihrem wahren Herrscher, zurückgebracht. Ja, Ihm gehört das Urteil, und Er ist der Schnellste
derer, die abrechnen.

63 Sprich: Wer errettet euch aus den Finsternissen des Festlandes
und des Meeres, wenn ihr Ihn in Demut und im Verborgenen anruft: »Wenn Er uns hieraus rettet, werden wir sicher zu den Dankbaren gehören«? 64 Sprich: Gott errettet euch daraus und aus
jeder Trübsal. Ihr aber gesellt (Ihm) weiterhin (andere) bei.
65 Sprich: Er ist es, der dazu die Macht hat, über euch eine Pein
von oben oder unter euren Füßen zu schicken, oder euch in Parteien durcheinander zu bringen und die einen von euch die
Schlagkraft der anderen erleiden zu lassen. Schau, wie Wir die Zeichen auf verschiedene Weise darlegen, auf dass sie (die Sache) begreifen. 66 Dein Volk erklärt es für Lüge, obwohl es die Wahrheit
ist. Sprich: Ich bin nicht als Sachwalter über euch eingesetzt.
67 Jeder Bericht wird seine Bestätigung finden, und ihr werdet es
noch zu wissen bekommen.

68 Und wenn du diejenigen siehst, die auf unsere Zeichen (spot-
tend) eingehen, dann wende dich von ihnen ab, bis sie auf ein anderes Gespräch eingehen. Und wenn dich der Satan vergessen
lässt, dann sollst du, nachdem du dich wieder daran erinnert hast,
nicht mit den Leuten zusammensitzen, die Unrecht tun. 69 Denjenigen, die gottesfürchtig sind, obliegt in keiner Weise, sie zur

Rechenschaft zu ziehen. Es ist nur eine Ermahnung, auf dass sie gottesfürchtig werden. **70** Und lass diejenigen sitzen, die ihre Religion zum Gegenstand von Spiel und Zerstreuung nehmen und die das diesseitige Leben betört. Und ermahne durch ihn, auf dass niemand dem Verderben preisgegeben wird für das, was er erworben hat. Er hat dann außer Gott weder Freund noch Fürsprecher. Und würde er auch jedes Lösegeld vorlegen, es wird von ihm nicht angenommen werden. Das sind die, die dem Verderben preisgegeben werden für das, was sie erworben haben. Bestimmt ist für sie ein Getränk aus heißem Wasser und eine schmerzhafte Pein dafür, dass sie ungläubig waren. **71** Sprich: Sollen wir statt zu Gott zu etwas rufen, was uns weder nützt noch schadet, und, nachdem Gott uns rechtgeleitet hat, auf unseren Fersen kehrtmachen, gleich jenem, den die Satane im Land weggelockt haben? Ratlos (ist er); er hat Gefährten, die ihn zur Rechtleitung rufen: »Komm zu uns.« Sprich: Nur die Rechtleitung Gottes ist die (wahre) Rechtleitung. Und uns wurde befohlen, uns dem Herrn der Welten zu ergeben. **72** Und auch: Verrichtet das Gebet und fürchtet Ihn. Er ist es, zu dem ihr versammelt werdet. **73** Er ist es, der die Himmel und die Erde der Wahrheit entsprechend erschaffen hat. Und am Tag, da Er sagt: Sei!, und es ist. Sein Wort ist die Wahrheit. Und Ihm gehört die Königsherrschaft am Tag, da in die Trompete geblasen wird. Er weiß über das Unsichtbare und das Offenbare Bescheid, und Er ist der Weise, der Kenntnis von allem hat.

[14½]   ***74** Und als Abraham zu seinem Vater Āzar sagte: »Nimmst·du dir denn Götzen zu Göttern? Ich sehe dich und dein Volk in einem offenkundigen Irrtum.« **75** Und so zeigten Wir Abraham das Reich der Himmel und der Erde, damit er einer von denen sei, die Gewissheit hegen. **76** Als nun die Nacht ihn umhüllte, sah er einen Stern. Er sagte: »Das ist mein Herr.« Als der aber verschwand, sagte er: »Ich liebe die nicht, die verschwinden.« **77** Als er dann den Mond aufgehen sah, sagte er: »Das ist mein Herr.« Als der aber verschwand, sagte er: »Wenn mein Herr mich nicht rechtleitet, werde ich gewiss zu den abgeirrten Leuten gehören.« **78** Als er dann die Sonne aufgehen sah, sagte er: »Das ist mein Herr. Das ist ja größer.« Als sie aber verschwand, sagte er: »O mein Volk, ich bin unschuldig an dem, was ihr (Gott) beigesellt. 79 Ich richte mein Gesicht zu dem, der die Himmel und die Erde erschaffen hat, als Anhänger des reinen Glaubens, und ich gehöre nicht zu den Polytheisten.« 80 Sein Volk stritt mit ihm. Er sagte: »Wollt ihr mit mir über Gott streiten, wo Er mich rechtgeleitet hat? Ich fürchte nicht, was ihr Ihm beigesellt, es sei denn, es ist mein Herr, der etwas will. Mein Herr umfasst alle Dinge in seinem Wissen. Wollt ihr es nicht bedenken? 81 Und wie sollte ich fürchten, was ihr (Ihm) beigesellt, wo ihr euch nicht fürchtet, Gott solche beizugesellen, für die Er auf euch keine Ermächtigung herabgesandt hat? Welche von beiden Gruppen hat eher Recht auf Sicherheit, so ihr es wisst?« 82 Denjenigen, die glauben und ihren Glauben nicht mit unrechtem Handeln verhüllen, gehört die Sicherheit, und sie folgen der Rechtleitung. 83 Das ist unser Beweisgrund, den Wir Abraham gegen sein Volk zukommen ließen. Wir erhöhen, wen Wir wollen, um Rangstufen. Dein Gott ist weise und weiß Bescheid. 84 Und Wir schenkten ihm Isaak und Jakob; jeden (von ihnen) haben Wir rechtgeleitet. Auch Noach haben Wir zuvor rechtgeleitet, sowie aus seiner Nachkommenschaft David und Salomo, Ijob, Josef, Mose und Aaron: So entlohnen Wir die, die Gutes tun; 85 und Zakaria, Yaḥyā*, Jesus und Elias: Jeder von ihnen gehört zu den Rechtschaffenen; 86 und Ismael, Elischa, Jonas und Lot: Jeden (von ihnen) haben Wir vor den Weltenbewohnern bevorzugt; 87 und auch manche von ihren Vätern, ihren Nachkommen und ihren Brüdern. Wir haben sie erwählt und zu einem geraden Weg geleitet. 88 Das ist die Rechtleitung Gottes. Er leitet damit recht, wen von seinen Dienern Er will. Und hätten sie (Gott andere) beigesellt, so wäre (auch) ihnen wertlos geworden, was sie zu tun pflegten. 89 Das sind die, denen Wir das Buch, die Urteilsvollmacht und die Prophetie zukommen ließen. Wenn diese da sie verleugnen, so haben Wir sie Leuten anvertraut, die sie nicht verleugnen. 90 Das sind die, die Gott rechtgeleitet hat. Richte dich nun nach ihrer Rechtleitung. Sprich: Ich verlange von euch keinen

---

85:   Johannes der Täufer.

Lohn dafür. Es ist nichts als eine Ermahnung für die Weltenbewohner.

91 Und sie haben Gott nicht so eingeschätzt, wie Er eingeschätzt werden soll, als sie sagten: »Gott hat nichts auf einen Menschen herabgesandt.« Sprich: Wer hat denn das Buch herabgesandt, das Mose als Licht und Rechtleitung für die Menschen gebracht hat? Ihr macht ja daraus Papyrusblätter, die ihr offen zeigt – und ihr haltet vieles geheim; und euch wurde beigebracht, was ihr nicht wusstet, weder ihr noch eure Väter. Sprich: Gott*. Und dann lass sie in ihren ausschweifenden Reden ihr Spiel treiben.

92 Und dies ist ein Buch, das Wir hinabgesandt haben, ein gesegnetes (Buch), das bestätigt, was vor ihm vorhanden war, damit du die Mutter der Städte* und die Menschen in ihrer Umgebung warnest. Diejenigen, die an das Jenseits glauben, glauben auch daran, und sie halten ihr Gebet ein. 93 Und wer ist ungerechter, als wer gegen Gott eine Lüge erdichtet oder sagt: »Mir ist offenbart worden«, während ihm nichts offenbart worden ist, und wer sagt: »Ich werde herabsenden, was dem gleich ist, was Gott herabgesandt hat«? Könntest du nur zuschauen, wenn die Ungerechten sich in den Fluten des Todes befinden und die Engel ihre Hände ausstrecken: »Gebt eure Seelen heraus. Heute wird euch mit der Pein der Schmach vergolten dafür, dass ihr immer wieder gegen Gott etwas anderes als die Wahrheit gesagt und euch gegenüber seinen Zeichen hochmütig verhalten habt«! 94 Ihr seid nun einzeln zu Uns gekommen, so wie Wir euch das erste Mal erschaffen haben, und ihr habt hinter euch zurückgelassen, was Wir euch verliehen haben. Und Wir sehen nicht bei euch eure Fürsprecher, von denen ihr behauptet habt, sie hätten Anteil an euch. Abgeschnitten ist das Band zwischen euch, und entschwunden ist euch, was ihr immer wieder behauptet habt.

[14 3/4] *95 Gott ist es, der die Körner und die Kerne spaltet. Er bringt das Lebendige aus dem Toten und Er bringt das Tote aus dem Lebendigen hervor. Das ist Gott – wie leicht lasst ihr euch doch ab-

91: Gott hat das Buch herabgesandt.
92: Mekka

wenden! –, 96 Er, der die Morgendämmerung anbrechen lässt. Er hat die Nacht zur Ruhezeit und die Sonne und den Mond zur Zeitberechnung gemacht. Das ist das Dekret dessen, der mächtig ist und Bescheid weiß. 97 Er ist es, der euch die Sterne gemacht hat, damit ihr durch sie die gute Richtung in den Finsternissen des Festlandes und des Meeres findet. Wir haben die Zeichen im Einzelnen dargelegt für Leute, die Bescheid wissen. 98 Und Er ist es, der euch aus einem einzigen Wesen hat entstehen lassen. Dann gibt es einen Aufenthaltsort und einen Aufbewahrungsort*. Wir haben die Zeichen im Einzelnen dargelegt für Leute, die begreifen. 99 Und Er ist es, der vom Himmel Wasser herabkommen lässt. Und Wir bringen damit Pflanzen jeglicher (Art) hervor; und dann bringen Wir aus ihnen Grün hervor, aus dem Wir übereinandergereihte Körner hervorbringen – und aus den Palmen, aus ihren Blütenscheiden entstehen herabhängende Dattelbüschel –, und (auch) Gärten mit Weinstöcken, und die Öl- und die Granatapfelbäume, die einander ähnlich und unähnlich sind. Schaut auf ihre Früchte, wenn sie Früchte tragen, und auf deren Reifen. Darin sind Zeichen für Leute, die glauben.
100 Und sie haben Gott Teilhaber gegeben: die Djinn, wo Er sie doch erschaffen hat. Und sie haben Ihm Söhne und Töchter angedichtet, ohne (richtiges) Wissen. Preis sei Ihm! Er ist erhaben über das, was sie da schildern. 101 Der Schöpfer der Himmel und der Erde, woher soll Er ein Kind haben, wo Er doch keine Gefährtin hat und Er (sonst) alles erschaffen hat? Und Er weiß über alle Dinge Bescheid. 102 Das ist eben Gott, euer Herr. Es gibt keinen Gott außer Ihm, dem Schöpfer aller Dinge. So dienet Ihm. Er ist Sachwalter über alle Dinge. 103 Die Blicke erreichen Ihn nicht, Er aber erreicht die Blicke. Und Er ist der Feinfühlige*, der Kenntnis von

---

98:   D. h. Mutterschoß und Grab, oder Mutterschoß und Lebensdauer, oder Lebensdauer und Grab. Es gibt auch andere Deutungen dieser zwei Wörter.

103:   der die feinen und verborgenen Einzelheiten kennt und sein Ziel zu erreichen weiß, der dem Menschen Mitgefühl zeigt und Hilfe angedeihen lässt.

allem hat. 104 Zu euch sind nun Einsicht bringende Zeichen von eurem Herrn gekommen. Wer einsichtig wird, ist es zu seinem eigenen Vorteil, und wer blind ist, ist es zu seinem eigenen Schaden. Und ich bin nicht Hüter über euch. 105 So legen Wir die Zeichen auf verschiedene Weise dar. Dies, damit sie sagen können: »Du hast danach geforscht«, und damit Wir es* Leuten deutlich machen, die Bescheid wissen. 106 Folge dem, was dir von deinem Herrn offenbart worden ist. Es gibt keinen Gott außer Ihm. Und wende dich von den Polytheisten ab. 107 Wenn Gott gewollt hätte, wären sie nicht Polytheisten geworden. Und Wir haben dich nicht zum Hüter über sie gemacht, und du bist nicht als Sachwalter über sie (eingesetzt).

108 Und schmäht nicht diejenigen, die sie anstelle Gottes anrufen, damit sie nicht in Übertretung ohne (richtiges) Wissen Gott schmähen. So haben Wir jeder Gemeinschaft ihr Tun verlockend gemacht. Alsdann wird ihre Rückkehr zu ihrem Herrn sein, und Er wird ihnen kundtun, was sie zu tun pflegten.

109 Und sie haben bei Gott ihren eifrigsten Eid geschworen, sie würden, wenn ein Zeichen zu ihnen käme, sicher daran glauben. Sprich: Die Zeichen stehen bei Gott allein. Wie solltet ihr auch merken, dass, wenn es tatsächlich käme, sie doch nicht glauben? 110 Und Wir kehren ihre Herzen und ihr Augenlicht um, ebenso wie sie das erste Mal nicht daran geglaubt haben. Und Wir lassen sie im Übermaß ihres Frevels blind umherirren. *111 Würden Wir auch zu ihnen die Engel hinabsenden, würden die Toten auch zu ihnen sprechen und Wir alle Dinge vor ihren Augen versammeln, sie würden unmöglich glauben, es sei denn, Gott will es. Aber die meisten von ihnen sind töricht. 112 Und so haben Wir jedem Propheten einen Feind gegeben: die Satane der Menschen und der Djinn, von denen die einen den anderen prunkvolles Gerede eingeben, um sie zu betören – und wenn dein Herr gewollt hätte, hätten sie es nicht getan; so lass sie sitzen mit dem, was sie erdichten –, 113 und damit die Herzen derer, die an das Jenseits

105: Oder: ihn, d. h. den Koran.

nicht glauben, ihm zuneigen, und damit sie daran Gefallen haben und begehen, was sie begehen.

114 Sollte ich mir einen anderen Schiedsrichter als Gott suchen, wo Er es doch ist, der das Buch, im Einzelnen dargelegt, zu euch herabgesandt hat? Diejenigen, denen Wir das Buch zukommen ließen, wissen, dass es von deinem Herrn mit der Wahrheit herabgesandt wurde. So sei nicht einer der Zweifler. 115 Und das Wort deines Herrn hat sich in Wahrhaftigkeit und Gerechtigkeit erfüllt. Niemand kann seine Worte abändern. Er ist der, der alles hört und weiß. 116 Und wenn du der Mehrzahl derer, die auf der Erde sind, folgst, werden sie dich vom Weg Gottes abirren lassen. Sie folgen ja nur Vermutungen, und sie stellen nur Schätzungen an. 117 Dein Herr weiß besser, wer von seinem Weg abirrt, und Er weiß besser über die Bescheid, die der Rechtleitung folgen.

118 Esst von dem, worüber der Name Gottes ausgesprochen worden ist, so ihr an seine Zeichen glaubt. 119 Warum solltet ihr denn nicht von dem essen, worüber der Name Gottes ausgesprochen worden ist, wo Er euch im Einzelnen dargelegt hat, was Er euch verboten hat, ausgenommen das, wozu ihr gezwungen werdet? Viele führen (andere) durch ihre Neigungen ohne (richtiges) Wissen in die Irre. Aber dein Herr weiß besser über die Bescheid, die Übertretungen begehen. 120 Unterlasst die Sünde, ob sie offen oder verborgen ist. Denen, die Sünden erwerben, wird vergolten für das, was sie begangen haben. 121 Und esst nicht von dem, worüber der Name Gottes nicht ausgesprochen worden ist. Das ist Frevel. Die Satane geben ihren Freunden ein, mit euch zu streiten. Wenn ihr ihnen gehorcht, seid ihr sogleich Polytheisten. 122 Ist denn der, der tot war, den Wir aber dann wieder lebendig gemacht und dem Wir ein Licht gegeben haben, dass er darin unter den Menschen umhergehen kann, mit dem zu vergleichen, der in den Finsternissen ist und nicht aus ihnen herauskommen kann? So ist den Ungläubigen verlockend gemacht worden, was sie zu tun pflegten.

123 Und so haben Wir in jeder Stadt ihre größten Übeltäter bestellt, damit sie in ihr Ränke schmieden. Sie schmieden aber Ränke nur gegen sich selbst, und sie merken es nicht. 124 Wenn ein Zei-

chen zu ihnen kommt, sagen sie: »Wir werden nicht glauben, bis uns das Gleiche zukommt, was den Gesandten Gottes zugekommen ist.« Gott weiß besser, wo Er seine Botschaft anbringt. Diejenigen, die Übeltaten begehen, wird bei Gott Erniedrigung und eine harte Pein treffen dafür, dass sie Ränke schmiedeten. 125 Wen Gott rechtleiten will, dem weitet Er die Brust für den Islam. Und wen Er irreführen will, dem macht Er die Brust beklommen und bedrückt, so als ob er in den Himmel hochsteigen würde. Auf diese Weise legt Gott das Gräuel auf diejenigen, die nicht glauben. 126 Und dies ist der Weg deines Herrn, er ist gerade. Wir haben die Zeichen im Einzelnen dargelegt für Leute, die (sie) be-

[15 ¼] denken. *127 Bestimmt ist für sie bei ihrem Herrn die Wohnstätte des Friedens. Er ist ihr Freund wegen dessen, was sie zu tun pflegten.

128 Und am Tag, da Er sie alle versammelt: »O Gemeinschaft der Djinn, ihr habt euch viele Menschen angeworben.« Und ihre Freunde unter den Menschen sagen: »Unser Herr, wir haben Nutzen voneinander gehabt und haben nun unsere Frist erreicht, die Du uns gesetzt hast.« Er spricht: »Das Feuer ist eure Bleibe; darin werdet ihr ewig weilen, es sei denn, Gott will es anders.« Dein Herr ist weise und weiß Bescheid. 129 So setzen Wir die einen von denen, die Unrecht tun, über die anderen* wegen dessen, was sie erworben haben. 130 »O Gemeinschaft der Djinn und der Menschen, sind nicht Gesandte aus eurer Mitte zu euch gekommen, um euch von meinen Zeichen zu erzählen und euch die Begegnung mit diesem eurem Tag warnend zu verkünden?« Sie sagen: »Wir zeugen gegen uns selbst.« Betört hat sie das diesseitige Leben, und sie zeugen gegen sich selbst, dass sie ungläubig waren. 131 Das ist so, weil dein Herr die Städte nicht zu Unrecht dem Verderben preisgibt, während ihre Bewohner nichts ahnen. 132 Für alle sind Rangstufen bestimmt für das, was sie getan haben. Und dein Herr lässt nicht unbeachtet, was sie tun. 133 Und dein Herr ist der, der auf niemanden angewiesen ist und die Barm-

---

129: Oder: Wir machen die einen ... zu Freunden der anderen (und zu ihrem Beistand).

herzigkeit besitzt. Wenn Er will, lässt Er euch fortgehen und nach euch folgen, was Er will, so wie Er euch aus der Nachkommenschaft anderer Leute entstehen ließ. 134 Was euch angedroht wird, wird sicher kommen, und ihr könnt es nicht vereiteln. 135 Sprich: O mein Volk, handelt nach eurem Standpunkt. Ich werde auch (so) handeln. Dann werdet ihr wissen, wem die jenseitige Wohnstätte gehört. Wahrlich, denen, die Unrecht tun, wird es nicht wohl ergehen.

136 Und sie haben für Gott einen Anteil festgesetzt von dem, was Er an Feldernte und Vieh geschaffen hat. Und sie sagen: »Dies ist für Gott« – so behaupten sie –, »und dies ist für unsere Teilhaber.« Was für ihre Teilhaber bestimmt ist, gelangt nicht zu Gott, was aber für Gott bestimmt ist, gelangt zu ihren Teilhabern. Schlecht ist doch ihr Urteil. 137 Und auch vielen von den Polytheisten haben ihre Teilhaber verlockend gemacht, ihre Kinder zu töten, um sie zu verderben und sie in ihrer Religion zu verwirren. Wenn Gott gewollt hätte, hätten sie es nicht getan. So lass sie da sitzen mit dem, was sie erdichten. 138 Und sie sagen: »Das sind Tiere und Ernte, die tabu sind. Niemand darf davon essen, außer dem, den wir wollen.« So behaupten sie. – Es sind Tiere, deren Rücken (für Lasten) verwehrt sind, und Tiere, über die sie den Namen Gottes nicht aussprechen; so erdichten sie eine Lüge gegen Ihn. Er wird ihnen vergelten für das, was sie immer wieder erdichteten. 139 Und sie sagen: »Was im Leib dieser Tiere ist, ist den Männern unter uns vorbehalten, für unsere Gattinnen aber verboten.« Wird es aber tot (geboren), so haben sie (alle) daran teil. Er wird ihnen für ihre Schilderung vergelten. Er ist weise und weiß Bescheid. 140 Den Verlust haben diejenigen, die ihre Kinder aus Torheit ohne (richtiges) Wissen töten und das für verboten erklären, was Gott ihnen beschert, indem sie gegen Gott eine Lüge erdichten. Sie sind abgeirrt und folgen nicht der Rechtleitung.

*141 Und Er ist es, der Gärten mit Spalieren und ohne Spaliere [15½] entstehen lässt sowie die Palmen und das Getreide verschiedener Erntesorten, und die Öl- und Granatapfelbäume, die einander ähnlich und unähnlich sind. Esst von ihren Früchten, wenn sie Früchte tragen, und entrichtet am Tag ihrer Ernte, was als Rechts-

pflicht darauf steht, aber seid nicht maßlos – Er liebt ja die Maßlosen nicht. 142 Und an Vieh (lässt Er entstehen) Lasttiere und
Kleintiere. Esst von dem, was Gott euch beschert hat, und folgt
nicht den Fußstapfen des Satans. Er ist euch ein offenkundiger
Feind. 143 (Und auch) acht Tiere zu Paaren: von den Schafen
zwei und von den Ziegen zwei. – Sprich: Sind es die beiden
Männchen, die Er verboten hat, oder die beiden Weibchen, oder
was der Leib der beiden Weibchen enthält? Tut (es) mir denn auf
Grund eines (richtigen) Wissens kund, so ihr die Wahrheit sagt.
144 Und auch von den Kamelen zwei und von den Rindern zwei.
– Sprich: Sind es die beiden Männchen, die Er verboten hat, oder
die beiden Weibchen, oder was der Leib der beiden Weibchen enthält? Oder waret ihr zugegen, als Gott euch dies auftrug? Wer ist
denn ungerechter, als wer gegen Gott eine Lüge erdichtet, um die
Menschen ohne (richtiges) Wissen irrezuführen? Gott leitet die
ungerechten Leute nicht recht. 145 Sprich: In dem, was mir offenbart wurde, finde ich nicht, dass etwas für den Essenden zu
essen verboten wäre, es sei denn, es ist Verendetes oder ausgeflos-
senes Blut oder Schweinefleisch – es ist ein Gräuel – oder ein Frevel, worüber ein anderer als Gott angerufen worden ist. Wenn aber
einer gezwungen wird, wobei er weder Auflehnung noch Übertretung begeht, so ist dein Herr voller Vergebung und barmherzig.
146 Und denen, die Juden sind, haben Wir alles verboten, was
Krallen hat; und von den Rindern und den Schafen haben Wir
ihnen das Fett verboten, ausgenommen das, was ihre Rücken oder
die Eingeweide tragen oder was mit Knochen verwachsen ist. Damit haben Wir ihnen für ihre Auflehnung vergolten, und Wir sagen ja die Wahrheit. 147 Wenn sie dich der Lüge zeihen, dann
sprich: Euer Herr besitzt eine umfassende Barmherzigkeit, aber
niemand kann seine Schlagkraft von den Leuten abwenden, die
Übeltäter sind.
148 Diejenigen, die (Ihm) beigesellen, werden sagen: »Wenn Gott
gewollt hätte, hätten wir nicht beigesellt, und auch nicht unsere
Väter, und wir hätten nichts verboten.« Auf diese Weise haben
diejenigen, die vor ihnen lebten, (ihre Gesandten) der Lüge geziehen, bis sie unsere Schlagkraft zu spüren bekamen. Sprich: Besitzt

ihr irgendein Wissen, das ihr uns vorbringen könnt? Ihr folgt ja nur Vermutungen, und ihr stellt nur Schätzungen an. 149 Sprich: Gott verfügt über den überzeugenden Beweisgrund. Wenn Er wollte, würde Er euch allesamt rechtleiten. 150 Sprich: Bringt eure Zeugen her, die bezeugen, dass Gott dies verboten hat. Wenn sie es auch bezeugen, so bezeuge es nicht mit ihnen, und folge nicht den Neigungen derer, die unsere Zeichen für Lüge erklären und die nicht an das Jenseits glauben und ihrem Herrn (andere) gleichsetzen.

*151 Sprich: Kommt her, dass ich verlese, was euer Herr euch ver- [15 3/4] boten hat: Ihr sollt Ihm nichts beigesellen, und die Eltern gut behandeln; und tötet nicht eure Kinder aus (Angst vor) Verarmung – euch und ihnen bescheren Wir doch den Lebensunterhalt; und nähert euch nicht den schändlichen Taten, was von ihnen offen und was verborgen ist; und tötet nicht den Menschen, den Gott für unantastbar erklärt hat, es sei denn bei vorliegender Berechtigung. Dies hat Er euch aufgetragen, auf dass ihr verständig werdet. 152 Und nähert euch nicht dem Vermögen des Waisenkindes, es sei denn auf die beste Art, bis es seine Vollkraft erreicht hat. Und gebt volles Maß und Gewicht nach Gerechtigkeit. Wir fordern von den Menschen nur das, was sie vermögen. Und wenn ihr aussagt, dann seid gerecht, auch wenn es um einen Verwandten geht. Und erfüllt den Bund Gottes. Dies hat Er euch aufgetragen, auf dass ihr es bedenket. 153 Und dies ist mein Weg, er ist gerade. Folgt ihm. Und folgt nicht den (verschiedenen) Wegen, dass sie euch nicht in verschiedene Richtungen von seinem Weg wegführen. Dies hat Er euch aufgetragen, auf dass ihr gottesfürchtig werdet.

154 Alsdann ließen Wir dem Mose das Buch zukommen, um (alles) zu vervollständigen für den, der Gutes getan hat, als eine ins Einzelne gehende Darlegung aller Dinge und als Rechtleitung und Barmherzigkeit, auf dass sie an die Begegnung mit ihrem Herrn glauben. 155 Und dies ist ein Buch, das Wir hinabgesandt haben, ein gesegnetes (Buch). Folgt ihm und seid gottesfürchtig, auf dass ihr Erbarmen findet. 156 Damit ihr nicht sagt: »Das Buch wurde nur auf zwei Gemeinden vor uns herabgesandt, und wir ahnten nichts von dem, was sie erforscht haben.« 157 Oder damit ihr

nicht sagt: »Wenn das Buch auf uns herabgesandt worden wäre, hätten wir uns besser leiten lassen als sie.« Nunmehr sind ein deutliches Zeichen von eurem Herrn und Rechtleitung und Barmherzigkeit zu euch gekommen. Wer ist denn ungerechter als der, der die Zeichen Gottes für Lüge erklärt und sich von ihnen abwendet? Wir werden denjenigen, die sich von unseren Zeichen abwenden, mit einer schlimmen Pein dafür vergelten, dass sie sich abwandten. 158 Erwarten sie denn etwas anderes, als dass die Engel zu ihnen kommen, oder dass dein Herr kommt, oder dass einige von den Zeichen deines Herrn kommen? Am Tag, da einige von den Zeichen deines Herrn kommen, nützt niemandem sein Glaube, wenn er nicht vorher geglaubt oder in seinem Glauben Gutes erworben hat. Sprich: Wartet ab. Wir warten selbst auch ab. 159 Mit denen, die ihre Religion spalteten und zu Parteien wurden, hast du nichts zu schaffen. Ihre Angelegenheit wird Gott zurückgebracht. Alsdann wird Er ihnen kundtun, was sie zu tun pflegten. 160 Wer mit einer guten Tat kommt, erhält zehnmal so viel. Und wer mit einer schlechten Tat kommt, dem wird nur gleich viel vergolten. Und ihnen wird dabei nicht Unrecht getan. 161 Sprich: Mich hat mein Herr zu einem geraden Weg geleitet, einer richtigen Religion, der Glaubensrichtung Abrahams als Anhänger des reinen Glaubens, und er gehörte nicht zu den Polytheisten. 162 Sprich: Mein Gebet und meine Kulthandlung, mein Leben und mein Sterben gehören Gott, dem Herrn der Welten. 163 Er hat keinen Teilhaber. Dies ist mir befohlen worden, und ich bin der Erste der Gottergebenen. 164 Sprich: Sollte ich mir einen anderen Herrn suchen als Gott, wo Er doch der Herr aller Dinge ist? Jede Seele erwirbt (das Böse) nur zu ihrem eigenen Schaden. Und keine Last tragende (Seele) trägt die Last einer anderen. Alsdann wird eure Rückkehr zu eurem Herrn sein, und Er wird euch das kundtun, worüber ihr uneins waret. 165 Er ist es, der euch zu aufeinander folgenden Generationen auf der Erde gemacht und die einen von euch über die anderen um Rangstufen erhöht hat, um euch zu prüfen in dem, was Er euch zukommen ließ. Dein Herr ist schnell im Bestrafen, und Er ist voller Vergebung und barmherzig.

Sure 7

Der Bergkamm (al-Aʿrāf)

zu Mekka, 206 Verse

Im Namen Gottes, der Erbarmers, des Barmherzigen.

1 Alif Lām Mīm Ṣād. 2 Dies ist ein Buch, das zu dir herab- [16]
gesandt worden ist – es soll in deiner Brust keine Bedrängnis sei-
netwegen sein –, damit du mit ihm warnst, und auch als Ermahnung für die Gläubigen. 3 Folgt dem, was zu euch von eurem
Herrn herabgesandt worden ist, und folgt nicht an seiner Stelle
(anderen) Freunden. Ihr lasst euch wenig ermahnen. 4 Wie manche Stadt haben Wir verderben lassen! Da kam unsere Schlagkraft
über sie nachts, oder während sie zu Mittag ruhten. 5 So war ihr
Rufen, als unsere Schlagkraft über sie kam, nur, dass sie sagten:
»Wir haben gewiss Unrecht getan.« 6 Ja, Wir werden gewiss die,
zu denen Gesandte geschickt worden sind, zur Verantwortung
ziehen, und Wir werden gewiss die Gesandten zur Verantwortung
ziehen. 7 Wir werden ihnen bestimmt aus (richtigem) Wissen (alles) erzählen, denn Wir waren ja nicht abwesend. 8 Das Wägen an
jenem Tag erfolgt der Wahrheit entsprechend. Diejenigen, deren
Waagschalen schwer sind, das sind die, denen es wohl ergeht.
9 Diejenigen, deren Waagschalen leicht sind, das sind die, die sich
selbst verloren haben, weil sie sich gegenüber unseren Zeichen
ungerecht verhielten.

10 Und Wir haben euch auf der Erde eine feste Stellung gegeben,
und Wir haben für euch auf ihr Unterhaltsmöglichkeiten bereitet.
Ihr seid aber wenig dankbar. 11 Und Wir haben euch erschaffen.
Dann haben Wir euch gestaltet. Dann haben Wir zu den Engeln
gesprochen: »Werft euch vor Adam nieder.« Da warfen sie sich nieder, außer Iblīs: Er gehörte nicht zu denen, die sich niederwarfen.
12 Er sprach: »Was hat dich daran gehindert, dich niederzuwerfen,
als Ich (es) dir befohlen habe?« Er sagte: »Ich bin besser als er. Du

1:    Die Bedeutung dieser Buchstaben ist noch nicht geklärt.

hast mich aus Feuer erschaffen, ihn aber hast Du aus Ton erschaffen.« 13 Er sprach: »Geh aus ihm* hinunter. Dir steht es nicht zu, dich darin hochmütig zu verhalten. Geh hinaus. Du gehörst zu den Erniedrigten.« 14 Er sagte: »Gewähre mir Aufschub bis zu dem Tag, da sie erweckt werden.« 15 Er sprach: »Du sollst nun zu denen gehören, denen Aufschub gewährt wird.« 16 Er sagte: »Weil Du mich hast abirren lassen, werde ich, ich schwöre es, ihnen auf deinem geraden Weg auflauern. 17 Dann werde ich zu ihnen treten von vorn und von hinten, von ihrer rechten und von ihrer linken Seite. Und Du wirst die meisten von ihnen nicht dankbar finden.« 18 Er sprach: »Geh aus ihm hinaus, verabscheut und verstoßen. Wer auch immer von ihnen dir folgt, füllen werde Ich die Hölle mit euch allen.«

19 »O Adam, bewohne, du und deine Gattin, das Paradies. Esst, wo ihr wollt, und nähert euch nicht diesem Baum, sonst gehört ihr zu denen, die Unrecht tun.« 20 Der Satan flüsterte ihnen ein, um ihnen zu zeigen, was ihnen von ihrer Blöße verborgen geblieben war. Und er sagte: »Nur deswegen hat euch euer Herr diesen Baum verboten, damit ihr nicht zu Engeln werdet oder zu denen gehöret, die ewig leben.« 21 Und er schwor ihnen: »Ich bin zu euch einer von denen, die (euch) gut raten.« 22 Er ließ sie durch Betörung abfallen. Und als sie dann von dem Baum gekostet hatten, wurde ihnen ihre Blöße offenbar, und sie begannen, Blätter des Paradieses über sich zusammenzuheften. Und ihr Herr rief ihnen zu: »Habe Ich euch nicht jenen Baum verboten und euch gesagt: Der Satan ist euch ein offenkundiger Feind?« 23 Sie sagten: »Unser Herr, wir haben uns selbst Unrecht getan. Und wenn Du uns nicht vergibst und Dich unser (nicht) erbarmst, werden wir bestimmt zu den Verlierern gehören.« 24 Er sprach: »Geht hinunter. Die einen von euch sind Feinde der anderen. Ihr habt auf der Erde Aufenthalt und Nutznießung auf eine Weile.« 25 Er sprach: »Auf ihr werdet ihr leben, und auf ihr werdet ihr sterben, und aus ihr werdet ihr hervorgebracht werden.« 26 O Kinder Adams, Wir haben auf euch Kleidung hinabgesandt, die eure Blöße bedeckt,

13: aus dem Paradies.

und auch Prunkgewänder. Aber die Kleidung der Gottesfurcht, die ist besser. Das gehört zu den Zeichen Gottes, auf dass sie es bedenken. 27 O Kinder Adams, der Satan soll euch bloß nicht verführen, wie er eure Eltern aus dem Paradies vertrieben hat, indem er ihnen die Kleidung wegnahm, um sie ihre Blöße sehen zu lassen. Er sieht euch, er und seine Genossen, von wo ihr sie nicht seht. Wir haben die Satane denen zu Freunden gemacht, die nicht glauben.

28 Und wenn sie etwas Schändliches tun, sagen sie: »Wir haben es bei unseren Vätern vorgefunden, und Gott hat es uns geboten.« Sprich: Gott gebietet nicht das Schändliche. Wollt ihr denn über Gott sagen, was ihr nicht wisst? 29 Sprich: Mein Herr hat die Gerechtigkeit geboten, und dass ihr euer Gesicht bei jeder Moschee aufrichtet und ihn anruft, wobei ihr Ihm gegenüber aufrichtig in der Religion seid. So wie Er euch anfangs gemacht hat, werdet ihr zurückkehren. 30 Einen Teil hat Er rechtgeleitet, über einen Teil ist der Irrtum zu Recht gekommen, denn sie haben sich die Satane anstelle Gottes zu Freunden genommen und meinen, sie seien der Rechtleitung gefolgt.

*31 O Kinder Adams, legt euren Schmuck bei jeder Moschee an, [16 ¼] und esst und trinkt, aber seid nicht maßlos. Er liebt ja die Maßlosen nicht. 32 Sprich: Wer hat denn den Schmuck verboten, den Gott für seine Diener hervorgebracht hat, und auch die köstlichen Dinge des Lebensunterhalts? Sprich: Sie sind im diesseitigen Leben für die bestimmt, die glauben, und am Tag der Auferstehung (ihnen) besonders vorbehalten. So legen Wir die Zeichen im Einzelnen dar für Leute, die Bescheid wissen. 33 Sprich: Siehe, mein Herr hat die schändlichen Taten verboten, was von ihnen offen und was verborgen ist; und auch die Sünde und die Gewaltanwendung ohne vorliegende Berechtigung, und auch, dass ihr Gott solche beigesellt, für die Er keine Ermächtigung herabgesandt hat, und dass ihr über Gott das sagt, was ihr nicht wisst.

34 Für jede Gemeinschaft ist eine Frist festgesetzt. Und wenn ihre Frist kommt, können sie nicht einmal eine Stunde zurückbleiben oder vorausgehen.

35 O Kinder Adams, wenn Gesandte aus eurer Mitte zu euch kom-

men, um euch von meinen Zeichen zu erzählen, dann haben diejenigen, die gottesfürchtig sind und Besserung bringen, nichts zu
befürchten, und sie werden nicht traurig sein. 36 Und diejenigen,
die unsere Zeichen für Lüge erklären und sich ihnen gegenüber
hochmütig verhalten, das sind die Gefährten der Hölle; darin werden sie ewig weilen. 37 Und wer ist denn ungerechter als der, der
gegen Gott eine Lüge erdichtet oder seine Zeichen für Lüge erklärt? Jene wird ihr Anteil dem Buch gemäß* erreichen. Und wenn
dann unsere Boten* zu ihnen kommen, um sie abzuberufen, sagen sie: »Wo sind diejenigen, die ihr anstelle Gottes anzurufen
pflegtet?« Sie sagen: »Sie sind uns entschwunden.« Und sie bezeugen gegen sich selbst, dass sie ungläubig waren. 38 Er spricht:
»Geht ein ins Feuer mit Gemeinschaften von den Djinn und den
Menschen, die vor euch dahingegangen sind.« Sooft eine Gemeinschaft hineingeht, verflucht sie ihresgleichen*. Und wenn sie dann
alle darin einander eingeholt haben, sagt die Letzte von ihnen in
Bezug auf die Erste: »Unser Herr, diese da haben uns in die Irre
geführt. So lass ihnen eine doppelte Pein vom Feuer zukommen.«
Er spricht: »Jeder erhält das Doppelte, aber ihr wisst nicht Bescheid.« 39 Und die Erste von ihnen sagt zu der Letzten: »Ihr habt
nun keinen Vorzug gegenüber uns. Kostet die Pein für das, was
ihr erworben habt.«
40 Denen, die unsere Zeichen für Lüge erklären und sich ihnen
gegenüber hochmütig verhalten, werden die Tore des Himmels
nicht geöffnet, und sie werden nicht ins Paradies eingehen, ehe
denn ein Kamel durch ein Nadelöhr geht*. So vergelten Wir denen,
die Übeltäter sind. 41 Ihnen wird die Hölle zur Lagerstätte, und
über ihnen sind Decken. So vergelten Wir denen, die Unrecht tun.
42 Diejenigen, die glauben und die guten Werke tun – Wir fordern von einem jeden nur das, was er vermag –, das sind die Ge-

---

37: Wörtlich: vom Buch, d. h. dem Buch der Offenbarung, oder dem Buch der
      Bestimmung.
37: Boten: die Engel.
38: Wörtlich: ihre Schwester.
40: Vgl. Evangelium: Matthäus 19,24; Markus 10,25; Lukas 18,25.

fährten des Paradieses; darin werden sie ewig weilen. 43 Und Wir nehmen weg, was in ihrer Brust an Groll da sein mag. Es fließen unter ihnen Bäche. Und sie sagen: »Lob sei Gott, der uns hierher geleitet hat! Wir hätten unmöglich die Rechtleitung gefunden, hätte uns Gott nicht rechtgeleitet. Die Gesandten unseres Herrn sind wirklich mit der Wahrheit gekommen.« Und es wird ihnen zugerufen: »Dies ist das Paradies. Es ist euch zum Erbe gegeben worden für das, was ihr zu tun pflegtet.« 44 Die Gefährten des Paradieses rufen den Gefährten des Feuers zu: »Wir haben gefunden, dass das, was uns unser Herr versprochen hat, wahr ist. Habt ihr auch gefunden, dass das, was euch euer Herr versprochen hat, wahr ist?« Sie sagen: »Ja.« Da ruft ein Rufer unter ihnen aus: »Gottes Fluch komme über die, die Unrecht tun, 45 die vom Weg Gottes abweisen und sich ihn krumm wünschen, und die ja das Jenseits verleugnen.« 46 Und zwischen ihnen ist ein Vorhang. Und auf dem Bergkamm sind Männer, die jeden an seinem Merkmal erkennen. Sie rufen den Gefährten des Paradieses zu: »Friede sei über euch!« Sie selbst aber sind nicht hineingegangen, obwohl sie es begehren. *47 Und wenn ihre Blicke sich den Gefährten des [16½] Feuers zuwenden, sagen sie: »Unser Herr, stelle uns nicht zu den Leuten, die Unrecht tun.« 48 Und die Gefährten des Bergkammes rufen Männern, die sie an ihrem Merkmal erkennen, zu. Sie sagen: »Es hat euch nicht genützt, dass ihr (Vermögen und Freunde) gesammelt und euch hochmütig verhalten habt. 49 Sind das diejenigen, von denen ihr geschworen habt, Gott werde ihnen keine Barmherzigkeit erweisen? – Geht (ihr*) ins Paradies ein. Ihr habt nichts zu befürchten, und ihr werdet nicht traurig sein.« 50 Die Gefährten des Feuers rufen den Gefährten des Paradieses zu: »Schüttet auf uns etwas Wasser aus oder etwas von dem, was Gott euch beschert hat.« Sie sagen: »Gott hat beides den Ungläubigen verwehrt, 51 die ihre Religion zum Gegenstand von Zerstreuung und Spiel genommen haben und die das diesseitige Leben betört hat.« Heute werden Wir sie vergessen, wie sie die Begegnung mit diesem ihrem Tag vergaßen und wie sie unsere Zeichen zu leug-

---

49: die erwähnten Gottesfürchtigen, oder die Männer auf dem Bergkamm.

nen pflegten. 52 Wir haben ihnen ein Buch gebracht, das Wir mit Wissen im Einzelnen dargelegt haben, als Rechtleitung und Barmherzigkeit für Leute, die glauben. 53 Erwarten sie denn etwas anderes als seine Deutung? An dem Tag, an dem seine Deutung eintrifft, werden diejenigen, die es vorher vergessen haben, sagen: »Die Gesandten unseres Herrn sind mit der Wahrheit gekommen. Haben wir denn Fürsprecher, dass sie für uns Fürsprache einlegen? Oder können wir zurückgebracht werden, dass wir anders handeln, als wir gehandelt haben?« Sie haben sich selbst verloren, und es ist ihnen entschwunden, was sie immer wieder erdichtet haben*.

54 Euer Herr ist Gott, der die Himmel und die Erde in sechs Tagen erschuf und sich dann auf dem Thron zurechtsetzte. Er lässt die Nacht den Tag überdecken, wobei sie ihn eilig einzuholen sucht. (Er erschuf auch) die Sonne, den Mond und die Sterne, welche durch seinen Befehl dienstbar gemacht wurden. Siehe, Ihm allein steht das Erschaffen und der Befehl zu. Gesegnet sei Gott, der Herr der Welten! 55 Und ruft euren Herrn in Demut und im Verborgenen an. Er liebt die nicht, die Übertretungen begehen. 56 Und stiftet nicht Unheil auf der Erde, nachdem sie in Ordnung gebracht worden ist. Und ruft Ihn in Furcht und Begehren an. Die Barmherzigkeit Gottes ist den Rechtschaffenen nahe. 57 Und Er ist es, der die Winde als frohe Kunde seiner Barmherzigkeit vorausschickt*. Wenn sie dann eine schwere Bewölkung herbeitragen, treiben Wir sie zu einem abgestorbenen Land, senden dadurch* das Wasser hernieder und bringen dadurch allerlei Früchte hervor. So bringen Wir (auch) die Toten hervor, auf dass ihr es bedenket. 58 Und das gute Land – seine Pflanzen kommen mit der Erlaubnis seines Herrn hervor. Und aus dem, das schlecht ist, kommen sie nur mühsam hervor*. So legen Wir die Zeichen auf verschiedene Weise dar für Leute, die dankbar sind.

59 Wir sandten Noach zu seinem Volk. Er sagte: »O mein Volk,

53: Ihr falscher Götzenglaube wird zunichte.
57: Die Winde schickt Er seiner Barmherzigkeit voraus ...
57: Oder: darauf.
58: Vgl. Evangelium: Matthäus 13,3–9.

dienet Gott. Ihr habt keinen Gott außer Ihm. Ich fürchte für euch die Pein eines gewaltigen Tages.« 60 Die Vornehmen aus seinem Volk sagten: »Wir sehen, dass du dich in einem offenkundigen Irrtum befindest.« 61 Er sagte: »O mein Volk, bei mir befindet sich kein Irrtum, sondern ich bin ein Gesandter vom Herrn der Welten. 62 Ich richte euch die Botschaften meines Herrn aus und rate euch gut. Und ich weiß von Gott her, was ihr nicht wisst. 63 Wundert ihr euch etwa darüber, dass eine Ermahnung von eurem Herrn zu euch gekommen ist durch einen Mann aus eurer Mitte, damit er euch warne und damit ihr gottesfürchtig werdet, auf dass ihr Erbarmen findet?« 64 Sie aber ziehen ihn der Lüge. Da retteten Wir ihn und diejenigen, die mit ihm waren, im Schiff. Und Wir ließen diejenigen ertrinken, die unsere Zeichen für Lüge erklärten; sie waren ja ein blindes Volk.

65 Und (Wir sandten) zu ʿĀd ihren Bruder Hūd. Er sagte: »O mein   [16³/₄] Volk, dienet Gott. Ihr habt keinen Gott außer Ihm. Wollt ihr nicht gottesfürchtig sein?« 66 Die Vornehmen aus seinem Volk, die ungläubig waren, sagten: »Wir sehen, dass du der Torheit verfallen bist, und wir meinen, dass du zu den Lügnern gehörst.« 67 Er sagte: »O mein Volk, bei mir befindet sich keine Torheit, sondern ich bin ein Gesandter vom Herrn der Welten. 68 Ich richte euch die Botschaften meines Herrn aus, und ich bin für euch ein treuer Ratgeber. 69 Wundert ihr euch etwa darüber, dass eine Ermahnung von eurem Herrn zu euch gekommen ist durch einen Mann aus eurer Mitte, damit er euch warne? Gedenket, als Er euch zu Nachfolgern nach dem Volk des Noach machte und euch eine beachtliche Stellung in seiner Schöpfung verlieh. Gedenket also der Wohltaten Gottes, auf dass es euch wohl ergehe.« 70 Sie sagten: »Bist du zu uns gekommen, damit wir Gott allein dienen und das verlassen, was unsere Väter verehrt haben? Bring uns doch her, was du uns androhst, so du zu denen gehörst, die die Wahrheit sagen.« 71 Er sagte: »Es überfallen euch Gräuel und Zorn von eurem Herrn. Streitet ihr denn mit mir über Namen, die ihr genannt habt, ihr und eure Väter, für die aber Gott keine Ermächtigung he-

---

69: Oder: eine größere Körperstatur.

rabgesandt hat? So wartet ab. Ich bin mit euch einer von denen, die abwarten.« 72 Da retteten Wir ihn und diejenigen, die mit ihm waren, aus Barmherzigkeit von Uns. Und Wir merzten den letzten Rest derer aus, die unsere Zeichen für Lüge erklärten und nicht gläubig waren.

73 Und (Wir sandten) zu Thamūd ihren Bruder Ṣāliḥ. Er sagte: »O mein Volk, dienet Gott. Ihr habt keinen Gott außer Ihm. Ein deutliches Zeichen ist von eurem Herrn zu euch gekommen. Dies ist die Kamelstute Gottes, euch zum Zeichen. Lasst sie auf Gottes Erde weiden und rührt sie nicht mit etwas Bösem an, sonst ergreift euch eine schmerzhafte Pein. 74 Und gedenket, als Er euch zu Nachfolgern nach ʿĀd machte und euch auf der Erde in Stätten einwies, sodass ihr euch in ihren Ebenen Schlösser nahmt und die Berge zu Häusern meißeltet. Gedenket also der Wohltaten Gottes und verbreitet nicht Unheil auf der Erde.« 75 Die Vornehmen aus seinem Volk, die sich hochmütig verhielten, sagten zu denen, die wie Schwache behandelt wurden, ja zu denen von ihnen, die gläubig waren: »Wisst ihr sicher, dass Ṣāliḥ von seinem Herrn gesandt worden ist?« Sie sagten: »Wir glauben gewiss an das, womit er gesandt worden ist.« 76 Diejenigen, die sich hochmütig verhielten, sagten: »Wir verleugnen das, woran ihr glaubt.« 77 Sie schnitten der Kamelstute die Flechsen durch und stachen sie, und sie rebellierten gegen den Befehl ihres Herrn. Und sie sagten: »O Ṣāliḥ, bring uns doch her, was du uns androhst, so du einer der Gesandten bist.« 78 Da ergriff sie das Beben, und am Morgen lagen sie in ihrer Wohnstätte nieder. 79 So kehrte er sich von ihnen ab und sagte: »O mein Volk, ich habe euch die Botschaft meines Herrn ausgerichtet, und ich habe euch gut geraten. Aber ihr liebt die nicht, die gut raten.«

80 Und (Wir sandten) Lot. Als er zu seinem Volk sagte: »Wollt ihr denn das Schändliche begehen, wie es vor euch keiner von den Weltenbewohnern begangen hat? 81 Ihr geht in Begierde zu den Männern, statt zu den Frauen. Nein, ihr seid maßlose Leute.« 82 Die Antwort seines Volkes war nur, dass sie sagten: »Vertreibt sie aus eurer Stadt. Das sind Menschen, die sich rein stellen.« 83 Da retteten Wir ihn und seine Angehörigen, außer seiner Frau.

Sie gehörte zu denen, die zurückblieben und dem Verderben anheimfielen. 84 Und Wir ließen einen Regen auf sie niedergehen.
Schau, wie das Ende der Übeltäter war.

85 Und (Wir sandten) zu Madyan ihren Bruder Shuʿayb. Er sagte:
»O mein Volk, dienet Gott. Ihr habt keinen Gott außer Ihm. Ein
deutliches Zeichen ist von eurem Herrn zu euch gekommen, so
gebt volles Maß und Gewicht und zieht den Menschen nichts ab,
was ihnen gehört, und stiftet nicht Unheil auf der Erde, nachdem
sie in Ordnung gebracht worden ist. Das ist bestimmt besser für
euch, so ihr gläubig seid. 86 Und lauert nicht auf jedem Weg, indem ihr droht und vom Weg Gottes den abweist, der an Ihn
glaubt, und euch ihn* krumm wünscht. Und gedenket, als ihr wenige waret und Er euch zu Vielen machte. Und schaut, wie das
Ende der Unheilstifter war. 87 Und wenn eine Gruppe von euch
an das glaubt, womit ich gesandt worden bin, eine andere Gruppe
aber nicht glaubt, so geduldet euch, bis Gott zwischen uns urteilt.
Er ist der Beste derer, die Urteile fällen.« *88 Die Vornehmen aus
seinem Volk, die sich hochmütig verhielten, sagten: »Wir werden
dich, o Shuʿayb, und diejenigen, die mit dir glauben, bestimmt
aus unserer Stadt vertreiben, oder ihr kehrt zu unserer Glaubensrichtung zurück.« Er sagte: »Was denn, auch wenn es uns zuwider
ist? 89 Wir würden gegen Gott eine Lüge erdichten, sollten wir zu
eurer Glaubensrichtung zurückkehren, nachdem uns Gott aus ihr
errettet hat. Wir können unmöglich zu ihr zurückkehren, es sei
denn, Gott unser Herr, wollte es. Unser Herr umfasst alle Dinge in
seinem Wissen. Auf Gott vertrauen wir. Unser Herr, richte zwischen
uns und unserem Volk nach der Wahrheit. Du bist der beste Richter.« 90 Und die Vornehmen aus seinem Volk, die ungläubig waren, sagten: »Wenn ihr dem Shuʿayb folgt, werdet ihr bestimmt
Verlierer sein.« 91 Da ergriff sie das Beben, und am Morgen lagen
sie in ihrer Wohnstätte nieder. 92 Diejenigen, die Shuʿayb der
Lüge ziehen, waren, als hätten sie darin nicht lange gewohnt. Diejenigen, die Shuʿayb der Lüge ziehen, waren selbst die Verlierer.
93 So kehrte er sich von ihnen ab und sagte: »O mein Volk, ich

86: den Weg Gottes.

habe euch die Botschaften meines Herrn ausgerichtet, und ich habe euch gut geraten. Wie könnte ich betrübt sein über ungläubige Leute?«

94 Und Wir haben keinen Propheten in eine Stadt gesandt, ohne dass Wir ihre Bewohner durch Not und Leid heimgesucht hätten, auf dass sie sich vielleicht demütigen. 95 Dann tauschten Wir anstelle des Schlimmen Gutes ein, bis sie sich vermehrten* und sagten: »Auch unsere Väter haben Leid und Erfreuliches erfahren.« So ergriffen Wir sie plötzlich, ohne dass sie es merkten. 96 Hätten die Bewohner der Städte geglaubt und wären sie gottesfürchtig gewesen, hätten Wir ihnen die Segnungen vom Himmel und von der Erde aufgetan. Aber sie erklärten (die Botschaft) für Lüge, so ergriffen Wir sie für das, was sie erworben haben. 97 Wähnen sich denn die Bewohner der Städte in Sicherheit davor, dass unsere Schlagkraft nachts über sie kommt, während sie schlafen? 98 Oder wähnen sich die Bewohner der Städte in Sicherheit davor, dass unsere Schlagkraft am helllichten Tag über sie kommt, während sie sich dem Spiel hingeben? 99 Wähnen sie sich in Sicherheit vor den Ränken Gottes? In Sicherheit vor den Ränken Gottes wähnen sich nur die Leute, die Verlierer sind. 100 Ist denen, die die Erde nach ihren Bewohnern erben, nicht deutlich geworden, dass, wenn Wir es wollten, Wir sie für ihre Sünden treffen? Und Wir versiegeln ihre Herzen, sodass sie nicht hören. 101 Über diese Städte erzählen Wir dir einiges von ihren Berichten. Ihre Gesandten kamen zu ihnen mit den deutlichen Zeichen, sie vermochten aber nicht an das zu glauben, was sie früher für Lüge erklärt hatten. So versiegelt Gott die Herzen der Ungläubigen. 102 Und bei den meisten von ihnen haben Wir keine Vertragstreue gefunden. Und Wir haben gefunden, dass die meisten von ihnen Frevler sind. 103 Dann entsandten Wir nach ihnen Mose mit unseren Zeichen zu Pharao und seinen Vornehmen. Sie handelten an ihnen* unge-

---

95: Das ist die einmütige traditionelle Deutung des arabischen Wortes. Einige bevorzugen die Deutung »ausradieren«, d. h. die heilsame Erinnerung an die schlimmen Folgen der Vergangenheit verschwinden lassen.
103: an den Zeichen.

recht. So schau, wie das Ende der Unheilstifter war. 104 Und Mose sagte: »O Pharao, ich bin ein Gesandter vom Herrn der Welten, 105 verpflichtet und darauf bedacht, über Gott nur die Wahrheit zu sagen. Ich bin zu euch mit einem deutlichen Zeichen von eurem Herrn gekommen. So schick die Kinder Israels mit mir weg.« 106 Er sagte: »Wenn du mit einem Zeichen gekommen bist, dann bring es her, so du zu denen gehörst, die die Wahrheit sagen.« 107 Er warf seinen Stab, und da war er eine offenkundige Schlange. 108 Und er zog seine Hand heraus, da war sie weiß für die Zuschauer. 109 Die Vornehmen aus dem Volk Pharaos sagten: »Dieser ist ja ein erfahrener Zauberer, 110 der euch aus eurem Land vertreiben will. Was befehlt ihr nun?« 111 Sie sagten: »Stell ihn und seinen Bruder zurück, und schick zu den Städten Leute, die (sie) versammeln, 112 damit sie dir jeden erfahrenen Zauberer herbringen.« 113 Und die Zauberer kamen zu Pharao. Sie sagten: »Wir bekommen wohl eine Belohnung, wenn wir es sind, die siegen?« 114 Er sagte: »Ja. Und ihr werdet auch zu denen gehören, die in (meine) Nähe zugelassen werden.« 115 Sie sagten: »O Mose, entweder wirfst du, oder wir sind es, die (zuerst) werfen.« 116 Er sagte: »Werft ihr (zuerst).« Als sie nun warfen, bezauberten sie die Augen der Menschen und jagten ihnen Angst ein, und sie brachten einen gewaltigen Zauber vor. *117 Und Wir gaben dem Mose [17 ¼] ein: »Wirf deinen Stab.« Da fing er an zu verschlingen, was sie vorgaukelten. 118 So bestätigte sich die Wahrheit, und das, was sie machten, erwies sich als falsch. 119 Sie wurden dort besiegt und kehrten als Erniedrigte zurück. 120 Und die Zauberer wurden in Anbetung zu Boden geworfen. 121 Sie sagten: »Wir glauben an den Herrn der Welten, 122 den Herrn von Mose und Aaron.« 123 Pharao sagte: »Ihr glaubt an ihn*, bevor ich es euch erlaube? Das sind ja Ränke, die ihr in der Stadt geschmiedet habt, um ihre Bewohner aus ihr zu vertreiben. Aber ihr werdet es zu wissen bekommen. 124 Ich werde eure Hände und eure Füße wechselseitig abhacken, und dann werde ich euch allesamt kreuzigen lassen.« 125 Sie sagten: »Wir kehren zu unserem Herrn zurück. 126 Nichts

123: Mose. Oder: an Ihn, den Herrn von Mose.

anderes lässt dich uns grollen, als dass wir an die Zeichen unseres Herrn glaubten, als sie zu uns kamen. Unser Herr, gieße Standhaftigkeit über uns aus und berufe uns als Gottergebene ab.« 127 Die Vornehmen aus dem Volk Pharaos sagten: »Willst du zulassen, dass Mose und sein Volk auf der Erde Unheil stiften und dass er dich und deine Götter verlässt?« Er sagte: »Wir werden ihre Söhne ermorden und nur ihre Frauen am Leben lassen. Wir sind ja Zwingherrscher über sie.« 128 Mose sagte zu seinem Volk: »Sucht Hilfe bei Gott, und seid geduldig. Die Erde gehört Gott, Er gibt sie zum Erbe, wem von seinen Dienern Er will. Und das (gute) Ende gehört den Gottesfürchtigen.« 129 Sie sagten: »Uns ist Leid zugefügt worden, bevor du zu uns kamst und nachdem du zu uns gekommen bist.« Er sagte: »Möge euer Herr euren Feind verderben lassen und euch zu Nachfolgern auf der Erde einsetzen und dann sehen, wie ihr handelt!« 130 Und Wir ließen über die Leute des Pharao Dürrejahre und Mangel an Früchten kommen, auf dass sie es bedenken. 131 Wenn ihnen dann etwas Gutes zufiel, sagten sie: »Wir haben es verdient«; und wenn sie etwas Übles traf, sahen sie ein böses Omen in Mose und denen, die mit ihm waren. Aber ihr Omen ist bei Gott, jedoch wissen die meisten von ihnen nicht Bescheid. 132 Und sie sagten: »Welches Zeichen du auch vorbringen magst, um uns damit zu bezaubern, wir werden dir nicht glauben.« 133 So schickten Wir über sie die Flut, die Heuschrecken, die Läuse, die Frösche und das Blut als einzeln vorgebrachte Zeichen*. Da verhielten sie sich hochmütig und waren Leute, die Übeltäter waren. 134 Als nun das Zorngericht sie überfiel, sagten sie: »O Mose, rufe für uns deinen Herrn an aufgrund seines Bundes mit dir. Wenn du das Zorngericht von uns aufhebst, dann werden wir dir glauben und die Kinder Israels mit dir wegschicken.« 135 Als Wir dann das Zorngericht von ihnen aufhoben auf eine Frist, die sie ja erreichen sollten, brachen sie gleich ihr Wort. 136 Da rächten Wir uns an ihnen und ließen sie im Meer ertrinken dafür, dass sie unsere Zeichen für Lüge erklärten und sie unbeachtet ließen. 137 Und Wir gaben den Leuten, die wie Schwache be-

---

133: Vgl. Bibel: Exodus 7,14–11,10.

handelt wurden, zum Erbe die östlichen und die westlichen Gegenden der Erde, die Wir mit Segen bedacht haben. Und das schönste Wort deines Herrn erfüllte sich an den Kindern Israels dafür, dass sie geduldig waren. Und Wir zerstörten, was Pharao und sein Volk zu machen und was sie aufzurichten pflegten.

138 Und Wir ließen die Kinder Israels das Meer überqueren. Sie trafen auf Leute, die sich dem Dienst an ihren Götzen widmeten. Sie sagten: »O Mose, mache uns einen Gott, wie sie ja Götter haben.« Er sagte: »Ihr seid Leute, die töricht sind. 139 Was die da vollziehen, wird dem Verderben anheimfallen, und zunichte wird, was sie zu tun pflegten.« 140 Er sagte: »Sollte ich euch einen anderen Gott wünschen als Gott, wo Er euch doch vor den Weltenbewohnern bevorzugt hat?«

141 Und als Wir euch vor den Leuten Pharaos retteten, als sie euch eine schlimme Pein zufügten, indem sie eure Söhne ermordeten und nur eure Frauen am Leben ließen. Darin war für euch eine gewaltige Prüfung von eurem Herrn.

142 Und Wir verabredeten uns mit Mose für dreißig Nächte und [17½] ergänzten sie mit (weiteren) zehn. So vervollständigte sich der Termin seines Herrn auf vierzig Nächte. Und Mose sagte zu seinem Bruder Aaron: »Sei mein Nachfolger bei meinem Volk, sorge für Ordnung und folge nicht dem Weg der Unheilstifter.« 143 *Als Mose zu unserem Termin kam und sein Herr zu ihm sprach, sagte er: »Mein Herr, zeige (Dich) mir, dass ich zu Dir schaue.« Er sprach: »Du wirst Mich nicht sehen. Aber schau zu dem Berg. Wenn er an seiner Stelle festbleibt, wirst du Mich sehen.« Als sein Herr sich vor dem Berg enthüllte, machte Er ihn zu Staub, und Mose fiel zu Boden wie vom Donnerschlag getroffen. Als er aufwachte, sagte er: »Preis sei Dir! Ich kehre zu Dir um, und ich bin der Erste der Gläubigen.« 144 Er sprach: »O Mose, Ich habe dich durch meine Botschaften und mein Gespräch (mit dir) vor den Menschen auserwählt. So nimm, was Ich dir zukommen lasse, und sei einer der Dankbaren.« 145 Und Wir schrieben ihm auf den Tafeln über alle

142: Vgl. Bibel: Exodus 34,28.
143: Vgl. Bibel: Exodus 33,18–23.

Dinge, eine Ermahnung und eine ins Einzelne gehende Darlegung aller Dinge. »So nimm sie mit voller Kraft und befiehl deinem Volk, sich an das Schönste in ihnen zu halten. Ich werde euch die Wohnstätte der Frevler zeigen.«

146 Abweisen werde ich von meinen Zeichen diejenigen, die sich auf der Erde zu Unrecht hochmütig verhalten. Wenn sie auch jedes Zeichen sehen, glauben sie nicht daran. Und wenn sie den Weg des rechten Wandels sehen, nehmen sie ihn sich nicht zum Weg. Wenn sie den Weg der Verirrung sehen, nehmen sie ihn sich zum Weg. Dies, weil sie unsere Zeichen für Lüge erklären und sie unbeachtet lassen. 147 Diejenigen, die unsere Zeichen und die Begegnung mit dem Jenseits für Lüge erklären, deren Werke sind wertlos. Wird ihnen denn für etwas anderes vergolten als für das, was sie taten?

148 *Und die Leute des Mose machten sich, nachdem er weggegangen war*, aus ihren Schmucksachen ein Kalb als Leib, der blökte. Sahen sie denn nicht, dass es nicht zu ihnen sprechen und sie nicht den Weg führen konnte? Sie machten es sich und taten Unrecht. 149 Und als sich bei ihnen die Reue einstellte und sie einsahen, dass sie irregegangen waren, sagten sie: »Wenn unser Herr sich nicht unser erbarmt und uns (nicht) vergibt, werden wir sicher zu den Verlierern gehören.« 150 Als Mose zornig und voller Bedauern zu seinem Volk zurückkam, sagte er: »Schlimm ist das, was ihr, nachdem ich weggegangen war*, begangen habt. Wolltet ihr den Befehl eures Herrn beschleunigen?« Er warf die Tafeln nieder und packte den Kopf seines Bruders und zog ihn an sich. Dieser sagte: »Sohn meiner Mutter, die Leute behandelten mich wie einen Schwachen und hätten mich beinahe getötet. So lass nicht die Feinde Schadenfreude über mich haben und stelle mich nicht zu den Leuten, die Unrecht tun.« 151 Er sagte: »Mein Herr, vergib mir und meinem Bruder, und lass uns in deine Barmherzigkeit eingehen. Du bist der Barmherzigste der Barmherzigen.« 152 Die-

148–156: Vgl. Bibel: Exodus 32.
148: Wörtlich: nach ihm.
150: Wörtlich: nach mir.

jenigen, die sich das Kalb nahmen, wird Zorn von ihrem Herrn und Erniedrigung im diesseitigen Leben treffen. So vergelten Wir denen, die Lügen erdichten. 153 Diejenigen, die die bösen Taten begehen, aber danach umkehren und glauben – siehe, dein Herr ist danach voller Vergebung und barmherzig. 154 Und als sich der Zorn in Mose beruhigt hatte, nahm er die Tafeln. In ihrer Abschrift* ist Rechtleitung und Barmherzigkeit für die, die vor ihrem Herrn Ehrfurcht haben. 155 *Und Mose wählte zu unserem Termin aus seinem Volk siebzig Männer. Als nun das Beben sie ergriff, sagte er: »Mein Herr, wenn Du gewollt hättest, hättest Du sie vorher verderben lassen, und mich auch. Willst Du uns verderben lassen für das, was die Toren unter uns getan haben? Es ist doch deine Versuchung, mit der Du irreführst, wen Du willst, und rechtleitest, wen Du willst. Du bist unser Freund, so vergib uns und erbarme Dich unser. Du bist der Beste derer, die vergeben. *156 Und [17 3/4] bestimme für uns im Diesseits Gutes und auch im Jenseits. Wir sind zu Dir reumütig zurückgekehrt.« Er sprach: »Mit meiner Pein treffe Ich, wen Ich will. Und meine Barmherzigkeit umfasst alle Dinge. Ich werde sie für die bestimmen, die gottesfürchtig sind und die Abgabe entrichten, und die an unsere Zeichen glauben«, 157 die dem Gesandten, dem ungelehrten Propheten, folgen, den sie bei sich in der Tora und im Evangelium verzeichnet finden. Er befiehlt ihnen das Rechte und verbietet ihnen das Verwerfliche, er erlaubt ihnen die köstlichen Dinge und verbietet ihnen die schlechten, und er nimmt ihnen ihre Last und die Fesseln, die auf ihnen lagen, ab. Diejenigen nun, die an ihn glauben, ihm beistehen, ihn unterstützen und dem Licht, das mit ihm herabgesandt worden ist, folgen, das sind die, denen es wohl ergeht.

158 Sprich: O Menschen, ich bin an euch alle der Gesandte Gottes, dem die Königsherrschaft der Himmel und der Erde gehört. Es gibt keinen Gott außer Ihm. Er macht lebendig und lässt sterben. So glaubt an Gott und seinen Gesandten, den ungelehrten Pro-

154: D.h. in ihrem Text und in dem, was von ihnen übernommen und geschrieben wird.
155: Vgl. Bibel: Numeri 11,16; 16,31–35; Exodus 32,30–35.

pheten, der an Gott und seine Worte glaubt, und folgt ihm, auf
dass ihr die Rechtleitung findet.

159 Und unter dem Volk Moses ist eine Gemeinschaft, die nach
der Wahrheit leitet und nach ihr gerecht handelt.

160 *Und Wir zerteilten sie in zwölf Stämme und Gemeinschaften. Und Wir gaben dem Mose, als sein Volk ihn um Wasser zu
trinken bat, ein: »Schlag mit deinem Stab auf den Stein.« Da traten aus ihm zwölf Quellen heraus, und jede Menschengruppe
wusste nun, wo ihre Trinkstelle war. Und Wir ließen die Wolken sie
überschatten und sandten auf sie das Manna und die Wachteln
hinab: »Esst von den köstlichen Dingen, die Wir euch beschert haben.« Und nicht Uns taten sie Unrecht, sondern sich selbst haben
sie Unrecht getan. 161 Und als zu ihnen gesagt wurde: »Bewoh-
net diese Stadt und esst davon, wo ihr wollt. Und sagt: Entlastung!, und betretet das Tor in der Haltung der Niederwerfung,
dann vergeben Wir euch eure Verfehlungen. Und Wir werden den
Rechtschaffenen noch mehr geben.« 162 Da vertauschten es diejenigen von ihnen, die Unrecht taten, mit einem Ausspruch, der
anders war als das, was ihnen gesagt worden war. Da sandten Wir
über sie ein Zorngericht vom Himmel herab dafür, dass sie Unrecht
taten.

163 Und frag sie nach der Stadt, die am Meer lag, als sie am Sabbat Übertretungen begingen, wie ihre Fische zu ihnen sichtbar ge-
schwommen kamen am Tag, an dem sie Sabbat hatten, und wie
sie am Tag, an dem sie den Sabbat nicht hielten, zu ihnen nicht
kamen. So prüften Wir sie dafür, dass sie frevelten. 164 Und als
eine Gemeinschaft von ihnen sagte: »Warum ermahnt ihr Leute,
die Gott verderben oder mit einer harten Pein peinigen wird?« Sie
sagten: »Um eine Entschuldigung bei eurem Herrn zu haben, und
auf dass sie vielleicht gottesfürchtig werden.« 165 Und als sie vergessen hatten, womit sie ermahnt worden waren, retteten Wir diejenigen, die das Böse verboten, und ergriffen diejenigen, die Unrecht taten, mit einer schlimmen Pein dafür, dass sie frevelten.
166 Als sie sich rebellisch weigerten, das zu unterlassen, was

160–162: Vgl. 2,57–60.

ihnen verboten war, sprachen Wir zu ihnen: »Werdet zu verabscheuten Affen.«

167 Und als dein Herr ankündigte, Er werde gegen sie bis zum
Tag der Auferstehung Leute schicken, die ihnen eine schlimme
Pein zufügen. Dein Herr ist schnell im Bestrafen, und Er ist voller
Vergebung und barmherzig. 168 Und Wir zerteilten sie auf der Erde in Gemeinschaften. Unter ihnen gab es Rechtschaffene und
solche, die es nicht waren. Und Wir prüften sie mit Gutem und
Bösem, auf dass sie umkehren. 169 Auf sie folgten Nachfolger,
die das Buch erbten. Sie greifen nach den Gütern des Diesseits
und sagen: »Es wird uns vergeben.« Und wenn sich ihnen gleiche
Güter bieten, greifen sie danach. Wurde nicht von ihnen die Verpflichtung des Buches entgegengenommen, sie sollen über Gott
nur die Wahrheit sagen? Sie haben doch das, was darin steht, erforscht. Und die jenseitige Wohnstätte ist gewiss besser für die,
die gottesfürchtig sind. Habt ihr denn keinen Verstand? 170 Und
diejenigen, die am Buch festhalten und das Gebet verrichten –
siehe, Wir lassen den Lohn derer, die Besserung zeigen, nicht verloren gehen. *171 Und als Wir über sie den Berg schüttelten, als   [18]
wäre er eine überschattende Hülle, und sie meinten, er würde auf
sie fallen: »Nehmt, was Wir euch zukommen ließen, mit aller Kraft
und gedenket dessen, was darin steht, auf dass ihr gottesfürchtig
werdet.«

172 Und als dein Herr aus den Lenden der Kinder Adams ihre
Nachkommenschaft nahm und gegen sich selbst zeugen ließ: »Bin
Ich nicht euer Herr?« Sie sagten: »Jawohl, wir bezeugen es.« (Dies),
damit ihr nicht am Tag der Auferstehung sagt: »Wir ahnten nichts
davon«, 173 oder auch nicht sagt: »Unsere Väter waren doch zuvor Polytheisten, und wir sind nur eine Nachkommenschaft nach
ihnen. Willst Du uns denn verderben für die Taten derer, die Falsches tun*?« 174 So legen Wir die Zeichen im Einzelnen dar, auf
dass sie umkehren.

175 Und verlies ihnen den Bericht über den, dem Wir unsere Zeichen zukommen ließen und der sich dann ihrer entledigte. Da

173: Oder: alles für falsch erklären.

holte ihn der Satan ein, und er wurde einer von denen, die irregegangen sind. **176** Und wenn Wir gewollt hätten, hätten Wir ihn
durch sie erhöht. Aber er wandte sich der Erde zu und folgte seiner Neigung. So ist es mit ihm wie mit einem Hund: Gehst du auf
ihn los, hängt er die Zunge heraus; lässt du ihn in Ruhe, hängt er
auch die Zunge heraus. So ist es mit den Leuten, die unsere Zeichen für Lüge erklären. Erzähle also, was es zu erzählen gibt, auf
dass sie nachdenken.

177 Schlimm ist es mit den Leuten, die unsere Zeichen für Lüge
erklären und sich selbst Unrecht tun. **178** Wen Gott rechtleitet,
der ist es, der der Rechtleitung folgt. Und die, die Er irreführt, das
sind die Verlierer. **179** Wir haben für die Hölle viele von den Djinn
und den Menschen geschaffen. Sie haben Herzen, mit denen sie
nicht begreifen; sie haben Augen, mit denen sie nicht sehen; und
sie haben Ohren, mit denen sie nicht hören. Sie sind wie das Vieh,
ja, sie irren noch mehr ab. Das sind die, die (alles) unbeachtet lassen.

180 Gott gehören die schönsten Namen. So ruft Ihn damit an
und lasst die stehen, die über seine Namen abwegig denken.
Ihnen wird vergolten für das, was sie taten. **181** Und unter denen,
die Wir erschaffen haben, ist eine Gemeinschaft (von Menschen),
die nach der Wahrheit leiten und nach ihr gerecht handeln.
182 Und diejenigen, die unsere Zeichen für Lüge erklären, werden
Wir Schritt für Schritt (dem Verderben) näher bringen, von wo sie
es nicht wissen. **183** Und Ich gewähre ihnen Aufschub. Meine List
ist fest. **184** Denken sie denn nicht darüber nach? Ihr Gefährte leidet doch nicht an Besessenheit; er ist nur ein deutlicher Warner.
185 Haben sie denn nicht das Reich der Himmel und der Erde
und all das, was Gott erschaffen hat, betrachtet, und auch dass
ihre Frist vielleicht nahegekommen ist? An welche Botschaft nach
dieser wollen sie denn sonst glauben? **186** Wen Gott irreführt, der
hat niemanden, der ihn rechtleiten könnte; und Er lässt sie im
Übermaß ihres Frevels blind umherirren.

187 Sie fragen dich nach der Stunde, wann sie feststehen wird.
Sprich: Nur mein Herr weiß über sie Bescheid. Nur Er wird sie zu
ihrer Zeit erscheinen lassen. Schwer lastet sie in den Himmeln und

auf der Erde. Sie wird euch plötzlich überkommen. Sie fragen
dich, als ob du eindringlich um Auskunft über sie bittest*. Sprich:
Nur Gott weiß über sie Bescheid. Aber die meisten Menschen wissen nicht Bescheid. 188 Sprich: Ich kann mir selbst weder Nutzen
noch Schaden bringen, außer was Gott will. Wenn ich über das
Unsichtbare Bescheid wüsste, würde ich mir selbst viel Gutes verschaffen, und das Böse würde mich nicht berühren. Ich bin nur
ein Warner und ein Freudenbote für Leute, die glauben.
*189 Er ist es, der euch aus einem einzigen Wesen erschaffen hat,   [18 ¼]
und Er hat aus ihm seine Gattin gemacht, damit er bei ihr wohne.
Und als er sie beschlafen hatte, trug sie dann eine leichte Leibes-
frucht und verbrachte damit eine Zeit. Als sie schwer zu tragen
hatte, riefen die beiden Gott, ihren Herrn, an: »Wenn Du uns ein
gesundes Kind schenkst, werden wir gewiss zu den Dankbaren gehören.« 190 Als Er ihnen dann ein gesundes Kind schenkte, stellten sie Ihm Gefährten zur Seite, die an dem teilhaben sollten, was
Er ihnen geschenkt hatte. Aber Gott ist erhaben über das, was sie*
(Ihm) beigesellen. 191 Wollen sie (Ihm) denn solche beigesellen,
die nichts erschaffen, aber selbst erschaffen sind, 192 und die
ihnen keine Unterstützung gewähren, noch sich selbst helfen können? 193 Und wenn ihr sie zur Rechtleitung ruft, folgen sie euch
nicht. Es ist für euch gleich, ob ihr sie ruft oder ob ihr schweigt.
194 Diejenigen, die ihr anstelle Gottes anruft, sind nur Diener wie
ihr selbst. So ruft sie doch an, dass sie euch erhören, so ihr die
Wahrheit sagt. 195 Haben sie denn (überhaupt) Füße, mit denen
sie gehen, oder haben sie Hände, mit denen sie gewaltig zugreifen, oder haben sie Augen, mit denen sie sehen, oder haben sie
Ohren, mit denen sie hören? Sprich: Ruft eure Teilhaber an, und
dann geht gegen mich mit eurer List vor und gewährt mir keinen
Aufschub. 196 Mein Freund ist Gott, der das Buch herabgesandt
hat, und Er schenkt seine Freundschaft den Rechtschaffenen.
197 Diejenigen, die ihr anstelle Gottes anruft, können euch keine

---

187: Oder: Sie fragen dich nach ihr, als ob du dich ihnen gegenüber ent-
     gegenkommend zeigst (vgl. 19,47).
190: D. h. allgemein die Polytheisten unter den Menschen.

Unterstützung gewähren, noch können sie sich selbst helfen.
198 Und wenn ihr sie zur Rechtleitung ruft, hören sie nicht. Du
siehst, wie sie dich anschauen, aber sie sehen nicht.
199 Nimm das Gute und Leichte*, gebiete das Rechte und wende
dich von den Törichten ab. 200 Und wenn dich vom Satan her ein
Stachel aufstachelt, dann suche Zuflucht bei Gott. Er hört und
weiß alles. 201 Diejenigen, die gottesfürchtig sind, wenn sie eine
Heimsuchung vom Satan her trifft, erinnern sich*, und sogleich
werden sie einsichtig. 202 Ihre Brüder aber bestärken sie im Irrtum, und dann lassen sie darin nicht nach*. 203 Und wenn du
ihnen kein Zeichen vorbringst, sagen sie: »Hättest du es dir doch
selbst ausgesucht!« Sprich: Ich folge nur dem, was mir von meinem Herrn offenbart wird. Dies sind Einsicht bringende Zeichen
von eurem Herrn und eine Rechtleitung und eine Barmherzigkeit
für Leute, die glauben. 204 Und wenn der Koran verlesen wird,
dann hört zu und seid still, auf dass ihr Erbarmen findet. 205 Und
gedenke deines Herrn in deinem Inneren in Demut und Furcht
und ohne lautes Aussprechen, am Morgen und am Abend. Und sei
nicht einer von denen, die (dies) unbeachtet lassen. 206 Diejenigen, die bei deinem Herrn sind, weigern sich nicht hochmütig,
Ihm zu dienen. Sie preisen Ihn und werfen sich vor Ihm nieder.

199: Oder: Nimm (als Abgabe) das Entbehrliche (vgl. 2,219); oder: Übe Nachsicht.
201: Oder: wenden das Gedenken (Gottes) an. – Sie erinnern sich an die Gebote Gottes und lassen sich dadurch ermahnen.
202: Die Satane bestärken ihre Brüder, d. h. ihresgleichen und ihre Anhänger,
im Irrtum, und dann lassen sie auch darin nicht nach – oder: Diese Brüder lassen dann darin nicht nach.

Sure 8

Die Beute (al-Anfāl)

zu Medina, 75 Verse

Im Namen Gottes, des Erbarmers, des Barmherzigen.

*1 Sie fragen dich nach der Beute. Sprich: Die Beute gehört Gott [18½]
und dem Gesandten. So fürchtet Gott und stiftet Aussöhnung untereinander, und gehorchet Gott und seinem Gesandten, so ihr
gläubig seid. 2 Die Gläubigen, das sind diejenigen, deren Herzen
sich ängstigen, wenn Gottes gedacht wird, und die, wenn ihnen
seine Zeichen verlesen werden, dadurch in ihrem Glauben bestärkt
werden und die auf ihren Herrn vertrauen, 3 die das Gebet verrichten und von dem spenden, was Wir ihnen beschert haben.
4 Das sind die wahren Gläubigen. Bestimmt sind für sie bei ihrem
Herrn Rangstufen und Vergebung und trefflicher Unterhalt.

5 So wie dein Herr* dich aus deinem Haus ausziehen ließ der richtigen Entscheidung gemäß, während es einem Teil der Gläubigen
zuwider war. 6 Sie stritten ja mit dir über das Richtige, nachdem
es deutlich geworden war, als würden sie in den Tod getrieben,
während sie zuschauen. 7 Und als Gott euch versprach*, dass die
eine der beiden Gruppen für euch bestimmt sei, ihr aber wünschtet, dass diejenige ohne Wehrkraft für euch bestimmt sei. Jedoch
wollte Gott mit seinen Worten die Wahrheit bestätigen und den
letzten Rest der Ungläubigen ausmerzen, 8 um die Wahrheit zu
bestätigen und das Falsche nichtig zu machen, auch wenn es den
Übeltätern zuwider war.

9 Als ihr euren Herrn um Rettung batet, und Er euch erhörte: »Ich
werde euch mit tausend hintereinanderreitenden Engeln beistehen.« 10 Und Gott machte es nur deswegen, damit es eine Froh-

---

5:     D.h.: Gott entscheidet über die Beute, wie Er auch das veranlasst hat,
       was im Vers erwähnt wird.

7 ff.:   Es geht hier um die Schlacht bei Badr (624), die mit einem Sieg der
       Muslime endete.

botschaft sei und damit eure Herzen dadurch Ruhe finden. Die Unterstützung kommt ja nur von Gott. Gott ist mächtig und weise. 11 Als Er Schläfrigkeit euch überkommen ließ als Sicherheit von Ihm her und Wasser vom Himmel auf euch herabsandte, um euch damit rein zu machen und die Unreinheit des Satans von euch zu entfernen, und um eure Herzen zu festigen und eure Schritte damit zu festigen. 12 Als dein Herr den Engeln eingab: »Ich bin mit euch. Festigt diejenigen, die glauben. Ich werde den Herzen derer, die ungläubig sind, Schrecken einjagen. So schlagt auf die Nacken und schlagt auf jeden Finger von ihnen.« 13 Dies dafür, dass sie sich Gott und seinem Gesandten widersetzten. Und wenn jemand sich Gott und seinem Gesandten widersetzt, so verhängt Gott eine harte Strafe. 14 Das ist sie, so kostet sie. Und wisst: Bestimmt ist für die Ungläubigen die Pein des Feuers.

15 O ihr, die ihr glaubt, wenn ihr auf die, die ungläubig sind, trefft, während sie zur Schlacht anrücken, dann kehret ihnen nicht den Rücken. 16 Wer ihnen an jenem Tag den Rücken kehrt – es sei denn, er setzt sich ab zum Kampf, oder er stößt zu einer anderen Schar –, zieht sich den Zorn Gottes zu. Seine Heimstätte ist die Hölle – welch schlimmes Ende! 17 Nicht ihr habt sie getötet, sondern Gott hat sie getötet. Und nicht du hast geworfen, als du geworfen hast, sondern Gott hat geworfen. Und Er wollte die Gläubigen einer schönen Prüfung unterziehen. Gott hört und weiß alles. 18 Das ist es. Und so wollte Gott die List der Ungläubigen wirkungslos machen. 19 Wenn ihr einen Richterspruch verlangt, so ist der Richterspruch zu euch gekommen. Und wenn ihr aufhört, so ist es besser für euch. Und wenn ihr (dazu) zurückkehrt, kehren Wir (auch) zurück. Und eure Schar wird nichts von euch abwenden können, auch wenn sie zahlreich sein sollte. Und siehe, Gott ist mit den Gläubigen.

20 O ihr, die ihr glaubt, gehorchet Gott und seinem Gesandten, und kehrt euch nicht von ihm ab, wo ihr doch hört. 21 Und seid nicht wie diejenigen, die sagen: »Wir hören«, wo sie doch nicht [18 3/4] hören. *22 Die schlimmsten Tiere bei Gott sind die tauben und stummen, die keinen Verstand haben. 23 Hätte Gott bei ihnen etwas Gutes festgestellt, hätte Er sie hören lassen. Und wenn Er sie

hätte hören lassen, so hätten sie sich (dennoch) abgekehrt und abgewandt. 24 O ihr, die ihr glaubt, erhört Gott und den Gesandten, wenn er euch zu dem aufruft, was euch Leben gibt. Und wisst, dass Gott zwischen dem Menschen und seinem Herzen trennt, und dass ihr zu Ihm versammelt werdet. 25 Und hütet euch vor einer Versuchung, die gewiss nicht ausschließlich diejenigen von euch treffen wird, die Unrecht tun. Und wisst, Gott verhängt eine harte Strafe. 26 Und gedenkt, als ihr (nur) wenige auf der Erde waret und als Schwache behandelt wurdet und fürchtetet, dass euch die Menschen hinwegraffen würden. Da hat Er euch untergebracht und euch mit seiner Unterstützung gestärkt und euch (einiges) von den köstlichen Dingen beschert, auf dass ihr dankbar seid.

27 O ihr, die ihr glaubt, seid nicht treulos gegenüber Gott und dem Gesandten, und seid nicht treulos in Bezug auf die euch anvertrauten Dinge, wo ihr es wisst. 28 Und wisst, dass euer Vermögen und eure Kinder eine Versuchung sind und dass Gott einen großartigen Lohn bereithält. 29 O ihr, die ihr glaubt, wenn ihr Gott fürchtet, bestellt Er euch eine Unterscheidungsnorm, sühnt euch eure Missetaten und vergibt euch. Und Gott besitzt große Huld.

30 Und als diejenigen, die ungläubig sind, gegen dich Ränke schmiedeten, um dich festzunehmen oder zu töten oder zu vertreiben*. Sie schmiedeten Ränke, und Gott schmiedete Ränke. Gott ist der Beste derer, die Ränke schmieden. 31 Und wenn ihnen unsere Zeichen verlesen werden, sagen sie: »Wir haben es gehört. Wenn wir wollten, könnten auch wir etwas Derartiges sagen. Das sind nichts als Fabeln der Früheren.« 32 Und als sie sagten: »O Gott, wenn dies die Wahrheit von Dir ist, so lass auf uns Steine vom Himmel regnen, oder bring über uns eine schmerzhafte Pein.« 33 Aber Gott konnte sie wohl unmöglich peinigen, während du noch in ihrer Mitte warst; und Er konnte sie wohl unmöglich peinigen, während sie um Vergebung baten. 34 Und warum

---

30: Erinnerung an die Zeit der Bedrängnis in Mekka.

sollte Gott sie nicht peinigen, wo sie (euch) von der heiligen Moschee abweisen und sie nicht ihre Wärter sind*? Ihre Wärter sind ja nur die Gottesfürchtigen. Aber die meisten von ihnen wissen nicht Bescheid. 35 Und ihr Gebet beim Haus ist nur Pfeifen und Klatschen. So kostet die Pein dafür, dass ihr ungläubig waret.

36 Diejenigen, die ungläubig sind, spenden ihr Vermögen, um vom Weg Gottes abzuweisen. Sie werden es spenden, und dann wird es ein Bedauern für sie sein. Dann werden sie besiegt werden. Und diejenigen, die ungläubig sind, werden zur Hölle versammelt werden, 37 damit Gott das Schlechte vom Guten unterscheide und das Schlechte übereinandertue, es allesamt zusammenhäufe und in die Hölle stelle. Das sind die Verlierer. 38 Sprich zu denen, die ungläubig sind: Wenn sie aufhören, wird ihnen vergeben, was vorher geschah. Wenn sie (dazu) zurückkehren, so steht fest, wie an den Früheren gehandelt wurde*. 39 Und kämpft gegen sie, bis es keine Verführung mehr gibt und bis die Religion gänzlich nur noch Gott gehört. Wenn sie aufhören, so sieht Gott wohl, was sie tun. 40 Und wenn sie sich abkehren, so wisst, dass Gott euer Schutzherr ist: Welch vorzüglicher Schutzherr und welch vorzüglicher Helfer!

41 Und wisst: Wenn ihr etwas erbeutet, so gehört ein Fünftel davon Gott und dem Gesandten, und den Verwandten, den Waisen, den Bedürftigen, dem Reisenden, so ihr an Gott glaubt und an das, was Wir auf unseren Diener am Tag der Unterscheidung hinabgesandt haben, am Tag, da die beiden Scharen aufeinandertrafen. Und Gott hat Macht zu allen Dingen. 42 Als ihr auf der näheren Talseite waret, sie auf der ferneren Talseite und die Reittiere unterhalb von euch. Und wenn ihr euch verabredet hättet, wäret ihr über die Verabredung nicht einig geworden, aber Gott wollte eine Angelegenheit entscheiden, die zur Ausführung kommen sollte, damit diejenigen, die umkamen, aufgrund eines deutlichen

34: Oder: Seine Freunde, d. h. Gottes Freunde.
38: So wird auch an ihnen gehandelt.
41 ff.: Es geht hier um die Schlacht bei Badr (624).

Zeichens umkämen, und diejenigen, die am Leben blieben, aufgrund eines deutlichen Zeichens am Leben blieben*. Und Gott
hört und weiß alles. 43 Als Gott dich in deinem Traum sie als Wenige sehen ließ. Hätte Er dich sie als Viele sehen lassen, ihr wäret
verzagt und hättet miteinander über die Angelegenheit gestritten.
Aber Gott hat euch (davor) bewahrt. Er weiß über das innere Geheimnis Bescheid. 44 Und als Er sie, als ihr aufeinandertraft, in
euren Augen als Wenige erscheinen ließ, und (auch) euch in ihren
Augen weniger machte, damit Gott eine Angelegenheit entscheide, die zur Ausführung kommen sollte. Und zu Gott werden alle
Angelegenheiten zurückgebracht.

45 O ihr, die ihr glaubt, wenn ihr auf eine Schar trefft, so steht
fest und gedenket Gottes viel, auf dass es euch wohl ergehe.
46 Und gehorchet Gott und seinem Gesandten, und streitet nicht
miteinander, sonst würdet ihr verzagen, und eure Durchsetzungs-
kraft* würde auch schwinden. Und seid standhaft. Gott ist mit
den Standhaften. 47 *Und seid nicht wie diejenigen, die aus ihren
Wohnstätten auszogen, aus Übermut und um von den Menschen
gesehen zu werden, und die vom Weg Gottes abweisen. Gott umfasst, was sie tun. 48 Und als der Satan ihnen ihre Taten verlockend machte und sagte: »Es gibt niemanden unter den Menschen, der euch heute besiegen könnte. Und ich bin euch ein
(hilfsbereiter) Nachbar.« Als aber die beiden Scharen einander sahen, machte er auf seinen Fersen kehrt und sagte: »Ich bin euer
ledig. Ich sehe, was ihr nicht seht. Ich fürchte Gott. Gott verhängt
eine harte Strafe.«

49 *Als die Heuchler und die, in deren Herzen Krankheit ist, sagten: »Betört hat diese da ihre Religion.« Wenn einer aber auf Gott

---

42:   D.h. die Muslime und ihre Gegner aus Mekka. Gott wollte, dass der
      Kampf stattfinde, um die Niederlage und den Tod der Ungläubigen sowie
      den Sieg des Islams und das Überleben der Gläubigen eindeutig fest-
      stellbar zu machen.
46:   Wörtlich: Wind. Der Wind treibt die Segel und bringt das Ziel näher.
47–48: Die Mekkaner vor der Schlacht bei Badr (624).
49:   Hier geht es um den Grabenkrieg zu Medina (627).

vertraut, so ist Gott mächtig und weise. 50 Und wenn du nur zuschauen könnest, wenn die Engel diejenigen abberufen, die ungläubig sind: Sie schlagen sie ins Gesicht und auf das Hinterteil:
»Kostet die Pein des Feuerbrandes. 51 Dies für das, was eure Hände vorausgeschickt haben, und weil Gott den Dienern kein Unrecht tut.« 52 Es ist wie mit den Leuten des Pharao und denen,
die vor ihnen lebten. Sie verleugneten die Zeichen Gottes, so
suchte sie Gott wegen ihrer Sünden heim. Gott ist stark und verhängt eine harte Strafe. 53 Dies, weil Gott niemals seine Gnade,
mit der Er ein Volk begnadet hat, ändert, bis sie selbst das ändern,
was in ihrem Innern ist, und weil Gott alles hört und weiß. 54 Es
ist wie mit den Leuten des Pharao und denen, die vor ihnen lebten. Sie erklärten die Zeichen ihres Herrn für Lüge, so ließen Wir
sie für ihre Sünden verderben, und Wir ließen die Leute des Pharao ertrinken. Sie waren ja alle Leute, die Unrecht taten.
55 *Die schlimmsten Tiere bei Gott sind die, die ungläubig sind
und weiterhin nicht glauben, 56 die unter ihnen, mit denen du
einen Vertrag geschlossen hast, die aber dann ihren Vertrag jedes
Mal brechen und nicht gottesfürchtig sind. 57 Und wenn du sie
im Krieg triffst, dann verscheuche mit ihnen diejenigen, die hinter
ihnen stehen, auf dass sie es bedenken. 58 Und wenn du von bestimmten Leuten Verrat fürchtest, so kündige ihnen (den Vertrag)
so eindeutig auf, dass Gleichheit* zwischen euch besteht. Gott
liebt ja die Verräter nicht. 59 Und diejenigen, die ungläubig sind,
sollen nicht meinen, sie seien (euch) voraus. Sie werden nichts vereiteln können. 60 Und rüstet gegen sie, was ihr an Kraft und an
einsatzbereiten Pferden haben könnt, um damit den Feinden Gottes und euren Feinden Angst zu machen, sowie anderen außer ihnen, die ihr nicht kennt; Gott aber kennt sie. Und was ihr auf dem
Weg Gottes spendet, wird euch voll zurückerstattet, und euch
[19 ¼]   wird nicht Unrecht getan. *61 Und wenn sie sich dem Frieden zu-

---

55 ff.: Gemeint sind hier die Juden von Medina.
58:   Gleichheit im Wissen um die Aufkündigung des Vertrags.

neigen, dann neige auch du dich ihm zu und vertrau auf Gott*. Er ist der, der alles hört und weiß. 62 Und wenn sie dich betrügen wollen, so genügt dir Gott. Er ist es, der dich mit seiner Unterstützung und mit den Gläubigen gestärkt 63 und zwischen ihren Herzen Vertrautheit gestiftet hat. Wenn du alles, was auf Erden ist, (dafür) ausgegeben hättest, hättest du nicht zwischen ihren Herzen Vertrautheit stiften können. Aber Gott hat zwischen ihnen Vertrautheit gestiftet. Er ist mächtig und weise. 64 O Prophet, Gott genügt dir und auch denen* von den Gläubigen, die dir folgen. 65 O Prophet, sporne die Gläubigen zum Kampf an. Wenn es unter euch auch nur zwanzig gibt, die standhaft sind, werden sie zweihundert besiegen. Und wenn es unter euch hundert gibt, werden sie tausend von denen, die ungläubig sind, besiegen. Dies dafür, dass sie Leute sind, die nicht begreifen. 66 Jetzt hat Gott euch Erleichterung gewährt. Er weiß, dass in euren Reihen Schwachheit vorkommt. Wenn es unter euch hundert Standhafte gibt, werden sie zweihundert besiegen, und wenn es unter euch tausend gibt, werden sie zweitausend besiegen, mit Gottes Erlaubnis. Und Gott ist mit den Standhaften.

67 Es steht einem Propheten nicht zu, Gefangene zu haben, bis er auf der Erde stark gewütet hat. Ihr wollt die Güter des Diesseits, und Gott will das Jenseits. Gott ist mächtig und weise. 68 Gäbe es nicht eine früher ergangene Bestimmung von Gott, so hätte euch für das, was ihr genommen habt, eine gewaltige Pein ergriffen. 69 Esst nun von dem, was ihr erbeutet habt, so es erlaubt und köstlich ist, und fürchtet Gott. Gott ist voller Vergebung und barmherzig. 70 O Prophet, sprich zu denen von den Gefangenen, die sich in eurer Gewalt befinden: »Wenn Gott in euren Herzen etwas Gutes feststellt, lässt Er euch etwas Besseres zukommen als das, was euch genommen worden ist, und vergibt euch. Und Gott ist voller Vergebung und barmherzig.« 71 Und wenn sie dich verraten wollen, so haben sie zuvor Gott verraten, und Er hat sie

61: Vgl. 4,90.
64: Oder: auch die …

dann (eurer) Gewalt preisgegeben. Und Gott weiß Bescheid und ist weise.

72 Diejenigen, die glaubten und ausgewandert sind und sich mit ihrem Vermögen und mit ihrer eigenen Person auf dem Weg Gottes eingesetzt haben, und diejenigen, die (jene) untergebracht und unterstützt haben, sind untereinander Freunde. Mit denen aber, die glauben und nicht ausgewandert sind, habt ihr keine Freundschaft zu pflegen, bis sie auswandern. Wenn sie euch jedoch um Unterstützung wegen der (euch gemeinsamen) Religion bitten, so habt ihr die Pflicht zur Unterstützung, außer gegen Leute, zwischen denen und euch eine Vertragspflicht besteht. Und Gott sieht wohl, was ihr tut. 73 Und diejenigen, die ungläubig sind, sind untereinander Freunde. Wenn ihr es nicht tut*, wird es im Land Verführung und großes Unheil geben. 74 Und diejenigen, die glauben und ausgewandert sind und sich auf dem Weg Gottes eingesetzt haben, und diejenigen, die (jene) untergebracht und unterstützt haben, das sind die wahren Gläubigen. Bestimmt ist für sie Vergebung und ein trefflicher Unterhalt. 75 Und diejenigen, die danach geglaubt haben und ausgewandert sind und sich mit euch eingesetzt haben, sie gehören zu euch. Aber die Blutsverwandten haben eher Anspruch aufeinander*; dies steht im Buch Gottes. Gott weiß über alle Dinge Bescheid.

73: Gemeint ist die gegenseitige Unterstützung der Gläubigen und die Weigerung der Freundschaft mit den Ungläubigen.

75: auf gegenseitige Freundschaft und Unterstützung, und auch auf ein eventuell anfallendes Erbe; vgl. 33,6.

Sure 9

Die Umkehr (al-Tauba)*

zu Medina, 129 Verse

1 Aufkündigung vonseiten Gottes und seines Gesandten an die- [19 ½]
jenigen unter den Polytheisten, mit denen ihr einen Vertrag abgeschlossen habt. 2 Nun zieht im Land vier Monate umher und
wisst, dass ihr Gottes Willen nicht vereiteln könnt, und dass Gott
die Ungläubigen zu Schanden macht.
3 Und Bekanntmachung vonseiten Gottes und seines Gesandten
an die Menschen am Tag der großen Wallfahrt: Gott ist der Polytheisten ledig, und auch sein Gesandter. Wenn ihr umkehrt, ist es
besser für euch. Wenn ihr euch abkehrt, so wisst, dass ihr Gottes
Willen nicht vereiteln könnt. Und verkünde denen, die ungläubig
sind, eine schmerzhafte Pein. 4 Mit Ausnahme derer von den Polytheisten, mit denen ihr einen Vertrag geschlossen habt und die
euch in nichts fehlen lassen und niemandem gegen euch beigestanden haben. So erfüllt ihnen gegenüber ihren Vertrag bis zu
der ihnen eingeräumten Frist. Gott liebt die Gottesfürchtigen.
5 Wenn die heiligen Monate abgelaufen sind, dann tötet die Polytheisten, wo immer ihr sie findet, greift sie, belagert sie und lauert
ihnen auf jedem Weg auf. Wenn sie umkehren, das Gebet verrichten und die Abgabe entrichten, dann lasst sie ihres Weges ziehen:
Gott ist voller Vergebung und barmherzig.
6 Und wenn einer von den Polytheisten dich* um Schutz bittet, so
gewähre ihm Schutz, bis er das Wort Gottes hört. Danach lass ihn
den Ort erreichen, in dem er in Sicherheit ist. Dies, weil sie Leute

---

* Das ist die einzige Sure, die nicht mit der üblichen Formel (basmala)
   beginnt: Im Namen Gottes, des Erbarmers, des Barmherzigen.
1: Aufkündigung des Friedensvertrags von Ḥudaybiya (628) mit den Mekkanern; oder: Schutzerklärung zugunsten derer unter den Polytheisten,
   mit denen ...
6: Muḥammad.

sind, die nicht Bescheid wissen. **7** Wie sollten die Polytheisten Gott und seinem Gesandten gegenüber einen Vertrag geltend machen, ausgenommen die, mit denen ihr bei der heiligen Moschee einen Vertrag abgeschlossen habt? Solange sie sich euch gegenüber recht verhalten, verhaltet auch ihr euch ihnen gegenüber recht. Gott liebt die Gottesfürchtigen. **8** Wie sollten sie dies tun, wo sie doch, wenn sie die Oberhand über euch bekommen, euch gegenüber weder Verwandtschaft noch Schutzbund beachten? Sie stellen euch zufrieden mit ihrem Munde, aber ihre Herzen sind voller Ablehnung. Und die meisten von ihnen sind Frevler. **9** Sie haben die Zeichen Gottes gegen einen geringen Preis vertauscht und so die Menschen von seinem Weg abgewiesen. Schlimm ist, was sie immer wieder getan haben. **10** Sie beachten einem Gläubigen gegenüber weder Verwandtschaft noch Schutzbund. Das sind die, die Übertretungen begehen. **11** Wenn sie umkehren, das Gebet verrichten und die Abgabe entrichten, dann sind sie eure Brüder in der Religion. Wir legen die Zeichen im Einzelnen dar für Leute, die Bescheid wissen. **12** Wenn sie aber nach Vertragsabschluss ihre Eide brechen und eure Religion angreifen, dann kämpft gegen die Anführer des Unglaubens. Für sie gibt es ja keine Eide. Vielleicht werden sie aufhören. **13** Wollt ihr nicht gegen Leute kämpfen, die ihre Eide gebrochen haben und im Begriff gewesen sind, den Gesandten zu vertreiben, wobei sie zuerst gegen euch vorgegangen sind? Fürchtet ihr sie? Gott hat eher darauf Anspruch, dass ihr Ihn fürchtet, so ihr gläubig seid. **14** Kämpft gegen sie, so wird Gott sie durch eure Hände peinigen, sie zu Schanden machen und euch gegen sie unterstützen, die Brust gläubiger Leute wieder heil machen **15** und den Groll ihrer Herzen entfernen. Und Gott wendet sich, wem Er will, wieder zu. Und Gott weiß Bescheid und ist weise. **16** Oder meint ihr, dass ihr in Ruhe gelassen werdet, bevor Gott in Erfahrung gebracht hat, wer von euch sich eingesetzt und sich außer Gott, seinem Gesandten und den Gläubigen keinen Freund genommen hat? Und Gott hat Kenntnis von dem, was ihr tut.

17 Es steht den Polytheisten nicht zu, in den Moscheen Gottes zu verweilen und Dienst zu tun, wo sie gegen sich selbst bezeugen, ungläubig zu sein. Deren Werke sind wertlos, und sie werden im Feuer ewig weilen. 18 In den Moscheen Gottes verweilen und Dienst tun dürfen nur die, die an Gott und den Jüngsten Tag glauben, das Gebet verrichten, die Abgabe entrichten und niemanden fürchten außer Gott. Mögen diese zu denen gehören, die der Rechtleitung folgen! *19 Wollt ihr etwa die Tränkung der Pil- [19 3/4] ger und den Dienst in der heiligen Moschee so bewerten, wie (die Werke dessen), der an Gott und den Jüngsten Tag glaubt und sich auf dem Weg Gottes einsetzt? Sie sind bei Gott nicht gleich. Und Gott leitet die ungerechten Leute nicht recht. 20 Diejenigen, die glauben und ausgewandert sind und sich auf dem Weg Gottes mit ihrem Vermögen und mit ihrer eigenen Person eingesetzt haben, haben eine höhere Rangstufe bei Gott. Das sind die Erfolgreichen. 21 Ihr Herr verkündet ihnen eine Barmherzigkeit von sich und Wohlgefallen und Gärten, in denen sie beständige Wonne haben; 22 darin werden sie auf immer ewig weilen. Bei Gott steht ein großartiger Lohn bereit.

23 O ihr, die ihr glaubt, nehmt euch nicht eure Väter und eure Brüder zu Freunden, wenn sie den Unglauben dem Glauben vorziehen. Diejenigen von euch, die sie zu Freunden nehmen, das sind die, die Unrecht tun. 24 Sprich: Wenn eure Väter, eure Söhne, eure Brüder, eure Gattinnen und eure Verwandten, ein Vermögen, das ihr erworben habt, eine Handelsware, die ihr fürchtet nicht loszuwerden, und Wohnungen, die euch gefallen, euch lieber sind als Gott und sein Gesandter und der Einsatz auf seinem Weg, dann wartet ab, bis Gott mit seinem Befehl kommt. Gott leitet die frevlerischen Leute nicht recht. 25 Gott hat euch an vielen Orten unterstützt, und auch am Tag von Ḥunayn*, als eure große Zahl euch gefiel, von euch aber nichts abwenden konnte. Die Erde wurde euch eng trotz ihrer Weite. Daraufhin kehrtet ihr den Rücken. 26 Dann sandte Gott seine Ruhe spendende Gegenwart auf seinen Gesandten und auf die Gläubigen herab. Und Er sandte Truppen, die ihr nicht sehen konntet, herab und peinigte diejeni-

---

25:   Die Schlacht von Ḥunayn, einem Ort zwischen Mekka und Ṭāʾif, erfolgte
      kurz nach der Einnahme von Mekka, im Januar 630.

gen, die ungläubig waren. Das ist die Vergeltung für die Ungläubigen. 27 Und Gott wendet sich danach gnädig zu, wem Er will. Und Gott ist voller Vergebung und barmherzig.

28 O ihr, die ihr glaubt, die Polytheisten sind unrein, so sollen sie nach diesem ihrem Jahr sich der heiligen Moschee nicht mehr nähern. Und wenn ihr fürchtet, (deswegen) arm zu werden*, so wird Gott euch von seiner Huld reich machen, wenn Er will. Gott weiß Bescheid und ist weise.

29 Kämpft gegen diejenigen, die nicht an Gott und nicht an den Jüngsten Tag glauben und nicht verbieten, was Gott und sein Gesandter verboten haben, und nicht der Religion der Wahrheit angehören – von denen, denen das Buch zugekommen ist, bis sie von dem, was ihre Hand besitzt, Tribut entrichten als Erniedrigte. 30 Die Juden sagen: »ʿUzayr ist Gottes Sohn.« Und die Christen sagen: »Christus ist Gottes Sohn.« Das ist ihre Rede aus ihrem eigenen Munde. Damit reden sie wie die, die vorher ungläubig waren. Gott bekämpfe sie! Wie leicht lassen sie sich doch abwenden! 31 Sie nahmen sich ihre Gelehrten und ihre Mönche zu Herren neben Gott, sowie auch Christus, den Sohn Marias. Dabei wurde ihnen doch nur befohlen, einem einzigen Gott zu dienen. Es gibt keinen Gott außer Ihm. Preis sei Ihm! (Erhaben ist Er) über das, was sie (Ihm) beigesellen. 32 Sie wollen das Licht Gottes mit ihrem Mund auslöschen. Aber Gott besteht darauf, sein Licht zu vollenden, auch wenn es den Ungläubigen zuwider ist. 33 Er ist es, der seinen Gesandten mit der Rechtleitung und der Religion der Wahrheit gesandt hat, um ihr die Oberhand zu verleihen über alle [20] Religion, auch wenn es den Polytheisten zuwider ist. *34 O ihr, die ihr glaubt, viele von den Gelehrten und Mönchen verzehren das Vermögen der Menschen durch Betrug und weisen (sie) vom Weg Gottes ab. Denjenigen, die Gold und Silber horten und es nicht auf dem Weg Gottes spenden, verkünde eine schmerzhafte Pein, 35 am Tag, da im Feuer der Hölle darüber* angeheizt wird

---

28: durch den Verdienstausfall, der durch das Ausbleiben der heidnischen Pilger bedingt ist.
35: über Gold und Silber.

und damit ihre Stirn, ihre Seiten und ihr Rücken gebrandmarkt werden. Dies ist, was ihr für euch selbst gehortet habt. So kostet, was ihr immer wieder gehortet habt.

36 Die Zahl der Monate bei Gott ist zwölf Monate, im Buch Gottes festgestellt am Tag, da Er die Himmel und die Erde erschaffen hat. Vier davon sind heilig*. Das ist die richtige Religion. So tut euch selbst in ihnen kein Unrecht. Und kämpft gegen die Polytheisten allesamt, wie sie gegen euch allesamt kämpfen. Und wisst, Gott ist mit den Gottesfürchtigen. 37 Der Brauch des verschobenen Monats zeugt von mehr Unglauben*. Damit werden diejenigen, die ungläubig sind, irregeführt, sodass sie ihn in einem Jahr für profan und in einem (anderen) Jahr für heilig erklären, um die Zahl dessen, was Gott für heilig erklärt hat, auszugleichen; so erklären sie für profan, was Gott für heilig erklärt hat. Ihr schlechtes Tun ist ihnen verlockend gemacht worden. Gott leitet die ungläubigen Leute nicht recht.

38 O ihr, die ihr glaubt, was ist mit euch, dass ihr, wenn zu euch gesagt wird: »Rückt aus auf dem Weg Gottes«, euch schwer bis zur Erde neigt? Gefällt euch das diesseitige Leben mehr als das jenseitige? Aber die Nutznießung des diesseitigen Lebens ist im (Vergleich mit dem) Jenseits nur gering (zu schätzen). 39 Wenn ihr nicht ausrückt, peinigt Er euch mit einer schmerzhaften Pein und nimmt an eurer Stelle ein anderes Volk, und ihr könnt Ihm keinen Schaden zufügen. Gott hat Macht zu allen Dingen. 40 Wenn ihr ihn* nicht unterstützt, so hat Gott ihn (schon damals) unterstützt, als diejenigen, die ungläubig sind, ihn zusam-

---

36: Das sind Muharram (der erste des Mondkalenders), Radjab (der 7.), Dhū l-qaʿda (der 11.) und Dhū l-hidjja (der 12.).

37: Der erste Monat des Jahres, Muharram, galt als heilig. Die Araber pflegten jedoch, um die Zeit der heiligen Monate (11., 12. und 1.: drei Monate hintereinander) zu unterbrechen, ab und zu den Muharram für profan zu erklären und die heilige Zeit auf Safar zu verschieben, um dadurch wieder einen Ausgleich zu erzielen.

40: Muhammad.

men mit einem zweiten Mann* vertrieben haben. Sie waren beide in der Höhle, und er sagte zu seinem Gefährten: »Sei nicht traurig. Gott ist mit uns.« Da sandte Gott seine Ruhe spendende Gegenwart auf ihn herab und stärkte ihn mit Truppen, die ihr nicht sehen konntet. Und Er machte das Wort derer, die ungläubig sind, unterlegen. Siehe, Gottes Wort ist überlegen. Und Gott ist mächtig und weise. 41 Rückt aus, ob leicht oder schwer, und setzt euch mit eurem Vermögen und mit eurer eigenen Person auf dem Weg Gottes ein. Das ist besser für euch, so ihr Bescheid wisst.

42 Ginge es um nahe Güter oder eine mäßige Reise*, würden sie dir folgen. Aber die Entfernung ist ihnen zu weit. Und sie werden bei Gott schwören: »Wenn wir es könnten, würden wir mit euch hinausziehen.« Sie stürzen sich dabei selbst ins Verderben. Und Gott weiß, dass sie ja lügen. 43 Gott verzeihe dir! Warum hast du sie befreit? (Hättest du nur gewartet), bis dir deutlich geworden war, wer die Wahrheit sagt, und du die Lügner in Erfahrung gebracht hast! 44 Diejenigen, die an Gott und den Jüngsten Tag glauben, bitten dich nicht um Befreiung davon, sich mit ihrem Vermögen und mit ihrer eigenen Person einzusetzen. Und Gott weiß über die Gottesfürchtigen Bescheid. 45 Um Befreiung bitten dich nur diejenigen, die an Gott und den Jüngsten Tag nicht glauben und deren Herzen zweifeln; und in ihrem Zweifel zögern

[20 ¼] sie. *46 Hätten sie wirklich ausziehen wollen, hätten sie sich dafür gerüstet. Aber ihr Ausmarsch war Gott zuwider, so hielt Er sie zurück. Und es wurde gesagt: »Sitzt daheim mit denen, die daheim sitzen.« 47 Würden sie mit euch ausziehen, würden sie euch nur noch Verschlechterung bringen und unter euch schnell umherlaufen im Trachten danach, (euch) der Versuchung auszusetzen. Und unter euch gibt es welche, die sehr auf sie hören. Und Gott weiß über die Bescheid, die Unrecht tun. 48 Sie haben schon früher danach getrachtet, euch der Versuchung auszusetzen, und gegen dich Intrigen getrieben, bis die Wahrheit kam und der Befehl Got-

---

40: Dieser Mann ist Abū Bakr, der später der erste Khalif wurde (632–634).
42: Es geht um den Feldzug gegen byzantinische Provinzen im Norden (Ende des Sommers 630).

tes erschien, obwohl es ihnen zuwider war. 49 Unter ihnen gibt es welche, die sagen: »Befreie mich und führe mich nicht in Versuchung.« In Versuchung sind sie doch gefallen. Und die Hölle umfasst die Ungläubigen. 50 Wenn dich Gutes trifft, tut es ihnen leid; und wenn dich ein Unglück trifft, sagen sie: »Wir haben unsere Angelegenheit schon vorher selbst übernommen.« Und sie kehren sich erfreut ab. 51 Sprich: Uns wird nur das treffen, was Gott uns bestimmt hat. Er ist unser Schutzherr. Auf Gott sollen die Gläubigen vertrauen. 52 Sprich: Erwartet ihr für uns etwas anderes als eine der beiden schönsten Sachen*? Wir erwarten für euch, dass Gott euch trifft mit einer Pein von Ihm oder durch unsere Hände. So wartet nur ab, wir warten mit euch ab.

53 Sprich: Ihr mögt freiwillig oder widerwillig spenden, es wird von euch doch nicht angenommen werden. Ihr seid ja frevlerische Leute. 54 Und nichts anderes verhindert, dass ihre Spenden von ihnen angenommen werden, als dass sie Gott und seinen Gesandten verleugnen, nur nachlässig zum Gebet hingehen und nur widerwillig spenden. 55 Nicht sollen dir ihr Vermögen und ihre Kinder gefallen. Gott will sie ja im diesseitigen Leben damit peinigen, und dass ihre Seele (im Tod) dahinschwindet, während sie ungläubig sind. 56 Und sie schwören bei Gott, dass sie zu euch gehören. Sie gehören aber nicht zu euch, sondern sie sind Leute, die ängstlich sind. 57 Würden sie einen Zufluchtsort oder Höhlen oder einen Schlupfgang finden, sie würden schnellstens dorthin flüchten.

58 Und unter ihnen gibt es welche, die gegen dich wegen der Almosen nörgeln. Wenn ihnen etwas davon gegeben wird, sind sie zufrieden. Wenn ihnen nichts davon gegeben wird, geraten sie gleich in Groll. 59 Wären sie doch mit dem zufrieden, was Gott und sein Gesandter ihnen zukommen ließen, und würden sie doch sagen: »Gott genügt uns. Gott wird uns etwas von seiner Huld zukommen lassen, und auch sein Gesandter. Auf Gott richten wir unsere Wünsche«! *60 Die Almosen sind bestimmt für die Armen, [20½] die Bedürftigen, die, die damit befasst sind, die, deren Herzen ver-

---

52:   Das sind der diesseitige Sieg und der jenseitige Lohn.

traut gemacht werden (sollen)*, die Gefangenen*, die Verschulde-
ten, für den Einsatz auf dem Weg Gottes und für den Reisenden.
Es ist eine Rechtspflicht vonseiten Gottes. Und Gott weiß Bescheid
und ist weise.
61 Und unter ihnen gibt es welche, die dem Propheten Leid zufügen und sagen: »Er ist (nur) Ohr*.« Sprich: Ein Ohr zum Guten für
euch. Er glaubt an Gott und glaubt den Gläubigen, und (er ist)
eine Barmherzigkeit für die von euch, die gläubig sind. Für diejenigen aber, die dem Gesandten Gottes Leid zufügen, ist eine
schmerzhafte Pein bestimmt. 62 Sie schwören euch bei Gott, um
euch zufrieden zu stellen. Aber Gott – und (auch) sein Gesandter
– hat eher darauf Anspruch, dass sie Ihn zufrieden stellen, so sie
gläubig sind. 63 Wissen sie denn nicht, dass für den, der sich Gott
und seinem Gesandten widersetzt, das Feuer der Hölle bestimmt
ist, in dem er ewig weilen wird? Das ist die gewaltige Schande.
64 Die Heuchler befürchten, dass eine Sure auf sie herabgesandt
wird, die ihnen das kundtut, was in ihren Herzen ist. Sprich: Spottet nur! Gott wird ans Licht bringen, was ihr befürchtet. 65 Und
wenn du sie fragst, sagen sie sicherlich: »Wir hielten ausschweifende Reden und trieben nur unser Spiel.« Sprich: Wolltet ihr denn
über Gott und seine Zeichen und seinen Gesandten spotten?
66 Entschuldigt euch nicht! Ihr seid ungläubig geworden, nachdem ihr geglaubt hattet. Wenn Wir auch einer Gruppe von euch
verzeihen, so peinigen Wir eine andere Gruppe dafür, dass sie
Übeltäter waren.
67 Die Heuchler und die Heuchlerinnen stammen voneinander.
Sie gebieten das Verwerfliche und verbieten das Rechte und halten ihre Hände geschlossen. Vergessen haben sie Gott, und so hat
Er sie vergessen. Die Heuchler sind die wahren Frevler. 68 Versprochen hat Gott den Heuchlern und den Heuchlerinnen und den
Ungläubigen das Feuer der Hölle; darin werden sie ewig weilen. Es

60: mit dem Islam vertraut gemacht und für die Sache der Gläubigen ge-
wonnen werden sollen.
60: die Gefangenen: Wörtlich: die Nacken.
61: D. h., er glaubt wohl alles, was er hört.

ist ihr Genüge. Und Gott hat sie verflucht, und bestimmt ist für sie eine beständige Pein. 69 Es ist wie mit denen, die vor euch lebten. Sie hatten eine stärkere Kraft als ihr und mehr Vermögen und Kinder. Sie nützten ihren Anteil aus, dann habt ihr euren Anteil ausgenützt, wie die, die vor euch lebten, ihren Anteil ausgenützt haben. Und ihr habt ausschweifende Reden gehalten wie die Reden, die sie gehalten haben. Deren Werke sind wertlos im Diesseits und Jenseits. Das sind die Verlierer. 70 Ist denn der Bericht über die, die vor ihnen lebten, nicht zu ihnen gelangt, das Volk Noachs, die ʿĀd und Thamūd, das Volk Abrahams und die Gefährten von Madyan und die verschwundenen Städte? Ihre Gesandten kamen zu ihnen mit den deutlichen Zeichen. Und es ist bestimmt nicht Gott, der ihnen Unrecht getan hat, sondern sie haben sich selbst Unrecht getan.

71 Die gläubigen Männer und Frauen sind untereinander Freunde. Sie gebieten das Rechte und verbieten das Verwerfliche, verrichten das Gebet und entrichten die Abgabe und gehorchen Gott und seinem Gesandten. Siehe, Gott wird sich ihrer erbarmen. Gott ist mächtig und weise. 72 Gott hat den gläubigen Männern und Frauen Gärten versprochen, unter denen Bäche fließen und in denen sie ewig weilen werden, und gute Wohnungen in den Gärten von Eden. Ein Wohlgefallen von Gott ist aber größer. Das ist der großartige Erfolg.

73 O Prophet, setz dich gegen die Ungläubigen und die Heuchler ein und fasse sie hart an. Ihre Heimstätte ist die Hölle – welch schlimmes Ende! 74 Sie schwören bei Gott, sie hätten es nicht gesagt*. Aber sie haben wohl das Wort des Unglaubens gesagt und sind, nachdem sie den Islam angenommen hatten, ungläubig geworden. Sie waren im Begriff, das auszuführen, was sie (doch) nicht erreicht haben. Und nichts ließ sie grollen, als dass Gott es war – und (auch) sein Gesandter –, der sie von seiner Huld reich gemacht hat. Wenn sie aber umkehren, ist es besser für sie. Und wenn sie sich abkehren, wird Gott sie mit einer schmerzhaften Pein peinigen im Diesseits und Jenseits. Und sie werden auf der

---

74: Es ist nicht auszumachen, welches Ereignis hier angesprochen wird.

[20 3/4] Erde weder Freund noch Helfer haben. *75 Unter ihnen gibt es welche, die ein bindendes Versprechen mit Gott eingegangen waren: »Wenn Er uns etwas von seiner Huld zukommen lässt, dann werden wir Almosen geben und zu den Rechtschaffenen gehören.« 76 Als Er ihnen nun etwas von seiner Huld hatte zukommen lassen, geizten sie damit, und sie machten kehrt und wandten sich ab. 77 Als Folge davon setzte Er in ihre Herzen Heuchelei bis zum Tag, an dem sie Ihm begegnen werden. Dies dafür, dass sie Gott gegenüber brachen, was sie Ihm versprochen hatten, und dass sie immer wieder logen. 78 Wissen sie denn nicht, dass Gott über ihre Geheimnisse und ihre vertraulichen Gespräche Bescheid weiß, und dass Gott die unsichtbaren Dinge alle weiß? 79 Diejenigen, die gegen die Freiwilligen unter den Gläubigen wegen der Almosen nörgeln und auch gegen die, die nichts als ihren Einsatz zu leisten vermögen, mäkeln und sie verhöhnen – Gott verhöhnt sie, und bestimmt ist für sie eine schmerzhafte Pein. 80 Bitte um Vergebung für sie, oder bitte nicht um Vergebung für sie. Wenn du auch siebzigmal um Vergebung für sie bittest, Gott wird ihnen niemals vergeben. Dies, weil sie Gott und seinen Gesandten verleugneten. Und Gott leitet die frevlerischen Leute nicht recht.

81 Es freuen sich die Zurückgelassenen darüber, dass sie im Gegensatz zum Gesandten Gottes daheimgeblieben sind, und es ist ihnen zuwider, sich mit ihrem Vermögen und mit ihrer eigenen Person auf dem Weg Gottes einzusetzen. Und sie sagen: »Rückt nicht in der Hitze aus.« Sprich: Das Feuer der Hölle ist noch heißer; wenn sie es doch begreifen könnten! 82 Sie sollen ein wenig lachen, und sie sollen viel weinen zur Vergeltung für das, was sie erworben haben. 83 Wenn Gott dich zu einer Gruppe von ihnen zurückkehren lässt und sie dich um Erlaubnis bitten hinauszuziehen, dann sprich: Niemals werdet ihr mit mir ausziehen, und nie werdet ihr mit mir gegen einen Feind kämpfen. Ihr habt das erste Mal daran Gefallen gefunden, daheimzusitzen. So sitzet daheim mit den Zurückgebliebenen. 84 Und bete niemals über einen von ihnen, der gestorben ist, und stehe nicht bei seinem Grab. Sie haben Gott und seinen Gesandten verleugnet, und sie starben als Frevler. 85 Nicht sollen ihr Vermögen und ihre Kinder dir gefallen.

Gott will sie ja im Diesseits damit peinigen, und auch dass ihre Seele (im Tod) dahinschwindet, während sie ungläubig sind. 86 Und wenn eine Sure herabgesandt wird: »Glaubt an Gott und setzt euch mit seinem Gesandten ein«, dann bitten dich die Wohlhabenden unter ihnen um Befreiung und sagen: »Lass uns mit denen bleiben, die daheimsitzen.« 87 Sie finden daran Gefallen, mit den Zurückgebliebenen zu sein, und versiegelt wurden ihre Herzen, sodass sie nicht begreifen. 88 Aber der Gesandte und diejenigen, die mit ihm glauben, setzen sich mit ihrem Vermögen und mit ihrer eigenen Person ein. Für sie sind die guten Dinge bestimmt, und das sind die, denen es wohl ergeht. 89 Bereitet hat Gott für sie Gärten, unter denen Bäche fließen; darin werden sie ewig weilen. Das ist der großartige Erfolg.

90 Und diejenigen von den arabischen Beduinen, die sich entschuldigen wollen, kommen her, um Befreiung zu erbitten. Und daheimsitzen diejenigen, die Gott und seinen Gesandten belügen. Treffen wird diejenigen unter ihnen, die ungläubig sind, eine schmerzhafte Pein.

91 Für die Schwachen, die Kranken und für diejenigen, die nichts zum Spenden haben, ist es kein Grund zur Bedrängnis, wenn sie sich gegenüber Gott und seinem Gesandten aufrichtig verhalten. Die Rechtschaffenen können nicht belangt werden – Gott ist voller Vergebung und barmherzig –, 92 und auch nicht diejenigen, die, wenn sie zu dir kommen, damit du sie mitreiten lässt, und du sagst: »Ich finde keine Tiere, dass ich euch mitreiten lassen kann«, sich abkehren, während ihre Augen von Tränen überfließen aus Traurigkeit darüber, dass sie nichts zum Spenden haben. *93 Belangt werden diejenigen, die dich um Befreiung bitten, obwohl sie reich sind. Sie finden daran Gefallen, mit den Zurückgebliebenen zu sein. Gott hat ihre Herzen versiegelt, sodass sie nicht Bescheid wissen. 94 Sie entschuldigen sich bei euch, wenn ihr zu ihnen zurückkommt. Sprich: Entschuldigt euch nicht. Wir glauben es euch doch nicht. Gott hat uns etwas von den Berichten über euch kundgetan. Und Gott wird euer Tun sehen, und auch sein Gesandter. Dann werdet ihr zu dem, der über das Unsichtbare und das Offenbare Bescheid weiß, zurückgebracht, und Er wird euch

kundtun, was ihr zu tun pflegtet. 95 Sie werden euch bei Gott schwören, wenn ihr zu ihnen zurückkehrt, damit ihr euch von ihnen abwendet. So wendet euch von ihnen ab, sie sind ein Gräuel. Ihre Heimstätte ist die Hölle zur Vergeltung für das, was sie erworben haben. 96 Sie schwören euch, damit ihr mit ihnen zufrieden seid. Auch wenn ihr mit ihnen zufrieden seid, so ist Gott nicht zufrieden mit den frevlerischen Leuten. 97 Die arabischen Beduinen sind stärker dem Unglauben und der Heuchelei verfallen, und es passt eher zu ihnen, dass sie die Bestimmungen dessen, was Gott auf seinen Gesandten herabgesandt hat, nicht kennen. Und Gott weiß Bescheid und ist weise. 98 Und unter den arabischen Beduinen gibt es welche, die das, was sie spenden, als erzwungene Zahlung ansehen und für euch die Schicksalswendungen erwarten. Über sie wird die Schicksalswendung des Unheils kommen. Und Gott hört und weiß alles. 99 Und unter den arabischen Beduinen gibt es welche, die an Gott und den Jüngsten Tag glauben und das, was sie spenden, als Mittel ansehen, Gott näher zu kommen und die Gebete des Gesandten zu erhalten. Es ist sicher für sie ein Mittel, (Gott) näher zu kommen. Gott wird sie in seine Barmherzigkeit eingehen lassen. Gott ist voller Vergebung und barmherzig.

100 Mit den Allerersten der Auswanderer und der Helfer* und denjenigen, die ihnen in Rechtschaffenheit gefolgt sind, ist Gott zufrieden, und sie sind mit Ihm zufrieden. Und Er hat für sie Gärten bereitet, unter denen Bäche fließen; darin werden sie auf immer ewig weilen. Das ist der großartige Erfolg.

101 Und unter den arabischen Beduinen in eurer Umgebung und auch unter den Bewohnern von Medina gibt es Heuchler, die in der Heuchelei geübt sind. Du kennst sie nicht, aber Wir kennen sie. Wir werden sie zweimal peinigen*, dann werden sie einer gewaltigen Pein zugeführt werden. 102 Andere bekennen ihre Sün-

---

100: Die Auswanderer kamen aus Mekka, die Helfer aus Medina.
101: Die Pein des Gewissens und der öffentlichen Bloßstellung, und die Pein des Todes als Ungläubige. – Oder einfach: eine in ihrer Intensität doppelte Pein erleiden lassen.

den, sie vermischen eine gute mit einer anderen schlechten Tat. Möge Gott sich ihnen gnädig zuwenden! Gott ist voller Vergebung und barmherzig. 103 Nimm von ihrem Vermögen ein Almosen, mit dem du sie rein machst und läuterst, und bitte um Segen für sie. Dein Gebet ist für sie eine Beruhigung. Und Gott hört und weiß alles. 104 Wissen sie denn nicht, dass es Gott ist, der die Umkehr von seinen Dienern annimmt und die Almosen nimmt, und dass Gott der ist, der sich gnädig zuwendet, und der Barmherzige? 105 Und sprich: Handelt doch. Gott wird euer Tun sehen, und auch sein Gesandter und die Gläubigen. Und ihr werdet zu dem, der über das Unsichtbare und das Offenbare Bescheid weiß, zurückgebracht, und Er wird euch kundtun, was ihr zu tun pflegtet. 106 Andere werden zurückgestellt, bis der Befehl Gottes eintrifft. Entweder peinigt Er sie, oder Er wendet sich ihnen gnädig zu. Und Gott weiß Bescheid und ist weise.

107 (Es gibt auch) diejenigen, die sich eine (eigene) Moschee genommen haben aus Schadenslust und Unglauben, zum Anstiften von Zwietracht zwischen den Gläubigen und als Beobachtungsort für den, der zuvor gegen Gott und seinen Gesandten Krieg geführt hat. Sie werden sicher schwören: »Wir haben nur das Beste gewollt.« Aber Gott bezeugt, dass sie ja nur Lügner sind. 108 Stell dich niemals in ihr zum Gebet hin. Eine Moschee, die vom ersten Tag an auf die Gottesfurcht gegründet worden ist, hat eher darauf Anspruch, dass du dich in ihr hinstellst. In ihr sind Männer, die es lieben, sich zu reinigen. Und Gott liebt die, die sich reinigen. 109 Ist der, der seinen Bau auf die Furcht Gottes und sein Wohlgefallen gegründet hat, besser oder der, der seinen Bau auf den Rand eines brüchigen Hanges gegründet hat, worauf er mit ihm ins Feuer der Hölle abstürzt? Und Gott leitet die ungerechten Leute nicht recht. 110 Ihr Bau, den sie gebaut haben, wird unablässig Zweifel in ihren Herzen hervorrufen, es sei denn ihre Herzen zerreißen. Und Gott weiß Bescheid und ist weise.

111 Gott hat von den Gläubigen ihre eigene Person und ihr Vermögen dafür erkauft, dass ihnen das Paradies gehört, insofern sie auf dem Weg Gottes kämpfen und so töten oder getötet werden. Das ist ein Ihm obliegendes Versprechen in Wahrheit in der Tora [21 ¼] und im Evangelium und im Koran. Und wer hält seine Abmachung treuer ein als Gott? So seid froh über das Kaufgeschäft, das ihr abgeschlossen habt. Und das ist der großartige Erfolg. 112 Diejenigen, die umkehren, (Gott) dienen, loben, umherziehen, sich verneigen, sich niederwerfen, das Rechte gebieten und das Verwerfliche verbieten, die Bestimmungen Gottes einhalten ... Und verkünde den Gläubigen eine Frohbotschaft.

113 Der Prophet und diejenigen, die glauben, haben nicht für die Polytheisten um Vergebung zu bitten, auch wenn es Verwandte wären, nachdem es ihnen deutlich geworden ist, dass sie Gefährten der Hölle sind. 114 Die Bitte Abrahams um Vergebung für seinen Vater erfolgte nur aufgrund eines Versprechens, das er ihm gegeben hatte. Als es ihm aber deutlich wurde, dass er ein Feind Gottes war, sagte er sich von ihm los*. Abraham war voller Trauer und langmütig.

115 Gott kann unmöglich Leute irreführen, nachdem Er sie recht geleitet hat, bis Er ihnen deutlich macht, wovor sie sich hüten sollen. Gott weiß über alle Dinge Bescheid. 116 Gott gehört die Königsherrschaft der Himmel und der Erde. Er macht lebendig und lässt sterben. Ihr habt außer Gott weder Freund noch Helfer. 117 Gott hat sich dem Propheten, den Auswanderern und den Helfern zugewandt, die ihm in der Stunde der Bedrängnis gefolgt sind, nachdem die Herzen einer Gruppe von ihnen fast abgewichen wären. Ihnen hat Er sich dann zugewandt – Er hat Mitleid mit ihnen und ist barmherzig –, 118 und auch den dreien*, die zurückgelassen wurden, bis die Erde ihnen trotz ihrer Weite eng wurde und ihre Seelen sich beengt fühlten und sie begriffen, dass es vor Gott keine andere Zuflucht gibt als zu Ihm. Darauf wandte Er sich ihnen zu, damit sie umkehren. Gott ist der, der sich zuwendet, der Barmherzige. 119 O ihr, die ihr glaubt, fürchtet Gott und seid mit denen, die die Wahrheit sagen.

112: Oder: wie Wandermönche asketisch leben; vgl. 66,5.
114: Vgl. 14,41; 19,47; 26,86; 60,4.
118: die am Feldzug gegen die Byzantiner (Ende des Sommers 630), der bei Tabūk endete, nicht teilnehmen wollten.

120 Die Bewohner von Medina und die arabischen Beduinen in ihrer Umgebung dürfen nicht hinter dem Gesandten Gottes zurückbleiben und sich selbst ihm vorziehen. Dies, weil sie weder auf dem Weg Gottes Durst oder Mühsal oder Hunger erleiden noch einen Schritt unternehmen, der die Ungläubigen in Groll versetzt, noch einem Feind etwas zufügen, ohne dass dadurch ein gutes Werk für sie aufgezeichnet würde. Gott lässt den Lohn der Rechtschaffenen nicht verloren gehen. 121 Und sie geben keine Spende, ob klein oder groß, und sie überqueren kein Tal, ohne dass es für sie aufgezeichnet würde, damit Gott ihnen das Beste vergelte von dem, was sie getan haben.

122 Die Gläubigen dürfen nicht allesamt ausrücken. Möge doch [21 ½] von jeder Abteilung von ihnen eine Gruppe ausrücken, sodass sie selbst sich in der Religion belehren lassen und ihre Leute, wenn sie zu ihnen zurückkehren, warnen, auf dass sie auf der Hut seien. 123 O ihr, die ihr glaubt, kämpft gegen diejenigen von den Ungläubigen, die in eurer Nähe sind. Sie sollen von eurer Seite Härte spüren. Und wisst, dass Gott mit den Gottesfürchtigen ist. 124 Wenn eine Sure herabgesandt wird, dann gibt es unter ihnen welche, die sagen: »Wen von euch hat denn diese (Sure) im Glauben bestärkt?« Im Glauben bestärkt hat diese wohl diejenigen, die glauben, und sie sind froh. 125 Aber diejenigen, in deren Herzen Krankheit ist, macht sie zu einem noch größeren Gräuel, als sie es schon sind. Und sie sterben als Ungläubige. 126 Sehen sie denn nicht, dass sie jedes Jahr einmal oder zweimal der Versuchung ausgesetzt werden? Aber dann kehren sie nicht um, und sie bedenken es nicht. 127 Und wenn eine Sure herabgesandt wird, schauen sie einander an: »Sieht euch jemand?«, dann entfernen sie sich. Möge Gott ihre Herzen (von der Rechtleitung) fernhalten, weil sie ja Leute sind, die nicht begreifen! 128 Zu euch ist nun ein Gesandter aus eurer Mitte gekommen. Er leidet, wenn ihr in Be-

---

122: Der Einsatz für den Islam ist die Pflicht der Gemeinschaft als solcher, die durch das Ausrücken einer Gruppe erfüllt wird. Die Übrigen können sich in der Religion belehren lassen und ihre Leute, die ausgerückt sind, wenn sie dann vom Einsatz zurückkehren, ermahnen und warnen.

drängnis seid, er sorgt sich um euch, er hat Mitleid mit den Gläubigen und ist barmherzig. 129 Wenn sie sich abkehren, dann sprich: Mir genügt Gott. Es gibt keinen Gott außer Ihm. Auf Ihn vertraue ich. Und Er ist der Herr des majestätischen Thrones.

Sure 10

Jonas (Yūnus)

zu Mekka, 109 Verse

Im Namen Gottes, des Erbarmers, des Barmherzigen.
1 Alif Lām Rā*. Dies sind die Zeichen des weisen Buches. 2 Scheint es denn den Menschen verwunderlich, dass Wir einem Mann aus ihrer Mitte offenbart haben: »Warne die Menschen und verkünde denen, die glauben, dass sie bei ihrem Herrn einen wahrhaftigen Vorrang* haben«? Die Ungläubigen sagen: »Das ist nur ein offenkundiger Zauberer.«
3 Euer Herr ist Gott, der die Himmel und die Erde in sechs Tagen erschuf und sich dann auf dem Thron zurechtsetzte, um die Angelegenheit zu regeln. Es gibt keinen Fürsprecher außer nach seiner Erlaubnis. So ist Gott, euer Herr. Dienet Ihm. Wollt ihr es denn nicht bedenken? 4 Zu Ihm kommt ihr alle zurück. Das ist das Versprechen Gottes in Wahrheit. Er macht die Schöpfung am Anfang, und Er wiederholt sie, um diejenigen, die glauben und die guten Werke tun, in Gerechtigkeit zu entlohnen. Für die, die ungläubig sind, sind ein Getränk aus heißem Wasser und eine schmerzhafte Pein bestimmt dafür, dass sie ungläubig waren. 5 Er ist es, der die Sonne zur Leuchte und den Mond zum Licht gemacht und ihm Stationen zugemessen hat, damit ihr die Zahl der Jahre und die

---

1:    Die Bedeutung dieser Buchstaben ist noch nicht geklärt.
2:    Oder: einen guten Stand, einen festen Rang.

Zeitrechnung wisst. Gott hat ja dies nur in Wahrheit erschaffen. Er legt die Zeichen im Einzelnen dar für Leute, die Bescheid wissen.

6 Im Aufeinanderfolgen von Nacht und Tag und in dem, was Gott in den Himmeln und auf der Erde erschaffen hat, sind gewiss Zeichen für Leute, die gottesfürchtig sind.

7 Diejenigen, die nicht erwarten, Uns zu begegnen, die mit dem diesseitigen Leben zufrieden sind und sich darin wohl fühlen, und die unsere Zeichen unbeachtet lassen, 8 diese haben das Feuer zur Heimstätte für das, was sie erworben haben. 9 Diejenigen, die glauben und die guten Werke tun, leitet ihr Herr wegen ihres Glaubens recht. Unter ihnen werden Bäche fließen in den Gärten der Wonne. 10 Ihr Rufen darin wird sein: »Preis sei Dir, unser Gott!«, und ihre Begrüßung darin: »Friede!« Ihr abschließender Ruf: »Lob sei Gott, dem Herrn der Welten!«

*11 Würde Gott den Menschen das Böse so beschleunigen, wie [21 3/4] sie das Gute zu beschleunigen wünschen, wäre für sie die Frist erfüllt. Aber Wir lassen diejenigen, die nicht erwarten, Uns zu begegnen, im Übermaß ihres Frevels umherirren. 12 Und wenn ein Schaden den Menschen trifft, ruft er Uns an auf der Seite (liegend), im Sitzen oder Stehen. Wenn Wir ihm seinen Schaden behoben haben, geht er vorbei, als hätte er Uns nicht gegen einen Schaden, der ihn getroffen hat, angerufen. So wird den Maßlosen verlockend gemacht, was sie tun. 13 Wir haben viele Generationen vor euch verderben lassen, als sie Unrecht taten, da ihre Gesandten mit den deutlichen Zeichen zu ihnen kamen und sie nicht glauben mochten. So vergelten Wir Leuten, die Übeltäter sind. 14 Dann haben Wir euch nach ihnen zu Nachfolgern auf der Erde eingesetzt, um zu sehen, wie ihr handeln würdet.

15 Wenn ihnen unsere Zeichen als deutliche Beweise verlesen werden, sagen diejenigen, die nicht erwarten, Uns zu begegnen: »Bring einen anderen Koran als diesen, oder ändere ihn ab.« Sprich: Es steht mir nicht zu, ihn von mir aus abzuändern. Ich folge nur dem, was mir offenbart wird. Ich fürchte, wenn ich gegen meinen Herrn ungehorsam bin, die Pein eines gewaltigen Tages. 16 Sprich: Wenn Gott wollte, würde ich ihn euch nicht verlesen, und Er würde euch nicht davon Kenntnis geben. Ich habe doch

davor ein Leben lang unter euch verweilt. Habt ihr denn keinen Verstand? 17 Wer ist denn ungerechter, als wer gegen Gott eine Lüge erdichtet oder seine Zeichen für Lüge erklärt? Den Übeltätern wird es gewiss nicht wohl ergehen. 18 Sie verehren anstelle Gottes, was ihnen weder schadet noch nützt, und sagen: »Das sind unsere Fürsprecher bei Gott.« Sprich: Wollt ihr denn Gott etwas kundtun, was Er nicht kennt, weder in den Himmeln noch auf der Erde? Preis sei Ihm, und erhaben ist Er über das, was sie (Ihm) beigesellen.

19 Die Menschen waren nur eine einzige Gemeinschaft. Dann wurden sie uneins. Und gäbe es nicht einen früher ergangenen Spruch von deinem Herrn, so wäre zwischen ihnen entschieden über das, worüber sie uneins sind. 20 Und sie sagen: »Wenn doch auf ihn ein Zeichen von seinem Herrn herabgesandt würde!« Sprich: Das Unsichtbare gehört Gott. So wartet ab. Ich bin mit euch einer von denen, die abwarten.

21 Wenn Wir die Menschen nach einem Leid, das sie traf, Barmherzigkeit kosten lassen, schmieden sie gleich Ränke gegen unsere Zeichen. Sprich: Gott kann noch schneller Ränke schmieden. Unsere Boten* schreiben auf, was ihr an Ränken schmiedet. 22 Er ist es, der euch auf dem Festland und auf dem Meer reisen lässt. Wenn ihr dann auf den Schiffen seid und diese mit ihnen bei einem guten Wind dahinfahren und sie sich darüber freuen, dann kommt über sie ein stürmischer Wind, die Wellen kommen über sie von überall her, und sie meinen, dass sie rings umschlossen werden. Da rufen sie Gott an, wobei sie Ihm gegenüber aufrichtig in der Religion sind: »Wenn Du uns hieraus rettest, werden wir zu den Dankbaren zählen.« 23 Aber wenn Er sie gerettet hat, fangen sie gleich an, zu Unrecht gewalttätig auf der Erde zu handeln. O ihr Menschen, eure Gewalttätigkeit gereicht doch euch selbst zum Schaden. (Es ist doch nur) Nutznießung des diesseitigen Lebens. Dann wird eure Rückkehr zu Uns sein, da werden Wir euch kundtun, was ihr zu tun pflegtet. 24 Mit dem diesseitigen Leben ist es wie mit dem Wasser, das Wir vom Himmel herabkommen lassen,

21:   die Engel.

worauf die Pflanzen der Erde, wie sie die Menschen und das Vieh verzehren, sich damit vermengen. Wenn dann die Erde ihren Prunk angenommen und sich geschmückt hat und ihre Bewohner meinen, sie verfügen nun über sie, kommt unser Befehl über sie in der Nacht oder am Tag, und Wir machen sie zum abgemähten Land, als ob sie am Tag zuvor nicht in Blüte gestanden hätte. So legen Wir die Zeichen im Einzelnen dar für Leute, die nachdenken.

25 Gott ruft zur Wohnstätte des Friedens, und Er leitet, wen Er will, zu einem geraden Weg. *26 Diejenigen, die rechtschaffen [22] sind, erhalten das Beste und noch mehr. Ihre Gesichter werden weder Ruß noch Erniedrigung bedecken. Das sind die Gefährten des Paradieses; darin werden sie ewig weilen. 27 Diejenigen, die die bösen Taten erwerben, erhalten zur Vergeltung für eine (jede) schlechte Tat das ihr Entsprechende, und Erniedrigung wird schwer auf ihnen lasten – sie haben niemanden, der sie vor Gott schützen könnte –, als wären ihre Gesichter von Fetzen einer finsteren Nacht bedeckt. Das sind die Gefährten des Feuers; darin werden sie ewig weilen.

28 Und am Tag, da Wir sie alle versammeln. Dann sprechen Wir zu denen, die Polytheisten waren: »Bleibt an eurem Platz stehen, ihr und eure Teilhaber.« Wir scheiden sie dann voneinander. Ihre Teilhaber sagen: »Nicht uns habt ihr verehrt. 29 Gott genügt als Zeuge zwischen uns und euch. Wir haben eure Verehrung unbeachtet gelassen.« 30 Dort wird jede Seele erfahren, was sie früher getan hat. Und sie werden zu Gott, ihrem wahren Herrscher, zurückgebracht, und entschwunden ist ihnen dann, was sie zu erdichten pflegten.

31 Sprich: Wer versorgt euch vom Himmel und von der Erde, oder wer verfügt über Gehör und Augenlicht? Und wer bringt das Lebendige aus dem Toten und bringt das Tote aus dem Lebendigen hervor? Und wer regelt die Angelegenheit? Sie werden sagen: »Gott.« Sprich: Wollt ihr denn nicht gottesfürchtig sein? 32 Das ist eben Gott, euer wahrer Herr. Was gibt es denn jenseits der Wahrheit als den Irrtum? Wie leicht lasst ihr euch doch abbringen! 33 So ist der Spruch deines Herrn zu Recht gegen die, die freveln,

fällig geworden, nämlich dass sie nicht glauben. 34 Sprich: Gibt es unter euren Teilhabern einen, der die Schöpfung am Anfang macht und sie dann wiederholt? Sprich: Gott macht die Schöpfung am Anfang und wiederholt sie dann. Wie leicht lasst ihr euch doch abwenden! 35 Sprich: Gibt es unter euren Teilhabern einen, der zur Wahrheit rechtleitet? Sprich: Gott leitet zur Wahrheit recht. Hat der, der zur Wahrheit rechtleitet, eher Anspruch auf Gefolgschaft, oder der, der nur dann die Rechtleitung findet, wenn er selbst rechtgeleitet wird? Was ist mit euch? Wie urteilt ihr denn? 36 Und die meisten von ihnen folgen ja nur einer Vermutung. Die Vermutung aber nützt in Bezug auf die Wahrheit nichts. Gott weiß, was sie tun.

37 Dieser Koran kann unmöglich ohne Gott erdichtet werden. Er ist vielmehr die Bestätigung dessen, was vor ihm vorhanden war, und die ins Einzelne gehende Darlegung des Buches. Kein Zweifel an ihm ist möglich; er ist vom Herrn der Welten. 38 Oder sagen sie: »Er hat ihn erdichtet«? Sprich: Dann bringt eine Sure, die ihm gleich ist, bei und ruft, wen ihr könnt, anstelle Gottes an, so ihr die Wahrheit sagt. 39 Nein, sie erklären für Lüge das, wovon sie kein umfassendes Wissen haben, und bevor seine Deutung zu ihnen gekommen ist. So haben es auch diejenigen, die vor ihnen lebten, für Lüge erklärt. So schau, wie das Ende derer war, die Unrecht taten. 40 Und unter ihnen sind welche, die an ihn glauben, und unter ihnen sind welche, die an ihn nicht glauben. Und dein Herr weiß besser über die Unheilstifter Bescheid. 41 Und wenn sie dich der Lüge zeihen, dann sprich: Mir kommt mein Tun zu und euch euer Tun. Ihr seid unschuldig an dem, was ich tue; und ich bin unschuldig an dem, was ihr tut. 42 Und unter ihnen sind welche, die dir zuhören. Bist du es etwa, der die Tauben hören lässt, auch wenn sie keinen Verstand haben? 43 Und unter ihnen sind welche, die zu dir hinschauen. Bist du es etwa, der die Blinden rechtleitet, auch wenn sie nicht sehen? 44 Gott tut den Menschen kein Unrecht. Vielmehr tun die Menschen sich selbst Unrecht.

45 Und am Tag, da Er sie versammelt, als hätten sie nur eine Stunde vom Tag verweilt, um einander kennen zu lernen. Den Verlust haben diejenigen, die die Begegnung mit Gott für Lüge erklärt

haben und der Rechtleitung nicht gefolgt sind. 46 Ob Wir dich einen Teil dessen, was Wir ihnen androhen, sehen lassen oder dich abberufen, zu Uns wird ihre Rückkehr sein. Dann ist Gott Zeuge über das, was sie tun. 47 Und jede Gemeinschaft hat einen Gesandten. Wenn ihr Gesandter zu ihnen kommt, wird zwischen ihnen in Gerechtigkeit entschieden, und ihnen wird nicht Unrecht getan.

48 Und sie sagen: »Wann wird diese Androhung eintreten, so ihr die Wahrheit sagt?« 49 Sprich: Ich kann mir selbst weder Nutzen noch Schaden bringen, außer was Gott will. Für jede Gemeinschaft ist eine Frist festgesetzt. Und wenn ihre Frist kommt, können sie nicht einmal eine Stunde zurückbleiben oder vorausgehen. 50 Sprich: Was meint ihr? Wenn seine Pein bei Nacht oder bei Tag über euch kommt, was werden die Übeltäter davon zu beschleunigen wünschen? 51 Werdet ihr, wenn sie hereinbricht, dann daran glauben? Wie? Erst jetzt*? Und dabei habt ihr sie doch zu beschleunigen gewünscht. 52 Dann wird zu denen, die Unrecht getan haben, gesprochen: »Kostet die ewige Pein. Wird euch denn für etwas anderes vergolten als für das, was ihr erworben habt?«

*53 Und sie erkundigen sich bei dir: »Ist es wahr?« Sprich: Ja, bei [22 ¼] meinem Herrn, es ist bestimmt wahr, und ihr könnt es nicht vereiteln. 54 Und würde jeder, der Unrecht getan hat, das besitzen, was auf der Erde ist, er würde sich damit loskaufen. Sie empfinden insgeheim Reue, wenn sie die Pein sehen. Und zwischen ihnen wird in Gerechtigkeit entschieden, und ihnen wird nicht Unrecht getan. 55 Siehe, Gott gehört, was in den Himmeln und auf der Erde ist. Siehe, das Versprechen Gottes ist wahr. Aber die meisten von ihnen wissen nicht Bescheid. 56 Er macht lebendig und lässt sterben. Und zu Ihm werdet ihr zurückgebracht.

57 O ihr Menschen, zu euch ist nunmehr eine Ermahnung von eurem Herrn gekommen und eine Heilung für euer Inneres, eine Rechtleitung und Barmherzigkeit für die Gläubigen. 58 Sprich: Über die Huld Gottes und über seine Barmherzigkeit, ja, darüber sollen sie sich freuen. Das ist besser als das, was sie zusammentra-

---

51:    D. h. ihr kommt zu spät zum Glauben.

gen. **59** Sprich: Was meint ihr? Das, was Gott für euch an Lebensunterhalt herabgesandt hat und was ihr in Verbotenes und Er-
laubtes eingeteilt habt, – sprich: Hat Gott es euch erlaubt, oder
erdichtet ihr etwas gegen Gott? **60** Was wird die Meinung derer,
die gegen Gott Lügen erdichten, am Tag der Auferstehung sein?
Gott ist voller Huld gegen die Menschen. Aber die meisten von
ihnen sind nicht dankbar.

61 Du befasst dich mit keiner Angelegenheit, und du verliest darüber keinen Koran, und ihr vollzieht keine Handlung, ohne dass
Wir Zeugen über euch sind, wenn ihr euch ausgiebig damit beschäftigt. Und es entgeht deinem Herrn nicht das Gewicht eines
Stäubchens, weder auf der Erde noch im Himmel. Und es gibt
nichts, was kleiner ist als dies oder größer, das nicht in einem
deutlichen Buch stünde. **62** Siehe, die Freunde Gottes haben
nichts zu befürchten, und sie werden nicht traurig sein, **63** sie, die
glauben und gottesfürchtig sind. **64** Ihnen gilt die frohe Botschaft
im diesseitigen Leben und im Jenseits. Unabänderlich sind die
Worte Gottes. Das ist der großartige Erfolg. **65** Das, was sie sagen,
soll dich nicht betrüben. Alle Macht gehört Gott. Er ist es, der alles
hört und weiß. **66** Siehe, Gott gehört, wer in den Himmeln und
wer auf der Erde ist. Gewiss folgen diejenigen, die anstelle Gottes
Teilhaber anrufen, ja, sie folgen nur Vermutungen, und sie stellen
nur Schätzungen an. **67** Er ist es, der euch die Nacht gemacht hat,
damit ihr in ihr ruht, und den Tag, an dem man sehen kann. Darin
sind Zeichen für Leute, die hören. **68** Sie sagen: »Gott hat sich ein
Kind genommen.« Preis sei Ihm! Er ist auf niemanden angewiesen.
Ihm gehört, was in den Himmeln und was auf der Erde ist. Ihr
habt dafür keine Ermächtigung. Wollt ihr denn über Gott sagen,
was ihr nicht wisst? **69** Sprich: Denen, die gegen Gott Lügen erdichten, wird es nicht wohl ergehen. **70** (Sie haben) auf der Erde
eine Nutznießung, dann wird ihre Rückkehr zu Uns sein. Dann
lassen Wir sie die harte Pein kosten dafür, dass sie ungläubig
waren.

[22 ½]   *71 Und verlies ihnen den Bericht über Noach, als er zu seinem
Volk sagte: »O mein Volk, wenn ihr schwer ertragen könnt, dass
ich mich hinstelle und euch mit den Zeichen Gottes ermahne, so

vertraue ich auf Gott. Einigt euch über eure Angelegenheit, ihr und eure Teilhaber, und euer Entschluss soll für euch nicht unklar sein; dann führt ihn an mir aus und gewährt mir keinen Aufschub. 72 Wenn ihr euch abkehrt, so habe ich von euch keinen Lohn verlangt. Mein Lohn obliegt Gott allein. Und mir ist befohlen worden, einer der Gottergebenen zu sein.« 73 Sie ziehen ihn aber der Lüge. Da erretteten Wir ihn und diejenigen, die mit ihm waren, im Schiff. Und Wir machten sie zu aufeinanderfolgenden Generationen und ließen die, die unsere Zeichen für Lüge erklärten, ertrinken. So schau, wie das Ende derer war, die gewarnt worden sind. 74 Dann schickten Wir nach ihm Gesandte zu ihrem (jeweiligen) Volk; sie kamen mit den deutlichen Zeichen zu ihnen. Aber sie vermochten nicht an das zu glauben, was sie früher für Lüge erklärt hatten. So versiegeln Wir die Herzen derer, die Übertretungen begehen. 75 Dann schickten Wir nach ihnen Mose und Aaron mit unseren Zeichen zu Pharao und seinen Vornehmen. Sie verhielten sich hochmütig und waren Übeltäter. 76 Als nun die Wahrheit von Uns zu ihnen kam, sagten sie: »Das ist ja eine offenkundige Zauberei.« 77 Mose sagte: »Wie könnt ihr denn (das) von der Wahrheit sagen, nachdem sie zu euch gekommen ist? Ist das etwa Zauberei? Den Zauberern wird es nicht wohl ergehen.« 78 Sie sagten: »Bist du zu uns gekommen, um uns von dem abzubringen, was wir bei unseren Vätern vorgefunden haben, und damit die Oberhoheit auf der Erde euch zufalle? Wir werden euch gewiss nicht glauben.« 79 Und der Pharao sagte: »Bringt mir jeden erfahrenen Zauberer.« 80 Als die Zauberer kamen, sagte Mose zu ihnen: »Werft, was ihr werfen wollt.« 81 Als sie geworfen hatten, sagte Mose: »Was ihr vorgebracht habt, ist Zauberei. Gott wird sie zunichtemachen. Gott lässt das Tun der Unheilstifter nicht als gut gelten. 82 Und Gott bestätigt die Wahrheit mit seinen Worten, auch wenn es den Übeltätern zuwider ist.« 83 Und dem Mose glaubten nur junge Leute aus seinem Volk, dabei hatten sie Angst vor dem Pharao und ihren Vornehmen*, dass er sie der Versuchung aussetzen würde. Der Pharao hatte ja hohe Gewalt im

83: Der Ägypter.

Land und war einer der Maßlosen. 84 Und Mose sagte: »O mein
Volk, wenn ihr an Gott glaubt, dann vertraut auf Ihn, so ihr gottergeben seid.« 85 Sie sagten: »Auf Gott vertrauen wir. Unser Herr,
mach uns nicht zu einer Versuchung für die Leute, die Unrecht
tun, 86 und errette uns in deiner Barmherzigkeit von den ungläubigen Leuten.« 87 Und Wir offenbarten dem Mose und seinem
Bruder: »Weiset eurem Volk in Ägypten Häuser zu und macht,
dass eure Häuser einander gegenüberstehen, und verrichtet das
Gebet. Und verkünde den Gläubigen eine frohe Botschaft.«
88 Und Mose sagte: »Unser Herr, Du hast Pharao und seinen Vornehmen im diesseitigen Leben Pracht und Vermögen zukommen
lassen, unser Herr, damit sie (die Leute) von deinem Weg abirren
lassen. Unser Herr, wisch ihr Vermögen aus und schnüre ihre Herzen fest, sodass sie nicht glauben, bis sie die schmerzhafte Pein
sehen.« 89 Er sprach: »Eure Bitte ist erhört. So verhaltet euch recht
und folgt nicht dem Weg derer, die nicht Bescheid wissen.«

[22 3/4]　*90 Und Wir ließen die Kinder Israels das Meer überqueren. Da
verfolgten sie der Pharao und seine Truppen in Auflehnung und
Übertretung. Als er am Ertrinken war, sagte er: »Ich glaube, dass
es keinen Gott gibt außer dem, an den die Kinder Israels glauben.
Und ich gehöre nun zu den Gottergebenen.« 91 »Wie? Erst jetzt,
wo du zuvor ungehorsam warst und zu den Unheilstiftern gehörtest? 92 Heute wollen Wir dich mit deinem Leib erretten, damit
du für die, die nach dir kommen, ein Zeichen seist.« Und viele von
den Menschen lassen unsere Zeichen unbeachtet. 93 Und Wir haben den Kindern Israels einen wahrhaftigen Aufenthaltsort zugewiesen und ihnen von den köstlichen Dingen beschert. Sie sind
aber erst uneins geworden, nachdem das Wissen zu ihnen gekommen war. Dein Herr wird am Tag der Auferstehung zwischen ihnen
über das entscheiden, worüber sie uneins waren.

94 Wenn du über das, was Wir zu dir hinabgesandt haben, im
Zweifel bist, dann frag diejenigen, die (bereits) vor dir das Buch
lesen. Wahrlich, zu dir ist die Wahrheit von deinem Herrn gekommen, so sei nicht einer von den Zweiflern, 95 und sei nicht einer
von denen, die die Zeichen Gottes für Lüge erklärt haben, sonst
wirst du zu den Verlierern gehören. 96 Diejenigen, gegen die der

Spruch deines Herrn fällig geworden ist, glauben nicht, 97 auch wenn jedes Zeichen zu ihnen käme, bis sie die schmerzhafte Pein sehen. 98 Wenn doch (irgend)eine Stadt geglaubt hätte, sodass ihr Glaube ihr genützt hätte! (Keine tat es), außer dem Volk des Jonas. Als diese geglaubt haben, haben Wir die Pein der Schande im diesseitigen Leben von ihnen aufgehoben und ihnen eine Nutznießung für eine Weile gewährt. 99 Wenn dein Herr wollte, würden die, die auf der Erde sind, alle zusammen gläubig werden. Bist du es etwa, der die Menschen zwingen kann, gläubig zu werden? 100 Niemand kann glauben, es sei denn mit der Erlaubnis Gottes. Und Er legt das Gräuel auf diejenigen, die keinen Verstand haben. 101 Sprich: Schaut, was in den Himmeln und auf der Erde ist. Aber die Zeichen und die Warnungen nützen den Leuten, die nicht glauben, nicht. 102 Erwarten sie denn etwas anderes, als was den Tagen* derer gleicht, die vor ihnen dahingegangen sind? Sprich: Wartet nur ab, ich bin mit euch einer von denen, die abwarten. 103 Dann erretten Wir unsere Gesandten und die, die glauben. Ebenso – es ist eine Uns obliegende Pflicht – retten Wir die Gläubigen.

104 Sprich: O ihr Menschen, wenn ihr über meine Religion im Zweifel seid, so diene ich nicht denen, denen ihr anstelle Gottes dient, sondern ich diene Gott, der euch abberuft. Und mir wurde befohlen, einer der Gläubigen zu sein. 105 Und: Richte dein Gesicht auf die Religion als Anhänger des reinen Glaubens, und sei nicht einer der Polytheisten. 106 Und rufe nicht anstelle Gottes an, was dir weder nützt noch schadet. Wenn du es tust, dann gehörst du zu denen, die Unrecht tun. 107 Wenn Gott dich mit einem Schaden trifft, dann kann niemand ihn beheben, außer Ihm. Und wenn Er für dich etwas Gutes will, dann kann niemand seine Huld zurückweisen. Er trifft damit, wen von seinen Dienern Er will. Und Er ist voller Vergebung und barmherzig.

108 Sprich: O ihr Menschen, zu euch ist die Wahrheit von eurem Herrn gekommen. Wer der Rechtleitung folgt, folgt ihr zu seinem eigenen Vorteil. Und wer irregeht, geht irre zu seinem eigenen

---

102: D. h. den Strafgerichten.

Schaden. Und ich bin nicht euer Sachwalter. **109** Und folge dem, was dir offenbart wird, und sei geduldig, bis Gott sein Urteil fällt. Er ist der Beste derer, die Urteile fällen.

Sure 11

Hūd

zu Mekka, 123 Verse

Im Namen Gottes, des Erbarmers, des Barmherzigen.
1 Alif Lām Rā*. (Dies ist) ein Buch, dessen Zeichen eindeutig festgefügt und dann im Einzelnen dargelegt sind von einem Weisen und Kundigen: **2** »Ihr sollt Gott allein dienen« – ich bin euch von Ihm her ein Warner und Freudenbote –, **3** und: »Bittet euren Herrn um Vergebung, dann wendet euch Ihm zu, so wird Er euch eine schöne Nutznießung auf eine bestimmte Frist geben, und Er wird jedem, der ein Verdienst (erworben) hat, sein Verdienst zukommen lassen.« Wenn ihr euch abkehrt, so fürchte ich für euch die Pein eines schweren Tages. **4** Zu Gott wird eure Rückkehr sein, und Er hat Macht zu allen Dingen. **5** Aber siehe, sie falten ihre Brust zusammen, um sich vor Ihm zu verstecken. Siehe, wenn sie sich (auch) mit ihren Gewändern überdecken, Er weiß doch, was sie geheim halten und was sie offenlegen. Er weiß über das innere Geheimnis Bescheid.

12. Teil   *6 Und es gibt kein Tier auf der Erde, ohne dass Gott für seinen
[23]   Unterhalt sorgen und seinen Aufenthaltsort und seinen Aufbewahrungsort* kennen würde. Alles steht in einem deutlichen Buch. **7** Er ist es, der die Himmel und die Erde in sechs Tagen erschaffen hat, während sein Thron auf dem Wasser war, um euch

1:    Die Bedeutung dieser Buchstaben ist noch nicht geklärt.
6:    D. h. Grab; vgl. 6,98.

zu prüfen (und festzustellen), wer von euch am besten handelt. Und wenn du sagst: »Ihr werdet nach dem Tod auferweckt werden«, sagen diejenigen, die ungläubig sind, bestimmt: »Das ist ja offenkundige Zauberei.« 8 Und wenn Wir ihnen die Pein für eine bestimmte Weile zurückstellen, sagen sie wohl: »Was hält sie zurück?« Siehe, am Tag, da sie über sie kommt, kann sie nicht von ihnen abgewehrt werden, und es wird sie das umschließen, worüber sie spotteten.

9 Und wenn Wir den Menschen von Uns her Barmherzigkeit kosten lassen und sie ihm dann wegnehmen, ist er sehr verzweifelt und undankbar. 10 Und wenn Wir ihn nach einem Leid, das ihn erfasst hat, Angenehmes kosten lassen, sagt er gewiss: »Das Übel ist von mir gewichen.« Und er ist froh und prahlerisch, 11 mit Ausnahme derer, die geduldig sind und die guten Werke tun; für sie ist Vergebung und ein großer Lohn bestimmt.

12 Vielleicht möchtest du einen Teil von dem, was dir offenbart wird, auslassen und fühlst dadurch deine Brust beklommen, und dies, weil sie sagen: »Wäre doch ein Schatz auf ihn herabgesandt worden oder ein Engel mit ihm gekommen!« Du aber bist nur ein Warner. Und Gott ist Sachwalter über alle Dinge. 13 Oder sagen sie: »Er hat ihn erdichtet«? Sprich: »Dann bringt zehn Suren bei, die ihm gleich wären und die erdichtet sind, und ruft, wen ihr könnt, anstelle Gottes, so ihr die Wahrheit sagt.« 14 Wenn sie euch* nicht erhören, dann wisst, dass es mit Gottes Wissen herabgesandt worden ist und dass es keinen Gott gibt außer Ihm. Werdet ihr nun Gottergebene sein? 15 Denen, die das diesseitige Leben und seinen Schmuck begehren, erstatten Wir in ihm* ihre Taten voll, und ihnen wird in ihm nichts abgezogen. 16 Das sind die, für die im Jenseits nichts bestimmt ist als das Feuer. Wertlos ist, was sie in ihm* vollbracht haben, und nichtig ist, was sie zu

---

14: Wenn die, die ihr (die Ungläubigen) anstelle Gottes anruft, euch …; oder, wenn auch schwach: Wenn die herausgeforderten Ungläubigen euch, d. h. Muhammad und die Muslime …
15: im diesseitigen Leben.
16: im diesseitigen Leben.

tun pflegten. 17 Ist denn der, der von seinem Herrn einen deutlichen Beweis hat, auf den auch ein Zeuge von Ihm folgt und dem das Buch des Mose vorausging als Vorbild und Barmherzigkeit* ... (den anderen gleich)? Diese glauben daran. Wer aber von den Parteien* ihn verleugnet, dessen Verabredungsort ist das Feuer. So sei nicht über ihn im Zweifel, er ist die Wahrheit von deinem Herrn. Aber die meisten Menschen glauben nicht. 18 Und wer ist ungerechter als der, der gegen Gott eine Lüge erdichtet? Jene werden ihrem Herrn vorgeführt, und die Zeugen werden sagen: »Das sind die, die gegen ihren Herrn gelogen haben.« Möge der Fluch Gottes über die kommen, die Unrecht tun, 19 die vom Weg Gottes abweisen und sich ihn krumm wünschen, und die ja das Jenseits verleugnen! 20 Jene konnten (Gottes Willen) auf der Erde nicht vereiteln, und sie haben außer Gott keine Freunde. Die Pein wird ihnen verdoppelt. Sie vermochten nicht zu hören, und sie konnten nicht sehen. 21 Das sind die, die sich selbst verloren haben, und es ist ihnen entschwunden, was sie erdichteten. 22 Zweifellos sind sie im Jenseits die größten Verlierer. 23 Diejenigen, die glauben und die guten Werke tun und sich vor ihrem Herrn demütigen, das sind die Gefährten des Paradieses; darin werden sie ewig weilen. *24 Es ist mit den beiden Gruppen wie mit dem Blinden und dem Tauben und dem, der sehen, und dem, der hören kann. Sind die beiden etwa einander gleichzusetzen? Wollt ihr (es) nicht bedenken?

[23 3/4]

25 Und Wir sandten Noach zu seinem Volk: »Ich bin euch ein deutlicher Warner: 26 Ihr sollt Gott allein dienen. Ich fürchte für euch die Pein eines schmerzvollen Tages.« 27 Die Vornehmen aus seinem Volk, die ungläubig waren, sagten: »Wir sehen, dass du nur ein Mensch bist wie wir. Und wir sehen, dass nur die dir folgen, die unsere Niedrigsten sind, und zwar ohne reifliche Über-

---

17: D. h.: Das darauffolgende Zeugnis von Gott her und das vorausgegangene Buch des Mose bestätigen die Wahrheit des Korans. Es gibt auch andere, sehr verschiedene Interpretationen dieses Verses.

17: die Parteien: die unter den Mekkanern, die sich zusammengetan haben, um den Koran abzulehnen und gegen die Muslime vorzugehen.

legung. Und wir sehen bei euch keinen Vorzug über uns. Vielmehr meinen wir, dass ihr lügt.« 28 Er sagte: »O mein Volk, was meint ihr? Wenn ich einen deutlichen Beweis von meinem Herrn habe und Er mir eine Barmherzigkeit von sich hat zukommen lassen, die eurem Blick entzogen wurde, könnten wir sie euch da aufzwingen, wo sie euch zuwider ist? 29 Und, o mein Volk, ich verlange von euch dafür kein Geld. Mein Lohn obliegt Gott allein. Und ich werde nicht diejenigen, die glauben, vertreiben; sie werden ihrem Herrn begegnen. Aber ich sehe, dass ihr Leute seid, die töricht sind. 30 Und, o mein Volk, wer wird mir denn vor Gott Unterstützung gewähren, wenn ich sie vertreiben sollte? Wollt ihr es nicht bedenken? 31 Und ich sage euch nicht, ich hätte die Vorratskammern Gottes, und ich kenne auch nicht das Unsichtbare. Und ich sage nicht, ich sei ein Engel. Und ich sage nicht von denen, die eure Augen verachten, Gott werde ihnen niemals etwas Gutes zukommen lassen – Gott weiß besser, was in ihrem Inneren ist –, sonst würde ich zu denen gehören, die Unrecht tun.« 32 Sie sagten: »O Noach, du hast mit uns gestritten und den Streit mit uns lange geführt. So bring uns doch her, was du uns androhst, so du zu denen gehörst, die die Wahrheit sagen.« 33 Er sagte: »Bringen wird es euch Gott, wenn Er will, und ihr könnt es nicht vereiteln. 34 Und nicht nützt euch mein Rat, so ich euch raten will, wenn Gott euch abirren lassen will. Er ist euer Herr, und zu Ihm werdet ihr zurückgebracht.«

35 Oder sagen sie wohl: »Er hat ihn erdichtet«? Sprich: Wenn ich ihn erdichtet habe, so lastet meine Übeltat auf mir, und ich bin unschuldig an dem, was ihr verübt.

36 Und dem Noach wurde offenbart: »Niemand aus deinem Volk wird glauben außer denen, die bereits geglaubt haben. So fühle dich nicht elend wegen dessen, was sie taten. 37 Und verfertige das Schiff vor unseren Augen und nach unserer Offenbarung. Und sprich Mich nicht an zu Gunsten derer, die Unrecht getan haben. Sie werden sicher ertränkt werden.« 38 Er ging daran, das Schiff zu verfertigen. Und sooft Vornehme aus seinem Volk an ihm vorbeikamen, verhöhnten sie ihn. Er sagte: »Wenn ihr uns jetzt verhöhnt, werden auch wir euch verhöhnen, so wie ihr (uns jetzt) ver-

höhnt. 39 Und ihr werdet zu wissen bekommen, über wen eine
Pein kommen wird, die ihn zu Schanden macht, und (über wen)
eine beständige Pein hereinbricht.« 40 Als nun unser Befehl kam
und der Ofen brodelte*, sprachen Wir: »Lade darin ein Paar von
jeder Art und deine Angehörigen außer dem, gegen den der
Spruch vorher erging, und diejenigen, die glauben.« Mit ihm
[23½]   glaubten aber nur wenige. *41 Und er sagte: »Steigt hinein. Im
Namen Gottes erfolge seine Fahrt und seine Landung. Mein Herr
ist voller Vergebung und barmherzig.« 42 Es fuhr mit ihnen dahin
auf Wogen wie Berge. Noach rief seinem Sohn zu, der abseits
stand: »O mein Sohn, steig ein mit uns und sei nicht mit den Ungläubigen.« 43 Er sagte: »Ich werde Unterkunft finden auf einem
Berg, der mich vor dem Wasser schützt.« Er sagte: »Es gibt heute
niemanden, der vor dem Befehl Gottes schützen könnte, außer
für den, dessen Er sich erbarmt.« Die Woge trennte sie beide, und
so war er einer von denen, die ertränkt wurden.

44 Und es wurde gesprochen: »O Erde, verschlinge dein Wasser. O
Himmel, halt ein.« Das Wasser nahm ab, und die Angelegenheit
war entschieden. Es hielt auf dem Djudī* an. Und es wurde gesprochen: »Weg mit den Leuten, die Unrecht tun!« 45 Und Noach
rief seinen Herrn an und sagte: »Mein Herr, mein Sohn gehört zu
meinen Angehörigen, und dein Versprechen ist die Wahrheit, und
Du bist der Weiseste derer, die Urteile fällen.« 46 Er sprach: »O Noach, er gehört nicht zu deinen Angehörigen. Es ist eine Tat, die
nicht gut ist. So bitte Mich nicht um etwas, wovon du kein Wissen
hast. Ich ermahne dich, nicht einer der Törichten zu sein.« 47 Er
sagte: »O mein Herr, ich suche Zuflucht bei Dir davor, dass ich
Dich um etwas bitte, wovon ich kein Wissen habe. Wenn Du mir
nicht vergibst und Dich meiner (nicht) erbarmst, werde ich zu den
Verlierern gehören.« 48 Es wurde gesprochen: »O Noach, steig hinunter in unserem Frieden und mit unseren Segnungen über dich
und über Gemeinschaften von denen, die mit dir sind. Es gibt Gemeinschaften, denen Wir eine Nutznießung geben werden, dann

40:   Wörtlich: der Ofen überkochte, als Beschreibung der brodelnden Fluten.
44:   Name eines Berges.

wird sie eine schmerzhafte Pein von Uns erfassen.« 49 Dies gehört zu den Berichten über das Unsichtbare, die Wir dir offenbaren. Du wusstest sie vorher nicht, weder du noch dein Volk. Sei nun geduldig. Das Ende gehört den Gottesfürchtigen.

50 Und (Wir sandten) zu ʿĀd ihren Bruder Hūd. Er sagte: »O mein Volk, dienet Gott. Ihr habt keinen Gott außer Ihm. Ihr erdichtet ja nur Lügen. 51 O mein Volk, ich verlange von euch keinen Lohn. Mein Lohn obliegt dem, der mich geschaffen hat. Habt ihr denn keinen Verstand? 52 Und, o mein Volk, bittet euren Herrn um Vergebung, dann wendet euch Ihm zu, so wird Er den Himmel über euch ergiebig regnen lassen und euch zu eurer Kraft noch mehr Kraft hinzuverleihen. Und kehrt euch nicht als Übeltäter ab.« 53 Sie sagten: »O Hūd, du hast uns keinen deutlichen Beweis gebracht. Wir werden nicht unsere Götter auf dein Wort hin verlassen, und wir werden dir nicht glauben. 54 Wir können nur sagen, dass einer unserer Götter dir etwas Böses zugefügt hat.« Er sagte: »Ich nehme Gott zum Zeugen, und auch ihr sollt bezeugen, dass ich unschuldig bin an dem, was ihr (Ihm) beigesellt 55 (und) neben Ihn (stellt). Geht gegen mich allesamt mit eurer List vor und gewährt mir keinen Aufschub. 56 Ich vertraue auf Gott, meinen Herrn und euren Herrn. Es gibt kein Tier, das Er nicht an seinem Schopf halten würde. Mein Herr befindet sich auf einem geraden Weg. 57 Wenn ihr euch abkehrt, so habe ich euch das ausgerichtet, womit ich zu euch gesandt worden bin. Mein Herr wird ein anderes Volk nach euch folgen lassen, und ihr könnt Ihm nichts schaden. Mein Herr ist Hüter über alle Dinge.« 58 Als nun unser Befehl eintraf, erretteten Wir Hūd und diejenigen, die mit ihm glaubten, aus Barmherzigkeit von Uns, und Wir erretteten sie vor einer schweren Pein. 59 Das waren die ʿĀd. Sie leugneten die Zeichen ihres Herrn und waren gegen seine Gesandten ungehorsam und folgten dem Befehl eines jeden widerspenstigen Gewaltherrschers. 60 Aber der Fluch verfolgte sie im Diesseits und (so auch) am Tag der Auferstehung. Die ʿĀd waren undankbar gegen ihren Herrn. Ja, weg mit ʿĀd, dem Volk von Hūd!

61 Und (Wir sandten) zu Thamūd ihren Bruder Ṣāliḥ. Er sagte: »O mein Volk, dienet Gott. Ihr habt keinen Gott außer Ihm. Er hat   [23 3/4] euch aus der Erde entstehen lassen und sie euch zu bebauen und zu bestellen gegeben. So bittet Ihn um Vergebung, dann wendet euch Ihm zu. Mein Herr ist nahe und bereit zu erhören.« 62 Sie sagten: »O Ṣāliḥ, du warst vorher in unserer Mitte einer, auf den man Hoffnung setzte. Willst du uns denn verbieten zu verehren, was unsere Väter immer verehrt haben? Wir hegen über das, wozu du uns aufrufst, einen starken Zweifel.« 63 Er sagte: »O mein Volk, was meint ihr? Wenn ich einen deutlichen Beweis von meinem Herrn habe und Er mir eine Barmherzigkeit von sich hat zukommen lassen, wer wird mir vor Gott Unterstützung gewähren, wenn ich gegen Ihn ungehorsam bin? Ihr bringt mir nur noch einen größeren Verlust. 64 Und, o mein Volk, dies ist die Kamelstute Gottes, euch zum Zeichen. Lasst sie auf Gottes Erde weiden und rührt sie nicht mit etwas Bösem an. Sonst ergreift euch eine baldige Pein.« 65 Sie schnitten ihr die Flechsen durch und stachen sie. Da sagte er: »Genießt (euer Leben) in eurer Wohnstätte noch drei Tage lang. Dies ist eine Androhung, die nicht erlogen ist.« 66 Als nun unser Befehl eintraf, erretteten Wir Ṣāliḥ und diejenigen, die mit ihm glaubten, aus Barmherzigkeit von Uns, auch vor der Schande jenes Tages. Dein Herr ist ja der Starke, der Mächtige. 67 Da ergriff diejenigen, die Unrecht taten, der Schrei, und am Morgen lagen sie in ihren Wohnstätten auf ihren Gesichtern, 68 als hätten sie nicht lange darin gewohnt. Die Thamūd waren undankbar gegen ihren Herrn. Ja, weg mit Thamūd! 69 Unsere Boten kamen zu Abraham mit der frohen Botschaft. Sie sagten: »Frieden!« Er sagte: »Frieden!« Es dauerte nicht lange, da brachte er ein geschmortes Kalb herbei. 70 Und als er sah, dass ihre Hände nicht hinlangten, fand er es von ihnen befremdlich, und er empfand Angst vor ihnen. Sie sagten: »Hab keine Angst. Wir sind zu dem Volk von Lot gesandt.« 71 Seine Frau stand da. Da lachte sie. Da verkündeten Wir ihr Isaak, und nach Isaak Jakob. 72 Sie sagte: »O wehe mir, soll ich noch gebären, wo ich doch alt bin und dieser da mein Mann ist, ein Greis? Das ist doch eine verwunderliche Sache.« 73 Sie sagten: »Bist du verwundert über den

69: eine Gruppe von Engeln.

Befehl Gottes? Die Barmherzigkeit Gottes und seine Segnungen kommen auf euch, ihr Leute des Hauses*! Er ist des Lobes und der Ehre würdig.« 74 Als der Schrecken von Abraham gewichen und die frohe Botschaft zu ihm gekommen war, begann er mit Uns über das Volk von Lot zu streiten. 75 Abraham war ja langmütig, voller Trauer und bereit, sich Gott reumütig zuzuwenden. 76 »O Abraham, lass davon ab. Der Befehl deines Herrn ist eingetroffen. Über sie kommt eine Pein, die unabwendbar ist.« 77 Und als unsere Boten zu Lot kamen, geriet er ihretwegen in eine böse Lage und wusste daraus keinen Ausweg. Er sagte: »Das ist ein drangsalvoller Tag.« 78 Seine Leute kamen zu ihm geeilt. Zuvor pflegten sie Missetaten zu verüben. Er sagte: »O mein Volk, da sind meine Töchter, sie sind reiner für euch. So fürchtet Gott und bringt nicht Schande über mich in Zusammenhang mit meinen Gästen. Gibt es denn unter euch keinen vernünftigen Mann?« 79 Sie sagten: »Du weißt genau, dass wir kein Recht auf deine Töchter haben, und du weißt wohl, was wir wollen.« 80 Er sagte: »Hätte ich doch Kraft genug, um euch zu widerstehen, oder könnte ich nur auf einem starken Stützpunkt Unterkunft finden!« 81 Sie sagten: »O Lot, wir sind die Boten deines Herrn. Sie werden nicht zu dir gelangen. So zieh mit deinen Angehörigen in einem Teil der Nacht fort, und keiner von euch soll sich umdrehen. Ausgenommen deine Frau; treffen wird sie das, was ihnen zustoßen wird. Ihre* Verabredungszeit ist der Morgen. Ist nicht der Morgen schon nahe?« 82 Als nun unser Befehl eintraf, kehrten Wir in ihrer Stadt das Oberste zuunterst und ließen auf sie Steine aus übereinandergeschichtetem Ton regnen, 83 bei deinem Herrn gekennzeichnete (Steine). Und sie liegt denen, die Unrecht tun, gewiss nicht fern*.

73: Angehörige der Sippen, die mit Prophetie und göttlicher Sendung ausgezeichnet wurden, darunter vornehmlich Abraham und Muḥammad (vgl. 33,33).
81: der frevlerischen Leute.
83: Zum Schlusssatz vgl. 11,89: eine Drohung an die Adresse der hartnäckigen Ungläubigen.

[24] *84 Und (Wir sandten) zu Madyan ihren Bruder Shuʿayb. Er sagte: »O mein Volk, dienet Gott. Ihr habt keinen Gott außer Ihm. Lasst an Maß und Gewicht nichts fehlen. Ich sehe, es geht euch gut. Ich fürchte aber für euch die Pein eines umgreifenden Tages. 85 Und, o mein Volk, gebt volles Maß und Gewicht nach Gerechtigkeit und zieht den Menschen nichts ab, was ihnen gehört, und stiftet nicht Unheil auf der Erde. 86 Was von Gott her bleibt, ist besser für euch, so ihr gläubig seid. Und ich bin nicht Hüter über euch.« 87 Sie sagten: »O Shuʿayb, befiehlt dir denn dein Gebet, dass wir das verlassen, was unsere Väter verehrt haben, oder davon abstehen, mit unserem Vermögen zu tun, was wir wollen? Du bist ja wohl der Langmütige, der Vernünftige!« 88 Er sagte: »O mein Volk, was meint ihr, wenn ich einen deutlichen Beweis von meinem Herrn habe und Er mir einen schönen Lebensunterhalt beschert hat? Ich will auch nicht (einfach) euch widersprechen im Hinblick auf das, was ich euch verbiete. Ich will nur Ordnung schaffen, soweit ich es vermag. Durch Gott allein wird mir das Gelingen beschieden. Auf Ihn vertraue ich, und Ihm wende ich mich reumütig zu. 89 Und, o mein Volk, euer Zerwürfnis mit mir soll euch nicht dazu führen, dass euch das trifft, was früher das Volk von Noach oder das Volk von Hūd oder das Volk von Ṣāliḥ getroffen hat. Und das Volk von Lot liegt nicht fernab von euch. 90 Und bittet euren Herrn um Vergebung und dann wendet euch Ihm zu. Mein Herr ist barmherzig und liebevoll.« 91 Sie sagten: »O Shuʿayb, wir begreifen nicht viel von dem, was du sagst. Und wir sehen, dass du in unserer Mitte schwach bist. Wenn dein Anhang nicht wäre, hätten wir dich gesteinigt. Vor dir haben wir ja keinen Respekt.« 92 Er sagte: »O mein Volk, habt ihr vor meinem Anhang eher Respekt als vor Gott, und habt ihr Ihn hinter eurem Rücken zurückgelassen? Mein Herr umfasst, was ihr tut. 93 Und, o mein Volk, handelt nach eurem Standpunkt, ich werde auch so handeln. Ihr werdet zu wissen bekommen, über wen eine Pein kommen wird, die ihn zu Schanden macht, und wer ein Lügner ist. Und wartet ab, ich warte mit euch ab.« 94 Als nun unser Befehl eintraf, erretteten Wir Shuʿayb und diejenigen, die mit ihm glaubten, aus Barmherzigkeit von Uns. Da ergriff diejenigen, die Unrecht taten,

der Schrei, und am Morgen lagen sie in ihren Wohnstätten auf ihren Gesichtern, 95 als hätten sie nicht lange darin gewohnt. Ja, weg mit Madyan, wie auch die Thamūd weggerafft wurden!
96 Und Wir sandten Mose mit unseren Zeichen und einer offenkundigen Ermächtigung 97 zu Pharao und seinen Vornehmen. Diese folgten dem Befehl des Pharao; der Befehl des Pharao war aber nicht richtig. 98 Er wird seinem Volk am Tag der Auferstehung vorangehen. Er führt sie wie zur Tränke ins Feuer hinab – welch schlimme Tränke, zu der sie hinabgeführt werden! 99 Und der Fluch verfolgte sie im Diesseits und (so auch) am Tag der Auferstehung – welch schlimmes Geschenk, das ihnen geschenkt wird! 100 Dies gehört zu den Berichten über die Städte; Wir erzählen es dir. Einige von ihnen stehen noch, andere sind abgemäht. 101 Nicht Wir haben ihnen Unrecht getan, sondern sie haben sich selbst Unrecht getan. Ihre Götter, die sie anstelle Gottes anrufen, haben ihnen nichts genützt, als der Befehl deines Herrn eintraf, und sie brachten ihnen nur noch ein größeres Verderben. 102 So ist die Art deines Herrn heimzusuchen, wenn Er die Städte heimsucht, während sie Unrecht tun. Seine Heimsuchung ist schmerzhaft und hart. 103 Darin ist ein Zeichen für den, der die Pein des Jenseits fürchtet. Das ist ein Tag, auf den die Menschen versammelt werden. Das ist ein Tag, den sie alle erleben werden. 104 Und Wir stellen ihn nur für eine bestimmte Frist zurück. 105 Am Tag, da er eintrifft, wird niemand sprechen, außer mit seiner Erlaubnis. Einige von ihnen werden dann unglücklich und andere selig sein. 106 Diejenigen, die unglücklich sind, werden dann im Feuer sein; darin werden sie seufzen und schluchzen, 107 und sie werden darin ewig weilen, solange die Himmel und die Erde währen, außer was dein Herr will. Dein Herr tut ja, was Er will.
108 Diejenigen, die selig sind, werden im Paradies sein; darin [23 ¼] werden sie ewig weilen, solange die Himmel und die Erde währen, außer was dein Herr will, als Gabe, die nicht verringert wird. 109 So sei nicht über das, was diese da verehren, im Zweifel. Sie

---

108: Oder: unterbrochen, abgebrochen. Wörtlich: abgeschnitten.

verehren nur, wie ihre Väter zuvor verehrt haben. Und Wir werden ihnen ihren Anteil unverkürzt erstatten.

110 Und Wir ließen dem Mose das Buch zukommen. Da wurden sie darüber uneins. Und gäbe es nicht einen früher ergangenen Spruch von deinem Herrn, so wäre zwischen ihnen entschieden worden. Und sie sind darüber in einem starken Zweifel. 111 Und allen wird dein Herr bestimmt ihre Taten voll vergelten. Er hat Kenntnis von dem, was sie tun. 112 So verhalte dich recht, wie dir befohlen wurde, du und diejenigen, die mit dir umkehren, und zeigt kein Übermaß an Frevel. Er sieht wohl, was ihr tut. 113 Und sucht nicht eine Stütze bei denen, die Unrecht tun, sonst erfasst euch das Feuer. Dann werdet ihr keine Freunde haben außer Gott, und dann werdet ihr keine Unterstützung erfahren. 114 Und verrichte das Gebet an beiden Enden des Tages und zu Nachtzeiten. Die guten Taten vertreiben die Missetaten. Das ist eine Erinnerung für die, die (Gottes) gedenken. 115 Und sei geduldig. Gott lässt den Lohn der Rechtschaffenen nicht verloren gehen. 116 Wenn es doch unter den Generationen vor euch einen tugendhaften Rest von Leuten gäbe, die verbieten, auf der Erde Unheil zu stiften – abgesehen von einigen wenigen von ihnen, die Wir gerettet haben! Diejenigen, die Unrecht taten, folgten dem ihnen verliehenen üppigen Leben und wurden Übeltäter. 117 Und dein Herr hätte unmöglich Städte zu Unrecht dem Verderben preisgegeben, während ihre Bewohner Besserung zeigten. 118 Und wenn dein Herr gewollt hätte, hätte Er die Menschen zu einer einzigen Gemeinschaft gemacht. Aber sie sind immer noch uneins, 119 außer denen, derer sich dein Herr erbarmt hat. Dazu hat Er sie erschaffen. Und so erfüllt sich der Spruch deines Herrn: »Ich werde die Hölle mit den Djinn und den Menschen allen füllen.«

120 Alles erzählen Wir dir von den Berichten über die Gesandten, um dein Herz damit zu festigen. Darin ist die Wahrheit zu dir gekommen, und eine Ermahnung und Erinnerung für die Gläubigen. 121 Und sprich zu denen, die nicht glauben: Handelt nach eurem Standpunkt, wir werden (auch so) handeln. 122 Und wartet ab, wir warten auch ab. 123 Und Gott gehört das Unsichtbare der Himmel und der Erde, und zu Ihm wird die ganze Angelegenheit

zurückgebracht. So diene Ihm und vertraue auf Ihn. Und dein Herr lässt nicht unbeachtet, was ihr tut.

Sure 12

Josef (Yūsuf)

zu Mekka, 111 Verse

Im Namen Gottes, des Erbarmers, des Barmherzigen.
1 Alif Lām Rā*. Dies sind die Zeichen des deutlichen Buches. 2 Wir haben es als einen arabischen Koran hinabgesandt, auf dass ihr verständig werdet. 3 Wir erzählen dir die schönste Erzählung dadurch, dass Wir dir diesen Koran offenbart haben. Du warst vordem einer von denen, die (davon) keine Ahnung hatten.
4 Als Josef zu seinem Vater sagte: »O mein Vater, ich sah elf Sterne und die Sonne und den Mond, ich sah sie vor mir niederfallen.« 5 Er sagte: »O mein Sohn, erzähle von deinem Traumgesicht nicht deinen Brüdern, sonst werden sie eine List gegen dich ausführen. Der Satan ist den Menschen ein offenkundiger Feind. 6 Und so wird dein Herr dich erwählen und dich etwas von der Deutung der Geschichten lehren und seine Gnade an dir und an der Sippe Jakobs vollenden, wie Er sie vorher an deinen beiden Vätern Abraham und Isaak vollendet hat. Dein Herr weiß Bescheid und ist weise.«
*7 Siehe, in Josef und seinen Brüdern sind Zeichen für die, die [24½] (nach der Wahrheit) fragen. 8 Als sie sagten: »Josef und sein Bruder sind unserem Vater bestimmt lieber als wir, obwohl wir eine (beachtliche) Gruppe sind. Unser Vater befindet sich in einem offenkundigen Irrtum. 9 Tötet Josef oder werft ihn ins Land hinaus, so wird das Gesicht eures Vaters nur noch auf euch schauen, und

---

1:    Die Bedeutung dieser Buchstaben ist noch nicht geklärt.

danach werdet ihr Leute sein, die rechtschaffen sind.« 10 Ein Sprecher unter ihnen sagte: »Tötet Josef nicht, werft ihn (lieber) in die verborgene Tiefe der Zisterne, dann wird ihn schon der eine oder andere Reisende aufnehmen, wenn ihr doch etwas tun wollt.« 11 Sie sagten: »O unser Vater, warum vertraust du uns Josef nicht an? Wir werden ihm sicher gut raten. 12 Schick ihn morgen mit uns, dass er sich frei bewege und spiele. Wir werden ihn sicher behüten.« 13 Er sagte: »Es macht mich traurig, dass ihr ihn mitnehmen wollt. Und ich fürchte, dass ihn der Wolf frisst, während ihr nicht auf ihn Acht gebt.« 14 Sie sagten: »Sollte ihn der Wolf fressen, wo wir doch eine (beachtliche) Gruppe sind, dann werden wir gewiss Verlust davontragen.« 15 Als sie ihn mitnahmen und übereinkamen, ihn in die verborgene Tiefe der Zisterne hinunterzulassen ... – Und Wir offenbarten ihm: »Du wirst ihnen noch das, was sie hier getan haben, kundtun, ohne dass sie es merken.« 16 Und am Spätabend kamen sie weinend zu ihrem Vater. 17 Sie sagten: »O unser Vater, wir gingen, um einen Wettlauf zu machen, und ließen Josef bei unseren Sachen zurück. Da fraß ihn der Wolf. Du glaubst uns wohl nicht, auch wenn wir die Wahrheit sagen.« 18 Sie trugen auf sein Hemd falsches Blut auf. Er sagte: »Nein, eure Seele hat euch etwas eingeredet. (Es gilt) schöne Geduld (zu üben). Gott ist der, der um Hilfe gebeten wird gegen das, was ihr beschreibt.« 19 Reisende kamen vorbei. Sie schickten ihren Wasserschöpfer, und er ließ seinen Eimer hinunter. Er sagte: »O gute Nachricht! Da ist ein Junge.« Sie versteckten ihn als Ware. Und Gott wusste wohl, was sie taten. 20 Und sie verkauften ihn für einen zu niedrigen Preis, einige gezählte Drachmen. Und sie übten Verzicht in Bezug auf ihn*. 21 Und derjenige aus Ägypten, der ihn gekauft hatte, sagte zu seiner Frau: »Bereite ihm eine freundliche Bleibe. Möge er uns Nutzen bringen, oder vielleicht nehmen wir ihn als Kind an.« Und Wir gaben dem Josef eine angesehene Stellung im Land. Und Wir wollten ihn die Deutung der

---

20: Für nur einige Drachmen haben sie ihn weggegeben, denn sie wollten ihn loswerden.

Geschichten lehren. Und Gott ist in seiner Angelegenheit überlegen. Aber die meisten Menschen wissen nicht Bescheid.

22 Als er seine Vollkraft erreicht hatte, ließen Wir ihm Urteilskraft und Wissen zukommen. So entlohnen Wir die Rechtschaffenen. 23 Und die, in deren Haus er war, versuchte, ihn zu verführen. Sie schloss die Türen ab und sagte: »Komm her.« Er sagte: »Gott behüte! Er, mein Besitzer, hat mir eine schöne Bleibe bereitet. Denen, die Unrecht tun, wird es nicht wohl ergehen.« 24 Sie hätte sich beinahe mit ihm eingelassen, und er hätte sich beinahe mit ihr eingelassen, hätte er nicht den Beweis seines Herrn gesehen. Dies (geschah), damit Wir das Böse und das Schändliche von ihm abwehrten. Er gehört ja zu unseren auserwählten Dienern. 25 Sie suchten beide als Erster die Tür zu erreichen. Sie zerriss ihm von hinten das Hemd. Und sie trafen auf ihren* Herrn bei der Tür. Sie sagte: »Der Lohn dessen, der deiner Familie Böses antun wollte, ist ja wohl das Gefängnis oder eine schmerzhafte Pein.« 26 Er sagte: »Sie war es, die versucht hat, mich zu verführen.« Und ein Zeuge aus ihrer Familie bezeugte: »Wenn sein Hemd vorn zerrissen ist, hat sie die Wahrheit gesagt, und er ist einer von denen, die lügen. 27 Und wenn sein Hemd hinten zerrissen ist, hat sie gelogen, und er ist einer von denen, die die Wahrheit sagen.« 28 Als er nun sah, dass sein Hemd hinten zerrissen war, sagte er: »Das ist eine List von euch. Eure List ist gewaltig. 29 Josef, wende dich davon ab. Und (du), bitte um Vergebung für deine Schuld. Du gehörst ja zu denen, die sich versündigt haben.« *30 Nun sagten Frauen in der [24 3/4] Stadt: »Die Gemahlin des Hochmögenden versucht, ihren Knecht zu verführen. Er hat sie in leidenschaftliche Liebe versetzt. Wir sehen, sie befindet sich in einem offenkundigen Irrtum.« 31 Als sie von ihren Ränken hörte, schickte sie zu ihnen und bereitete ihnen ein Gelage. Sie ließ einer jeden von ihnen ein Messer geben und sagte (zu Josef): »Komm zu ihnen heraus.« Als sie ihn sahen, fanden sie ihn außerordentlich, und sie schnitten sich in die Hände und sagten: »Gott bewahre! Das ist nicht ein Mensch. Das ist nur ein edler Engel.« 32 Sie sagte: »Das ist der, dessentwegen ihr mich

25: der Frau

getadelt habt. Ich habe versucht, ihn zu verführen. Er aber hielt an seiner Unschuld fest. Und wenn er nicht tut, was ich ihm befehle, wird er bestimmt ins Gefängnis geworfen werden, und er wird zu denen gehören, die erniedrigt werden.« 33 Er sagte: »Mein Herr, mir ist das Gefängnis lieber als das, wozu sie mich auffordern. Und wenn Du ihre List von mir nicht abwehrst, werde ich mich zu ihnen hingezogen fühlen und einer der Törichten sein.« 34 Sein Herr erhört ihn und wehrte ihre List von ihm ab. Er ist es, der alles hört und weiß.

35 Dann, nachdem sie die Zeichen* gesehen hatten, schien es ihnen angebracht, ihn eine Zeitlang ins Gefängnis zu werfen. 36 Mit ihm kamen zwei Knechte ins Gefängnis. Der eine von ihnen sagte: »Ich sah mich Wein keltern.« Der andere sagte: »Ich sah mich auf dem Kopf Brot tragen, von dem die Vögel fraßen. So tu uns kund, wie dies zu deuten ist. Wir sehen es, du gehörst zu den Rechtschaffenen.« 37 Er sagte: »Es wird euch das Essen, mit dem ihr versorgt werdet, nicht gebracht, ohne dass ich euch kundgetan habe, wie es zu deuten ist, bevor es euch gebracht wird. Das ist etwas von dem, was mich mein Herr gelehrt hat. Verlassen habe ich die Glaubensrichtung von Leuten, die nicht an Gott glauben und die das Jenseits verleugnen, 38 und ich bin der Glaubensrichtung meiner Väter Abraham, Isaak und Jakob gefolgt. Wir dürfen Gott nichts beigesellen. Das ist etwas von der Huld Gottes zu uns und zu den Menschen. Aber die meisten Menschen sind nicht dankbar. 39 O ihr beiden Insassen des Gefängnisses! Sind verschiedene Herren besser, oder der eine Gott, der bezwingende Macht besitzt? 40 Ihr dient außer Ihm nur Namen, die ihr genannt habt, ihr und eure Väter, für die aber Gott keine Ermächtigung herabgesandt hat. Das Urteil gehört Gott allein. Er hat befohlen, dass ihr nur Ihm dienen sollt. Das ist die richtige Religion. Aber die meisten Menschen wissen nicht Bescheid. 41 O ihr beiden Insassen des Gefängnisses! Der eine von euch wird seinem Herrn Wein zu trinken geben. Der andere aber wird gekreuzigt, und die

---

35: die ungewöhnliche Qualität und die Andersartigkeit des Verhaltens Josefs.

Vögel werden von seinem Kopf fressen. Entschieden ist die Angelegenheit, über die ihr um Auskunft fragt.« 42 Und er sagte zu dem von ihnen, mit dessen Rettung er rechnete: »Gedenke meiner bei deinem Herrn.« Aber der Satan ließ ihn vergessen, ihn bei seinem Herrn zu erwähnen. So blieb er* noch einige Jahre im Gefängnis.

43 Und der König sagte: »Ich sah sieben fette Kühe, die von sieben mageren gefressen wurden, und sieben grüne Ähren und (sieben) andere, die verdorrt waren. O ihr Vornehmen, gebt mir Auskunft über mein Traumgesicht, so ihr das Traumgesicht auslegen könnt.« 44 Sie sagten: »Wirres Bündel von Träumen. Wir wissen über die Deutung der Träume nicht Bescheid.« 45 Derjenige von ihnen, der gerettet wurde und sich nach einer Weile erinnerte, sagte: »Ich werde euch seine Deutung kundtun. Schickt mich los.« 46 »Josef, du Wahrhaftiger, gib uns Auskunft über sieben fette Kühe, die von sieben mageren gefressen werden, und von sieben grünen Ähren und (sieben) anderen, die verdorrt sind. So mag ich zu den Menschen zurückkehren, auf dass sie Bescheid wissen.« 47 Er sagte: »Ihr werdet sieben Jahre wie gewohnt säen. Was ihr aber erntet, das lasst in seinen Ähren, bis auf einen geringen Teil von dem, was ihr verzehrt. 48 Danach werden dann sieben harte (Jahre) kommen, die das verzehren werden, was ihr für sie vorher eingebracht habt, bis auf einen geringen Teil von dem, was ihr aufbewahrt. 49 Danach wird dann ein Jahr kommen, in dem die Menschen Regen haben und in dem sie keltern werden.« 50 Der König sagte: »Bringt ihn zu mir.« Als der Bote zu ihm kam, sagte er: »Kehr zu deinem Herrn zurück und frag ihn, wie es mit den Frauen steht, die sich in ihre Hände geschnitten haben. Mein Herr weiß doch über ihre List Bescheid.« 51 Er sagte: »Was war da mit euch, als ihr versucht habt, Josef zu verführen?« Sie sagten: »Gott bewahre! Wir wissen gegen ihn nichts Böses (anzugeben).« Die Frau des Hochmögenden sagte: »Jetzt ist die Wahrheit offenbar geworden. Ich habe versucht, ihn zu verführen. Und er gehört zu denen, die die Wahrheit sagen.« 52 (Josef sagte:) »Dies ist, damit

---

42: Josef.

er weiß, dass ich ihn nicht in seiner Abwesenheit verraten habe und dass Gott die List der Verräter nicht gelingen lässt. *53 Und ich erkläre mich nicht selbst für unschuldig. Die Seele gebietet ja mit Nachdruck das Böse, es sei denn, mein Herr erbarmt sich. Mein Herr ist voller Vergebung und barmherzig.« 54 Und der König sagte: »Bringt ihn zu mir. Ich will ihn ausschließlich für mich haben.« Als er mit ihm gesprochen hatte, sagte er: »Heute bist du bei uns in angesehener Stellung und genießt unser Vertrauen.« 55 Er sagte: »Setze mich über die Vorratskammern des Landes ein. Ich bin ein (guter) Hüter und weiß Bescheid*.« 56 So haben Wir dem Josef eine angesehene Stellung im Land gegeben, sodass er darin sich aufhalten konnte, wo er wollte. Wir treffen mit unserer Barmherzigkeit, wen Wir wollen, und Wir lassen den Lohn der Rechtschaffenen nicht verloren gehen. 57 Und wahrlich, der Lohn des Jenseits ist besser für die, die glauben und gottesfürchtig sind.

58 Und die Brüder Josefs kamen und traten bei ihm ein. Er erkannte sie, während sie ihn für einen Unbekannten hielten. 59 Als er sie nun mit ihrem Bedarf ausgestattet hatte, sagte er: »Bringt mir einen Bruder von euch, (einen) von eurem Vater. Seht ihr nicht, dass ich das Maß voll erstatte und dass ich der Beste der Gastgeber bin? 60 Wenn ihr ihn mir nicht bringt, so bekommt ihr bei mir kein Maß mehr, und ihr sollt nicht in meine Nähe treten.« 61 Sie sagten: »Wir werden versuchen, seinen Vater in Bezug auf ihn zu überreden, und wir werden es bestimmt tun.« 62 Und er sagte zu seinen Knechten: »Steckt auch ihre Tauschware in ihr Gepäck, dass sie sie (wieder) erkennen, wenn sie zu ihren Angehörigen heimgekehrt sind. Vielleicht werden die dann auch zurückkommen.« 63 Als sie zu ihrem Vater zurückkamen, sagten sie: »O unser Vater, die (nächste) Zuteilung wurde uns verwehrt. So schick unseren Bruder mit uns, damit wir eine Zuteilung zugemessen bekommen. Und wir werden ihn bestimmt behüten.« 64 Er sagte: »Kann ich ihn euch etwa anders anvertrauen, als ich euch zuvor seinen Bruder anvertraut habe? Gott ist der beste Hüter,

55:   Oder: Ich bin ein kluger, oder: erfahrener Hüter.

und Er ist der Barmherzigste der Barmherzigen.« 65 Und als sie ihre Sachen öffneten, fanden sie, dass ihre Tauschware ihnen zurückgegeben worden war. Sie sagten: »O unser Vater, was wünschen wir (mehr)? Das ist unsere Tauschware, sie ist uns zurückgegeben worden. Wir werden Vorrat für unsere Angehörigen bringen, unseren Bruder behüten und die Last eines Kamels mehr zugemessen bekommen. Das ist ein leicht zu erhaltendes Maß.« 66 Er sagte: »Ich werde ihn nicht mit euch schicken, bis ihr mir ein verbindliches Versprechen vor Gott gebt, dass ihr ihn mir zurückbringt, es sei denn, ihr werdet umringt.« Als sie ihm ihr verbindliches Versprechen gegeben hatten, sagte er: »Gott ist Sachwalter über das, was wir (hier) sagen.« 67 Und er sagte: »O meine Söhne, geht nicht durch ein einziges Tor hinein. Geht durch verschiedene Tore hinein. Ich kann euch vor Gott nichts nützen. Das Urteil gehört Gott allein. Auf Ihn vertraue ich. Auf Ihn sollen die vertrauen, die (überhaupt auf jemanden) vertrauen.« 68 Als sie hineingingen, wie ihr Vater ihnen befohlen hatte, hat es ihnen vor Gott nichts genützt. Es war nur ein Bedürfnis in der Seele Jakobs, das er (damit) erfüllte. Und er besaß Wissen, weil Wir es ihn gelehrt hatten. Aber die meisten Menschen wissen nicht Bescheid. 69 Als sie bei Josef eintraten, nahm er seinen Bruder zu sich. Er sagte: »Ich, ich bin dein Bruder. So fühle dich nicht elend wegen dessen, was sie taten.« 70 Als er sie nun mit ihrem Bedarf ausgestattet hatte, tat er das Trinkgefäß in das Gepäck seines Bruders. Dann rief ein Rufer aus: »Ihr da von der Karawane, ihr seid ja Diebe.« 71 Sie sagten, während sie auf sie zugingen: »Was vermisst ihr?« 72 Sie sagten: »Wir vermissen den Pokal des Königs. Wer ihn zurückbringt, erhält die Last eines Kamels, und dafür bin ich Bürge.« 73 Sie sagten: »Bei Gott, ihr wisst es, wir sind nicht gekommen, um im Land Unheil zu stiften, und wir sind keine Diebe.« 74 Sie sagten: »Was ist die Vergeltung dafür, wenn ihr lügt?« 75 Sie sagten: »Die Vergeltung dafür ist, dass der, in dessen Gepäck er gefunden wird, selbst als Entgelt dafür dienen soll. So vergelten wir denen, die Unrecht tun.« 76 Er begann (zu suchen) in ihren Behältern vor dem Behälter seines Bruders. Dann holte er ihn aus dem Behälter seines Bruders. So führten Wir für Josef eine List aus. Nach der Religion des

Königs hätte er unmöglich seinen Bruder (als Sklaven) nehmen
können, es sei denn, dass es Gott wollte. Wir erhöhen, wen Wir
wollen, um Rangstufen. Und über jedem, der Wissen besitzt, steht
[25 ¼] einer, der (noch mehr) weiß. *77 Sie sagten: »Wenn er stiehlt, so
hat auch ein Bruder von ihm zuvor gestohlen.« Josef hielt es in
seinem Inneren geheim und zeigte es ihnen nicht offen. Er sagte:
»Ihr seid noch schlimmer daran. Und Gott weiß besser, was ihr beschreibt.« 78 Sie sagten: »O Hochmögender, er hat einen Vater,
einen hochbetagten Greis. So nimm einen von uns an seiner Stelle.
Wir sehen, dass du einer der Rechtschaffenen bist.« 79 Er sagte:
»Gott behüte, dass wir einen anderen nehmen als den, bei dem
wir unsere Sachen gefunden haben! Sonst würden wir zu denen
gehören, die Unrecht tun.« 80 Als sie an ihm jede Hoffnung verloren hatten, gingen sie zu einem vertraulichen Gespräch unter
sich. Der Älteste von ihnen sagte: »Wisst ihr nicht, dass euer Vater
von euch ein verbindliches Versprechen vor Gott entgegengenommen hat, und dass ihr zuvor eure Pflicht in Bezug auf Josef nicht
erfüllt habt? Ich werde das Land nicht verlassen, bis mein Vater es
mir erlaubt oder Gott ein Urteil für mich fällt, und Er ist der Beste
derer, die Urteile fällen. 81 Kehrt zu eurem Vater zurück und sagt:
›O unser Vater, dein Sohn hat gestohlen, und wir bezeugen nur
das, was wir wissen, und wir können nicht Hüter sein über das,
was verborgen ist. 82 Und frag die Stadt, in der wir waren, und
die Karawane, mit der wir gekommen sind. Wir sagen ja die Wahrheit.‹« 83 Er sagte: »Eure Seele hat euch etwas eingeredet. (Es gilt)
schöne Geduld (zu üben). Möge Gott sie mir alle zurückbringen!
Er ist der, der alles weiß und weise ist.« 84 Und er kehrte sich von
ihnen ab und sagte: »O wie voller Gram bin ich um Josef!« Und
seine Augen wurden weiß* vor Trauer, und er unterdrückte (seinen
Groll). 85 Sie sagten: »Bei Gott, du hörst nicht auf, des Josef zu
gedenken, bis du bald zusammenbrichst oder zu denen gehörst,
die zugrunde gehen.« 86 Er sagte: »Ich klage ja meinen Kummer
und meine Trauer Gott allein, und ich weiß von Gott, was ihr nicht
wisst. 87 O meine Söhne, geht und erkundigt euch über Josef

84: blind.

und seinen Bruder. Und verliert nicht die Hoffnung, dass Gott Aufatmen verschafft. Die Hoffnung, dass Gott Aufatmen verschafft, verlieren nur die ungläubigen Leute.«
88 Als sie (wieder) bei ihm* eintraten, sagten sie: »O Hochmögender, Not hat uns und unsere Angehörigen erfasst. Und wir haben (nur) eine zusammengewürfelte Ware gebracht. So erstatte uns (dennoch) volles Maß und gib es uns als Almosen. Gott vergilt denen, die Almosen geben.« 89 Er sagte: »Wisst ihr (noch), was ihr Josef und seinem Bruder angetan habt, als ihr töricht gehandelt habt?« 90 Sie sagten: »Bist du denn wirklich Josef?« Er sagte: »Ich bin Josef, und das ist mein Bruder. Gott hat uns eine Wohltat erwiesen. Wahrlich, wenn einer gottesfürchtig und geduldig ist, so lässt Gott den Lohn der Rechtschaffenen nicht verloren gehen.« 91 Sie sagten: »Bei Gott, Gott hat dich vor uns bevorzugt. Und wir haben bestimmt gesündigt.« 92 Er sagte: »Keine Schelte soll heute über euch kommen. Gott vergibt euch, Er ist ja der Barmherzigste der Barmherzigen. 93 Nehmt dieses mein Hemd mit und legt es auf das Gesicht meines Vaters, dann wird er wieder sehen können. Und bringt alle eure Angehörigen zu mir.« 94 Als nun die Karawane aufbrach, sagte ihr Vater: »Wahrlich, ich spüre Josefs Geruch. Wenn ihr nur nicht (meine Worte) als dummes Gerede zurückweisen würdet!« 95 Sie sagten: »Bei Gott, du befindest dich in deinem alten Irrtum.« 96 Als nun der Freudenbote kam, legte er es* auf sein Gesicht, und er konnte wieder sehen. Er sagte: »Habe ich euch nicht gesagt, dass ich von Gott weiß, was ihr nicht wisst?« 97 Sie sagten: »O unser Vater, bitte für uns um Vergebung unserer Sünden. Wir haben ja gesündigt.« 98 Er sagte: »Ich werde meinen Herrn um Vergebung für euch bitten. Er ist der, der voller Vergebung und barmherzig ist.« 99 Als sie nun bei Josef eintraten, nahm er seine Eltern zu sich und sagte: »Betretet Ägypten, so Gott will, in Sicherheit.« 100 Und er erhob seine Eltern auf den Thron. Und sie warfen sich vor ihm nieder. Er sagte: »O mein Vater, das ist die Deutung meines Traumgesichts von früher. Mein Herr hat es

88:   bei Josef.
96:   das Hemd Josefs.

wahr gemacht. Und Er hat mir Gutes erwiesen, als Er mich aus dem Gefängnis herauskommen ließ und euch aus der Steppe hierher brachte, nachdem der Satan zwischen mir und meinen Brüdern (zu Zwietracht) aufgestachelt hatte. Mein Herr weiß zu erreichen, was Er will. Er ist der, der alles weiß und weise ist.

[25 ½] *101 Mein Herr, Du hast mir etwas von der Königsherrschaft zukommen lassen und mich etwas von der Deutung der Geschichten gelehrt. Du, Schöpfer der Himmel und der Erde, Du bist mein Freund im Diesseits und Jenseits. Berufe mich als gottergeben ab und stelle mich zu den Rechtschaffenen.«

102 Dies gehört zu den Berichten über das Unsichtbare, das Wir dir offenbaren. Du warst nicht bei ihnen, als sie sich verbanden und Ränke schmiedeten. 103 Und die meisten Menschen sind nicht gläubig, du magst dich noch so sehr bemühen. 104 Und du verlangst von ihnen keinen Lohn dafür. Es ist nur eine Ermahnung für die Weltenbewohner. 105 Wie viele Zeichen gibt es in den Himmeln und auf der Erde, an denen sie vorbeigehen, indem sie sich von ihnen abwenden? 106 Und die meisten von ihnen glauben nicht an Gott, ohne (Ihm andere) beizugesellen. 107 Wähnen sie sich denn in Sicherheit davor, dass eine überdeckende (Strafe) von der Pein Gottes über sie kommt, oder dass plötzlich die Stunde über sie kommt, ohne dass sie es merken? 108 Sprich: Das ist mein Weg. Ich rufe zu Gott aufgrund eines Einsicht bringenden Beweises, ich und diejenigen, die mir folgen. Preis sei Gott! Und ich gehöre nicht zu den Polytheisten. 109 Und Wir haben vor dir von den Bewohnern der Städte nur Männer gesandt, denen Wir Offenbarungen eingegeben haben. Sind sie denn nicht auf der Erde umhergegangen und haben geschaut, wie das Ende derer war, die vor ihnen lebten? Wahrlich, die Wohnstätte des Jenseits ist besser für die, die gottesfürchtig sind. Habt ihr denn keinen Verstand? 110 Als dann die Gesandten die Hoffnung verloren hatten und sie* meinten, sie seien belogen worden, kam unsere Unterstützung zu ihnen*. Und so wird errettet, wen Wir wollen. Und

110: die Leute.
110: zu ihnen: zu den Gesandten.

niemand kann unsere Schlagkraft von den Leuten zurückhalten, die Übeltäter sind. 111 Wahrlich, in der Erzählung über sie ist eine Lehre für die Einsichtigen. Es ist keine Geschichte, die erdichtet wird, sondern die Bestätigung dessen, was vor ihm vorhanden war, und eine ins Einzelne gehende Darlegung aller Dinge, und eine Rechtleitung und Barmherzigkeit für Leute, die glauben.

Sure 13

Der Donner (al-Raʿd)

zu Medina, 43 Verse

Im Namen Gottes, des Erbarmers, des Barmherzigen.
1 Alif Lām Mīm Rā*. Dies sind die Zeichen des Buches. Und was zu dir von deinem Herrn herabgesandt worden ist, ist die Wahrheit. Aber die meisten Menschen glauben nicht. 2 Gott ist es, der die Himmel ohne Stützen, die ihr sehen könntet, emporgehoben und sich dann auf dem Thron zurechtgesetzt hat. Er hat die Sonne und den Mond dienstbar gemacht – jedes läuft auf eine festgesetzte Frist. Er regelt die Angelegenheit. Er legt die Zeichen im Einzelnen dar, auf dass ihr über die Begegnung mit eurem Herrn Gewissheit heget. 3 Und Er ist es, der die Erde ausgebreitet und auf ihr festgegründete Berge und Flüsse gemacht hat. Und von allen Früchten hat Er auf ihr ein Paar gemacht. Er lässt die Nacht den Tag überdecken. Darin sind Zeichen für Leute, die nachdenken. 4 Und auf der Erde sind nebeneinanderliegende Landstrecken und Gärten mit Weinstöcken, und Getreide und Palmen mit mehreren und mit einzelnen Stämmen aus der einen Wurzel, welche (alle) mit ein und demselben Wasser bewässert werden. Wir

---

1:     Die Bedeutung dieser Buchstaben ist noch nicht geklärt.

lassen die einen von ihnen die anderen im Ernteertrag übertreffen. Darin sind Zeichen für Leute, die Verstand haben.

[25 3/4] *5 Und wenn du dich schon verwunderst, so ist ihre Rede verwunderlich: »Sollen wir, wenn wir zu Staub geworden sind, wirklich neu erschaffen werden?« Das sind die, die ihren Herrn verleugnen; das sind die, die Fesseln an ihrem Hals haben; das sind die Gefährten des Feuers; darin werden sie ewig weilen. 6 Sie wünschen von dir, dass ihnen das Schlechte vor dem Guten beschleunigt wird, obwohl doch vor ihnen beispielhafte Strafen verhängt wurden. Und dein Herr hält den Menschen, auch wenn sie Unrecht tun, Vergebung bereit. Und dein Herr verhängt eine harte Strafe. 7 Und diejenigen, die ungläubig sind, sagen: »Wenn doch ein Zeichen von seinem Herrn auf ihn herabgesandt würde!« Du bist aber nur ein Warner. Und jedes Volk hat einen, der es rechtleitet.

8 Gott weiß, was jedes Weib trägt und um wie viel der Mutterschoß die Tragzeit verkürzt und um wie viel er sie verlängert*. Und jedes Ding hat bei Ihm ein Maß. 9 Er ist der, der über das Unsichtbare und das Offenbare Bescheid weiß, der Große, der Erhabene. 10 Es ist gleich, ob einer von euch seine Worte im Geheimen spricht oder laut äußert, und ob einer sich in der Nacht versteckt oder am Tag hinausgeht. 11 Vor sich und hinter sich hat er Begleiter, die ihn auf Gottes Befehl behüten. Gott verändert nicht den Zustand eines Volkes, bis sie selbst ihren eigenen Zustand verändern. Und wenn Gott einem Volk Böses will, so kann es nicht zurückgewiesen werden. Und sie haben außer Ihm keinen Schutzherrn. 12 Er ist es, der euch den Blitz als Grund zur Angst und zum Begehren sehen und die schweren Wolken entstehen lässt. 13 Und der Donner singt sein Lob, und auch die Engel aus Furcht vor Ihm. Und Er schickt die Donnerschläge und trifft damit, wen Er will. Aber (nein), sie streiten über Gott, und Er kann (dem Gegner) im Streit stark zusetzen. 14 Ihm gebührt die wahre Anrufung. Diejenigen, die sie an seiner Stelle anrufen, erhören sie in keinem Anliegen. Es ist nur wie mit einem, der seine Hände nach Wasser

---

8:    Oder: wie der Mutterschoß abnimmt und wie er zunimmt – oder: was
      der Mutterschoß aufnimmt und wie er zunimmt.

ausstreckt, damit es seinen Mund erreicht, aber es erreicht ihn nicht. Und das Rufen der Ungläubigen geht gewiss in die Irre. 15 Und vor Gott wirft sich, wer in den Himmeln und auf der Erde ist, nieder, ob freiwillig oder widerwillig, und auch ihre Schatten am Morgen und am Abend. 16 Sprich: Wer ist der Herr der Himmel und der Erde? Sprich: Gott. Sprich: Nehmt ihr euch denn außer Ihm Freunde, die sich selbst weder Nutzen noch Schaden bringen können? Sprich: Sind etwa der Blinde und der Sehende gleich? Oder sind etwa die Finsternisse und das Licht gleich? Oder haben sie Gott solche Teilhaber (zur Seite) gestellt, die erschaffen haben, wie Er erschaffen hat, sodass ihnen die Schöpfung gleichartig erscheint*? Sprich: Gott ist der Schöpfer aller Dinge, und Er ist der Eine, der bezwingende Macht besitzt. 17 Er sendet vom Himmel Wasser herab, und da fließen Täler nach ihrem Maß, und die Flut trägt Schaum an der Oberfläche. Ein ähnlicher Schaum tritt aus dem aus, worüber man das Feuer brennen lässt, um Schmuck oder Gerät anzufertigen. So führt Gott (im Gleichnis) das Wahre und das Falsche an. Was den Schaum betrifft, so vergeht er nutzlos. Was aber den Menschen nützt, bleibt in der Erde. So führt Gott die Gleichnisse an. 18 Diejenigen, die auf ihren Herrn hören, erhalten das Beste. Diejenigen, die nicht auf Ihn hören, würden wohl, wenn sie alles, was auf der Erde ist, besäßen und noch einmal so viel dazu, sich damit loskaufen wollen. Sie erwartet eine böse Abrechnung, und ihre Heimstätte ist die Hölle – welch schlimme Lagerstätte!

*19 Ist etwa derjenige, der weiß, dass das, was zu dir von deinem Herrn herabgesandt worden ist, die Wahrheit ist, wie der, der blind ist? Jedoch bedenken es nur die Einsichtigen. [26]

20 Diejenigen, die den Bund Gottes halten und die Verpflichtung nicht brechen, 21 und die verbinden, was Gott zu verbinden befohlen hat, ihren Herrn fürchten und Angst vor einer bösen Abrechnung haben, 22 und die geduldig sind in der Suche nach dem Antlitz ihres Herrn, das Gebet verrichten und von dem, was Wir

---

16: sodass man kaum noch unterscheiden könnte, ob sie das Werk Gottes oder das Werk der vermeintlichen Teilhaber sei.

ihnen beschert haben, geheim und offen spenden, und das Böse mit dem Guten abwehren, diese werden die jenseitige Wohnstätte erhalten, 23 die Gärten von Eden, in die sie eingehen werden, sie und diejenigen von ihren Vätern, ihren Gattinnen und ihrer Nachkommenschaft, die Gutes getan haben. Und die Engel treten zu ihnen ein durch alle Tore: 24 »Friede sei über euch dafür, dass ihr geduldig waret!« Welch vorzügliche jenseitige Wohnstätte! 25 Diejenigen, die den Bund Gottes, nachdem er geschlossen worden ist, brechen, und das zerschneiden, was Gott befohlen hat zu verbinden, und auf der Erde Unheil stiften, die werden den Fluch Gottes und eine schlimme Wohnstätte erhalten.

26 Gott teilt den Lebensunterhalt großzügig, wem Er will, und auch bemessen zu. Und sie freuen sich über das diesseitige Leben; das diesseitige Leben ist aber im Vergleich mit dem Jenseits nur Nutznießung*. 27 Und diejenigen, die ungläubig sind, sagen: »Wenn doch ein Zeichen von seinem Herrn auf ihn herabgesandt würde!« Sprich: Gott führt irre, wen Er will, und leitet zu sich, wer sich Ihm reumütig zuwendet. 28 Diejenigen, die glauben und deren Herzen im Gedenken Gottes Ruhe finden – ja, im Gedenken Gottes finden die Herzen Ruhe –, 29 diejenigen, die glauben und die guten Werke tun – selig sind sie, und sie werden eine schöne Heimstatt erhalten.

30 So haben Wir dich in eine Gemeinschaft gesandt, vor der Gemeinschaften dahingegangen sind, damit du ihnen verliest, was Wir dir offenbart haben. Aber sie verleugnen den Erbarmer. Sprich: Er ist mein Herr. Es gibt keinen Gott außer Ihm. Auf Ihn vertraue ich, und Ihm wende ich mich zu. 31 Auch wenn ein Koran käme, mit dem die Berge versetzt oder die Erde zerstückelt oder zu den Toten gesprochen werden könnte ... Nein, bei der ganzen Angelegenheit hat Gott allein zu entscheiden. Wissen denn diejenigen, die glauben, nicht, dass Gott, wenn Er wollte, die Menschen alle rechtleiten würde? Diejenigen, die ungläubig sind, wird immer eine Katastrophe treffen für das, was sie gemacht haben, oder sie wird in der Nähe ihrer Wohnstätte niedergehen, bis das Verspre-

26: die keinen Bestand hat.

chen Gottes eintrifft. Und Gott bricht das Versprechen nicht.
32 Gespottet wurde schon vor dir über Gesandte. Da gewährte Ich
denen, die ungläubig waren, Aufschub, dann ergriff Ich sie. Und
wie war dann meine Strafe!
33 Ist denn der, der über jede Seele Macht ausübt, um ihr zu vergelten für das, was sie getan hat, (den Götzen gleich)? Sie stellen
Gott Teilhaber (zur Seite). Sprich: Nennt sie. Oder wollt ihr Ihm
etwas kundtun, das Er auf der Erde nicht wüsste, oder etwas, das
eine offenkundige Rede ist*? Nein, denen, die ungläubig sind,
sind ihre Ränke verlockend gemacht worden, und sie sind vom
Weg abgewiesen worden. Wen Gott irreführt, der hat niemanden,
der ihn rechtleiten könnte. 34 Für sie ist bestimmt eine Pein im
diesseitigen Leben. Die Pein des Jenseits ist jedoch härter. Und sie
haben niemanden, der sie vor Gott schützen könnte. *35 Mit dem
Paradies, das den Gottesfürchtigen versprochen ist, ist es wie
folgt: Unter ihm fließen Bäche, und es hat ständigen Ernteertrag
und Schatten. Das ist das, was im Jenseits für die Gottesfürchtigen folgt. Und was im Jenseits für die Ungläubigen folgt, ist das
Feuer.
36 Diejenigen, denen Wir das Buch zukommen ließen, freuen sich
über das, was zu dir herabgesandt worden ist. Unter den Parteien
gibt es welche, die einen Teil davon verwerfen. Sprich: Mir ist befohlen worden, Gott zu dienen und Ihm nicht (andere) beizugesellen. Zu Ihm rufe ich, und zu Ihm ist meine Rückkehr. 37 Und
so haben Wir ihn als eine Urteilsnorm in arabischer Sprache hinabgesandt. Wenn du ihren Neigungen folgst nach dem, was dir an
Wissen zugekommen ist, so hast du vor Gott weder Freund noch
Beschützer. 38 Und Wir haben vor dir Gesandte entsandt, und Wir
haben ihnen Gattinnen und Nachkommenschaft gegeben. Kein
Gesandter kann ein Zeichen bringen außer mit der Erlaubnis Gottes. Jede Frist steht fest in einem Buch. 39 Gott löscht aus, und Er
bestätigt, was Er will. Bei Ihm steht die Urnorm des Buches. 40 Ob
Wir dich einen Teil dessen, was Wir ihnen androhen, sehen lassen
oder dich abberufen, dir obliegt nur die Ausrichtung (der Bot-

[26 ¼]

33: Oder: oder etwas, was ein leeres Gerede ist.

schaft). Und Uns obliegt die Abrechnung. 41 Haben sie denn nicht gesehen, dass Wir über das Land kommen und es an seinen Enden kürzen? Gott (allein) urteilt, und niemand kann danach sein Urteil rückgängig machen. Und Er ist schnell im Abrechnen. 42 Ränke haben schon diejenigen, die vor ihnen lebten, geschmiedet. Aber Gott schmiedet die (wirksamen) Ränke alle. Er weiß, was jede Seele erwirbt. Und die Ungläubigen werden zu wissen bekommen, für wen die jenseitige Wohnstätte bestimmt ist. 43 Diejenigen, die ungläubig sind, sagen: »Du bist kein Gesandter.« Sprich: Gott genügt als Zeuge zwischen mir und euch, und auch diejenigen, die das Wissen des Buches besitzen.

Sure 14

Abraham (Ibrāhīm)

zu Mekka, 52 Verse

Im Namen Gottes, des Erbarmers, des Barmherzigen
1 Alif Lām Rā*. Dies ist ein Buch, das Wir zu dir hinabgesandt haben, damit du die Menschen mit der Erlaubnis ihres Herrn aus den Finsternissen ins Licht hinausführst, zum Weg dessen, der mächtig und des Lobes würdig ist, 2 (zum Weg) Gottes, dem gehört, was in den Himmeln und was auf der Erde ist. Wehe den Ungläubigen vor einer harten Pein! 3 Diejenigen, die das diesseitige Leben mehr lieben als das Jenseits und vom Weg Gottes abweisen und sich ihn krumm wünschen, die sind weit abgeirrt. 4 Und Wir haben keinen Gesandten entsandt, außer (mit einer Botschaft) in der Sprache seines Volkes, damit er (sie) ihnen deutlich macht. Gott führt dann irre, wen Er will, und Er leitet recht, wen Er will. Und Er ist der Mächtige, der Weise. 5 Und Wir haben Mose mit unseren Zeichen

---

1:     Die Bedeutung dieser Buchstaben ist noch nicht geklärt.

gesandt: »Führe dein Volk aus den Finsternissen ins Licht hinaus, und erinnere sie an die Tage Gottes.« Darin sind Zeichen für jeden, der sehr standhaft und sehr dankbar ist. 6 Und als Mose zu seinem Volk sagte: »Gedenket der Gnade Gottes zu euch, als Er euch vor den Leuten des Pharao rettete, die euch schlimme Pein zufügten, eure Söhne abschlachteten und nur eure Frauen am Leben ließen – darin war für euch eine gewaltige Prüfung von eurem Herrn. 7 Und als euer Herr ankündigte: ›Wenn ihr dankbar seid, werde Ich euch noch mehr Gnade erweisen. Und wenn ihr undankbar seid, so ist meine Pein hart.‹« 8 Und Mose sagte: »Wenn ihr undankbar seid, ihr und alle, die auf der Erde sind, so ist Gott auf niemanden angewiesen und des Lobes würdig.«

9 Ist denn nicht der Bericht über die, die vor euch lebten, zu euch gelangt, das Volk Noachs, die ʿĀd und die Thamūd und die, die nach ihnen lebten, und die nur Gott kennt? Ihre Gesandten kamen zu ihnen mit den deutlichen Zeichen. Sie aber steckten ihre Hände in den Mund und sagten: »Wir verleugnen das, womit ihr gesandt seid, und wir hegen über das, wozu ihr uns aufruft, einen starken Zweifel.« *10 Ihre Gesandten sagten: »Ist denn ein Zweifel [26½] möglich über Gott, den Schöpfer der Himmel und der Erde? Er ruft euch, um euch etwas von euren Sünden zu vergeben und euch für eine bestimmte Frist zurückzustellen.« Sie sagten: »Ihr seid nur Menschen wie wir. Ihr wollt uns von dem abbringen, was unsere Väter verehrten. So bringt uns eine offenkundige Ermächtigung.« 11 Ihre Gesandten sagten zu ihnen: »Wir sind zwar nur Menschen wie ihr. Aber Gott erweist seine Wohltaten, wem von seinen Dienern Er will. Und wir können euch keine Ermächtigung bringen außer mit der Erlaubnis Gottes. Auf Gott sollen die Gläubigen vertrauen. 12 Warum sollten wir nicht auf Gott vertrauen, wo Er uns unsere Wege geführt hat? Wir werden das Leid, das ihr uns zufügt, geduldig ertragen, und auf Gott sollen die vertrauen, die (überhaupt auf jemanden) vertrauen.« 13 Diejenigen, die ungläubig waren, sagten zu ihren Gesandten: »Wir werden euch bestimmt aus unserem Land vertreiben, oder ihr kehrt zu unserer Glaubensrichtung zurück.« Da offenbarte ihnen ihr Herr: »Verderben werden Wir die, die Unrecht tun. 14 Und Wir werden euch

nach ihnen das Land bewohnen lassen. Dies gilt für den, der meinen Stand fürchtet und meine Androhung fürchtet.« 15 Und sie baten um einen Richterspruch. Und enttäuscht wurde jeder widerspenstige Gewaltherrscher. 16 Hintendrein steht für ihn die Hölle bereit, und er bekommt eitriges Wasser zu trinken, 17 das er schluckt, aber kaum hinunterbringt. Und der Tod kommt zu ihm von überall her, aber er stirbt nicht. Und danach steht eine schwere Pein. 18 Mit denen, die ihren Herrn verleugnen, ist es so: Ihre Werke sind wie die Asche, auf die der Wind an einem stürmischen Tag heftig bläst. Sie verfügen über nichts von dem, was sie erworben haben. Das ist der tiefe Irrtum. 19 Siehst du denn nicht, dass Gott die Himmel und die Erde in Wahrheit erschaffen hat? Wenn Er will, lässt Er euch fortgehen und bringt eine neue Schöpfung hervor. 20 Dies fällt Gott sicher nicht schwer.

21 Und sie treten vor Gott allesamt. Da sagen die Schwachen zu denen, die sich hochmütig verhielten: »Wir waren doch eure Gefolgsleute. Könnt ihr uns vor Gottes Pein etwas nützen?« Sie sagen: »Wenn Gott uns rechtgeleitet hätte, hätten (auch) wir euch rechtgeleitet. Es ist für uns gleich, ob wir uns mutlos oder geduldig zeigen; für uns gibt es kein Entrinnen.« 22 Und der Satan sagt, nachdem die Angelegenheit entschieden ist: »Gott hat euch ein wahres Versprechen gegeben. Auch ich habe euch (etwas versprochen), es aber dann nicht gehalten. Und ich hatte keine Macht über euch; ich habe euch nur gerufen, und ihr habt auf mich gehört. So tadelt mich nicht, tadelt euch selbst. Ich kann euch nicht helfen, und ihr könnt mir nicht helfen. Ich weise es zurück, dass ihr mich zuvor (Gott) beigesellt habt.« Für die, die Unrecht tun, ist eine schmerzhafte Pein bestimmt. 23 Aber diejenigen, die glauben und die guten Werke tun, werden in Gärten geführt, unter denen Bäche fließen; darin werden sie ewig weilen, mit der Erlaubnis ihres Herrn. Ihre Begrüßung darin wird sein: »Frieden!«

24 Hast du nicht gesehen, wie Gott ein Gleichnis von einem gefälligen Wort anführt? Es ist wie ein guter Baum, dessen Stamm fest ist und dessen Zweige in den Himmel reichen. 25 Er bringt seinen Ernteertrag zu jeder Zeit, mit der Erlaubnis seines Herrn. Und Gott führt für die Menschen Gleichnisse an, auf dass sie es bedenken.

26 Mit einem schlechten Wort ist es wie mit einem schlechten Baum, der über der Erde herausgerissen wurde und keinen festen Grund mehr hat. **27** Gott festigt diejenigen, die glauben, durch die feste Aussage* im diesseitigen Leben und im Jenseits. Und Gott führt die, die Unrecht tun, in die Irre. Gott tut, was Er will. ***28** Hast du nicht auf jene geschaut, die die Gnade Gottes gegen [26 3/4] den Unglauben eingetauscht und ihr Volk in die Wohnstätte des Verderbens versetzt haben, **29** in die Hölle, in der sie brennen? – Welch schlimmer Aufenthalt! **30** Und sie haben Gott andere als Gegenpart zur Seite gestellt, um (die Menschen) von seinem Weg abirren zu lassen. Sprich: Genießet nur, ihr treibt ja ins Feuer.

31 Sag zu meinen Dienern, die glauben, sie sollen das Gebet verrichten und von dem, was Wir ihnen beschert haben, geheim und offen spenden, bevor ein Tag kommt, an dem es weder Handel noch Freundschaft gibt. **32** Gott ist es, der die Himmel und die Erde erschuf und vom Himmel Wasser herabkommen ließ und dadurch von den Früchten einen Lebensunterhalt für euch hervorbrachte. Und Er stellte in euren Dienst die Schiffe, damit sie auf dem Meer auf seinen Befehl fahren. Und Er stellte in euren Dienst die Flüsse. **33** Er stellte in euren Dienst die Sonne und den Mond in unablässigem Lauf. Und Er stellte in euren Dienst die Nacht und den Tag. **34** Und Er ließ euch etwas zukommen von allem, worum ihr batet. Wenn ihr die Gnade Gottes aufzählen wolltet, könntet ihr sie nicht erfassen. Wahrlich, der Mensch neigt sehr zum Unrecht und ist sehr undankbar.

35 Als Abraham sagte: »Mein Herr, mache dieses Gebiet sicher, und lass mich und meine Söhne es meiden, den Götzen zu dienen. **36** Mein Herr, sie haben viele Menschen irregeführt. Wer mir nun folgt, gehört zu mir, und wenn einer gegen mich ungehorsam ist, so bist Du voller Vergebung und barmherzig. **37** Unser Herr, ich habe einige aus meiner Nachkommenschaft in einem Tal ohne Saat bei deinem heiligen Haus wohnen lassen, unser Herr, damit

---

27: die feste Aussage der Gläubigen, die ihre Treue und ihren Glauben zum Ausdruck bringt – oder: den festen Spruch Gottes, der seine Verheißung bestätigt.

sie das Gebet verrichten. So lass die Herzen einiger Menschen sich ihnen zuneigen und beschere ihnen etwas von den Früchten, auf dass sie dankbar seien. 38 Unser Herr, Du weißt, was wir verbergen und was wir offenlegen, und vor Gott ist nichts verborgen, weder auf der Erde noch im Himmel. 39 Lob sei Gott, der mir trotz meines Alters Ismael und Isaak geschenkt hat! Mein Herr erhört das Rufen. 40 Mein Herr, lass mich und die aus meiner Nachkommenschaft das Gebet verrichten, unser Herr, und nimm unser Rufen an. 41 Unser Herr, vergib mir und meinen Eltern und den Gläubigen am Tag, da die Abrechnung heraufkommen wird.«

42 Und du darfst nicht meinen, dass Gott das, was die Ungerechten tun, unbeachtet lässt. Er stellt sie nur zurück bis zu einem Tag, an dem die Blicke starr werden, 43 mit gerecktem Hals und erhobenem Haupt; ihr Blick kehrt nicht zu ihnen zurück, und ihre Herzen sind leer. 44 Und warne die Menschen vor dem Tag, an dem die Pein über sie kommt. Da werden diejenigen, die Unrecht taten, sagen: »Unser Herr, stelle uns auf eine kurze Frist zurück, so werden wir auf deinen Ruf hören und den Gesandten folgen.« – »Hattet ihr denn nicht vorher geschworen, ihr würdet nicht vergehen? 45 Ihr habt noch in den Wohnungen derer gewohnt, die sich selbst Unrecht getan haben, und es ist euch deutlich geworden, wie Wir an ihnen gehandelt haben. Wir haben euch doch Beispiele gegeben.« 46 Und sie haben ihre Ränke geschmiedet, aber über ihre Ränke hat Gott allein zu entscheiden, auch wenn ihre Ränke derart sind, dass davor die Berge vergehen. 47 So darfst du nicht meinen, dass Gott sein Versprechen an die Gesandten bricht. Gott ist mächtig und übt Rache. 48 Am Tag, da die Erde gegen eine andere Erde eingetauscht wird, und auch die Himmel, und da sie vor Gott treten, den Einen, der bezwingende Macht besitzt. 49 An jenem Tag siehst du die Übeltäter in Ketten aneinander gebunden. 50 Ihre Kleider sind aus Pech, und das Feuer überdeckt ihre Gesichter, 51 damit Gott einem jeden vergelte, was er erworben hat. Gott ist schnell im Abrechnen. 52 Das ist eine Botschaft an die Menschen, damit sie dadurch gewarnt werden und damit sie wissen, dass Er ein einziger Gott ist, und damit es die Einsichtigen bedenken.

Sure 15

Ḥidjr (al-Ḥidjr)

zu Medina, 99 Verse

Im Namen Gottes, des Erbarmers, des Barmherzigen.

1 Alif Lām Rā. Dies sind die Zeichen des Buches und eines deut-   14. Teil
lichen Korans. 2 Vielleicht werden diejenigen, die ungläubig sind,   [27]
wünschen, sie wären Muslime gewesen. 3 Lass sie nur essen und
genießen und sich durch die Hoffnung ablenken lassen. Sie werden es noch zu wissen bekommen. 4 Und Wir haben keine Stadt
verderben lassen, ohne dass sie eine festgelegte Vorherbestimmung gehabt hätte. 5 Keine Gemeinschaft kann ihrer Frist vorausgehen, noch kann sie hinter ihr zurückbleiben. 6 Und sie sagen:
»O du, auf den die Ermahnung herabgesandt worden sein soll, du
bist ja besessen. 7 Würdest du uns doch die Engel bringen, so du
zu denen gehörst, die die Wahrheit sagen!« 8 Wir senden die Engel nur mit der Wahrheit hinab. Dann wird ihnen kein Aufschub
gewährt. 9 Wir, ja Wir haben die Ermahnung hinabgesandt, und
Wir werden sie gewiss bewahren. 10 Wir haben vor dir zu den Parteien der Früheren entsandt. 11 Und kein Gesandter kam zu ihnen, ohne dass sie ihn verspottet hätten. 12 So lassen Wir ihn* in
die Herzen der Übeltäter eingehen. 13 Sie glauben nicht daran,
und es wird (an ihnen) nach dem Beispiel der Früheren verfahren.
14 Auch wenn Wir ihnen ein Tor vom Himmel öffneten und sie
ständig dadurch emporstiegen, 15 würden sie sagen: »Unsere Blicke sind ja verschlossen. Nein, wir sind Leute, die einem Zauber
verfallen sind.«

16 Und Wir haben im Himmel Sternzeichen gesetzt und ihn für
die Zuschauer geschmückt, 17 und Wir haben ihn vor jedem gesteinigten Satan bewahrt, 18 außer dem, der wie ein Dieb horcht,

---

1:   Die Bedeutung dieser Buchstaben ist noch nicht geklärt.
12: den Koran. Oder: So lassen Wir es: d. h. die schlechte Gewohnheit, die
     Gesandten zu verspotten.

worauf ihn eine deutlich erkennbare Sternschnuppe verfolgt. 19 Auch die Erde haben Wir ausgebreitet und auf ihr festgegründete Berge angebracht. Und Wir haben auf ihr allerlei Dinge im rechten Maß wachsen lassen. 20 Und Wir haben auf ihr für euch Unterhaltsmöglichkeiten bereitet, und (auch) für diejenigen, die ihr nicht versorgt. 21 Und es gibt nichts, von dem Wir nicht einen Vorrat angelegt hätten. Und Wir senden es nur in festgelegtem Maß hinab. 22 Und Wir haben die befruchtenden Winde gesandt. Und Wir haben dann vom Himmel Wasser hinabkommen lassen und es euch zu trinken gegeben. Ihr aber hättet davon keinen Vorrat anlegen können. 23 Und Wir sind es, die lebendig machen und sterben lassen, und Wir sind es, die (alles) erben. 24 Und Wir kennen diejenigen unter euch, die vorausgehen, und Wir kennen die, die zurückbleiben. 25 Und siehe, dein Herr wird sie versammeln. Er ist weise und weiß Bescheid.

26 Und Wir haben den Menschen aus einer Trockenmasse, aus einem gestaltbaren schwarzen Schlamm erschaffen. 27 Und die Djinn haben Wir vorher aus dem Feuer des glühenden Windes erschaffen. 28 Und als dein Herr zu den Engeln sprach: »Ich werde einen Menschen aus einer Trockenmasse, aus einem gestaltbaren schwarzen Schlamm erschaffen. 29 Wenn Ich ihn geformt und ihm von meinem Geist eingeblasen habe, dann fallt und werft euch vor ihm nieder.« 30 Da warfen sich die Engel alle zusammen nieder, 31 außer Iblīs; er weigerte sich, zu denen zu gehören, die sich niederwarfen. 32 Er sprach: »O Iblīs, was ist mit dir, dass du nicht zu denen gehörst, die sich niederwarfen?« 33 Er sagte: »Ich kann mich unmöglich vor einem Menschen niederwerfen, den Du aus einer Trockenmasse, aus einem gestaltbaren schwarzen Schlamm erschaffen hast.« 34 Er sprach: »Dann geh aus ihm* hinaus. Du bist ja der Steinigung würdig. 35 Und auf dir liegt der Fluch bis zum Tag des Gerichtes.« 36 Er sagte: »Mein Herr, gewähre mir Aufschub bis zu dem Tag, da sie auferweckt werden.« 37 Er sprach: »Siehe, du gehörst zu denen, denen Aufschub gewährt wird 38 bis zu dem Tag der festgelegten Zeit.« 39 Er sagte: »Mein

34: dem Paradies.

Herr, weil Du mich irregeführt hast, werde ich, ich schwöre es, ihnen auf der Erde Verlockungen bereiten und sie allesamt abirren lassen, 40 außer deinen auserwählten Dienern unter ihnen.« 41 Er sprach: »Das ist ein gerader Weg, der mir obliegt. 42 Was meine Diener betrifft, so hast du über sie keine Macht, außer denen unter den Abgeirrten, die dir folgen.« 43 Und die Hölle ist der Verabredungsort für sie alle. 44 Sie hat sieben Tore, und jedem Tor wird ein Teil von ihnen zugewiesen. 45 Die Gottesfürchtigen aber werden in Gärten und an Quellen sein: 46 »Geht hinein in Frieden und Sicherheit.« 47 Und Wir nehmen weg, was in ihrer Brust an Groll dasein mag, sodass sie wie Brüder auf Liegen ruhen, einander gegenüber. 48 Darin erfasst sie keine Mühsal, und sie werden nicht daraus vertrieben.

*49 Tu meinen Dienern kund, dass Ich der bin, der voller Vergebung und barmherzig ist, 50 und dass meine Pein die schmerzhafte Pein ist. [27 ¼]

51 Und berichte ihnen von den Gästen Abrahams. 52 Als sie bei ihm eintraten und sagten: »Frieden!« Er sagte: »Wir haben Angst vor euch.« 53 Sie sagten: »Hab keine Angst. Wir verkünden dir einen klugen Knaben.« 54 Er sagte: »Ihr verkündet (es) mir, obwohl mich das Alter erfasst hat! Was verkündet ihr (mir) denn?« 55 Sie sagten: »Wir verkünden (es) dir in Wahrheit. So sei nicht einer von denen, die die Hoffnung aufgeben.« 56 Er sagte: »Nur die Abgeirrten geben die Hoffnung auf die Barmherzigkeit ihres Herrn auf.« 57 Er sagte: »Was ist euer Anliegen, ihr Boten?« 58 Sie sagten: »Wir sind zu Leuten gesandt, die Übeltäter sind, 59 ausgenommen die Sippe Lots. Diese werden Wir sicher alle erretten, 60 außer seiner Frau. Wir haben (es so) bestimmt, sie gehört zu denen, die zurückbleiben und dem Verderben anheimfallen.« 61 Als nun die Boten zu der Sippe Lots kamen, 62 sagte er: »Ihr seid unbekannte Leute.« 63 Sie sagten: »Nein, wir kommen zu dir mit dem, was sie immer wieder bezweifelt haben. 64 Und wir kommen zu dir mit der Wahrheit. Und wir sagen, was wahr ist. 65 So zieh mit deinen Angehörigen in einem Teil der Nacht fort, und folge du hinterdrein. Und keiner von euch soll sich umdrehen. Und geht, wohin euch befohlen wird.« 66 Und Wir haben ihm die-

sen Befehl mitgeteilt, dass der letzte Rest dieser Leute am Morgen
ausgemerzt werde. 67 Und die Bewohner der Stadt kamen frohlo-
ckend. 68 Er sagte: »Diese sind meine Gäste, so stellt mich nicht
bloß. 69 Und fürchtet Gott und bringt keine Schande über mich.«
70 Sie sagten: »Haben wir dir nicht verboten, mit den Weltenbewohnern Umgang zu pflegen?« 71 Er sagte: »Da sind meine Töchter, so ihr etwas tun wollt.« 72 Bei deinem Leben, sie irrten in ihrer
Trunkenheit umher. 73 So ergriff sie der Schrei bei Sonnenaufgang, 74 und Wir kehrten in ihrer Stadt* das Oberste zuunterst
und ließen auf sie Steine aus Ton herabregnen. 75 Darin sind
wahrlich Zeichen für die Betrachtenden. 76 Und sie liegt an einem
noch bestehenden Weg. 77 Darin ist wahrlich ein Zeichen für die
Gläubigen.

78 Und die Gefährten des Waldes* taten Unrecht, 79 so rächten
Wir uns an ihnen. Beide liegen an einem offenkundigen Wegwei-
ser. 80 Und die Gefährten von al-Ḥidjr* ziehen die Gesandten der
Lüge. 81 Wir ließen ihnen unsere Zeichen zukommen, aber sie
wandten sich von ihnen ab. 82 Und sie hauten aus den Bergen
Häuser aus, um in Sicherheit zu leben. 83 Da ergriff sie der Schrei
am Morgen, 84 und so nützte ihnen, was sie zu erwerben pflegten, nicht.

85 Siehe, Wir haben die Himmel und die Erde, und was dazwischen ist, in Wahrheit erschaffen. Und die Stunde wird sicher eintreffen. So übe schöne Nachsicht. 86 Dein Herr ist es, der alles erschafft und Bescheid weiß. 87 Und Wir haben dir sieben aus den
sich wiederholenden Versen* zukommen lassen, und auch den gewaltigen Koran. 88 Richte nicht gierig deine Augen auf das, was
Wir einigen von ihnen zur Nutznießung verliehen haben. Und sei
nicht betrübt über sie. Und senke deinen Flügel für die Gläubigen,

74: Wörtlich: ihr.
78: Das sind die Gefährten des Propheten Shuʿayb (vgl. 26,177), auch Ma-
    dyan genannt. Vgl. 7,85–93.
80: Sind es die Thamūd? Vgl. 7,73–79.
87: Es sollen die sieben Verse der Eröffnungssure sein, oder sieben Erzäh-
    lungen unter den häufigsten Berichten über die Strafgerichte Gottes.
    Es gibt auch andere Deutungen.

89 und sprich: Ich bin ja der deutliche Warner. 90 Wie Wir auf die
hinabgesandt haben, die aufteilen, 91 die den Koran zergliedert
haben*. 92 Bei deinem Herrn! Wir werden sie alle zur Verantwortung ziehen 93 über das, was sie taten. 94 Und verkünde laut,
was dir befohlen wird, und wende dich von den Polytheisten ab.
95 Wir schützen dich vor den Spöttern, 96 die Gott einen anderen
Gott zur Seite stellen. Sie werden es noch zu wissen bekommen.
97 Wir wissen ja, dass deine Brust beklommen ist wegen dessen,
was sie sagen. 98 Aber sing das Lob deines Herrn und sei einer
von denen, die sich niederwerfen, 99 und diene deinem Herrn, bis
das sichere Los dich ereilt.

Sure 16

Die Bienen (al-Naḥl)

zu Mekka, 128 Verse

Im Namen Gottes, des Erbarmers, des Barmherzigen.
*1 Der Befehl Gottes ist eingetroffen, so wünscht nicht, ihn zu   [27 ½]
beschleunigen. Preis sei Ihm, und erhaben ist Er über das, was sie
(Ihm) beigesellen. 2 Er sendet die Engel mit dem Geist von seinem
Befehl herab, auf wen von seinen Dienern Er will: »Warnt (und
verkündet), dass es keinen Gott gibt außer Mir. Ihr sollt Mich (allein) fürchten.« 3 Er hat die Himmel und die Erde in Wahrheit erschaffen. Erhaben ist Er über das, was sie (Ihm) beigesellen. 4 Den

---

91: Vielleicht handelt es sich hier um Ungläubige aus Mekka, welche den
    Koran zerteilten, um seine Teile verschieden zu beurteilen (Zauberei, er-
    dichtet, Fabeln der früheren Generationen) und die Offenbarung zurück-
    weisen. Oder es sind die Juden und die Christen, die den Koran zu Teilen
    gemacht haben und sagen: An den einen Teil glauben wir, an den ande-
    ren glauben wir nicht.

Menschen hat Er aus einem Tropfen erschaffen. Und doch ist er gleich offenkundig streitsüchtig. 5 Auch hat Er die Herdentiere erschaffen. An ihnen habt ihr Wärme und allerlei Nutzen; und ihr könnt davon essen. 6 Und ihr habt an ihnen Schönes, wenn ihr (sie) abends eintreibt und wenn ihr (sie) morgens austreibt. 7 Und sie tragen eure Lasten in ein Land, das ihr (sonst) nur mit größter Mühe hättet erreichen können. Euer Herr hat ja Mitleid und ist barmherzig. 8 Und (erschaffen hat Er) die Pferde, die Maultiere und die Esel, damit ihr auf ihnen reitet, und auch (euch) zur Zierde. Und Er erschafft, was ihr nicht wisst. 9 Gott obliegt es, den richtigen Weg zu weisen. Es gibt ja welche*, die abweichen. Wenn Er gewollt hätte, hätte Er euch allesamt rechtgeleitet. 10 Er ist es, der vom Himmel Wasser hat herabkommen lassen. Davon habt ihr etwas zu trinken, und davon wachsen Sträucher, in denen ihr weiden lassen könnt. 11 Er lässt euch dadurch Getreide sprießen, und Ölbäume, Palmen, Weinstöcke und allerlei Früchte. Darin ist ein Zeichen für Leute, die nachdenken. 12 Und Er hat euch die Nacht und den Tag, die Sonne und den Mond dienstbar gemacht. Auch die Sterne sind durch seinen Befehl dienstbar gemacht worden. Darin sind Zeichen für Leute, die verständig sind. 13 Und (da ist) auch, was Er euch auf der Erde in verschiedenen Arten geschaffen hat. Darin ist ein Zeichen für Leute, die (es) bedenken. 14 Und Er ist es, der euch das Meer dienstbar gemacht hat, damit ihr frisches Fleisch daraus esst und Schmuck aus ihm herausholt, um ihn anzulegen. Und du siehst die Schiffe es durchspalten, ja, damit ihr nach etwas von seiner Huld strebt, auf dass ihr dankbar werdet. 15 Und Er hat auf der Erde festgegründete Berge gelegt, dass sie nicht mit euch schwanke, und Flüsse und Wege – auf dass ihr der Rechtleitung folgt – 16 und Wegzeichen. Und mit Hilfe der Sterne finden sie die Richtung. 17 Ist denn der, der erschafft, wie der, der nicht erschafft? Wollt ihr (es) nicht bedenken? 18 Und wenn ihr die Gnade Gottes aufzählen wolltet, könntet ihr sie nicht erfassen. Wahrlich, Gott ist voller Vergebung und barmherzig. 19 Und Gott weiß, was ihr geheim haltet und was ihr offenlegt. 20 Und

9: Wege.

diejenigen, die sie anstelle Gottes anrufen, erschaffen nichts; sie werden aber selbst erschaffen. 21 Tot sind sie, nicht lebendig, und sie merken nicht, wann sie erweckt werden.

22 Euer Gott ist ein einziger Gott. Diejenigen, die nicht an das Jenseits glauben, weisen es in ihren Herzen ab und zeigen sich hochmütig. 23 Wahrlich, Gott weiß, was sie geheim halten und was sie offenlegen. Er liebt die nicht, die sich hochmütig zeigen. 24 Und wenn zu ihnen gesagt wird. »Was hat euer Herr herabgesandt?«, sagen sie: »Die Fabeln der Früheren.« 25 So sollen sie am Tag der Auferstehung ihre Lasten vollständig tragen, und auch etwas von den Lasten derer, die sie ohne (richtiges) Wissen irreleiten. O schlimm ist, was auf ihnen lastet! 26 Ränke haben diejenigen, die vor ihnen lebten, geschmiedet. Da erfasste Gott ihren Bau an den Grundmauern, und die Decke über ihnen stürzte auf sie herab, und die Pein kam über sie, von wo sie es nicht merkten. 27 Dann am Tag der Auferstehung wird Er sie zu Schanden machen und sagen: »Wo sind meine Teilhaber, derentwegen ihr euch widersetztet?« Diejenigen, denen das Wissen zugekommen ist, sagen: »Schande und Unheil kommen heute über die Ungläubigen«, 28 die von den Engeln abberufen werden, während sie sich selbst Unrecht getan haben. Sie bieten den Frieden an: »Wir pflegten nichts Böses zu tun.« – »Doch, Gott weiß Bescheid über das, was ihr zu tun pflegtet. 29 Betretet nun die Tore der Hölle; darin werdet ihr ewig weilen. Schlimm ist ja die Bleibe der Hochmütigen.«

*30 Zu denen, die gottesfürchtig sind, wird gesagt: »Was hat euer Herr herabgesandt?« Sie sagen: »Gutes.« Diejenigen, die rechtschaffen sind, erhalten hier im Diesseits Gutes. Aber die Wohnstätte des Jenseits ist gewiss besser. Vorzüglich ist die Wohnstätte der Gottesfürchtigen: 31 die Gärten von Eden, in die sie eingehen, unter denen Bäche fließen und in denen sie (alles) haben, was sie wollen. So entlohnt Gott die Gottesfürchtigen, 32 die die Engel abberufen, während sie gute (Menschen) gewesen sind. Sie sagen: »Friede sei über euch! Geht ins Paradies ein für das, was ihr zu tun pflegtet.« [27 3/4]

33 Erwarten sie denn etwas anderes, als dass die Engel zu ihnen kommen, oder dass der Befehl deines Herrn eintrifft? So handel-

ten auch diejenigen, die vor ihnen lebten. Und nicht Gott hat ihnen Unrecht getan, sondern sie haben sich selbst Unrecht getan. 34 Getroffen haben sie (schließlich) die bösen Taten, die sie begangen haben, und umschlossen hat sie das, worüber sie spotteten.

35 Diejenigen, die Polytheisten sind, sagen: »Wenn Gott gewollt hätte, hätten wir nichts an seiner Stelle verehrt, weder wir noch unsere Väter, und wir hätten nichts an seiner Stelle verboten.« So handelten auch diejenigen, die vor ihnen lebten. Obliegt denn dem Gesandten etwas anderes als die deutliche Ausrichtung (der Botschaft)? 36 Und Wir haben aus der Mitte jeder Gemeinschaft einen Gesandten erstehen lassen: »Dienet Gott und meidet die Götzen.« Unter ihnen sind welche, die Gott rechtgeleitet hat, und unter ihnen sind welche, über die der Irrtum zu Recht fällig geworden ist. Geht auf der Erde umher und schaut, wie das Ende derer war, die (die Gesandten) der Lüge geziehen haben. 37 Du magst dich noch so sehr bemühen, sie rechtzuleiten, Gott leitet nicht recht, wen Er (nun) irreführt. Und sie werden keinen Helfer haben. 38 Sie schwören bei Gott ihren eifrigsten Eid, Gott werde die nicht auferwecken, die sterben. Doch, das ist ein Ihm obliegendes Versprechen in Wahrheit – aber die meisten Menschen wissen nicht Bescheid –, 39 damit Er ihnen das deutlich macht, worüber sie uneins sind, und damit diejenigen, die ungläubig sind, wissen, dass sie Lügner waren. 40 Unsere Rede zu einer Sache, wenn Wir sie wollen, ist, zu ihr zu sprechen: Sei!, und sie ist.

41 Und die, die um Gottes willen ausgewandert sind, nachdem ihnen Unrecht getan wurde, werden Wir gewiss im Diesseits in einen schönen Stand einweisen. Aber der Lohn des Jenseits ist gewiss größer, wenn sie es nur wüssten! 42 (Sie), die geduldig sind und auf ihren Herrn vertrauen.

43 Und Wir haben vor dir nur Männer gesandt, denen Wir Offenbarungen eingegeben haben. So fragt die Besitzer der Ermahnung*, wenn ihr nicht Bescheid wisst. 44 (Wir haben sie gesandt) mit den deutlichen Zeichen und den Schriften. Und Wir haben zu

43: der früheren Offenbarungen.

dir die Ermahnung hinabgesandt, damit du den Menschen deutlich machst, was zu ihnen herabgesandt worden ist, und damit sie vielleicht nachdenken. 45 Wähnen sich denn diejenigen, die böse Ränke schmieden, in Sicherheit davor, dass Gott die Erde mit ihnen versinken lässt, oder dass die Pein über sie kommt, von wo sie es nicht merken, 46 oder dass Er sie in ihrem Umherziehen ergreift – und sie können es nicht vereiteln –, 47 oder dass Er sie ergreift, während sie Angst haben? Euer Herr hat Mitleid und ist barmherzig. 48 Haben sie nicht auf die Dinge geschaut, die Gott erschaffen hat? Ihre Schatten wenden sich rechts und links, und sie werfen sich demütig vor Gott nieder. 49 Vor Gott wirft sich nieder, was in den Himmeln und was auf der Erde ist, ob Tiere oder Engel, und sie verhalten sich nicht hochmütig. 50 Sie fürchten ihren Herrn, der über ihnen steht, und sie tun, was ihnen befohlen wird.

*51 Und Gott hat gesprochen: Nehmt euch nicht zwei Götter. Er [28] ist nur ein einziger Gott. Vor Mir sollt ihr Ehrfurcht haben. 52 Ihm gehört, was in den Himmeln und auf der Erde ist. Und Ihm gehört die religiöse Verehrung in ständiger Weise. Wollt ihr denn einen anderen als Gott fürchten? 53 Was ihr an Gnade erfahrt, ist von Gott. Wenn euch dann ein Schaden trifft, so schreit ihr zu Ihm um Hilfe. 54 Wenn Er dann euch den Schaden behoben hat, da ist gleich ein Teil von euch dabei, ihrem Herrn (andere) beizugesellen, 55 um undankbar zu sein für das, was Wir ihnen zukommen ließen. So genießet nur. Ihr werdet es noch zu wissen bekommen.

56 Und sie bestimmen für das, von dem sie kein Wissen haben*, einen Anteil von dem, was Wir ihnen beschert haben. Bei Gott, ihr werdet zu verantworten haben, was ihr zu erdichten pflegtet. 57 Und sie geben Gott Töchter – Preis sei Ihm! – und sich (selbst), was sie begehren. 58 Wenn einer von ihnen von der Geburt eines Mädchens benachrichtigt wird, bleibt sein Gesicht finster, und er unterdrückt (seinen Groll). 59 Er verbirgt sich vor den Leuten wegen der schlimmen Nachricht. Solle er es nun trotz der Schmach

56: für die Götzen.

behalten oder es im Boden verscharren. Übel ist, wie sie da urteilen. 60 Diejenigen, die an das Jenseits nicht glauben, besitzen die Eigenschaft des Bösen. Gott besitzt die höchste Eigenschaft, und Er ist der Mächtige, der Weise. 61 Wenn Gott die Menschen für ihre Ungerechtigkeit belangen wollte, würde Er auf ihr* kein Tier übrig lassen. Aber Er stellt sie auf eine festgesetzte Frist zurück. Und wenn ihre Frist eintrifft, können sie nicht einmal eine Stunde zurückbleiben oder vorausgehen. 62 Und sie geben Gott, was sie verabscheuen. Und ihre Zungen behaupten lügnerisch, dass für sie das Beste bestimmt ist. Kein Zweifel, dass für sie das Feuer bestimmt ist und dass sie zuerst hineingestürzt werden.

63 Bei Gott, Wir haben (Propheten) zu Gemeinschaften vor dir gesandt. Da machte ihnen der Satan ihre Taten verlockend. So ist er heute ihr Freund, und bestimmt ist für sie eine schmerzhafte Pein.

64 Und Wir haben auf dich das Buch nur deswegen hinabgesandt, damit du ihnen das deutlich machst, worüber sie uneins waren, und als Rechtleitung und Barmherzigkeit für Leute, die glauben.

65 Und Gott hat vom Himmel Wasser herabkommen lassen und mit ihm die Erde nach ihrem Absterben wieder belebt. Darin ist ein Zeichen für Leute, die hören können. 66 Einen Grund zum Nachdenken habt ihr in den Herdentieren. Wir geben euch von dem, was in ihrem Leib zwischen Kot und Blut ist, zu trinken, reine Milch, bekömmlich für die, die (sie) trinken. 67 Und (Wir geben euch) von den Früchten der Palmen und der Weinstöcke, woraus ihr euch ein Rauschgetränk und einen schönen Lebensunterhalt nehmt. Darin ist ein Zeichen für Leute, die verständig sind. 68 Und dein Herr hat der Biene eingegeben: »Nimm dir Häuser in den Bergen, in den Bäumen und in den Spalieren. 69 Dann iss von allen Früchten, wandle auf den Wegen deines Herrn, die (dir) leicht gemacht sind.« Aus ihren Leibern kommt ein Trank von verschiedenen Arten, in dem Heilung für die Menschen ist. Darin ist ein Zeichen für Leute, die nachdenken. 70 Und Gott hat euch er-

61: auf der Erde.

schaffen, dann beruft Er euch ab. Und manch einer von euch wird in das schlimmste Alter gebracht, sodass er nach (vorherigem) Wissen nun nichts (mehr) weiß. Gott weiß Bescheid und ist mächtig. 71 Und Gott hat einige von euch im Lebensunterhalt vor den anderen bevorzugt. Doch geben diejenigen, die bevorzugt werden, ihren Lebensunterhalt nicht an die weiter, die ihre rechte Hand besitzt, sodass sie alle darin gleich werden. Wollen sie denn die Gnade Gottes leugnen? 72 Und Gott hat euch aus euch selbst Gattinnen gemacht, und von euren Gattinnen Söhne und Enkel gemacht. Und Er hat euch (einiges) von den köstlichen Dingen beschert. Wollen sie denn an das Falsche glauben und die Gnade Gottes verleugnen, 73 und denen anstelle Gottes dienen, die ihnen keinen Lebensunterhalt in den Himmeln und auf der Erde bescheren können und (sonst) nichts vermögen? 74 So führt für Gott keine Gleichnisse an. Gott weiß, ihr aber wisst nicht Bescheid. *75 Gott führt als Gleichnis einen leibeigenen Sklaven an, [28 ¼] der über nichts Gewalt hat, und einen, dem Wir von uns her einen schönen Lebensunterhalt beschert haben, sodass er davon geheim und offen spendet. Sind sie etwa gleich? Lob sei Gott! Aber die meisten von ihnen wissen nicht Bescheid. 76 Und Gott führt als Gleichnis zwei Männer an. Der eine ist stumm und hat über nichts Gewalt; er ist seinem Herrn eine Last; wo er ihn auch hinschickt, bringt er nichts Gutes. Ist er etwa dem gleich, der die Gerechtigkeit gebietet, wobei er einem geraden Weg folgt?

77 Und Gott gehört das Unsichtbare der Himmel und der Erde. Und die Angelegenheit der Stunde ist nur wie ein Augenblick, oder sie ist noch näher. Gott hat Macht zu allen Dingen. 78 Und Gott hat euch aus dem Leib eurer Mütter hervorgebracht, während ihr nichts wusstet. Und Er hat euch Gehör, Augenlicht und Herz gegeben, auf dass ihr dankbar seid. 79 Haben sie nicht auf die Vögel geschaut, die im Luftraum des Himmels dienstbar gemacht worden sind? Nur Gott hält sie oben. Darin sind Zeichen für Leute, die glauben. 80 Und Gott hat euch aus euren Häusern eine Ruhestätte gemacht, und Er hat euch aus den Häuten des Viehs Behausungen gemacht, die ihr am Tag eures Aufbrechens und am Tag eures Aufenthaltes leicht benutzen könnt, und aus ihrer Wolle,

ihren Fellhärchen und ihrem Haar Ausstattung und Nutznießung für eine Weile. 81 Und Gott hat euch aus dem, was Er erschaffen hat, schattenspendende Dinge gemacht. Und Er hat euch aus den Bergen Verstecke gemacht. Und Er hat euch Gewänder gemacht, die euch vor der Hitze schützen, und Gewänder, die euch vor eurer Schlagkraft (gegeneinander) schützen. So vollendet Er seine Gnade an euch, auf dass ihr gottergeben seid. 82 Wenn sie sich abkehren, so obliegt dir nur die deutliche Ausrichtung (der Botschaft). 83 Sie kennen die Gnade Gottes, und dann verwerfen sie sie. Die meisten von ihnen sind ja Ungläubige.

84 Und am Tag, da Wir von jeder Gemeinschaft einen Zeugen erwecken. Dann wird denen, die ungläubig sind, keine Erlaubnis gegeben, und es wird von ihnen keine entschuldigende Umkehr (mehr) angenommen. 85 Und wenn diejenigen, die Unrecht taten, die Pein sehen, dann wird ihnen weder Erleichterung noch Aufschub gewährt. 86 Und wenn diejenigen, die Polytheisten waren, ihre Teilhaber sehen, sagen sie: »Unser Herr, das sind unsere Teilhaber, die wir an deiner Stelle anzurufen pflegten.« Sie aber richten an sie das Wort: »Ihr seid ja Lügner.« 87 Sie bieten Gott an jenem Tag Ergebenheit an, und entschwunden ist ihnen, was sie zu erdichten pflegten. 88 Diejenigen, die ungläubig sind und vom Weg Gottes abweisen, lassen Wir eine noch größere Pein über ihre Pein erleiden dafür, dass sie Unheil stifteten. 89 Und am Tag, da Wir in jeder Gemeinschaft aus ihren eigenen Reihen einen Zeugen über sie erwecken. Dich bringen Wir zum Zeugen über diese da. Und Wir haben das Buch auf dich hinabgesandt, um alles deutlich zu machen, und als Rechtleitung, Barmherzigkeit und Frohbotschaft für die Gottergebenen.

[28 ½]　*90 Gott gebietet, Gerechtigkeit zu üben, Gutes zu tun und die Verwandten zu beschenken. Er verbietet das Schändliche, das Verwerfliche und die Gewalttätigkeit. Er ermahnt euch, auf dass ihr (es) bedenket. 91 Und haltet den Bund Gottes, wenn ihr einen Bund geschlossen habt, und brecht nicht die Eide nach ihrer Bekräftigung, wo ihr Gott zum Bürgen über euch gemacht habt. Gott weiß, was ihr tut. 92 Und seid nicht wie jene, die ihr Garn, nachdem es fest gesponnen war, wieder in aufgelöste Strähnen bricht, indem ihr eure Eide untereinander als Mittel des Betrugs nehmt, weil ja eine Gemeinschaft zahlreicher ist als eine andere Gemeinschaft. Gott prüft euch damit. Und Er wird euch am Tag der Auferstehung gewiss das deutlich machen, worüber ihr uneins waret. 93 Und wenn Gott gewollt hätte, hätte Er euch zu einer einzigen Gemeinschaft gemacht. Aber Er führt irre, wen Er will, und Er leitet recht, wen Er will, und ihr werdet das zu verantworten haben, was ihr zu tun pflegtet. 94 Und nehmt euch nicht eure Eide als Mittel des Betrugs untereinander, sonst könnte der eine Fuß, nachdem er fest gestanden hat, straucheln, und ihr würdet Böses erleiden dafür, dass ihr vom Weg Gottes abgewiesen habt. Bestimmt ist dann für euch eine gewaltige Pein. 95 Und verkauft den Bund Gottes nicht gegen einen geringen Preis. Was bei Gott ist, ist besser für euch, wenn ihr Bescheid wisst. 96 Was bei euch ist, geht zu Ende; was bei Gott ist, hat Bestand. Wir werden bestimmt denen, die geduldig sind, mit ihrem Lohn vergelten für das Beste von dem, was sie taten. 97 Wer Gutes tut, ob Mann oder Weib, und dabei gläubig ist, den werden Wir bestimmt ein angenehmes Leben leben lassen. Und Wir werden ihnen bestimmt mit ihrem Lohn vergelten für das Beste von dem, was sie taten.

98 Und so du den Koran verliest, suche Zuflucht bei Gott vor dem gesteinigten Satan. 99 Er hat keine Macht über diejenigen, die glauben und auf ihren Herrn vertrauen. 100 Er hat Macht nur über diejenigen, die ihn zum Freund nehmen und die Ihm (andere) beigesellen. 101 Und wenn Wir ein Zeichen anstelle eines (anderen) Zeichens eintauschen – und Gott weiß besser, was Er herabsendet –, sagen sie: »(Das) erdichtest du nur.« Aber nein, die meisten von ihnen wissen nicht Bescheid. 102 Sprich: Herabgesandt hat ihn der Geist der Heiligkeit von deinem Herrn mit der Wahrheit, um diejenigen, die glauben, zu festigen, und als Rechtleitung und Frohbotschaft für die Gottergebenen. 103 Und Wir wissen ja doch, dass sie sagen: »Es lehrt ihn gewiss ein Mensch.« Die Sprache dessen, auf den sie hinweisen, ist eine fremde, und dies hier ist eine deutliche arabische Sprache. 104 Diejenigen, die nicht an die Zeichen Gottes glauben, leitet Gott nicht recht, und bestimmt ist für sie eine schmerzhafte Pein. 105 Lügen erdichten

nur diejenigen, die nicht an die Zeichen Gottes glauben. Das sind die (wahren) Lügner.

106 Wer Gott verleugnet, nachdem er gläubig war – außer dem, der gezwungen wird, während sein Herz im Glauben Ruhe gefunden hat –, nein, diejenigen, die ihre Brust dem Unglauben öffnen, über die kommt ein Zorn von Gott, und bestimmt ist für sie eine gewaltige Pein. 107 Dies, weil sie das diesseitige Leben mehr lieben als das Jenseits und weil Gott die ungläubigen Leute nicht rechtleitet. 108 Das sind diejenigen, deren Herz, Gehör und Augenlicht Gott versiegelt hat. Und das sind die, die alles unbeachtet lassen. 109 Zweifellos sind sie im Jenseits die Verlierer.

110 Dein Herr ist zu denen, die (doch) ausgewandert sind, nachdem sie der Versuchung ausgesetzt wurden, und sich dann eingesetzt haben und standhaft gewesen sind – ja, dein Herr ist nach [28 3/4] diesem (zu ihnen) voller Vergebung und barmherzig. *111 Am Tag, da jede Seele kommt, um für sich selbst zu streiten, und da jeder Seele voll erstattet wird, was sie getan hat. Und ihnen wird kein Unrecht getan.

112 Gott führt als Gleichnis eine Stadt an, die in Sicherheit und Ruhe lebte. Ihr Lebensunterhalt kam zu ihr reichlich von überall her. Da wurde sie gegenüber den Wohltaten Gottes undankbar. So ließ sie Gott das Kleid des Hungers und der Angst erleiden für das, was sie machten. 113 Ein Gesandter aus ihrer Mitte kam doch zu ihnen. Sie ziehen ihn der Lüge. So ergriff sie die Pein, während sie Unrecht taten.

114 Esst nun von dem, was Gott euch beschert hat, so es erlaubt und köstlich ist. Und seid dankbar für die Gnade Gottes, so ihr wirklich Ihm dient. 115 Verboten hat Er euch Verendetes, Blut, Schweinefleisch und das, worüber ein anderer als Gott angerufen worden ist. Wenn aber einer gezwungen wird, wobei er weder Auflehnung noch Übertretung begeht, so ist Gott voller Vergebung und barmherzig. 116 Und sagt nicht von dem, was eure Zungen lügnerisch behaupten: »Dies ist erlaubt, und dies ist verboten«, um gegen Gott Lügen zu erdichten. Denen, die gegen Gott Lügen erdichten, wird es nicht wohl ergehen. 117 Es ist nur eine geringe Nutznießung. Und bestimmt ist für sie eine schmerz-

hafte Pein. 118 Und denen, die Juden sind, haben Wir das verboten, worüber Wir dir zuvor berichtet haben*. Und nicht Wir taten ihnen Unrecht, sondern sie selbst haben sich Unrecht getan.
119 Dein Herr ist zu denen, die aus Unwissenheit Böses tun, aber
danach umkehren und Besserung zeigen – ja, dein Herr ist danach
(zu ihnen) voller Vergebung und barmherzig.
120 Abraham war ein Vorbild, Gott demütig ergeben und Anhänger des reinen Glaubens, und er gehörte nicht zu den Polytheisten; 121 dankbar (war er) für seine Wohltaten. Er hat ihn erwählt
und zu einem geraden Weg geleitet. 122 Und Wir haben ihm im
Diesseits Gutes zukommen lassen. Und im Jenseits gehört er gewiss zu den Rechtschaffenen. 123 Und Wir haben dir offenbart:
»Folge der Glaubensrichtung Abrahams, als Anhänger des reinen
Glaubens, und er gehörte nicht zu den Polytheisten.« 124 Und der
Sabbat ist denen auferlegt worden, die über ihn uneins waren.
Dein Herr wird bestimmt am Tag der Auferstehung zwischen
ihnen über das urteilen, worüber sie uneins waren.
125 Ruf zum Weg deines Herrn mit Weisheit und schöner Ermahnung, und streite mit ihnen auf die beste Art. Dein Herr weiß besser, wer von seinem Weg abirrt, und Er weiß besser, wer die sind,
die der Rechtleitung folgen. 126 Und wenn ihr bestraft, so bestraft im gleichen Maße, wie ihr bestraft wurdet. Und wenn ihr
euch geduldig zeigt, so ist es besser für die Geduldigen. 127 Sei
geduldig. Deine Geduld ist nur durch Gott möglich. Sei nicht betrübt über sie, und sei nicht in Bedrängnis wegen der Ränke, die
sie schmieden. 128 Und Gott ist mit denen, die (Ihn) fürchten
und die rechtschaffen sind.

118: Siehe 6,146.

Sure 17

Die Nachtreise (al-Isrā')*

zu Mekka, 111 Verse

Im Namen Gottes, des Erbarmers, des Barmherzigen.

1 Preis sei dem, der seinen Diener bei Nacht von der heiligen Moschee zur fernsten Moschee, die Wir ringsum gesegnet haben, reisen ließ, damit Wir ihm etwas von unseren Zeichen zeigen. Er ist der, der alles hört und sieht.

2 Und Wir ließen dem Mose das Buch zukommen und machten es zu einer Rechtleitung für die Kinder Israels: »Nehmt euch außer Mir keinen Sachwalter, 3 ihr, die Nachkommenschaft derer, die Wir mit Noach getragen haben. Er war ein dankbarer Diener.« 4 Und Wir haben für die Kinder Israels im Buch bestimmt: »Wahrlich, ihr werdet zweimal auf der Erde Unheil stiften, und ihr werdet große Macht erringen. 5 Wenn nun die Drohung vom ersten Mal eintrifft*, schicken Wir gegen euch Diener von Uns, die eine starke Schlagkraft besitzen. Sie dringen durch die Wohnstätten ein. Und dies ist eine Drohung, die ausgeführt sein wird. 6 Dann geben Wir euch wieder die Oberhand über sie, und Wir stehen euch bei mit Vermögen und Söhnen und machen euch zu einer zahlreichen Schar. 7 Wenn ihr Gutes tut, tut ihr Gutes für euch selbst. Wenn ihr Böses tut, ist es auch für euch selbst. – Wenn dann die Drohung vom letzten Mal* eintrifft, (kommen sie), um euch schlimm ins Gesicht zu treffen und die Moschee zu betreten, wie sie sie beim ersten Mal betraten, und das, worüber sie Macht errungen haben, dem völligen Verderben preiszugeben. 8 Möge euer Herr

---

*   Oder: Die Kinder Israels (Banī Isrā'īl).
1:   von der heiligen Moschee zu Mekka zur fernsten Moschee zu Jerusalem.
5:   Anspielung auf die Eroberung Jerusalems durch Nebukadnezzar im Jahr 586 vor Christus.
7:   Hier geht es wohl um die Einnahme Jerusalems durch die Römer im Jahr 70 nach Christus.

sich euer erbarmen! Und wenn ihr (dazu) zurückkehrt, kehren Wir (auch) zurück. Und Wir haben die Hölle zum Gefängnis für die Ungläubigen gemacht.«

9 Dieser Koran leitet zu dem, was richtiger ist, und verkündet den Gläubigen, die die guten Werke tun, dass für sie ein großer Lohn bestimmt ist, 10 und dass Wir denen, die an das Jenseits nicht glauben, eine schmerzhafte Pein bereitet haben. 11 Der Mensch erbittet das Böse, wie er das Gute erbittet. Der Mensch ist ja eilfertig.

12 Und Wir haben die Nacht und den Tag zu zwei Zeichen gemacht. Das Zeichen der Nacht haben Wir gelöscht, und Wir haben das Zeichen des Tages so gemacht, dass man (an ihm) sehen kann, damit ihr nach einer Huld von eurem Herrn strebt, und damit ihr die Zahl der Jahre und die Zeitrechnung wisst. Jedes Ding haben Wir im Einzelnen dargelegt. 13 Und jedem Menschen haben Wir sein Omen an seinem Hals befestigt. Und am Tag der Auferstehung holen Wir ihm ein Buch heraus, das er aufgeschlagen vorfindet: 14 »Lies dein Buch. Du selbst genügst heute, um mit dir selbst abzurechnen.«

15 Wer der Rechtleitung folgt, folgt ihr zu seinem eigenen Vorteil. Und wer irregeht, der geht irre zu seinem eigenen Schaden. Und keine lasttragende (Seele) trägt die Last einer anderen. Und Wir peinigen nicht, ehe Wir einen Gesandten haben erstehen lassen. 16 Und wenn Wir eine Stadt verderben wollen, befehlen Wir denen, die in ihr üppig leben, (zu freveln), und sie freveln in ihr. Somit wird der Spruch zu Recht gegen sie fällig, und Wir zerstören sie vollständig. 17 Und wie viele Generationen nach Noach haben Wir verderben lassen! Dein Herr kennt und sieht die Sünden seiner Diener zur Genüge.

18 Wer das schnell Eintreffende* will, dem gewähren Wir darin schnell, was Wir wollen – dem, den Wir wollen. Dann bestimmen Wir für ihn die Hölle; darin wird er brennen, gescholten und verstoßen. 19 Denen, die das Jenseits wollen und sich entsprechend darum bemühen, wobei sie gläubig sind, denen wird für ihr Mü-

---

18:   das Diessseits.

hen gedankt. 20 Ihnen allen, diesen und jenen, stehen Wir bei mit etwas von der Gabe deines Herrn. Die Gabe deines Herrn wird nicht verwehrt. 21 Schau, wie Wir die einen von ihnen vor den anderen bevorzugen. Im Jenseits gibt es sicher höhere Rangstufen und größere Auszeichnungen.

[29 ¼] 22 *Setze Gott keinen anderen Gott zur Seite, sonst wirst du dasitzen, gescholten und im Stich gelassen. *23 Und dein Herr hat bestimmt, dass ihr nur Ihm dienen sollt, und dass man die Eltern gut behandeln soll. Wenn eines von ihnen oder beide bei dir ein hohes Alter erreichen, so sag nicht zu ihnen: »Pfui!«, und fahre sie nicht an, sondern sprich zu ihnen ehrerbietige Worte. 24 Und senke für sie aus Barmherzigkeit den Flügel der Untergebenheit und sag: »Mein Herr, erbarme dich ihrer, wie sie mich aufgezogen haben, als ich klein war.« 25 Euer Herr weiß besser, was in eurem Inneren ist. Wenn ihr rechtschaffen seid, so ist Er für die, die immer wieder umkehren, voller Vergebung. 26 Und lass dem Verwandten sein Recht zukommen, ebenso dem Bedürftigen und dem Reisenden, aber handle nicht ganz verschwenderisch. 27 Diejenigen, die verschwenderisch sind, sind Brüder der Satane; und der Satan ist gegenüber seinem Herrn sehr undankbar. 28 Und falls du dich von ihnen abwendest im Streben nach einer von dir erhofften Barmherzigkeit von deinem Herrn, so sprich zu ihnen milde Worte. 29 Und lass deine Hand nicht an deinem Hals gefesselt sein, aber strecke sie auch nicht vollständig aus. Sonst würdest du getadelt und mittellos dasitzen. 30 Dein Herr teilt den Lebensunterhalt großzügig, wem Er will, und auch bemessen zu. Er hat Kenntnis von seinen Dienern, und Er sieht sie wohl. 31 Und tötet nicht eure Kinder aus Furcht vor Verarmung. Ihnen und euch bescheren Wir doch den Lebensunterhalt. Sie töten ist eine große Sünde. 32 Und nähert euch nicht der Unzucht. Sie ist etwas Schändliches, und sie ist ein übler Weg. 33 Und tötet nicht den Menschen, den Gott für unantastbar erklärt hat, es sei denn bei vorliegender Berechtigung. Wird jemand ungerechterweise getö-

---

22–39: Diese Verse können zu den Zehn Geboten der Bibel parallel gesetzt werden: Exodus 20,1–21; Evangelium: Lukas 18,20.

tet, so geben Wir seinem nächsten Verwandten Vollmacht (ihn zu rächen). Nur soll er nicht maßlos im Töten sein; siehe, er wird Beistand finden. 34 Und nähert euch nicht dem Vermögen des Waisenkindes, es sei denn auf die beste Art, bis es seine Vollkraft erreicht hat. Und erfüllt eingegangene Verpflichtungen. Über die Verpflichtungen wird Rechenschaft gefordert. 35 Und gebt volles Maß, wenn ihr messt. Und wägt mit der richtigen Waage. Das ist besser und führt zu einem schöneren Ergebnis. 36 Und verfolge nicht das, wovon du kein Wissen hast. Über Gehör, Augenlicht und Herz, über all das wird Rechenschaft gefordert. 37 Und schreite nicht unbekümmert auf der Erde einher. Du wirst ja die Erde nicht durchbohren und die Berge an Höhe nicht erreichen können. 38 Das schlechte Verhalten in alledem ist bei deinem Herrn verpönt. 39 Das ist etwas von dem, was dir dein Herr an Weisheit offenbart hat. Und setze Gott keinen anderen Gott zur Seite, sonst wirst du in die Hölle geworfen, getadelt und verstoßen.

40 Hat denn euer Herr für euch die Söhne erwählt und sich selbst aus den Reihen der Engel Töchter genommen? Ihr sagt da etwas Ungeheuerliches.

41 Wir haben in diesem Koran (die Botschaft) auf verschiedene Weise dargestellt, damit sie (es) bedenken. Aber das mehrt in ihnen nur die Abneigung.

42 Sprich: Gäbe es neben Ihm noch (andere) Götter, wie sie sagen, dann würden sie nach einem Weg suchen, zum Herrn des Thrones zu gelangen. 43 Preis sei Ihm, und überaus hoch erhaben ist Er über das, was sie sagen. 44 Ihn preisen die sieben Himmel und die Erde, und wer in ihnen ist. Es gibt nichts, was nicht sein Lob singen würde. Aber ihr begreift ihren Preisgesang nicht. Er ist langmütig und voller Vergebung. 45 Und wenn du den Koran verliest, stellen Wir zwischen dich und die, die an das Jenseits nicht glauben, einen unsichtbaren Vorhang. 46 Und Wir legen auf ihre Herzen Hüllen, sodass sie ihn nicht begreifen, und in ihre Ohren Schwerhörigkeit. Und wenn du im Koran allein deinen Herrn erwähnst, kehren sie aus Abneigung den Rücken. 47 Wir wissen besser, womit sie zuhören, wenn sie dir zuhören, und (auch) wenn

sie sich in vertraulichem Gespräch befinden, da diejenigen, die Unrecht tun, sagen: »Ihr folgt doch nur einem Mann, der einem Zauber verfallen ist.« 48 Schau, wie sie dir Gleichnisse anführen, und so abgeirrt sind, dass sie keinen Weg mehr finden. 49 Und sie sagen: »Sollen wir, wenn wir (bereits) Knochen geworden und auseinandergefallen sind, wirklich wieder als neue Schöpfung erweckt werden?« *50 Sprich: »(Ja), ob ihr nun Steine oder Eisen seid, 51 oder etwas Erschaffenes von der Art, die in eurer Vorstellung kaum möglich wäre.« Sie werden sagen: »Wer wird uns (ins Leben) zurückbringen?« Sprich: »Der, der euch das erste Mal erschaffen hat.« Dann werden sie vor dir den Kopf schütteln und sagen: »Wann wird das sein?« Sprich: »Vielleicht wird es bald sein. 52 Am Tag, da Er euch rufen wird, und da ihr mit seinem Lob antworten und meinen werdet, ihr hättet nur ein wenig verweilt.«

[29 ½]

53 Und sag meinen Dienern, sie sollen die besten Worte sprechen. Der Satan stachelt zwischen ihnen auf. Der Satan ist dem Menschen ein offenkundiger Feind. 54 Euer Herr weiß besser über euch Bescheid. Wenn Er will, erbarmt Er sich euer, und wenn Er will, peinigt Er euch. Und Wir haben dich nicht als Sachwalter über sie gesandt. 55 Und dein Herr weiß besser über die Bescheid, die in den Himmeln und auf der Erde sind. Und Wir haben einige der Propheten vor den anderen bevorzugt. Und Wir haben David eine Schrift* zukommen lassen.

56 Sprich: Ruft die, die ihr anstelle Gottes angebt, an. Sie vermögen doch von euch den Schaden weder zu beheben noch abzuwenden. 57 Jene, die sie anrufen, suchen selbst ein Mittel, zu ihrem Herrn zu gelangen, (und wetteifern), wer von ihnen am nächsten sei; und sie hoffen auf seine Barmherzigkeit und haben Angst vor seiner Pein. Die Pein deines Herrn ist etwas, wovor man auf der Hut sein muss.

58 Und es gibt keine Stadt, die Wir nicht vor dem Tag der Auferstehung verderben oder mit einer harten Pein peinigen würden. Dies ist im Buch zeilenweise niedergeschrieben. 59 Und nichts anderes hinderte Uns daran, (Propheten) mit den Zeichen zu senden,

55:   einen Psalter.

als dass die Früheren sie für Lüge erklärten. Und Wir ließen den Thamūd die Kamelstute als sichtbares Zeichen zukommen. Sie aber handelten an ihr ungerecht. Und Wir senden (die Propheten) mit den Zeichen nur zur Abschreckung. 60 Und als Wir zu dir sprachen: »Dein Herr umfängt die Menschen.« Und Wir haben das Traumgesicht, das Wir dich sehen ließen, nur zu einer Versuchung für die Menschen gemacht, ebenso den verfluchten Baum* im Koran. Wir machen ihnen Angst, aber es steigert bei ihnen nur umso mehr das Übermaß ihres Frevels.

61 Und als Wir zu den Engeln sprachen: »Werft euch vor Adam nieder.« Da warfen sie sich nieder, außer Iblīs. Er sagte: »Soll ich mich vor dem niederwerfen, den Du aus Ton erschaffen hast?« 62 Er sagte: »Was meinst Du von diesem, dem Du mehr Ehre verliehen hast als mir? Wenn Du mir bis zum Tag der Auferstehung Aufschub gewährst, werde ich seiner Nachkommenschaft die Zügel anlegen, bis auf wenige.« 63 Er sprach: »Geh weg. Wenn einer von ihnen dir folgt, so ist die Hölle euer Lohn, ein reichlicher Lohn. 64 Und schrecke mit deiner Stimme auf, wen von ihnen du vermagst, und biete gegen sie deine Pferde und dein Fußvolk auf, und nimm von ihnen einen Anteil an Vermögen und Kindern, und mach ihnen Versprechungen.« – Der Satan verspricht ihnen nur Betörung. – 65 »Über meine Diener hast du keine Macht.« Und dein Herr genügt als Sachwalter.

66 Euer Herr ist es, der für euch die Schiffe auf dem Meer treibt, damit ihr nach etwas von seiner Huld strebt. Er ist ja zu euch barmherzig. 67 Wenn euch auf dem Meer ein Schaden trifft, da irren die, die ihr außer Ihm anruft, (weit) weg. Hat Er euch dann ans Land errettet, wendet ihr euch ab. Der Mensch ist eben undankbar. 68 Wähnt ihr euch denn in Sicherheit davor, dass Er eine Ecke des Festlandes mit euch versinken lässt oder einen Sandsturm gegen euch schickt, und dass ihr dann für euch keinen Sachwalter findet? 69 Oder wähnt ihr euch in Sicherheit davor, dass Er euch ein anderes Mal aufs Meer* zurückbringt und einen

60:　　Es soll der Zaqqūm-Baum der Hölle sein.
69:　　Wörtlich: darauf.

verheerenden Wind gegen euch schickt und euch ertrinken lässt, weil ihr ungläubig seid, und dass ihr dann für euch niemanden [29 3/4] findet, der Uns deswegen belangen könnte? *70 Und Wir haben den Kindern Adams Ehre erwiesen; Wir haben sie auf dem Festland und auf dem Meer getragen und ihnen (einiges) von den köstlichen Dingen beschert, und Wir haben sie vor vielen von denen, die Wir erschaffen haben, eindeutig bevorzugt.

71 Am Tag, da Wir jede Menschengruppe mit ihrem Vorsteher rufen werden. Diejenigen, denen dann ihr Buch in ihre Rechte gereicht wird, werden ihr Buch lesen, und ihnen wird nicht ein Dattelfädchen Unrecht getan. 72 Und wer in diesem (Leben) blind ist, der ist (auch) im Jenseits blind und irrt noch mehr vom Weg ab.

73 Fast hätten sie dich verführt (und) von dem (abgebracht), was Wir dir offenbart haben, damit du gegen Uns etwas anderes erdichtest. Dann hätten sie dich zum Vertrauten genommen. 74 Hätten Wir dich nicht gefestigt, du hättest wohl bei ihnen ein wenig Stütze gesucht. 75 Dann hätten Wir dich doppeltes Leben und doppelten Tod erleiden lassen, und dann würdest du für dich keinen Helfer gegen Uns finden. 76 Und fast hätten sie dich aus dem Land aufgeschreckt, um dich daraus zu vertreiben. Dann würden sie nach dir nur ein wenig verweilen können. 77 Nach diesem Beispiel wurde verfahren mit denen von unseren Gesandten, die Wir vor dir gesandt haben. Und du wirst keine Veränderungen bei unserem Verfahren finden.

78 Verrichte das Gebet beim Neigen der Sonne bis zum Dunkel der Nacht, und (auch) die Koranlesung bei Tagesanbruch. Der Koranlesung bei Tagesanbruch soll man beiwohnen. 79 Und wache einen Teil der Nacht damit, als zusätzliche Tat für dich. Dein Herr möge dich zu einer lobenswerten Rangstellung erwecken. 80 Und sprich: Mein Herr, gewähre mir einen wahrhaftigen Eingang und gewähre mir einen wahrhaftigen Ausgang, und schaffe mir von Dir her eine unterstützende Macht. 81 Und sprich: Die Wahrheit ist gekommen, und das Falsche schwindet dahin. Das Falsche schwindet ja schnell dahin.

82 Und Wir senden vom Koran hinab, was den Gläubigen Heilung und Barmherzigkeit bringt; denen aber, die Unrecht tun, bringt es

nur noch mehr Verlust. **83** Wenn Wir dem Menschen Gnade erweisen, wendet er sich ab und entfernt sich beiseite. Und wenn
ihn das Böse trifft, ist er sehr verzweifelt. **84** Sprich: Jeder handelt
nach seiner Weise. Euer Herr weiß besser, wer dem richtigeren
Weg folgt.

85 Und sie fragen dich nach dem Geist. Sprich: Der Geist ist vom
Befehl meines Herrn. Und euch ist vom Wissen nur wenig zugekommen. **86** Und wenn Wir wollten, würden Wir sicherlich wegnehmen, was Wir dir offenbart haben. Du könntest dann für dich
in dieser Sache keinen Sachwalter gegen Uns finden. **87** Es ist
nichts als Barmherzigkeit von deinem Herrn. Seine Huld zu dir ist
ja groß. **88** Sprich: Wenn die Menschen und die Djinn zusammenkämen, um etwas beizubringen, was diesem Koran gleich wäre, sie
brächten nicht seinesgleichen bei, auch wenn sie einander helfen
würden. **89** Und Wir haben den Menschen in diesem Koran verschiedene Gleichnisse dargelegt. Doch bestehen die meisten Menschen auf dem Unglauben. **90** Und sie sagen: »Wir werden dir
nicht glauben, bis du uns aus der Erde eine Quelle hervorbrechen
lässt, **91** oder bis du einen Garten von Palmen und Weinstöcken
hast und durch ihn Bäche ausgiebig hervorbrechen lässt, **92** oder
bis du den Himmel auf uns in Stücken herabfallen lässt, wie du
behauptet hast, oder Gott und die Engel vor unsere Augen
bringst, **93** oder bis du ein Haus aus Gold besitzt oder in den Himmel hochsteigst. Und wir werden nicht glauben, dass du hoch-
gestiegen bist, bis du auf uns ein Buch herabsendest, das wir lesen
können.« Sprich: Preis sei meinem Herrn! Bin ich etwas anderes als
ein Mensch und ein Gesandter? **94** Und was die Menschen daran
hinderte, als die Rechtleitung zu ihnen kam, zu glauben, ist nichts
anderes, als dass sie sagten: »Hat denn Gott einen Menschen als
Gesandten erstehen lassen?« **95** Sprich: Wenn es auf der Erde Engel gäbe, die da in Ruhe umhergingen, dann hätten Wir ihnen
vom Himmel ja einen Engel als Gesandten hinabgeschickt*.
96 Sprich: Gott genügt als Zeuge zwischen mir und euch. Er hat
Kenntnis von seinen Dienern, und Er sieht sie wohl. **97** Wen Gott

95:   Vgl. 6,8; 15,7; 25,21.

rechtleitet, der ist es, der der Rechtleitung folgt. Und für die, die Er irreführt, wirst du außer Ihm keine Freunde finden. Und Wir werden sie am Tag der Auferstehung versammeln, (sie wandeln) vor sich hin, blind, stumm, taub. Ihre Heimstätte ist die Hölle. Sooft sie schwächer wird, mehren Wir ihnen den Feuerbrand. 98 Das ist ihr Lohn dafür, dass sie unsere Zeichen verleugnet und gesagt haben: »Sollen wir, wenn wir (bereits) Knochen geworden und auseinandergefallen sind, wirklich wieder als neue Schöpfung auferweckt werden?« *99 Haben sie denn nicht gesehen, dass Gott, der die Himmel und die Erde erschaffen hat, die Macht hat, ihresgleichen zu erschaffen? Und Er hat ihnen eine Frist gesetzt, an der kein Zweifel möglich ist. Doch bestehen die, die Unrecht tun, auf dem Unglauben.

[30]

100 Sprich: Würdet ihr über die Vorratskammern der Barmherzigkeit meines Herrn verfügen, ihr würdet aus Furcht vor dem Ausgeben zurückhaltend sein. Der Mensch ist ja geizig.

101 Und Wir haben dem Mose neun deutliche Zeichen zukommen lassen. So frag die Kinder Israels. Als er zu ihnen kam, sagte Pharao zu ihm: »Ich bin der Meinung, o Mose, dass du einem Zauber verfallen bist.« 102 Er sagte: »Du weißt, niemand anderes als der Herr der Himmel und der Erde hat diese als Einsicht bringende Zeichen herabgesandt. Und ich bin der Meinung, o Pharao, dass du dem Verderben verfallen bist.« 103 Da wollte er sie aus dem Land aufschrecken. Wir aber ließen ihn ertrinken und auch alle, die mit ihm waren. 104 Und nach seinem Ableben* sprachen Wir zu den Kindern Israels: »Bewohnt das Land. Wenn dann das Versprechen des Jenseits eintrifft, bringen Wir euch als gebündelte Schar herbei.«

105 Mit der Wahrheit haben Wir ihn* hinabgesandt, und mit der Wahrheit ist er hinabgekommen. Und Wir haben dich nur als Freudenboten und Warner gesandt. 106 Und Wir haben ihn als Koran in Abschnitte geteilt, damit du ihn den Menschen ohne Hast verliest. Und Wir haben ihn nach und nach hinabgesandt.

104: Wörtlich: nach ihm.
105: den Koran.

107 Sprich: Glaubt daran oder glaubt eben nicht. Diejenigen, denen vor ihm das Wissen zugekommen ist, wenn er ihnen verlesen wird, fallen in Anbetung auf ihr Kinn nieder **108** und sagen: »Preis sei unserem Herrn! Das Versprechen unseres Herrn ist ausgeführt.« **109** Und sie werfen sich auf ihr Kinn weinend nieder, und es mehrt in ihnen die Demut.

110 Sprich: Ruft Gott oder ruft den Erbarmer an. Welchen ihr auch anruft, Ihm gehören die schönsten Namen. Und sei nicht laut beim Gebet, und auch nicht leise dabei. Suche einen Weg dazwischen. **111** Und sprich: Lob sei Gott, der sich kein Kind genommen hat, und der keinen Teilhaber an der Königsherrschaft hat und keinen Freund als Helfer aus der Erniedrigung! Und rühme mit Nachdruck seine Größe.

Sure 18

Die Höhle (al-Kahf)

zu Mekka, 110 Verse

Im Namen Gottes, des Erbarmers, des Barmherzigen.

1 Lob sei Gott, der das Buch auf seinen Diener herabgesandt und daran nichts Krummes gemacht hat, **2** (ein Buch,) das richtig ist, damit er vor einem harten Schlag von Ihm her warne und den Gläubigen, die die guten Werke tun, verkünde, dass für sie ein schöner Lohn bestimmt ist – **3** darin werden sie ewig verbleiben –, **4** und damit er diejenigen warne, die sagen: »Gott hat sich ein Kind genommen.« **5** Sie haben kein (richtiges) Wissen davon, und auch nicht (früher) ihre Väter. Es ist ein ungeheuerliches Wort, das aus ihrem Munde herauskommt. Nichts als Lüge sagen sie da. **6** Vielleicht magst du, wenn sie an diese Botschaft nicht glauben, aus Gram noch dich selbst umbringen, nachdem sie sich abgewandt haben. **7** Wir haben das, was auf der Erde ist, zu einem

Schmuck für sie* gemacht, um sie zu prüfen (und festzustellen),
wer von ihnen am besten handelt. 8 Und Wir werden gewiss das,
was auf ihr ist, zu einem dürren Boden machen. 9 Oder meinst du,
dass die Leute der Höhle und der Inschrift* ein (besonderes) Wunder unter unseren Zeichen sind? 10 Als die Jünglinge in der Höhle
Unterkunft suchten und sagten: »Unser Herr, lass uns Barmherzigkeit von Dir zukommen und bereite uns aus unserer Angelegenheit einen guten Ausweg.« 11 Da schlugen Wir in der Höhle auf
ihre Ohren für eine Anzahl von Jahren. 12 Dann erweckten Wir sie,
um zu erfahren, welche von den beiden Parteien die Dauer ihres
Verbleibens erfasst hat. 13 Wir erzählen dir ihre Geschichte in
Wahrheit. Sie waren Jünglinge, die an ihren Herrn glaubten und
denen Wir noch mehr Rechtleitung schenkten. 14 Und Wir festigten ihre Herzen, als sie aufstanden und sagten: »Unser Herr ist der
Herr der Himmel und der Erde. Wir werden niemals außer Ihm
einen (anderen) Gott anrufen, sonst würden wir etwas Abwegiges
sagen. 15 Diese unsere Volksgenossen haben sich an seiner Stelle
Götter genommen. Würden sie doch für sie eine offenkundige Ermächtigung bringen! Wer ist denn ungerechter als der, der gegen
Gott eine Lüge erdichtet? 16 Und so ihr euch von ihnen und von
dem, was sie außer Gott anbeten, absetzt, dann sucht Unterkunft
in der Höhle, so wird euer Herr über euch einiges von seiner Barmherzigkeit ausbreiten und euch in eurer Angelegenheit eine milde
[30 ¼] Behandlung bereiten.« *17 Und du siehst die Sonne, wenn sie
aufgeht, sich von ihrer Höhle zur Rechten wegneigen, und wenn
sie untergeht, an ihnen zur Linken vorbeigehen, während sie sich
darin in einem Raum befinden. Das gehört zu den Zeichen Gottes.
Wen Gott rechtleitet, der ist es, der der Rechtleitung folgt, und
wen Er irreführt, für den wirst du keinen Freund finden, der ihn
den rechten Weg weisen könnte. 18 Und du meinst, sie seien
wach, obwohl sie schlafen. Und Wir drehen sie nach rechts und
nach links um. Und ihr Hund streckt seine Vorderbeine im Vor-
raum aus. Würdest du sie erblicken, du würdest vor ihnen zur

7:    die Erde.
9:    Vielleicht, weil ihre Namen auf Tafeln aufgeschrieben waren.

Flucht kehrtmachen und du würdest vor ihnen mit Schrecken erfüllt sein. 19 Und so erweckten Wir sie, damit sie sich untereinander fragten. Ein Sprecher unter ihnen sagte: »Wie lange habt ihr verweilt?« Sie sagten: »Verweilt haben wir einen Tag oder einen Teil von einem Tag.« Sie sagten: »Euer Herr weiß besser, wie lange ihr verweilt habt. So schickt einen von euch mit diesen euren Silbermünzen in die Stadt; er soll sehen, wer in ihr die reinste Speise hat, und euch davon eine Versorgung bringen. Er soll behutsam sein und niemanden etwas von euch merken lassen. 20 Denn wenn sie von euch erfahren*, werden sie euch steinigen oder euch zur Rückkehr zu ihrer Glaubensrichtung zwingen; dann wird es euch nie mehr wohl ergehen.«

21 Auf diese Weise ließen Wir (die Menschen) sie doch entdecken, damit sie wissen, dass das Versprechen Gottes wahr ist und dass an der Stunde kein Zweifel möglich ist. Als sie untereinander über ihre Angelegenheit stritten, da sagten sie: »Baut über ihnen ein Gebäude. Ihr Herr weiß besser über sie Bescheid.« Diejenigen, die in ihrer Angelegenheit überlegen waren, sagten: »Wir werden uns über ihnen eine Anbetungsstätte einrichten.« 22 Manche werden sagen: »Es sind drei, und ihr Hund ist der Vierte von ihnen.« Und manche sagen: »Fünf sind sie, und der Sechste von ihnen ist ihr Hund.« – Ein Herumraten in Bezug auf das Unsichtbare. Und manche sagen: »Sieben, und der Achte von ihnen ist ihr Hund.« Sprich: Mein Herr weiß besser über ihre Zahl Bescheid. Und nur wenige wissen über sie Bescheid. Darum streite über sie nur aufgrund eines offensichtlichen Beweises, und frage niemanden von ihnen um Auskunft über sie.

23 Und sag nicht von einer Sache: »Ich werde dies morgen tun«, 24 es sei denn (du fügst hinzu): »So Gott will.« Und gedenke deines Herrn, wenn du es vergessen hast, und sag: »Mein Herr möge mich zu etwas rechtleiten, was der richtigen Handlungsweise eher entspricht als dies!«

25 Und sie verweilten in ihrer Höhle dreihundert Jahre und noch neun dazu. 26 Sprich: Gott weiß besser, wie lange sie verweilt ha-

---

20:   Oder: die Oberhand über euch bekommen; vgl. 24,31.

ben. Ihm gehört das Unsichtbare der Himmel und der Erde. Wie vorzüglich sieht Er, und wie vorzüglich hört Er! Sie haben außer Ihm keinen Freund. Und Er beteiligt niemanden an seiner Urteilsgewalt.

27 Und verlies, was dir vom Buch deines Herrn offenbart worden ist. Niemand wird seine Worte abändern können. Und du wirst außer Ihm keine Zuflucht finden. 28 Und halte dich geduldig zurück zusammen mit denen, die morgens und spätabends ihren Herrn anrufen, in der Suche nach seinem Antlitz. Und deine Augen sollen nicht über sie hinwegsehen, indem du nach dem Schmuck des diesseitigen Lebens trachtest. Und gehorche nicht dem, dessen Herz Wir unserem Gedenken gegenüber achtlos gemacht haben, der seiner Neigung folgt und dessen Angelegenheit sich durch Maßlosigkeit auszeichnet. 29 Und sprich: Es ist die Wahrheit von eurem Herrn. Wer nun will, möge glauben, und wer will, möge ungläubig sein. Wir haben denen, die Unrecht tun, ein Feuer bereitet, dessen Zeltdecke sie umschließt. Und wenn sie um Hilfe rufen, wird ihnen mit Wasser gleich geschmolzenem Erz geholfen, das die Gesichter verbrennt. Welch schlimmer Trank und welch schlechter Lagerplatz! 30 Diejenigen, die glauben und die guten Werke tun – siehe, Wir lassen den Lohn derer, die in ihrem Handeln rechtschaffen sind, nicht verloren gehen. 31 Jene sind es, für die die Gärten von Eden bestimmt sind. Unter ihnen fließen Bäche. Geschmückt sind sie darin mit Armringen aus Gold, und sie tragen grüne Gewänder aus Seide und Brokat, indem sie sich darin auf Liegen lehnen. Wie vorzüglich ist der Lohn und wie schön der Lagerplatz!

[30 ½] *32 Und führe ihnen als Gleichnis zwei Männer an. Dem einen von ihnen gaben Wir zwei Gärten mit Weinstöcken, und Wir umgaben sie mit Palmen und legten dazwischen Saatfelder an. 33 Beide Gärten brachten ihren Ernteertrag und ließen nichts davon fehlen. Und dazwischen ließen Wir einen Bach hervorbrechen. 34 Er erhielt (daraus) Früchte. Da sagte er zu seinem Gefährten, während er sich mit ihm unterhielt: »Ich habe mehr Vermögen als du und auch eine stärkere Schar.« 35 Und er betrat seinen Garten, indem er sich selbst Unrecht tat. Er sagte: »Ich glaube nicht, dass dieser (Garten) jemals verschwinden wird, 36 und ich glaube nicht, dass die Stunde heraufkommen wird. Und wenn ich zu meinem Herrn zurückgebracht werde, werde ich sicher als Rückzugsort etwas Besseres als ihn finden.« 37 Sein Gefährte sagte zu ihm, während er sich mit ihm unterhielt: »Willst du denn den verleugnen, der dich aus Erde, dann aus einem Tropfen erschaffen und dann dich zu einem Mann gebildet hat? 38 Aber, was mich betrifft: Er, Gott, ist mein Herr, und ich geselle meinem Herrn niemanden bei. 39 Hättest du doch, als du deinen Garten betreten hast, gesagt: ›(Es ist), was Gott will; es gibt keine Kraft außer durch Gott‹! Wenn du auch siehst, dass ich weniger Vermögen und Kinder habe als du, 40 so möge mein Herr mir etwas Besseres als deinen Garten geben und über ihn aufeinander folgende Pfeile vom Himmel schicken, sodass er zu einem schlüpfrigen Boden wird, 41 oder dass sein Wasser versiegt, sodass du es nicht mehr wirst finden können.« 42 Seine Früchte wurden ringsum erfasst. Da begann er, seine Handflächen umzudrehen* über das, was er für ihn ausgegeben hatte, während er bis zu den Wipfeln verödet war, und zu sagen: »O hätte ich doch meinem Herrn niemanden beigesellt!« 43 Und er hatte keine Schar, die ihn anstelle Gottes unterstützte, und er fand auch selbst keine Unterstützung. 44 In dem Fall gehört allein dem wahren Gott die Möglichkeit, Freundschaft zu gewähren. Er ist der Beste im Belohnen, und Er verschafft den besten Ausgang.

45 Und führe ihnen das Gleichnis vom diesseitigen Leben an. Es ist wie Wasser, das Wir vom Himmel herabkommen lassen, worauf sich die Pflanzen der Erde damit vermengen. Dann werden sie zu dürrem Zeug, das die Winde verwehen. Und Gott hat ja Macht zu allen Dingen. 46 Das Vermögen und die Söhne sind der Schmuck des diesseitigen Lebens. Was aber bleibt, die guten Werke – sie bringen bei deinem Herrn einen besseren Lohn und begründen eine bessere Hoffnung.

47 Und an dem Tag, da wir die Berge versetzen und du die Erde herauskommen siehst und Wir sie versammeln, ohne jemanden von ihnen auszulassen, 48 und da sie deinem Herrn in einer Reihe

---

42:   als Zeichen des Bedauerns.

vorgeführt werden: »Ihr seid zu Uns gekommen, so wie Wir euch das erste Mal erschaffen haben. Ihr aber habt behauptet, Wir würden für euch keine Verabredung festlegen.« 49 Und das Buch wird hingelegt. Da siehst du die Übeltäter erschrocken vor dem, was darin steht. Und sie sagen: »O wehe uns! Was ist mit diesem Buch, dass es nichts, weder klein noch groß, auslässt, ohne es zu erfassen?« Und sie finden (alles), was sie taten, vorliegen. Und dein Herr tut niemandem Unrecht.

50 Und als Wir zu den Engeln sprachen: »Werft euch vor Adam nieder.« Da warfen sie sich nieder, außer Iblīs. Er gehörte zu den Djinn. So frevelte er gegen den Befehl seines Herrn. Wollt ihr denn ihn und seine Nachkommenschaft euch zu Freunden an meiner Stelle nehmen, wo sie euch doch feind sind? Welch schlimmer [30 3/4] Tausch für die, die Unrecht tun! *51 Ich habe sie der Erschaffung der Himmel und der Erde nicht beiwohnen lassen, und auch nicht ihrer eigenen Erschaffung. Ich nehme mir niemals die Irreführenden als Beistand.

52 Und an dem Tag, da Er spricht: »Ruft meine Teilhaber, die ihr angegeben habt, an.« Sie rufen sie an, aber sie erhören sie nicht. Und Wir setzen zwischen sie einen Abgrund. 53 Und die Übeltäter sehen das Feuer und erwarten, dass sie hineinfallen, und finden kein Mittel, ihm zu entrinnen.

54 Und Wir haben den Menschen in diesem Koran verschiedene Gleichnisse dargelegt. Von allen Wesen ist aber der Mensch am streitsüchtigsten. 55 Und was die Menschen daran hinderte, zu glauben und ihren Herrn um Vergebung zu bitten, als die Rechtleitung zu ihnen kam, ist nichts anderes als (die anmaßende Forderung), dass an ihnen nach dem Beispiel der Früheren verfahren werde, oder dass die Pein über sie komme vor ihren Augen. 56 Wir senden die Gesandten nur als Freudenboten und Warner. Diejenigen, die nicht glauben, streiten mit dem Falschen, um damit die Wahrheit zu widerlegen. Und sie nehmen meine Zeichen und das, womit sie gewarnt wurden, zum Gegenstand des Spottes. 57 Wer ist denn ungerechter als der, der mit den Zeichen seines Herrn ermahnt wird und sich dann von ihnen abwendet und vergisst, was seine Hände vorausgeschickt haben. Wir haben auf ihre Herzen

Hüllen gelegt, sodass sie ihn nicht begreifen, und in ihre Ohren Schwerhörigkeit. Auch wenn du sie zur Rechtleitung rufst, werden sie niemals der Rechtleitung folgen. 58 Und dein Herr ist voller Vergebung, und Er besitzt die Barmherzigkeit. Würde Er sie für das belangen, was sie erworben haben, würde Er für sie die Pein beschleunigen. Aber sie haben eine Verabredung, vor der sie keine Zuflucht finden werden. 59 Das sind die Städte, die Wir verderben ließen, als sie Unrecht taten. Und Wir haben für ihr Verderben eine Verabredung festgelegt.

60 Und als Mose zu seinem Knecht sagte: »Ich werde nicht ablassen, bis ich den Zusammenfluss der beiden Meere erreicht habe, und sollte ich lange Zeit unterwegs sein.« 61 Als sie deren Zusammenfluss erreicht hatten, vergaßen sie ihren Fisch, so nahm er seinen Weg ins Meer wie einen Tauchpfad. 62 Als sie vorbeigegangen waren, sagte er zu seinem Knecht: »Bring uns unser Mittagessen. Wir haben ja auf dieser unserer Reise (viel) Mühsal erlitten.« 63 Er sagte: »Was meinst du? Als wir beim Felsen Rast gemacht haben, da habe ich den Fisch vergessen. Vergessen ließ mich ihn nur der Satan, sodass ich nicht mehr an ihn dachte. Und er nahm seinen Weg ins Meer auf wunderbare Weise.« 64 Er sagte: »Das ist es, was wir suchten.« Da kehrten sie beide zurück und folgten ihren eigenen Spuren.

65 Sie trafen einen von unseren Dienern, dem Wir Barmherzigkeit von Uns hatten zukommen lassen und den Wir Wissen von Uns gelehrt hatten. 66 Mose sagte zu ihm: »Darf ich dir folgen, auf dass du mich von dem lehrst, was du über den rechten Weg belehrt worden bist?« 67 Er sagte: »Nimmer wirst du bei mir aushalten können. 68 Wie willst du das aushalten, wovon du keine umfassende Kenntnis hast?« 69 Er sagte: »Du wirst finden, so Gott will, dass ich standhaft bin, und ich werde gegen keinen Befehl von dir ungehorsam sein.« 70 Er sagte: »Wenn du mir folgst, dann frage mich nach nichts, bis ich selbst mit dir zuerst darüber rede.« 71 Da zogen sie beide weiter. Als sie nun das Schiff bestiegen, schlug er darin ein Loch. Er sagte: »Wie konntest du ein Loch darin schlagen, um seine Besatzung ertrinken zu lassen? Du hast da eine grauenhafte Sache begangen.« 72 Er sagte: »Habe ich nicht

gesagt, dass du nimmer bei mir wirst aushalten können?« 73 Er
sagte: »Belange mich nicht dafür, dass ich vergessen habe, und
bedrücke mich in meiner Angelegenheit nicht mit einer schweren
Last.« 74 Da zogen sie beide weiter. Als sie dann einen Jungen
trafen, tötete er ihn. Er sagte: »Wie konntest du einen unschuldigen Menschen töten, und zwar nicht als Wiedervergeltung für
einen (anderen) Menschen? Du hast da eine verwerfliche Sache

begangen.« *75 Er sagte: »Habe ich nicht zu dir gesagt, dass du
nimmer bei mir wirst aushalten können?« 76 Er sagte: »Wenn ich
dich nach diesem noch einmal nach irgendetwas frage, dann lass
mich dich nicht mehr begleiten. Du hast dann von mir aus bereits
eine Entschuldigung erhalten.« 77 Da zogen sie beide weiter. Als
sie dann zu den Bewohnern einer Stadt kamen, baten sie ihre Bewohner um etwas zu essen. Sie weigerten sich, sie zu bewirten. Da
fanden sie in ihr eine Mauer, die einzustürzen drohte. Er richtete
sie auf. Er sagte: »Wenn du gewollt hättest, hättest du dafür einen
Lohn nehmen können.« 78 Er sagte: »Jetzt ist die Trennung zwischen mir und dir fällig. Ich werde dir die Deutung dessen kund-
geben, was du nicht aushalten konntest. 79 Was das Schiff betrifft, so gehörte es armen Leuten, die auf dem Meer arbeiteten.
Ich wollte es schadhaft machen, denn ein König war hinter ihnen
her, der jedes Schiff mit Gewalt nahm. 80 Was den Jungen betrifft, so waren seine Eltern gläubige (Menschen). Da fürchteten
wir, er würde sie durch das Übermaß seines Frevels und durch seinen Unglauben bedrücken. 81 So wollten wir, dass ihr Herr ihnen
einen zum Tausch gebe, der besser wäre als er in der Lauterkeit
und anhänglicher in der Pietät. 82 Und was die Mauer betrifft, so
gehörte sie zwei Waisenjungen in der Stadt. Unter ihr befand sich
ein Schatz, der ihnen gehörte. Ihr Vater war rechtschaffen. Da
wollte dein Herr, dass sie (erst) ihre Vollkraft erreichen und ihren
Schatz herausholen, aus Barmherzigkeit von deinem Herrn. Ich tat
es ja nicht aus eigenem Entschluss. Das ist die Deutung dessen,
was du nicht aushalten konntest.«
83 Und sie fragen dich nach dem mit den zwei Hörnern*. Sprich:

83:   Die arabische Bezeichnung: Dhū l-Qarnayn.

Ich werde euch eine Geschichte über ihn verlesen. 84 Wir gaben ihm auf der Erde eine angesehene Stellung und eröffneten ihm in jedem Bereich einen Weg. 85 Da folgte er einem Weg. 86 Als er nun den Ort des Sonnenuntergangs erreichte, fand er, dass sie in einer verschlammten Quelle unterging. Und er fand bei ihr ein Volk. Wir sprachen: »O du mit den zwei Hörnern, entweder peinigst du (sie), oder du entscheidest dich für Güte gegen sie.« 87 Er sagte: »Was den, der Unrecht tut, betrifft, so werden wir ihn peinigen, dann wird er zu seinem Herrn zurückgebracht, und Er wird ihn eine entsetzliche Pein erleiden lassen. 88 Wer aber glaubt und Gutes tut, für den ist das Beste als Lohn bestimmt, und wir werden ihm aus unserem Gebot etwas sagen, was Erleichterung bringt*.« 89 Dann folgte er einem Weg. 90 Als er nun den Ort des Sonnenaufgangs erreichte, fand er, dass sie über Leuten aufgeht, denen Wir keine Bedeckung vor ihr geschaffen hatten. 91 So war es. Und Wir haben eine umfassende Kenntnis von dem, was ihn betrifft. 92 Dann folgte er einem Weg. 93 Als er nun den Ort zwischen den beiden Sperrmauern erreichte, fand er neben ihnen Leute, die kaum ein Wort verstehen konnten. 94 Sie sagten: »O du mit den zwei Hörnern, Gog und Magog stiften Unheil auf der Erde. Sollen wir dir einen Tribut aussetzen, dass du zwischen uns und ihnen eine Sperrmauer errichtest?« 95 Er sagte: »Die angesehene Stellung, die mir mein Herr verliehen hat, ist besser. Nun helft mir mit Kraft, so errichte ich zwischen euch und ihnen einen aufgeschütteten Wall. 96 Bringt mir die Eisenstücke.« Als er nun zwischen den beiden Berghängen gleich hoch aufgeschüttet hatte, sagte er: »Blast (jetzt).« Als er es zum Glühen gebracht hatte, sagte er: »Bringt mir (geschmolzenes) Kupfer, dass ich es darüber gieße.« 97 So konnten sie ihn nicht überwinden, und sie konnten auch nicht darin eine Bresche schlagen. 98 Er sagte: »Das ist eine Barmherzigkeit von meinem Herrn. Wenn dann das Versprechen meines Herrn eintrifft, macht Er ihn zu Staub. Und das Versprechen meines Herrn ist wahr.«

88: Oder: Wir werden ihm etwas sagen, was in Bezug auf unser Gebot Erleichterung bringt.

[31 ¼] *99 Und Wir lassen sie an jenem Tag durcheinander in Wallung geraten. Es wird in die Trompete geblasen. Dann versammeln Wir sie alle. 100 Und Wir führen den Ungläubigen an jenem Tag die Hölle nachdrücklich vor, 101 (ihnen), deren Augen vor meiner Ermahnung bedeckt waren, und die auch nicht hören konnten.

102 Meinen denn diejenigen, die ungläubig sind, dass sie sich meine Diener an meiner Stelle zu Freunden nehmen können? Wir haben den Ungläubigen die Hölle als Herberge bereitet. 103 Sprich: Sollen Wir euch die bekannt geben, die an ihren Werken am meisten verlieren, 104 deren Mühen im diesseitigen Leben fehlgeht, während sie meinen, sie würden rechtschaffen handeln? 105 Das sind diejenigen, die die Zeichen ihres Herrn und die Begegnung mit Ihm verleugnen. Ihre Werke sind wertlos, und Wir werden ihnen am Tag der Auferstehung kein Gewicht beimessen. 106 Das ist ihr Lohn, die Hölle, dafür, dass sie ungläubig waren und meine Zeichen und meine Gesandten zum Gegenstand des Spottes genommen haben. 107 Diejenigen, die glauben und die guten Werke tun, werden die Gärten des Paradieses zur Herberge haben, 108 sie werden darin ewig weilen und sich nicht wünschen, davon wegzugehen.

109 Sprich: Wenn das Meer Tinte für die Worte meines Herrn wäre, würde das Meer zu Ende gehen, bevor die Worte meines Herrn zu Ende gehen, auch wenn Wir noch einmal so viel hinzubrächten. 110 Sprich: Ich bin ja nur ein Mensch wie ihr; mir wird offenbart, dass euer Gott ein einziger Gott ist. Wer nun auf die Begegnung mit seinem Herrn hofft, der soll gute Werke tun und bei der Anbetung seines Herrn (Ihm) niemanden beigesellen.

Sure 19

Maria (Maryam)

zu Mekka, 98 Verse

Im Namen Gottes, des Erbarmers, des Barmherzigen.
1 Kāf Hā Yā ʿAyn Ṣād*. 2 *Zum Gedenken an die Barmherzigkeit
deines Herrn zu seinem Diener Zakaria. 3 Als er seinen Herrn im
Verborgenen anrief. 4 Er sagte: »Mein Herr, schwach ist mir das
Gebein geworden und altersgrau das Haupt. Und ich war gewiss
im Rufen zu Dir, mein Herr, nicht unglücklich. 5 Ich fürchte die
Verwandten nach mir, und meine Frau ist unfruchtbar. So schenke
mir von Dir einen nahen Verwandten, 6 der mich beerbt und von
der Sippe Jakobs erbt, und mach ihn, mein Herr, (Dir) wohlgefällig.« 7 »O Zakaria, Wir verkünden dir einen Knaben, sein Name ist
Yaḥyā*, wie Wir zuvor noch niemanden gleich ihm genannt haben.« 8 Er sagte: »Mein Herr, wie soll ich einen Knaben haben, wo
meine Frau unfruchtbar ist und ich vom hohen Alter einen Dürre-
zustand erreicht habe?« 9 Er sprach: »So wird es sein. Dein Herr
spricht: Das ist Mir ein Leichtes. Auch dich habe Ich vorher erschaffen, als du noch nichts warst.« 10 Er sagte: »Mein Herr, setze
mir ein Zeichen.« Er sprach: »Dein Zeichen ist, dass du, obwohl
gesund, drei Nächte lang nicht zu den Menschen sprechen wirst.«
11 Er kam zu seinen Leuten aus dem Tempel heraus und bedeute-
te ihnen: »Preiset morgens und spätabends.« 12 »O Yaḥyā, nimm
das Buch mit aller Kraft.« Und Wir ließen ihm noch als Kind die
Urteilskraft zukommen, 13 und Mitgefühl von Uns und Lauterkeit. Er war gottesfürchtig 14 und pietätvoll gegen seine Eltern, er
war aber nicht ein widerspenstiger Gewaltherrscher. 15 Und Friede
sei über ihm am Tag, da er geboren wurde, und am Tag, da er
stirbt, und am Tag, da er wieder zum Leben erweckt wird.

1:    Die Bedeutung dieser Buchstaben ist noch nicht geklärt.
2–11: Vgl. 3,38–41; Evangelium: Lukas 1,5–25.
7:    Johannes der Täufer.

16 Und gedenke im Buch der Maria, als sie sich von ihren Angehörigen an einen östlichen Ort zurückzog. **17** Sie nahm sich einen Vorhang vor ihnen. Da sandten Wir unseren Geist zu ihr. Er erschien ihr im Bildnis eines wohlgestalteten Menschen. **18** Sie sagte: »Ich suche beim Erbarmer Zuflucht vor dir, so du gottesfürchtig bist.« **19** Er sagte: »Ich bin der Bote deines Herrn, um dir einen lauteren Knaben zu schenken.« **20** Sie sagte: »Wie soll ich einen Knaben bekommen? Es hat mich doch kein Mensch berührt, und ich bin keine Hure.« **21** Er sagte: »So wird es sein. Dein Herr spricht: Das ist Mir ein Leichtes. Wir wollen ihn zu einem Zeichen für die Menschen und zu einer Barmherzigkeit von Uns machen.

[31 ½] Und es ist eine beschlossene Sache.« ***22** So empfing sie ihn. Und sie zog sich mit ihm zu einem entlegenen Ort zurück. **23** Die Wehen ließen sie zum Stamm der Palme gehen. Sie sagte: »O wäre ich doch vorher gestorben und ganz und gar in Vergessenheit geraten!« **24** Da rief er ihr von unten her zu: »Sei nicht betrübt. Dein Herr hat unter dir Wasser fließen lassen. **25** Und schüttle den Stamm der Palme gegen dich, so lässt sie frische, reife Datteln auf dich herunterfallen. **26** Dann iss und trink und sei frohen Mutes. Und wenn du jemanden von den Menschen siehst, dann sag: Ich habe dem Erbarmer ein Fasten gelobt, so werde ich heute mit keinem Menschen reden.« **27** Dann kam sie mit ihm zu ihrem Volk, indem sie ihn trug. Sie sagten: »O Maria, du hast eine unerhörte Sache begangen. **28** O Schwester Aarons, nicht war dein Vater ein schlechter Mann, und nicht war deine Mutter eine Hure.« **29** Sie zeigte auf ihn. Sie sagten: »Wie können wir mit dem reden, der noch ein Kind in der Wiege ist?« **30** Er sagte: »Ich bin der Diener Gottes. Er ließ mir das Buch zukommen und machte mich zu einem Propheten. **31** Und Er machte mich gesegnet, wo immer ich bin. Und Er trug mir auf, das Gebet und die Abgabe (zu erfüllen), solange ich lebe, **32** und pietätvoll gegen meine Mutter zu sein. Und Er machte mich nicht zu einem unglückseligen Gewaltherrscher. **33** Und Friede sei über mir am Tag, da ich geboren wurde, und am Tag, da ich sterbe, und am Tag, da ich wieder zum Leben erweckt werde.« **34** Das ist Jesus, der Sohn Marias. Es ist das Wort der Wahrheit, woran sie zweifeln. **35** Es steht Gott nicht an, sich ein Kind zu nehmen. Preis sei Ihm! Wenn Er eine Sache beschlossen hat, sagt Er zu ihr: Sei!, und sie ist. 36 *»Und Gott ist mein Herr und euer Herr; so dienet Ihm. Das ist ein gerader Weg.« 37 Dann wurden die Parteien untereinander uneins. Wehe denen, die nicht glauben, vor dem Erleben eines gewaltigen Tages! 38 O wie gut werden sie hören und schauen am Tag, an dem sie zu Uns kommen werden! Aber die, die Unrecht tun, befinden sich heute in einem offenkundigen Irrtum. 39 Warne sie vor dem Tag des Bedauerns, wenn die Angelegenheit entschieden sein wird, während sie alles unbeachtet lassen, und während sie (noch) ungläubig sind. 40 Wir werden gewiss die Erde und alle, die auf ihr sind, erben. Und zu Uns werden sie zurückgebracht.

41 Und gedenke im Buch des Abraham. Er war ein Wahrhaftiger und ein Prophet. 42 Als er zu seinem Vater sagte: »O mein Vater, warum verehrst du das, was nicht hört und nicht sieht und dir nichts nützt? 43 O mein Vater, zu mir ist vom Wissen gekommen, was nicht zu dir gekommen ist. So folge mir, dann führe ich dich einen ebenen Weg. 44 O mein Vater, diene nicht dem Satan. Der Satan ist gegen den Erbarmer widerspenstig. 45 O mein Vater, ich fürchte, dass dich vom Erbarmer eine Pein erfasst, und dass du so zum Freund des Satans wirst.« 46 Er sagte: »Verschmähst du meine Götter, o Abraham? Wenn du nicht aufhörst, werde ich dich bestimmt steinigen. Und entferne dich von mir auf lange Zeit.« 47 Er sagte: »Friede sei über dir. Ich werde meinen Herrn für dich um Vergebung bitten. Er ist zu mir sehr entgegenkommend. 48 Ich sondere mich von euch ab und von dem, was ihr anstelle Gottes anruft. Ich rufe meinen Herrn an. Möge ich im Rufen zu meinem Herrn nicht unglücklich werden!« 49 Als er sich von ihnen und von dem, was sie anstelle Gottes verehrten, abgesondert hatte, schenkten Wir ihm Isaak und Jakob; und beide machten Wir zu Propheten. 50 Und Wir schenkten ihnen etwas von unserer Barmherzigkeit, und Wir gaben ihnen einen hohen, wahrhaftigen Ruf.

36: Jesus spricht.

51 Und gedenke im Buch des Mose. Er war auserwählt, und er war ein Gesandter und Prophet. 52 Und Wir riefen ihn von der rechten Seite des Berges und ließen ihn zu vertraulichem Gespräch nähertreten. 53 Und Wir schenkten ihm in unserer Barmherzigkeit seinen Bruder Aaron als Propheten.

54 Und gedenke im Buch des Ismael. Er war treu zu seinem Versprechen, und er war ein Gesandter und Prophet. 55 Und er befahl seinen Angehörigen das Gebet und die Abgabe, und er war seinem Herrn wohlgefällig.

56 Und gedenke im Buch des Idrīs. Er war ein Gesandter und Prophet. 57 Und Wir erhoben ihn an einen hohen Ort.

58 Das sind die, die Gott begnadet hat, unter den Propheten aus der Nachkommenschaft Adams und von denen, die Wir mit Noach getragen haben, und aus der Nachkommenschaft Abrahams und Israels, und von denen, die Wir rechtgeleitet und erwählt haben. Wenn ihnen die Zeichen des Erbarmers verlesen werden, fallen sie [31 3/4] anbetend und weinend nieder. *59 Es folgten dann nach ihnen Nachfolger, die das Gebet vernachlässigten und den Begierden nachgingen. So werden sie den Untergang finden, 60 außer denen, die umkehren und glauben und Gutes tun. Diese gehen ins Paradies ein – und ihnen wird in nichts Unrecht getan –, 61 in die Gärten von Eden, die der Erbarmer seinen Dienern im Bereich des Unsichtbaren versprochen hat. Sein Versprechen wird bestimmt herbeigeführt. 62 Sie hören darin keine unbedachte Rede, sondern nur: »Frieden!« Und sie haben darin ihren Unterhalt morgens und spätabends. 63 Das ist das Paradies, das Wir denen von unseren Dienern zum Erbe geben, die gottesfürchtig sind.

64 Und wir* kommen nur auf Befehl deines Herrn herab. Ihm gehört, was vor uns und was hinter uns und was dazwischen liegt. Und dein Herr ist gewiss nicht vergesslich, 65 (Er), der Herr der Himmel und der Erde und dessen, was zwischen ihnen ist. So diene Ihm und sei beharrlich in seinem Dienst. Weißt du etwa einen, der Ihm namensgleich wäre?

64: die Engel.

66 Der Mensch sagt: »Werde ich, wenn ich gestorben bin, (wirklich) lebendig hervorgebracht werden?« 67 Bedenkt der Mensch denn nicht, dass Wir ihn zuvor erschaffen haben, da er nichts war? 68 Bei deinem Herrn, Wir werden sie samt den Satanen versammeln. Dann werden Wir sie rings um die Hölle auf den Knien vortreten lassen. 69 Dann werden Wir aus jeder Partei die herausgreifen, die gegen den Erbarmer am heftigsten rebelliert haben. 70 Dann wissen gerade Wir am besten über die Bescheid, die es am ehesten verdienen, darin zu brennen. 71 Und es gibt keinen unter euch, der nicht dahin wie zur Tränke gehen würde? Dies obliegt deinem Herrn als eine unabwendbare beschlossene Sache. 72 Dann erretten Wir diejenigen, die gottesfürchtig waren, und lassen die, die Unrecht tun, in ihr auf den Knien zurück.

73 Und wenn ihnen unsere Zeichen als deutliche Beweise verlesen werden, sagen diejenigen, die ungläubig sind, zu denen, die glauben: »Welche von den beiden Gruppen hat eine bessere Stellung und eine schönere Gesellschaft?« 74 Wie viele Generationen haben Wir vor ihnen verderben lassen, die sie in Ausstattung und Aussehen übertrafen! 75 Sprich: Den, der sich im Irrtum befindet, möge der Erbarmer lange darin gewähren lassen! Wenn sie schließlich das sehen, was ihnen angedroht ist, die Pein oder die Stunde, da werden sie wissen, wer die schlimmere Stätte und die schwächere Heerschar hat. 76 Und Gott lässt diejenigen, die der Rechtleitung folgen, in der Rechtleitung zunehmen. Was bleibt, die guten Werke – sie bringen bei deinem Herrn einen besseren Lohn und sichern einen besseren Ort der Rückkehr.

77 Hast du den gesehen, der unsere Zeichen verleugnet und sagt: »Mir werden gewiss Vermögen und Kinder zuteil«? 78 Hat er denn Kenntnis vom Unsichtbaren erworben, oder hat er vom Erbarmer ein verbindliches Versprechen erhalten? 79 Nein, Wir werden aufschreiben, was er sagt, und ihm die Pein noch verlängern. 80 Und Wir erben von ihm das, wovon er spricht. Und allein kommt er zu Uns.

81 Und sie haben sich anstelle Gottes Götter genommen, damit sie ihnen zum Stolz gereichen. 82 Nein, sie werden deren Verehrung verleugnen und werden ihnen Widersacher sein. 83 Hast

du nicht gesehen, dass Wir die Satane gegen die Ungläubigen gesandt haben, damit sie sie heftig aufstacheln? 84 Nichts sollst du
gegen sie zu beschleunigen wünschen. Wir zählen ihnen schon
(die Tage) ab. 85 Am Tag, da Wir die Gottesfürchtigen wie eine
Reiterabordnung zum Erbarmer versammeln, 86 und die Übeltäter
zur Hölle wie eine Herde zur Tränke treiben, 87 verfügen sie über
keine Fürsprache, außer dem, der vom Erbarmer ein verbindliches
Versprechen erhalten hat. 88 Und sie sagen: »Der Erbarmer hat
sich ein Kind genommen.« 89 Ihr habt da eine ungeheuerliche Sache begangen. 90 Die Himmel brechen bald auseinander, und die
Erde spaltet sich, und die Berge stürzen in Trümmern darüber,
91 dass sie dem Erbarmer ein Kind zuschreiben. 92 Es ziemt doch
dem Erbarmer nicht, sich ein Kind zu nehmen. 93 Niemand in
den Himmeln und auf der Erde wird zum Erbarmer anders denn
als Diener kommen können. 94 Er hat sie erfasst und genau auf-
gezählt. 95 Und sie alle werden zu Ihm am Tag der Auferstehung
allein kommen. 96 Denen, die glauben und die guten Werke tun,
wird der Erbarmer Liebe bereiten.

97 Wir haben ihn* leicht gemacht in deiner Sprache, damit du
durch ihn den Gottesfürchtigen frohe Botschaft verkündest und
durch ihn streitsüchtige Leute warnst. 98 Und wie viele Generationen haben Wir vor ihnen verderben lassen! Nimmst du noch irgendeinen von ihnen wahr, oder hörst du von ihnen noch den ge-
ringsten Laut?

97:   den Koran.

Sure 20

Ṭā Hā

zu Mekka, 135 Verse

Im Namen Gottes, des Erbarmers, des Barmherzigen.
1 Ṭā Hā. 2 Wir haben den Koran nicht auf dich hinabgesandt, [32] damit du unglücklich bist, 3 sondern als Erinnerung für den, der gottesfürchtig ist, 4 herabgesandt von dem, der die Erde und die erhabenen Himmel erschaffen hat. 5 Der Erbarmer hat sich auf dem Thron zurechtgesetzt. 6 Ihm gehört, was in den Himmeln und was auf der Erde ist, und was zwischen ihnen und was unter dem Erdboden ist. 7 Und wenn du deine Worte laut äußerst, so weiß Er ja das Geheimnis, und was noch verborgener ist. 8 Gott, es gibt keinen Gott außer Ihm. Ihm gehören die schönsten Namen.

9 Ist denn die Geschichte von Mose zu dir gelangt? 10 Als er ein Feuer sah und zu seinen Angehörigen sagte: »Bleibt hier. Ich habe ein Feuer wahrgenommen, vielleicht kann ich euch davon eine Fackel bringen oder beim Feuer eine Wegweisung finden.« 11 Als er dort ankam, wurde ihm zugerufen: »O Mose! 12 Siehe, Ich bin dein Herr, so ziehe deine Sandalen aus. Du befindest dich ja im heiligen Tal Ṭuwā. 13 Ja, Ich habe dich erwählt. So höre auf das, was offenbart wird. 14 Siehe, Ich bin Gott. Es gibt keinen Gott außer Mir. So diene Mir und verrichte das Gebet zu meinem Gedächtnis. 15 Wahrlich, die Stunde kommt – Ich halte sie fast verborgen –, damit jeder Seele vergolten wird für das, worum sie sich bemüht. 16 So lass nicht den, der nicht an sie glaubt und seiner Neigung folgt, dich von ihr abweisen, sonst würdest du zugrunde gehen. 17 *Und was ist das da in deiner Rechten, o Mose?« 18 Er sagte: »Das ist mein Stab. Darauf stütze ich mich, und damit schlage ich für meine Schafe Blätter ab, und ich gebrauche ihn

---

1: Die Bedeutung dieser Buchstaben ist noch nicht geklärt.
17–23: Vgl. Bibel: Exodus 4,1–7.

auch sonst zu anderen Zwecken.« 19 Er sprach: »Wirf ihn hin, o Mose!« 20 Er warf ihn hin, da war er eine Schlange, die lief. 21 Er sprach: »Nimm sie, und hab keine Angst. Wir werden sie zu ihrem ursprünglichen Zustand zurückbringen. 22 Und lege deine Hand dicht an deine Seite, so kommt sie weiß, jedoch nicht von Übel befallen, heraus. (Dies) als weiteres Zeichen, 23 auf das Wir dich etwas von unseren größten Zeichen sehen lassen. 24 Geh zu Pharao, er zeigt ein Übermaß an Frevel.« 25 *Er sagte: »Mein Herr, weite mir meine Brust, 26 und mach mir meine Angelegenheit leicht. 27 Und löse einen Knoten von meiner Zunge, 28 sodass sie meine Worte begreifen. 29 Und bestelle mir aus den Reihen meiner Angehörigen einen, der (die Last) mitträgt, 30 Aaron, meinen Bruder. 31 Festige durch ihn meine Kraft, 32 und lass ihn an meiner Angelegenheit teilhaben, 33 damit wir Dich viel preisen 34 und Deiner viel gedenken. 35 Du siehst uns ja wohl.« 36 Er sprach: »Deine Bitte ist dir gewährt, o Mose! 37 Und Wir haben dir (bereits) ein anderes Mal eine Wohltat erwiesen, 38 als Wir deiner Mutter eingegeben haben, was eingegeben werden sollte: 39 *›Leg ihn in den Kasten und wirf ihn ins Meer, und das Meer soll ihn ans Ufer legen, sodass ihn ein Feind von Mir und Feind von ihm aufnimmt.‹ Und Ich habe über dich eine Liebe von Mir gelegt, ja, auf dass du vor meinem Auge aufgezogen wirst. 40 Als deine Schwester herging und sagte: ›Soll ich euch auf jemanden hinweisen, der ihn betreuen würde?‹ So haben Wir dich zu deiner Mutter zurückkehren lassen, damit sie frohen Mutes und nicht betrübt sei. Und du tötetest einen Menschen. Da erretteten Wir dich aus dem Kummer, und Wir unterzogen dich einer harten Versuchung. So verweiltest du jahrelang unter den Leuten von Madyan. Dann kamst du, o Mose, zu einer vorausbestimmten Zeit. 41 Und Ich habe dich für Mich aufgezogen. 42 Geh du und dein Bruder mit meinen Zeichen, und seid nicht nachlässig in meinem Gedenken. 43 Geht zu Pharao, er zeigt ja ein Übermaß an Frevel. 44 So sprecht zu ihm in sanfter Rede, vielleicht bedenkt er es, oder

25–32: Vgl. Bibel: Exodus 4,10–16.
39–40: Vgl. Bibel: Exodus 2,11–22.

er fürchtet sich.« 45 Sie sagten: »Unser Herr, wir fürchten, dass er übereilig gegen uns vorgeht oder dass er ein Übermaß an Frevel zeigt.« 46 Er sprach: »Fürchtet euch nicht. Ich bin mit euch und höre und sehe, (was geschieht). 47 So geht zu ihm und sagt: ›Wir sind Gesandte deines Herrn. Schick die Kinder Israels mit uns weg, und peinige sie nicht. Wir sind zu dir mit einem Zeichen von deinem Herrn gekommen. Und Friede sei auf dem, der der Rechtleitung folgt. 48 Uns ist ja offenbart worden, dass die Pein den überkommt, der (die Botschaft) für Lüge erklärt und sich abkehrt.‹« 49 Er sagte: »Wer ist denn euer Herr, o Mose?« 50 Er sagte: »Unser Herr ist der, der jedem Ding seine Natur gegeben und dann die Rechtleitung gebracht hat.« 51 Er sagte: »Wie steht es denn mit den früheren Generationen?« 52 Er sagte: »Über sie weiß mein Herr Bescheid, es steht in einem Buch. Mein Herr irrt nicht, und Er vergisst nicht.« 53 Er, der euch die Erde zu einer Lagerstätte gemacht und euch auf ihr Wege geebnet hat und Wasser vom Himmel hat herabkommen lassen. So haben Wir dadurch Arten verschiedener Pflanzen hervorgebracht. 54 Esst und weidet euer Vieh. Darin sind Zeichen für Leute, die Vernunft haben. *55 Aus [32 ¼] ihr haben Wir euch erschaffen, und in sie lassen Wir euch zurückkehren, und aus ihr bringen Wir euch ein anderes Mal hervor.
56 Und Wir ließen ihn all unsere Zeichen schauen, aber er erklärte (sie) für Lüge und weigerte sich. 57 Er sagte: »Bist du zu uns gekommen, um uns mit deiner Zauberei aus unserem Land zu vertreiben, o Mose? 58 Wir werden dir gewiss mit einer gleichen Zauberei kommen. So setze zwischen uns und dir eine Verabredungszeit fest, die weder wir noch du versäumen werden, an einem Ort, der (uns allen) gleichermaßen recht ist.« 59 Er sagte: »Eure Verabredungszeit soll am Tag des Schmuckfestes sein, und die Menschen sollen am späten Vormittag versammelt sein.« 60 Pharao kehrte sich ab. Da nahm er seine ganze List zusammen, und dann kam er. 61 Mose sagte zu ihnen: »Wehe euch! Erdichtet gegen Gott keine Lüge, dass Er euch nicht durch eine Pein vertilgt. Enttäuscht wird ja, wer Lügen erdichtet.« 62 Da stritten sie untereinander über ihre Angelegenheit und führten insgeheim vertrauliche Gespräche. 63 Sie sagten: »Diese beiden sind gewiss

Zauberer, die euch mit ihrem Zauber aus eurem Land vertreiben und euren vorbildlichen Weg beseitigen wollen. 64 So nehmt einmütig eure ganze List zusammen, dann kommt in einer Reihe. Heute wird es dem wohl ergehen, der überlegen ist.« 65 Sie sagten: »O Mose, entweder wirfst du, oder wir sind es, die zuerst werfen.« 66 Er sagte: »Nein, werft ihr (zuerst).« Und siehe da, ihre Stricke und Stäbe – es kam ihm ja durch ihre Zauberei vor, als ob sie liefen. 67 Und er, Mose, empfand in seiner Seele Furcht. 68 Wir sprachen: »Fürchte dich nicht. Du, ja du wirst überlegen sein. 69 Wirf, was in deiner Rechten ist, so verschlingt es das, was sie gemacht haben. Was sie gemacht haben, ist nur die List eines Zauberers, und dem Zauberer ergeht es nicht wohl, woher er auch kommen mag.« 70 Und die Zauberer wurden in Anbetung zu Boden geworfen. Sie sagten: »Wir glauben an den Herrn Aarons und Moses.« 71 Er* sagte: »Ihr glaubt an ihn, bevor ich es euch erlaube? Er ist bestimmt euer Ranghöchster, der euch die Zauberei gelehrt hat. Ich werde eure Hände und Füße wechselseitig abhacken, und ich werde euch an Palmstämmen kreuzigen lassen. Und ihr werdet sicher erfahren, wer von uns eine härtere und nachhaltigere Pein verhängt.« 72 Sie sagten: »Wir werden dir nicht den Vorzug geben vor dem, was an deutlichen Zeichen zu uns gekommen ist, und (vor) dem, der uns erschaffen hat. So entscheide, was du entscheiden magst. Du entscheidest nur über dieses irdische Leben. 73 Wir glauben an unseren Herrn, damit Er uns unsere Verfehlungen vergebe und auch die Zauberei, zu der du uns gezwungen hast. Gott ist besser und hat eher Bestand.« 74 Siehe, wer als Übeltäter zu seinem Herrn kommt, erhält die Hölle; darin wird er weder sterben noch leben. 75 Diejenigen, die zu Ihm als Gläubige kommen, welche die guten Werke getan haben, erhalten die höchsten Rangstufen, 76 die Gärten von Eden, unter denen die Bäche fließen; darin werden sie ewig weilen. Das ist der Lohn derer, die sich läutern.

77 Und Wir haben dem Mose offenbart: »Zieh bei Nacht mit meinen Dienern fort und schlag ihnen einen trockenen Weg durch

71:   Pharao.

das Meer, sodass du nicht Angst davor haben musst, eingeholt zu werden, und du (nichts) zu befürchten brauchst.« 78 Pharao verfolgte sie mit seinen Truppen, und es überdeckte sie vom Meer, was sie überdeckte. 79 Pharao hat sein Volk irregeführt und nicht rechtgeleitet.

80 O Kinder Israels, Wir retteten euch vor eurem Feind, Wir verabredeten Uns mit euch auf der rechten Seite des Berges, und Wir sandten das Manna und die Wachteln auf euch hinab: 81 »Esst von den köstlichen Dingen dessen, was Wir euch beschert haben, und zeigt nicht darin ein Übermaß an Frevel, sonst lässt sich mein Zorn auf euch nieder. Der, auf den sich mein Zorn niederlässt, wird stürzen. 82 Doch siehe, Ich bin voller Vergebung für den, der umkehrt und glaubt und Gutes tut und dann der Rechtleitung folgt.«

*83 *»Und was veranlasst dich, von deinem Volk fortzueilen, o [32 ½] Mose?« 84 Er sagte: »Siehe, sie folgen mir auf der Spur. Und ich bin zu dir geeilt, mein Herr, damit Du (an mir) Wohlgefallen hast.« 85 Er sprach: »Wir haben dein Volk, nachdem du weggegangen warst, einer Versuchung ausgesetzt, und der Sāmirī* hat sie irregeführt.« 86 Da kam Mose zu seinem Volk zornig und voller Bedauern. Er sagte: »O mein Volk, hat euch euer Herr nicht ein schönes Versprechen gegeben? Hat es euch mit dem Bund zu lange gedauert, oder wolltet ihr, dass sich ein Zorn von eurem Herrn auf euch niederlässt, dass ihr die Vereinbarung mit mir gebrochen habt?« 87 Sie sagten: »Nicht aus freier Entscheidung haben wir die Vereinbarung mit dir gebrochen, sondern wir hatten ganze Lasten von den Schmucksachen der Leute zu tragen. Da haben wir sie hineingeworfen. Ebenso hat (sie) der Sāmirī hineingelegt. 88 So brachte er ihnen ein Kalb hervor als Leib, der blökte. Sie sagten: ›Das ist euer Gott und der Gott Moses. Aber er hat vergessen.‹«* 89 Sehen sie denn nicht, dass es ihnen kein Wort erwidert

83–98: Vgl. 7,148–156; Bibel: Exodus 32.
85:   Die Identität des Sāmirī ist nicht klar.
88:   Er, Mose, hat diesen seinen Gott vergessen und sucht ihn jetzt auf dem Berg. Oder: Er, der Sāmirī, hat seinen wahren Gott vergessen und begeht nun diesen Frevel.

und ihnen weder Schaden noch Nutzen bringen kann? 90 Aaron hatte ihnen doch vorher gesagt: »O mein Volk, ihr seid damit einer Versuchung ausgesetzt worden. Und euer Herr ist der Erbarmer. So folgt mir und gehorcht meinem Befehl.« 91 Sie sagten: »Wir werden nicht aufhören, es zu verehren, bis Mose zu uns zurückkehrt.« 92 Er* sagte: »O Aaron, was hat dich, als du sie irregehen sahst, daran gehindert, 93 mir zu folgen? Bist du denn gegen meinen Befehl ungehorsam gewesen?« 94 Er sagte: »O Sohn meiner Mutter, pack mich nicht am Bart und nicht am Kopf. Ich fürchtete, du würdest sagen: Du hast unter den Kindern Israels Zwietracht gestiftet und du hast mein Wort nicht beachtet.« 95 Er sagte: »Und was ist mit dir, o Sāmirī?« 96 Er sagte: »Ich habe erblickt, was sie nicht erblickt haben. So habe ich eine Hand voll Erde von der Spur des Gesandten gefasst und sie dann hingeworfen. Auf diese Weise hat es mir meine Seele eingeredet.« 97 Er sagte: »Geh weg. Dein Los im Leben ist zu sagen: ›Ihr dürft mich nicht berühren.‹ Und du hast eine Verabredung, die man dir sicher nicht brechen wird. Und schau zu deinem Gott, den du mit Beharrlichkeit verehrt hast. Wir werden ihn wahrlich verbrennen, und dann werden wir ihn wahrlich ins Meer streuen. 98 Euer Gott ist allein Gott, außer dem es keinen Gott gibt. Er umfasst alle Dinge in seinem Wissen.«

99 Auf diese Weise erzählen Wir dir etwas von den Berichten dessen, was früher geschah. Und Wir haben dir eine Ermahnung von Uns zukommen lassen. 100 Wer sich dann abwendet, wird am Tag der Auferstehung eine Last tragen. 101 Darin werden sie ewig weilen. Schlimm wird für sie am Tag der Auferstehung das sein, was sie tragen. 102 Am Tag, da in die Trompete geblasen wird. An jenem Tag versammeln Wir die Übeltäter wie Leute mit blauen* Augen. 103 Sie werden zueinander leise sprechen: »Ihr habt nur zehn (Nächte) verweilt.« 104 Wir wissen besser, was sie sagen, wenn derjenige, der von ihnen der Vorbildlichste in seinem Verhalten ist, sagt: »Ihr habt ja nur einen Tag verweilt.«

92: Mose.
102: D. h.: blind; vgl. 12,84: seine Augen wurden weiß, d. h. blind.

105 Und sie fragen dich nach den Bergen. Sprich: Mein Herr wird sie in den Wind streuen 106 und sie als ebenen Grund zurücklassen, 107 sodass du in ihnen keine Krümmungen und keine Erhebungen mehr siehst. 108 An jenem Tag folgen sie dem Rufer, bei dem nichts Krummes ist; die Stimmen wenden sich in demütiger Andacht zum Erbarmer, und du hörst nichts als Flüstern. 109 An jenem Tag nützt die Fürsprache nicht, außer dem, dem es der Erbarmer erlaubt, und dessen Worte Ihm wohlgefallen. 110 Er weiß, was vor ihnen und was hinter ihnen liegt, sie aber umfassen es nicht mit ihrem Wissen. *111 Die Gesichter werden sich demütig senken vor dem Lebendigen, dem Beständigen. Und enttäuscht wird der, dessen Last Unrecht ist. 112 Wer etwas von den guten Werken tut und dabei gläubig ist, der wird kein Unrecht und keine Lohnminderung befürchten. [32 3/4]

113 Und so haben Wir ihn als einen arabischen Koran hinabgesandt. Und Wir haben darin verschiedene Drohungen dargelegt, auf dass sie gottesfürchtig werden oder er ihnen eine Ermahnung bringe. 114 Erhaben ist Gott, der wahre König. Und übereile dich nicht mit dem Koran, bevor er dir zu Ende offenbart worden ist. Und sprich: Mein Herr, gib mir mehr Wissen.

115 Und Wir hatten früher Adam (eine Verpflichtung) auferlegt. Aber er vergaß (sie). Und Wir fanden bei ihm keine Entschlossenheit. 116 Und als Wir zu den Engeln sprachen: »Werft euch vor Adam nieder.« Sie warfen sich nieder, außer Iblīs. Er weigerte sich. 117 Wir sprachen: »O Adam, dieser (da) ist dir und deiner Gattin ein Feind. Dass er euch nicht aus dem Paradies vertreibt! Sonst wirst du unglücklich sein. 118 Es ist dir gewährt, dass du darin nicht hungerst und nicht nackt bist, 119 und dass du darin nicht dürstest und nicht unter der Sonnenhitze leidest.« 120 Da flüsterte ihm der Satan ein, er sagte: »O Adam, soll ich dich auf den Baum der Ewigkeit hinweisen und auf eine Königsherrschaft, die nicht vergeht?« 121 Sie aßen beide davon, da wurde ihnen ihre Blöße offenbar, und sie begannen, Blätter des Paradieses über sich zusammenzuheften. Adam war gegen seinen Herrn ungehorsam, und so irrte er ab. 122 Dann erwählte ihn sein Herr, und Er wandte sich ihm zu und leitete (ihn) recht. 123 Er sprach: »Geht von

ihm hinunter. Die einen von euch sind Feinde der anderen. Wenn dann von Mir eine Rechtleitung zu euch kommt, dann wird der, der meiner Rechtleitung folgt, nicht irregehen und nicht unglücklich sein. 124 Und der, der sich von meiner Ermahnung abwendet, wird ein beengtes Leben führen. Und am Tag der Auferstehung versammeln Wir ihn blind (zu den anderen). 125 Er sagt: »Mein Herr, warum hast du mich blind (zu den anderen) versammelt, wo ich doch sehen konnte?« 126 Er spricht: »Zu dir sind doch unsere Zeichen gekommen, und du hast sie vergessen. Ebenso wirst du heute vergessen.« 127 So vergelten Wir dem, der maßlos ist und nicht an die Zeichen seines Herrn glaubt. Die Pein des Jenseits ist ja härter und nachhaltiger.

128 Ist es ihnen nicht deutlich geworden, wie viele Generationen, in deren Wohnungen sie nun schreiten, Wir vor ihnen haben verderben lassen? Darin sind Zeichen für Leute, die Vernunft haben. 129 Und gäbe es nicht einen früher ergangenen Spruch deines Herrn und eine festgesetzte Frist, wäre dieses Los (auch jetzt) unabwendbar.

130 So ertrage mit Geduld, was sie sagen. Und singe das Lob deines Herrn vor dem Aufgang der Sonne und vor ihrem Untergang. Und preise (Ihn) zu (verschiedenen) Nachtzeiten und an den Enden des Tages, auf dass du zufrieden bist. 131 Und richte nicht gierig deine Augen auf das, was Wir einigen von ihnen zur Nutznießung verliehen haben – das ist der Glanz des diesseitigen Lebens –, um sie darin der Versuchung auszusetzen. Der Lebensunterhalt, den dein Herr beschert, ist besser und hat eher Bestand. 132 Und befiehl deinen Angehörigen, das Gebet (zu verrichten). Und harre du darin aus. Wir fordern keinen Lebensunterhalt von dir. Wir bescheren dir doch den Lebensunterhalt. Und das (gute) Ende gehört der Gottesfurcht.

133 Und sie sagen: »Wenn er doch ein Zeichen von seinem Herrn bringen würde!« Ist nicht zu ihnen der deutliche Beweis dessen gekommen, was in den früheren Blättern steht? 134 Hätten Wir sie vor ihm durch eine Pein verderben lassen, hätten sie gesagt: »Unser Herr, hättest Du doch einen Gesandten zu uns geschickt, sodass wir deinen Zeichen hätten folgen können, bevor wir Er-

niedrigung und Schande erlitten!« 135 Sprich: Jeder wartet ab. So wartet auch ihr ab. Ihr werdet erfahren, wer die Leute des ebenen Weges sind und wer der Rechtleitung folgt.

Sure 21

Die Propheten (al-Anbiyāʾ)

zu Mekka, 112 Verse

Im Namen Gottes, des Erbarmers, des Barmherzigen.
*1 Nahegerückt ist den Menschen ihre Abrechnung, während sie sich in Achtlosigkeit abwenden. 2 Keine neue Ermahnung kommt von ihrem Herrn zu ihnen, ohne dass sie sie hören, während sie sich dem Spiel hingeben 3 und ihre Herzen zerstreut sind. Und sie äußern insgeheim im vertraulichen Gespräch – sie, die Unrecht tun: »Ist dieser etwas anderes als ein Mensch wie ihr? Wollt ihr euch denn sehenden Auges der Zauberei hingeben?« 4 Sprich: Mein Herr weiß, was im Himmel und auf der Erde gesagt wird. Er ist der, der alles hört und weiß. 5 Aber nein, sie sagen: »Wirres Bündel von Träumen. Nein, er hat ihn erdichtet. Nein, er ist ja ein Dichter. Er soll uns ein Zeichen bringen, so wie die Früheren gesandt worden sind.« 6 Nie hat vor ihnen eine Stadt, die Wir verderben ließen, geglaubt. Werden gerade sie nun glauben? 7 Und Wir haben vor dir nur Männer gesandt, denen Wir Offenbarungen eingegeben haben. So fragt die Besitzer der Ermahnung, wenn ihr nicht Bescheid wisst. 8 Wir haben sie nicht zu Körpern gemacht, die keine Speise essen, und sie waren nicht ewig. 9 Dann haben Wir ihnen das Versprechen wahr gemacht. So haben Wir sie und die, die Wir wollen, gerettet und die Maßlosen vernichtet. 10 Wir haben ein Buch zu euch hinabgesandt, in dem eure Ermahnung steht. Habt ihr denn keinen Verstand? 11 Wie manche Stadt, die Unrecht tat, haben Wir zerstört und haben nach ihr ein anderes

Volk entstehen lassen! 12 Und als sie unsere Schlagkraft spürten, da fingen sie an, davor wegzulaufen. 13 »Lauft nicht weg und kehrt zu dem euch verliehenen üppigen Leben und zu euren Wohnungen zurück. Vielleicht werdet ihr gefragt.« 14 Sie sagten: »Wehe uns! Wir haben ja Unrecht getan.« 15 Das war ständig ihr Ruf, bis Wir sie zum abgemähten Land machten und sie ausgelöscht dalagen.

16 Und Wir haben den Himmel und die Erde, und was zwischen ihnen ist, nicht zum Spiel erschaffen. 17 Hätten Wir uns eine Zerstreuung nehmen wollen, dann hätten Wir sie von Uns aus genommen – wenn Wir das überhaupt hätten tun wollen. 18 Nein, Wir schleudern die Wahrheit gegen das Falsche, und sie zerschmettert ihm das Haupt, und siehe da, es schwindet dahin. Und wehe euch wegen dessen, was ihr da schildert! 19 Ihm gehört, wer in den Himmeln und auf der Erde ist. Diejenigen, die bei Ihm sind, weigern sich nicht hochmütig, Ihm zu dienen, und werden darin nicht müde. 20 Sie preisen (Ihn) Nacht und Tag, und sie lassen nicht nach. 21 Oder haben sie sich Götter aus der Erde genommen, die auferstehen lassen können? 22 Gäbe es in ihnen beiden* andere Götter als Gott, würden sie (beide) verderben. Preis sei Gott, dem Herrn des Thrones! (Er ist erhaben) über das, was sie schildern. 23 Er wird nicht zur Verantwortung gezogen für das, was Er tut; sie aber werden zur Verantwortung gezogen. 24 Oder haben sie sich außer Ihm Götter genommen? Sprich: Bringt her euren Beweis. Das ist die Ermahnung derer, die mit mir sind, und die Ermahnung derer, die vor mir lebten. Aber die meisten von ihnen kennen die Wahrheit nicht, so wenden sie sich ab. 25 Und Wir haben keinen Gesandten vor dir geschickt, dem Wir nicht offenbart hätten: »Es gibt keinen Gott außer Mir, so dienet Mir.«

26 Und sie sagen: »Der Erbarmer hat sich ein Kind genommen.« Preis sei Ihm! Nein, es sind nur Diener, denen Ehre erwiesen worden ist. 27 Sie kommen Ihm im Sprechen nicht zuvor, und nach seinem Befehl handeln sie. 28 Er weiß, was vor ihnen und was hinter ihnen liegt, und sie legen Fürsprache nur für den ein, der

22:   Himmel und Erde.

Ihm genehm ist. Und sie erschrecken aus Furcht vor Ihm. *29 Und [33 ¼]
wer von ihnen sagen sollte: »Ich bin Gott neben Ihm«, dem vergelten Wir mit der Hölle. So vergelten Wir denen, die Unrecht tun.
30 Haben denn diejenigen, die ungläubig sind, nicht gesehen,
dass die Himmel und die Erde eine einzige Masse waren? Da haben Wir sie getrennt und alles Lebendige aus dem Wasser gemacht. Wollen sie denn nicht glauben? 31 Und Wir haben auf der
Erde festgegründete Berge gemacht, dass sie nicht mit ihnen
schwanke. Und Wir haben auf ihr breite Durchgänge als Wege gemacht, auf dass sie der Rechtleitung folgen. 32 Und Wir haben
den Himmel zu einer wohlbehüteten Decke gemacht. Aber sie
wenden sich von seinen* Zeichen ab. 33 Und Er ist es, der die
Nacht und den Tag, die Sonne und den Mond erschaffen hat;
jedes Gestirn nimmt seinen Lauf* in einer (eigenen) Sphäre.
34 Und Wir haben für keinen Menschen vor dir bestimmt, ewig zu
leben. Wenn du nun stirbst, sollten sie dann ewig leben? 35 Jeder
wird den Tod erleiden. Und Wir prüfen euch mit Bösem und Gutem und setzen euch damit der Versuchung aus. Und zu Uns werdet ihr zurückgebracht. 36 Und wenn diejenigen, die ungläubig
sind, dich sehen, nehmen sie dich nur zum Gegenstand des Spottes: »Ist das der, der über eure Götter spricht?« Und sie, sie glauben nicht an die Ermahnung des Erbarmers. 37 Der Mensch ist
aus Eilfertigkeit erschaffen worden. Ich werde euch schon meine
Zeichen sehen lassen; so wünscht nicht von Mir, es zu beschleunigen. 38 Und sie sagen: »Wann wird diese Androhung eintreten, so
ihr die Wahrheit sagt?« 39 Wenn diejenigen, die ungläubig sind,
es nur wüssten, wenn sie das Feuer weder von ihren Gesichtern
noch von ihren Rücken abhalten können und auch keine Unterstützung erfahren! 40 Nein, es* wird sie plötzlich überkommen
und sie überraschen. Sie werden es nicht abwehren können, und
es wird ihnen kein Aufschub gewährt. 41 Gespottet wurde schon

32:   des Himmels.
33:   Wörtlich: schwimmt.
40:   das Feuer.

vor dir über Gesandte. Da umschloss diejenigen, die sie verhöhnt hatten, das, worüber sie spotteten.

42 Sprich: Wer behütet euch bei Nacht und bei Tag vor dem Erbarmer? Aber nein, sie wenden sich von der Ermahnung ihres Herrn ab. 43 Oder haben sie etwa Götter, die sie vor Uns schützen können? Sie können doch sich selbst nicht helfen, und sie werden keinen Beistand gegen Uns erhalten. 44 Nein, Wir haben diese da und ihre Väter genießen lassen, bis sie ein hohes Alter erreicht haben. Haben sie denn nicht gesehen, dass Wir über das Land kommen und es an seinen Enden kürzen? Werden nun sie die Sieger sein? 45 Sprich: Ich warne euch nur mit der Offenbarung. Aber Taube hören nicht den Ruf, wenn sie gewarnt werden. 46 Und wenn ein Hauch von der Pein deines Herrn sie berührt, sagen sie gewiss: »O wehe uns! Wir haben ja Unrecht getan.« 47 Und Wir stellen die gerechten Waagen für den Tag der Auferstehung auf. So wird keiner Seele in irgendetwas Unrecht getan. Und wäre es auch das Gewicht eines Senfkornes, Wir bringen es bei. Und Wir genügen für die Abrechnung.

48 Und Wir haben Mose und Aaron die Unterscheidungsnorm zukommen lassen und ein Licht und eine Ermahnung für die Gottesfürchtigen, 49 die ihren Herrn im Verborgenen fürchten und vor der Stunde erschrecken. 50 Und dies ist eine gesegnete Ermahnung, die Wir hinabgesandt haben. Wollt ihr sie denn verwerfen?

[33 ½] *51 Und Wir haben zuvor Abraham zu seinem rechten Verhalten geleitet. Und Wir wussten über ihn Bescheid. 52 Als er zu seinem Vater und seinem Volk sagte: »Was sind das für Bildwerke, die ihr verehrt?« 53 Sie sagten: »Wir fanden, dass bereits unsere Väter ihnen dienten.« 54 Er sagte: »Ihr und eure Väter befindet euch in einem offenkundigen Irrtum.« 55 Sie sagten: »Bringst du uns die Wahrheit, oder gehörst du zu denen, die ihr Spiel treiben?« 56 Er sagte: »Nein, euer Herr ist der Herr der Himmel und der Erde, der sie erschaffen hat. Und ich bin einer von denen, die euch das bezeugen. 57 Und bei Gott, ich werde gegen eure Götter mit einer List vorgehen, nachdem ihr den Rücken gekehrt habt.« 58 Da schlug er sie in Stücke, außer einem Großen unter ihnen, auf dass sie sich zu ihm wandten. 59 Sie sagten: »Wer hat dies mit unseren Göttern getan? Wahrlich, er gehört zu denen, die Unrecht tun.« 60 Sie sagten: »Wir hörten einen Jüngling von ihnen sprechen; man nennt ihn Abraham.« 61 Sie sagten: »Bringt ihn her vor den Augen der Menschen. Vielleicht bezeugen sie es.« 62 Sie sagten: »Hast du dies mit unseren Göttern getan, o Abraham?« 63 Er sagte: »Nein, getan hat das dieser da, der Größte unter ihnen. Fragt sie, so sie reden können.« 64 Sie kamen wieder zu sich und sagten: »Ihr seid ja die, die Unrecht tun.« 65 Dann machten sie eine Kehrtwende: »Du weißt doch, dass diese nicht reden können.« 66 Er sagte: »Wie könnt ihr anstelle Gottes das verehren, was euch nichts nützen und nichts schaden kann? 67 Pfui über euch und über das, was ihr anstelle Gottes verehrt! Habt ihr denn keinen Verstand?« 68 Sie sagten: »Verbrennt ihn und helft euren Göttern, so ihr etwas tun wollt.« 69 Wir sprachen: »O Feuer, sei kühl und harmlos für Abraham.« 70 Sie wollten mit einer List gegen ihn vorgehen. Da machten Wir, dass sie es waren, die den größten Verlust hatten. 71 Und Wir erretteten ihn und Lot in das Land, das Wir für die Weltenbewohner gesegnet haben. 72 Und Wir schenkten ihm Isaak und Jakob dazu. Und jeden machten Wir rechtschaffen. 73 Und Wir machten sie zu Vorbildern, die (die Menschen) nach unserem Befehl leiteten. Und Wir offenbarten ihnen, die guten Werke zu tun, das Gebet zu verrichten und die Abgabe zu entrichten. Und Uns haben sie gedient.

74 Und dem Lot ließen Wir Urteilskraft und Wissen zukommen. Und Wir erretteten ihn aus der Stadt, die die schlechten Taten zu begehen pflegte. Sie waren ja böse Leute und Frevler. 75 Und Wir ließen ihn in unsere Barmherzigkeit eingehen. Wahrlich, er gehört zu den Rechtschaffenen.

76 Und (erwähne) Noach, als er zuvor rief. Da erhörten Wir ihn und erretteten ihn und seine Angehörigen aus der großen Drangsal. 77 Und Wir unterstützten ihn gegen die Leute, die unsere Zeichen für Lüge erklärten. Sie waren ja böse Leute. So ließen Wir sie allesamt ertrinken.

78 Und (erwähne) David und Salomo, als sie über das Saatfeld urteilten. Darin waren die Schafe der Leute nachts eingebrochen

und hatten sich ausgebreitet. Und Wir waren bei ihrem Urteil zugegen. 79 Und Wir ließen Salomo die Sache begreifen. Und jedem ließen Wir Urteilskraft und Wissen zukommen. Und Wir machten dem David die Berge dienstbar, dass sie (Uns) preisen, und (auch) die Vögel. Ja, Wir haben es getan. 80 Und Wir lehrten ihn die Herstellung von Panzerkleidung für euch, damit sie euch vor eurer (gegenseitigen) Schlagkraft schütze. Wollt ihr denn nicht dankbar sein? 81 Und dem Salomo (machten Wir dienstbar) den Wind als Sturm, dass er nach seinem Befehl zum Land eile, das Wir gesegnet haben – und Wir wussten über alle Dinge Bescheid –, 82 und auch unter den Satanen welche, die für ihn tauchten und noch andere Arbeiten verrichteten; und Wir überwachten sie.

[33 3/4] *83 Und (erwähne) Ijob, als er zu seinem Herrn rief: »Mich hat Schaden getroffen, und Du bist der Barmherzigste der Barmherzigen.« 84 Da erhörten Wir ihn und behoben den Schaden, den er erlitten hatte. Und Wir gaben ihm seine Angehörigen (wieder) und noch einmal die gleiche Zahl dazu, aus Barmherzigkeit von Uns und als Ermahnung für die, die (Uns) dienen.

85 Und (erwähne) Ismael und Idrīs und Dhū l-Kifl. Jeder (von ihnen) gehörte zu den Geduldigen. 86 Und Wir ließen sie in unsere Barmherzigkeit eingehen. Wahrlich, sie gehören zu den Rechtschaffenen.

87 Und (erwähne) den Mann mit dem Fisch*. Als er erzürnt wegging und meinte, Wir könnten ihn nicht überwältigen. Und er rief in den Finsternissen: »Es gibt keinen Gott außer Dir. Preis sei Dir! Ich war einer von denen, die Unrecht tun.« 88 Da erhörten Wir ihn und erretteten ihn aus der Trübsal. So retten Wir die Gläubigen.

89 Und (erwähne) Zakaria, als er zu seinem Herrn rief: »Mein Herr, lass mich nicht kinderlos bleiben. Und Du bist der Beste der Erben.« 90 Da erhörten Wir ihn und schenkten ihm Yaḥyā* und machten ihm seine Gattin wieder fruchtbar. Sie eilten zu den guten Dingen um die Wette und riefen zu Uns in Verlangen und Ehrfurcht, und sie waren vor Uns demütig.

87: Jonas.
90: Johannes der Täufer.

91 Und (erwähne) die, die ihre Scham unter Schutz stellte*. Da bliesen Wir in sie von unserem Geist, und Wir machten sie und ihren Sohn zu einem Zeichen für die Weltenbewohner. 92 »Diese eure Gemeinschaft ist eine einzige Gemeinschaft. Und Ich bin euer Herr, so dienet Mir.« 93 Aber sie spalteten sich in ihrer Angelegenheit untereinander. Doch sie werden alle zu Uns zurückkehren. 94 Wer etwas von den guten Werken tut und dabei gläubig ist, der wird für sein Mühen nicht Undank ernten; Wir schreiben es ihm gut.

95 Und ein Verbot liegt über einer Stadt, die Wir verderben ließen: Sie kehren nicht zurück, 96 bis der (Damm von) Gog und Magog* eröffnet wird, sie von allen Anhöhen herbeieilen 97 und die wahrhaftige Drohung naherückt. Dann werden die Blicke derer, die ungläubig sind, starr werden: »O wehe uns! Wir ließen es unbeachtet. Ja, wir haben Unrecht getan.« 98 »Ihr und das, was ihr anstelle Gottes verehrt, seid Brennstoff der Hölle. Ihr werdet dahin wie zur Tränke gehen. 99 Wären diese da Götter, wären sie nicht dahin wie zur Tränke gegangen.« Und alle werden darin ewig weilen. 100 Sie werden darin seufzen, aber selbst darin nichts hören. 101 Diejenigen, für die das Beste von Uns her vorausbestimmt ist, werden von ihr ferngehalten, 102 sie hören nicht (einmal) ihr leisestes Geräusch. Und sie werden in dem, was ihre Seelen begehrt haben, ewig weilen. 103 Der große Schrecken macht sie nicht traurig, und die Engel empfangen sie: »Das ist euer Tag, der euch versprochen wurde.« 104 Am Tag, an dem Wir den Himmel zusammenfalten, wie das Urkundenbuch* die Schriftstücke zusammenfaltet. Wie Wir eine erste Schöpfung am Anfang gemacht haben, wiederholen Wir sie. Das ist ein Uns obliegendes Versprechen. Ja, Wir werden es tun. 105 Und Wir haben in der Schrift* nach der Ermahnung geschrieben, dass meine rechtschaffenen Diener das Land erben werden.

91: Maria, die Mutter Jesu.
96: Vgl. 18,94.98.
104: Oder: der Urkundenschreiber.
105: im Psalter.

106 In diesem* ist eine Botschaft an Leute, die (Uns) dienen.
107 Und Wir haben dich nur als eine Barmherzigkeit für die Weltenbewohner gesandt. 108 Sprich: Mir wird wahrlich offenbart, dass euer Gott ein einziger Gott ist. Wollt ihr denn nicht gottergeben sein? 109 Wenn sie sich abkehren, dann sprich: Ich habe es euch so angekündigt, dass zwischen uns Gleichheit besteht. Und ich weiß nicht, ob das, was euch angedroht wird, nahe ist oder fern liegt. 110 Er weiß, was an Worten laut geäußert wird, und Er weiß, was ihr verschweigt. 111 Und ich weiß nicht, ob es vielleicht nur eine Versuchung für euch ist und eine Nutznießung für eine Weile. 112 Er* sprach: Mein Herr, urteile nach der Wahrheit. Und unser Herr ist der Erbarmer, der um Hilfe gebeten wird gegen das, was ihr schildert.

Sure 22

Die Wallfahrt (al-Ḥadjj)

zu Medina, 78 Verse

Im Namen Gottes, des Erbarmers, des Barmherzigen.

[34] *1 O ihr Menschen, fürchtet euren Herrn. Das Beben der Stunde ist eine gewaltige Sache. 2 Am Tag, da ihr es seht, wird jede Stillende aus Entsetzen übersehen, was sie eben gestillt hat, und jede Schwangere wird mit dem niederkommen, was sie trägt. Und du siehst die Menschen trunken, obwohl sie nicht betrunken sind. Aber die Pein Gottes ist hart.
3 Und unter den Menschen ist manch einer, der über Gott ohne (richtiges) Wissen streitet und jedem rebellischen Satan folgt,

---

106: im Koran.
112: Muhammad.

4 gegen den* geschrieben steht, dass er den, der ihn zum Freund nimmt, irreführen und zur Pein des Höllenbrandes leiten wird. 5 O ihr Menschen, wenn ihr über die Auferstehung im Zweifel seid, so bedenket, dass Wir euch aus Erde erschaffen haben, dann aus einem Tropfen, dann aus einem Embryo, dann aus einem Fötus, gestaltet und nicht gestaltet, um es euch deutlich zu machen. Und Wir lassen, was Wir wollen, im Mutterleib auf eine festgesetzte Frist ruhen. Dann lassen Wir euch als Kind herauskommen. Dann (sorgen Wir für euch), damit ihr eure Vollkraft erreicht. Und manch einer von euch wird abberufen, und manch einer von euch wird in das schlimmste Alter gebracht, sodass er, nachdem er vorher Wissen besessen hat, nichts (mehr) weiß. Und du siehst die Erde regungslos. Wenn Wir aber Wasser auf sie herabkommen lassen, regt sie sich, wächst zu und lässt verschiedene erfreuliche Pflanzenarten sprießen. 6 Dies, weil Gott die Wahrheit ist, und weil Er die Toten lebendig macht und weil Er Macht hat zu allen Dingen, 7 und weil die Stunde kommt – an ihr ist kein Zweifel möglich –, und weil Gott (all) die auferwecken wird, die in den Gräbern sind. 8 Und unter den Menschen gibt es manch einen, der über Gott streitet ohne (richtiges) Wissen, ohne Rechtleitung und ohne erleuchtendes Buch; 9 er wendet sich zur Seite, um (die Menschen) vom Wege Gottes abirren zu lassen. Bestimmt ist für ihn Schande im Diesseits, und Wir lassen ihn am Tag der Auferstehung die Pein des Höllenbrandes kosten. 10 »Dies für das, was deine Hände vorausgeschickt haben, und weil Gott den Dienern kein Unrecht tut.«

11 Und unter den Menschen gibt es manch einen, der Gott nur beiläufig dient. Wenn ihn etwas Gutes trifft, fühlt er sich wohl darin. Und wenn ihn eine Versuchung trifft, macht er eine Kehrtwende*. Er verliert das Diesseits und das Jenseits. Das ist der offenkundige Verlust. 12 Er ruft anstelle Gottes das an, was ihm weder schaden noch nützen kann. Das ist der tiefe Irrtum. 13 Er

---

4:    den Satan.
11:    Wörtlich: macht er kehrt auf seinem Gesicht; d.h. er ändert seine Richtung und seine Lebensweise.

ruft den an, von dem eher Schaden zu erwarten ist als Nutzen. Welch schlimmer Schutzherr und welch schlimmer Gefährte!

14 Gott lässt diejenigen, die glauben und die guten Werke tun, in Gärten eingehen, unter denen Bäche fließen. Gott tut, was Er will.

15 Wer meint, dass Gott ihn* im Diesseits und Jenseits niemals unterstützen werde, der strecke doch ein Seil zum Himmel, dann schneide er es ab. So schaue er, ob seine List das entfernt, was (seinen) Groll hervorruft.

16 Und so haben Wir ihn* als deutliche Zeichen hinabgesandt. (Es ist so), dass Gott rechtleitet, wen Er will. 17 Diejenigen, die glauben, und diejenigen, die Juden sind, und die Ṣābier und die Christen und die Magier und diejenigen, die Polytheisten sind – siehe, Gott wird am Tag der Auferstehung zwischen ihnen entscheiden. Gott ist ja Zeuge über alle Dinge.

18 Hast du nicht gesehen, dass sich vor Gott niederwirft, wer in den Himmeln und wer auf der Erde ist, und (auch) die Sonne, der Mond und die Sterne, die Berge, die Bäume und die Tiere, und viele von den Menschen? Und gegen viele ist die Pein zu Recht fällig geworden. Und wen Gott der Schmach aussetzt, dem kann niemand Ehre erweisen. Wahrlich, Gott tut, was Er will.

[34 ¼] *19 Das sind zwei Streitparteien, die miteinander über ihren Herrn streiten. Für diejenigen, die ungläubig sind, sind Gewänder aus Feuer zugeschnitten; über ihre Köpfe wird heißes Wasser gegossen. 20 Dadurch wird zum Schmelzen gebracht, was sie in ihrem Bauch haben, und ebenso die Haut. 21 Und für sie sind Keulen aus Eisen bestimmt. 22 Sooft sie vor Kummer aus ihm* herauskommen wollen, werden sie zu ihm zurückgebracht, und (es wird zu ihnen gesagt): »Kostet die Pein des Höllenbrandes.« 23 Gott lässt diejenigen, die glauben und die guten Werke tun, in Gärten eingehen, unter denen Bäche fließen. Geschmückt werden sie darin mit Armringen aus Gold und mit Perlen, und ihre Kleidung darin ist aus Seide. 24 Rechtgeleitet sind sie zu den Worten, die gut

15: Muhammad.
16: den Koran.
22: aus dem Feuer.

sind; und rechtgeleitet sind sie zum Weg dessen, der des Lobes würdig ist.

25 Diejenigen, die ungläubig sind und vom Wege Gottes abweisen und auch von der heiligen Moschee, die Wir für die Menschen bestimmt haben, gleich ob sie dort oder in der Wüste wohnen ... Wer sucht, darin etwas Krummes zu Unrecht zu verüben, den werden Wir eine schmerzhafte Pein kosten lassen.

26 Und als Wir den Abraham in die Stätte des Hauses eingewiesen haben: »Geselle Mir nichts bei. Und reinige mein Haus für diejenigen, die den Umlauf vollziehen, und für die, die aufrecht stehen, sich verneigen und niederwerfen. 27 Und ruf unter den Menschen zur Wallfahrt auf, so werden sie zu dir kommen zu Fuß und auf vielen hageren Kamelen, die aus jedem tiefen Passweg daherkommen, 28 damit sie allerlei Nutzen für sich erfahren und den Namen Gottes an den bekannten Tagen über dem erwähnen, was Er ihnen an Herdenvieh beschert hat. – Esst davon und gebt dem Notleidenden und Armen zu essen. 29 Dann sollen sie ihre Ungepflegtheit beenden, ihre Gelübde erfüllen und den Umlauf um das altehrwürdige Haus durchführen.« 30 So ist es. Und wenn einer die heiligen Dinge Gottes hochhält, ist es besser für ihn bei seinem Herrn. Erlaubt ist euch das Vieh, außer dem, was euch bekanntgemacht wird. So meidet den Gräuel der Götzen, und meidet die falsche Aussage, 31 als Anhänger des rechten Glaubens gegenüber Gott, die Ihm nichts beigesellen. Und wenn einer Gott (etwas) beigesellt, es ist, als würde er vom Himmel herunterfallen, von den Vögeln weggeschnappt oder vom Wind an einen fernen Ort hinabgestürzt werden. 32 So ist es. Und wenn einer die Opfertiere Gottes hochhält, ist es ein Ausdruck der Frömmigkeit der Herzen. 33 In ihnen habt ihr allerlei Nutzen auf eine bestimmte Frist, dann liegt ihr erlaubter Schlachtort beim altehrwürdigen Haus.

34 Und für jede Gemeinschaft haben Wir einen Ritus festgelegt, damit sie den Namen Gottes über dem erwähnen, was Er ihnen an Herdenvieh beschert hat. Und euer Gott ist ein einziger Gott, Ihm müsst ihr ergeben sein. Und verkünde frohe Botschaft denen, die sich demütigen, 35 deren Herzen sich ängstigen, wenn Gottes gedacht wird, die das, was sie trifft, geduldig ertragen, das Gebet

verrichten und von dem, was Wir ihnen beschert haben, spenden. 36 Und die Opferkamele haben Wir euch zu Kultzeichen Gottes gemacht. An ihnen habt ihr etwas Gutes. So erwähnt den Namen Gottes über ihnen, wenn sie mit gebundenen Beinen dastehen. Und wenn sie auf die Seite umgefallen sind, dann esst davon und gebt dem bescheidenen und dem fordernden (Armen) zu essen. So haben Wir sie euch dienstbar gemacht, auf dass ihr dankbar seid. 37 Weder ihr Fleisch noch ihr Blut erreicht Gott, aber Ihn erreicht von euch die Gottesfurcht. So hat Er sie euch dienstbar gemacht, damit ihr Gott hochpreiset, dass Er euch rechtgeleitet hat. Und verkünde denen, die Gutes tun, frohe Botschaft.

[34 ½] *38 Gott verteidigt diejenigen, die glauben. Gott liebt keinen undankbaren Treulosen. 39 Erlaubnis (zum Kampf) ist denen gegeben, die bekämpft werden, weil ihnen ja Unrecht getan wurde – und Gott hat gewiss die Macht, sie zu unterstützen –, 40 (ihnen), die zu Unrecht aus ihren Wohnstätten vertrieben wurden, nur weil sie sagen: Unser Herr ist Gott. Und hätte Gott nicht die einen Menschen durch die anderen abgewehrt, so wären gewiss Mönchsklausen, Kirchen, Gebetsstätten und Moscheen zerstört worden, in denen des Namens Gottes viel gedacht wird. – Und Gott wird bestimmt die unterstützen, die Ihn unterstützen. Gott ist stark und mächtig. 41 (Ihnen), die, wenn Wir ihnen eine angesehene Stellung auf der Erde geben, das Gebet verrichten und die Abgabe entrichten, das Rechte gebieten und das Verwerfliche verbieten. Und Gott gehört das Ende der Angelegenheiten. 42 Wenn sie dich der Lüge zeihen, so haben auch vor ihnen das Volk Noachs, die ʿĀd und die Thamūd (ihre Gesandten) der Lüge geziehen*, 43 und auch das Volk Abrahams und das Volk Lots*, 44 und die Bewohner von Madyan. Auch Mose wurde der Lüge geziehen*. Da gewährte Ich den Ungläubigen Aufschub, dann ergriff Ich sie. Und wie war dann meine Missbilligung! 45 Wie so manche Stadt, die Unrecht tat, haben Wir verderben lassen, sodass

42: Vgl. zu Noach: 7,59–64; zu ʿĀd: 7,65–72; zu Thamūd: 7,73–79.
43: Vgl. zu Abraham: 6,74–84; zu Lot: 7,80–84.
44: Vgl. zu Madyan: 7,85–93; zu Mose: 7,103–137.

sie bis zu den Dächern verödet war, und wie manchen (nun) verlassenen Brunnen und manches aufgerichtete Schloss! 46 Sind sie denn nicht auf der Erde umhergegangen, dass sie Herzen bekommen, mit denen sie verstehen, oder Ohren, mit denen sie hören? Nicht die Blicke sind blind, blind sind die Herzen, die in der Brust sind. 47 Und sie wünschen von dir, die Pein zu beschleunigen. Gott wird sein Versprechen nicht brechen. Und siehe, ein Tag bei deinem Herrn ist wie tausend Jahre nach eurer Berechnung. 48 Und wie mancher Stadt, die Unrecht tat, habe Ich Aufschub gewährt! Dann habe Ich sie ergriffen. Und zu Mir führt der Lebensweg. 49 Sprich: O ihr Menschen, ich bin euch nur ein deutlicher Warner. 50 Für diejenigen nun, die glauben und die guten Werke tun, sind Vergebung und trefflicher Unterhalt bestimmt. 51 Und diejenigen, die eifrig gegen unsere Zeichen vorgehen und ihnen Machtlosigkeit nachweisen wollen, das sind die Gefährten der Hölle.

52 Und Wir haben vor dir keinen Gesandten oder Propheten geschickt, ohne dass ihm, wenn er etwas wünschte, der Satan in seinen Wunsch etwas dazwischengeworfen hätte. Aber Gott hebt auf, was der Satan dazwischenwirft. Dann legt Gott seine Zeichen eindeutig fest. Und Gott weiß Bescheid und ist weise. 53 (Das ist so), damit Er das, was der Satan dazwischenwirft, zu einer Versuchung für diejenigen macht, in deren Herzen Krankheit ist und deren Herzen verhärtet sind – wahrlich, die Unrecht tun, befinden sich in weit gehendem Widerstreit –, 54 und damit diejenigen, denen das Wissen zugekommen ist, wissen, dass es die Wahrheit von deinem Herrn ist, sodass sie daran glauben und ihre Herzen sich vor Ihm demütigen. Und wahrlich, Gott führt diejenigen, die glauben, zu einem geraden Weg. 55 Und diejenigen, die ungläubig sind, beharren auf ihrem Zweifel daran, bis die Stunde sie plötzlich überkommt oder bis die Pein eines unfruchtbaren Tages über sie kommt. 56 An jenem Tag gehört die Königsherrschaft Gott (allein). Er wird zwischen ihnen urteilen. Dann werden diejenigen, die glauben und die guten Werke tun, in den Gärten der Wonne sein. 57 Diejenigen aber, die ungläubig sind und unsere Zeichen für Lüge erklären, erhalten eine schmähliche Pein.

58 Denen, die auf dem Weg Gottes ausgewandert sind, dann getötet werden oder sterben, wird Gott bestimmt einen schönen Unterhalt bescheren. Gott ist ja der beste der Versorger. **59** Er wird sie bestimmt in einen Ort eingehen lassen, der ihnen genehm ist.

[34 3/4] Und Gott weiß Bescheid und ist langmütig. *****60** So ist es. Und wer im gleichen Maße bestraft, wie er bestraft wurde, dann aber wieder Gegenstand von Übergriffen wird, den wird Gott sicher unterstützen. Gott ist voller Verzeihung und Vergebung.

61 Dies, weil Gott die Nacht in den Tag übergehen und den Tag in die Nacht übergehen lässt, und weil Gott alles hört und sieht. **62** Dies, weil Gott die Wahrheit ist und weil das, was sie an seiner Stelle anrufen, das Falsche ist, und weil Gott der Erhabene und der Große ist. **63** Hast du denn nicht gesehen, dass Gott Wasser vom Himmel herabkommen lässt, sodass die Erde grün wird? Gott ist feinfühlig* und hat Kenntnis von allem. **64** Ihm gehört, was in den Himmeln und was auf der Erde ist. Gott ist der, der auf niemanden angewiesen und des Lobes würdig ist. **65** Hast du denn nicht gesehen, dass Gott euch das, was auf der Erde ist, dienstbar gemacht hat, ebenso die Schiffe, die nach seinem Befehl auf dem Meer fahren? Und Er hält den Himmel, dass er nicht auf die Erde fällt, außer mit seiner Erlaubnis. Siehe, Gott hat Mitleid mit den Menschen und ist barmherzig. **66** Und Er ist es, der euch lebendig gemacht hat. Dann lässt Er euch sterben, dann macht Er euch wieder lebendig. Wahrlich, der Mensch ist undankbar.

67 Für jede Gemeinschaft haben Wir einen Ritus festgelegt, den sie zu vollziehen haben. So sollen sie nicht mit dir über die Angelegenheit Streit führen. Und rufe zu deinem Herrn. Siehe, du folgst einer geraden Rechtleitung. **68** Und wenn sie doch mit dir streiten, dann sprich: Gott weiß besser, was ihr tut. **69** Gott wird am Tag der Auferstehung zwischen euch über das urteilen, worüber ihr uneins wart. **70** Weißt du denn nicht, dass Gott weiß, was im Himmel und auf der Erde ist? Das steht in einem Buch. Das ist Gott ein Leichtes. **71** Und sie verehren anstelle Gottes das, wofür Er keine Ermächtigung herabgesandt hat und wovon sie kein Wis-

63: Oder: Gott weiß zu erreichen, was Er will.

sen haben. Für die, die Unrecht tun, gibt es keinen Helfer. **72** Und wenn ihnen unsere Zeichen als deutliche Beweise verlesen werden, dann erkennst du im Gesicht derer, die ungläubig sind, die Missbilligung. Am liebsten würden sie über die herfallen, die ihnen unsere Zeichen verlesen. Sprich: Soll ich euch kundtun, was schlimmer ist als dies? Es ist das Feuer, das Gott denen angedroht hat, die ungläubig sind – welch schlimmes Ende!

73 O ihr Menschen, ein Gleichnis wird (euch) vorgetragen, so hört darauf. Diejenigen, die ihr anstelle Gottes anruft, können niemals auch nur eine Fliege erschaffen, auch wenn sie sich dafür zusammentun. Und wenn die Fliege ihnen etwas raubte, könnten sie es ihr nicht entreißen. Schwach ist (hier) der, der sucht, und das, was gesucht wird. **74** Sie haben Gott nicht so eingeschätzt, wie Er eingeschätzt werden soll. Wahrlich, Gott ist stark und mächtig. **75** Gott erwählt sich aus den Engeln Boten, und (auch) aus den Menschen. Gott hört und sieht alles. **76** Er weiß, was vor ihnen und was hinter ihnen liegt. Und zu Gott werden die Angelegenheiten zurückgebracht.

77 O ihr, die ihr glaubt, verneigt euch, werft euch nieder und dient eurem Herrn, und tut das Gute, auf dass es euch wohl ergehe. **78** Und setzt euch für Gott ein, wie der richtige Einsatz für Ihn sein soll. Er hat euch erwählt. Und Er hat euch in der Religion keine Bedrängnis auferlegt; so ist die Glaubensrichtung eures Vaters Abraham. Er hat euch Muslime genannt, früher und (nunmehr) in diesem (Buch), auf dass der Gesandte Zeuge über euch sei und ihr Zeugen über die Menschen seid. So verrichtet das Gebet, entrichtet die Abgabe und haltet an Gott fest. Er ist euer Schutzherr. Welch vorzüglicher Schutzherr und welch vorzüglicher Helfer!

Sure 23

Die Gläubigen (al-Muʾminūn)

zu Mekka, 118 Verse

Im Namen Gottes, des Erbarmers, des Barmherzigen.

*1 Wohl ergeht es den Gläubigen, 2 die in ihrem Gebet demütig sind, 3 und die sich von unbedachter Rede abwenden, 4 und die die Abgabe entrichten, 5 und die ihre Scham bewahren, 6 außer gegenüber ihren Gattinnen, oder was ihre rechte Hand (an Sklavinnen) besitzt, dann sind sie nicht zu tadeln 7 – diejenigen aber, die darüber hinaus (andere) begehren, das sind die, die Übertretungen begehen –, 8 und die auf das ihnen Anvertraute und ihre Verpflichtungen Acht geben, 9 und die ihre Gebete einhalten. 10 Das sind die Erben, 11 die das Paradies erben werden; darin werden sie ewig weilen.

12 Und wahrlich, Wir schufen den Menschen aus einem entnommenen Ton. 13 Dann machten Wir ihn zu einem Tropfen in einem festen Aufenthaltsort. 14 Dann schufen Wir den Tropfen zu einem Embryo, und Wir schufen den Embryo zu einem Fötus, und Wir schufen den Fötus zu Knochen. Und Wir bekleideten die Knochen mit Fleisch. Dann ließen Wir ihn als eine weitere Schöpfung entstehen. Gott sei gesegnet, der beste Schöpfer! 15 Dann werdet ihr nach all diesem sterben. 16 Dann werdet ihr am Tag der Auferstehung auferweckt werden. 17 Und Wir schufen über euch sieben Bahnen, und Wir lassen die Schöpfung nicht unbeachtet. 18 Und Wir ließen vom Himmel Wasser in einem bestimmten Maß herabkommen und ließen es sich in der Erde aufhalten. Und Wir vermögen wohl, es wieder wegzunehmen. 19 Und Wir ließen euch dadurch Gärten mit Palmen und Weinstöcken entstehen, in denen ihr viele Früchte habt und von denen ihr essen könnt, 20 und einen Baum, der aus dem Berg Sinai herauskommt, und der Fett hervorbringt und auch Tunke für die, die essen. 21 Und ihr habt in den Herdentieren einen Grund zum Nachdenken. Wir geben euch von dem, was in ihrem Leib ist, zu trinken. Ihr habt an ihnen

allerlei Nutzen, und ihr könnt davon essen. 22 Und auf ihnen und (ebenso) auf den Schiffen werdet ihr getragen.

23 Und Wir sandten Noach zu seinem Volk. Er sagte: »O mein Volk, dienet Gott. Ihr habt keinen Gott außer Ihm. Wollt ihr nicht gottesfürchtig sein?« 24 Da sagten die Vornehmen aus seinem Volk, die ungläubig waren: »Dieser ist nur ein Mensch wie ihr, der einen Vorzug euch gegenüber haben will. Und wenn Gott gewollt hätte, hätte Er Engel herabgesandt. Wir haben bei unseren Vorvätern so etwas nicht gehört. 25 Er ist nur ein Mann, der an Besessenheit leidet. So wartet mit ihm eine Weile ab.« 26 Er sagte: »Mein Herr, unterstütze mich, wo sie mich der Lüge zeihen.« 27 Da offenbarten Wir ihm: »Verfertige das Schiff vor unseren Augen und nach unserer Offenbarung. Und wenn unser Befehl kommt und der Ofen brodelt, so lass ein Paar von jeder Art und deine Familie hineingehen, außer dem, gegen den der Spruch vorher erging. Und sprich Mich nicht wegen derer an, die Unrecht tun; sie werden sicher ertränkt werden. 28 Und wenn du dich auf dem Schiff gut eingerichtet hast, du und diejenigen, die mit dir sind, dann sag: Lob sei Gott, der uns von den Leuten errettet hat, die Unrecht tun! 29 Und sag: Mein Herr, gewähre mir eine gesegnete Unterkunft. Du bist der Beste derer, die Unterkunft gewähren.« 30 Darin sind Zeichen. Wir haben (sie damit) der Prüfung ausgesetzt.

31 Dann ließen Wir nach ihnen eine andere Generation entstehen. 32 Und Wir schickten unter sie einen Gesandten aus ihrer Mitte: »Dienet Gott. Ihr habt keinen Gott außer Ihm. Wollt ihr nicht gottesfürchtig sein?« 33 Und die Vornehmen aus seinem Volk, die ungläubig waren, die die Begegnung mit dem Jenseits für Lüge erklärten und denen Wir im diesseitigen Leben üppigen Wohlstand geschenkt hatten, sagten: »Dieser ist nur ein Mensch wie ihr. Er isst von dem, was ihr esst, und trinkt von dem, was ihr trinkt. 34 Und wenn ihr einem Menschen euresgleichen gehorcht, dann werdet ihr gewiss Verlierer sein. 35 Verspricht er euch wirklich, dass ihr, wenn ihr gestorben und zu Staub und Knochen geworden seid, wieder hervorgebracht werdet? *36 Weit, weit gefehlt ist [35¼] das, was euch versprochen wird. 37 Es gibt nur unser diesseitiges

Leben: Wir sterben, und wir leben (hier), und wir werden nicht auferweckt. 38 Er ist nur ein Mann, der eine Lüge gegen Gott erdichtet hat. Und wir glauben ihm nicht.« 39 Er sagte: »Mein Herr, unterstütze mich, wo sie mich der Lüge zeihen.« 40 Er sprach: »Über ein Kleines werden sie es bereuen.« 41 Da ergriff sie zu Recht der Schrei, und Wir machten sie zur Spreu. Weg mit den Leuten, die Unrecht tun!

42 Dann ließen Wir nach ihnen eine andere Generation entstehen. 43 Keine Gemeinschaft geht ihrer Frist voraus, noch bleibt sie zurück. 44 Dann schickten Wir unsere Gesandten, einen nach dem anderen. Jedes Mal, wenn zu einer Gemeinschaft ihr Gesandter kam, ziehen sie ihn der Lüge. So ließen Wir die einen von ihnen auf die anderen folgen und machten sie zum Gegenstand von Geschichten. Weg mit Leuten, die nicht glauben!

45 Dann sandten Wir Mose und seinen Bruder Aaron mit unseren Zeichen und einer offenkundigen Ermächtigung 46 zu Pharao und seinen Vornehmen. Sie aber verhielten sich hochmütig. Sie waren Leute mit hoher Gewalt. 47 Sie sagten: »Sollen wir denn zwei Menschen unseresgleichen glauben, wo ihr Volk in unserem Dienst steht?« 48 Und sie ziehen sie der Lüge. So gehörten sie zu denen, die ins Verderben gestürzt wurden.

49 Und Wir ließen Mose das Buch zukommen, auf dass sie der Rechtleitung folgen. 50 Und Wir machten den Sohn Marias und seine Mutter zu einem Zeichen. Und Wir gaben ihnen Unterkunft auf einer Anhöhe mit Grund und Quellwasser. 51 »O ihr Gesandten, esst von den köstlichen Dingen und tut Gutes. Ich weiß Bescheid über das, was ihr tut. 52 Diese eure Gemeinschaft ist eine einzige Gemeinschaft. Und Ich bin euer Herr, so fürchtet Mich.« 53 Aber sie spalteten sich in ihrer Angelegenheit untereinander nach verschiedenen Büchern, und jede Partei war froh über das, was sie besaß.

54 Lass sie für eine Weile in ihrem Abgrund. 55 Meinen sie, dass Wir, wenn Wir ihnen mit Vermögen und Söhnen beistehen, 56 wetteifern, ihnen gute Dinge zu bescheren? Aber sie merken (es) nicht. 57 Diejenigen, die aus Furcht vor ihrem Herrn erschrecken, 58 und die an die Zeichen ihres Herrn glauben, 59 und die

ihrem Herrn nicht (andere) beigesellen, **60** und die spenden, was sie spenden, während ihre Herzen sich (davor) ängstigen, dass sie zu ihrem Herrn zurückkehren werden, **61** diese eilen zu den guten Dingen um die Wette und werden darin die Allerersten sein. **62** Und Wir fordern von niemandem mehr, als er vermag. Und bei Uns ist ein Buch, das die Wahrheit redet. Und ihnen wird nicht Unrecht getan. **63** Nein, ihre Herzen befinden sich davor in abgründiger Achtlosigkeit. Und da gibt es bei ihnen Werke, die anders sind als diese*, und die sie vollbringen. **64** Wenn Wir dann diejenigen von ihnen, die üppig leben, mit der Pein ergreifen, schreien sie um Hilfe. **65** »Schreit nicht um Hilfe heute. Ihr werdet von Uns keine Unterstützung erfahren. **66** Meine Zeichen wurden euch verlesen. Aber ihr pflegtet auf euren Fersen kehrtzumachen, **67** indem ihr euch hochmütig verhieltet und über ihn wie Nachtplauderer faseltet.« **68** Haben sie denn nicht die Aussage betrachtet, oder ist zu ihnen gekommen, was nicht zu ihren Vorvätern kam? **69** Oder haben sie nicht ihren Gesandten erkannt, sodass sie ihn (nun) verwerfen? **70** Oder sagen sie: »Er leidet an Besessenheit?« Nein, er kam zu ihnen mit der Wahrheit, aber die meisten von ihnen verabscheuen die Wahrheit. **71** Würde die Wahrheit ihren Neigungen folgen, verderben würden die Himmel und die Erde, und wer in ihnen ist. Nein, Wir kamen zu ihnen mit ihrer Ermahnung, sie aber wenden sich von ihrer Ermahnung ab. **72** Oder verlangst du von ihnen einen Lohn? Der Lohn deines Herrn ist besser. Er ist der beste Versorger. **73** Und wahrlich, du rufst sie zu einem geraden Weg. **74** Jene, die an das Jenseits nicht glauben, weichen vom Weg ab. ***75** Würden Wir uns ihrer erbarmen und [35½] den Schaden, den sie erleiden, beheben, sie würden im Übermaß ihres Frevels verharren und blind umherirren. **76** Und Wir haben sie mit der Pein ergriffen. Sie aber gaben ihrem Herrn nicht nach, und sie demütigten sich nicht. **77** Wenn Wir ihnen dann ein Tor zu einer harten Pein öffnen, sind sie darüber ganz verzweifelt. **78** Er ist es, der euch Gehör, Augenlicht und Herz entstehen ließ. Ihr aber seid wenig dankbar. **79** Und Er ist es, der euch auf der Er-

63:   die Handlungen der Gläubigen.

de schuf und vermehrte. Und zu Ihm werdet ihr versammelt werden. 80 Und Er ist es, der lebendig macht und sterben lässt. Und in seiner Macht steht das Aufeinanderfolgen von Nacht und Tag. Habt ihr denn keinen Verstand? 81 Aber nein, sie sagen das Gleiche, was die Früheren gesagt haben. 82 Sie sagen: »Sollen wir, wenn wir gestorben und zu Staub und Knochen geworden sind, auferweckt werden? 83 Dies ist uns und zuvor unseren Vätern versprochen worden. Das sind nichts als die Fabeln der Früheren.« 84 Sprich: Wem gehört die Erde, und wer auf ihr ist, so ihr es wisst? 85 Sie werden sagen: »Gott.« Sprich: Wollt ihr es nicht bedenken? 86 Sprich: Wer ist der Herr der sieben Himmel und der Herr des majestätischen Thrones? 87 Sie werden sagen: »(Alles) gehört Gott.« Sprich: Wollt ihr nicht gottesfürchtig sein? 88 Sprich: In wessen Hand ist die Herrschaft über alle Dinge, der Schutz gewährt und gegen den kein Schutz gewährt werden kann, so ihr es wisst? 89 Sie werden sagen: »(Alles) gehört Gott.« Sprich: Wieso seid ihr einem Zauber verfallen? 90 Nein, Wir sind zu ihnen mit der Wahrheit gekommen. Sie aber lügen.

91 Gott hat sich kein Kind genommen. Und es gibt keinen Gott neben Ihm, sonst würde jeder Gott das wegnehmen, was er geschaffen hat, und die einen von ihnen würden sich den anderen gegenüber überheblich zeigen. Preis sei Gott, (der erhaben ist) über das, was sie da schildern, 92 der über das Unsichtbare und das Offenbare Bescheid weiß! Erhaben ist Er über das, was sie (Ihm) beigesellen.

93 Sprich: Mein Herr, wenn Du mich sehen lässt, was ihnen angedroht wird, 94 mein Herr, dann stelle mich nicht unter die Leute, die Unrecht tun. 95 Wahrlich, Wir haben die Macht dazu, dich sehen zu lassen, was Wir ihnen androhen. 96 Wehre die schlechte Tat ab mit einer Tat, die besser ist. Wir wissen besser, was sie da schildern. 97 Und sprich: Mein Herr, ich suche bei Dir Zuflucht vor den Aufstachelungen der Satane. 98 Und ich suche bei Dir, mein Herr, Zuflucht davor, dass sie mich aufsuchen.

99 Wenn dann der Tod zu einem von ihnen kommt, sagt er: »Mein Herr, bringt mich zurück, 100 vielleicht tue ich Gutes in dem, was ich hinterlassen habe.« Nein, das ist nur ein Wort, das er

(so) sagt. Hinter ihnen ist eine Schranke bis zu dem Tag, da sie auferweckt werden. 101 Und wenn in die Trompete geblasen wird, dann gibt es an jenem Tag zwischen ihnen keine Verwandtschaft mehr, und sie befragen nicht mehr einander. 102 Diejenigen, deren Waagschalen schwer sind, das sind die, denen es wohl ergeht. 103 Und diejenigen, deren Waagschalen leicht sind, das sind die, die sich selbst verloren haben; in der Hölle werden sie ewig weilen. 104 Das Feuer schlägt auf ihre Gesichter, und sie fletschen die Zähne. 105 »Wurden euch nicht meine Zeichen verlesen, ihr aber pflegtet sie für Lüge zu erklären?« 106 Sie sagen: »Unser Herr, unser Unglück hat uns besiegt, und wir waren abgeirrte Leute. 107 Unser Herr, bring uns aus ihr* heraus. Wenn wir rückfällig werden, dann sind wir (wirklich) Leute, die Unrecht tun.« 108 Er spricht: »Seid darin verabscheut, und sprecht Mich nicht an. 109 Eine Gruppe von meinen Dienern pflegte zu sagen: ›Unser Herr, wir glauben, so vergib uns und erbarme dich unser. Du bist der Beste derer, die sich erbarmen.‹ 110 Ihr aber nahmt sie zum Gegenstand des Spottes, bis ihr ihretwegen meine Ermahnung* vergaßet, und ihr lachtet über sie. 111 Ich habe sie heute dafür, dass sie geduldig waren, damit entlohnt, dass sie die Erfolgreichen sind.« 112 Er spricht: »Wie viele Jahre habt ihr in der Erde verweilt?« 113 Sie sagen: »Verweilt haben wir einen Tag oder einen Teil von einem Tag. Frag die, die rechnen können.« 114 Er spricht: »Ihr habt nur kurz verweilt, wenn ihr es nur wüsstet! 115 Meint ihr denn, Wir hätten euch zum sinnlosen Spiel erschaffen und ihr würdet nicht zu Uns zurückgebracht?«

116 Erhaben ist Gott, der wahre König. Es gibt keinen Gott außer Ihm, dem Herrn des ehrwürdigen Thrones. 117 Und wer neben Gott einen anderen Gott anruft, für den er keinen Beweis hat, der wird bei seinem Herrn Rechenschaft ablegen. Den Ungläubigen wird es nicht wohl ergehen. 118 Und sprich: Mein Herr, vergib und erbarme dich. Und Du bist der Beste derer, die sich erbarmen.

107: der Hölle.
110: Oder: mein Gedenken, d. h. bis ihr ihretwegen vergaßt, Meiner zu gedenken.

Sure 24

Das Licht (al-Nūr)

zu Medina, 64 Verse

Im Namen Gottes, des Erbarmers, des Barmherzigen.

[35 3/4] *1 Das ist eine Sure, die Wir hinabgesandt und verpflichtend gemacht haben. Und Wir haben darin deutliche Zeichen hinabgesandt, auf dass ihr es bedenket.

2 Wenn eine Frau und ein Mann Unzucht begehen, dann geißelt jeden von ihnen mit hundert Hieben. Habt kein Mitleid mit ihnen angesichts (der Rechtsbestimmungen) der Religion Gottes, so ihr an Gott und den Jüngsten Tag glaubt. Und bei der Vollstreckung der Pein an ihnen soll eine Gruppe von den Gläubigen zugegen sein. 3 Der Mann, der Unzucht begangen hat, darf nur eine Frau, die Unzucht begangen hat, oder eine Polytheistin heiraten. Die Frau, die Unzucht begangen hat, darf nur ein Mann, der Unzucht begangen hat, oder ein Polytheist heiraten. Den Gläubigen ist dies verboten. 4 Diejenigen, die den unter Schutz gestellten Frauen* Untreue vorwerfen und hierauf nicht vier Zeugen beibringen, die sollt ihr mit achtzig Hieben geißeln. Nehmt von ihnen nie mehr eine Zeugenaussage an – das sind die (wahren) Frevler –, 5 mit Ausnahme derer, die danach umkehren und Besserung zeigen. Denn Gott ist voller Vergebung und barmherzig. 6 Im Falle derer, die ihren Gattinnen Untreue vorwerfen, aber keine Zeugen haben außer sich selbst, besteht die Zeugenaussage eines solchen Mannes darin, dass er viermal bei Gott bezeugt, er gehöre zu denen, die die Wahrheit sagen, 7 und zum fünften Mal (bezeugt), der Fluch Gottes komme über ihn, wenn er ein Lügner sein sollte.

8 Von ihr* wehrt es die Pein ab, dass sie viermal bei Gott bezeugt, er sei ein Lügner, 9 und zum fünften Mal (bezeugt), der Zorn Got-

---

4:   Das sind die ehrbaren Ehefrauen.
8:   der Frau.

tes komme über sie, wenn er zu denen gehören sollte, die die Wahrheit sagen. 10 Und ohne die Huld Gottes gegen euch und seine Barmherzigkeit, und wäre Gott nicht der, der sich zuwendet und weise ist ...

11 Diejenigen, die die Lüge* vorgebracht haben, sind eine gewisse Gruppe von euch. Betrachtet es nicht als ein Übel für euch; nein, es ist etwas Gutes für euch. Einem jeden von ihnen wird zuteil, was er an Schuld erworben hat. Und für den, der den Hauptanteil daran auf sich genommen hat, ist eine gewaltige Pein bestimmt. 12 Hätten doch, als ihr es hörtet, die gläubigen Männer und Frauen eine gute Meinung voneinander gehabt und gesagt: »Es ist doch eine offenkundige Lüge«! 13 Hätten sie doch darüber vier Zeugen beigebracht! Da sie aber die Zeugen nicht beigebracht haben, sind sie eben bei Gott die, die lügen. 14 Und ohne die Huld Gottes gegen euch und seine Barmherzigkeit im Diesseits und Jenseits würde euch für das, was ihr so breit beredet habt, eine gewaltige Pein erfassen. 15 Als ihr es mit eurer Zunge aufgegriffen habt und ihr mit eurem Munde das gesagt habt, wovon ihr kein Wissen hattet, und es als eine leichte Sache betrachtet habt, während es bei Gott eine ungeheuerliche Sache ist. 16 Hättet ihr doch, als ihr es hörtet, gesagt: »Es steht uns nicht zu, darüber zu reden. Preis sei Dir! Das ist doch eine gewaltige Verleumdung«! 17 Gott ermahnt euch, nie wieder so etwas zu tun, so ihr gläubig seid. 18 Und Gott macht euch die Zeichen deutlich. Und Gott weiß Bescheid und ist weise. 19 Für diejenigen, die es gern möchten, dass sich das Schändliche unter den Gläubigen verbreitet, ist eine schmerzhafte Pein bestimmt im Diesseits und Jenseits. Und Gott weiß, ihr aber wisst nicht Bescheid. 20 Und ohne die Huld Gottes gegen euch und seine Barmherzigkeit, und hätte Gott nicht Mitleid und wäre Er nicht barmherzig ...

*21 O ihr, die ihr glaubt, folgt nicht den Fußstapfen des Satans. [36]

11: Über ʿĀʾisha, Frau des Propheten Muḥammad, die auf dem Rückweg von einer Militärexpedition (Dezember 626/Januar 627) versehentlich im Lager zurückgelassen und erst später von einem nicht verwandten muslimischen Kämpfer zur Truppe gebracht wurde.

Wer den Fußstapfen des Satans folgt, der gebietet das Schändliche und Verwerfliche. Und ohne die Huld Gottes gegen euch und seine Barmherzigkeit würde keiner von euch jemals geläutert sein. Aber Gott läutert, wen Er will. Und Gott hört und weiß alles. 22 Und diejenigen, die Überfluss und beachtliches Vermögen besitzen, sollen nicht schwören, sie würden den Verwandten, den Bedürftigen und denen, die auf dem Weg Gottes ausgewandert sind, nichts zukommen lassen. Sie sollen verzeihen und nachlassen. Liebt ihr es selbst nicht, dass Gott euch vergibt? Gott ist voller Vergebung und barmherzig. 23 Diejenigen, die den unter Schutz gestellten, nichts ahnenden gläubigen Frauen Untreue vorwerfen, sind verflucht im Diesseits und Jenseits. Bestimmt ist für sie eine gewaltige Pein, 24 am Tag, da ihre Zungen und ihre Hände und ihre Füße gegen sie Zeugnis ablegen werden über das, was sie zu tun pflegten. 25 An jenem Tag wird Gott es ihnen entsprechend dem gegen sie ergangenen wahren Gerichtsurteil voll erstatten. Und sie werden zu wissen bekommen, dass Gott die offenkundige Wahrheit ist. 26 Schlechte Frauen gehören zu schlechten Männern, und schlechte Männer gehören zu schlechten Frauen. Gute Frauen gehören zu guten Männern, und gute Männer gehören zu guten Frauen. Diese werden freigesprochen von dem, was man (über sie) redet. Bestimmt ist für sie Vergebung und trefflicher Unterhalt.

27 O ihr, die ihr glaubt, betretet nicht Häuser, die nicht eure (eigenen) Häuser sind, bis ihr euch bemerkbar gemacht und ihre Bewohner begrüßt habt. Das ist besser für euch, auf dass ihr es bedenket. 28 Wenn ihr niemanden darin findet, dann tretet nicht ein, bis man es euch erlaubt. Und wenn man zu euch sagt: »Kehrt um«, dann sollt ihr umkehren. Das ist lauterer für euch. Und Gott weiß, was ihr tut. 29 Es ist für euch kein Vergehen, unbewohnte Häuser zu betreten, in denen sich eine Nutznießung für euch befindet. Und Gott weiß, was ihr offenlegt und was ihr verschweigt. 30 Sprich zu den gläubigen Männern, sie sollen ihre Blicke senken und ihre Scham bewahren. Das ist lauterer für sie. Gott hat Kenntnis von dem, was sie machen. 31 Und sprich zu den gläubigen Frauen, sie sollen ihre Blicke senken und ihre Scham bewahren,

ihren Schmuck* nicht offen zeigen, mit Ausnahme dessen, was sonst sichtbar ist. Sie sollen ihren Schleier auf den Kleiderausschnitt schlagen und ihren Schmuck nicht offen zeigen, es sei denn ihren Ehegatten, ihren Vätern, den Vätern ihrer Ehegatten, ihren Söhnen, den Söhnen ihrer Ehegatten, ihren Brüdern, den Söhnen ihrer Brüder und den Söhnen ihrer Schwestern, ihren Frauen, denen, die ihre rechte Hand besitzt, den männlichen Gefolgsleuten, die keinen Trieb mehr haben, den Kindern, die die Blöße der Frauen nicht beachten. Sie sollen ihre Füße nicht aneinanderschlagen, damit man gewahr wird, was für einen Schmuck sie verborgen tragen. Bekehrt euch allesamt zu Gott, ihr Gläubigen, auf dass es euch wohl ergehe. 32 Und verheiratet die Ledigen unter euch und die Rechtschaffenen von euren Sklaven und euren Sklavinnen. Wenn sie arm sind, wird Gott sie durch seine Huld reich machen. Und Gott umfasst und weiß alles. 33 Diejenigen, die keine Möglichkeit zum Heiraten finden, sollen keusch bleiben, bis Gott sie durch seine Huld reich macht. Und denjenigen aus der Reihe derer, die eure rechte Hand besitzt, die einen Freibrief zu erhalten suchen, sollt ihr einen Freibrief ausstellen, falls ihr etwas Gutes an ihnen feststellt. Und gebt ihnen etwas vom Vermögen Gottes, das Er euch gegeben hat. Und zwingt nicht eure Sklavinnen, wenn sie sich unter Schutz stellen wollen, zur Hurerei im Trachten nach den Gütern des diesseitigen Lebens. Und wenn einer sie dazu zwingt, so ist Gott, nachdem sie gezwungen worden sind, voller Vergebung und barmherzig.

34 Und Wir haben zu euch Zeichen hinabgesandt, die (alles) deutlich machen, und ein Beispiel aus den Berichten über die, die vor euch dahingegangen sind, und eine Ermahnung für die Gottesfürchtigen.

*35 Gott ist das Licht der Himmel und der Erde. Sein Licht ist   [36 ¼] einer Nische vergleichbar, in der eine Lampe ist. Die Lampe ist in einem Glas. Das Glas ist, als wäre es ein funkelnder Stern. Es wird angezündet von einem gesegneten Baum, einem Ölbaum, weder östlich noch westlich, dessen Öl fast schon leuchtet, auch ohne

31: D. h. die Körperteile, an denen sie Schmuck tragen.

dass das Feuer es berührt hätte. Licht über Licht. Gott führt zu seinem Licht, wen Er will, und Gott führt den Menschen die Gleichnisse an. Und Gott weiß über alle Dinge Bescheid. 36 (Das steht) in Häusern, für die Gott erlaubt hat, dass sie errichtet werden und dass darin seines Namens gedacht wird. Ihn preisen darin, am Morgen und am Abend, 37 Männer, die weder Handel noch Kaufgeschäft ablenken vom Gedenken Gottes, von der Verrichtung des Gebets und der Entrichtung der Abgabe, die einen Tag fürchten, an dem Herzen und Augenlicht umgekehrt werden, 38 damit Gott ihnen das Beste vergelte von dem, was sie getan haben, und ihnen von seiner Huld noch mehr gebe. Und Gott beschert den Lebensunterhalt, wem Er will, ohne (viel) zu rechnen. 39 Die Werke derer, die ungläubig sind, sind wie eine Luftspiegelung in einer Ebene. Der Durstige hält sie für Wasser. Kommt er aber dorthin, findet er, dass es nichts ist. Er findet aber Gott da. Und Er erstattet ihm seine Rechnung voll. Gott ist schnell im Abrechnen. 40 Oder (sie sind) wie Finsternisse in einem tiefen Meer, das von einer Woge überdeckt ist, über der eine Woge liegt, über der wiederum eine Wolke liegt: Finsternisse, eine über der anderen. Wenn er seine Hand ausstreckt, kann er sie kaum sehen. Und wem Gott kein Licht verschafft, für den gibt es kein Licht. 41 Hast du nicht gesehen, dass (alle) Gott preisen, die in den Himmeln und auf der Erde sind, und die Vögel mit ausgebreiteten Flügeln? Jeder kennt sein Gebet und seinen Lobpreis. Und Gott weiß, was sie tun. 42 Und Gott gehört die Königsherrschaft der Himmel und der Erde. Und zu Gott führt der Lebensweg. 43 Hast du nicht gesehen, dass Gott die Wolken dahertreibt, sie dann zusammenfügt und dann zu einem Haufen macht? Da siehst du den Platzregen dazwischen herauskommen. Und Er sendet vom Himmel Wolkenberge herab, mit Hagel darin; damit trifft Er, wen Er will, und Er wehrt ihn ab, von wem Er will. Das Aufleuchten seiner Blitze nimmt beinahe das Augenlicht hinweg. 44 Gott lässt Nacht und Tag sich abwechseln. Darin ist eine Lehre für Leute, die Einsicht haben. 45 Und Gott hat jedes Getier aus Wasser geschaffen. Es gibt unter ihnen solche, die auf ihrem Bauch gehen, und solche, die auf zwei Beinen gehen, und wieder solche, die auf vieren

gehen. Gott erschafft, was Er will. Gott hat Macht zu allen Dingen. 46 Wir haben Zeichen hinabgesandt, die (alles) deutlich machen. Und Gott führt, wen Er will, zu einem geraden Weg.
47 Und sie sagen: »Wir glauben an Gott und an den Gesandten,
und wir gehorchen.« Dann, nach diesem (Wort), kehrt sich ein Teil
von ihnen ab. Das sind ja keine Gläubigen. 48 Und wenn sie zu
Gott und seinem Gesandten gerufen werden, damit er zwischen
ihnen urteile, wendet sich gleich ein Teil von ihnen ab. 49 Wenn
aber das Recht auf ihrer Seite ist, dann kommen sie zu ihm, bereit,
sich zu unterwerfen. 50 Ist in ihren Herzen Krankheit, oder haben
sie Zweifel, oder fürchten sie, dass Gott gegen sie ungerecht sein
könnte, und auch sein Gesandter? Nein, sie sind eben die, die Unrecht tun. 51 Die Rede der Gläubigen, wenn sie zu Gott und seinem Gesandten gerufen werden, damit er zwischen ihnen urteile,
besteht darin, dass sie sagen: »Wir hören, und wir gehorchen.« Das
sind die, denen es wohl ergeht. 52 Diejenigen, die Gott und seinem Gesandten gehorchen, Gott fürchten und sich vor Ihm hüten,
das sind die Erfolgreichen.
*53 Und sie haben bei Gott ihren eifrigsten Eid geschworen, sie   [36½]
würden, wenn du es ihnen befiehlst, hinausziehen. Sprich: Schwört
nicht, (leistet lieber) einen geziemenden Gehorsam. Gott hat
Kenntnis von dem, was ihr tut. 54 Sprich: Gehorchet Gott und gehorchet dem Gesandten. Wenn ihr euch abkehrt, dann obliegt ihm
nur das, was ihm auferlegt ist, und euch obliegt, was euch auferlegt
ist. Wenn ihr ihm gehorcht, folgt ihr der Rechtleitung. Und dem Gesandten obliegt nur die deutliche Ausrichtung (der Botschaft).
55 Gott hat denen von euch, die glauben und die guten Werke
tun, versprochen, dass Er sie zu Nachfolgern auf der Erde bestellen wird, wie Er diejenigen, die vor ihnen lebten, zu Nachfolgern
bestellt hat; dass Er ihnen ihrer Religion, die er mit Gefallen für
sie festgelegt hat, zu einer angesehenen Stellung verhelfen wird;
und dass Er ihnen, nachdem sie in Angst gelebt haben, stattdes-
sen Sicherheit gewähren wird. Sie dienen Mir und gesellen Mir
nichts bei. Diejenigen, die hernach ungläubig sind, das sind die
(wahren) Frevler. 56 Und verrichtet das Gebet und entrichtet die
Abgabe, und gehorchet dem Gesandten, auf dass ihr Erbarmen

findet. 57 Und du sollst nicht meinen, dass diejenigen, die ungläubig sind, auf der Erde etwas vereiteln können. Ihre Heimstätte
ist das Feuer – welch schlimmes Ende!

58 O ihr, die ihr glaubt, diejenigen, die eure rechte Hand besitzt,
und diejenigen von euch, die noch nicht das Unterscheidungsalter
erreicht haben, sollen euch zu drei Zeiten um Erlaubnis bitten: vor
dem Gebet am Frühmorgen, wenn ihr zur Mittagszeit eure Kleider
ablegt, und nach dem Nachtgebet. Das sind drei Blößen von euch.
Es ist nach diesen (Zeiten) für euch und für sie kein Vergehen. Sie
gehen ja oft unter euch umher*, und das tut ihr untereinander. So
macht Gott euch die Zeichen deutlich. Und Gott weiß Bescheid
und ist weise. 59 Und wenn die Kinder unter euch das Unterscheidungsalter erreicht haben, dann sollen sie euch um Erlaubnis bitten, wie diejenigen um Erlaubnis gebeten haben, die vor ihnen
lebten. So macht Gott euch seine Zeichen deutlich. Und Gott weiß
Bescheid und ist weise. 60 Und für die unter den Frauen, die sich
zur Ruhe gesetzt haben und nicht mehr zu heiraten hoffen, ist es
kein Vergehen, wenn sie ihre Kleider ablegen, ohne dass sie jedoch
ihren Schmuck zur Schau stellen. Und besser für sie wäre, dass sie
sich dessen enthalten. Und Gott hört und weiß alles. 61 Es ist für
den Blinden kein Grund zur Bedrängnis, es ist für den Krüppel
kein Grund zur Bedrängnis, es ist für den Kranken kein Grund zur
Bedrängnis, es ist auch für euch kein Grund zur Bedrängnis, wenn
ihr in euren Häusern esst, in den Häusern eurer Väter oder in den
Häusern eurer Mütter, in den Häusern eurer Brüder oder in den
Häusern eurer Schwestern, in den Häusern eurer Onkel väterlicherseits oder in den Häusern eurer Tanten väterlicherseits, in den
Häusern eurer Onkel mütterlicherseits oder in den Häusern eurer
Tanten mütterlicherseits, in einem Haus, dessen Schlüssel in eu-
rem Besitz ist, oder (im Haus) eines Freundes. Es ist für euch kein
Vergehen, gemeinsam oder getrennt zu essen. Wenn ihr nun Häu-
ser betretet, so grüßt einander mit einem gesegneten, guten Gruß,

---

58:    Daher brauchen sie nicht jedes Mal um Erlaubnis zu bitten, zu euch ins
       Haus einzutreten.

der von Gott kommt. So macht Gott euch die Zeichen deutlich, auf dass ihr verständig werdet.

62 Die Gläubigen, das sind diejenigen, die an Gott und seinen Gesandten glauben und, wenn sie in einer gemeinsamen Angelegenheit bei ihm sind, nicht weggehen, ohne ihn um Erlaubnis zu bitten. Diejenigen, die dich um Erlaubnis bitten, das sind die, die an Gott und seinen Gesandten glauben. Wenn sie dich nun wegen eines ihrer Anliegen um Erlaubnis bitten, so gib, wem von ihnen du willst, Erlaubnis. Und bitte um Vergebung für sie. Gott ist voller Vergebung und barmherzig. 63 Ihr sollt unter euch den Aufruf des Gesandten nicht wie den Aufruf eines von euch an die anderen bewerten. Gott kennt wohl diejenigen von euch, die sich unbemerkt davonstehlen, indem sie sich verstecken. Diejenigen, die seinem Befehl zuwiderhandeln, sollen sich in Acht nehmen, dass nicht eine Versuchung sie trifft, oder eine schmerzhafte Pein sie trifft. 64 Seht, Gott gehört, was in den Himmeln und auf der Erde ist. Er weiß, in welchem Zustand ihr euch befindet. Und am Tag, da sie zu Ihm zurückgebracht werden, wird Er ihnen kundtun, was sie getan haben. Und Gott weiß über alle Dinge Bescheid.

Sure 25

Die Unterscheidungsnorm (al-Furqān)

zu Mekka, 77 Verse

Im Namen Gottes, des Erbarmers, des Barmherzigen.

*1 Gesegnet sei der, der auf seinen Diener die Unterscheidungs- [36 3/4]
norm herabgesandt hat, damit er den Weltenbewohnern ein Warner sei, 2 Er, dem die Königsherrschaft der Himmel und der Erde gehört, der sich kein Kind genommen hat und der keinen Teilhaber an der Königsherrschaft hat und jedes Ding erschaffen und ihm sein Maß gegeben hat. 3 Und sie haben sich an seiner Stelle Götter

genommen, die nichts erschaffen, aber selbst erschaffen werden, und die sich selbst weder Schaden noch Nutzen bringen können, und die weder über Tod noch über Leben, noch über Auferweckung verfügen. 4 Und diejenigen, die ungläubig sind, sagen: »Das ist ja nichts als eine Lüge, die er erdichtet hat und bei der andere Leute geholfen haben.« Sie begehen da Ungerechtigkeit und Falschaussage. 5 Und sie sagen: »Es sind die Fabeln der Früheren, die er sich aufgeschrieben hat. Sie werden ihm doch morgens und abends diktiert.« 6 Sprich: Herabgesandt hat ihn der, der weiß, was in den Himmeln und auf der Erde geheim ist. Er ist voller Vergebung und barmherzig. 7 Und sie sagen: »Was ist mit diesem Gesandten, dass er Speise isst und auf den Märkten umhergeht? Wäre doch zu ihm ein Engel herabgesandt worden, dass er mit ihm ein Warner sei! 8 Oder wäre doch ihm ein Schatz überbracht worden, oder hätte er doch einen Garten, von dem er essen könnte!« Und die, die Unrecht tun, sagen: »Ihr folgt doch nur einem Mann, der einem Zauber verfallen ist.« 9 Schau, wie sie dir Gleichnisse anführen. Dabei sind sie abgeirrt und können keinen Weg mehr finden.

10 Gesegnet sei der, der dir, wenn Er will, etwas Besseres als dies zuteilen kann: Gärten, unter denen Bäche fließen, und der dir Schlösser zuteilen kann. 11 Nein, sie erklären die Stunde für Lüge. Und Wir haben für die, die die Stunde für Lüge erklären, einen Feuerbrand bereitet. 12 Wenn er sie aus der Ferne sieht, hören sie bereits sein Grollen und Aufheulen. 13 Und wenn sie aneinandergebunden da in einen engen Ort geworfen werden, rufen sie dort: O weh, was für ein Verderben! 14 »Ruft heute nicht nur einmal: O weh, was für ein Verderben!« 15 Sprich: Ist das besser oder der Garten der Ewigkeit, der den Gottesfürchtigen versprochen ist, und der für sie Belohnung und Reiseziel ist? 16 Sie haben darin, was sie wollen, und sie werden darin ewig weilen. Das ist ein Versprechen, das deinem Herrn obliegt und eingefordert werden kann.

17 Und am Tag, da Er sie und das, was sie anstelle Gottes verehren, versammelt Er und spricht: »Seid ihr es gewesen, die diese meine Diener irregeführt haben, oder sind sie selbst vom Weg abgeirrt?« 18 Sie sagen: »Preis sei Dir! Es ziemte uns nicht, uns an deiner Stelle andere Freunde zu nehmen. Aber Du hast sie und

ihre Väter genießen lassen, sodass sie die Ermahnung vergessen haben und ein verlorenes Volk geworden sind.« 19 – »Nun haben sie euch in dem, was ihr sagt, der Lüge geziehen. Da könnt ihr weder etwas abwenden noch Unterstützung erfahren. Und wer von euch Unrecht tut, den lassen Wir eine große Pein kosten.«

20 Und Wir haben vor dir keine Gesandten geschickt mit einem anderen Verhalten, als dass sie Speise gegessen haben und auf den Märkten umhergegangen sind. Und Wir haben die einen von euch zur Versuchung für die anderen gemacht, (um festzustellen), ob ihr geduldig seid. Und dein Herr sieht alles. *21 Und diejenigen, die nicht erwarten, Uns zu begegnen, sagen: »Wären doch die Engel auf uns herabgesandt worden, oder könnten wir doch unseren Herrn sehen!« Sie sind hochmütig in Bezug auf sich selbst, und sie erheben sich in großer Rebellion. 22 Am Tag, da sie die Engel sehen, an dem Tag gibt es für die Übeltäter keine frohe Botschaft, und sie sagen: »Tabu, das sei verwehrt!« 23 Und Wir wenden uns den Werken, die sie getan haben, zu und machen sie zu verwehtem Staub. 24 Die Gefährten des Paradieses haben an jenem Tag einen besseren Aufenthalt und einen schöneren Ruheplatz. 25 Und am Tag, da sich der Himmel durch die Wolken hindurch spaltet und die Engel eindrucksvoll herabgesandt werden, 26 an dem Tag gehört die wahre Königsherrschaft dem Erbarmer. Es ist für die Ungläubigen ein schwerer Tag. 27 Und am Tag, da derjenige, der Unrecht tut, sich in die Hände beißt und sagt: »O hätte ich doch den Weg mit dem Gesandten eingeschlagen! 28 O weh mir! Hätte ich mir doch nicht den Soundso zum Vertrauten genommen! 29 Er hat mich ja von der Ermahnung abirren lassen, nachdem sie zu mir gekommen war.« Und der Satan lässt den Menschen im Stich.

30 Und der Gesandte sagt: »O mein Herr, mein Volk hält diesen Koran für etwas, was gemieden werden soll.« 31 So haben Wir für jeden Propheten einen Feind aus den Reihen der Übeltäter bestellt. Und dein Herr genügt als Führer und Helfer. 32 Und diejenigen, die ungläubig sind, sagen: »Wäre doch der Koran auf ihn als Ganzes herabgesandt worden!« So (geschieht es aber), damit Wir dein Herz mit ihm festigen. Und Wir haben ihn Abschnitt für

Abschnitt vorgetragen. 33 Und sie kommen zu dir mit keinem beschriebenen Fall, ohne dass Wir dir die Wahrheit und eine schönere Erläuterung brächten. 34 Diejenigen, die auf ihren Gesichtern zur Hölle versammelt werden, befinden sich in einer schlimmeren Lage und sind vom (rechten) Weg weiter abgeirrt.

35 *Und Wir ließen Mose das Buch zukommen und bestellten ihm seinen Bruder Aaron, (die Last) mitzutragen. 36 Da sprachen Wir: »Geht zu den Leuten, die unsere Zeichen für Lüge erklärt haben.« Und Wir zerstörten sie völlig. 37 Und auch die Leute des Noach*, als sie die Gesandten der Lüge ziehen, ließen Wir ertrinken und machten sie zu einem Zeichen für die Menschen. Und Wir haben denen, die Unrecht tun, eine schmerzhafte Pein bereitet. 38 Desgleichen auch die ʿĀd, die Thamūd*, die Leute des Brunnens und viele Generationen dazwischen. 39 Einem jeden Volk führten Wir Gleichnisse an, und Wir gaben jedes (von ihnen) dem völligen Verderben preis. 40 Sie kamen doch an der Stadt vorbei, auf die der Unheilsregen niederging*. Haben sie sie denn nicht gesehen? Nein, sie erwarteten keine Auferweckung.

41 Und wenn sie dich sehen, nehmen sie dich nur zum Gegenstand des Spottes: »Ist das der, den Gott zum Gesandten hat erstehen lassen? 42 Beinahe hätte er uns von unseren Göttern abirren lassen, wenn wir nicht beharrlich an ihnen festgehalten hätten.« Sie werden, wenn sie die Pein sehen, zu wissen bekommen, wer weiter vom Weg abgeirrt ist. 43 Hast du den gesehen, der sich seine Neigung zu seinem Gott nimmt? Willst du denn ein Sachwalter über ihn sein? 44 Oder meinst du, dass die meisten von ihnen hören oder Verstand haben? Sie sind doch nur wie das Vieh, nein, sie irren noch weiter vom Weg ab.

45 Hast du denn nicht zu deinem Herrn geschaut, wie Er den Schatten lang werden lässt? Wenn Er gewollt hätte, hätte Er ihn stillstehen lassen. Alsdann machen Wir die Sonne zu einem Hinweis

---

35–36: Vgl. 7,103–137.
37: Vgl. zu Noach: 7,59–64.
38: Vgl. zu ʿĀd: 7,65–72; zu Thamūd: 7,73–79.
40: Vgl. zum Strafgericht über die Stadt des Lot: 7,80–84.

auf ihn. 46 Dann ziehen Wir ihn zu Uns in einem geringen Maß ein. 47 Und Er ist es, der euch die Nacht zur Kleidung und den Schlaf zum Ausruhen macht, und der den Tag zum Aufstehen macht. 48 Und Er ist es, der die Winde als frohe Kunde seiner Barmherzigkeit vorausschickt*. Und Wir lassen vom Himmel ein reines Wasser herabkommen, 49 um damit eine abgestorbene Ortschaft zu beleben und um es vielen von dem, was Wir erschaffen haben, Vieh und Menschen, zu trinken zu geben. 50 Und Wir haben es unter ihnen auf verschiedene Weise dargestellt, damit sie es bedenken. Doch bestehen die meisten Menschen auf dem Unglauben. 51 Und wenn Wir gewollt hätten, hätten Wir in jeder Stadt einen Warner erstehen lassen. 52 So gehorche nicht den Ungläubigen und setze dich damit* gegen sie ein mit großem Einsatz.

*53 Und Er ist es, der die beiden Meere zugleich hat entstehen [37 ¼] lassen: das eine süß und erfrischend, das andere salzig und bitter. Und Er hat zwischen ihnen beiden eine Schranke und eine verwehrte Absperrung errichtet. 54 Und Er ist es, der aus Wasser einen Menschen erschaffen und ihn zu einer Sippe von Verwandten und Schwägern gemacht hat. Und dein Herr ist allmächtig. 55 Und sie verehren anstelle Gottes, was ihnen weder nützt noch schadet. Und der Ungläubige leistet Beistand gegen seinen Herrn. 56 Und Wir haben dich nur als Freudenboten und Warner gesandt. 57 Sprich: Ich verlange von euch keinen Lohn dafür, es sei denn, einer will einen Weg zu seinem Herrn einschlagen. 58 Und vertraue auf den Lebendigen, der nicht stirbt, und singe sein Lob. Er genügt als der, der Kenntnis von den Sünden seiner Diener hat, 59 der die Himmel und die Erde, und was dazwischen ist, in sechs Tagen erschaffen und sich dann auf dem Thron zurechtgesetzt hat, Er, der Erbarmer. So frag einen, der von Ihm Kenntnis hat. 60 Und wenn zu ihnen gesagt wird: »Werft euch vor dem Erbarmer nieder«, sagen sie: »Was ist denn der Erbarmer? Sollen wir uns (einfach) vor dem niederwerfen, was du uns befiehlst?« Und das mehrt in ihnen nur die Abneigung.

48: D. h.: Die Winde schickt Er seiner Barmherzigkeit voraus; vgl. 7,57.
52: mit dem Koran.

61 Gesegnet sei der, der im Himmel Sternzeichen gesetzt und darin eine Leuchte und einen hellen Mond gesetzt hat! **62** Und Er ist es, der die Nacht und den Tag gemacht hat, sodass sie aufeinander folgen, für den, der es bedenken oder Dankbarkeit zeigen will.

63 Und die Diener des Erbarmers sind die, die demütig auf der Erde umhergehen und, wenn die Törichten sie anreden, sagen: »Frieden!« **64** Und die, welche die Nacht vor ihrem Herrn verbringen, indem sie sich niederwerfen und aufrecht stehen. **65** Und die, die sagen: »Unser Herr, wende ab von uns die Pein der Hölle.« – Ihre Pein lastet ja unabwendbar; **66** sie ist schlimm als Aufenthalt und Bleibe. **67** Und die, die, wenn sie spenden, weder verschwenderisch noch zurückhaltend sind, sondern die Mitte dazwischen halten. **68** Und die, die neben Gott keinen anderen Gott anrufen und den Menschen nicht töten, den Gott für unantastbar erklärt hat, es sei denn bei vorliegender Berechtigung, und die keine Unzucht begehen. – Wer das tut, hat die Folge der Sünde zu erleiden; **69** die Pein wird ihm am Tag der Auferstehung verdoppelt, darin wird er in Schmach ewig weilen, **70** außer dem, der umkehrt, glaubt und gute Werke tut; Gott wird ihnen ihre schlechten Taten gegen gute eintauschen; und Gott ist voller Vergebung und barmherzig. **71** Und wer umkehrt und Gutes tut, der wendet sich in wahrhaftiger Umkehr Gott zu. **72** Und (auch) die, die das Falsche nicht bezeugen und, wenn sie unbedachte Rede im Vorbeigehen hören, würdevoll weitergehen. **73** Und die, die, wenn sie mit den Zeichen ihres Herrn ermahnt werden, ihnen gegenüber nicht taub und blind niederfallen. **74** Und die, die sagen: »Unser Herr, schenke uns an unseren Gattinnen und unseren Nachkommenschaften Grund zur Freude, und mache uns zu einem Vorbild für die Gottesfürchtigen.« **75** All diese werden mit dem Obergemach dafür belohnt werden, dass sie geduldig waren; und ihnen wird darin Gruß und Friede entgegengebracht; **76** darin werden sie ewig weilen. Schön ist es als Aufenthalt und Bleibe. **77** Sprich: Mein Herr würde sich nicht um euch kümmern, würdet ihr nicht (zu Ihm) rufen. Ihr habt doch (alles) für Lüge erklärt, und nun wird es unabwendbar.

Sure 26

Die Dichter (al-Shuʿarāʾ)

zu Mekka, 227 Verse

Im Namen Gottes, des Erbarmers, des Barmherzigen.
1 Ṭā Sīn Mīm. 2 Dies sind die Zeichen des deutlichen Buches. [37 ½]
3 Du magst dich noch selbst umbringen, weil sie nicht gläubig
sind. 4 Wenn Wir wollten, könnten Wir vom Himmel ein Zeichen
auf sie hinabsenden, sodass sich ihre Nacken davor unterwerfen
würden. 5 Keine neue Ermahnung kommt vom Erbarmer zu ihnen, ohne dass sie sich davon abwenden. 6 Sie haben (sie) ja für
Lüge erklärt. So wird zu ihnen die Kunde kommen von dem, worüber sie immer wieder gespottet haben. 7 Haben sie nicht auf die
Erde geschaut, wie viele treffliche Arten Wir auf ihr haben wachsen lassen? 8 Darin ist wahrlich ein Zeichen. Aber die meisten von
ihnen sind nicht gläubig. 9 Und dein Herr ist der Mächtige, der
Barmherzige.
10 *Als dein Herr Mose rief: »Geh zum Volk, das Unrecht tut,
11 zum Volk Pharaos, ob sie nicht gottesfürchtig sein wollen.« 12
*Er sagte: »Mein Herr, ich fürchte, dass sie mich der Lüge zeihen.
13 Und meine Brust ist eng, und meine Zunge ist nicht gelöst. So
schicke zu Aaron. 14 Auch haben sie gegen mich eine Sünde geltend zu machen; so fürchte ich, dass sie mich töten.« 15 Er
sprach: »Nein. Geht beide hin mit unseren Zeichen. Wir sind mit
euch und hören zu. 16 Geht zu Pharao und sagt: ›Wir sind der
Gesandte des Herrn der Welten, 17 du sollst die Kinder Israels mit
uns wegschicken.‹« 18 Er* sagte: »Haben wir dich nicht als Kind
unter uns aufgezogen, und hast du nicht viele Jahre deines Lebens unter uns verweilt? 19 Und du hast deine Tat, die du (da-

---

1:     Die Bedeutung dieser Buchstaben ist noch nicht geklärt.
10–68: Vgl. 7,103–137.
12 ff.: Vgl. 20,25–32; Bibel: Exodus 4,10–16.
18:     Pharao.

mals) getan hast, verübt und bist einer der Undankbaren geworden.« 20 Er sagte: »Ich habe sie da verübt, als ich (noch) einer der Irrenden war. 21 So bin ich vor euch geflohen, als ich Angst vor euch bekommen hatte. Da hat mir mein Herr Urteilskraft geschenkt und mich zu einem der Gesandten gemacht. 22 Ist es denn eine Gnade, die nun du mir erweist, dass du die Kinder Israels zu Sklaven gemacht hast?«* 23 Pharao sagte: »Was ist denn der Herr der Welten?« 24 Er sagte: »Der Herr der Himmel und der Erde und dessen, was dazwischen ist, so ihr Gewissheit hegt.« 25 Er sagte zu denen, die um ihn waren: »Hört ihr nicht zu?« 26 Er sagte: »Er ist euer Herr und der Herr eurer Vorväter.« 27 Er sagte: »Euer Gesandter, der zu euch gesandt worden ist, ist ja besessen.« 28 Er sagte: »Er ist der Herr des Ostens und des Westens und dessen, was dazwischen ist, so ihr Verstand habt.« 29 Er sagte: »Wenn du dir einen anderen Gott als mich nimmst, werde ich dich sicher zu einem der Gefangenen machen.« 30 Er sagte: »Was aber, wenn ich dir eine offenkundige Sache bringe?« 31 Er sagte: »Dann bring sie her, so du zu denen gehörst, die die Wahrheit sagen.« 32 *Er warf seinen Stab, da war er eine offenkundige Schlange. 33 Und er zog seine Hand heraus, da war sie weiß für die Zuschauer. 34 Er sagte zu den Vornehmen um ihn: »Dieser ist ja ein erfahrener Zauberer, 35 der euch mit seiner Zauberei aus eurem Land vertreiben will. Was befehlt ihr nun?« 36 Sie sagten: »Stell ihn und seinen Bruder zurück und schick zu den Städten Leute, die sie versammeln, 37 damit sie dir jeden erfahrenen Zauberer herbringen.« 38 So wurden die Zauberer auf den Termin eines bestimmten Tages zusammengeführt. 39 Und es wurde zu den Menschen gesagt: »Werdet ihr euch auch versammeln? 40 So könnten wir den Zauberern folgen, wenn sie die Sieger sind.« 41 Als die Zauberer kamen, sagten sie zu Pharao: »Wir bekommen wohl eine Belohnung, wenn wir es sind, die siegen?« 42 Er sagte: »Ja. Und ihr werdet auch zu denen gehören, die in (meine) Nähe zugelassen werden.« 43 Mose sagte zu ihnen: »Werft, was ihr wer-

---

22: Oder: Ist dies denn eine Gnade ..., wo du die Kinder ...
32 ff.: Vgl. 7,107 f.; Bibel: Exodus 4,1–7.

fen wollt.« 44 Sie warfen ihre Stricke und Stäbe und sagten: »Bei der Macht Pharaos, wir werden gewiss die Sieger sein.« 45 Mose warf seinen Stab, da fing er an zu verschlingen, was sie vorgaukelten. 46 So wurden die Zauberer in Anbetung zu Boden geworfen. 47 Sie sagten: »Wir glauben an den Herrn der Welten, 48 den Herrn von Mose und Aaron.« 49 Er sagte: »Ihr glaubt ihm, bevor ich es euch erlaube? Er ist bestimmt euer Ranghöchster, der euch die Zauberei gelehrt hat. Ihr werdet es zu wissen bekommen. Ich werde eure Hände und eure Füße wechselseitig abhacken, und ich werde euch allesamt kreuzigen lassen.« 50 Sie sagten: »So schlimm ist es nicht, wir kehren zu unserem Herrn zurück. 51 Wir erhoffen, dass unser Herr uns unsere Verfehlungen vergebe dafür, dass wir (nun) die ersten der Gläubigen sind.« *52 Und Wir haben [37 3/4] dem Mose offenbart: »Zieh bei Nacht mit meinen Dienern fort; ihr werdet da verfolgt werden.« 53 Da schickte Pharao zu den Städten Leute, die sie versammelten: 54 »Diese sind ein kleiner Rest; 55 dennoch versetzen sie uns in Groll. 56 Aber wir sind eine zusammenrückende Gruppe auf der Hut.« 57 So ließen Wir sie fortziehen von Gärten und Quellen, 58 von Schätzen und von trefflicher Stätte. 59 So war es. Und Wir gaben sie den Kindern Israels zum Erbe. 60 Sie verfolgten sie also bei Sonnenaufgang. 61 Als die beiden Scharen einander sahen, sagten die Gefährten des Mose: »Wir werden eingeholt.« 62 Er sagte: »Nein. Mit mir ist mein Herr. Er wird mich rechtleiten.« 63 Da offenbarten Wir dem Mose: »Schlag mit deinem Stab das Meer.« So spaltete es sich, und jeder Teil war wie ein gewaltiger Berg. 64 Und Wir ließen die anderen dort herankommen. 65 Und Wir retteten Mose und die, die mit ihm waren, alle. 66 Dann ließen Wir die anderen ertrinken. 67 Darin ist wahrlich ein Zeichen. Aber die meisten von ihnen sind nicht gläubig. 68 Und dein Herr ist der Mächtige, der Barmherzige. 69 *Und verlies ihnen den Bericht über Abraham. 70 Als er zu seinem Vater und seinem Volk sagte: »Was betet ihr denn an?« 71 Sie sagten: »Wir beten Götzen an, und wir verehren sie beharrlich.« 72 Er sagte: »Hören sie denn euch, wenn ihr ruft? 73 Oder kön-

69–89: Vgl. 6,74–84.

nen sie euch nützen oder schaden?« 74 Sie sagten: »Aber wir fanden, dass bereits unsere Väter so handelten.« 75 Er sagte: »Seht ihr wohl das, was ihr anzubeten pflegtet, 76 ihr und eure Vorväter? 77 Feind sind sie mir (alle), nicht so der Herr der Welten, 78 der mich erschaffen hat und mich nun rechtleitet, 79 und der mir zu essen und zu trinken gibt 80 und, wenn ich krank bin, mich heilt, 81 und der mich sterben lässt und dann wieder lebendig macht, 82 und von dem ich erhoffe, dass Er mir am Tag des Gerichtes meine Verfehlung vergebe. 83 Mein Herr, schenke mir Urteilskraft, und stelle mich zu denen, die Gutes tun. 84 Und gib mir einen wahrhaftigen Ruf unter den späteren (Generationen). 85 Und mach mich zu einem der Erben des Gartens der Wonne. 86 Und vergib meinem Vater, er gehört ja zu den Irrenden. 87 Und mach mich nicht zu Schanden am Tag, da sie auferweckt werden, 88 am Tag, da weder Vermögen noch Söhne nützen, 89 sondern nur, wenn einer mit einem gesunden Herzen zu Gott kommt.«
90 Und das Paradies wird an die Gottesfürchtigen herangebracht. 91 Und sichtbar gemacht wird die Hölle denen, die irregegangen sind. 92 Und es wird zu ihnen gesagt: »Wo ist denn das, was ihr anzubeten pflegtet 93 anstelle Gottes? Können sie euch unterstützen oder sich selbst unterstützen?« 94 Dann werden sie hineingestürzt, sie und die, die irregegangen sind, 95 und die Truppen des Iblīs allesamt. 96 Sie sagen, während sie darin miteinander streiten: 97 »Bei Gott, wir befanden uns in einem offenkundigen Irrtum, 98 als wir euch dem Herrn der Welten gleichsetzten. 99 Es waren nur die Übeltäter, die uns irregeführt haben. 100 So haben wir nun keine Fürsprecher, 101 und auch keinen warmherzigen Freund. 102 Hätten wir doch eine Möglichkeit zur Rückkehr, damit wir zu den Gläubigen gehörten!« 103 Darin ist wahrlich ein Zeichen. Aber die meisten von ihnen sind nicht gläubig. 104 Und dein Herr ist der Mächtige, der Barmherzige.
105 *Das Volk Noachs zieh die Gesandten der Lüge. 106 Als ihr Bruder Noach zu ihnen sagte: »Wollt ihr denn nicht gottesfürchtig

105–122: Vgl. 7,59–64.

sein? 107 Ich bin für euch ein treuer Gesandter. 108 So fürchtet Gott und gehorcht mir. 109 Ich verlange von euch dafür keinen Lohn. Mein Lohn obliegt nur dem Herrn der Welten. 110 So fürchtet Gott und gehorcht mir.« *111 Sie sagten: »Sollen wir dir glauben, wo dir (nur) die Niedrigsten folgen?« 112 Er sagte: »Was bedeutet es denn, wenn ich weiß, was sie zu tun pflegten? 113 Mit ihnen abzurechnen obliegt nur meinem Herrn, wenn ihr es doch merken würdet! 114 Und ich werde die Gläubigen nicht vertreiben. 115 Ich bin nur ein offenkundiger Warner.« 116 Sie sagten: »Wenn du nicht aufhörst, o Noach, wirst du bestimmt zu denen gehören, die gesteinigt werden.« 117 Er sagte: »Mein Herr, mein Volk hat mich der Lüge geziehen. 118 So richte zwischen mir und ihnen und errette mich und die von den Gläubigen, die mit mir sind.« 119 Da retteten Wir ihn und die, die mit ihm waren, im voll beladenen Schiff. 120 Dann ließen Wir hiernach die Übrigen ertrinken. 121 Darin ist wahrlich ein Zeichen. Aber die meisten von ihnen sind nicht gläubig. 122 Und dein Herr ist der Mächtige, der Barmherzige.

123 *Die ʿĀd ziehen die Gesandten der Lüge. 124 Als ihr Bruder Hūd zu ihnen sagte: »Wollt ihr denn nicht gottesfürchtig sein? 125 Ich bin für euch ein treuer Gesandter. 126 So fürchtet Gott und gehorcht mir. 127 Ich verlange von euch dafür keinen Lohn. Mein Lohn obliegt nur dem Herrn der Welten. 128 Wollt ihr denn weiter auf jeder Anhöhe ein Wahrzeichen bauen und ein sinnloses Spiel treiben 129 und euch Bauwerke nehmen in der Hoffnung, dass ihr ewig weilen würdet? 130 Und, wenn ihr zugreift, greift ihr gewalttätig zu. 131 So fürchtet Gott und gehorcht mir. 132 Und fürchtet den, der euch beigestanden hat mit dem, was ihr wisst, 133 der euch beigestanden hat mit Vieh und Söhnen, 134 und Gärten und Quellen. 135 Ich fürchte für euch die Pein eines gewaltigen Tages.« 136 Sie sagten: »Es ist uns gleich, ob du ermahnst oder ob du nicht zu denen gehörst, die ermahnen. 137 Das hier ist nichts als die Sitte der Früheren. 138 Und wir werden bestimmt nicht gepeinigt werden.« 139 So ziehen sie ihn

[38]

123–140: Vgl. 7,65–72.

der Lüge. Da ließen Wir sie verderben. Darin ist wahrlich ein Zeichen. Aber die meisten von ihnen sind nicht gläubig. 140 Und dein Herr ist der Mächtige, der Barmherzige.

141 *Die Thamūd ziehen die Gesandten der Lüge. 142 Als ihr Bruder Ṣāliḥ zu ihnen sagte: »Wollt ihr denn nicht gottesfürchtig sein? 143 Ich bin für euch ein treuer Gesandter. 144 So fürchtet Gott und gehorcht mir. 145 Ich verlange von euch keinen Lohn. Mein Lohn obliegt nur dem Herrn der Welten. 146 Werdet ihr etwa in dem, was hier ist, in Sicherheit gelassen, 147 in Gärten und an Quellen, 148 in Getreidefeldern und Palmen, deren Blütenscheiden zart sind? 149 Und werdet ihr weiter geschickt aus den Bergen Häuser meißeln? 150 So fürchtet Gott und gehorcht mir. 151 Und gehorcht nicht dem Befehl der Maßlosen, 152 die Unheil auf der Erde stiften und keine Besserung bringen.« 153 Sie sagten: »Du bist ja einer von denen, die einem Zauber verfallen sind. 154 Du bist nur ein Mensch wie wir. So bring ein Zeichen her, so du zu denen gehörst, die die Wahrheit sagen.« 155 Er sagte: »Dies ist eine Kamelstute; sie hat eine Trinkzeit, und ihr habt eine Trinkzeit an einem bestimmten Tag. 156 Und rührt sie nicht mit etwas Bösem an, sonst ergreift euch die Pein eines gewaltigen Tages.« 157 Und sie schnitten ihr die Flechsen durch und stachen sie. So wurden sie zu Leuten, die (ihre Tat) bereuen. 158 Da ergriff sie die Pein. Darin ist wahrlich ein Zeichen. Aber die meisten von ihnen sind nicht gläubig. 159 Und dein Herr ist der Mächtige, der Barmherzige.

160 *Das Volk Lots zieh die Gesandten der Lüge. 161 Als ihr Bruder Lot zu ihnen sagte: »Wollt ihr denn nicht gottesfürchtig sein? 162 Ich bin für euch ein treuer Gesandter. 163 So fürchtet Gott und gehorcht mir. 164 Ich verlange von euch dafür keinen Lohn. Mein Lohn obliegt nur dem Herrn der Welten. 165 Wie könnt ihr denn zu den Männern unter den Weltenbewohnern gehen 166 und, was euch euer Herr an Gattinnen erschaffen hat, liegen lassen? Nein, ihr seid Leute, die Übertretungen begehen.« 167 Sie

141–159: Vgl. 7,73–79.
160–175: Vgl. 7,80–84.

sagten: »Wenn du nicht aufhörst, o Lot, wirst du zu denen gehören, die vertrieben werden.« 168 Er sagte: »Ich verabscheue eure Tat. 169 Mein Herr, errette mich und meine Angehörigen von dem, was sie tun.« 170 Da erretteten Wir ihn und seine Angehörigen alle, 171 bis auf eine alte Frau unter denen, die zurückblieben und dem Verderben anheimfielen. 172 Dann zerstörten Wir die anderen. 173 Und Wir ließen einen Regen auf sie niedergehen. Schlimm war der Regen, der die Gewarnten traf. 174 Darin ist wahrlich ein Zeichen. Aber die meisten von ihnen sind nicht gläubig. 175 Und dein Herr ist der Mächtige, der Barmherzige.

176 *Die Gefährten des Waldes ziehen die Gesandten der Lüge. 177 Als Shuʿayb zu ihnen sagte: »Wollt ihr denn nicht gottesfürchtig sein? 178 Ich bin für euch ein treuer Gesandter. 179 So fürchtet Gott und gehorcht mir. 180 Ich verlange von euch dafür keinen Lohn. Mein Lohn obliegt nur dem Herrn der Welten. *181 Gebt volles Maß und seid nicht solche, die Verlust verursachen. 182 Und wägt mit der richtigen Waage. 183 Und zieht den Menschen nicht ab, was ihnen gehört, und stiftet nicht Unheil auf der Erde. 184 Und fürchtet den, der euch und die früheren Geschöpfe erschaffen hat.« 185 Sie sagten: »Du bist ja einer von denen, die einem Zauber verfallen sind. 186 Du bist nur ein Mensch wie wir. Wir meinen, dass du zu den Lügnern gehörst. 187 Lass doch Stücke vom Himmel auf uns herabfallen, so du zu denen gehörst, die die Wahrheit sagen.« 188 Er sagte: »Mein Herr weiß besser, was ihr tut.« 189 Sie ziehen ihn der Lüge. Da ergriff sie die Pein des Tages der Überschattung. Es war die Pein eines gewaltigen Tages. 190 Darin ist wahrlich ein Zeichen. Aber die meisten von ihnen sind nicht gläubig. 191 Und dein Herr ist der Mächtige, der Barmherzige.

192 Und er* ist eine Herabsendung des Herrn der Welten; 193 mit ihm ist der treue Geist herabgestiegen 194 auf dein Herz, damit du einer der Warner seist, 195 in deutlicher arabischer Sprache. 196 Und er ist in den Schriften der Früheren (erwähnt). 197 War

[38 ¼]

176–191: Vgl. 7,85–93.
192: der Koran.

es ihnen denn nicht ein Zeichen, dass die Gelehrten der Kinder Israels über ihn Bescheid wissen? 198 Wenn Wir ihn auf einen der Nichtaraber hinabgesandt hätten 199 und er ihn ihnen vorgelesen hätte, hätten sie nicht an ihn geglaubt. 200 So haben Wir ihn in die Herzen der Übeltäter eingehen lassen. 201 Sie glauben nicht daran, bis sie die schmerzhafte Pein sehen, 202 bis diese über sie plötzlich kommt, ohne dass sie es merken, 203 und bis sie sagen: »Wird uns Aufschub gewährt?« 204 Wünschen sie denn unsere Pein zu beschleunigen? 205 Was meinst du? Wenn Wir sie auf Jahre genießen lassen, 206 wenn dann zu ihnen kommt, was ihnen angedroht wurde, 207 dann wird ihnen nicht nützen, was ihnen an Nutznießung gewährt wurde. 208 Und Wir haben keine Stadt verderben lassen, ohne dass sie Warner gehabt hätte, 209 dies als Ermahnung. Und Wir tun kein Unrecht.

210 Nicht die Satane sind mit ihm* herabgestiegen; 211 es ziemt ihnen nicht, und sie vermögen es nicht. 212 Sie sind vom Hören ausgeschlossen.

213 So rufe neben Gott keinen anderen Gott an, sonst wirst du zu den Gepeinigten gehören. 214 Und warne deine nächsten Sippenmitglieder. 215 Und senke deinen Flügel für die unter den Gläubigen, die dir folgen. 216 Wenn sie gegen dich ungehorsam sind, dann sprich: »Ich bin unschuldig an dem, was ihr tut.« 217 Und vertrau auf den Mächtigen, den Barmherzigen, 218 der dich sieht, wenn du aufrecht stehst*, 219 und auch wie du dich hin und her wendest unter denen, die sich niederwerfen. 220 Er ist der, der alles hört und weiß.

221 Soll ich euch kundtun, auf wen die Satane herabsteigen? 222 Sie steigen auf jeden Lügner und Sünder herab. 223 Sie hören hin, aber die meisten von ihnen sind Lügner. 224 Und den Dichtern folgen die Abgeirrten. 225 Hast du nicht gesehen, dass sie in jedem Tal richtungslos wandern, 226 und dass sie sagen, was sie nicht tun? 227 Nicht so diejenigen, die glauben, die guten Werke tun und Gottes viel gedenken, und sich selbst (erst) helfen,

210: mit dem Koran.
218: im Gebet.

nachdem ihnen Unrecht getan wurde. Und diejenigen, die Unrecht tun, werden erfahren, was für eine Rückkehr sie haben werden.

Sure 27

Die Ameisen (al-Naml)

zu Mekka, 93 Verse

Im Namen Gottes, des Erbarmers, des Barmherzigen.

1 Ṭā Sīn. Dies sind die Zeichen des Korans und eines deutlichen [38 ½] Buches, **2** Rechtleitung und Frohbotschaft für die Gläubigen, **3** die das Gebet verrichten und die Abgabe entrichten, und die über das Jenseits Gewissheit hegen. **4** Denjenigen, die nicht an das Jenseits glauben, haben Wir ihre Werke verlockend gemacht, sodass sie blind umherirren. **5** Das sind die, für die eine schlimme Pein bestimmt ist, und im Jenseits sind sie die größten Verlierer. **6** Und wahrlich, dir wird der Koran zum Empfang überbracht vonseiten eines Weisen und Allwissenden.

7 *Als Mose zu seinen Angehörigen sagte: »Ich habe ein Feuer wahrgenommen. Ich werde euch davon eine Nachricht bringen, oder ich bringe euch eine brennende Fackel, auf dass ihr euch (daran) wärmen könnt.« **8** Als er dort ankam, wurde ihm zugerufen: »Gesegnet sei der, der im Feuer und der in seiner Umgebung ist, und Preis sei Gott, dem Herrn der Welten! **9** O Mose, Ich bin, ja Ich bin Gott, der Mächtige, der Weise. **10** Und wirf deinen Stab.« Als er nun sah, dass er sich schüttelte, als wäre er eine flinke Schlange, kehrte er den Rücken und wandte sich nicht mehr um. »O Mose, hab keine Angst. Ja, bei Mir brauchen die Gesandten keine Angst zu haben, **11** außer wenn einer Unrecht tut. Tauscht

---

1:   Die Bedeutung dieser Buchstaben ist noch nicht geklärt.
7–14: Vgl. 7,103–137.

er dann aber nach der bösen Tat etwas Gutes ein, dann bin Ich voller Vergebung und barmherzig. 12 Und stecke deine Hand in deinen Hemdausschnitt, so kommt sie weiß, jedoch nicht von Übel befallen, heraus. Dies zählt zu neun Zeichen, gerichtet an Pharao und sein Volk. Sie sind ja ein frevlerisches Volk.« 13 Als unsere Zeichen deutlich sichtbar zu ihnen kamen, sagten sie: »Das ist eine offenkundige Zauberei.« 14 Und sie verleugneten sie, obwohl ihr Inneres darüber Gewissheit hegte, aus Ungerechtigkeit und Überheblichkeit. So schau, wie das Ende der Unheilstifter war. 15 Und Wir ließen David und Salomo Wissen zukommen. Und sie sagten: »Lob sei Gott, der uns vor vielen seiner gläubigen Diener bevorzugt hat!« 16 Und Salomo beerbte David. Und er sagte: »O ihr Menschen, uns ist die Sprache der Vögel gelehrt worden, und uns wurde von allen Dingen zugeteilt. Das ist wahrlich die offenkundige Huld (Gottes).«

17 Und zusammengeführt wurden zu Salomo seine Truppen – Djinn, Menschen und Vögel –, und sie wurden in Abteilungen aufgestellt. 18 Als sie dann zum Ameisental kamen, sagte eine Ameise: »O ihr Ameisen, geht in eure Wohnungen hinein, dass euch nicht Salomo und seine Truppen zermalmen, ohne es zu merken.« 19 Da lächelte er erheitert über ihre Rede und sagte: »Mein Herr, gib mir ein, für deine Gnade zu danken, mit der Du mich und meine Eltern begnadet hast, und etwas Gutes zu tun, das Dir wohlgefällt. Und lass mich durch deine Barmherzigkeit eingehen in die Reihen deiner rechtschaffenen Diener.« 20 Und er schaute bei den Vögeln nach Vermissten. Da sagte er: »Wie kommt es, dass ich den Wiedehopf nicht sehe? Befindet er sich etwa unter den Abwesenden? 21 Wahrlich, ich werde ihn mit einer harten Pein peinigen. Oder ich werde ihn wahrlich schlachten, es sei denn, er bringt mir eine offenkundige Ermächtigung.« 22 Er blieb nicht lange. Da sagte er: »Ich habe erfasst, was du nicht erfasst hast. Und ich bringe dir aus Saba' eine sichere Nachricht. 23 Ich habe herausgefunden, dass eine Frau über sie herrscht, dass ihr von allen Dingen zugeteilt worden ist, und dass sie einen gewaltigen Thron hat. 24 Und ich habe herausgefunden, dass sie und ihr Volk vor der Sonne niederfallen, statt vor Gott. Und der Satan hat

ihnen ihre Werke verlockend gemacht und sie vom Weg abgewiesen, sodass sie der Rechtleitung nicht folgen, 25 (dies), damit* sie nicht vor Gott niederfallen, der das Verborgene in den Himmeln und auf der Erde herausbringt und weiß, was ihr verbergt, und was ihr offenlegt. 26 Gott, es gibt keinen Gott außer Ihm, dem Herrn des majestätischen Thrones.« *27 Er sagte: »Wir werden [38 3/4] schauen, ob du die Wahrheit sagst oder ob du zu den Lügnern gehörst. 28 Geh mit diesem meinem Schreiben und überbring es ihnen. Dann kehr dich von ihnen ab und schau, was sie erwidern.« 29 Sie sagte: »O ihr Vornehmen, mir ist ein edles Schreiben überbracht worden. 30 Es ist von Salomo. Und es lautet: ›Im Namen Gottes, des Erbarmers, des Barmherzigen. 31 Seid mir gegenüber nicht überheblich und‹ kommt ergeben zu mir.‹« 32 Sie sagte: »O ihr Vornehmen, gebt mir Auskunft über meine Angelegenheit. Ich entscheide ja keine Angelegenheit, es sei denn in eurer Gegenwart.« 33 Sie sagten: »Wir besitzen eine Streitmacht und besitzen eine starke Schlagkraft. Aber dir gehört es zu befehlen. So sieh zu, was du befehlen willst.« 34 Sie sagte: »Wenn Könige eine Stadt betreten, stürzen sie sie ins Unheil und machen die Mächtigen unter ihren Bewohnern zu gedemütigten (Menschen). Ja, so handeln sie. 35 Ich werde (Leute) zu ihnen schicken mit einem Geschenk, und dann werde ich abwarten, was die Boten (für eine Antwort) zurückbringen.« 36 Als er* zu Salomo kam, sagte dieser*: »Ihr wollt mir mit Geld beistehen? Aber das, was mir Gott zukommen ließ, ist besser als das, was Er euch zukommen ließ. Nein, ihr seid es, die ihr euch über euer Geschenk freut. 37 Kehr zu ihnen zurück. Wahrlich, wir werden zu ihnen mit Truppen kommen, denen sie nichts entgegenzusetzen haben. Und wahrlich, wir werden sie aus ihrer Stadt vertreiben als Gedemütigte und Erniedrigte.« 38 Er sagte: »O ihr Vornehmen, wer von euch bringt mir ihren Thron, bevor sie ergeben zu mir kommen?« 39 Ein listiger Kraftprotz unter den Djinn sagte: »Ich bringe ihn dir, bevor du dich von deiner

25: Oder: auf dass ...
36: ihr Bote.
36: Wörtlich: er, d. h. Salomo.

Stelle erhebst. Und ich habe gewiss die Stärke dazu, und ich bin vertrauenswürdig.« 40 Der, der Wissen aus dem Buch besaß, sagte: »Ich bringe ihn dir, bevor dein Blick zu dir zurückkehrt.« Als er ihn da bei sich stehen sah, sagte er: »Dies ist von der Huld meines Herrn, damit Er mich prüft, ob ich dankbar oder undankbar bin. Und wer dankbar ist, ist dankbar zu seinem eigenen Vorteil. Und wenn einer undankbar ist, so ist mein Herr auf niemanden angewiesen und freigebig.« 41 Er sagte: »Macht ihr ihren Thron unkenntlich, wir wollen schauen, ob sie der Rechtleitung folgt oder ob sie zu denen gehört, die der Rechtleitung nicht folgen.« 42 Als sie kam, wurde (zu ihr) gesagt: »War dein Thron so?« Sie sagte: »Es ist so, als wäre er es. Und uns wurde schon vor dem* das Wissen zuteil, und wir waren gottergeben.« 43 Und abgewiesen hat sie, was sie anstelle Gottes verehrte. Sie gehörte ja zu ungläubigen Leuten. 44 Es wurde zu ihr gesagt: »Tritt in den offenen Hochbau ein.« Als sie ihn sah, hielt sie ihn für ein tiefes Wasser und entblößte ihre Beine. Er sagte: »Es ist ein mit Glas ausgelegter Hochbau.« Sie sagte: »Mein Herr, ich habe mir selbst Unrecht getan. Und ich ergebe mich, zusammen mit Salomo, Gott, dem Herrn der Welten.«

45 *Und Wir haben zu Thamūd ihren Bruder Ṣāliḥ gesandt: »Dienet Gott.« Da waren es plötzlich zwei Gruppen, die miteinander stritten. 46 Er sagte: »O mein Volk, warum wünscht ihr, das Schlechte vor dem Guten zu beschleunigen? Könntet ihr doch Gott um Vergebung bitten, auf dass ihr Erbarmen findet!« 47 Sie sagten: »Wir sehen ein böses Omen in dir und in denen, die mit dir sind.« Er sagte: »Euer Omen ist bei Gott. Aber ihr seid ja Leute, die der Versuchung ausgesetzt sind.« 48 Nun befanden sich in der Stadt neun Mitglieder einer Bande, die auf der Erde Unheil stifteten und keine Besserung brachten. 49 Sie sagten: »Schwört voreinander bei Gott: Wir werden ihn und seine Angehörigen nachts überfallen, dann werden wir zu seinem nächsten Verwandten sagen: ›Wir waren bei der Vernichtung seiner Angehörigen nicht zu-

42:   vor diesem Zeichen.
45–53: Vgl. 7,73–79.

gegen, und wir sagen (hier) die Wahrheit.« 50 Sie schmiedeten
Ränke, und Wir schmiedeten Ränke, ohne dass sie es merkten.
51 Schau, wie die Folge ihrer Ränke war: Wir zerstörten sie und
ihr Volk allesamt. 52 Da sind ihre Häuser verödet dafür, dass sie
Unrecht taten. Darin ist ein Zeichen für Leute, die Bescheid wissen. 53 Und Wir retteten diejenigen, die glaubten und gottesfürchtig waren.
54 *Und (gesandt haben Wir) Lot. Als er zu seinem Volk sagte:
»Wollt ihr denn das Schändliche begehen, wo ihr es doch seht?
55 Wollt ihr denn in Begierde zu den Männern gehen statt zu den
Frauen? Nein, ihr seid Leute, die töricht sind.« *56 Die Antwort
seines Volkes war nur, dass sie sagten: »Vertreibt die Sippe Lots
aus eurer Stadt. Das sind Menschen, die sich rein stellen.« 57 Da
retteten Wir ihn und seine Angehörigen, außer seiner Frau. Wir
bestimmten, dass sie zu denen gehörte, die zurückblieben und
dem Verderben anheimfielen. 58 Und Wir ließen einen Regen auf
sie niedergehen. Schlimm ist der Regen, der die Gewarnten traf.
59 Sprich: Lob sei Gott! Und Friede sei über seinen Dienern, die
Er sich erwählt hat! Ist Gott besser oder das, was sie (Ihm) beigesellen? 60 Oder wer hat die Himmel und die Erde erschaffen
und euch vom Himmel Wasser herabkommen lassen? Dadurch haben Wir Gärten wachsen lassen, die Freude bereiten. Ihr hättet unmöglich deren Bäume wachsen lassen können. Gibt es denn einen
(anderen) Gott neben Gott? Nein, ihr seid ja Leute, die (Gott andere) gleichsetzen. 61 Oder wer hat die Erde zu einem festen
Grund gemacht und Flüsse durch sie gemacht und auf ihr festgegründete Berge gemacht und zwischen den beiden Meeren eine
Schranke gemacht? Gibt es denn einen (anderen) Gott neben
Gott? Nein, die meisten von ihnen wissen nicht Bescheid. 62 Oder
wer erhört den Bedrängten, wenn er zu Ihm ruft, und behebt das
Böse und macht euch zu Nachfolgern auf der Erde? Gibt es denn
einen (anderen) Gott neben Gott? Aber ihr bedenkt es wenig.
63 Oder wer führt euch in den Finsternissen des Festlandes und
des Meeres (den rechten Weg)? Und wer schickt seiner Barmher-

54–58: Vgl. 7,80–84.

zigkeit die Winde als frohe Botschaft voraus? Gibt es denn einen
(anderen) Gott neben Gott? Erhaben ist Gott über das, was sie
(Ihm) beigesellen. 64 Und wer macht die Schöpfung am Anfang
und wiederholt sie? Und wer versorgt euch vom Himmel und von
der Erde? Gibt es denn einen (anderen) Gott neben Gott? Sprich:
Bringt her euren Beweis, so ihr die Wahrheit sagt.

65 Sprich: Diejenigen, die in den Himmeln und auf der Erde sind,
wissen über das Unsichtbare nicht Bescheid, außer Gott. Und sie
merken nicht, wann sie auferweckt werden. 66 Nein, ihr Wissen
über das Jenseits ist da erschöpft. Mehr noch, sie hegen darüber
Zweifel. Mehr noch, sie sind ihm gegenüber blind.

67 Und diejenigen, die ungläubig sind, sagen: »Wenn wir und unsere Väter zu Staub geworden sind, sollen wir dann wirklich wieder hervorgebracht werden? 68 Dies ist uns und zuvor unseren
Vätern versprochen worden. Das sind (doch) nichts als die Fabeln
der Früheren.« 69 Sprich: Geht auf der Erde umher und schaut,
wie das Ende der Übeltäter war. 70 Und sei nicht betrübt über sie,
und sei nicht in Bedrängnis wegen der Ränke, die sie schmieden.

71 Und sie sagen: »Wann wird diese Androhung eintreten, so ihr
die Wahrheit sagt?« 72 Sprich: Vielleicht ist einiges von dem, was
ihr zu beschleunigen wünscht, dicht hinter euch. 73 Und dein
Herr ist voller Huld gegen die Menschen. Aber die meisten von
ihnen sind nicht dankbar. 74 Und dein Herr weiß gewiss, was ihre
Brust verhüllt und was sie offenlegen. 75 Und es gibt nichts Un-
sichtbares im Himmel und auf der Erde, was nicht in einem deutlichen Buch stünde.

76 Dieser Koran erzählt den Kindern Israels das meiste von dem,
worüber sie uneins sind. 77 Und es ist eine Rechtleitung und
Barmherzigkeit für die Gläubigen. 78 Dein Herr richtet zwischen
ihnen durch sein Urteil. Und Er ist der Mächtige, der alles weiß.
79 So vertrau auf Gott. Du folgst der offenkundigen Wahrheit.
80 Du kannst nicht die Toten hören lassen und auch nicht die
Tauben den Zuruf hören lassen, wenn sie den Rücken kehren.
81 Und du kannst nicht die Blinden aus ihrem Irrtum herausführen. Hören lassen kannst du nur die, die an unsere Zeichen glau-
[39 ¼] ben und somit gottergeben sind. *82 Und wenn der Spruch über

sie fällig wird, bringen Wir ihnen ein Tier* aus der Erde hervor, das zu ihnen spricht; (dies), weil die Menschen über unsere Zeichen keine Gewissheit hegen. 83 Und am Tag, da Wir aus jeder Gemeinschaft eine Schar von denen versammeln, die unsere Zeichen für Lüge erklären, und sie dann in Abteilungen aufgestellt werden. 84 Wenn sie dann kommen, spricht Er: »Habt ihr denn meine Zeichen für Lüge erklärt, obwohl ihr davon kein umfassendes Wissen hattet, oder was habt ihr denn getan?« 85 Und der Spruch wird über sie fällig dafür, dass sie Unrecht taten, sodass sie nicht reden werden.

86 Haben sie nicht gesehen, dass Wir die Nacht gemacht haben, damit sie in ihr ruhen, und den Tag, an dem man sehen kann? Darin sind Zeichen für Leute, die glauben.

87 Und am Tag, da in die Trompete geblasen wird und die erschrecken, die in den Himmeln und die auf der Erde sind, außer denen, die Gott will. Und alle kommen demütig zu Ihm. 88 Und du siehst die Berge: Du meinst, sie stünden fest, während sie wie Wolken vorbeiziehen. (Es ist) das Werk Gottes, der alles sorgfältig gemacht hat. Er hat Kenntnis von dem, was ihr tut. 89 Diejenigen, die mit einer guten Tat kommen, erhalten etwas Besseres als sie. Und sie sind an jenem Tag vor dem Schrecken in Sicherheit. 90 Und diejenigen, die mit einer schlechten Tat kommen, werden auf ihren Gesichtern ins Feuer gestürzt: »Wird euch denn für etwas anderes vergolten als das, was ihr zu tun pflegtet?«

91 Wahrlich, mir ist befohlen worden, dem Herrn dieser Ortschaft* zu dienen, der sie für heilig erklärt hat und dem alles gehört. Und mir ist befohlen worden, einer der Gottergebenen zu sein, 92 und den Koran zu verlesen. Wer der Rechtleitung folgt, folgt ihr zu seinem eigenen Vorteil. Und wenn einer irregeht, dann sprich: Ich bin ja nur einer der Warner. 93 Und sprich: Lob sei Gott! Er wird euch seine Zeichen sehen lassen, so werdet ihr sie erkennen. Und Gott lässt nicht unbeachtet, was ihr tut.

82: ein Tier der Endzeit.
91: Mekka mit dem Heiligtum der Kaʿba.

Sure 28

Die Geschichte (al-Qaṣaṣ)

zu Mekka, 88 Verse

Im Namen Gottes, des Erbarmers, des Barmherzigen.
1 Ṭā Sīn Mīm*. 2 Dies sind die Zeichen des deutlichen Buches.
3 *Wir verlesen dir aus dem Bericht über Mose und Pharao der
Wahrheit entsprechend, für Leute, die glauben. 4 Pharao hatte
hohe Gewalt im Land und machte seine Bewohner zu Parteien,
von denen er eine Gruppe wie Schwache behandelte, indem er ihre
Söhne abschlachtete und nur ihre Frauen am Leben ließ. Er gehörte zu den Unheilstiftern. 5 Wir aber wollten denen, die im Land
wie Schwache behandelt wurden, eine Wohltat erweisen und sie
zu Vorbildern machen und zu Erben machen, 6 ihnen eine angesehene Stellung im Land geben und durch sie Pharao, Hāmān und
deren Truppen das erfahren lassen, was sie befürchteten*.
7 Und Wir gaben der Mutter des Mose ein: »Stille ihn. Und falls
du Angst um ihn hast, so leg ihn ins Meer. Hab keine Angst und
sei nicht betrübt. Wir werden ihn dir zurückbringen und ihn zu
einem der Gesandten machen.« 8 Da lasen ihn die Angehörigen
Pharaos auf, damit er ihnen ein Feind und Grund zum Kummer
sei. Pharao, Hāmān und deren Truppen handelten verfehlt. 9 Die
Frau Pharaos sagte: »Er wird für mich und dich ein Grund zur
Freude sein. Tötet ihn nicht. Möge er Nutzen bringen, oder vielleicht nehmen wir ihn als Kind an.« Dabei merkten sie nicht (was
ihnen das bringen würde). 10 Und das Herz der Mutter des Mose
war leer*. Fast hätte sie ihn offen bekanntgegeben, wenn Wir
nicht ihr Herz gefestigt hätten, damit sie zu den Gläubigen ge-

---

1:     Die Bedeutung dieser Buchstaben ist noch nicht geklärt.
3–42: Vgl. 7,103–137.
6:     dass sie Land und Vermögen verlieren.
10:    aus Trauer und Verzweiflung – oder: war erleichtert, da sie somit ihr
       Kind retten konnte.

höre. 11 Und sie sagte zu seiner Schwester: »Folge seiner Spur.«
Sie beobachtete ihn beiläufig, ohne dass sie es merkten. *12 Nun   [39½]
hatten Wir ihm zuvor Ammenbrüste verwehrt. Da sagte sie: »Soll
ich euch auf Hausleute hinweisen, die ihn für euch betreuen und
ihm wohlgesinnt sein würden?« 13 So brachten Wir ihn zu seiner
Mutter zurück, damit sie durch ihn frohen Mutes und nicht betrübt sei, und sie sollte wissen, dass das Versprechen Gottes wahr
ist. Aber die meisten von ihnen wissen nicht Bescheid.
14 Und als er seine Vollkraft und seine volle Gestalt erreicht hatte,
ließen Wir ihm Urteilskraft und Wissen zukommen. So entlohnen
Wir die Rechtschaffenen. 15 Und er trat in die Stadt ein zu einer
Zeit, da ihre Bewohner darauf nicht achteten. Da fand er darin
zwei Männer, die miteinander kämpften, der eine war von seiner
eigenen Partei, der andere von seinen Feinden. Der, der von seiner
Partei war, rief ihn zu Hilfe gegen den, der von den Feinden war.
Mose schlug ihn und brachte ihn so um. Er sagte: »Das gehört
zum Werk Satans. Er ist ja ein offenkundiger Feind, der irreführt.«
16 Er sagte: »Mein Herr, ich habe mir selbst Unrecht getan. So vergib mir.« Da vergab Er ihm. Er ist ja der, der voller Vergebung und
barmherzig ist. 17 Er sagte: »Mein Herr, weil Du mich begnadet
hast, werde ich nie den Übeltätern Beistand leisten.« 18 Am Morgen war er in der Stadt voller Angst und sah sich immer wieder
um. Und siehe, der ihn am Tag zuvor um Unterstützung gebeten
hatte, schrie zu ihm um Hilfe. Mose sagte zu ihm: »Du bist offenkundig stark abgeirrt.« 19 Als er nun mit Gewalt den greifen wollte, der ihrer beider Feind war, sagte er: »O Mose, willst du denn
mich töten, wie du gestern einen Menschen getötet hast? Du
willst nichts anderes, als ein Gewalttäter im Land zu sein, und du
willst nicht zu denen gehören, die Besserung bringen.« 20 Ein
Mann kam vom äußersten Ende der Stadt gelaufen. Er sagte: »O
Mose, die Vornehmen beraten über dich, um dich zu töten. So
geh fort, ich gehöre zu denen, die dir gut raten.« 21 Er ging aus
ihr fort voller Angst und sah sich immer wieder um. Er sagte:
»Mein Herr, errette mich von den Leuten, die Unrecht tun.«
22 Und als er sich in Richtung Madyan begab, sagte er: »Möge
mein Herr mich den rechten Weg führen!« 23 Als er nun zum

Wasser von Madyan kam, fand er dort eine (ganze) Gemeinschaft von Menschen, die (ihr Vieh) tränkten. Und er fand außer ihnen zwei Frauen, die (ihre Tiere) zurückhielten. Er sagte: »Was ist mit euch?« Sie sagten: »Wir tränken (unsere Tiere) nicht, bis die Hirten (ihr Vieh) zurückgetrieben haben. Und unser Vater ist (auch) ein hochbetagter Greis.« 24 Da tränkte er ihnen (ihre Tiere). Dann zog er sich zurück in den Schatten und sagte: »Mein Herr, ich bin dessen bedürftig, was Du auch immer an Gutem zu mir herabsendest.« 25 Die eine von den beiden kam zu ihm, sie ging verschämt. Sie sagte: »Mein Vater ruft dich, um dir den Lohn dafür zu geben, dass du uns (die Tiere) getränkt hast.« Als er zu ihm kam und ihm die Geschichte erzählte, sagte er: »Hab keine Angst. Du bist den Leuten entkommen, die Unrecht tun.« 26 Die eine von den beiden sagte: »O mein Vater, dinge ihn. Der Beste, den du dingen kannst, ist der, der stark und vertrauenswürdig ist.« 27 Er sagte: »Ich will dir eine dieser meiner beiden Töchter zur Frau geben unter der Bedingung, dass du acht Jahre in meinen Dienst trittst. Wenn du sie aber auf zehn vollmachst, so ist das deine Entscheidung. Ich will gegen dich keine Härte zeigen. Du wirst, so Gott will, finden, dass ich zu den Rechtschaffenen gehöre.« 28 Er sagte: »Dies sei zwischen mir und dir abgemacht. Welche der beiden Fristen ich auch erfülle, es darf keine Übertretung gegen mich geben. Und Gott ist Sachwalter über das, was wir sagen.«

[39 3/4] *29 Als Mose die Frist erfüllte und mit seinen Angehörigen fortzog, nahm er auf der Seite des Berges ein Feuer wahr. Er sagte zu seinen Angehörigen: »Bleibt hier. Ich habe ein Feuer wahrgenommen. Vielleicht kann ich euch davon eine Nachricht oder einen Scheit aus dem Feuer bringen, sodass ihr euch wärmen könnt.« 30 Als er dort ankam, wurde ihm vom rechten Ufer des Tals im gesegneten Land aus dem Baum zugerufen: »O Mose, wahrlich, Ich bin Gott, der Herr der Welten. 31 Und wirf deinen Stab.« Als er nun sah, dass er sich schüttelte, als wäre er eine flinke Schlange, kehrte er den Rücken und wandte sich nicht mehr um. – »O Mose, komm her und hab keine Angst. Du sollst zu denen gehören, die in Sicherheit sind. 32 Und stecke deine Hand in deinen Hemdausschnitt, so kommt sie weiß, jedoch nicht von Übel befallen, heraus. Und zieh deinen Arm an dich weg vom Schreck*. Das sind zwei Beweise von deinem Herrn, gerichtet an Pharao und seine Vornehmen. Sie sind ja ein frevlerisches Volk.« 33 Er sagte: »Mein Herr, ich habe einen von ihnen getötet. So fürchte ich, dass sie mich töten. 34 Auch hat mein Bruder Aaron eine redegewandtere Zunge. So sende ihn mit mir zur Unterstützung, dass er mich bestätige. Ich fürchte, dass sie mich der Lüge zeihen.« 35 Er sprach: »Wir werden deinen Arm durch deinen Bruder festigen, und Wir erteilen euch beiden eine Ermächtigung, sodass sie nicht zu euch gelangen können. (Geht also) mit unseren Zeichen. Ihr und diejenigen, die euch folgen, werden die Sieger sein.« 36 Als nun Mose mit unseren Zeichen als deutlichen Beweisen kam, sagten sie: »Das ist nichts anderes als eine erdichtete Zauberei. Und wir haben bei unseren Vorvätern so etwas nicht gehört.« 37 Mose sagte: »Mein Herr weiß besser, wer von Ihm her die Rechtleitung bringt und wem die jenseitige Wohnstätte gehört. Wahrlich, denen, die Unrecht tun, wird es nicht wohl ergehen.« 38 Und Pharao sagte: »O ihr Vornehmen, ich weiß euch keinen anderen Gott als mich. So entfache mir, o Hāmān, einen Brand auf Lehm, und mache mir einen offenen Hochbau, auf dass ich zum Gott des Mose emporsteige. Siehe, ich meine, dass er zu den Lügnern gehört.« 39 Er und seine Truppen zeigten sich auf der Erde zu Unrecht hochmütig, und sie meinten, dass sie nicht zu Uns zurückgebracht werden. 40 Da ergriffen Wir ihn und seine Truppen und warfen sie ins Meer. So schau, wie das Ende derer war, die Unrecht tun. 41 Und Wir machten sie zu Anführern, die zum Feuer rufen. Und am Tag der Auferstehung werden sie keine Unterstützung erfahren. 42 Und Wir ließen ihnen einen Fluch im Diesseits folgen, und am Tag der Auferstehung gehören sie zu den Verabscheuten. 43 Und Wir ließen Mose das Buch zukommen, nachdem Wir die früheren Generationen haben verderben lassen, als Einsicht bringende Zeichen für die Menschen und als eine Rechtleitung und

---

32: vor dem Zeichen an seiner Hand – oder: vor seinem in eine Schlange verwandelten Stab. – Andere Übersetzung: aus Entschlossenheit und zur Überwindung deiner Angst.

Barmherzigkeit, auf dass sie es bedenken. 44 Und du warst nicht auf der Seite des westlichen Ortes, als Wir Mose die Angelegenheit auftrugen, und du gehörtest nicht zu den Zeugen. 45 Wir aber ließen Generationen entstehen, und sie erreichten ein hohes Alter. Und du hattest dich nicht unter den Leuten von Madyan niedergelassen, um ihnen unsere Zeichen zu verlesen. Wir aber entsandten (die Propheten). 46 Und du warst nicht auf der Seite des Berges, als Wir zuriefen. Aber (es geschah) als Barmherzigkeit von deinem Herrn, damit du Leute warnst, zu denen vor dir noch kein Warner gekommen ist, auf dass sie es bedenken. 47 (Wir hätten es auch nicht getan), würden sie nicht, wenn sie ein Unglück trifft wegen dessen, was ihre Hände vorausgeschickt haben, sagen: »Unser Herr, wenn Du doch einen Gesandten zu uns geschickt hättest, sodass wir deinen Zeichen hätten folgen können und zu den Gläubigen gehört hätten!« 48 Als nun von Uns her die Wahrheit zu ihnen kam, sagten sie: »Wäre ihm doch das Gleiche zugekommen, was Mose zugekommen ist!« Haben sie denn nicht das verleugnet, was zuvor Mose zugekommen ist? Sie sagten: »Zwei Zauberwerke, die einander beistehen.« Und sie sagten: »Wir verleugnen sie alle beide.« 49 Sprich: Dann bringt ein Buch von Gott bei, das eine bessere Rechtleitung enthält als diese beiden, so will ich ihm folgen, wenn ihr die Wahrheit sagt. 50 Wenn sie dich nicht erhören, dann sollst du wissen, dass sie nur ihren Neigungen folgen. Und wer ist weiter abgeirrt als der, der seiner Neigung folgt ohne eine Rechtleitung von Gott. Gott leitet die ungerechten [40] Leute nicht recht. *51 Und Wir haben ihnen das Wort Stück für Stück übermittelt, auf dass sie es bedenken.

52 Diejenigen, denen Wir vor ihm* das Buch zukommen ließen, sie glauben an ihn. 53 Und wenn er ihnen verlesen wird, sagen sie: »Wir glauben an ihn. Es ist die Wahrheit von unserem Herrn. Wir waren schon vor ihm gottergeben.« 54 Diese erhalten ihren Lohn zweifach dafür, dass sie geduldig waren. Und sie wehren das Böse mit dem Guten ab und spenden von dem, was Wir ihnen beschert haben. 55 Und wenn sie unbedachte Rede hören, wenden

52:   dem Koran.

sie sich davon ab und sagen: »Wir haben unsere Werke und ihr habt eure Werke (zu verantworten). Friede sei über euch! Wir suchen nicht den Umgang mit den Törichten.«

56 Du kannst nicht rechtleiten, wen du gern möchtest. Gott ist es, der rechtleitet, wen Er will. Er weiß besser, wer der Rechtleitung folgt. 57 Und sie sagen: »Wenn wir mit dir der Rechtleitung folgen, werden wir von unserem Land weggerafft.« Haben Wir ihnen denn nicht als feste Stätte einen sicheren heiligen Bezirk gegeben, zu dem die verschiedenartigen Früchte zusammengetragen werden als Versorgung von Uns her? Aber die meisten von ihnen wissen nicht Bescheid. 58 Und wie manche Stadt, die sich maßlos ihres Lebensunterhaltes erfreute, haben Wir verderben lassen! Da sind nun ihre Wohnungen, sie wurden nach ihnen nicht mehr bewohnt, bis auf einige wenige. Und Wir sind es, die (alles) geerbt haben. 59 Und dein Herr hätte unmöglich die Städte verderben lassen, ohne in ihrer Hauptstadt einen Gesandten erstehen zu lassen, der ihnen unsere Zeichen verliest. Und Wir hätten die Städte nie verderben lassen, wenn ihre Bewohner nicht Unrecht getan hätten.

60 Und was immer euch zuteil geworden ist, ist Nutznießung und Schmuck des diesseitigen Lebens. Was aber bei Gott ist, ist besser und beständiger. Habt ihr denn keinen Verstand? 61 Ist denn der, dem Wir ein schönes Versprechen gegeben haben und der es auch vorfinden wird, dem gleich, den Wir die Nutznießung des diesseitigen Lebens genießen lassen, der aber am Tag der Auferstehung zu denen gehören wird, die vorgeführt werden*? 62 Und am Tag, da Er sie ruft und spricht: »Wo sind meine Teilhaber, die ihr immer wieder angegeben habt?« 63 Diejenigen, gegen die der Spruch zu Recht fällig geworden ist, sagen: »Unser Herr, diese, die wir haben abirren lassen, haben wir abirren lassen, wie wir selbst abgeirrt waren. (Von ihnen) sagen wir uns vor Dir los. Nicht uns verehrten sie ja.« 64 Und es wird gesprochen: »Ruft eure Teilhaber.« Sie rufen sie an, aber sie erhören sie nicht. Und sie sehen die Pein. Wären sie doch der Rechtleitung gefolgt!

61: zum Gericht.

65 Und am Tag, da Er sie ruft und spricht: »Was habt ihr den Gesandten geantwortet?« 66 An jenem Tag ist ihnen entschwunden, was sie zu berichten haben, und sie befragen (auch) nicht einander. 67 Wer aber umkehrt und glaubt und Gutes tut, der möge zu denen gehören, denen es wohl ergeht.

68 Und dein Herr erschafft und wählt, was Er will. Sie aber haben nicht die Möglichkeit zu wählen. Preis sei Gott! Und erhaben ist Er über das, was sie (Ihm) beigesellen. 69 Und dein Herr weiß, was ihre Brust verhüllt und was sie offenlegen. 70 Und Er ist Gott. Es gibt keinen Gott außer Ihm. Lob sei Ihm in der diesseitigen und der jenseitigen Welt! Ihm gehört das Urteil, und zu Ihm werdet ihr zurückgebracht.

71 Sprich: Was meint ihr? Würde Gott auf euch die Nacht als Dauerzustand legen bis zum Tag der Auferstehung, welcher Gott außer Gott würde euch Licht bringen? Wollt ihr denn nicht hören? 72 Sprich: Was meint ihr? Würde Gott auf euch den Tag als Dauerzustand legen bis zum Tag der Auferstehung, welcher Gott außer Gott würde euch eine Nacht bringen, in der ihr ruhen könnt? Wollt ihr denn nicht einsichtig sein? 73 In seiner Barmherzigkeit hat Er euch die Nacht und den Tag gemacht, damit ihr darin ruht und auch nach etwas von seiner Huld strebt, auf dass ihr dankbar seid. 74 Und am Tag, da Er sie ruft und spricht: »Wo sind denn meine Teilhaber, die ihr immer wieder angegeben habt?« 75 Und Wir ziehen aus jeder Gemeinschaft einen Zeugen heraus. Da sprechen Wir: »Bringt her euren Beweis.« So wissen sie, dass die Wahrheit Gott gehört. Und entschwunden ist ihnen, was sie zu erdichten pflegten.

[40 ¼]   *76 Qārūn* gehörte zum Volk des Mose. Er behandelte sie mit ungerechter Gewalt. Und Wir ließen ihm solche Schätze zukommen, dass deren Schlüssel eine schwere Last für eine Schar kräftiger Männer gewesen wären. Als seine Leute zu ihm sagten: »Sei nicht so froh, Gott liebt die nicht, die zu sehr froh sind. 77 Und strebe mit dem, was Gott dir zukommen ließ, nach der jenseitigen Wohnstätte, und vergiss auch nicht deinen Anteil am Diesseits.

76:   der Korach der Bibel; vgl. Numeri 16,1–17,28.

Und tu Gutes, so wie Gott dir Gutes getan hat. Und suche nicht das Unheil auf der Erde, Gott liebt ja nicht die Unheilstifter.« 78 Er sagte: »Es ist mir zugekommen aufgrund von Wissen, das ich besitze.« Wusste er denn nicht, dass Gott vor ihm solche Generationen hat verderben lassen, die eine stärkere Kraft besaßen und mehr Reichtum gesammelt hatten? Und die Übeltäter werden nicht nach ihren (einzelnen) Sünden gefragt. 79 Und er kam zu seinem Volk in seinem Schmuck heraus. Diejenigen, die das diesseitige Leben begehrten, sagten: »O hätten doch auch wir das Gleiche wie das, was Qārūn zugekommen ist! Er hat großes Glück.« 80 Und diejenigen, denen das Wissen zugekommen war, sagten: »Wehe euch! Der Lohn Gottes ist besser für den, der glaubt und Gutes tut. Und es* wird nur den Geduldigen dargeboten. 81 Da ließen Wir die Erde mit ihm und mit seiner Wohnstätte versinken. Und da hatte er keine Schar, die ihn anstelle Gottes unterstützte, und er erfuhr auch selber keine Unterstützung.

82 Und diejenigen, die sich am Tag zuvor seine Stelle gewünscht hatten, fingen schon am Morgen an zu sagen: »O weh, Gott teilt ja den Lebensunterhalt großzügig, wem von seinen Dienern Er will, und auch bemessen zu. Hätte Gott uns nicht eine Wohltat erwiesen, so hätte Er uns versinken lassen. O weh, den Ungläubigen ergeht es ja nicht wohl.« 83 Das ist die jenseitige Wohnstätte. Wir bestimmen sie für diejenigen, die nicht hohe Macht auf der Erde und nicht Unheil suchen. Und das Ende gehört den Gottesfürchtigen. 84 Wer mit einer guten Tat kommt, erhält etwas Besseres als sie. Wenn aber einer mit einer schlechten Tat kommt, so wird denen, die böse Taten begehen, nur das vergolten, was sie zu tun pflegten.

85 Der dir den Koran verpflichtend gemacht hat, wird dich zu einem Ort der Wiederkehr zurückkehren lassen. Sprich: Mein Herr weiß besser, wer die Rechtleitung bringt und wer sich in einem offenkundigen Irrtum befindet. 86 Und du hattest nicht erwartet, dass das Buch dir überbracht würde. Es ist nur aus Barmherzigkeit von deinem Herrn. So leiste den Ungläubigen keinen Beistand.

80: das Paradies.

87 Und sie sollen dich von den Zeichen Gottes nicht abweisen, nachdem sie nun zu dir herabgesandt worden sind. Und ruf zu deinem Herrn, und sei nicht einer der Polytheisten. **88** Und rufe neben Gott keinen anderen Gott an. Es gibt keinen Gott außer Ihm. Alle Dinge werden untergehen, nur sein Antlitz nicht. Ihm gehört das Urteil, und zu Ihm werdet ihr zurückgebracht.

Sure 29

Die Spinne (al-ʿAnkabūt)

zu Mekka, 69 Verse

Im Namen Gottes, des Erbarmers, des Barmherzigen.

[40 ½]   ***1** Alif Lām Mīm*. **2** Meinen die Menschen, dass sie in Ruhe gelassen werden, nur weil sie sagen: »Wir glauben«, ohne dass sie der Versuchung ausgesetzt werden? **3** Wir haben schon diejenigen, die vor ihnen lebten, der Versuchung ausgesetzt. Gott wird gewiss in Erfahrung bringen, wer die Wahrheit sagt, und er wird gewiss in Erfahrung bringen, wer die Lügner sind. **4** Oder meinen diejenigen, die schlechte Taten begehen, sie seien uns voraus? Schlecht ist ihr Urteil. **5** Wenn einer die Begegnung mit Gott erwartet, so wird die Frist Gottes sicher eintreffen. Und Er ist der, der alles hört und weiß. **6** Und wer sich einsetzt, setzt sich ein zu seinem eigenen Vorteil. Gott ist ja auf die Weltenbewohner nicht angewiesen. **7** Denjenigen, die glauben und die guten Werke tun, werden Wir ihre Missetaten sühnen, und Wir werden ihnen das Beste vergelten von dem, was sie taten. **8** Und Wir haben dem Menschen aufgetragen, seine Eltern gut zu behandeln. Wenn sie dich aber bedrängen, Mir das beizugesellen, wovon du kein Wissen hast, dann gehorche ihnen nicht. Zu Mir wird eure Rückkehr

---

1:   Die Bedeutung dieser Buchstaben ist noch nicht geklärt.

sein, da werde Ich euch kundtun, was ihr zu tun pflegtet. 9 Diejenigen, die glauben und die guten Werke tun, lassen Wir in die Reihe der Rechtschaffenen eingehen.

10 Und unter den Menschen ist manch einer, der sagt: »Wir glauben an Gott.« Wenn er aber um Gottes willen etwas erleidet, setzt er die Anfechtung durch die Menschen der Pein Gottes gleich. Wenn jedoch von deinem Herrn eine Unterstützung kommt, sagen sie bestimmt: »Wir sind doch mit euch gewesen.« Weiß Gott denn nicht besser Bescheid über das, was im Inneren der Weltenbewohner steckt? 11 Und Gott wird gewiss in Erfahrung bringen, wer glaubt, und Er wird gewiss in Erfahrung bringen, wer die Heuchler sind. 12 Und diejenigen, die ungläubig sind, sagen zu denen, die glauben: »Folgt unserem Weg. Lasst uns eure Verfehlungen tragen.« Tragen werden sie aber nichts von ihren Verfehlungen. Sie sind ja Lügner. 13 Tragen werden sie ihre (eigenen) Lasten, und auch (weitere) Lasten zu ihren eigenen Lasten hinzu. Und sie werden am Tag der Auferstehung zu verantworten haben, was sie zu erdichten pflegten.

14 Und Wir sandten Noach zu seinem Volk*. Er verweilte unter ihnen tausend Jahre weniger fünfzig Jahre. Da ergriff sie die Flut, während sie Unrecht taten. 15 Und Wir retteten ihn und die Insassen des Schiffes, und Wir machten es zu einem Zeichen für die Weltenbewohner.

16 Und (Wir sandten) Abraham*. Als er zu seinem Volk sagte: »Dienet Gott und fürchtet Ihn. Das ist besser für euch, so ihr Bescheid wisst. 17 Ihr dient anstelle Gottes Götzen und schafft (dabei) nur Lüge. Die, denen ihr anstelle Gottes dient, können euch keinen Lebensunterhalt bringen. So sucht den Lebensunterhalt bei Gott und dienet Ihm und danket Ihm. Zu Ihm werdet ihr zurückgebracht. 18 Und wenn ihr (die Botschaft) für Lüge erklärt, so haben vor euch (manche) Gemeinschaften (sie) für Lüge erklärt. Und dem Gesandten obliegt nur die deutliche Ausrichtung (der Botschaft).« 19 Haben sie denn nicht gesehen, wie Gott die

14: Vgl. 7,59–64.
16: Vgl. 6,74–84.

Schöpfung am Anfang macht und sie dann wiederholt? Dies ist für Gott ein Leichtes. 20 Sprich: Geht auf der Erde umher und schaut, wie Er die Schöpfung am Anfang gemacht hat. Dann lässt Gott die letzte Schöpfung entstehen. Gott hat Macht zu allen Dingen. 21 Er peinigt, wen Er will, und Er erbarmt sich, wessen Er will. Und zu Ihm werdet ihr zurückgebracht. 22 Und ihr könnt weder auf der Erde noch im Himmel etwas vereiteln. Und ihr habt außer Gott weder Freund noch Helfer. 23 Und diejenigen, die die Zeichen Gottes und die Begegnung mit Ihm verleugnen, diese haben die Hoffnung auf meine Barmherzigkeit verloren, und für sie ist eine schmerzhafte Pein bestimmt. 24 Die Antwort seines* Volkes war nur, dass sie sagten: »Tötet ihn oder verbrennt ihn.« Da rettete ihn Gott aus dem Feuer. Darin sind Zeichen für Leute, die glauben. 25 Und er sagte: »Ihr habt euch ja anstelle Gottes Götzen genommen aus Liebe zueinander im diesseitigen Leben. Aber dann, am Tag der Auferstehung verleugnet ihr einander und verflucht ihr einander. Eure Heimstätte ist das Feuer, und ihr werdet [40 3/4] keine Helfer haben.« *26 Da glaubte Lot ihm und sagte: »Ich wandere zu meinem Herrn aus. Er ist der Mächtige, der Weise.« 27 Und Wir schenkten ihm* Isaak und Jakob und ließen in seiner Nachkommenschaft die Prophetie und das Buch auftreten, und Wir ließen ihm seinen Lohn im Diesseits zukommen. Und im Jenseits gehört er zu den Rechtschaffenen.

28 Und (Wir sandten) Lot*. Als er zu seinem Volk sagte: »Ihr begeht das Schändliche, wie es vor euch keiner von den Weltenbewohnern getan hat. 29 Wollt ihr denn zu den Männern gehen, den Weg zu Raubzwecken abschneiden und in eurer Versammlung das Verwerfliche begehen?« Die Antwort seines Volkes war nur, dass sie sagten: »Bring uns doch die Pein Gottes her, so du einer von denen bist, die die Wahrheit sagen.« 30 Er sagte: »Mein Herr, unterstütze mich gegen die Leute, die Unheil stiften.« 31 Und als unsere Boten zu Abraham mit der frohen Botschaft ka-

24: des Abraham.
27: Abraham.
28: Vgl. 7,80–84.

men, sagten sie: »Wir werden die Bewohner dieser Stadt verderben
lassen. Ihre Bewohner tun ja Unrecht.« 32 Er sagte: »Aber Lot befindet sich in ihr.« Sie sagten: »Wir wissen besser, wer sich in ihr
befindet. Wir werden ihn gewiss erretten, ihn und seine Angehörigen, außer seiner Frau. Sie gehört zu denen, die zurückbleiben
und dem Verderben anheimfallen.« 33 Und als unsere Boten zu
Lot kamen, geriet er ihretwegen in eine böse Lage und wusste daraus keinen Ausweg. Sie sagten: »Hab keine Angst und sei nicht
betrübt. Wir werden dich erretten, dich und deine Angehörigen,
außer deiner Frau. Sie gehört zu denen, die zurückbleiben und
dem Verderben anheimfallen. 34 Wir werden über die Bewohner
dieser Stadt ein Zorngericht vom Himmel herabsenden dafür, dass
sie gefrevelt haben.« 35 Und Wir ließen von ihr ein offenkundiges
Zeichen zurück für Leute, die Verstand haben.

36 Und (Wir sandten) zu Madyan ihren Bruder Shuʿayb*. Er sagte:
»O mein Volk, dienet Gott, erwartet den Jüngsten Tag und verbreitet nicht Unheil auf der Erde.« 37 Aber sie ziehen ihn der Lüge. Da ergriff sie das Beben, und am Morgen lagen sie in ihrer
Wohnstätte nieder. 38 Und (erwähne auch) die ʿĀd und die Tha-
mūd*. (Ihr Los) ist euch deutlich geworden an ihren Wohnungen.
Der Satan machte ihnen ihre Werke verlockend und wies sie so
vom Weg ab, obwohl sie Einsicht besaßen. 39 Und Qārūn* und
Pharao und Hāmān. Mose kam zu ihnen mit den deutlichen Zeichen. Sie verhielten sich hochmütig auf der Erde; sie konnten
(Uns) aber nicht vorauseilen. 40 Einen jeden ergriffen Wir wegen
seiner Sünde. So schickten Wir gegen einige von ihnen einen
Sandsturm, andere ergriff der Schrei, mit anderen ließen Wir die
Erde versinken, andere ließen Wir ertrinken. Bestimmt nicht Gott
hat ihnen Unrecht getan, sondern sie haben sich selbst Unrecht
getan.
41 Mit denen, die sich anstelle Gottes Freunde nehmen, ist es wie
mit der Spinne, die sich ein Haus genommen hat. Das schwächste

36: Vgl. 7,85–93.
38: zu ʿĀd vgl. 7,65–72; zu Thamūd vgl. 7,73–79.
39: Qārūn: der Korach der Bibel: Numeri 16,1–17,28; vgl. Koran 28,76–94.

Haus ist ja das Haus der Spinne, wenn sie es doch wüssten! 42 Gott weiß all das, was sie an seiner Stelle anrufen. Und Er ist der Mächtige, der Weise. 43 Diese Gleichnisse führen Wir den Menschen an. Aber nur die verstehen sie, die Wissen besitzen. 44 Gott hat die Himmel und die Erde in Wahrheit erschaffen. Darin ist ein Zeichen für die Gläubigen.

45 Verlies, was dir vom Buch offenbart wird, und verrichte das Gebet. Das Gebet verbietet das Schändliche und das Verwerfliche. Und wahrlich, das Gedenken Gottes ist größer. Und Gott weiß,

21. Teil
[41]

was ihr macht. *46 Und streitet mit den Leuten des Buches nur auf die beste Art, mit Ausnahme derer von ihnen, die Unrecht tun. Und sagt: »Wir glauben an das, was zu uns herabgesandt und zu euch herabgesandt wurde. Unser Gott und euer Gott ist einer. Und wir sind Ihm ergeben.« 47 Und so haben Wir das Buch zu dir hinabgesandt. Diejenigen, denen Wir das Buch haben zukommen lassen, glauben daran. Und auch unter diesen da gibt es welche, die daran glauben. Und nur die Ungläubigen verleugnen unsere Zeichen. 48 Und du hast vordem kein Buch verlesen und es auch nicht mit deiner rechten Hand geschrieben. Sonst würden die zweifeln, die (es) für falsch erklären. 49 Nein, es enthält deutliche Zeichen in der Brust derer, denen das Wissen zugekommen ist. Und nur die, die Unrecht tun, verleugnen unsere Zeichen.

50 Und sie sagen: »Wenn doch Zeichen von seinem Herrn auf ihn herabgesandt würden!« Sprich: Über die Zeichen verfügt Gott. Ich aber bin nur ein deutlicher Warner. 51 Genügt es ihnen denn nicht, dass Wir das Buch auf dich hinabgesandt haben, das ihnen verlesen wird? Darin ist eine Barmherzigkeit und eine Ermahnung für Leute, die glauben. 52 Sprich: Gott genügt als Zeuge zwischen mir und euch. Er weiß, was in den Himmeln und auf Erden ist. Und diejenigen, die an das Falsche glauben und Gott verleugnen, das sind die Verlierer.

53 Und sie wünschen von dir, die Pein zu beschleunigen. Gäbe es nicht eine festgesetzte Frist, wäre die Pein zu ihnen gekommen. Wahrlich, sie wird plötzlich über sie kommen, ohne dass sie es merken. 54 Sie wünschen von dir, die Pein zu beschleunigen. Wahrlich, die Hölle umfasst die Ungläubigen. 55 Am Tag, da die

Pein sie überdeckt von oben und von unter ihren Füßen her, und Er spricht: »Kostet, was ihr zu tun pflegtet.« 56 O ihr, meine Diener, die ihr glaubt, meine Erde ist weit. Mir, ja Mir sollt ihr dienen. 57 Jeder wird den Tod erleiden. Und dann werdet ihr zu Uns zurückgebracht. 58 Diejenigen, die glauben und die guten Werke tun, werden Wir im Paradies in Obergemächer einweisen, unter denen Bäche fließen; darin werden sie ewig weilen. Vorzüglich ist der Lohn derer, die (gut) handeln, 59 die geduldig sind und auf ihren Herrn vertrauen.

60 Und wie viele Tiere gibt es, die nicht ihren eigenen Unterhalt herbeitragen. Gott beschert ihnen und euch den Unterhalt. Und Er ist der, der alles hört und weiß. 61 Und wenn du sie fragst, wer die Himmel und die Erde erschaffen und die Sonne und den Mond dienstbar gemacht hat, sagen sie bestimmt: »Gott.« Wie leicht lassen sie sich doch abwenden! 62 Gott teilt den Lebensunterhalt großzügig, wem von seinen Dienern Er will, und teilt ihm auch bemessen zu. Gott weiß über alle Dinge Bescheid. 63 Und wenn du sie fragst, wer Wasser vom Himmel herabkommen lässt und die Erde damit nach ihrem Absterben belebt, sagen sie bestimmt: »Gott.« Sprich: Lob sei Gott! Aber die meisten von ihnen haben keinen Verstand. 64 Das diesseitige Leben ist nur Zerstreuung und Spiel. Die jenseitige Wohnstätte ist wahrlich das (eigentliche) Leben, wenn sie es nur wüssten!

65 Wenn sie in ein Schiff einsteigen, rufen sie Gott an, wobei sie Ihm gegenüber aufrichtig in der Religion sind. Kaum hat Er sie ans Land errettet, da gesellen sie (Ihm wieder andere) bei, 66 um sich undankbar zu zeigen für das, was Wir ihnen haben zukommen lassen, und um zu genießen. Sie werden es noch zu wissen bekommen. 67 Haben sie denn nicht gesehen, dass Wir einen sicheren heiligen Bezirk* gemacht haben, während um ihn die Menschen weggerafft werden? Wollen sie denn an das Falsche glauben und die Gnade Gottes verleugnen? 68 Und wer ist ungerechter als der, der gegen Gott eine Lüge erdichtet oder die Wahrheit, als sie zu ihm kam, für Lüge erklärt? Ist nicht in der

67:   zu Mekka.

Hölle eine Bleibe für die Ungläubigen? 69 Und diejenigen, die sich um Unseretwillen einsetzen, werden Wir gewiss unsere Wege führen. Und Gott ist mit denen, die Gutes tun.

Sure 30

Die Byzantiner (al-Rūm)

zu Mekka, 60 Verse

Im Namen Gottes, des Erbarmers, des Barmherzigen.

[41 ¼] *1 Alif lām Mīm*. 2 Die Byzantiner sind besiegt worden 3 im nächstliegenden Land. Aber sie werden nach ihrer Niederlage selbst siegen, 4 in einigen Jahren*. Gott gehört der Befehl vorher und nachher. An jenem Tag werden die Gläubigen sich freuen 5 über die Unterstützung Gottes. Gott unterstützt, wen Er will. Und Er ist der Mächtige, der Barmherzige.
6 Das ist ein Versprechen Gottes. Gott bricht sein Versprechen nicht. Aber die meisten Menschen wissen nicht Bescheid. 7 Sie wissen nur das Äußere vom diesseitigen Leben. Das Jenseits aber lassen sie unbeachtet. 8 Denken sie denn in ihrem Inneren nicht darüber nach? Gott hat die Himmel und die Erde, und was dazwischen ist, nur in Wahrheit und auf eine festgesetzte Frist erschaffen. Aber viele von den Menschen verleugnen die Begegnung mit ihrem Herrn. 9 Sind sie nicht auf der Erde umhergegangen und haben geschaut, wie das Ende derer war, die vor ihnen lebten? Sie hatten eine stärkere Kraft als sie, pflügten und bebauten das Land

1:　Die Bedeutung dieser Buchstaben ist noch nicht geklärt.
4:　Die Byzantiner wurden von den Persern geschlagen und verloren Damaskus (613) und Jerusalem (614). Aber Heraklius führte einen Feldzug gegen die Perser (622–627), der mit einem großen Sieg bei Ninive endete (627).

noch mehr, als sie es bebauten. Und ihre Gesandten kamen zu ihnen mit den deutlichen Zeichen. Nicht Gott hat ihnen Unrecht getan, sondern sie haben sich selbst Unrecht getan. 10 Dann war das Ende derer, die Böses getan haben, das Schlechteste dafür, dass sie die Zeichen Gottes für Lüge erklärt hatten und über sie zu spotten pflegten. 11 Gott macht die Schöpfung am Anfang, und dann wiederholt Er sie. Dann werdet ihr zu Ihm zurückgebracht. 12 Und am Tag, da die Stunde heraufkommt, werden die Übeltäter ganz verzweifelt sein. 13 Sie haben dann an ihren Teilhabern keine Fürsprecher, und sie verleugnen ihre Teilhaber. 14 Am Tag, da die Stunde heraufkommt, an jenem Tag werden sie sich in Gruppen teilen. 15 Was nun diejenigen betrifft, die geglaubt und die guten Werke getan haben, so wird ihnen in einem Garten Freude bereitet. 16 Diejenigen aber, die ungläubig waren und unsere Zeichen und die Begegnung mit dem Jenseits für Lüge erklärt haben, sie werden (zur Pein) vorgeführt.

17 Preis sei Gott, wenn ihr den Abend und wenn ihr den Morgen erreicht! 18 Und Lob sei Ihm in den Himmeln und auf der Erde, am Spätabend, und wenn ihr den Mittag erreicht! 19 Er bringt das Lebendige aus dem Toten, und Er bringt das Tote aus dem Lebendigen hervor. Und Er belebt die Erde nach ihrem Absterben. Und so werdet auch ihr hervorgebracht. 20 Und es gehört zu seinen Zeichen, dass Er euch aus Erde erschaffen hat, da waret ihr Menschen, die sich ausbreiten. 21 Und es gehört zu seinen Zeichen, dass Er euch aus euch selbst Gattinnen erschaffen hat, damit ihr bei ihnen wohnet. Und Er hat Liebe und Barmherzigkeit zwischen euch gemacht. Darin sind Zeichen für Leute, die nachdenken. 22 Zu seinen Zeichen gehört die Erschaffung der Himmel und der Erde, und auch die Verschiedenheit eurer Sprachen und Arten. Darin sind Zeichen für die Wissenden. 23 Und zu seinen Zeichen gehört euer Schlaf, und auch euer Streben nach etwas von seiner Huld, und (dies) in der Nacht und am Tag. Darin sind Zeichen für Leute, die hören. 24 Und es gehört zu seinen Zeichen, dass Er euch den Blitz als Grund zur Angst und zum Begehren*

24: Verlangen nach dem belebenden Regen.

sehen lässt, und dass Er Wasser vom Himmel herabkommen lässt und damit die Erde nach ihrem Absterben belebt. Darin sind Zeichen für Leute, die Verstand haben. 25 Und es gehört zu seinen Zeichen, dass der Himmel und die Erde durch seinen Befehl bestehen. Dann, wenn Er euch mit einem Ruf aus der Erde ruft, da kommt ihr hervor.

26 Ihm gehört, wer in den Himmeln und auf der Erde ist. Alle sind Ihm demütig ergeben. 27 Er ist es, der die Schöpfung am Anfang macht und sie dann wiederholt. Und das ist für Ihn noch leichter. Er besitzt die höchste Eigenschaft in den Himmeln und auf der Erde, und Er ist der Mächtige, der Weise. 28 Er führt euch aus eurem Lebensbereich ein Gleichnis an. Habt ihr denn aus den Reihen derer, die eure rechte Hand besitzt*, welche, die an dem teilhaben, was Wir euch beschert haben, dass ihr darin gleich wäret und ihr sie fürchten müsstet, wie ihr einander fürchtet? So legen Wir die Zeichen dar für Leute, die Verstand haben. 29 Nein, diejenigen, die Unrecht tun, folgen ihren Neigungen ohne (richtiges) Wissen. Wer kann den rechtleiten, den Gott irreführt? Und sie haben keine Helfer.

30 Und richte dein Gesicht auf die Religion als Anhänger des reinen Glaubens. Das ist die Schöpfung Gottes, die Er für die Menschen festgelegt hat. Die Schöpfung Gottes kann nicht abgeändert werden. Das ist die richtige Religion. Aber die meisten [41 ½ Menschen wissen nicht Bescheid. *31 (Haltet daran fest), indem ihr euch Ihm reumütig zuwendet, und fürchtet Ihn und verrichtet das Gebet. Und ihr sollt nicht zu den Polytheisten gehören, 32 zu denen, die ihre Religion spalteten und zu Parteien wurden, wobei jede Partei froh ist über das, was sie hat.

33 Und wenn ein Schaden die Menschen erfasst, rufen sie zu ihrem Herrn, indem sie sich Ihm reumütig zuwenden. Wenn Er sie dann eine Barmherzigkeit von sich kosten lässt, da ist gleich ein Teil von ihnen dabei, ihrem Herrn (andere) beizugesellen, 34 um undankbar zu sein für das, was Wir ihnen haben zukommen lassen. – Genießt nur, ihr werdet es noch zu wissen bekommen.

28:   eure Sklaven.

35 Oder haben Wir etwa auf sie eine Ermächtigung hinabgesandt, die über das geredet hätte, was sie Ihm beigesellen? 36 Und wenn Wir die Menschen Barmherzigkeit kosten lassen, freuen sie sich darüber. Wenn sie aber etwas Böses trifft für das, was ihre Hände vorausgeschickt haben, geben sie gleich die Hoffnung auf. 37 Haben sie denn nicht gesehen, dass Gott den Lebensunterhalt großzügig zuteilt, wem Er will, und auch bemessen? Darin sind Zeichen für Leute, die glauben. 38 Lass dem Verwandten sein Recht zukommen, ebenso dem Bedürftigen und dem Reisenden. Das ist besser für die, die das Antlitz Gottes suchen. Das sind die, denen es wohl ergeht. 39 Und was ihr auf Zins ausleiht, damit es sich aus dem Vermögen der Menschen vermehre, es vermehrt sich bei Gott nicht. Und was ihr an Almosen gebt in der Suche nach dem Antlitz Gottes ... – das sind die, die das Doppelte* erzielen. 40 Gott ist es, der euch erschafft und dann versorgt. Dann lässt Er euch sterben, dann macht Er euch wieder lebendig. Gibt es unter euren Teilhabern einen, der überhaupt etwas von alledem tun kann? Preis sei Ihm, und erhaben ist Er über das, was sie (Ihm) beigesellen. 41 Unheil ist auf dem Festland und auf dem Meer erschienen aufgrund dessen, was die Hände der Menschen erworben haben. Er will sie damit einiges kosten lassen von dem, was sie getan haben, auf dass sie (dann) umkehren. 42 Sprich: Geht auf der Erde umher und schaut, wie das Ende derer war, die früher lebten. Die meisten von ihnen waren Polytheisten.

43 Richte nun dein Gesicht auf die richtige Religion, bevor ein Tag kommt, der von Gott nicht zurückgewiesen wird. An jenem Tag werden sie sich (in Gruppen) spalten. 44 Wer ungläubig ist, dessen Unglaube lastet auf ihm. Und diejenigen, die Gutes tun, bereiten sich selbst die Lagerstätte vor, 45 dass Er denen, die glauben und die guten Werke tun, aus seiner Huld vergelte. Er liebt nicht die Ungläubigen.

46 Und es gehört zu seinen Zeichen, dass Er die Winde als Freudenboten schickt, damit Er euch etwas von seiner Barmherzigkeit kosten lässt, und damit die Schiffe auf seinen Befehl fahren, und

---

39: Oder: das Vielfache.

damit ihr nach etwas von seiner Huld strebt, auf dass ihr dankbar seid.

47 Und Wir haben schon vor dir Gesandte an ihr (jeweiliges) Volk geschickt. Sie kamen zu ihnen mit den deutlichen Zeichen. Da rächten Wir uns an denen, die Übeltäter waren. Und es war für Uns eine Verpflichtung, die Gläubigen zu unterstützen. 48 Gott ist es, der die Winde schickt, und sie wühlen die Wolken auf. Dann breitet Er sie im Himmel aus, wie Er will, und macht sie zu Stücken. Da siehst du den Platzregen dazwischen herauskommen. Wenn Er damit die von seinen Dienern, die Er will, trifft, da sind sie froh, 49 obwohl sie vorher, bevor er auf sie herabgesandt wurde, ganz verzweifelt waren. 50 Schau auf die Spuren der Barmherzigkeit Gottes, wie Er die Erde nach ihrem Absterben wieder belebt. Ein solcher (Gott) kann wahrlich (auch) die Toten wieder lebendig machen. Und Er hat Macht zu allen Dingen. 51 Und wenn Wir einen Wind schickten und sie dann alles gelb werden sähen, sie blieben trotzdem danach ungläubig. 52 Du kannst nicht die Toten hören lassen, und auch nicht die Tauben den Zuruf hören lassen, wenn sie den Rücken kehren. 53 Und du kannst nicht die Blinden aus ihrem Irrtum herausführen. Hören lassen kannst du nur die, die an unsere Zeichen glauben und somit gottergeben sind.

[41 3/4] *54 Gott ist es, der euch (zuerst) schwach erschafft. Dann bringt Er nach der Schwäche Kraft. Dann bringt Er nach der Kraft Schwäche und graues Haar. Er erschafft, was Er will. Und Er ist der, der alles weiß und allmächtig ist.

55 Und am Tag, da die Stunde heraufkommt, schwören die Übeltäter, sie hätten nur eine Stunde verweilt. So lassen sie sich immer wieder täuschen. 56 Und diejenigen, denen Wissen und Glauben zugekommen sind, sagen: »Nach dem Buch Gottes habt ihr bis zum Tag der Auferweckung verweilt. Und das ist der Tag der Auferweckung. Aber ihr wusstet es ja nicht.« 57 An jenem Tag nützt denen, die Unrecht taten, ihre Entschuldigung nicht, und es wird von ihnen keine entschuldigende Umkehr (mehr) angenommen.

58 Und Wir haben den Menschen in diesem Koran verschiedene Gleichnisse angeführt. Und wenn du zu ihnen mit einem Zeichen

kommst, sagen diejenigen, die ungläubig sind, bestimmt: »Ihr bringt nur Falsches.« 59 So versiegelt Gott die Herzen derer, die nicht Bescheid wissen. 60 Sei nun geduldig. Das Versprechen Gottes ist wahr. Und diejenigen, die keine Gewissheit hegen, sollen dich nicht abirren lassen.

Sure 31

Luqmān

zu Mekka, 34 Verse

Im Namen Gottes, des Erbarmers, des Barmherzigen.
1 Alif Lām Mīm*. 2 Dies sind die Zeichen des weisen Buches, 3 eine Rechtleitung und Barmherzigkeit für die Rechtschaffenen, 4 die das Gebet verrichten und die Abgabe entrichten, und die über das Jenseits Gewissheit hegen. 5 Diese folgen einer Rechtleitung von ihrem Herrn, und das sind die, denen es wohl ergeht. 6 Unter den Menschen gibt es manch einen, der ergötzende Unterhaltung einhandelt, um (die Menschen) vom Weg Gottes ohne (rechtes) Wissen abirren zu lassen und ihn zum Gegenstand des Spottes zu nehmen. Für solche ist eine schmähliche Pein bestimmt. 7 Und wenn ihm unsere Zeichen verlesen werden, kehrt er sich hochmütig ab, als hätte er sie nicht gehört, als wäre eine Schwerhörigkeit in seinen Ohren. So verkünde ihm eine schmerzhafte Pein. 8 Für diejenigen, die glauben und die guten Werke tun, sind die Gärten der Wonne bestimmt; 9 darin werden sie ewig weilen. Dies ist das Versprechen Gottes in Wahrheit. Und Er ist der Mächtige, der Weise. 10 Er hat die Himmel erschaffen ohne Stützen, die ihr sehen könntet. Und Er hat auf der Erde festgegründete Berge gelegt, dass sie nicht mit euch schwanke. Und

1:     Die Bedeutung dieser Buchstaben ist noch nicht geklärt.

Er hat auf ihr allerlei Getier sich ausbreiten lassen. Und Wir haben Wasser vom Himmel herabkommen und damit viele treffliche Arten auf ihr wachsen lassen. 11 Das ist die Schöpfung Gottes. Zeigt mir nun, was die geschaffen haben, die es außer Ihm geben soll. Nein, diejenigen, die Unrecht tun, befinden sich in einem offenkundigen Irrtum.

12 Und Wir ließen dem Luqmān Weisheit zukommen: »Du sollst gegen Gott dankbar sein.« Und wer dankbar ist, ist dankbar zu seinem eigenen Vorteil. Und wenn einer undankbar ist, so ist Gott auf niemanden angewiesen und des Lobes würdig. 13 Und als Luqmān zu seinem Sohn sagte, indem er ihn ermahnte: »O mein lieber Sohn, geselle Gott nichts bei. Die Beigesellung ist ein gewaltiges Unrecht.«

14 Und Wir haben dem Menschen aufgetragen, seine Eltern gut zu behandeln. Seine Mutter hat ihn ja unter wiederholter Schwäche getragen. Und seine Entwöhnung erfolgt binnen zwei Jahren. – Sei dankbar Mir und deinen Eltern. Zu Mir führt der Lebensweg. 15 Wenn sie dich bedrängen, Mir das beizugesellen, wovon du kein Wissen hast, dann gehorche ihnen nicht. Und geh mit ihnen im Diesseits in rechtlicher Weise um. Und folge dem Weg derer, die sich Mir reumütig zuwenden. Zu Mir wird dann eure Rückkehr sein, da werde Ich euch kundtun, was ihr zu tun pflegtet.

16 »O mein lieber Sohn, wäre es auch das Gewicht eines Senfkornes und befände es sich in einem Felsen oder in den Himmeln oder auf der Erde, Gott bringt es bei. Gott ist feinfühlig* und hat Kenntnis von allem. 17 O mein lieber Sohn, verrichte das Gebet, gebiete das Rechte und verbiete das Verwerfliche, ertrage geduldig, was dich trifft. Das gehört zur Entschlossenheit in den Anliegen. 18 Und zeige den Menschen nicht hochnäsig die Wange, und schreite nicht unbekümmert auf der Erde umher. Gott liebt niemanden, der eingebildet und prahlerisch ist. 19 Halte das rechte Maß in deinem Gang. Und dämpfe deine Stimme. Die widerlichste unter den Stimmen ist die Stimme der Esel.«

20 Habt ihr nicht gesehen, dass Gott euch das, was in den Him-

---

16:    Oder: Gott weiß zu erreichen, was Er will.

meln und auf der Erde ist, dienstbar gemacht hat, und dass Er
über euch seine Gnade ausgegossen hat äußerlich und innerlich?
Und unter den Menschen gibt es welche, die über Gott streiten
ohne (richtiges) Wissen, ohne Rechtleitung und ohne erleuchtendes Buch. 21 Und wenn zu ihnen gesagt wird: »Folgt dem, was
Gott herabgesandt hat«, sagen sie: »Wir folgen lieber dem, was wir
bei unseren Vätern vorgefunden haben.« Was denn, auch wenn
der Satan sie zur Pein des Feuerbrandes ruft? *22 Wer sich Gott [42]
völlig hingibt und dabei rechtschaffen ist, der hält sich an der festesten Handhabe. Und zu Gott führt das Ende der Angelegenheiten. 23 Und wer ungläubig ist, dessen Unglaube soll dich nicht
betrüben. Zu Uns wird ihre Rückkehr sein, da werden Wir ihnen
kundtun, was sie taten. Gott weiß über das innere Geheimnis Bescheid. 24 Wir lassen sie ein wenig genießen, alsdann zwingen
Wir sie in eine schwere Pein.

25 Und wenn du sie fragst, wer die Himmel und die Erde erschaffen hat, sagen sie bestimmt: »Gott.« Sprich: Lob sei Gott! Aber die
meisten von ihnen wissen nicht Bescheid. 26 Gott gehört, was in
den Himmeln und auf der Erde ist. Gott ist der, der auf niemanden
angewiesen und des Lobes würdig ist. 27 Und wenn das, was es
auf der Erde an Bäumen gibt, Schreibrohre wären, und das Meer
(als Tinte) bereits einmal leer gemacht wäre und noch sieben weitere Meere dazu erhielte, würden die Worte Gottes nicht zu Ende
gehen. Wahrlich, Gott ist mächtig und weise. 28 Euch (alle) erschaffen und auferwecken ist nur so wie bei einem einzigen Menschen. Gott hört und sieht alles. 29 Hast du nicht gesehen, dass
Gott die Nacht in den Tag übergehen und den Tag in die Nacht
übergehen lässt und die Sonne und den Mond dienstbar gemacht
hat, sodass jedes seinen Lauf zu einer festgelegten Frist nimmt,
und dass Gott Kenntnis hat von dem, was ihr tut? 30 Dies, weil
Gott die Wahrheit ist und weil das, was sie an seiner Stelle anrufen, das Falsche ist, und weil Gott der Erhabene und Große ist.
31 Hast du nicht gesehen, dass die Schiffe durch die Gnade Gottes
auf dem Meer fahren, damit Er euch etwas von seinen Zeichen sehen lässt? Darin sind wahrlich Zeichen für jeden, der sehr geduldig
und sehr dankbar ist. 32 Und wenn Wellen wie überschattende

Hüllen sie überdecken, rufen sie zu Gott, wobei sie Ihm gegenüber aufrichtig in der Religion sind. Wenn Er sie ans Land errettet, zeigen nur einige von ihnen einen maßvollen Wandel. Und nur der verleugnet unsere Zeichen, der ganz treulos und sehr undankbar ist.

33 O ihr Menschen, fürchtet euren Herrn und habt Angst vor einem Tag, an dem weder der Vater etwas für sein Kind begleichen kann, noch das Kind für seinen Vater etwas begleichen kann. Das Versprechen Gottes ist wahr. So soll euch das diesseitige Leben nicht betören. Und nicht betören soll euch in Bezug auf Gott der Betörer. 34 Gott (allein) weiß über die Stunde Bescheid. Er lässt den Regen herabkommen. Und Er weiß, was im Mutterschoß ist. Niemand weiß, was er morgen erwerben wird, und niemand weiß, in welchem Land er sterben wird. Gott weiß Bescheid und hat Kenntnis von allem.

Sure 32

Die Anbetung (al-Sadjda)

zu Mekka, 30 Verse

Im Namen Gottes, des Erbarmers, des Barmherzigen.
1 Alif Lām Mīm*. 2 Die Herabsendung des Buches – an ihm ist kein Zweifel möglich – ist vom Herrn der Welten. 3 Oder sagen sie: »Er hat es erdichtet«? Nein, es ist die Wahrheit vor deinem Herrn, damit du Leute warnst, zu denen vor dir noch kein Warner gekommen ist, auf dass sie der Rechtleitung folgen.
4 Gott ist es, der die Himmel und die Erde und das, was dazwischen ist, in sechs Tagen erschaffen und sich dann auf dem Thron zurechtgesetzt hat. Ihr habt außer Ihm weder Freund noch Für-

---

1: Die Bedeutung dieser Buchstaben ist noch nicht geklärt.

sprecher. Wollt ihr es denn nicht bedenken? 5 Er regelt die Angelegenheit vom Himmel bis zur Erde. Dann steigt sie zu Ihm empor an einem Tag, dessen Ausmaß nach eurer Berechnung tausend Jahre sind. 6 Jener ist der, der über das Unsichtbare und das Offenbare Bescheid weiß, der Mächtige, der Barmherzige, 7 der alles, was Er erschaffen hat, gut gemacht hat. Zuerst erschuf Er den Menschen aus Ton, 8 dann machte Er seine Nachkommenschaft aus dem Erguss eines verächtlichen Wassers. 9 Dann formte Er ihn und blies ihm von seinem Geist ein. Und Er machte euch Gehör, Augenlicht und Herz. Ihr seid aber wenig dankbar.

10 Und sie sagen: »Sollen wir, wenn wir uns in der Erde verirrt haben, wirklich wieder neu erschaffen werden?« Nein, sie verleugnen die Begegnung mit ihrem Herrn. *11 Sprich: Abberufen wird euch [42 ¼] der Engel des Todes, der mit euch betraut ist. Dann werdet ihr zu eurem Herrn zurückgebracht. 12 Könntest du nur sehen, wenn die Übeltäter vor ihrem Herrn die Köpfe hängen lassen: »Unser Herr, jetzt haben wir gesehen und gehört. Bring uns zurück, so wollen wir Gutes tun. Wir hegen nun Gewissheit«! 13 Und wenn Wir gewollt hätten, hätten Wir jedem Menschen seine Rechtleitung zukommen lassen. Aber der Spruch von Mir ist zu Recht fällig geworden: »Füllen werde Ich die Hölle mit den Djinn und den Menschen allen.« 14 So kostet es dafür, dass ihr die Begegnung mit diesem eurem Tag vergessen habt. Wir haben euch (auch) vergessen. Kostet die Pein der Ewigkeit für das, was ihr zu tun pflegtet.

15 Nur die glauben an unsere Zeichen, die, wenn sie damit ermahnt werden, in Anbetung niederfallen und das Lob ihres Herrn singen, und die nicht hochmütig sind. 16 Ihre Seiten halten sich fern von den Schlafstätten. Sie rufen ihren Herrn in Furcht und Begehren an und spenden von dem, was Wir ihnen beschert haben. 17 Und niemand weiß, welche Freuden für sie im Verborgenen bestimmt sind als Lohn für das, was sie zu tun pflegten. 18 Ist denn derjenige, der gläubig ist, wie der, der ein Frevler ist? Sie sind eben nicht gleich. 19 Diejenigen, die glauben und die guten Werke tun, erhalten die Gärten der Heimstätte als Herberge für das, was sie zu tun pflegten. 20 Denjenigen aber, die freveln,

dient das Feuer zur Heimstätte. Sooft sie aus ihm herauskommen wollen, werden sie zu ihm zurückgebracht, und es wird zu ihnen gesagt: »Kostet die Pein des Feuers, die ihr immer wieder für Lüge erklärt habt.« 21 Und Wir werden sie vor der größeren Pein* etwas von der diesseitigen Pein kosten lassen, auf dass sie dann umkehren. 22 Und wer ist ungerechter als der, der mit den Zeichen seines Herrn ermahnt wird und sich dann von ihnen abwendet? Wir werden uns an den Übeltätern rächen.

23 Und Wir haben Mose das Buch zukommen lassen. So sei nicht im Zweifel über die Begegnung mit ihm*. Und Wir haben es zu einer Rechtleitung für die Kinder Israels gemacht. 24 Und Wir haben aus ihren Reihen Vorbilder bestellt, die (sie) nach unserem Befehl leiteten, als sie sich geduldig gezeigt hatten und über unsere Zeichen Gewissheit hegten. 25 Wahrlich, dein Herr wird am Tag der Auferstehung zwischen ihnen über das entscheiden, worüber sie uneins waren.

26 Ist es ihnen nicht deutlich geworden, wie viele Generationen, in deren Wohnungen sie nun schreiten, Wir vor ihnen haben verderben lassen? Darin sind Zeichen. Wollen sie denn nicht hören? 27 Haben sie nicht gesehen, dass Wir das Wasser zum dürren Land treiben und dadurch Getreide hervorbringen, das ihr Vieh und sie selbst verzehren? Wollen sie denn nicht einsichtig sein? 28 Und sie sagen: »Wann wird dieser Richterspruch eintreten, so ihr die Wahrheit sagt?« 29 Sprich: Am Tag des Richterspruchs wird denen, die ungläubig waren, ihr Glaube nicht (mehr) nützen. Und ihnen wird kein Aufschub gewährt. 30 So wende dich ab von ihnen und warte ab. Sie warten auch selbst ab.

21:   des jenseitigen Feuers.
23:   mit dem Buch; oder: mit Mose; – oder: mit Ihm: mit Gott. Es gibt noch andere Deutungen.

Sure 33

Die Parteien (al-Aḥzāb)

zu Medina, 73 Verse

Im Namen Gottes, des Erbarmers, des Barmherzigen.
1 O Prophet, fürchte Gott und gehorche nicht den Ungläubigen [42 ½] und den Heuchlern. Gott weiß Bescheid und ist weise. 2 Und folge dem, was dir von deinem Herrn offenbart wird. Gott hat Kenntnis von dem, was ihr tut. 3 Und vertrau auf Gott. Gott genügt als Sachwalter. 4 Gott hat keinem Mann zwei Herzen in seinem Inneren gemacht. Und Er hat eure Gattinnen, von denen ihr euch durch den Rückenspruch trennt, nicht (wirklich) zu euren Müttern gemacht. Und Er hat eure Adoptivsöhne nicht (wirklich) zu euren Söhnen gemacht. Das ist eure Rede aus eurem Munde. Aber Gott sagt die Wahrheit, und Er führt den (rechten) Weg. 5 Nennt sie nach ihren Vätern. Das ist gerechter in den Augen Gottes. Wenn ihr ihre Väter nicht kennt, dann gelten sie als eure Brüder in der Religion und eure Schützlinge. Und es wird euch nicht als Vergehen angerechnet, was ihr hier gefehlt habt, sondern was eure Herzen vorsätzlich anstreben. Und Gott ist voller Vergebung und barmherzig.
6 Der Prophet hat eher Anspruch auf die Gläubigen als sie selbst. Und seine Gattinnen sind ihre Mütter. Und die Blutsverwandten haben nach dem Buch Gottes eher Anspruch auf gegenseitige Freundschaft als die Gläubigen und Ausgewanderten, es sei denn, ihr möchtet euren Freunden Gutes tun. Dies ist im Buch Gottes zeilenweise niedergeschrieben.
7 Und als Wir von den Propheten ihre Verpflichtung entgegennahmen, und auch von dir und von Noach, Abraham, Mose und Jesus, dem Sohn Marias. Wir nahmen von ihnen eine schwere Ver-

---

4:   Diese Formel der Scheidung lautet: »Du sollst mir wie der Rücken meiner Mutter sein«, d. h. verwehrt, und so soll zwischen uns keine eheliche Gemeinschaft mehr bestehen. Vgl. 58,2.

pflichtung entgegen. 8 Damit Er ja die Wahrhaftigen nach ihrem wahrhaftigen Wandel frage. Und Er hat für die Ungläubigen eine schmerzhafte Pein bereitet.

9 O ihr, die ihr glaubt, gedenket der Gnade Gottes zu euch, als Truppen zu euch kamen*. Da sandten Wir gegen sie einen Wind und auch Truppen, die ihr nicht sehen konntet. Und Gott sieht wohl, was ihr tut. 10 Als sie von oben und von unten her zu euch kamen, und als die Blicke wichen und die Herzen die Kehle erreichten* und ihr von Gott verschiedene Meinungen hattet. 11 Dort wurden die Gläubigen geprüft, und sie wurden heftig hin und her geschüttelt. 12 Als die Heuchler und die, in deren Herzen Krankheit ist, sagten: »Gott und sein Gesandter haben uns nur Trügerisches versprochen.« 13 Und als eine Gruppe von ihnen sagte: »O ihr Leute von Yathrib*, ihr könnt euch (hier) nicht aufhalten. Kehrt zurück.« Und ein Teil von ihnen bat den Propheten um Erlaubnis; sie sagten: »Unsere Häuser sind ohne Schutz.« Dabei waren sie nicht ohne Schutz, sie wollten nur fliehen. 14 Wäre man darin von ihren verschiedenen Bezirken her zu ihnen eingedrungen, und wären sie dann aufgefordert worden, der Versuchung nachzugeben*, sie hätten es begangen, und sie hätten dabei nur kurze Zeit gezögert. 15 Dabei hatten sie sich vorher Gott gegenüber verpflichtet, sie würden nicht den Rücken kehren. Über die Verpflichtung Gott gegenüber wird Rechenschaft gefordert. 16 Sprich: Die Flucht wird euch nicht nützen, wenn ihr davor flieht, zu sterben oder getötet zu werden. Und dann wird euch nur noch ein wenig Nutznießung gewährt. 17 Sprich: Wer ist es denn, der euch vor Gott schützen könnte, wenn Er euch Böses will oder wenn Er euch Barmherzigkeit (erweisen) will? Und sie werden für sich außer Gott weder Freund noch Helfer finden. *18 Gott kennt wohl diejenigen von euch, die (die anderen) behindern und

[42 3/4]

9: In den Versen 9–27 wird an den Grabenkrieg um Medina und an die Vernichtung des jüdischen Stammes Qurayẓa (im Jahr 627) erinnert.
10: vor Angst.
13: Das ist die Stadt Medina.
14: den Islam aufzugeben.

die zu ihren Brüdern sagen: »Kommt her zu uns.« Und sie lassen sich nur wenig auf den Kampf ein 19 und sind dabei geizig euch gegenüber. Wenn aber die Angst sich einstellt, siehst du, wie sie zu dir mit kreisenden Augen blicken wie einer, der vor dem Tod ohnmächtig wird. Ist dann die Angst vorüber, verbrühen sie euch mit scharfen Zungen aus Gier nach dem (erbeuteten) Gut. Das sind keine Gläubigen. Gott macht ihre Werke wertlos. Und dies ist Gott ein Leichtes. 20 Sie meinen, die Parteien* seien nicht weggegangen. Und sollten die Parteien (wieder) kommen, möchten sie gerne, sie wären in der Wüste unter den arabischen Beduinen und würden sich über euch erkundigen. Und wenn sie in eurer Mitte wären, würden sie nur wenig kämpfen. 21 Ihr habt im Gesandten Gottes ein schönes Vorbild, (und zwar) für jeden, der auf Gott und den Jüngsten Tag hofft und Gottes viel gedenkt. 22 Und als die Gläubigen die Parteien sahen, sagten sie: »Das ist, was Gott und sein Gesandter uns versprochen haben. Gott und sein Gesandter sagen die Wahrheit.« Und es hat ihren Glauben und ihre Ergebenheit nur vermehrt.

23 Unter den Gläubigen gibt es Männer, die das wahr gemacht haben, wozu sie sich Gott gegenüber verpflichtet haben. Unter ihnen sind welche, die ihre Lebensaufgabe erfüllt haben*; und unter ihnen sind welche, die noch warten müssen. Und sie haben keine Änderung vorgenommen; 24 auf dass Gott die Wahrhaftigen für ihre Wahrhaftigkeit entlohne und die Heuchler peinige, wenn Er will, oder sich ihnen (gnädig) zuwende. Gott ist voller Vergebung und barmherzig.

25 Und Gott wies diejenigen, die ungläubig sind, mit ihrem Groll zurück, ohne dass sie etwas Gutes erlangt hätten. Und Gott befreite die Gläubigen vom Kampf. Gott ist stark und mächtig. 26 Und Er ließ diejenigen von den Leuten des Buches, die ihnen* Beistand geleistet hatten, aus ihren Burgen heruntersteigen. Und Er jagte ihren Herzen Schrecken ein, sodass ihr einen Teil (von ih-

20:   die Mekkaner und ihre Verbündeten.
23:   und gestorben sind.
26:   den Ungläubigen.

nen) getötet und einen Teil gefangen genommen habt. 27 Und Er gab euch zum Erbe ihr Land, ihre Wohnstätten und ihren Besitz, und auch ein Land, das ihr (vorher) nicht betreten hattet. Und Gott hat Macht zu allen Dingen.

28 O Prophet, sprich zu deinen Gattinnen: Wenn ihr das diesseitige Leben und seinen Schmuck begehrt, dann kommt her, ich werde euch eine Versorgung sichern und euch auf eine schöne Weise freilassen. 29 Und wenn ihr Gott und seinen Gesandten und die jenseitige Wohnstätte begehrt, so hat Gott für die Rechtschaffenen von euch einen großartigen Lohn bereitet. 30 O ihr Frauen des Propheten, wenn eine von euch eine eindeutige Schandtat begeht, wird ihr die Pein verdoppelt. Und das ist Gott ein Leichtes.

*31 Und wenn eine von euch Gott und seinem Gesandten ergeben ist und Gutes tut, lassen Wir ihr ihren Lohn zweimal zukommen. Und Wir haben für sie einen trefflichen Unterhalt bereitet. 32 O ihr Frauen des Propheten, ihr seid nicht wie irgendeine von den Frauen. Wenn ihr gottesfürchtig seid, dann seid nicht unterwürfig im Reden, damit nicht derjenige, in dessen Herzen Krankheit ist, sich Hoffnungen macht. Und sprecht geziemende Worte. 33 Haltet euch in euren Häusern auf. Und stellt nicht euren Schmuck zur Schau wie in der Zeit der früheren Unwissenheit. Verrichtet das Gebet und entrichtet die Abgabe und gehorcht Gott und seinem Gesandten. Gott will die Unreinheit von euch entfernen, ihr Leute des Hauses, und euch völlig rein machen. 34 Und gedenkt dessen, was von den Zeichen Gottes und von der Weisheit in euren Häusern verlesen wird. Gott ist feinfühlig und hat Kenntnis von allem.

35 Für die muslimischen Männer und Frauen, Männer und Frauen, die gläubig, ergeben, wahrhaftig, geduldig, demütig sind, die Almosen geben, fasten, ihre Scham bewahren und Gottes viel gedenken – für sie hat Gott Vergebung und einen großartigen Lohn bereitet. 36 Ein Gläubiger oder eine Gläubige darf, wenn Gott und sein Gesandter eine Angelegenheit entschieden haben, nicht die Möglichkeit haben, in ihrer Angelegenheit frei zu wählen. Und wer gegen Gott und seinen Gesandten ungehorsam ist, der befindet sich in einem offenkundigen Irrtum. 37 Und als du zu dem,

dem Gott Gnade erwiesen hatte und dem auch du Gnade erwiesen hattest*, sagtest: »Behalte deine Gattin für dich und fürchte Gott«, und in deinem Inneren geheim hieltest, was Gott doch offenlegt, und die Menschen fürchtetest, während Gott eher darauf Anspruch hat, dass du Ihn fürchtest. Als dann Zayd seinen Wunsch an ihr erfüllt hatte, gaben Wir sie dir zur Gattin, damit für die Gläubigen kein Grund zur Bedrängnis bestehe in Bezug auf die Gattinnen ihrer Adoptivsöhne, wenn diese ihren Wunsch an ihnen erfüllt haben. Und der Befehl Gottes wird ausgeführt. 38 Es besteht für den Propheten kein Grund zur Bedrängnis in dem, was Gott für ihn festgelegt hat. So war das beispielhafte Verhalten Gottes mit denen, die vorher dahingegangen sind – und der Befehl Gottes ist ein fest gefasster Beschluss –, 39 die die Botschaften Gottes ausrichten, Ihn fürchten und niemanden fürchten außer Gott. Und Gott genügt als der, der abrechnet. 40 Muḥammad ist nicht der Vater irgendeines von euren Männern, sondern der Gesandte Gottes und das Siegel der Propheten. Und Gott weiß über alle Dinge Bescheid.

41 O ihr, die ihr glaubt, gedenket Gottes in häufigem Gedenken 42 und preiset Ihn morgens und abends. 43 Er ist es, der über euch den Segen spricht – und auch seine Engel –, damit Er euch aus den Finsternissen ins Licht hinausführt. Und Er ist barmherzig zu den Gläubigen. 44 Ihre Begrüßung am Tag, da sie Ihm begegnen, wird sein: »Friede!« Und Er hat für sie einen trefflichen Lohn bereitet. 45 O Prophet, Wir haben dich gesandt als Zeugen, als Freudenboten und als Warner, 46 und als einen, der zu Gott mit seiner Erlaubnis ruft, und als eine helle Leuchte. 47 Und verkünde den Gläubigen, dass für sie von Gott eine große Huld bestimmt ist. 48 Und gehorche nicht den Ungläubigen und den Heuchlern. Kümmere dich nicht um das Leid, das sie dir zufügen, und vertrau auf Gott. Und Gott genügt als Sachwalter.

49 O ihr, die ihr glaubt, wenn ihr gläubige Frauen heiratet und sie hierauf entlasst, bevor ihr sie berührt habt, dann dürft ihr ihnen

---

37:   Zayd, den Muhammad freigelassen hatte.

nicht eine von euch berechnete Wartezeit auferlegen. Sichert ihnen eine Versorgung und lasst sie auf eine schöne Weise frei. 50 O Prophet, Wir haben dir für erlaubt erklärt zu heiraten: deine Gattinnen, denen du ihren Lohn hast zukommen lassen; das, was deine rechte Hand besitzt von dem, was Gott dir als Beute zugeteilt hat; die Töchter deines Onkels und die Töchter deiner Tanten väterlicherseits, die Töchter deines Onkels und die Töchter deiner Tanten mütterlicherseits, welche mit dir ausgewandert sind; auch jede gläubige Frau, wenn sie sich dem Propheten (ohne Gegenforderung) schenkt und falls der Prophet sie heiraten will: Dies ist dir vorbehalten im Unterschied von den Gläubigen – Wir wissen wohl, was Wir ihnen in Bezug auf ihre Gattinnen und auf das, was ihre rechte Hand besitzt, verpflichtend gemacht haben –, damit für dich kein Grund zur Bedrängnis bestehe. Und Gott ist voller Vergebung und barmherzig. *51 Du darfst zurückstellen, wen von ihnen du willst, und du darfst bei dir aufnehmen, wen du willst. Und wenn du doch eine von denen haben möchtest, die du abgewiesen hast, dann ist das für dich kein Vergehen. Das bewirkt eher, dass sie frohen Mutes, nicht betrübt und alle mit dem zufrieden sind, was du ihnen zukommen lässt. Gott weiß, was in euren Herzen ist. Gott weiß Bescheid und ist langmütig. 52 Es ist dir danach nicht mehr erlaubt, Frauen zu heiraten und sie gegen (andere) Gattinnen einzutauschen, auch wenn ihre Schönheit dir gefallen sollte, mit Ausnahme dessen, was deine rechte Hand besitzt. Und Gott ist Wächter über alle Dinge. 53 O ihr, die ihr glaubt, tretet nicht in die Häuser des Propheten ein – es sei denn, das wird euch erlaubt – zur Teilnahme an einem Essen, ohne auf die Essenszeit zu warten. Wenn ihr dann hereingerufen werdet, dann tretet ein, und, wenn ihr gegessen habt, dann geht auseinander, und (dies) ohne euch einer Unterhaltung hinzugeben. Damit fügt ihr dem Propheten Leid zu, aber er schämt sich vor euch. Gott aber schämt sich nicht vor der Wahrheit. Und wenn ihr sie* um einen Gegenstand bittet, so bittet sie

[43 ¼]

53:   die Frauen des Propheten.

von hinter einem Vorhang. Das ist reiner für eure Herzen und ihre Herzen. Und es steht euch nicht zu, dem Gesandten Gottes Leid zuzufügen, und auch nicht jemals seine Gattinnen nach ihm zu heiraten. Das wäre bei Gott etwas Ungeheuerliches. 54 Ob ihr etwas offenlegt oder geheim haltet, Gott weiß über alle Dinge Bescheid. 55 Es besteht für sie kein Vergehen in Bezug auf ihre Väter, ihre Söhne, ihre Brüder, die Söhne ihrer Brüder, die Söhne ihrer Schwestern, ihre Frauen und die, die ihre rechte Hand besitzt. Und fürchtet Gott*. Gott ist Zeuge über alle Dinge. 56 Gott und seine Engel sprechen den Segen über den Propheten. O ihr, die ihr glaubt, sprecht den Segen über ihn und grüßt ihn mit gehörigem Gruß. 57 Diejenigen, die Gott und seinem Gesandten Leid zufügen, verflucht Gott im Diesseits und Jenseits, und für sie hat Er eine schmähliche Pein bereitet. 58 Und diejenigen, die den gläubigen Männern und Frauen Leid zufügen für etwas, was sie nicht begangen haben, laden auf sich eine Verleumdung und eine offenkundige Schuld. 59 O Prophet, sag deinen Gattinnen und deinen Töchtern und den Frauen der Gläubigen, sie sollen etwas von ihrem Überwurf über sich herunterziehen. Das bewirkt eher, dass sie erkannt werden und dass sie nicht belästigt werden. Und Gott ist voller Vergebung und barmherzig.

*60 Wenn die Heuchler und diejenigen, in deren Herzen Krankheit [43 ½] ist, und diejenigen, die beunruhigende Falschmeldungen in der Stadt verbreiten, (damit) nicht aufhören, werden Wir dich bestimmt gegen sie antreiben. Dann werden sie nur noch kurze Zeit in deiner Nachbarschaft darin wohnen. 61 Verflucht sind sie. Wo immer man sie trifft, wird man sie ergreifen und unerbittlich töten. 62 So war das beispielhafte Verfahren Gottes mit denen, die vorher dahingegangen sind. Und du wirst im Verfahren Gottes keine Veränderung finden.

63 Die Menschen fragen dich nach der Stunde. Sprich: Nur Gott weiß über sie Bescheid. Woher willst du es wissen? Vielleicht steht die Stunde nahe bevor. 64 Gott hat die Ungläubigen verflucht,

---

55:    Der Satz richtet sich an die Frauen des Propheten.

und Er hat für sie einen Feuerbrand bereitet; 65 darin werden sie auf immer ewig weilen; und sie werden weder Freund noch Helfer finden. 66 Am Tag, da ihre Gesichter im Feuer gewendet werden, sagen sie: »O hätten wir doch Gott gehorcht und hätten wir doch dem Gesandten gehorcht!« 67 Und sie sagen: »Unser Herr, wir haben unseren Herrschern und den Großen unter uns gehorcht, da haben sie uns vom Weg abirren lassen. 68 Unser Herr, lass ihnen ein Doppelmaß an Pein zukommen, und verfluche sie mit einem großen Fluch.«

69 O ihr, die ihr glaubt, seid nicht wie diejenigen, die Mose Leid zugefügt haben*, worauf Gott ihn freisprach von dem, was sie (über ihn) sagten. Er war bei Gott angesehen. 70 O ihr, die ihr glaubt, fürchtet Gott und sprecht zutreffende Worte, 71 dann lässt Er eure Werke als gut gelten und vergibt euch eure Sünden. Und wer Gott und seinem Gesandten gehorcht, der erringt einen großartigen Erfolg.

72 Wir haben das Vertrauenspfand* den Himmeln und der Erde und den Bergen angeboten, sie aber weigerten sich, es zu tragen, sie waren erschrocken davor. Der Mensch trug es – er tut wirklich Unrecht und ist sehr töricht. 73 So wird Gott nun die Heuchler, Männer und Frauen, und die Polytheisten, Männer und Frauen, peinigen, und so wird Gott sich den Gläubigen, Männern und Frauen, zuwenden. Gott ist voller Vergebung und barmherzig.

69: Siehe vielleicht Bibel: Numeri 12.
72: Ist es die Rechtschaffenheit, das Gesetz oder einfach das Leben?

Sure 34

Saba'

zu Mekka, 54 Verse

Im Namen Gottes, des Erbarmers, des Barmherzigen.
1 Lob sei Gott, dem gehört, was in den Himmeln und was auf der
Erde ist, und Lob sei Ihm im Jenseits! Er ist der, der weise ist und
Kenntnis von allem hat. 2 Er weiß, was in die Erde eingeht und
was aus ihr herauskommt, was vom Himmel herabkommt und was
darin emporsteigt. Und Er ist der, der barmherzig und voller Vergebung ist.
3 Diejenigen, die ungläubig sind, sagen: »Die Stunde kommt nicht
über uns.« Sprich: Doch, sie kommt bestimmt über euch, bei meinem Herrn, der das Unsichtbare weiß! Es entgeht Ihm nicht das
Gewicht eines Stäubchens, weder in den Himmeln noch auf der
Erde. Und es gibt nichts, was kleiner ist als dies oder größer, das
nicht in einem deutlichen Buch stünde, 4 damit Er diejenigen, die
glauben und die guten Werke tun, entlohne. Bestimmt sind für
diese Vergebung und ein trefflicher Unterhalt. 5 Für diejenigen,
die eifrig gegen unsere Zeichen vorgehen und ihnen Machtlosigkeit nachweisen wollen, für die ist eine schmerzhafte Pein durch
ein Zorngericht bestimmt. 6 Und diejenigen, denen das Wissen
zugekommen ist, sehen, dass das, was zu dir von deinem Herrn
herabgesandt worden ist, die Wahrheit ist und zum Weg dessen
führt, der mächtig und des Lobes würdig ist.
7 Und diejenigen, die ungläubig sind, sagen: »Sollen wir euch auf
einen Mann hinweisen, der euch kundtut, dass ihr, wenn ihr in
Stücke gerissen worden seid, doch neu erschaffen werdet? 8 Hat
er gegen Gott eine Lüge erdichtet, oder leidet er an Besessenheit?«
Aber nein, diejenigen, die an das Jenseits nicht glauben, stecken
in der Pein und befinden sich im tiefen Irrtum. 9 Haben sie denn
nicht auf das geschaut, was vom Himmel und von der Erde vor
ihnen und was hinter ihnen ist? Wenn Wir wollen, lassen Wir die
Erde mit ihnen versinken oder Stücke vom Himmel auf sie herab-

fallen. Darin ist ein Zeichen für jeden Diener, der sich (Gott) reumütig zuwendet.

[43 3/4] *10 Und Wir ließen David eine Huld von Uns zukommen. – »Ihr Berge, singt Kehrverse mit ihm, und auch ihr Vögel.« Und Wir machten für ihn das Eisen geschmeidig. 11 – »Fertige Panzergewänder an und webe im richtigen Maß die Panzermaschen aneinander. Und tut Gutes. Ich sehe wohl, was ihr tut.« 12 Und dem Salomo (machten Wir) den Wind (dienstbar), dessen Morgenlauf einen Monat und dessen Abendlauf einen Monat dauert. Und Wir ließen die Quelle des geschmolzenen Erzes für ihn fließen. Und unter den Djinn gab es welche, die mit der Erlaubnis seines Herrn vor ihm tätig waren. Wer von ihnen von unserem Befehl abweicht, den lassen Wir etwas von der Pein des Feuerbrandes kosten. 13 Sie machten ihm, was er wollte an Heiligtümern, Bildwerken, Schüsseln wie Trögen und feststehenden Kesseln. – »Verrichtet, ihr Sippe Davids, eure Arbeit in Dankbarkeit.« Ja, nur wenige von meinen Dienern sind dankbar. 14 Und als Wir für ihn* den Tod bestimmt hatten, hat sie* auf sein Ableben nur das Kriechtier der Erde hingewiesen, das seinen Stab fraß. Als er nun zu Boden fiel, wurde den Djinn deutlich, dass sie, wenn sie das Unsichtbare gewusst hätten, nicht (weiter) in der schmählichen Pein* geblieben wären. 15 Die Saba' hatten in ihrem Wohngebiet ein Zeichen: zwei Gärten zur Rechten und zur Linken. – »Esst von dem, was euer Herr beschert hat, und danket Ihm. Eine gute Ortschaft (ist es), und ein Herr voller Vergebung.« 16 Aber sie wandten sich ab. Da sandten Wir gegen sie die Flut des Staudammes, und Wir vertauschten ihnen ihre zwei Gärten gegen zwei Gärten mit bitterem Ernteertrag und Tamarisken und einigen wenigen Zizyphusbäumen. 17 Das haben Wir ihnen vergolten dafür, dass sie undankbar waren. Vergelten Wir denn sonst jemandem anderem als dem Undankbaren? 18 Und Wir legten zwischen ihnen und den Städten, die Wir gesegnet haben, sichtbare Städte an. Und Wir legten das

14: für Salomo.
14: sie: die Menschen.
14: Pein: Gemeint ist hier der Dienst, zu dem sie gezwungen waren.

Maß der Reise zwischen ihnen fest: »Zieht in ihnen Nächte und Tage in Sicherheit umher.« 19 Sie aber sagten: »Unser Herr, lege größere Entfernungen zwischen unsere Reisen.« Sie taten sich selbst Unrecht. So machten Wir sie zum Gegenstand von Geschichten. Und Wir zerrissen sie in Stücke. Darin sind Zeichen für jeden, der sehr geduldig und sehr dankbar ist.

20 Wahrlich, Iblīs fand seine Meinung von ihnen bestätigt. Sie folgten ihm, mit Ausnahme eines Teils der Gläubigen. 21 Und er hatte keine Macht über sie. Es geschah nur, damit Wir feststellen, wer an das Jenseits glaubt, und (ihn unterscheiden) von dem, der darüber Zweifel hegt. Dein Herr ist Hüter aller Dinge. 22 Sprich: Ruft die an, die ihr anstelle Gottes angebt. Sie verfügen nicht einmal über das Gewicht eines Stäubchens weder in den Himmeln noch auf der Erde. Und sie haben an ihnen beiden keinen Anteil. Und Er hat unter ihnen keinen, der Ihm Beistand leisten könnte. 23 Auch nützt bei Ihm die Fürsprache nicht, außer wenn Er es jemandem erlaubt. Wenn dann die Angst von ihren Herzen entfernt worden ist, sagen sie: »Was hat euer Herr gesagt?« Sie sagen: »Die Wahrheit.« Und Er ist der Erhabene, der Große.

*24 Sprich: Wer versorgt euch von den Himmeln und der Erde? [44] Sprich: Gott. Entweder wir folgen einer Rechtleitung oder ihr, oder wir befinden uns in einem offenkundigen Irrtum oder ihr. 25 Sprich: Ihr habt nicht zu verantworten, was wir verübt haben, und wir haben nicht zu verantworten, was ihr tut. 26 Sprich: Zusammenbringen wird uns unser Herr. Dann richtet Er zwischen uns nach der Wahrheit. Er ist der, der wahrhaft richtet und Bescheid weiß. 27 Sprich: Lasst mich die sehen, die ihr Ihm als Teilhaber beigegeben habt. Nein, Er ist Gott, der Mächtige, der Weise. 28 Und Wir haben dich für die Menschen allesamt nur als Freudenboten und Warner gesandt. Aber die meisten Menschen wissen nicht Bescheid.

29 Und sie sagen: »Wann wird diese Androhung eintreten, so ihr die Wahrheit sagt?« 30 Sprich: Euch ist eine Verabredung auf einen Tag festgelegt, hinter dem ihr nicht einmal eine Stunde zurückbleiben noch ihm vorausgehen könnt.

31 Und diejenigen, die ungläubig sind, sagen: »Nie werden wir an

diesen Koran glauben, und auch nicht an das, was vor ihm vorhanden war.« Könntest du nur sehen, wenn die, die Unrecht tun,
vor ihren Herrn gestellt werden und untereinander die Worte
wechseln! Diejenigen, die wie Schwache behandelt wurden, sagen
zu denen, die sich hochmütig verhielten: »Wenn ihr nicht gewesen
wäret, so wären wir gläubig gewesen.« 32 Diejenigen, die sich
hochmütig verhielten, sagen zu denen, die wie Schwache behandelt wurden: »Sind wir es gewesen, die euch von der Rechtleitung
abgewiesen haben, nachdem sie zu euch gekommen war? Nein,
ihr wart Übeltäter.« 33 Diejenigen, die wie Schwache behandelt
wurden, sagen zu denen, die sich hochmütig verhielten: »Es waren
eher eure Ränke bei Nacht und bei Tag, da ihr uns befohlen habt,
Gott zu verleugnen und Ihm andere als Gegenpart zur Seite zu
stellen.« Und sie hegen insgeheim Reue, wenn sie die Pein sehen.
Und Wir bringen die Fesseln an den Hals derer an, die ungläubig
waren. Wird ihnen denn etwas anderes vergolten als das, was sie
zu tun pflegten?
34 Und Wir haben in keine Stadt einen Warner gesandt, ohne dass
die, die in ihr üppig lebten, gesagt hätten: »Das, womit ihr gesandt seid, das verleugnen wir.« 35 Und sie sagen: »Wir haben
mehr Vermögen und Kinder. Und wir werden gewiss nicht gepeinigt werden.« 36 Sprich: Mein Herr teilt den Lebensunterhalt
großzügig, wem Er will, und auch bemessen zu. Aber die meisten
Menschen wissen nicht Bescheid. 37 Es ist nicht euer Vermögen,
und es sind auch nicht eure Kinder, die euch Zutritt in unsere Nähe verschaffen, mit Ausnahme derer, die glauben und Gutes tun.
Diese erhalten einen doppelten Lohn für das, was sie getan haben,
und sie werden in den Obergemächern in Sicherheit sein. 38 Diejenigen aber, die eifrig gegen unsere Zeichen vorgehen und ihnen
Machtlosigkeit nachweisen wollen, werden in der Pein vorgeführt.
39 Sprich: Mein Herr teilt den Lebensunterhalt großzügig, wem
von seinen Dienern Er will, und auch bemessen zu. Und was ihr
auch immer spendet, Er wird es euch ersetzen. Er ist der beste der
Versorger.
40 Und am Tag, da Er sie alle versammelt. Dann spricht Er zu den
Engeln: »Diese da, pflegten sie euch zu verehren?« 41 Sie sagen:

»Preis sei Dir! Du bist unser Freund, nicht sie. Nein, sie verehrten die Djinn. Die meisten von ihnen glauben an sie.« 42 »Heute könnt ihr einander weder Nutzen noch Schaden bringen.« Und Wir sprechen zu denen, die Unrecht getan haben: »Kostet die Pein des Feuers, das ihr immer wieder für Lüge erklärt habt.«

43 Und wenn ihnen unsere Zeichen als deutliche Beweise verlesen werden, sagen sie: »Dieser ist nur ein Mann, der euch von dem abbringen will, was eure Väter verehrten.« Und sie sagen: »Das ist nichts als eine erdichtete Lüge.« Und diejenigen, die ungläubig sind, sagen von der Wahrheit, als sie zu ihnen kam: »Das ist nichts als eine offenkundige Zauberei.« 44 Und Wir haben ihnen keine Bücher zukommen lassen, die sie hätten erforschen können. Und Wir haben vor dir keinen Warner zu ihnen gesandt. 45 Für Lüge haben es (auch) die erklärt, die vor ihnen lebten, wobei diese nicht einmal das Zehntel dessen erreicht haben, was Wir jenen zukommen ließen. Sie haben meine Gesandten der Lüge geziehen. Wie war aber dann meine Missbilligung! *46 Sprich: Ich ermahne   [44 ¼] euch, eines (zu beachten): dass ihr euch zu zweit und einzeln vor Gott hinstellt und dann nachdenkt. Euer Gefährte leidet nicht an Besessenheit. Er ist euch nur ein Warner vor dem Eintreten einer harten Pein. 47 Was ich auch immer an Lohn hätte verlangen können, das gehört euch. Mein Lohn obliegt Gott allein. Und er ist Zeuge über alle Dinge. 48 Sprich: Mein Herr lässt die Wahrheit überbringen. Er, der die unsichtbaren Dinge alle weiß. 49 Sprich: Die Wahrheit ist gekommen. Das Falsche kann weder etwas neu erschaffen noch es wiederholen. 50 Sprich: Wenn ich irregehe, gehe ich irre zu meinem eigenen Schaden. Und wenn ich der Rechtleitung folge, so ist es durch das, was mir mein Herr offenbart. Er hört alles und ist nahe.

51 Könntest du nur sehen, wenn sie erschrecken! Da gibt es kein Entrinnen, und sie werden aus einem nahen Ort weggerafft. 52 Und sie sagen: »Wir glauben daran.« Aber wie sollte es ihnen gelingen, ihn* aus einem fernen Ort* zu erlangen, 53 wo sie ihn

---

52: ihn: den Glauben.
52: Hier: aus dem Jenseits, wo sie sich nun befinden.

doch vorher verleugnet haben? Und sie raten in Bezug auf das Unsichtbare herum aus einem fernen Ort*. 54 Und es wird eine Trennung vorgenommen zwischen ihnen und dem, was sie begehren, so wie es vorher mit ihresgleichen gemacht wurde. Sie waren ja in einem starken Zweifel.

Sure 35

Schöpfer (Fāṭir)

zu Mekka, 45 Verse

Im Namen Gottes, des Erbarmers, des Barmherzigen.
1 Lob sei Gott, dem Schöpfer der Himmel und der Erde, der die Engel zu Boten gemacht hat mit Flügeln, je zwei, drei und vier! Er fügt der Schöpfung hinzu, was Er will. Gott hat Macht zu allen Dingen. 2 Was Gott den Menschen an Barmherzigkeit eröffnet, kann niemand zurückhalten. Und was Er zurückhält, kann niemand nach Ihm zur Verfügung stellen. Und Er ist der Mächtige, der Weise. 3 O ihr Menschen, gedenket der Gnade Gottes zu euch. Gibt es denn einen anderen Schöpfer als Gott, der euch vom Himmel und von der Erde versorgt? Es gibt keinen Gott außer Ihm. Wie leicht lasst ihr euch doch abwenden! 4 Wenn sie dich der Lüge zeihen, so wurden vor dir Gesandte der Lüge geziehen. Und zu Gott werden die Angelegenheiten zurückgebracht.
5 O ihr Menschen, das Versprechen Gottes ist wahr. So soll euch das diesseitige Leben nicht betören. Und nicht betören soll euch in Bezug auf Gott der Betörer. 6 Der Satan ist euch ein Feind. So nehmt auch ihr ihn euch zum Feind. Er ruft ja seine Anhänger dazu, zu den Gefährten des Feuerbrandes zu gehören. 7 Bestimmt ist für diejenigen, die ungläubig sind, eine harte Pein, und für die-

---

53:   Hier bezieht sich der ferne Ort auf das Unsichtbare des Diesseits.

jenigen, die glauben und die guten Werke tun, Vergebung und ein großer Lohn. 8 Soll der, dem sein böses Tun verlockend gemacht worden ist und der es dann auch schön findet, (rechtgeleitet sein)? Gott führt irre, wen Er will, und Er leitet recht, wen Er will. So soll deine Seele nicht über sie in Bedauern zergehen. Gott weiß, was sie machen.

9 Und Gott ist es, der die Winde schickt, und sie wühlen die Wolken auf. Dann treiben Wir sie zu einem abgestorbenen Land und beleben damit die Erde nach ihrem Absterben wieder. So ist es auch mit der Auferstehung. 10 Wenn einer die Macht sucht, so gehört alle Macht Gott. Zu Ihm steigt das gefällige Wort, und die gute Tat lässt Er (zu sich) aufsteigen. Und für die, die böse Ränke schmieden, ist eine harte Pein bestimmt. Und ihre Ränke werden dem Verderben anheimfallen.

11 Und Gott hat euch aus Erde, dann aus einem Tropfen erschaffen und euch dann zu Paaren gemacht. Kein Weib wird schwanger oder kommt nieder, es sei denn mit seinem Wissen. Und keinem, der alt wird, wird das Altwerden oder eine Verkürzung seiner Lebenszeit zuteil, ohne dass es in einem Buch stünde. Dies ist Gott ein Leichtes. 12 Die zwei Meere sind nicht gleich. Das eine ist süß, erfrischend und bekömmlich zu trinken; das andere ist salzig und bitter. Und aus beiden esst ihr frisches Fleisch und holt Schmuck heraus, den ihr anlegt. Und du siehst die Schiffe es durchspalten, damit ihr nach etwas von seiner Huld strebt und auf dass ihr dankbar werdet. 13 Er lässt die Nacht in den Tag übergehen und den Tag in die Nacht. Und Er hat die Sonne und den Mond dienstbar gemacht, sodass jedes seinen Lauf auf eine bestimmte Frist nimmt. So ist Gott, euer Herr, Ihm gehört die Königsherrschaft. Die aber, die ihr an seiner Stelle anruft, verfügen nicht einmal über das Häutchen eines Dattelkernes. 14 Wenn ihr sie anruft, hören sie euer Rufen nicht. Und würden sie (es) doch hören, sie würden euch nicht erhören. Und am Tag der Auferstehung verleugnen sie eure Beigesellung. Und niemand kann dir Kunde geben wie Einer, der Kenntnis von allem hat.

*15 O ihr Menschen, ihr seid es, die Gottes bedürftig sind. Und [44 ½] Gott ist der, der auf niemanden angewiesen und des Lobes würdig ist. 16 Wenn Er will, lässt Er euch fortgehen und eine neue Schöpfung kommen. 17 Und dies fällt Gott nicht schwer. 18 Und keine Last tragende Seele trägt die Last einer anderen. Und wenn eine Schwerbeladene (zum Mittragen) ihrer Last aufruft, wird nichts davon (für sie) getragen, und ginge es auch dabei um einen Verwandten. Du kannst nur die warnen, die ihren Herrn im Verborgenen fürchten und das Gebet verrichten. Und wer sich läutert, läutert sich zu seinem eigenen Vorteil. Und zu Gott führt der Lebensweg. 19 Nicht gleich sind der Blinde und der Sehende, 20 noch die Finsternisse und das Licht, 21 noch der Schatten und die Sommerhitze. 22 Und nicht gleich sind auch die Lebenden und die Toten. Gott lässt hören, wen Er will. Du bist es nicht, der die hören lässt, die in den Gräbern sind. 23 Du bist nur ein Warner. 24 Wir haben dich mit der Wahrheit gesandt als Freudenboten und als Warner. Und es gibt keine Gemeinschaft, bei der nicht früher ein Warner aufgetreten wäre. 25 Und wenn sie dich der Lüge zeihen, so haben auch diejenigen, die vor ihnen lebten, (die Gesandten) der Lüge geziehen. Ihre Gesandten kamen zu ihnen mit den deutlichen Zeichen und mit den Schriften und dem erleuchtenden Buch. 26 Dann ergriff Ich die, die ungläubig waren. Und wie war meine Missbilligung!

27 Hast du nicht gesehen, dass Gott vom Himmel Wasser herabkommen lässt? Dann bringen Wir dadurch Früchte von verschiedenen Arten hervor. Und bei den Bergen gibt es Züge von verschiedenen Farben, weiße und rote und rabenschwarze. 28 Und bei den Menschen und den Tieren und dem Vieh gibt es Arten von verschiedener Farbe. So ist es. Wahrlich, Gott fürchten unter seinen Dienern eben die Gelehrten. Gott ist mächtig und voller Vergebung. 29 Diejenigen, die das Buch Gottes verlesen, das Gebet verrichten und von dem, was Wir ihnen beschert haben, geheim und offen spenden, hoffen auf einen Handel, der niemals dem Verderben anheimfallen wird, 30 damit Er ihnen ihren Lohn voll erstatte und ihnen von seiner Huld noch mehr gebe. Er ist voller Vergebung und zeigt sich erkenntlich.

31 Und was Wir dir vom Buch offenbart haben, ist die Wahrheit als Bestätigung dessen, was vor ihm vorhanden war. Gott hat

Kenntnis von seinen Dienern, und Er sieht sie wohl. 32 Dann haben Wir das Buch denen von unseren Dienern, die Wir auserwählt haben, zum Erbe gegeben. Manch einer von ihnen tut sich selbst Unrecht, manch anderer von ihnen zeigt einen maßvollen Wandel, und manch anderer von ihnen ist (sogar) im Wettlauf nach den guten Dingen (den anderen) voraus mit der Erlaubnis Gottes. Das ist die große Huld: 33 die Gärten von Eden, in die sie eingehen. Geschmückt werden sie mit Armringen aus Gold und mit Perlen, und ihre Kleidung darin ist aus Seide. 34 Und sie sagen: »Lob sei Gott, der die Betrübtheit von uns weggenommen hat! Unser Herr ist wahrlich voller Vergebung und zeigt sich erkenntlich. 35 Er, der uns durch seine Huld in die Wohnstätte des (ewigen) Aufenthaltes versetzt hat, in der uns keine Ermüdung befällt, und in der uns keine Ermattung befällt.« 36 Für diejenigen, die ungläubig sind, ist das Feuer der Hölle bestimmt. Darin wird mit ihnen kein Ende gemacht, sodass sie sterben, und es wird ihnen auch seine Pein nicht erleichtert. So vergelten Wir jedem, der sehr ungläubig ist. 37 Und sie schreien darin: »Unser Herr, lass uns herauskommen, so werden wir Gutes tun und nicht das, was wir zu tun pflegten.« – »Haben Wir euch nicht so alt werden lassen, dass jeder, der es hätte bedenken wollen, es hätte bedenken können? Und ist nicht der Warner zu euch gekommen? So kostet (es) nun. Die, die Unrecht tun, haben keinen Helfer.«
38 Gott ist der, der das Unsichtbare der Himmel und der Erde weiß. Er weiß über das innere Geheimnis Bescheid. 39 Er ist es, der euch zu aufeinander folgenden Generationen auf der Erde gemacht hat. Wer nun ungläubig ist, dessen Unglaube lastet auf ihm. Und den Ungläubigen bringt ihr Unglaube bei ihrem Herrn nur noch mehr Abscheu. Und den Ungläubigen bringt ihr Unglaube nur noch mehr Verlust. 40 Sprich: Habt ihr eure Teilhaber gesehen, die ihr anstelle Gottes anruft? Zeigt mir doch, was sie von der Erde erschaffen haben. Oder haben sie etwa einen Anteil an den Himmeln? Oder haben Wir ihnen (sonst) ein Buch zukommen lassen, sodass sie von daher einen deutlichen Beweis hätten? Nein, die, die Unrecht tun, versprechen einander nur Betörung. *41 Gott [44 3/4] hält die Himmel und die Erde, dass sie nicht vergehen. Würden sie

vergehen, so könnte niemand nach Ihm sie festhalten. Er ist langmütig und voller Vergebung.

42 Und sie haben bei Gott ihren eifrigsten Eid geschworen, sie
würden, wenn ein Warner zu ihnen käme, treuer der Rechtleitung
folgen als irgendeine von den Gemeinschaften. Als dann aber ein
Warner zu ihnen kam, mehrte es in ihnen nur noch die Abnei-
gung, 43 da sie sich auf der Erde hochmütig verhielten und böse
Ränke schmiedeten. Aber die bösen Ränke umschließen nur ihre
Urheber. Erwarten sie denn (für sich) etwas anderes als die Art, wie
mit den Früheren verfahren wurde? Du wirst bei dem Verfahren
Gottes keine Veränderung finden, und du wirst bei dem Verfahren
Gottes keine Verwandlung finden. 44 Sind sie denn nicht auf der
Erde umhergegangen und haben geschaut, wie das Ende derer
war, die vor ihnen lebten? Sie hatten eine stärkere Kraft als sie.
Und Gottes Wille wird durch nichts vereitelt weder in den Himmeln noch auf der Erde. Er weiß Bescheid und ist mächtig.
45 Und wenn Gott die Menschen für das, was sie erworben haben,
belangen wollte, würde Er auf ihrer Oberfläche kein Tier übrig lassen. Aber Er stellt sie zu einer bestimmten Frist zurück. Und wenn
ihre Frist kommt – wahrlich, Gott sieht wohl seine Diener.

Sure 36

Yā Sīn

zu Mekka, 83 Verse

Im Namen Gottes, des Erbarmers, des Barmherzigen.
1 Yā Sīn*. 2 Beim weisen Koran, 3 du bist einer der Gesandten
4 auf einem geraden Weg. 5 Er ist die Herabsendung des Mächtigen, des Barmherzigen, 6 damit du Leute warnst, deren Väter

---

1:     Die Bedeutung dieser Buchstaben ist noch nicht geklärt.

nicht gewarnt wurden, sodass sie (alles) unbeachtet lassen. 7 Der Spruch ist über die meisten von ihnen fällig geworden, so glauben sie nicht. 8 Wir haben an ihren Hals Fesseln angebracht, die bis zum Kinn reichen, sodass sie den Kopf hochhalten müssen. 9 Und Wir haben vor ihnen eine Sperrmauer und hinter ihnen eine Sperrmauer gemacht und sie umhüllt, sodass sie nicht sehen können. 10 Und es ist ihnen gleich, ob du sie warnst oder ob du sie nicht warnst; sie glauben nicht. 11 Warnen kannst du nur den, der der Ermahnung folgt und den Erbarmer im Verborgenen fürchtet. So verkünde ihm Vergebung und trefflichen Lohn. 12 Wir, ja Wir machen die Toten wieder lebendig. Und Wir schreiben auf, was sie vorausgeschickt haben und auch ihre Spuren. Alle Dinge haben Wir in einer deutlichen Anzeigeschrift erfasst.

13 Und führe ihnen als Gleichnis die Leute der Stadt an, als die Gesandten zu ihr kamen. 14 Als Wir zwei zu ihnen sandten, da ziehen sie beide der Lüge. Wir brachten durch einen dritten Verstärkung. Sie sagten: »Wir sind zu euch gesandt.« 15 Sie sagten: »Ihr seid nur Menschen wie wir. Der Erbarmer hat nichts herabgesandt. Ihr lügt nur.« 16 Sie sagten: »Unser Herr weiß es, wir sind wirklich zu euch gesandt. 17 Und uns obliegt nur die deutliche Ausrichtung (der Botschaft).« 18 Sie sagten: »Wir sehen in euch ein böses Omen. Wenn ihr nicht aufhört, werden wir euch bestimmt steinigen, und euch wird bestimmt eine schmerzhafte Pein von uns treffen.« 19 Sie sagten: »Euer Omen ist bei euch selbst. (Redet ihr denn so,) wenn ihr ermahnt werdet? Nein, ihr seid eher maßlose Leute.« 20 Und vom äußersten Ende der Stadt kam ein Mann gelaufen. Er sagte: »O mein Volk, folgt den Gesandten. 21 Folgt denen, die von euch keinen Lohn verlangen und der Rechtleitung folgen. 22 Und warum sollte ich dem nicht dienen, der mich erschaffen hat und zu dem ihr zurückgebracht werdet? 23 Soll ich mir etwa an seiner Stelle andere Götter nehmen, deren Fürbitte, falls der Erbarmer mir Schaden zufügen will, mir nichts nützt, und die mich nicht retten können? 24 Ich würde mich in einem offenkundigen Irrtum befinden. 25 Ich glaube an euren Herrn, so hört auf mich.« 26 Es wurde (zu ihm) gesprochen: »Geh ins Paradies ein.« Er sagte: »O wüsste doch mein Volk davon,

27 dass mein Herr mir vergeben und mich zu denen gestellt hat, die ehrenvoll behandelt werden!« *28 Nach ihm sandten Wir kein Heer vom Himmel gegen sein Volk herab; ja Wir sandten auch sonst nichts (gegen sie) herab. 29 Es genügte ein einziger Schrei, da waren sie plötzlich ausgelöscht. 30 Schade um die Diener! Kein Gesandter kommt zu ihnen, ohne dass sie ihn verspotten würden. 31 Haben sie denn nicht gesehen, wie viele Generationen Wir vor ihnen haben verderben lassen, und dass sie zu ihnen nicht zurückkehren? 32 Und sie werden unausweichlich alle insgesamt bei Uns vorgeführt.

33 Und ein Zeichen ist für sie die abgestorbene Erde. Wir haben sie belebt und aus ihr Körner hervorgebracht, von denen sie essen. 34 Und Wir haben auf ihr Gärten von Palmen und Weinstöcken gelegt und durch sie Quellen hervorbrechen lassen, 35 damit sie von ihren Früchten essen können. Nicht ihre Hände haben sie geschaffen. Wollen sie denn nicht dankbar sein? 36 Preis sei dem, der die Paare alle erschaffen hat: bei dem, was die Erde wachsen lässt, bei ihnen selbst und bei dem, was sie nicht wissen! 37 Und ein Zeichen ist für sie die Nacht. Wir ziehen von ihr den Tag weg, und schon befinden sie sich im Dunkeln. 38 Und die Sonne läuft zu einem für sie bestimmten Aufenthaltsort. Das ist das Dekret dessen, der mächtig ist und Bescheid weiß. 39 Und den Mond haben Wir in Stationen gemessen, bis er abnimmt und wie ein alter Palmstiel wird. 40 Weder darf die Sonne den Mond einholen, noch kommt die Nacht dem Tag zuvor. Und jedes Gestirn nimmt seinen Lauf in einer (eigenen) Sphäre. 41 Und ein Zeichen ist es für sie, dass Wir ihre Nachkommenschaft auf dem voll beladenen Schiff getragen haben. 42 Und Wir haben ihnen etwas Gleiches geschaffen, was sie besteigen. 43 Und wenn Wir wollen, lassen Wir sie ertrinken, dann gibt es niemanden, zu dem sie um Hilfe schreien könnten, und sie werden nicht gerettet, 44 es sei denn aus Barmherzigkeit von Uns und zur Nutznießung für eine Weile. 45 Und wenn zu ihnen gesagt wird: »Hütet euch vor dem, was vor euch, und dem, was hinter euch ist, auf dass ihr Erbarmen findet.« ... 46 Kein Zeichen von den Zeichen ihres Herrn kommt zu ihnen, ohne dass sie sich davon abwenden. 47 Und wenn zu ihnen ge-

sagt wird: »Spendet von dem, was Gott euch beschert hat«, sagen diejenigen, die ungläubig sind, zu denen, die glauben: »Sollen wir den ernähren, den Gott, wenn Er wollte, ernähren würde? Ihr befindet euch in einem offenkundigen Irrtum.«

48 Und sie sagen: »Wann wird diese Androhung eintreten, so ihr die Wahrheit sagt?« 49 Sie warten wohl nur auf einen einzigen Schrei, der sie ergreift, während sie noch miteinander streiten. 50 Da werden sie kein Testament machen und auch nicht zu ihren Angehörigen zurückkehren können. 51 Es wird in die Trompete geblasen, und gleich eilen sie aus den Gräbern zu ihrem Herrn herbei. 52 Sie sagen: »O wehe uns! Wer hat uns von unserer Schlafstätte erweckt? Das ist, was der Erbarmer versprochen hat, und die Gesandten haben die Wahrheit gesagt.« 53 Es genügt nur ein einziger Schrei, da werden sie allesamt bei Uns vorgeführt. 54 »Heute wird niemandem irgendein Unrecht getan. Und euch wird nur das vergolten, was ihr zu tun pflegtet.« 55 Die Gefährten des Paradieses finden heute Beschäftigung und Wohlbehagen. 56 Sie und ihre Gattinnen befinden sich im Schatten und lehnen sich auf Liegen. 57 Sie haben darin Früchte, und sie haben, was sie für sich wünschen. 58 »Friede!«, als Anrede von einem barmherzigen Herrn. 59 »Scheidet euch heute (von den Gottesfürchtigen), ihr Übeltäter. *60 Habe Ich euch, o ihr Kinder Adams, nicht auferlegt, [45 ¼] ihr sollt nicht dem Satan dienen – er ist euch ja ein offenkundiger Feind –, 61 ihr sollt Mir dienen – das ist ein gerader Weg? 62 Er hat doch viele Geschöpfe aus euren Reihen irregeführt. Hattet ihr denn keinen Verstand? 63 Das ist die Hölle, die euch immer wieder angedroht wurde. 64 Ihr sollt heute darin brennen dafür, dass ihr ungläubig waret.« 65 Heute versiegeln Wir ihnen den Mund. Ihre Hände werden zu Uns sprechen und ihre Füße Zeugnis ablegen über das, was sie erworben haben. 66 Und wenn Wir wollten, würden Wir ihre Augen auswischen. Und sie eilen dann zum Weg um die Wette, aber wie könnten sie da sehen? 67 Wenn Wir wollten, würden Wir sie an ihrem Ort verwandeln, sodass sie nicht mehr vorangehen können und auch nicht zurückkehren. 68 Wen Wir alt werden lassen, den lassen Wir in seiner körperlichen Verfassung eine Kehrtwende machen. Haben sie denn keinen Verstand?

69 Und Wir haben ihn nicht das Dichten gelehrt, und es ziemt ihm nicht. Das ist doch nur eine Ermahnung und ein deutlicher Koran, 70 damit er diejenigen warne, die (da) leben, und der Spruch fällig werde gegen die Ungläubigen.

71 Haben sie denn nicht gesehen, dass Wir ihnen unter dem, was unsere Hände gemacht haben, Herdentiere erschaffen haben, über die sie verfügen? 72 Und Wir haben sie ihnen unterworfen. Einige von ihnen dienen ihnen als Reittiere, von anderen können sie essen. 73 Und sie haben an ihnen allerlei Nutzen und etwas zu trinken. Wollen sie denn nicht dankbar sein? 74 Und sie haben sich anstelle Gottes Götter genommen, in der Hoffnung, Unterstützung zu finden. 75 Sie können doch ihnen keine Unterstützung gewähren, und sie sind für sie Truppen, die selbst vorgeführt werden. 76 Ihre Worte sollen dich nicht betrüben. Wir wissen ja, was sie geheim halten und was sie offenlegen.

77 Hat denn der Mensch nicht gesehen, dass Wir ihn aus einem Tropfen erschaffen haben, und doch ist er ein offenkundiger Widerstreiter. 78 Er führt Uns ein Gleichnis an und vergisst, dass er erschaffen ist. Er sagt: »Wer macht diese Gebeine wieder lebendig, wenn sie auseinandergefallen sind?« 79 Sprich: Wieder lebendig macht sie der, der sie das erste Mal hat entstehen lassen. Und Er weiß über alle Geschöpfe Bescheid. 80 Er, der euch aus grünen Bäumen Feuer gemacht hat, sodass ihr gleich damit anzünden könnt. 81 Hat nicht der, der die Himmel und die Erde erschaffen hat, auch Macht, ihresgleichen zu erschaffen? Ja doch. Und Er ist der, der alles erschafft und Bescheid weiß. 82 Sein Befehl, wenn Er etwas will, ist, dazu nur zu sagen: Sei!, und es ist. 83 Preis sei dem, in dessen Hand die Herrschaft über alle Dinge ist und zu dem ihr zurückgebracht werdet!

Sure 37

Die sich reihen (al-Ṣāffāt)

zu Mekka, 182 Verse

Im Namen Gottes, des Erbarmers, des Barmherzigen.

1 Bei denen, die reihenweise sich reihen, 2 und denen, die einen Scheltgeschrei ausstoßen, 3 und denen, die eine Ermahnung verlesen! 4 Euer Gott ist ein Einziger, 5 der Herr der Himmel und der Erde und dessen, was dazwischen ist, und der Herr der östlichen Gegenden. 6 Wir haben den untersten Himmel mit einem Schmuck geziert: mit den Sternen. 7 Und dies zum Schutz vor jedem rebellischen Satan. 8 So können sie* der obersten Ratsversammlung nicht lauschen, und sie werden von allen Seiten beworfen, 9 damit sie zurückgestoßen werden – und für sie ist eine ständige Pein bestimmt –, 10 außer dem, der etwas aufschnappt und den dann eine leuchtende Sternschnuppe verfolgt. 11 Frag sie doch um ihre Meinung: Ist es etwa schwerer, sie zu erschaffen als die, die Wir (sonst) erschaffen haben? Wir haben sie ja aus haftendem Ton erschaffen. 12 Nein, du wunderst dich*, sie aber höhnen. 13 Und wenn sie ermahnt werden, bedenken sie es nicht. 14 Und wenn sie ein Zeichen sehen, verhöhnen sie es miteinander. 15 Und sie sagen: »Das ist nur eine offenkundige Zauberei. 16 Wenn wir gestorben und Staub und Knochen geworden sind, sollen wir dann wirklich auferweckt werden? 17 Und auch unsere Vorväter?« 18 Sprich: Ja, und ihr werdet euch demütig verhalten. 19 Es genügt ein einziger Scheltgeschrei, da schauen sie schon hin. 20 Und sie sagen: »O weh uns! Das ist der Tag des Gerichtes!« 21 – »Das ist der Tag der Scheidung, den ihr für Lüge zu erklären pflegtet. *22 – Versammelt nun diejenigen, die Unrecht getan haben, ihre Partner und das, was sie verehrten 23 anstelle Gottes. Dann führt sie zum Weg der Hölle 24 und stellt sie auf, sie werden [45 ½]

8:     die Satane.
12:    wie verstockt sie sind.

zur Verantwortung gezogen. 25 – Was ist mit euch, dass ihr nicht einander unterstützt?« 26 Nein, heute ergeben sie sich. 27 Und sie gehen aufeinander zu, um sich gegenseitig zu befragen. 28 Sie sagen: »Ihr kamt doch von rechts her* zu uns.« 29 Sie sagen: »Nein, ihr waret ja nicht gläubig. 30 Wir aber hatten keine Macht über euch, sondern ihr waret Leute, die ein Übermaß an Frevel zeigten. 31 So ist der Spruch unseres Herrn gegen uns zu Recht fällig geworden. Wir werden bestimmt (die Pein) kosten. 32 Und so haben wir euch abirren lassen. Wir waren ja selbst abgeirrt.« 33 An jenem Tag werden sie an derselben Pein teilhaben.

34 So handeln Wir an den Übeltätern. 35 Wenn zu ihnen gesagt wurde: »Es gibt keinen Gott außer Gott«, verhielten sie sich hochmütig 36 und sagten: »Sollen wir denn unsere Götter verlassen wegen eines besessenen Dichters?« 37 Aber nein, er ist mit der Wahrheit gekommen und hat die Gesandten bestätigt. 38 Ihr werdet bestimmt die schmerzhafte Pein kosten, 39 und euch wird nur für das vergolten, was ihr zu tun pflegtet, 40 ausgenommen den auserwählten Dienern Gottes. 41 Für diese ist ein festgelegter Unterhalt bestimmt: 42 Früchte, und sie werden ehrenvoll behandelt 43 in den Gärten der Wonne 44 auf Liegen, einander gegenüber. 45 Dabei wird ihnen ein Becher aus einem Quell herumgereicht, 46 weiß, genußvoll für die, die (daraus) trinken. 47 Darin steckt keine heimtückische Beeinträchtigung, und dadurch werden sie nicht berauscht. 48 Und bei ihnen sind (Ḥūrī), die ihre Blicke zurückhalten und schöne, große Augen haben, 49 als ob sie wohlverwahrte Eier wären. 50 Und sie gehen aufeinander zu, um sich gegenseitig zu befragen. 51 Ein Sprecher unter ihnen sagt: »Ich hatte einen Gesellen, 52 der sagte: ›Gehörst du wirklich zu denen, die es für wahr halten? 53 Sollen wir, wenn wir gestorben und Staub und Knochen geworden sind, dann wirklich gerichtet werden?‹« 54 Er sagt (weiter): »Wollt ihr denn hinabschauen?« 55 Er schaut selbst hinab und sieht ihn* mitten in der Hölle. 56 Er sagt: »Bei Gott, beinahe hättest du mich ins Verderben gestürzt.

28:   D.h.: von der guten Seite, die nichts Böses ahnen lässt.
55:   seinen Gesellen.

57 Und ohne die Gnade meines Herrn würde ich nun zu denen gehören, die vorgeführt werden. 58 Ist es nicht wirklich so, dass wir sterben 59 nur durch unseren ersten Tod, und dass wir nicht gepeinigt werden? 60 Das ist doch der großartige Erfolg! 61 Für ein solches Ziel sollen diejenigen, die handeln, (ihre Werke) tun.« 62 Ist dies als Herberge* besser oder der Zaqqūm-Baum? 63 Den haben Wir zu einer Versuchung für die gemacht, die Unrecht tun. 64 Es ist ein Baum, der aus dem Grund der Hölle herauskommt 65 und dessen Fruchtscheide so ist, als wären es Köpfe von Satanen. 66 Sie essen davon und füllen sich die Bäuche. 67 Dann erhalten sie darauf eine Mischung von heißem Wasser. 68 Dann kehren sie zur Hölle zurück. 69 Sie haben ihre Väter im Irrtum vorgefunden, 70 da werden sie auf ihren Spuren eilig getrieben. 71 Vor ihnen sind bereits die meisten unter den Früheren abgeirrt, 72 und Wir haben unter sie Warner gesandt. 73 So schau, wie das Ende der Gewarnten war, 74 ausgenommen der auserwählten Diener Gottes.

75 Und wahrlich, Noach* rief Uns an – welch vorzüglicher Erhörer sind Wir! 76 Und Wir erretteten ihn und seine Angehörigen aus der großen Drangsal 77 und machten seine Nachkommenschaft zu den (einzig) Überlebenden. 78 Und Wir ließen seinen Ruf unter den späteren Generationen fortbestehen. 79 Friede sei über Noach unter den Weltenbewohnern! 80 So entlohnen Wir die Rechtschaffenen. 81 Er gehört zu unseren gläubigen Dienern. 82 Dann ließen Wir die anderen ertrinken. *83 Zu seiner Gemeinde gehört [45 3/4] Abraham*. 84 Als er mit gesundem Herzen zu seinem Herrn kam. 85 Als er zu seinem Vater und seinem Volk sagte: »Was verehrt ihr da? 86 Sucht ihr eine Lüge: Götter anstelle Gottes? 87 Welche Meinung habt ihr denn vom Herrn der Welten?« 88 Und er warf einen Blick zu den Sternen 89 und sagte: »Ich bin krank.« 90 Da kehrten sie ihm den Rücken. 91 Nun schlich er sich zu ihren Göttern und sagte: »Wollt ihr nicht essen? 92 Was ist mit euch, dass

ihr nicht redet?« 93 Und er wandte sich und schlug auf sie mit der Rechten ein. 94 Da kamen sie auf ihn zu geeilt. 95 Er sagte: »Wie könnt ihr denn das verehren, was ihr selbst meißelt, 96 wo doch Gott euch und das, was ihr tut, erschaffen hat?« 97 Sie sagten: »Baut für ihn einen Bau und werft ihn in die Hölle.« 98 Sie wollten gegen ihn mit einer List vorgehen. Da machten Wir sie zu den Unterlegenen. 99 Er sagte: »Ich gehe zu meinem Herrn, Er wird mich rechtleiten. 100 O mein Herr, schenk mir einen von den Rechtschaffenen.« 101 Da verkündeten Wir ihm einen langmütigen Knaben. 102 Als dieser das Alter erreichte, dass er mit ihm laufen konnte, sagte er: »Mein lieber Sohn, ich sehe im Schlaf, dass ich dich schlachte. Schau jetzt, was du meinst.« Er sagte: »O mein Vater, tu, was dir befohlen wird. Du wirst finden, so Gott will, dass ich zu den Standhaften gehöre.« 103 Als sie sich beide ergeben gezeigt hatten und er ihn auf die eine Stirnseite niedergeworfen hatte, 104 da riefen Wir ihm zu: »O Abraham, 105 du hast das Traumgesicht wahr gemacht.« So entlohnen Wir die Rechtschaffenen. 106 Das ist die offenkundige Prüfung. 107 Und Wir lösten ihn* mit einem großen Schlachtopfer aus. 108 Und Wir ließen seinen Ruf unter den späteren Generationen fortbestehen. 109 Friede sei über Abraham! 110 So entlohnen Wir die Rechtschaffenen. 111 Er gehört zu unseren gläubigen Dienern. 112 Und Wir verkündeten ihm Isaak als einen Propheten von den Rechtschaffenen. 113 Und Wir segneten ihn und Isaak. Unter ihren Nachkommen gibt es welche, die rechtschaffen sind, und welche, die sich selbst offenkundig Unrecht tun.

114 Und Wir erwiesen Mose und Aaron eine Wohltat* 115 und erretteten sie beide und ihr Volk aus der großen Drangsal. 116 Und Wir unterstützten sie, da waren sie es, die die Sieger wurden. 117 Und Wir ließen ihnen beiden das deutliche Buch zukommen 118 und führten sie den geraden Weg. 119 Und Wir ließen ihren Ruf unter den späteren Generationen fortbestehen. 120 Friede sei

107: seinen Sohn.
114–122: Vgl. 7,103–137.

über Mose und Aaron! 121 So entlohnen Wir die Rechtschaffenen. 122 Sie beide gehören zu unseren gläubigen Dienern. 123 Auch Elias war einer der Gesandten. 124 Als er zu seinem Volk sagte: »Wollt ihr nicht gottesfürchtig sein? 125 Wie könnt ihr den Baal anrufen und den Besten der Schöpfer verlassen, 126 Gott, euren Herrn und den Herrn eurer Vorväter?« 127 Da ziehen sie ihn der Lüge. So werden sie gewiss vorgeführt werden, 128 ausgenommen die auserwählten Diener Gottes. 129 Und Wir ließen seinen Ruf unter den späteren Generationen fortbestehen. 130 Friede sei über Elias! 131 So entlohnen Wir die Rechtschaffenen. 132 Er gehört zu unseren gläubigen Dienern.

133 Auch Lot* war einer der Gesandten. 134 Als Wir ihn und alle seine Angehörigen erretteten, 135 außer einer alten Frau unter denen, die zurückblieben und dem Verderben anheimfielen. 136 Dann zerstörten Wir die anderen. 137 Ihr kommt ja an ihnen vorbei, am Morgen 138 und in der Nacht. Habt ihr denn keinen Verstand?

139 Auch Jonas war einer der Gesandten. 140 Als er zum voll beladenen Schiff davonlief. 141 Er warf Lose und wurde einer der Unterlegenen. 142 Der Fisch verschlang ihn, der sich Tadel zugezogen hatte. 143 Und wäre er nicht einer von denen geworden, die (Gott) preisen, 144 wäre er in seinem Bauch geblieben bis zu dem Tag, an dem sie auferweckt werden. *145 Da warfen Wir ihn [46] auf das kahle Land; dabei war er krank. 146 Und Wir ließen eine Kürbisstaude über ihm wachsen. 147 Und Wir sandten ihn zu Hunderttausend oder gar mehr. 148 Da glaubten sie. Und Wir gewährten ihnen Nutznießung für eine Weile.

149 Frag sie um ihre Meinung: Gehören deinem Herrn etwa die Töchter und ihnen die Söhne? 150 Oder haben Wir die Engel als weibliche Wesen erschaffen, während sie zugegen waren? 151 Es ist aus Lügenhaftigkeit, dass sie sagen: 152 »Gott hat gezeugt.« Wahrlich, sie sind Lügner. 153 Hat Er sich denn die Töchter vor den Söhnen auserwählt? 154 Was ist mit euch? Wie urteilt ihr nur? 155 Wollt ihr es nicht bedenken? 156 Oder habt ihr eine of-

133–138: Vgl. 7,80–84.

fenkundige Ermächtigung? 157 Dann bringt euer Buch herbei, so
ihr die Wahrheit sagt. 158 Und sie stellen zwischen Ihm und den
Djinn eine Verwandtschaft her. Aber die Djinn wissen, dass sie vorgeführt werden – 159 Preis sei Gott! (Er ist erhaben) über das,
was sie da schildern –, 160 ausgenommen die auserwählten Diener Gottes.

161 Ihr und das, was ihr verehrt, 162 könnt niemanden gegen Ihn
verführen, 163 außer dem, der in der Hölle brennen wird.
164 Und es gibt niemanden von uns*, der nicht einen gekenn-
zeichneten Rang hätte. 165 Wahrlich, wir sind es, die reihenweise
sich reihen, 166 und wahrlich, wir sind es, die lobpreisen.
167 Und sie* pflegten zu sagen: 168 »Wenn wir nur eine Ermahnung gleich der der Früheren hätten, 169 dann wären wir die auserwählten Diener Gottes.« 170 Und doch verleugnen sie Ihn. Aber
sie werden es zu wissen bekommen. 171 Schon früher ist unser
Spruch an unsere gesandten Diener ergangen: 172 Sie sind es, die
Unterstützung erfahren werden. 173 Und unsere Heerscharen
werden die Sieger sein. 174 So kehre dich für eine Weile von ihnen
ab 175 und schau auf sie. Auch sie werden es schauen. 176 Wünschen sie denn unsere Pein zu beschleunigen? 177 Wenn sie sich
aber in ihrem Gebiet niederlässt, dann wird der Morgen der Gewarnten schlimm sein. 178 Und kehre dich für eine Weile von
ihnen ab 179 und schau zu. Auch sie werden es schauen.
180 Preis sei deinem Herrn, dem Herrn der Macht! (Er ist erhaben)
über das, was sie schildern. 181 Und Friede sei über den Gesandten! 182 Und Lob sei Gott, dem Herrn der Welten!

164: den Engeln.
167: die Ungläubigen.

Sure 38

Ṣād

zu Mekka, 88 Verse

Im Namen Gottes, des Erbarmers, des Barmherzigen.
1 Ṣād*. Beim Koran, der die Ermahnung enthält! 2 Nein, diejenigen, die ungläubig sind, zeigen Stolz und befinden sich im Widerstreit. 3 Wie manche Generation haben Wir vor ihnen verderben lassen. Sie riefen, da es doch keine Zeit mehr zum Entrinnen war. 4 Sie wundern sich darüber, dass ein Warner aus ihrer Mitte zu ihnen gekommen ist. Die Ungläubigen sagen: »Dies ist ein Zauberer, der lügt. 5 Will er denn die Götter zu einem einzigen Gott machen? Das ist eine verwunderliche Sache.« 6 Und die Vornehmen unter ihnen gingen fort: »Geht hin und haltet an euren Göttern beharrlich fest. Das ist eine Sache, die gefordert wird. 7 Wir haben nicht gehört, dass es bei der vorherigen Religionsgemeinschaft so etwas gegeben hat. Das ist nur eine Erfindung. 8 Ist die Ermahnung wirklich gerade auf ihn aus unserer Mitte herabgesandt worden?« Nein, sie hegen über meine Ermahnung Zweifel. Nein, sie haben eben meine Pein noch nicht gekostet. 9 Oder besitzen sie etwa die Vorratskammern der Barmherzigkeit deines Herrn, des Mächtigen, des Freigebigen? 10 Oder gehört etwa ihnen die Königsherrschaft der Himmel und der Erde und dessen, was dazwischen ist? So sollen sie doch in den Gängen emporsteigen. 11 Solch eine Heerschar von den Parteien*, die da geschlagen steht! 12 Der Lüge ziehen (ihre Gesandten) schon vor ihnen das Volk Noachs, die ʿĀd und Pharao*, der Besitzer der Pfähle, 13 und die Thamūd, das Volk Lots und die Leute des Waldes*. Das sind

---

1: Die Bedeutung dieses Buchstabens ist noch nicht geklärt.
11: Es sind all diejenigen, die wie die Gegner des Islams die Botschaft ihres jeweiligen Gesandten abgelehnt haben.
12: Vgl. zu Noach 7,59–64; zu ʿĀd 7,65–72; zu Pharao 7,103–137.
13: Vgl. zu Thamūd 7,73–79; zu Lot 7,80–84; zu den Leuten des Waldes (Madyan) 7,85–93.

die Parteien. 14 Alle ausnahmslos ziehen die Propheten der Lüge,
so wurde meine Strafe zu Recht fällig. 15 Diese warten wohl nur
auf einen einzigen Schrei, der keinen Aufschub duldet.

16 Und sie sagen: »Unser Herr, lass unseren Anteil uns ereilen
noch vor dem Tag der Abrechnung.« 17 Ertrag mit Geduld, was
sie sagen. Und gedenke unseres Dieners David, des Kraftvollen. Er
war bereit zur Umkehr. 18 Und Wir machten die Berge dienstbar,
dass sie zusammen mit ihm am Spätabend und bei Sonnenaufgang lobpreisen, 19 und auch die Vögel in Scharen. Alle waren
bereit, zu Ihm umzukehren. 20 Und Wir festigten seine Königsherrschaft und ließen ihm die Weisheit und die Fähigkeit zu ent-
scheidendem Spruch zukommen.

[46 ¼] *21 Ist der Bericht über die Streitenden zu dir gelangt*? Als sie
über die Mauern in die Räume einstiegen. 22 Als sie bei David eintraten. Da hatte er Angst vor ihnen. Sie sagten: »Fürchte dich
nicht. Wir sind zwei Streitparteien, von denen die eine gegen die
andere Übergriffe begangen hat. So urteile zwischen uns nach der
Wahrheit, handle nicht ungerecht und führe uns zum rechten
Weg. 23 Dieser mein Bruder besitzt neunundneunzig Schafe, ich
aber ein einziges Schaf. Nun sagte er: ›Vertraue es mir an‹, und er
setzte mich in der Rede unter Druck.« 24 Er sagte: »Er hat dir Unrecht getan, dass er dein Schaf zu seinen Schafen hinzu verlangte.
Viele von den Partnern begehen gegeneinander Übergriffe, ausgenommen diejenigen, die glauben und die guten Werke tun –
und das sind nur wenige.« Und David verstand, dass Wir ihn der
Versuchung ausgesetzt hatten. Da bat er seinen Herrn um Vergebung und warf sich in Verneigung nieder und wandte sich
(Ihm) reumütig zu. 25 Da vergaben Wir ihm dies. Bestimmt ist für
ihn der Zutritt in unsere Nähe und eine schöne Heimstatt.

26 O David, Wir haben dich zum Nachfolger auf der Erde bestellt.
So urteile zwischen den Menschen nach der Wahrheit und folge
nicht der (eigenen) Neigung, dass sie dich nicht vom Weg Gottes
abirren lässt. Für diejenigen, die vom Weg Gottes abirren, ist eine
harte Pein bestimmt dafür, dass sie den Tag der Abrechnung ver-

21: Vgl. Bibel: 2 Samuel 12,1–14.

gessen haben. 27 Und Wir haben den Himmel und die Erde und das, was dazwischen ist, nicht umsonst erschaffen. Das ist die Meinung derer, die ungläubig sind. Wehe aber denen, die ungläubig sind, vor dem Feuer! 28 Oder sollen Wir etwa diejenigen, die glauben und die guten Werke tun, den Unheilstiftern auf Erden gleichstellen, oder die Gottesfürchtigen denen, die voller Laster sind?

29 Dies ist ein gesegnetes Buch, das Wir zu dir hinabgesandt haben, damit sie seine Zeichen betrachten und damit die Einsichtigen es bedenken.

30 Und Wir schenkten David den Salomo. Welch trefflicher Diener! Er war immer bereit zur Umkehr. 31 Als ihm spätabends die auf drei Füßen stehenden, schnellen Pferde vorgeführt wurden. 32 Da sagte er: »Ich habe mich der Liebe der (irdischen) Güter hingegeben und darüber übersehen, meines Herrn zu gedenken, bis sie* hinter dem Vorhang verschwand. 33 Bringt sie mir her.« Da begann er, ihnen über Beine und Hals zu streichen*.

34 Und Wir unterwarfen Salomo der Versuchung und setzten ein leibhaftiges Wesen auf seinen Stuhl. Dann bekehrte er sich. 35 Er sagte: »Mein Herr, vergib mir und schenke mir eine Königsherrschaft, wie sie keinem nach mir geziemt. Du bist ja der Freigebige.« 36 Da machten Wir ihm den Wind dienstbar, dass er nach seinem Befehl sanft eilte, wohin er es für treffend hielt; 37 und auch die Satane, jeden Bauarbeiter und Taucher, 38 und andere, in Ketten aneinandergebunden. 39 »Das ist unsere Gabe. So sei wohltätig oder zurückhaltend, und dies, ohne zu rechnen. 40 Bestimmt ist für ihn der Zutritt in unsere Nähe und eine schöne Heimstatt.

41 Und gedenke unseres Dieners Ijob. Als er zu seinem Herrn rief: »Mich hat der Satan mit Mühsal und Pein berührt.« 42 – »Stampfe mit dem Fuß. Das ist kühles Wasser zum Waschen und zum Trinken.« 43 Und Wir schenkten ihm seine Angehörigen (wieder) und noch einmal die gleiche Zahl dazu, aus Barmherzigkeit von Uns

32: die Sonne.
33: Oder: ihnen Beine und Hals zu zerhauen.

und als Ermahnung für die Einsichtigen. 44 Und: »Nimm in deine Hand ein Bündel (Zweige) und schlag damit zu und sei nicht eidbrüchig.« Wir fanden ihn geduldig. Welch trefflicher Diener! Er war immer bereit zur Umkehr.

45 Und gedenke unserer Diener Abraham, Isaak und Jakob, die Kraft und Einsicht besaßen. 46 Wir haben sie mit einer besonderen Erwählung ausgezeichnet, mit dem Gedenken an die (jenseitige) Wohnstätte. 47 Sie gehören bei Uns zu den Auserwählten und Guten. 48 Und gedenke Ismaels, Elischas und des Dhū l-Kifl. Alle gehören zu den Guten.

49 Dies ist eine Ermahnung. Für die Gottesfürchtigen ist eine schöne Heimstatt bestimmt, 50 die Gärten von Eden, deren Tore ihnen geöffnet stehen. 51 Sie lehnen sich darin, und sie rufen darin nach vielen Früchten und nach Getränk. *52 Und bei ihnen sind Gleichaltrige (Ḥūrī), die ihre Blicke zurückhalten. 53 Das ist, was euch für den Tag der Abrechnung verheißen ist. 54 Das ist unsere Versorgung; sie geht nicht zu Ende. 55 So ist es. Für die, die ein Übermaß an Frevel zeigen, ist eine böse Heimstätte bestimmt, 56 die Hölle, in der sie brennen. Welch schlimme Lagerstätte! 57 Das ist – sie sollen es kosten – heißes Wasser und stinkender Eiter 58 und anderes dergleichen in verschiedenen Arten.

[46½]

59 – »Da ist eine Schar, die sich mit euch hineinstürzt.« – »Sie sind nicht willkommen. Sie werden im Feuer brennen.« 60 Sie sagen: »Nein, ihr seid es, die ihr nicht willkommen seid. Das habt ihr uns doch verursacht – ein schlimmer Aufenthalt.« 61 Sie sagen: »Unser Herr, mehre dem, der uns dies verursacht hat, die Pein, eine doppelte (Pein) im Feuer.« 62 Und sie sagen: »Warum sehen wir nicht gewisse Männer, die wir zu den Bösen zählten? 63 Haben wir sie (etwa zu Unrecht) zum Gegenstand des Spottes genommen? Oder sind die Blicke von ihnen gewichen?« 64 Das ist wahr, so streiten die Bewohner des Feuers miteinander.

65 Sprich: Ich bin nur ein Warner. Und es gibt keinen Gott außer Gott, dem Einen, der bezwingende Macht besitzt, 66 dem Herrn der Himmel und der Erde und dessen, was dazwischen ist, dem Mächtigen, der voller Vergebung ist.

67 Sprich: Das ist ein gewaltiger Bericht, 68 von dem ihr euch ab-

wendet. 69 Ich hatte kein Wissen über die oberste Ratsversammlung*, als sie miteinander stritten. 70 Mir wird nur offenbart, dass ich ja ein offenkundiger Warner bin.

71 *Als dein Herr zu den Engeln sprach: »Ich werde einen Menschen aus Ton erschaffen. 72 Wenn Ich ihn geformt und ihm von meinem Geist eingeblasen habe, dann fallt und werft euch vor ihm nieder.« 73 Da warfen sich die Engel alle zusammen nieder, 74 außer Iblīs; er verhielt sich hochmütig und war einer der Ungläubigen. 75 Er sprach: »O Iblīs, was hat dich daran gehindert, dich vor dem niederzuwerfen, was Ich mit meinen Händen erschaffen habe? Verhältst du dich (jetzt) hochmütig, oder gehörst du etwa zu den Ranghohen?« 76 Er sagte: »Ich bin besser als er. Mich hast Du aus Feuer erschaffen, ihn hast Du (nur) aus Ton erschaffen.« 77 Er sprach: »Dann geh aus ihm* hinaus. Du bist der Steinigung würdig, 78 und auf dir liegt mein Fluch bis zum Tag des Gerichtes.« 79 Er sagte: »Mein Herr, gewähre mir Aufschub bis zu dem Tag, da sie auferweckt werden.« 80 Er sprach: »Siehe, du gehörst nun zu denen, denen Aufschub gewährt wird, 81 bis zum Tag der bestimmten Zeit.« 82 Er sagte: »Bei deiner Macht, ich werde sie allesamt abirren lassen, 83 außer deinen auserwählten Dienern unter ihnen.« 84 Er sprach: »Es ist die Wahrheit – und Ich sage ja die Wahrheit; 85 Ich werde die Hölle füllen mit dir und mit all denen von ihnen, die dir folgen.«

86 Sprich: Ich verlange von euch keinen Lohn dafür. Und ich gehöre nicht zu denen, die unbefugt handeln*. 87 Es ist nur eine Ermahnung für die Weltenbewohner. 88 Und ihr werdet den Bericht darüber nach einer Weile erfahren.

69: der Engel.
71–85: Vgl. 15,26–43.
77: aus dem Paradies.
86: die auf sich nehmen, was ihnen sonst nicht zusteht.

Sure 39

Die Scharen (al-Zumar)

zu Mekka, 75 Verse

Im Namen Gottes, des Erbarmers, des Barmherzigen.

1 Herabsendung des Buches von Gott, dem Mächtigen, dem Weisen. 2 Wir haben das Buch mit der Wahrheit zu dir hinabgesandt. So diene Gott und sei Ihm gegenüber aufrichtig in der Religion. 3 Wahrlich, Gott gehört die aufrichtige Religion. Und zwischen denen, die sich an seiner Stelle Freunde nehmen – »Wir dienen ihnen nur«, (sagen sie), »damit sie uns Zutritt in die Nähe Gottes verschaffen« –, wird Gott urteilen über das, worüber sie uneins sind. Gott leitet den nicht recht, der ein Lügner und sehr ungläubig ist. 4 Hätte Gott sich ein Kind nehmen wollen, hätte Er aus dem, was Er erschaffen hat, sich auserwählt, was Er will. Preis sei Ihm! Er ist Gott, der Eine, der bezwingende Macht besitzt. 5 Er hat die Himmel und die Erde in Wahrheit erschaffen. Er legt die Nacht über den Tag, und Er legt den Tag über die Nacht. Und Er hat die Sonne und den Mond dienstbar gemacht – jedes läuft auf eine bestimmte Frist. Siehe, Er ist der Mächtige, der voller Vergebung ist. 6 Er hat euch aus einem einzigen Wesen erschaffen, dann machte Er aus ihm seine Gattin. Und Er hat für euch an Vieh acht (Tiere) in Paaren* herabgesandt. Er erschafft euch im Schoß eurer Mütter, eine Schöpfung nach der anderen in dreifacher Finsternis. Das ist eben Gott, euer Herr. Ihm gehört die Königsherrschaft. Es gibt keinen Gott außer Ihm. Wie leicht lasst ihr euch doch abbringen! 7 Wenn ihr ungläubig seid, so ist Gott nicht auf euch angewiesen. Er findet kein Gefallen am Unglauben für seine Diener. Wenn ihr dankbar seid, so findet Er daran Gefallen für euch. Und keine Last tragende (Seele) trägt die Last einer anderen. Alsdann wird eure Rückkehr zu eurem Herrn sein. Dann wird Er

---

6: Das sind jeweils ein Paar Kamele, Rinder, Schafe und Ziegen.

euch kundtun, was ihr zu tun pflegtet. Er weiß wohl über das innere Geheimnis Bescheid.

*8 Und wenn ein Schaden den Menschen trifft, ruft er zu seinem [46 3/4] Herrn, indem er sich Ihm reumütig zuwendet. Wenn Er ihm Gnade von sich gewährt, vergisst er, wofür er vorher gebetet hat, und er stellt Gott andere als Gegenpart zur Seite, um (die Menschen) von seinem Weg abirren zu lassen. Sprich: Genieße deinen Unglauben ein wenig; du gehörst zu den Gefährten des Feuers. 9 Ist etwa einer, der sich zu (verschiedenen) Nachtzeiten in demütiger Andacht befindet, ob er sich niederwirft oder aufrecht steht, der sich vor dem Jenseits in Acht nimmt und die Barmherzigkeit seines Herrn erhofft ...? – Sprich: Sind etwa diejenigen, die wissen, und diejenigen, die nicht wissen, gleich? Doch bedenken es nur die Einsichtigen. 10 Sprich: O meine Diener, die ihr gläubig seid, fürchtet euren Herrn. Diejenigen, die im Diesseits rechtschaffen sind, erhalten Gutes. Und Gottes Erde ist weit. Den Geduldigen wird ihr Lohn voll erstattet, ohne dass es (viel) gerechnet wird.

11 Sprich: Mir wurde befohlen, Gott zu dienen und dabei Ihm gegenüber aufrichtig in der Religion zu sein. 12 Und mir wurde befohlen, der Erste der Gottergebenen zu sein. 13 Sprich: Ich fürchte, wenn ich gegen meinen Herrn ungehorsam bin, die Pein eines gewaltigen Tages. 14 Sprich: Gott (allein) diene ich, und ich bin dabei Ihm gegenüber aufrichtig in meiner Religion. 15 Ihr mögt auch an seiner Stelle verehren, was ihr wollt. Sprich: Die (wahren) Verlierer sind die, die am Tag der Auferstehung sich selbst und ihre Angehörigen verlieren. Ja, das ist der offenkundige Verlust. 16 Sie haben über sich überschattende Hüllen von Feuer und unter sich (ebensolche) überschattende Hüllen. Damit macht Gott seinen Dienern Angst: »O meine Diener, fürchtet Mich also.«

17 Und denen, die die Götzen meiden, um ihnen nicht zu dienen, und sich Gott reumütig zuwenden, gilt die frohe Botschaft. So verkünde die frohe Botschaft meinen Dienern, 18 die auf das Wort hören und dem Besten davon folgen. Das sind die, die Gott rechtleitet, und das sind die Einsichtigen. 19 Denjenigen, gegen den der Spruch der Pein zu Recht fällig geworden ist ... – Willst du etwa den retten, der im Feuer ist? 20 Aber für die, die ihren Herrn

fürchten, sind Obergemächer bestimmt, über denen (andere) Obergemächer aufgebaut sind, unter denen Bäche fließen. Das ist das Versprechen Gottes. Gott bricht das Versprechen nicht.

21 Hast du denn nicht gesehen, dass Gott vom Himmel Wasser herabkommen und es als Quellen in der Erde seine Bahn nehmen lässt? Dann bringt Er dadurch Getreide verschiedener Art hervor. Dann verdorrt es, und du siehst es gelb werden. Dann macht Er es zu zermalmtem Zeug. Darin ist eine Ermahnung für die Einsichtigen. 22 Ist denn der, dem Gott die Brust für den Islam weitet, sodass er in einem Licht von seinem Herrn wandert, (einem Verstockten gleich)? So wehe denen, deren Herzen gegen die Ermahnung Gottes verhärtet sind! Sie befinden sich in einem offenkundigen Irrtum.

23 Gott hat die beste Botschaft herabgesandt, ein Buch mit gleichartigen, sich wiederholenden Versen, vor dem die Haut derer, die ihren Herrn fürchten, erschauert. Dann werden ihre Haut und ihr Herz weich und neigen sich dem Gedenken Gottes zu. Das ist die Rechtleitung Gottes. Er leitet damit recht, wen Er will. Und wen Gott irreführt, der hat niemanden, der ihn rechtleiten könnte. 24 Ist denn einer, der sich mit seinem Gesicht vor der schlimmen Pein am Tag der Auferstehung hütet, ... (einem Zuversichtlichen gleich)? Und es wird zu denen, die Unrecht tun, gesprochen: »Kostet, was ihr erworben habt.« 25 Für Lüge haben es diejenigen erklärt, die vor ihnen lebten. Da kam die Pein über sie, von wo sie es nicht merkten. 26 Und Gott ließ sie im diesseitigen Leben die Schande erleiden. Aber die Pein des Jenseits ist größer, wenn sie es nur wüssten!

27 Und Wir haben den Menschen in diesem Koran allerlei Gleichnisse angeführt – auf dass sie es bedenken –, 28 als einem arabischen Koran, an dem nichts Krummes ist, auf dass sie gottesfürchtig werden. 29 Gott führt als Gleichnis einen Mann an, der Teilhabern gehört, welche miteinander in Zank liegen, und einen Mann, der nur einem Herrn* gehört. Sind die beiden im Gleichnis

---

29:   Wörtlich: einem Mann.

etwa gleich? Lob sei Gott! Aber die meisten von ihnen wissen nicht Bescheid.

30 Du wirst gewiss sterben, auch sie werden sterben. 31 Dann werdet ihr am Tag der Auferstehung bei eurem Herrn miteinander streiten. *32 Wer ist denn ungerechter als der, der gegen Gott lügt und die Wahrheit, als sie zu ihm kam, für Lüge erklärt? Ist nicht in der Hölle eine Bleibe für die Ungläubigen? 33 Diejenigen aber, die mit der Wahrheit kommen und sie für wahr halten, das sind die Gottesfürchtigen. 34 Sie haben bei ihrem Herrn, was sie wollen. Das ist der Lohn der Rechtschaffenen, 35 auf dass Gott ihnen das Schlechteste von dem, was sie getan haben, sühne und ihnen ihren Lohn vergelte für das Beste von dem, was sie taten. 36 Genügt Gott seinem Diener nicht? Und sie wollen dir mit denen, es außer Ihm geben soll, Angst machen. Wen Gott irreführt, der hat niemanden, der ihn rechtleiten könnte. 37 Und wen Gott rechtleitet, den kann niemand irreführen. Ist nicht Gott mächtig, und übt Er nicht Rache?

38 Und wenn du sie fragst, wer die Himmel und die Erde erschaffen hat, sagen sie bestimmt: »Gott.« Sprich: Habt ihr denn das, was ihr anstelle Gottes anruft, betrachtet? Wenn Gott für mich Schaden will, können sie denn seinen Schaden beheben? Oder wenn Er für mich Barmherzigkeit will, können sie seine Barmherzigkeit zurückhalten? Sprich: Mir genügt Gott. Auf Ihn vertrauen die, die (überhaupt auf jemanden) vertrauen. 39 Sprich: O mein Volk, handelt nach eurem Standpunkt, ich werde auch so handeln. Ihr werdet erfahren, 40 über wen eine Pein, die ihn zu Schanden macht, kommen und auf den eine beständige Pein niedergehen wird. 41 Wir haben für die Menschen das Buch mit der Wahrheit auf dich hinabgesandt. Wer der Rechtleitung folgt, tut das zu seinem eigenen Vorteil. Wer irregeht, geht irre zu seinem eigenen Schaden. Und du bist nicht ihr Sachwalter. 42 Gott beruft die Seelen zur Zeit ihres Todes ab, und auch die, die nicht gestorben sind, während ihres Schlafs. Er hält die eine, für die Er den Tod beschlossen hat, zurück, und Er lässt die andere auf eine bestimmte Frist laufen. Darin sind Zeichen für Leute, die nachdenken. 43 Oder haben sie sich anstelle Gottes Fürsprecher genommen?

Sprich: Was denn, auch wenn sie über nichts verfügen und keinen Verstand haben? 44 Sprich: Alle Fürsprache gehört Gott allein. Ihm gehört die Königsherrschaft der Himmel und der Erde. Dann werdet ihr zu Ihm zurückgebracht. 45 Und wenn Gott allein erwähnt wird, empfinden die Herzen derer, die nicht an das Jenseits glauben, Abneigung. Und wenn die erwähnt werden, die es außer Ihm geben soll, da sind sie plötzlich froh. 46 Sprich: O mein Gott, Schöpfer der Himmel und der Erde, der über das Unsichtbare und das Offenbare Bescheid weiß. Du wirst zwischen deinen Dienern urteilen über das, worüber sie uneins waren.

47 Wenn diejenigen, die Unrecht tun, alles hätten, was auf der Erde ist, und noch einmal das Gleiche dazu, sie würden sich damit von der schlimmen Pein am Tag der Auferstehung loskaufen. Ihnen wird dann nämlich von Gott her klar, womit sie nicht gerechnet haben. 48 Und ihnen werden die Missetaten, die sie erworben haben, klar, und es umschließt sie das, worüber sie spotteten.

49 Wenn ein Schaden den Menschen berührt, ruft er zu Uns. Wenn Wir ihm dann Gnade von Uns gewähren, sagt er: »Es ist mir aufgrund von Wissen zugekommen.« Nein, es ist eine Versuchung. Aber die meisten von ihnen wissen nicht Bescheid. 50 Das haben schon diejenigen, die vor ihnen lebten, gesagt. Aber nicht nützte ihnen, was sie zu erwerben pflegten. 51 Und die Missetaten, die sie erworben hatten, trafen sie. Und auch diejenigen unter diesen da, die Unrecht tun, werden die Missetaten, die sie erworben haben, treffen. Und sie können es nicht vereiteln. 52 Wissen sie denn nicht, dass Gott den Lebensunterhalt großzügig zuteilt, wem Er will, und auch bemessen? Darin sind Zeichen für Leute, die glauben.

[47 ¼] *53 Sprich: O meine Diener, die ihr gegen euch selbst Übertretungen begangen habt, gebt die Hoffnung auf die Barmherzigkeit Gottes nicht auf. Gott vergibt die Sünden alle. Er ist ja der, der voller Vergebung und barmherzig ist. 54 Und wendet euch eurem Herrn reumütig zu und seid Ihm ergeben, bevor die Pein über euch kommt. Dann werdet ihr keine Unterstützung erfahren. 55 Und folgt dem Besten von dem, was zu euch von eurem Herrn herabgesandt worden ist, bevor die Pein plötzlich über euch kommt, ohne dass ihr es merkt. 56 Sonst würde einer sagen: »Was für ein Grund zum Bedauern ist es für mich, dass ich Gott wenig Beachtung schenkte. Ich gehörte ja zu den Spöttern.« 57 Oder er könnte sagen: »Hätte Gott mich rechtgeleitet, wäre ich bestimmt einer der Gottesfürchtigen.« 58 Oder auch könnte er, wenn er die Pein sieht, sagen: »Hätte ich doch eine Möglichkeit zur Rückkehr, damit ich zu den Rechtschaffenen gehörte!« 59 – »Aber meine Zeichen sind doch zu dir gekommen. Da hast du sie für Lüge erklärt und dich hochmütig gezeigt, und du bist einer der Ungläubigen gewesen.«

60 Und am Tag der Auferstehung siehst du die Gesichter derer, die gegen Gott gelogen haben, schwarz werden. Ist nicht in der Hölle eine Bleibe für die Hochmütigen? 61 Und Gott errettet diejenigen, die gottesfürchtig waren, indem Er sie entrinnen lässt. Das Böse wird sie nicht berühren, und sie werden nicht traurig sein. 62 Gott ist der Schöpfer aller Dinge. Und Er ist der Sachwalter über alle Dinge. 63 Er hat die Schlüssel der Himmel und der Erde. Diejenigen, die die Zeichen Gottes verleugnen, das sind die Verlierer. 64 Sprich: Wollt ihr mir wirklich befehlen, einem anderen als Gott zu dienen, ihr Törichten? 65 Dir und denen, die vor dir lebten, ist es offenbart worden: »Wenn du (Gott andere) beigesellst, ist dein Werk wertlos, und du gehörst zu den Verlierern. 66 Nein, Gott allein sollst du dienen und zu den Dankbaren gehören.«

67 Und sie haben Gott nicht eingeschätzt, wie Er eingeschätzt werden soll. Die ganze Erde wird am Tag der Auferstehung in seiner Hand gehalten, und auch die Himmel zusammengefaltet in seiner Rechten. Preis sei Ihm, und erhaben ist Er über das, was sie (Ihm) beigesellen. 68 Und es wird in die Trompete geblasen, und da stürzt, wie vom Donnerschlag getroffen, wer in den Himmeln und wer auf der Erde ist, außer denen, die Gott will. Dann wird ein zweites Mal hineingeblasen, und da stehen sie schon auf und schauen hin. 69 Und die Erde erstrahlt im Lichte ihres Herrn. Das Buch wird hingelegt. Die Propheten und die Zeugen werden herbeigebracht. Und es wird zwischen ihnen nach der Wahrheit ent-

schieden, und ihnen wird kein Unrecht getan. 70 Und jeder Seele
wird voll zurückerstattet, was sie getan hat. Und Er weiß besser
Bescheid über das, was sie tun.

71 Und diejenigen, die ungläubig waren, werden in Scharen zur
Hölle getrieben. Und wenn sie dort ankommen, werden ihre Tore
geöffnet. Und ihre Wärter sagen zu ihnen: »Sind nicht Gesandte
aus eurer Mitte zu euch gekommen, um euch die Zeichen eures
Herrn zu verlesen und euch die Begegnung mit diesem eurem Tag
warnend zu verkünden?« Sie sagen: »Ja doch. Aber der Spruch der
Pein ist gegen die Ungläubigen zu Recht fällig geworden.« 72 Es
wird gesprochen: »Betretet die Tore der Hölle, darin werdet ihr
ewig weilen. Wie schlimm ist die Bleibe der Hochmütigen!«
73 Und diejenigen, die ihren Herrn fürchteten, werden in Scharen
ins Paradies geführt*. Und wenn sie dort ankommen und seine
Tore geöffnet werden und seine Wärter zu ihnen sagen: »Friede
sei über euch! Gut wart ihr, so betretet es; darin werdet ihr ewig
weilen.« ... 74 Und sie sagen: »Lob sei Gott, der sein Versprechen
an uns wahr gemacht und uns die Erde zum Erbe gegeben hat,
sodass wir uns im Paradies aufhalten können, wo wir wollen! Wie
trefflich ist der Lohn derer, die (gut) handeln!« 75 Und du siehst
die Engel sich um den Thron hinstellen und das Lob ihres Herrn
singen. Und es ist zwischen ihnen* nach der Wahrheit entschieden. Und es wird gesagt: »Lob sei Gott, dem Herrn der Welten!«

73: Wörtlich: getrieben.
75: den Menschen.

Sure 40

Der vergibt (Ghāfir)*

zu Mekka, 85 Verse

Im Namen Gottes, des Erbarmers, des Barmherzigen.

1 Hā Mīm. **2** Herabsendung des Buches von Gott, dem Mächti- [47 ½]
gen, der Bescheid weiß, **3** der die Sünde vergibt und die Reue annimmt, der strenge Strafe verhängt und dauernde Gnade besitzt.
Es gibt keinen Gott außer Ihm. Zu Ihm führt der Lebensweg.
4 Über die Zeichen Gottes streiten nur diejenigen, die ungläubig
sind. Lass dich durch ihr Umherziehen in den Landstrichen nicht
betören. **5** Schon vor ihnen haben das Volk Noachs und nach diesem die Parteien* (ihre Gesandten) der Lüge geziehen. Jede Gemeinschaft war schon dabei, gegen ihren Gesandten vorzugehen,
um ihn zu ergreifen. Und sie stritten mit dem Falschen, um damit
die Wahrheit zu widerlegen. Da habe Ich sie ergriffen. Wie war da
meine Strafe! **6** Und so wurde der Spruch deines Herrn gegen
diejenigen, die ungläubig sind, zu Recht fällig, nämlich dass sie
Gefährten des Feuers sind.

7 Diejenigen, die den Thron tragen, und diejenigen, die um ihn
stehen*, singen das Lob ihres Herrn und glauben an Ihn. Sie bitten um Vergebung für die, die glauben: »Unser Herr, Du umschließt alle Dinge in deiner Barmherzigkeit und deinem Wissen.
So vergib denen, die sich bekehrt haben und deinem Weg gefolgt
sind, und bewahre sie vor der Pein der Hölle. **8** Unser Herr, lass sie
in die Gärten Edens, die Du ihnen verheißen hast, eingehen, ebenso die Rechtschaffenen von ihren Vätern, ihren Gattinnen und
ihren Nachkommen, Du bist der Mächtige, der Weise. **9** Und be-

---

*   Oder: Der Gläubige (al-Muʾmin).
1:       Die Bedeutung dieser Buchstaben ist noch nicht geklärt.
5:       Nach 38,11–13 sind es die Völker der früheren Zeit: die ʿĀd, Pharao, die
         Thamūd, die Leute des Waldes (Madyan).
7:       das sind die Engel.

wahre sie vor den Missetaten. An jenem Tag, wen Du vor den Missetaten bewahrst, dessen hast Du dich erbarmt, und das ist der großartige Erfolg.«

10 Denen, die ungläubig waren, wird zugerufen: »Der Abscheu Gottes ist gewiss größer als euer Abscheu vor euch selbst, da ihr zum Glauben aufgerufen worden, aber ungläubig geblieben seid.«

11 Sie sagen: »Unser Herr, Du hast uns zweimal sterben lassen und zweimal lebendig gemacht*. So bekennen wir unsere Sünden. Gibt es denn einen Weg, hier herauszukommen?« 12 »Dies ist so, weil ihr, wenn immer Gott allein angerufen wurde, ungläubig geblieben seid, ihr aber, wenn Ihm (andere) beigesellt wurden, geglaubt habt. Das Urteil gehört Gott, dem Erhabenen, dem Großen.« 13 Er ist es, der euch seine Zeichen sehen lässt und euch vom Himmel einen Lebensunterhalt herabsendet. Und doch bedenkt es nur der, der zur Umkehr bereit ist. 14 So ruft Gott an, indem ihr Ihm gegenüber aufrichtig in der Religion seid, auch wenn es den Ungläubigen zuwider ist. 15 Er hat hohe Rangstufen und ist Herr des Thrones. Er legt den Geist von seinem Befehl, auf wen von seinen Dienern Er will, damit er vor dem Tag der Begegnung warne, 16 dem Tag, an dem sie vortreten, wobei nichts von ihnen vor Gott verborgen bleibt. – »Wem gehört heute die Königsherrschaft?« – Gott, dem Einen, der bezwingende Macht besitzt. 17 Heute wird jeder Seele vergolten für das, was sie erworben hat. Heute geschieht kein Unrecht. Gott ist schnell im Abrechnen. 18 Und warne sie vor dem Tag der bevorstehenden Auferstehung, da die Herzen voller Gram die Kehle erreichen. Die, die Unrecht tun, haben dann keinen warmherzigen Freund und keinen Fürsprecher, dem man gehorchen würde.

19 Er weiß, was sich hinter den Augen an Verrat versteckt und

---

11: Unter den zahlreichen Deutungen seien hier nur zwei erwähnt: Gemeint seien der erste Tod nach dem diesseitigen Leben und das Leben danach in einem Übergangszustand, dann das Ende dieses Übergangszustandes (der zweite Tod) und das endgültige Leben im Jenseits. – Gemeint seien der Zustand vor dem diesseitigen Leben (erster Tod) und das diesseitige Leben, dann der Tod und das Leben im Jenseits.

was die Brust verbirgt. 20 Und Gott entscheidet nach der Wahrheit. Diejenigen aber, die sie an seiner Stelle anrufen, entscheiden ohne jede Grundlage. Gott ist der, der alles hört und sieht. *21 Sind sie denn nicht auf der Erde umhergegangen und haben [47 3/4] geschaut, wie das Ende derer war, die vor ihnen lebten? Sie hatten eine stärkere Kraft und hinterließen mehr Spuren auf der Erde als sie. Da ergriff sie Gott wegen ihrer Sünden. Und es gab für sie niemanden, der sie vor Gott hätte schützen können. 22 Dies, weil ihre Gesandten immer wieder mit den deutlichen Zeichen zu ihnen kamen, sie aber ungläubig blieben. So ergriff sie Gott. Er ist stark und verhängt eine harte Strafe.

23 *Und Wir haben Mose gesandt mit unseren Zeichen und mit einer offenkundigen Ermächtigung 24 zu Pharao und Hāmān und Qārūn*. Sie aber sagten: »Ein Zauberer, der lügt.« 25 Als er zu ihnen mit der Wahrheit von Uns kam, sagten sie: »Tötet die Söhne derer, die mit ihm glauben, und lasst ihre Frauen am Leben.« Aber die List der Ungläubigen geht gewiss ins Leere. 26 Pharao sagte: »Lasst mich Mose töten. Er soll seinen Herrn anrufen. Ich fürchte, er wird sonst eure Religion abändern oder Unheil im Land hervorrufen.« 27 Und Mose sagte: »Ich suche Zuflucht bei meinem Herrn und eurem Herrn vor jedem Hochmütigen, der nicht an den Tag der Abrechnung glaubt.«

28 Ein gläubiger Mann von den Leuten des Pharao, der seinen Glauben verschwieg, sagte: »Wollt ihr denn einen Mann töten, weil er sagt: ›Mein Herr ist Gott‹, wo er doch mit den deutlichen Zeichen von eurem Herrn zu euch gekommen ist? Wenn er lügt, so gereicht ihm sein Lügen zum Schaden. Wenn er aber die Wahrheit sagt, wird euch etwas von dem, was er euch androht, treffen. Gott leitet den nicht recht, der maßlos und ein Lügner ist. 29 O mein Volk, zwar gehört euch heute die Herrschaft, und ihr habt die Oberhand im Land. Wer wird uns aber gegen die Schlagkraft Gottes unterstützen, wenn sie über uns kommt?« Pharao sagte: »Ich zeige euch nur, was ich sehe, und ich weise euch nur den

23-46: Vgl. 7,103-137.
24:   Vgl. 28,76-84; die Bibel: Numeri 16,1-17,28.

Weg des rechten Wandels.« 30 Der, der glaubte, sagte: »O mein Volk, ich fürchte für euch etwas Ähnliches wie den Tag der Parteien, 31 etwas Ähnliches wie das, was dem Volk Noachs, den ʿĀd, den Thamūd und denen, die nach ihnen lebten, widerfuhr. Und Gott will den Dienern kein Unrecht tun. 32 O mein Volk, ich fürchte für euch den Tag des gegenseitigen Zurufens, 33 den Tag, an dem ihr den Rücken kehren werdet. Dabei werdet ihr niemanden haben, der euch vor Gott schützen könnte. Und wen Gott irreführt, der hat niemanden, der ihn rechtleiten könnte. 34 Früher kam Josef zu euch mit den deutlichen Zeichen. Ihr aber verharrtet in eurem Zweifel über das, was er euch gebracht hatte. Als er dann starb, sagtet ihr: ›Gott wird nach ihm keinen Gesandten mehr erstehen lassen.‹ So führt Gott in die Irre den, der maßlos und voller Zweifel ist.« 35 Diejenigen, die über die Zeichen Gottes streiten, ohne eine Ermächtigung erhalten zu haben, erregen damit großen Abscheu bei Gott und bei denen, die gläubig sind. So versiegelt Gott das Herz eines jeden, der hochmütig und gewalttätig ist.

36 Und Pharao sagte: »O Hāmān, errichte mir einen offenen Hochbau, vielleicht kann ich die Gänge erreichen, 37 die Gänge der Himmel, dass ich zum Gott des Mose emporsteige. Ich halte ihn ja für einen Lügner.« So wurde dem Pharao sein böses Tun verlockend gemacht, und er wurde vom (rechten) Weg abgewiesen. Die List Pharaos ist dem Verderben erlegen.

38 Derjenige, der gläubig war, sagte: »O mein Volk, folgt mir, dann weise ich euch den Weg des rechten Wandels. 39 O mein Volk, dieses irdische Leben ist nur Nutznießung. Das Jenseits aber ist die Wohnstätte zum Bleiben. 40 Wer etwas Schlechtes tut, dem wird gleich viel vergolten. Und diejenigen, die Gutes tun, ob Mann oder Weib, und dabei gläubig sind, werden ins Paradies eingehen, wo ihnen Unterhalt beschert wird ohne Abrechnung.

[48]   *41 O mein Volk, wie kommt es, dass ich euch zur Rettung rufe, ihr aber mich zum Feuer ruft? 42 Ihr ruft mich dazu auf, Gott zu verleugnen und Ihm das beizugesellen, wovon ich kein Wissen habe. Ich aber rufe euch zum Mächtigen, der voller Vergebung ist. 43 Wahrlich, es steht dem, zu dem ihr mich ruft, keine Anrufung zu, weder im Diesseits noch im Jenseits. Zu Gott werden wir ja zu-

rückgebracht. Die Maßlosen sind die Gefährten des Feuers. 44 Ihr werdet euch an das erinnern, was ich euch sage. Ich überlasse Gott meine Angelegenheit. Gott sieht wohl die Diener.« 45 So bewahrte ihn Gott vor ihrer bösen Arglist, und die Leute Pharaos umschloss die böse Pein, 46 das Feuer, dem sie morgens und spätabends vorgeführt werden. Und am Tag, da die Stunde heraufkommt (heißt es): »Lasst die Leute Pharaos in die härteste Pein eingehen.«

47 Wenn sie* nun im Feuer miteinander streiten. Dann sagen die Schwachen zu denen, die sich hochmütig verhielten: »Wir waren doch eure Gefolgsleute. Könnt ihr nun einen Teil des Feuers von uns fernhalten?« 48 Diejenigen, die sich hochmütig verhielten, sagen: »Wir befinden uns doch alle darin. Gott hat nun zwischen den Dienern geurteilt.« 49 Diejenigen, die sich im Feuer befinden, sagen zu den Wärtern der Hölle: »Ruft zu eurem Herrn, dass Er uns einen Tag der Erleichterung von der Pein gewähre.« 50 Sie sagen: »Sind nicht eure Gesandten immer wieder mit den deutlichen Zeichen zu euch gekommen?« Sie sagen: »Doch.« Sie sagen: »So ruft ihr selbst.« Aber das Rufen der Ungläubigen geht gewiss ins Leere.

51 Wahrlich, Wir unterstützen unsere Gesandten und diejenigen, die glauben, im diesseitigen Leben und am Tag, da die Zeugen auftreten, 52 am Tag, da denen, die Unrecht tun, ihre Entschuldigung nicht nützt. Sie werden den Fluch und sie werden eine schlimme Wohnstätte erhalten. 53 Wir haben Mose die Rechtleitung zukommen und die Kinder Israels das Buch erben lassen 54 als Rechtleitung und Ermahnung für die Einsichtigen. 55 So sei geduldig. Das Versprechen Gottes ist wahr. Und bitte um Vergebung für deine Sünde. Und sing das Lob deines Herrn am späten Abend und am frühen Morgen.

56 Diejenigen, die über die Zeichen Gottes streiten, ohne dass sie eine Ermächtigung erhalten hätten, haben in ihrer Brust nichts als Überheblichkeit. Sie werden sie nicht befriedigen können. So suche Zuflucht bei Gott. Er ist der, der alles hört und sieht. 57 Die

47: die Verdammten.

Erschaffung der Himmel und der Erde ist wahrlich größer als die Erschaffung der Menschen. Aber die meisten Menschen wissen nicht Bescheid. 58 Nicht gleich sind der Blinde und der Sehende und auch nicht diejenigen, die glauben und die guten Werke tun, und der Missetäter. Aber ihr bedenkt es wenig. 59 Die Stunde kommt bestimmt, an ihr ist kein Zweifel möglich. Aber die meisten Menschen glauben nicht. 60 Euer Herr spricht: »Ruft zu Mir, so erhöre Ich euch. Diejenigen, die sich aus Hochmut weigern, Mir zu dienen, werden in die Hölle als Gedemütigte eingehen.« 61 Gott ist es, der euch die Nacht gemacht hat, damit ihr in ihr ruht, und den Tag, an dem man sehen kann. Gott ist voller Huld gegen die Menschen. Aber die meisten Menschen sind nicht dankbar. 62 So ist Gott, euer Herr, der Schöpfer aller Dinge. Es gibt keinen Gott außer Ihm. Wie leicht lasst ihr euch doch abwenden! 63 Auf diese Weise lassen sich abwenden, die die Zeichen Gottes zu verleugnen pflegen. 64 Gott ist es, der euch die Erde zu einem festen Grund und den Himmel zu einem Bau gemacht, euch gestaltet und eure Gestalten schön geformt und euch von den köstlichen Dingen beschert hat. So ist Gott, euer Herr. Gesegnet sei Gott, der Herr der Welten! 65 Er ist der Lebendige. Es gibt keinen Gott außer Ihm. So ruft zu Ihm, indem ihr Ihm gegenüber aufrichtig in der Religion seid. Lob sei Gott, dem Herrn der Welten!

[48 ¼] *66 Sprich: Mir wurde, als die deutlichen Zeichen von meinem Herrn zu mir kamen, verboten, denen zu dienen, die ihr anstelle Gottes anruft. Und mir wurde befohlen, mich dem Herrn der Welten zu ergeben. 67 Er ist es, der euch aus Erde erschaffen hat, dann aus einem Tropfen, dann aus einem Embryo. Dann lässt Er euch als Kind herauskommen. Dann (sorgt Er für euch), damit ihr eure Vollkraft erreicht und damit ihr dann Greise werdet – unter euch sind (allerdings) einige, die Er vorher abberuft – und damit ihr eine bestimmte Frist erreicht, auf dass ihr verständig werdet. 68 Er ist es, der lebendig macht und sterben lässt. Und wenn Er eine Sache beschlossen hat, sagt Er zu ihr nur: »Sei!«, und sie ist. 69 Hast du nicht auf jene geschaut, die über die Zeichen Gottes streiten? Wie leicht lassen sie sich doch abbringen! 70 Sie, die das Buch und das, womit Wir unsere Gesandten geschickt haben, für

Lüge erklären. Sie werden es zu wissen bekommen, 71 wenn die Fesseln und die Ketten an ihrem Hals angebracht werden und sie hineingezerrt werden 72 ins heiße Wasser und dann ins Feuer als Brennstoff geworfen werden. 73 Dann wird zu ihnen gesagt: »Wo ist das, was ihr (Gott) beigesellt habt (und verehrt habt) 74 anstelle Gottes?« Sie sagen: »Sie sind uns entschwunden. Nein, wir riefen früher nichts an.« So führt Gott die Ungläubigen in die Irre. 75 Dies, weil ihr euch auf der Erde zu Unrecht der Freude hinzugeben und unbekümmert zu leben pflegtet. 76 Betretet nun die Tore der Hölle; darin werdet ihr ewig weilen. Schlimm ist die Bleibe der Hochmütigen.

77 So sei geduldig. Das Versprechen Gottes ist wahr. Ob Wir dich einen Teil dessen, was Wir ihnen androhen, sehen lassen oder dich abberufen, zu Uns werden sie (auf jeden Fall) zurückgebracht. 78 Und Wir haben schon vor dir Gesandte geschickt. Unter ihnen sind manche, von denen Wir dir erzählt haben, und unter ihnen sind manche, von denen Wir dir nicht erzählt haben. Und kein Gesandter kann ein Zeichen bringen, außer mit der Erlaubnis Gottes. Wenn der Befehl Gottes eintrifft, wird nach der Wahrheit entschieden, und dann haben diejenigen den Verlust, die (die Botschaft) für falsch erklären.

79 Gott ist es, der für euch die Herdentiere bestellt hat, damit ihr auf ihnen reiten könnt; und ihr könnt auch von ihnen essen. 80 An ihnen habt ihr sonst allerlei Nutzen. Und damit ihr, auf ihnen reitend, etwas, was ihr in eurer Brust hegt und anstrebt, erreichen könnt. (Endlich) werdet ihr auf ihnen und auf den Schiffen getragen. 81 Und Er zeigt euch seine Zeichen. Welches von den Zeichen Gottes wollt ihr nun verleugnen?

82 Sind sie denn nicht auf der Erde umhergegangen und haben geschaut, wie das Ende derer war, die vor ihnen lebten? Sie waren zahlreicher als sie, hatten eine stärkere Kraft und hinterließen mehr Spuren auf der Erde. Und nicht nützte ihnen, was sie zu erwerben pflegten. 83 Als nun ihre Gesandten mit den deutlichen Zeichen zu ihnen kamen, freuten sie sich über das Wissen, das sie besaßen. Und es umschloss sie das, worüber sie spotteten. 84 Als sie dann unsere Schlagkraft sahen, sagten sie: »Wir glauben an

Gott allein und verleugnen das, was wir Ihm beigesellten.« 85 Aber ihr Glaube konnte ihnen nicht nützen, als sie unsere Schlagkraft sahen – so ist Gott mit seinen Dienern in der Vergangenheit verfahren. Den Verlust hatten da die Ungläubigen.

Sure 41

Im Einzelnen dargelegt (Fuṣṣilat)*

zu Mekka, 54 Verse

Im Namen Gottes, des Erbarmers, des Barmherzigen.
1 Ḥā Mīm*. 2 Herabsendung von dem Erbarmer, dem Barmherzigen, 3 ein Buch, dessen Zeichen im Einzelnen dargelegt sind, als arabischer Koran, für Leute, die Bescheid wissen, 4 als Freudenbote und Warner. Aber die meisten von ihnen wenden sich ab, sodass sie nicht hören. 5 Sie sagen: »Unsere Herzen liegen vor dem, wozu du uns aufrufst, in Hüllen, und in unseren Ohren ist Schwerhörigkeit, und zwischen uns und dir ist ein Vorhang. Handle also (wie du magst), wir werden auch ebenfalls handeln.« 6 Sprich: Ich bin nur ein Mensch wie ihr; mir wird offenbart, dass euer Gott ein einziger Gott ist. So verhaltet euch Ihm gegenüber recht und bittet Ihn um Vergebung. Und wehe den Polytheisten, 7 die die Abgabe nicht entrichten und das Jenseits verleugnen! 8 Für die, die glauben und die guten Werke tun, ist ein Lohn bestimmt, der nicht aufhört.

[48 ½] *9 Sprich: Wollt ihr wirklich den verleugnen, der die Erde in zwei Tagen erschaffen hat, und Ihm andere als Gegenpart zur Seite stellen? Das ist doch der Herr der Welten. 10 Er hat auf ihr festgegründete Berge gemacht, die über ihr aufragen, und Er hat sie

---

*   Oder: Ḥā Mīm: Sich niederwerfen (Ḥā Mīm al-Sadjda).
1:   Die Bedeutung dieser Buchstaben ist noch nicht geklärt.

gesegnet und in ihr ihre Nahrung nach Maß festgelegt – in vier Tagen –, gleichmäßig für die, die danach verlangen. 11 Dann richtete Er sich zum Himmel auf, welcher noch aus Rauch bestand, und sprach zu ihm und zur Erde: »Kommt her, freiwillig oder widerwillig.« Sie sagten: »Wir kommen freiwillig.« 12 So gestaltete Er sie nach seiner Entscheidung zu sieben Himmeln in zwei Tagen und wies jedem Himmel seine Aufgabe zu. Und Wir schmückten den untersten Himmel mit Leuchten, (die auch) zum Schutz (dienen). Das ist die Bestimmung dessen, der mächtig ist und Bescheid weiß. 13 Wenn sie sich also abwenden, dann sprich: Ich warne euch vor einem Donnerschlag gleich dem Donnerschlag der ʿĀd und der Thamūd*. 14 Als die Gesandten zu ihnen kamen von vorn und von hinten: »Dienet Gott allein«, sagten sie: »Wenn unser Herr gewollt hätte, hätte Er Engel herabgesandt. So verleugnen wir das, womit ihr gesandt worden seid.« 15 Was die ʿĀd betrifft, so verhielten sie sich auf der Erde zu Unrecht hochmütig und sagten: »Wer hat eine stärkere Kraft als wir?« Haben sie denn nicht gesehen, dass Gott, der sie erschaffen hat, eine stärkere Kraft hat als sie? Aber sie verleugneten dauernd unsere Zeichen. 16 Da sandten Wir gegen sie an unheilvollen Tagen einen eiskalten Wind, um sie die Pein der Schande im diesseitigen Leben kosten zu lassen. Aber die Pein des Jenseits ist noch schändlicher. Und sie werden keine Unterstützung erfahren. 17 Und was die Thamūd betrifft, so wollten Wir sie rechtleiten, sie aber zogen die Blindheit der Rechtleitung vor. Da ergriff sie der Donnerschlag der schändlichen Pein wegen dessen, was sie zu erwerben pflegten. 18 Und Wir erretteten diejenigen, die glaubten und gottesfürchtig waren. 19 Und am Tag, da die Feinde Gottes zum Feuer versammelt und in Abteilungen aufgestellt werden. 20 Wenn sie dann dort angekommen sind, legen ihr Gehör, ihre Augen und ihre Häute gegen sie Zeugnis ab über das, was sie zu tun pflegten. 21 Sie sagen zu ihren Häuten: »Warum habt ihr gegen uns Zeugnis abgelegt?« Sie sagen: »Gott, der alle Dinge reden lässt, hat uns reden lassen. Er ist es, der euch das erste Mal erschaffen hat, und zu Ihm werdet

13:　Vgl. 7,65–72 (ʿĀd); 7,73–79 (Thamūd).

ihr zurückgebracht. 22 Und ihr pflegtet euch nicht so zu verdecken, dass nicht euer Gehör, eure Augen und eure Häute Zeugnis gegen euch ablegten. Aber ihr meintet, dass Gott nicht viel wisse von dem, was ihr tut. 23 Und diese eure Meinung, die ihr von eurem Herrn hattet, hat euch ins Verderben gestürzt, sodass ihr jetzt zu den Verlierern gehört.« 24 Wenn sie Geduld zeigen, so ist doch das Feuer ihre Bleibe. Und wenn sie eine entschuldigende Umkehr zeigen, so werden sie doch nicht zu denen gehören, deren entschuldigende Umkehr angenommen wird. 25 Und Wir haben für sie Gesellen abgestellt, die ihnen verlockend machten, was vor ihnen und was hinter ihnen lag. Und fällig wurde der Spruch gegen sie, wie gegen Gemeinschaften von Djinn und Menschen, die vor ihnen dahingegangen waren. Sie waren ja Verlierer.

26 Diejenigen, die ungläubig sind, sagen: »Hört nicht auf diesen Koran, und führt dazwischen unbedachte Reden, auf dass ihr siegt.« 27 Wir werden diejenigen, die ungläubig sind, bestimmt eine harte Pein kosten lassen, und Wir werden ihnen vergelten das Schlimmste von dem, was sie zu tun pflegten. 28 Das ist der Lohn der Feinde Gottes: das Feuer, in dem sie eine ewige Wohnstätte haben, als Vergeltung dafür, dass sie unsere Zeichen immer wieder verleugnet haben.

29 Und diejenigen, die ungläubig sind, sagen: »Unser Herr, lass uns die zwei Gruppen – von den Djinn und den Menschen – sehen, die uns irregeführt haben, dass wir sie unter unsere Füße legen, damit sie zu den Unterlegenen gehören.« 30 Auf diejenigen, die sagen: »Unser Herr ist Gott«, und sich dann recht verhalten, kommen die Engel herab: »Fürchtet euch nicht, seid nicht traurig und freut euch auf das Paradies, das euch immer wieder versprochen wurde. 31 Wir sind eure Freunde im diesseitigen Leben und im Jenseits. Ihr habt darin, was eure Seele begehrt, und ihr habt darin, was ihr beansprucht, 32 – eine Herberge von einem, der voller Vergebung und barmherzig ist.« 33 Und wer spricht bessere Worte als der, der zu Gott ruft, Gutes tut und sagt: »Ich gehöre zu den Gottergebenen«? 34 Nicht gleich sind die gute und die schlechte Tat. Wehre ab mit einer Tat, die besser ist, da wird der, zwischen dem und dir eine Feindschaft besteht, so, als wäre er ein

warmherziger Freund. 35 Aber dies* wird nur denen verliehen, die geduldig sind, ja, es wird nur dem verliehen, der ein gewaltiges Glück hat. 36 Und wenn dich vom Satan ein Stachel aufstachelt, dann suche Zuflucht bei Gott. Er ist der, der alles hört und weiß. 37 Und zu seinen Zeichen gehören die Nacht und der Tag, die Sonne und der Mond. Werft euch weder vor der Sonne noch vor dem Mond nieder. Werft euch nieder vor Gott, der sie erschaffen hat, so ihr Ihm dienen wollt. 38 Wenn sie sich hochmütig weigern – diejenigen, die bei deinem Herrn sind, preisen Ihn doch Nacht und Tag, ohne Überdruss zu empfinden. 39 Zu seinen Zeichen gehört es, dass du die Erde regungslos siehst. Wenn Wir aber Wasser auf sie herabkommen lassen, regt sie sich und wächst zu. Der sie wieder belebt, wird die Toten wieder lebendig machen. Er hat Macht zu allen Dingen. 40 Diejenigen, die über unsere Zeichen abwegig denken, sind Uns nicht verborgen. Ist der, der ins Feuer geworfen wird, besser oder der, der am Tag der Auferstehung in Sicherheit herantritt? Tut, was ihr wollt; Er sieht wohl, was ihr tut. 41 Diejenigen, die die Ermahnung verleugnen, nachdem sie zu ihnen gekommen ist ... Es ist ein hehres Buch, 42 an das das Falsche weder von vorn noch von hinten herankommt, eine Herabsendung von einem, der weise und des Lobes würdig ist. 43 Es wird dir nur das gesagt, was schon den Gesandten vor dir gesagt wurde. Dein Herr schenkt Vergebung und verhängt eine schmerzhafte Strafe. 44 Hätten Wir ihn zu einem fremdsprachigen Koran gemacht, hätten sie gesagt: »Wären doch seine Zeichen im Einzelnen dargelegt worden! Wie, ein fremdsprachiger (Koran) und ein Araber!« Sprich: Er ist für diejenigen, die glauben, eine Rechtleitung und eine Heilung. Diejenigen, die nicht glauben, haben Schwerhörigkeit in ihren Ohren, und er ist ihrem Blick entzogen. Diese sind, als würde ihnen aus einem fernen Ort zugerufen. 45 Und Wir ließen dem Mose das Buch zukommen. Da wurde man darüber uneins. Und gäbe es nicht einen früher ergangenen Spruch von deinem Herrn, so wäre zwischen ihnen entschieden worden. Und sie sind darüber in einem starken Zweifel.

35:   die Kraft zu dieser Haltung.

46 Wer Gutes tut, tut es zu seinem eigenen Vorteil. Und wer Böses tut, tut es zu seinem eigenen Schaden. Und dein Herr tut den Dienern kein Unrecht. *47 Ihm ist das Wissen um die Stunde (des Gerichtes) anheimgestellt. Keine Früchte kommen aus ihren Hüllen hervor, und kein Weib empfängt und kommt nieder, es sei denn mit seinem Wissen. Und am Tag, da Er ihnen zuruft: »Wo sind denn meine Teilhaber?«, sagen sie: »Wir geben Dir bekannt, es gibt keinen unter uns, der davon zeugen würde.« 48 Und ihnen ist entschwunden, was sie früher anzurufen pflegten, und sie erwarten, dass es für sie kein Entrinnen gibt.

49 Der Mensch wird nicht überdrüssig, um das Gute zu bitten. Wenn das Böse ihn berührt, dann ist er verzweifelt und gibt die Hoffnung auf. 50 Und wenn Wir ihn eine Barmherzigkeit von Uns kosten lassen, nachdem ihn ein Schaden berührt hat, sagt er bestimmt: »Das steht mir zu. Und ich glaube nicht, dass die Stunde heraufkommen wird. Und wenn ich zu meinem Herrn zurückgebracht werde, werde ich sicher das Beste bei Ihm erhalten.« Doch Wir werden denen, die ungläubig sind, kundtun, was sie getan haben, und sie eine schwere Pein kosten lassen. 51 Und wenn Wir dem Menschen Gnade erweisen, wendet er sich ab und entfernt sich beiseite. Und wenn das Böse ihn berührt, ergeht er sich in ausführlichem Beten.

52 Sprich: Was meint ihr, wenn er doch von Gott stammt und ihr dann ihn doch verleugnet? Wer ist weiter abgeirrt als der, der sich in einem tiefen Widerstreit befindet? 53 Wir werden sie an den Horizonten und in ihnen selbst* unsere Zeichen sehen lassen, bis es ihnen deutlich wird, dass es die Wahrheit ist. Genügt es denn nicht, dass dein Herr Zeuge ist über alle Dinge? 54 Aber siehe, sie hegen Zweifel über die Begegnung mit ihrem Herrn. Siehe, Er umfasst doch alle Dinge.

53: Oder: unter ihnen selbst.

Sure 42

Die Beratung (al-Shūrā)

zu Mekka, 53 Verse

Im Namen Gottes, des Erbarmers, des Barmherzigen.
1 Ḥā Mīm. 2 ʿAyn Sīn Qāf*. 3 So offenbart Gott dir, so wie (früher) denjenigen, die vor dir lebten, (Er), der Mächtige, der Weise. 4 Ihm gehört, was in den Himmeln und was auf der Erde ist, und Er ist der Erhabene, der Majestätische. 5 Die Himmel brechen bald auseinander von oben her. Und die Engel singen das Lob ihres Herrn und bitten um Vergebung für die, die auf der Erde sind. Ja, Gott ist der, der voller Vergebung und barmherzig ist. 6 Über diejenigen, die sich an seiner Stelle Freunde nehmen, ist Gott Hüter, und nicht bist du ihr Sachwalter. 7 Und so haben Wir dir einen arabischen Koran offenbart, damit du die Mutter der Städte* und die Menschen in ihrer Umgebung warnest, und damit du vor dem Tag der Versammlung warnest; an ihm ist kein Zweifel möglich. Ein Teil wird im Paradies sein und ein Teil im Feuerbrand. 8 Und wenn Gott gewollt hätte, hätte Er sie zu einer einzigen Gemeinschaft gemacht. Aber Er lässt in seine Barmherzigkeit eingehen, wen Er will. Und die, die Unrecht tun, haben weder Freund noch Helfer. 9 Oder haben sie sich an seiner Stelle Freunde genommen? Gott (allein) ist doch der Freund. Er macht die Toten wieder lebendig, und Er hat Macht zu allen Dingen.
10 Und worüber ihr auch uneins seid, das Urteil darüber steht Gott (allein) zu. Das ist eben Gott, mein Herr. Auf Ihn vertraue ich, und zu Ihm wende ich mich reumütig. 11 (Er ist) der Schöpfer der Himmel und der Erde. Er hat euch aus euch selbst Gattinnen gemacht und auch aus den Tieren Paare, sodass Er euch dadurch vermehrt. Nichts ist Ihm gleich. Er ist der, der alles hört und sieht. 12 Er hat die Schlüssel der Himmel und der Erde. Er teilt den Le-

---

1–2: Die Bedeutung dieser Buchstaben ist noch nicht geklärt.
7:    Mekka.

bensunterhalt großzügig, wem Er will, und auch bemessen zu.

Siehe, Er weiß über alle Dinge Bescheid. *13 Er hat euch von der Religion verordnet, was Er Noach aufgetragen hat, und was Wir dir offenbart haben, und was Wir Abraham, Mose und Jesus aufgetragen haben: Haltet die (Bestimmungen der) Religion ein und bringt keine Spaltungen hinein. Den Polytheisten fällt das schwer, wozu du sie aufrufst. Gott erwählt dazu, wen Er will, und Er führt dazu, wer sich (Ihm) reumütig zuwendet. 14 Und sie spalteten sich darin erst, nachdem das Wissen zu ihnen gekommen war, dies aus ungerechter Auflehnung untereinander. Und gäbe es nicht einen früher ergangenen Spruch von deinem Herrn auf eine bestimmte Frist, so wäre zwischen ihnen entschieden worden. Siehe, diejenigen, denen nach ihnen das Buch zum Erbe übergeben wurde, hegen darüber starken Zweifel. 15 Darum rufe du auf und verhalte dich recht, wie dir befohlen worden ist. Und folge nicht ihren Neigungen, sondern sprich: Ich glaube an das, was Gott an Büchern herabgesandt hat, und mir ist befohlen worden, unter euch Gerechtigkeit zu üben. Gott ist unser Herr und euer Herr. Wir haben unsere Werke und ihr habt eure Werke (zu verantworten). Es gibt keinen Streitgrund zwischen uns und euch. Gott wird uns zusammenbringen. Und zu Ihm führt der Lebensweg. 16 Diejenigen, die über Gott streiten, nachdem auf Ihn gehört worden ist, deren Streitgrund wird bei ihrem Herrn widerlegt. Auf ihnen liegt Zorn, und bestimmt ist für sie eine harte Pein.

17 Gott ist es, der das Buch mit der Wahrheit herabgesandt hat und auch die Waage. Woher willst du es wissen? Vielleicht steht die Stunde nahe bevor. 18 Diejenigen, die nicht an sie glauben, wünschen, sie zu beschleunigen. Die aber, die glauben, sind erschrocken vor ihr und wissen, dass sie Wirklichkeit ist. Aber diejenigen, die über die Stunde streiten, befinden sich in tiefem Irrtum. 19 Gott ist feinfühlig zu seinen Dienern. Er beschert Lebensunterhalt, wem Er will. Und Er ist der Starke, der Mächtige. 20 Wer die Saaternte des Jenseits haben will, dem mehren Wir noch seine Saaternte. Und wer die Saaternte des Diesseits haben will, dem lassen Wir etwas davon zukommen, er erhält aber im Jenseits keinen Anteil. 21 Oder haben sie etwa Teilhaber, die ihnen als Reli-

gion verordnet haben, was Gott nicht erlaubt hat? Und gäbe es nicht den Urteilsspruch*, wäre es zwischen ihnen entschieden worden. Und für die, die Unrecht tun, ist eine schmerzhafte Pein bestimmt. 22 Du siehst dann die, die Unrecht tun, erschrocken vor dem, was sie erworben haben, und es wird über sie hereinbrechen. Diejenigen aber, die glauben und die guten Werke tun, befinden sich in den Gärten des Paradieses. Sie haben bei ihrem Herrn, was sie wollen. Das ist die große Huld. 23 Das ist die Frohbotschaft, die Gott seinen Dienern, die glauben und die guten Werke tun, verkündet. Sprich: Ich verlange von euch keinen Lohn dafür, es sei denn die Liebe wie zu den Verwandten. Und wer ein gutes Werk tut, dem schenken Wir dafür noch mehr Gutes. Gott ist voller Vergebung und zeigt sich erkenntlich. 24 Oder sagen sie etwa: »Er hat eine Lüge gegen Gott erdichtet«? Wenn nun Gott will, kann Er dir das Herz versiegeln. Und Gott löscht das Falsche aus und bestätigt die Wahrheit mit seinen Worten. Er weiß über das innere Geheimnis Bescheid. 25 Er ist es, der die Umkehr von seinen Dienern annimmt und die Missetaten verzeiht. Und Er weiß, was ihr tut. 26 Und Er erhört diejenigen, die glauben und die guten Werke tun, und gibt ihnen noch mehr von seiner Huld. Für die Ungläubigen aber ist eine harte Pein bestimmt.

*27 Und würde Gott seinen Dienern den Lebensunterhalt groß- [49 ½] zügig zuteilen, würden sie auf der Erde Ungerechtigkeit verüben. Aber Gott lässt im richtigen Maße herabkommen, was Er will. Er hat Kenntnis von seinen Dienern und sieht sie wohl. 28 Und Er ist es, der den Regen herabkommen lässt, nachdem sie die Hoffnung aufgegeben haben, und der seine Barmherzigkeit ausbreitet. Und Er ist der Freund und des Lobes würdig. 29 Und zu seinen Zeichen gehört es, dass Er die Himmel und die Erde erschaffen hat und in ihnen beiden allerlei Getier sich ausbreiten lässt. Und Er hat die Macht, sie zu versammeln, wenn Er will. 30 Und was immer euch an Unglück trifft, es ist für das, was eure Hände erworben haben. Und Er übergeht wohl vieles. 31 Ihr könnt auf der Erde nichts vereiteln. Und ihr habt außer Gott weder Freund noch Helfer. 32 Und

21:   der ihnen die Frist verlängert.

zu seinen Zeichen gehören die Schiffe, die wie Berge auf dem Meer fahren. 33 Wenn Er will, lässt Er den Wind sich legen, sodass sie nun bewegungslos auf der Wasserfläche stehenbleiben. Darin sind Zeichen für jeden, der sehr geduldig und sehr dankbar ist. 34 Oder Er lässt sie untergehen für das, was sie erworben haben. Und Er übergeht wohl vieles. 35 Deshalb sollen diejenigen, die über unsere Zeichen streiten, wissen, dass es für sie kein Entrinnen gibt.

36 Und was immer euch zuteil geworden ist, ist Nutznießung des diesseitigen Lebens. Was aber bei Gott ist, ist besser und hat eher Bestand für die, die glauben und auf ihren Herrn vertrauen, 37 die die schweren Sünden und die schändlichen Taten meiden und, wenn sie in Zorn geraten, (lieber) vergeben, 38 und die auf ihren Herrn hören und das Gebet verrichten, ihre Angelegenheiten durch Beratung regeln und von dem, was Wir ihnen beschert haben, spenden, 39 und die, wenn ihnen Ungerechtigkeit widerfährt, sich selbst helfen. 40 Eine schlechte Tat soll mit etwas gleich Bösem vergolten werden. Wer aber verzeiht und Besserung schafft, dessen Lohn obliegt Gott. Er liebt ja die nicht, die Unrecht tun. 41 Und die, die sich selbst helfen, nachdem ihnen Unrecht getan wurde, können nicht belangt werden. 42 Belangt werden die, die den Menschen Unrecht tun und auf der Erde unberechtigterweise ungerecht handeln. Für sie ist eine schmerzhafte Pein bestimmt. 43 Wahrlich, wenn einer geduldig ist und vergibt, so gehört dies zur Entschlossenheit in den Anliegen.

44 Wen Gott irreführt, der hat daraufhin keinen Freund. Und du siehst, wie die, die Unrecht tun, wenn sie die Pein sehen, sagen: »Gibt es denn einen Weg zurückzukehren?« 45 Und du siehst, wie sie ihm* vorgeführt werden, demütig vor Erniedrigung und mit verstohlenen Blicken dreinschauend. Und diejenigen, die glauben, sagen: »Die (wahren) Verlierer sind die, die am Tag der Auferstehung sich selbst und ihre Angehörigen verlieren.« Ja, die, die Unrecht tun, befinden sich in einer beständigen Pein. 46 Und sie ha-

45: dem Höllenfeuer.

ben keine Freunde, die sie anstelle Gottes unterstützen könnten. Wen Gott irreführt, für den gibt es keinen Ausweg.

47 Hört auf euren Herrn, bevor ein Tag kommt, der vonseiten Gottes nicht zurückgewiesen wird. An jenem Tag habt ihr keinen Zufluchtsort und keine Möglichkeit, (irgendetwas) abzustreiten.

48 Wenn sie sich abwenden, so haben Wir dich nicht als Hüter über sie gesandt. Dir obliegt nur die Ausrichtung (der Botschaft). Und siehe, wenn Wir den Menschen Barmherzigkeit von Uns kosten lassen, freut er sich darüber. Wenn aber etwas Böses sie trifft für das, was ihre Hände vorausgeschickt haben, dann ist der Mensch sehr undankbar. 49 Gott gehört die Königsherrschaft der Himmel und der Erde. Er erschafft, was Er will. Er schenkt, wem Er will, weibliche, und Er schenkt, wem Er will, männliche Nachkommen. 50 Oder Er schenkt beides, männliche und weibliche Nachkommen. Und Er macht, wen Er will, unfruchtbar. Er weiß Bescheid und ist mächtig.

*51 Und es steht keinem Menschen zu, dass Gott zu ihm spricht,   [49 3/4] es sei denn durch Offenbarung oder hinter einem Vorhang, oder indem Er einen Boten sendet, der (ihm) dann mit seiner Erlaubnis offenbart, was Er will. Er ist erhaben und weise. 52 Und so haben Wir dir Geist von unserem Befehl offenbart. Du wusstest nicht (vorher), was das Buch und was der Glaube ist. Und doch haben Wir es zu einem Licht gemacht, mit dem Wir rechtleiten, wen von unseren Dienern Wir wollen. Und wahrlich, du führst zu einem geraden Weg, 53 dem Weg Gottes, dem gehört, was in den Himmeln und was auf der Erde ist. Ja, zu Gott gelangen die Angelegenheiten.

Sure 43

Der Prunk (al-Zukhruf)

zu Mekka, 89 Verse

Im Namen Gottes, des Erbarmers, des Barmherzigen.

1 Hā Mīm*. 2 Beim deutlichen Buch! 3 Wir haben es zu einem arabischen Koran gemacht, auf dass ihr verständig werdet. 4 Er ist aufgezeichnet in der Urnorm des Buches bei Uns, erhaben und weise. 5 Sollen Wir denn euch die Ermahnung vorenthalten, weil ihr maßlose Leute seid? 6 Und wie so manchen Propheten haben Wir zu den früheren Generationen gesandt! 7 Und kein Gesandter kam zu ihnen, ohne dass sie ihn verspottet hätten. 8 Und doch haben Wir solche verderben lassen, die eine stärkere Gewalt besaßen als diese da. Und feststeht, wie an den Früheren gehandelt wurde*.

9 Und wenn du sie fragst, wer die Himmel und die Erde erschaffen hat, sagen sie bestimmt: »Erschaffen hat sie der Mächtige, der Bescheid weiß.« 10 Er, der euch die Erde zu einer Lagerstätte gemacht und euch auf ihr Wege gemacht hat, auf dass ihr der Rechtleitung folget, 11 und der euch Wasser vom Himmel in einem bestimmten Maß herabkommen lässt. Damit beleben Wir eine abgestorbene Ortschaft. Auf diese Weise werdet auch ihr hervorgebracht werden. 12 Er, der die Paare alle erschaffen und euch Schiffe und Herdentiere gemacht hat, auf die ihr steigen könnt, 13 damit ihr euch auf ihrem Rücken zurechtsetzt und dann, wenn ihr euch darauf zurechtgesetzt habt, der Gnade eures Herrn gedenkt und sagt: »Preis sei dem, der uns diese dienstbar gemacht hat! Wir hätten es allein gewiss nicht schaffen können. 14 Und wir werden bestimmt zu unserem Herrn zurückkehren.«

15 Und sie schreiben Ihm einen Teil von seinen Dienern zu. Der Mensch ist ja offenkundig sehr undankbar. 16 Oder hat Er sich

---

1:    Die Bedeutung dieser Buchstaben ist noch nicht geklärt.
8:    So wird auch an diesen gehandelt.

etwa aus den Reihen seiner Geschöpfe Töchter genommen und für euch die Söhne erwählt? 17 Wenn einem von ihnen verkündet wird, (ihm sei geboren), was er dem Erbarmer zum Beispiel zuschreibt*, bleibt sein Gesicht finster, und er ist voller Gram. 18 Wollen sie denn wirklich solche (Gott zuschreiben), die im Schmuck aufgezogen werden und sich im Streit nicht deutlich genug ausdrücken? 19 Und sie machen die Engel, welche ja die Diener des Erbarmers sind, zu weiblichen Wesen. Waren sie denn bei ihrer Erschaffung zugegen? Ihr Zeugnis wird aufgeschrieben, und sie werden zur Verantwortung gezogen. 20 Und sie sagen: »Wenn der Erbarmer gewollt hätte, hätten wir sie nicht verehrt.« Sie haben ja kein Wissen darüber. Sie stellen nur Schätzungen an.

21 Oder haben Wir ihnen etwa vordem ein Buch zukommen lassen, an dem sie sich festhalten könnten? 22 Nein, vielmehr sagen sie: »Wir haben bei unseren Vätern eine bestimmte Glaubensrichtung vorgefunden, und in ihren Fußstapfen folgen wir der Rechtleitung.« 23 So haben Wir auch vor dir in keine Stadt einen Warner gesandt, ohne dass die, die in ihr üppig lebten, gesagt hätten: »Wir haben bei unseren Vätern eine bestimmte Glaubensrichtung vorgefunden, und wir treten in ihre Fußstapfen.« *24 Er sagte: [50] »Was denn, auch wenn ich euch bringe, was eine bessere Rechtleitung beinhaltet als das, was ihr bei euren Vätern vorgefunden habt?« Sie sagten: »Wir verleugnen das, womit ihr gesandt worden seid.« 25 Da rächten Wir uns an ihnen. So schau, wie das Ende derer war, die (die Gesandten) der Lüge geziehen haben.

26 Und als Abraham zu seinem Vater und seinem Volk sagte: »Ich bin unschuldig an dem, was ihr verehrt, 27 außer dem, der mich erschaffen hat; Er wird mich rechtleiten.« 28 Und er machte es zu einem bleibenden Ausspruch unter denen, die nach ihm kommen sollten, auf dass sie umkehren.

29 Nein, Ich habe diese da und ihre Väter genießen lassen, bis die Wahrheit und ein offenkundiger Gesandter zu ihnen kamen. 30 Als nun die Wahrheit zu ihnen kam, sagten sie: »Das ist Zaube-

17: D.h. eine Tochter.

rei; wir glauben nicht daran.« 31 Und sie sagen: »Wenn doch dieser Koran auf einen mächtigen Mann aus den zwei Städten* herabgesandt worden wäre!« 32 Sind sie es etwa, die die Barmherzigkeit deines Herrn verteilen? Wir haben doch unter ihnen ihren Lebensunterhalt im diesseitigen Leben verteilt und die einen von ihnen über die anderen um Rangstufen erhöht, damit die einen von ihnen die anderen in ihren Dienst nehmen. Aber die Barmherzigkeit deines Herrn ist besser als das, was sie zusammentragen. 33 Und wären nicht die Menschen eine einzige Gemeinschaft*, hätten Wir denen, die den Erbarmer verleugnen, Decken aus Silber für ihre Häuser gemacht und auch Treppen, auf denen sie hinaufsteigen können, 34 und Türen für ihre Häuser und Betten, auf denen sie liegen können, 35 und weiteren Prunk. All das ist nichts als Nutznießung des diesseitigen Lebens. Das Jenseits bei deinem Herrn ist aber für die Gottesfürchtigen bestimmt.

36 Wer sich gegenüber der Ermahnung des Erbarmers wie blind verhält, für den bestellen Wir einen Satan, der ihm dann zum Gesellen wird. 37 Und siehe, sie weisen sie vom Weg ab, sie aber meinen, sie würden der Rechtleitung folgen. 38 Wenn er schließlich zu Uns kommt, sagt er: »O wäre doch zwischen mir und dir eine Entfernung wie zwischen Osten und Westen!« Welch schlimmer Geselle! 39 Heute, da ihr Unrecht getan habt, nützt euch nicht, dass ihr an derselben Pein teilhabt.

40 Willst du denn die Tauben hören lassen oder die Blinden und die, die sich in einem offenkundigen Irrtum befinden, rechtleiten? 41 Sollten Wir dich fortnehmen, dann werden Wir uns an ihnen rächen. 42 Oder Wir lassen dich sehen, was Wir ihnen angedroht haben, denn Wir haben ja völlig Macht über sie. 43 Halte nun fest an dem, was dir offenbart wurde; du befindest dich auf einem geraden Weg. 44 Das ist eine Ermahnung für dich und dein Volk. Und ihr werdet zur Verantwortung gezogen. 45 Und frage jene unserer Gesandten, die Wir vor dir gesandt haben, ob Wir anstelle

31: Mekka und Ṭāʾif.
33: Oder: eine einzige Gemeinschaft von Ungläubigen.

des Erbarmers (andere) Götter zum Gegenstand der Verehrung eingesetzt haben.

46 *Und Wir haben Mose mit unseren Zeichen zu Pharao und seinen Vornehmen gesandt. Er sagte: »Ich bin der Gesandte des Herrn der Welten.« 47 Als er mit unseren Zeichen zu ihnen kam, da lachten sie gleich über sie. 48 Und Wir zeigten ihnen kein Zeichen, das nicht größer gewesen wäre als das andere. Und Wir ergriffen sie mit der Pein, auf dass sie umkehrten. 49 Und sie sagten: »O du Zauberer, rufe für uns deinen Herrn an aufgrund seines Bundes mit dir, dann werden wir der Rechtleitung folgen.« 50 Als Wir dann die Pein von ihnen aufhoben, da brachen sie gleich ihr Wort. 51 Und Pharao ließ unter seinem Volk ausrufen; er sagte: »O mein Volk, gehört mir nicht die Königsherrschaft Ägyptens und auch dieser Bäche, die unter mir fließen? Wollt ihr nicht einsichtig sein? 52 Oder bin ich nicht besser als dieser da, der verächtlich ist und sich kaum deutlich ausdrückt? 53 Wären ihm doch Armringe aus Gold überbracht worden oder die Engel mit ihm als Begleitung gekommen!« 54 Er ließ sein Volk abirren, und sie gehorchten ihm. Sie waren ja frevlerische Leute. 55 Als sie unseren Zorn erregten, rächten Wir uns an ihnen und ließen sie alle ertrinken. 56 Und Wir machten sie zu einem dahingegangenen Volk und zu einem Beispiel für die anderen.

*57 Und als der Sohn Marias als Beispiel angeführt wurde, da erging sich dein Volk gleich in lautem Spott. 58 Und sie sagten: »Wer ist besser, unsere Götter oder er?« Sie führten ihn dir nur zum Streiten an. Nein, sie sind streitsüchtige Leute. 59 Er ist nichts als ein Diener, den Wir begnadet und zu einem Beispiel für die Kinder Israels gemacht haben. 60 Und wenn Wir wollten, könnten Wir aus euren Reihen Engel bestellen, die als (eure) Nachfolger auf der Erde leben würden. 61 Und er ist ein Erkennungszeichen für die Stunde (des Gerichtes). So hegt keine Zweifel über sie und folgt mir. Das ist ein gerader Weg. 62 Und der Satan soll euch nicht abweisen. Er ist euch ein offenkundiger Feind. 63 Und als Jesus mit den deutlichen Zeichen kam, sagte er: »Ich komme

[50 ¼]

46–56: Vgl. 7,103–137.

zu euch mit der Weisheit, und um euch einiges von dem, worüber ihr uneins seid, deutlich zu machen. So fürchtet Gott und gehorcht mir. 64 Gott ist mein Herr und euer Herr. So dienet Ihm. Das ist ein gerader Weg.« 65 Dann wurden die Parteien untereinander uneins. Wehe denen, die Unrecht tun, vor der Pein eines schmerzhaften Tages! 66 Erwarten sie denn etwas anderes, als dass die Stunde plötzlich über sie kommt, ohne dass sie es merken? 67 Vertraute werden an jenem Tag einer des anderen Feind sein, außer den Gottesfürchtigen. 68 »O meine Diener, ihr habt heute nichts zu befürchten, und ihr werdet nicht traurig sein. 69 Ihr, die ihr an unsere Zeichen glaubtet und gottergeben waret. 70 Geht ins Paradies ein, ihr und eure Gattinnen, euch wird Freude bereitet.« 71 Es werden ihnen Schüsseln aus Gold und Becher herumgereicht. Und darin gibt es, was die Seele begehrt und für die Augen eine Wonne ist. »Und ihr werdet darin ewig weilen. 72 Das ist das Paradies, das euch zum Erbe gegeben worden ist für das, was ihr zu tun pflegtet. 73 Darin sind viele Früchte für euch, von denen ihr essen könnt.« 74 Die Übeltäter aber werden in der Pein der Hölle ewig weilen. 75 Es wird ihnen keine Erleichterung gewährt, und sie werden darin voller Verzweiflung sein. 76 Und nicht Wir haben ihnen Unrecht getan, sondern sie sind es, die Unrecht getan haben. 77 Und sie rufen: »O Mālik, dein Herr soll mit uns ein Ende machen.« Er sagt: »Ihr werdet (hier) bleiben.«
78 Wir haben euch die Wahrheit gebracht. Aber die meisten von euch verabscheuen die Wahrheit. 79 Oder haben sie Ränke geschmiedet? Auch Wir können ebensolche schmieden. 80 Oder meinen sie, Wir würden nicht hören, was sie insgeheim und in vertraulichem Gespräch sagen? Doch, und auch unsere Boten schreiben bei ihnen (alles) auf. 81 Sprich: Wenn der Erbarmer ein Kind hätte, wäre ich der Erste derer, die (es) anbeten. 82 Preis sei dem Herrn der Himmel und der Erde, dem Herrn des Thrones! (Erhaben ist Er) über das, was sie da schildern. 83 Lass sie schweifende Reden halten und ihr Spiel treiben, bis sie ihrem Tag begegnen, der ihnen angedroht ist. 84 Er ist Gott im Himmel und Gott auf der Erde. Er ist der, der weise ist und Bescheid weiß. 85 Und gesegnet

sei der, dem die Königsherrschaft der Himmel und der Erde und dessen, was dazwischen ist, gehört, der das Wissen über die Stunde besitzt und zu dem ihr zurückgebracht werdet! **86** Und diejenigen, die sie an seiner Stelle anrufen, verfügen nicht darüber, Fürsprache einzulegen, ausgenommen die, welche die Wahrheit bezeugen und die Bescheid wissen. **87** Wenn du sie fragst, wer sie erschaffen hat, sagen sie bestimmt: »Gott«. Wie leicht lassen sie sich doch abwenden!

88 Und bei seinem Ausspruch: »O mein Herr, das sind Leute, die nicht glauben.« **89** Übe Nachsicht mit ihnen und sprich: »Frieden!« Sie werden es noch zu wissen bekommen.

Sure 44

Der Rauch (al-Dukhān)

zu Mekka, 59 Verse

Im Namen Gottes, des Erbarmers, des Barmherzigen.
1 Ḥā Mīm*. **2** Beim deutlichen Buch! **3** Wir haben es in einer gesegneten Nacht hinabgesandt – Wir haben ja (die Menschen) immer wieder gewarnt –, **4** in der jede weise Angelegenheit einzeln entschieden wird **5** als eine Angelegenheit von unserer Seite – ja, Wir haben immer wieder (Warner) gesandt –, **6** als eine Barmherzigkeit von deinem Herrn – Er ist der, der alles hört und weiß –, **7** dem Herrn der Himmel und der Erde und dessen, was dazwischen ist, so ihr Gewissheit hegt. **8** Es gibt keinen Gott außer Ihm. Er macht lebendig und lässt sterben, (Er), euer Herr und der Herr eurer Vorväter.

9 Aber nein, sie hegen Zweifel und treiben ihr Spiel. **10** Erwarte nun den Tag, an dem der Himmel einen offenkundigen Rauch he-

---

1:    Die Bedeutung dieser Buchstaben ist noch nicht geklärt.

rabkommen lässt, 11 der die Menschen überdecken wird. Das ist eine schmerzhafte Pein. 12 »Unser Herr, hebe die Pein von uns auf. Wir wollen gläubig sein.« 13 Wie soll ihnen da die Ermahnung nützen, wo doch ein offenkundiger Gesandter zu ihnen kam, 14 sie sich aber von ihm abkehrten und sagten: »Einer, den ein anderer belehrt, ein Besessener«? 15 Wir werden die Pein ein wenig aufheben. Ihr aber werdet rückfällig werden. 16 Am Tag, da Wir mit größter Gewalt zugreifen werden, da werden Wir uns rächen. *17 Und Wir haben schon vor ihnen das Volk des Pharao der Versuchung ausgesetzt*. Zu ihnen kam ein edler Gesandter: 18 »Übergebt mir die Diener Gottes. Ich bin euch ein treuer Gesandter. 19 Und zeigt euch Gott gegenüber nicht überheblich. Ich komme zu euch mit einer offenkundigen Ermächtigung. 20 Und ich suche Zuflucht bei meinem Herrn und eurem Herrn davor, dass ihr mich steinigt. 21 Und wenn ihr mir nicht glaubt, dann haltet euch fern von mir.« 22 Da rief er zu seinem Herrn: »Das sind Leute, die Übeltäter sind.« 23 – »Zieh bei Nacht mit meinen Dienern fort; ihr werdet da verfolgt werden. 24 Und verlass das Meer als ruhige breite Bahn. Siehe, sie sind ein Heer, das ertränkt werden soll.« 25 Wie viele Gärten und Quellen ließen sie* zurück, 26 und Saatfelder und eine treffliche Stätte, 27 und ein angenehmes Leben, in dem sie es sich wohl sein ließen! 28 So war es. Und Wir gaben es anderen Leuten zum Erbe. 29 Weder der Himmel noch die Erde weinten über sie. Und ihnen wurde kein Aufschub gewährt.

30 Und Wir erretteten die Kinder Israels von der schmählichen Pein, 31 von Pharao. Er hatte hohe Gewalt und war einer der Maßlosen. 32 Und Wir erwählten sie aufgrund von Wissen vor den Weltenbewohnern 33 und ließen ihnen von den Zeichen solche zukommen, die eine offenkundige Prüfung enthielten.

34 Wahrlich, diese da sagen: 35 »Es gibt nur unseren ersten Tod. Und wir werden nicht wiedererweckt werden. 36 Bringt doch unsere Väter herbei, so ihr die Wahrheit sagt.« 37 Sind sie etwa bes-

[50½]

17–33: Vgl. 7,103–137.
25: das Volk des Pharao.

ser, oder das Volk des Tubbaʿ* und jene, die vor ihnen lebten? Wir haben sie verderben lassen, denn sie waren Übeltäter. 38 Und Wir haben die Himmel und die Erde und das, was dazwischen ist, nicht zum Spiel erschaffen. 39 Wir haben sie in Wahrheit erschaffen. Aber die meisten von ihnen wissen nicht Bescheid.

40 Der Tag der Scheidung ist der Termin für sie alle, 41 der Tag, an dem kein Schutzherr seinem Schützling etwas nützen kann und sie keine Unterstützung erfahren werden, 42 ausgenommen wessen sich Gott erbarmt. Er ist der Mächtige, der Barmherzige.

43 Der Zaqqūm-Baum 44 ist die Speise des Sünders; 45 wie geschmolzenes Erz kocht er in den Bäuchen, 46 wie das heiße Wasser kocht. 47 »Nehmt ihn und zerrt ihn mitten in die Hölle. 48 Dann gießt über seinen Kopf etwas von der Pein des heißen Wassers. 49 Koste es. Du bist doch der Mächtige, der Treffliche!« 50 »Das ist, worüber ihr Zweifel hegtet.«

51 Die Gottesfürchtigen befinden sich an einer sicheren Stätte, 52 in Gärten und an Quellen. 53 Sie tragen Gewänder aus Seide und Brokat, und (sie liegen) einander gegenüber. 54 So ist es. Und Wir geben ihnen als Partnerinnen Ḥūrī mit schönen, großen Augen. 55 Sie rufen darin nach Früchten jeder Art (und leben) in Sicherheit. 56 Sie erleiden darin nicht den Tod, außer dem ersten Tod. Und Er hütet sie vor der Pein der Hölle, 57 als Huld von deinem Herrn. Das ist der großartige Erfolg.

58 Wir haben ihn* durch deine Zunge leicht gemacht, auf dass sie es bedenken. 59 Warte nun ab; auch sie warten ab.

37:   ein Herrscher in Südarabien.
58:   den Koran.

Sure 45

Die auf den Knien sitzt (al-Djāthiya)

zu Mekka, 37 Verse

Im Namen Gottes, des Erbarmers, des Barmherzigen.
1 Ḥā Mīm*. 2 Herabsendung des Buches von Gott, dem Mächtigen, dem Weisen. 3 In den Himmeln und auf der Erde sind Zeichen für die Gläubigen. 4 Und in eurer Erschaffung und in dem, was Er an Getier sich ausbreiten lässt, sind Zeichen für Leute, die Gewissheit hegen. 5 Und auch im Aufeinanderfolgen von Nacht und Tag und in dem, was Gott an Lebensunterhalt vom Himmel herabkommen lässt und dadurch die Erde nach ihrem Absterben belebt, und im Wechsel der Winde sind Zeichen für Leute, die Verstand haben. 6 Dies sind die Zeichen Gottes. Wir verlesen sie dir der Wahrheit entsprechend. An welche Botschaft, nachdem Gott und seine Zeichen kundgetan worden sind, wollen sie denn sonst glauben?

7 Wehe jedem Lügner und Sünder, 8 der hört, wie ihm die Zeichen Gottes verlesen werden, und dann hochmütig (in seinem Unglauben) verharrt, als hätte er sie nie gehört! Verkünde ihm eine schmerzhafte Pein. 9 Und wenn er etwas von unseren Zeichen erfährt, nimmt er es zum Gegenstand des Spottes. Für solche Leute ist eine schmähliche Pein bestimmt. 10 Hinterdrein steht für sie die Hölle bereit. Und es nützt ihnen nichts, was sie erworben und was sie sich anstelle Gottes zu Freunden genommen haben. Für sie ist eine gewaltige Pein bestimmt.

11 Dies ist die Rechtleitung. Für diejenigen aber, die die Zeichen ihres Herrn verleugnen, ist eine schmerzhafte Pein durch ein Zorngericht bestimmt.

[50³/₄] *12 Gott ist es, der euch das Meer dienstbar gemacht hat, dass die Schiffe nach seinem Befehl darauf fahren, dass ihr nach etwas von seiner Huld strebt und dass ihr dankbar werdet. 13 Und Er hat

---

1: Die Bedeutung dieser Buchstaben ist noch nicht geklärt.

euch von sich aus alles dienstbar gemacht, was in den Himmeln und was auf der Erde ist. Darin sind Zeichen für Leute, die nachdenken.

14 Sag denen, die glauben, sie sollen denen vergeben, die nicht erwarten, die Tage Gottes zu erleben, auf dass Er den Leuten vergelte für das, was sie erworben haben. 15 Wer Gutes tut, tut es zu seinem eigenen Vorteil. Und wer Böses tut, tut es zu seinem eigenen Schaden. Zu eurem Herrn werdet ihr dann zurückgebracht.

16 Und Wir haben den Kindern Israels das Buch, die Urteilsvollmacht und die Prophetie zukommen lassen und ihnen allerlei köstliche Dinge beschert und sie bevorzugt vor den Weltenbewohnern. 17 Und Wir haben ihnen in der Angelegenheit (der Religion) deutliche Beweise zukommen lassen. Sie wurden aber erst uneins, nachdem das Wissen zu ihnen gekommen war, dies aus ungerechter Auflehnung untereinander. Dein Herr wird am Tag der Auferstehung zwischen ihnen über das entscheiden, worüber sie uneins waren. 18 Dann stellten Wir für dich eine Richtung in der Angelegenheit (der Religion) fest. So folge ihr und folge nicht den Neigungen derer, die nicht Bescheid wissen. 19 Sie können dir vor Gott nichts nützen. Diejenigen, die Unrecht tun, sind untereinander Freunde. Gott aber ist der Freund der Gottesfürchtigen. 20 Dies sind Einsicht bringende Zeichen für die Menschen und eine Rechtleitung und Barmherzigkeit für Leute, die Gewissheit hegen.

21 Oder meinen diejenigen, die die Missetaten verüben, dass Wir sie denen, die glauben und die guten Werke tun, gleichstellen sowohl in ihrem Leben als in ihrem Sterben? Schlimm ist es, wie sie urteilen. 22 Gott hat die Himmel und die Erde der Wahrheit entsprechend erschaffen. Und jeder Seele soll vergolten werden für das, was sie erworben hat. Und ihnen wird nicht Unrecht getan.

23 Hast du den gesehen, der sich zu seinem Gott seine Neigung gemacht hat, den Gott aufgrund von Wissen irregeführt, dem Er das Gehör und das Herz versiegelt und auf dessen Augenlicht eine Hülle gelegt hat? Wer nach Gott könnte ihn rechtleiten? Wollt ihr es nicht bedenken?

24 Und sie sagen: »Es gibt nur unser diesseitiges Leben. Wir ster-

ben und leben (hier), und nur die Zeit lässt uns verderben.« Sie haben doch kein Wissen darüber, sie stellen nur Mutmaßungen an. 25 Und wenn ihnen unsere Zeichen als deutliche Beweise verlesen werden, führen sie kein anderes Argument an, als nur zu sagen: »Bringt unsere Väter herbei, wenn ihr die Wahrheit sagt.« 26 Sprich: Gott macht euch lebendig und lässt euch dann sterben. Dann versammelt Er euch zum Tag der Auferstehung, an dem kein Zweifel möglich ist. Aber die meisten Menschen wissen nicht Bescheid.

27 Gott gehört die Königsherrschaft der Himmel und der Erde. Und am Tag, da die Stunde heraufkommt, an jenem Tag werden die verlieren, die (die Botschaft) für falsch erklären. 28 Und du siehst jede Gemeinschaft auf den Knien sitzen. Jede Gemeinschaft wird zu ihrem Buch gerufen: »Heute wird euch das vergolten, was ihr zu tun pflegtet. 29 Dies ist unser Buch. Es spricht die Wahrheit gegen euch aus. Wir ließen aufschreiben, was ihr zu tun pflegtet.« 30 Diejenigen, die geglaubt und die guten Werke getan haben, lässt ihr Herr in seine Barmherzigkeit eingehen. Das ist der offenkundige Erfolg. 31 Diejenigen aber, die ungläubig waren, (bekommen zu hören): »Sind euch nicht meine Zeichen immer wieder verlesen worden? Ihr aber habt euch hochmütig verhalten und seid Leute gewesen, die Übeltäter waren. 32 Und wenn gesagt wurde: ›Das Versprechen Gottes ist wahr, und an der Stunde ist kein Zweifel möglich‹, sagtet ihr: ›Wir wissen nicht, was überhaupt die Stunde ist. Wir stellen nur Mutmaßungen an und hegen darüber keine Gewissheit.‹« 33 Und ihnen werden ihre Missetaten, die sie begangen haben, klar, und es umschließt sie das, worüber sie spotteten. 34 Und es wird gesprochen: »Heute werden Wir euch vergessen, wie ihr die Begegnung mit diesem eurem Tag vergessen habt. Eure Heimstätte ist das Feuer, und ihr habt keine Helfer. 35 Dies dafür, dass ihr die Zeichen Gottes zum Gegenstand des Spottes genommen habt und dass euch das diesseitige Leben betört hat.« Heute werden sie nicht mehr daraus herausgebracht, und es wird von ihnen keine entschuldigende Umkehr mehr angenommen.

36 Lob sei nun Gott, dem Herrn der Himmel und dem Herrn der

Erde, dem Herrn der Welten! 37 Ihm gehört die Hoheit in den Himmeln und auf der Erde. Er ist der Mächtige, der Weise.

Sure 46

Die Dünen (al-Aḥqāf)

zu Mekka, 35 Verse

Im Namen Gottes, des Erbarmers, des Barmherzigen.
1 Ḥā Mīm. 2 Herabsendung des Buches von Gott, dem Mächti-   26. Teil
gen, dem Weisen. 3 Wir haben die Himmel und die Erde und das,   [51]
was dazwischen ist, nur in Wahrheit und auf eine festgesetzte
Frist erschaffen. Aber diejenigen, die ungläubig sind, wenden sich
von der Warnung, die sie erhielten, ab. 4 Sprich: Was meint ihr
von dem, was ihr anstelle Gottes anruft? Zeigt mir, was sie von
der Erde erschaffen haben. Oder haben sie etwa einen Anteil an
den Himmeln? Bringt mir doch ein Buch her, das vor diesem wäre,
oder auch nur eine Spur von Wissen, so ihr die Wahrheit sagt.
5 Und wer ist weiter abgeirrt als der, der anstelle Gottes solche anruft, die ihn bis zum Tag der Auferstehung nicht erhören, ihr* Rufen nicht beachten 6 und, wenn die Menschen versammelt werden, ihnen feind sind und ihre Verehrung verleugnen?
7 Und wenn ihnen unsere Zeichen als deutliche Beweise verlesen
werden, sagen diejenigen, die ungläubig sind, von der Wahrheit,
als sie zu ihnen kam: »Das ist offenkundige Zauberei.« 8 Oder sagen sie wohl: »Er hat ihn erdichtet«? Sprich: Wenn ich ihn erdichtet habe, dann könnt ihr mir vor Gott keinen Nutzen bringen. Er
weiß besser, womit ihr euch ausgiebig beschäftigt. Er genügt als
Zeuge zwischen mir und euch. Und Er ist der, der voller Ver-

1:    Die Bedeutung dieser Buchstaben ist noch nicht geklärt.
5:    das Rufen der Götzendiener.

gebung und barmherzig ist. 9 Sprich: Ich bin keine Neuerscheinung unter den Gesandten. Und ich weiß nicht, was mit mir, und auch nicht, was mit euch geschehen wird. Ich folge nur dem, was mir offenbart wird. Und ich bin nur ein deutlicher Warner. 10 Sprich: Was meint ihr, wenn er* doch von Gott stammt und ihr ihn aber verleugnet, während ein Zeuge von den Kindern Israels etwas bezeugt, was ihm gleich ist, und nunmehr an ihn glaubt, während ihr euch hochmütig zeigt? Gott leitet die ungerechten Leute nicht recht. 11 Und diejenigen, die ungläubig sind, sagen von denen, die glauben: »Wäre er etwas Gutes, hätten sie ihn nicht vor uns erlangt.« Und da sie sich nicht durch ihn rechtleiten lassen, werden sie ja sagen: »Das ist eine alte Lüge.« 12 Und ihm ging das Buch des Mose als Vorbild und Barmherzigkeit voraus. Und dies ist ein Buch zur Bestätigung in arabischer Sprache, um diejenigen, die Unrecht tun, zu warnen, und als Frohbotschaft für die Rechtschaffenen.

13 Diejenigen, die sagen: »Unser Herr ist Gott«, und sich dann recht verhalten, haben nichts zu befürchten, und sie werden nicht traurig sein. 14 Das sind die Gefährten des Paradieses; darin werden sie ewig weilen als Lohn für das, was sie zu tun pflegten.

15 Und Wir haben dem Menschen aufgetragen, seine Eltern gut zu behandeln. Seine Mutter hat ihn unter widrigen Umständen getragen und unter widrigen Umständen geboren. Die Zeit von der Schwangerschaft bis zur Entwöhnung beträgt dreißig Monate. Wenn er dann seine Vollkraft erreicht hat und (auch) das Alter von vierzig Jahren erreicht hat, sagt er: »Mein Herr, gib mir ein, für deine Gnade zu danken, mit der Du mich und meine Eltern begnadet hast, und etwas Gutes zu tun, was Dir wohlgefällt. Und schenke mir Gutes in meiner Nachkommenschaft. Ich kehre zu Dir um, und ich gehöre zu denen, die sich (Dir) ergeben.« 16 Das sind die, von denen Wir das Beste von dem, was sie getan haben, annehmen und deren Missetaten Wir übergehen, unter den Gefährten des Paradieses. Dies ist das wahrhaftige Versprechen, das ihnen immer wieder gegeben wurde. 17 Und der, der zu seinen El-

10: der Koran.

tern sagt: »Pfui über euch! Wollt ihr denn mir versprechen, ich würde hervorgebracht werden, wo vor mir Generationen dahingegangen sind?« ... Sie aber bitten Gott um Hilfe: »Wehe dir, glaube doch. Das Versprechen Gottes ist wahr.« Da sagt er: »Das sind nichts als die Fabeln der Früheren.« 18 Das sind die, gegen die der Spruch fällig wird, wie gegen Gemeinschaften von Djinn und Menschen, die vor ihnen dahingegangen sind. Sie sind ja Verlierer. 19 Für alle sind Rangstufen bestimmt für das, was sie getan haben, und dies, damit Er ihnen ihre Taten voll erstatte. Und ihnen wird nicht Unrecht getan. 20 Und am Tag, da diejenigen, die ungläubig sind, dem Feuer vorgeführt werden: »Ihr habt eure köstlichen Dinge im diesseitigen Leben aufgezehrt und genossen. Heute wird euch mit der schmählichen Pein vergolten dafür, dass ihr euch auf der Erde immer wieder zu Unrecht hochmütig verhalten und dass ihr immer wieder gefrevelt habt.«

21 Und gedenke des Bruders der ʿĀd, als er bei den Dünen sein [51 ¼]
Volk warnte – Warner gab es vor ihm und nach ihm –: »Ihr sollt Gott allein dienen. Ich fürchte für euch die Pein eines gewaltigen Tages.« 22 Sie sagten: »Bist du gekommen, um uns von unseren Göttern abzuwenden? Bring uns doch her, was du uns androhst, so du zu denen gehörst, die die Wahrheit sagen.« 23 Er sagte: »Nur Gott weiß darüber Bescheid. Ich aber richte euch das aus, womit ich gesandt worden bin. Aber ich sehe, dass ihr Leute seid, die töricht sind.« 24 Als sie es* als heraufziehende Wolke sahen, die sich ihren Tälern näherte, sagten sie: »Das ist eine heraufziehende Wolke, die uns Regen bringt.« – »Nein, vielmehr ist das, was ihr zu beschleunigen gewünscht habt, ein Wind, der eine schmerzhafte Pein birgt, 25 der auf den Befehl seines Herrn alles zerstört.« Am Morgen waren sie so, dass man nur noch ihre Wohnungen sah. So vergelten Wir den Leuten, die Übeltäter sind. 26 Und Wir hatten ihnen doch eine angesehene Stellung verliehen, die Wir euch nicht verliehen haben. Und Wir haben ihnen Gehör, Augenlicht und Herz gegeben. Aber ihr Gehör, ihr Augenlicht

---

21–26: zu Hūd und den ʿĀd vgl. 7,65–72.
24:    das Strafgericht.

und ihr Herz nützten ihnen nichts, da sie die Zeichen Gottes verleugneten. Und es umschloss sie, worüber sie spotteten. 27 Und Wir haben die Städte rings um euch auch verderben lassen. Und Wir haben verschiedene Zeichen dargelegt, auf dass sie umkehren. 28 Hätten ihnen doch diejenigen Unterstützung geleistet, die sie sich anstelle Gottes zu Göttern nahmen, (angeblich) um sich Zutritt in seine Nähe zu verschaffen! Nein, sie sind ihnen entschwunden. Das ist ihre Lüge und das, was sie zu erdichten pflegten.

29 Und als Wir eine Schar Djinn veranlassten, sich dir zuzuwenden und dem Koran zuzuhören. Als sie eingetroffen waren, sagten sie: »Schweigt und hört zu.« Als er zu Ende war*, kehrten sie zu ihrem Volk zurück, um sie zu warnen. 30 Sie sagten: »O unser Volk, wir haben ein Buch gehört, das nach Mose herabgesandt wurde, zu bestätigen, was vor ihm vorhanden war, und das zur Wahrheit führt und zu einem geraden Weg. 31 O unser Volk, hört auf den Rufer Gottes und glaubt an ihn, so vergibt Er euch etwas von euren Sünden und schützt euch vor einer schmerzhaften Pein. 32 Wer auf den Rufer Gottes nicht hört, kann doch (seinen Willen) auf der Erde nicht vereiteln, und er hat außer Ihm keine Freunde. Solche befinden sich in einem offenkundigen Irrtum.«

33 Haben sie denn nicht gesehen, dass Gott, der die Himmel und die Erde erschaffen hat und bei ihrer Erschaffung nicht überfordert war, auch die Macht hat, die Toten wieder lebendig zu machen? Ja, Er hat Macht zu allen Dingen. 34 Und am Tag, da diejenigen, die ungläubig sind, dem Feuer vorgeführt werden: »Ist dies nicht die Wahrheit?« Sie sagen: »Doch, bei unserem Herrn!« Er spricht: »Dann kostet die Pein dafür, dass ihr ungläubig waret.« 35 Sei nun geduldig, wie diejenigen unter den Gesandten, die Entschlossenheit besaßen, geduldig waren. Und wünsche, nichts gegen sie zu beschleunigen. Am Tag, da sie sehen, was ihnen angedroht wird, wird ihnen sein, als hätten sie nur eine Stunde vom Tag verweilt. Hiermit wird die Botschaft ausgerichtet. Wird denn jemand anderes ins Verderben gestürzt als die frevlerischen Leute?

29:   mit dem Vorlesen des Korans.

Muḥammad

zu Medina, 38 Verse

Im Namen Gottes, des Erbarmers, des Barmherzigen.
1 Denen, die ungläubig sind und vom Weg Gottes abweisen, lässt
Er ihre Werke fehlgehen. 2 Denen aber, die glauben und die guten
Werke tun und an das glauben, was auf Muḥammad herabgesandt
worden ist – es ist ja die Wahrheit von ihrem Herrn –, denen sühnt
Er ihre Missetaten und bringt ihre Angelegenheiten in Ordnung.
3 Dies, weil die, die ungläubig sind, dem Falschen folgen, und die,
die glauben, der Wahrheit von ihrem Herrn folgen. Auf diese Weise legt Gott den Menschen ihren Zustand in Gleichnissen dar.
4 Wenn ihr auf die, die ungläubig sind, trefft, dann schlagt (ihnen) auf die Nacken. Wenn ihr sie schließlich schwer nieder-
gekämpft habt, dann schnürt (ihnen) die Fesseln fest. Danach gilt
es, sie aus Gnade oder gegen Lösegeld zu entlassen. (Handelt so),
bis der Krieg seine Waffenlasten ablegt. So ist es. Und wenn Gott
wollte, würde Er sie selbst strafen. Aber Er möchte die einen von
euch durch die anderen prüfen. Denen, die auf dem Weg Gottes
getötet werden, lässt Er ihre Werke niemals fehlgehen. 5 Er wird
sie rechtleiten und ihre Angelegenheiten in Ordnung bringen,
6 sie ins Paradies eingehen lassen, das Er ihnen zu erkennen gegeben hat.
7 O ihr, die ihr glaubt, wenn ihr Gott unterstützt, unterstützt Er
euch und festigt eure Schritte*. 8 Was aber diejenigen betrifft, die
ungläubig sind, so wehe ihnen! Und Er wird ihre Werke fehlgehen
lassen. 9 Dies, weil sie verabscheuen, was Gott herabgesandt hat.
So macht Er ihre Werke wertlos. *10 Sind sie denn nicht auf der   [51 ½]
Erde umhergegangen und haben geschaut, wie das Ende derer
war, die vor ihnen lebten? Gott hat über sie Zerstörung gebracht.
Den Ungläubigen wird etwas Ähnliches widerfahren. 11 Dies, weil

7:    Wörtlich: eure Füße.

Gott der Schutzherr derer ist, die glauben, und weil die Ungläubigen keinen Schutzherrn haben.

12 Gott lässt diejenigen, die glauben und die guten Werke tun, in
Gärten eingehen, unter denen Bäche fließen. Diejenigen aber, die
ungläubig sind, genießen und essen, wie das Vieh frisst; das Feuer
ist ihre Bleibe.

13 Und wie manche Stadt, die eine stärkere Kraft hatte als deine
Stadt, die dich vertrieben hat, haben Wir verderben lassen; und sie
hatten keine Helfer.

14 Ist denn der, der einen deutlichen Beweis von seinem Herrn
hat, denen gleich, denen ihr böses Tun verlockend gemacht wird
und die ihren Neigungen folgen? 15 Mit dem Paradies, das den
Gottesfürchtigen versprochen ist, ist es wie folgt: Darin sind Bäche
mit Wasser, das nicht faul ist, und Bäche mit Milch, deren Ge-
schmack sich nicht ändert, und Bäche mit Wein, der genussvoll ist
für die, die davon trinken, und Bäche mit gefiltertem Honig. Und
sie haben darin allerlei Früchte und Vergebung von ihrem Herrn.
(Sind diese etwa) denen gleich, die im Feuer ewig weilen und heißes Wasser zu trinken bekommen, das ihre Eingeweide zerreißt?

16 Und unter ihnen gibt es welche, die dir zuhören. Wenn sie aber
dann von dir weggehen, sagen sie zu denen, denen das Wissen
zugekommen ist: »Was hat er soeben gesagt?« Das sind die, deren
Herzen Gott versiegelt hat und die ihren Neigungen folgen.

17 Und diejenigen, die der Rechtleitung folgen, lässt Er in der
Rechtleitung zunehmen, und Er verleiht ihnen ihre Gottesfurcht.

18 Erwarten sie denn etwas anderes, als dass die Stunde plötzlich
über sie kommt? Ihre Voraussetzungen sind bereits eingetroffen.
Wenn sie über sie kommt, was nützt ihnen dann noch ihre Ermahnung? 19 Wisse nun, dass es keinen Gott gibt außer Gott. Und
bitte um Vergebung für deine Sünde und für die gläubigen Männer und die gläubigen Frauen. Gott weiß, wo ihr umherzieht und
wo ihr bleibt.

20 Und diejenigen, die glauben, sagen: »Wäre doch eine Sure herabgesandt worden!« Wenn aber eine eindeutige Sure herabgesandt wird und darin vom Kampf die Rede ist, siehst du diejenigen, in deren Herzen Krankheit ist, zu dir schauen, wie einer

schaut, der vor dem Tod ohnmächtig wird. Recht geschieht ihnen.
21 Gehorchen (sollen sie) und geziemende Worte sagen. Wenn die
Sache beschlossen ist, dann wäre es besser für sie, sie würden Gott
gegenüber aufrichtig sein. 22 Ob ihr wohl, wenn ihr euch abkehrt,
auf der Erde Unheil stiftet und die Verwandtschaftsbande zerreißt? 23 Das sind die, die Gott verflucht: Er macht sie somit taub
und lässt ihr Augenlicht erblinden. 24 Betrachten sie denn nicht
sorgfältig den Koran? Oder sind an ihren Herzen Verriegelungen*
angebracht?

25 Denen, die den Rücken kehren, nachdem ihnen die Rechtleitung deutlich geworden ist, hat der Satan etwas eingeredet und
Hoffnung auf Aufschub gemacht*. 26 Dies, weil sie zu denen, die
verabscheuen, was Gott herabgesandt hat, sagen: »Wir werden
euch in einigen Angelegenheiten gehorchen.« Aber Gott weiß,
was sie im Geheimen reden. 27 Wie wird es wohl sein, wenn die
Engel sie abberufen und sie dabei ins Gesicht und auf den Rücken
schlagen? 28 Dies, weil sie dem folgen, was Gott erzürnt, und sein
Wohlgefallen verabscheuen. So macht Er ihre Werke wertlos.

29 Oder meinen diejenigen, in deren Herzen Krankheit ist, Gott
würde ihren Groll nicht ans Licht bringen? 30 Und wenn Wir wollten, würden Wir sie dir zeigen, sodass du sie an ihrem Merkmal
erkennst. Und du wirst sie bestimmt an ihrer Art, versteckt zu
sprechen, erkennen. Und Gott weiß über eure Werke Bescheid.
31 Und Wir werden euch bestimmt prüfen, bis Wir feststellen,
welche von euch sich einsetzen und standhaft sind, und bis Wir
die Berichte über euch prüfen. 32 Diejenigen, die ungläubig sind,
vom Weg Gottes abweisen und sich dem Gesandten widersetzen,
nachdem ihnen die Rechtleitung deutlich geworden ist, können
Gott nichts schaden. Und Er wird ihre Werke wertlos machen.

33 O ihr, die ihr glaubt, gehorcht Gott und gehorcht dem Gesandten und lasst eure Werke nicht fehlgehen. *34 Denen, die ungläu-   [51 3/4]
big sind und vom Weg Gottes abweisen und dann als Ungläubige

24:   Wörtlich: Oder sind an Herzen deren Verriegelungen?
25:   Wörtlich: und Aufschub gewährt. Einige Kommentatoren deuten diesen
      Halbsatz wie folgt: Und Er (Gott) gewährt ihnen Aufschub.

sterben, wird Gott niemals vergeben. 35 So erlahmt nicht und ruft nicht zum Frieden, wo ihr die Oberhand haben werdet. Und Gott ist mit euch, und Er wird euch eure Werke niemals schmälern. 36 Das diesseitige Leben ist nur Spiel und Zerstreuung. Wenn ihr glaubt und gottesfürchtig seid, lässt Er euch euren Lohn zukommen und verlangt von euch nicht euer Vermögen. 37 Würde Er es von euch verlangen und euch drängen, ihr würdet damit geizen, und Er würde euren Groll ans Licht bringen. 38 Siehe, ihr werdet aufgerufen, auf dem Weg Gottes zu spenden. Jedoch gibt es unter euch welche, die sich geizig zeigen. Wer sich aber geizig zeigt, ist geizig gegen sich selbst. Gott ist der, der auf niemanden angewiesen ist, ihr aber seid die Armen. Wenn ihr euch abkehrt, nimmt Er an eurer Stelle ein anderes Volk, und sie werden dann nicht so sein wie ihr.

Sure 48

Der Erfolg (al-Fath)

zu Medina, 29 Verse

Im Namen Gottes, des Erbarmers, des Barmherzigen.
1 Wir haben dir einen offenkundigen Erfolg* verliehen, 2 damit Gott dir deine Sünden vergebe, die früheren und die späteren, und damit Er seine Gnade an dir vollende und dich einen geraden Weg führe, 3 und damit Gott dich mit einem mächtigen Beistand unterstütze. 4 Er ist es, der die Ruhe spendende Gegenwart* in die Herzen der Gläubigen herabgesandt hat, dass sie in ihrem Glauben

---

1:      Die muslimischen Autoren denken an die Eroberung Mekkas (630), oder an den diplomatischen Erfolg beim Friedensabkommen in Hudaybiya (628), oder an die Einnahme der Stadt Khaybar (628).
4:      Gottes Gegenwart und Beistand.

noch an Glauben zunehmen. Und Gott gehören die Heerscharen der Himmel und der Erde. Und Gott weiß Bescheid und ist weise. 5 Dies, damit Er die gläubigen Männer und die gläubigen Frauen in Gärten eingehen lasse, unter denen Bäche fließen – darin werden sie ewig weilen –, und ihnen ihre Missetaten sühne. Und das ist bei Gott ein großartiger Erfolg. 6 Und damit Er die Heuchler, Männer und Frauen, und die Polytheisten, Männer und Frauen, peinige, die von Gott eine schlechte Meinung haben. Über sie kommt die böse Schicksalswendung. Gott zürnt ihnen, verflucht sie und bereitet ihnen die Hölle – welch schlimmes Ende! 7 Und Gott gehören die Heerscharen der Himmel und der Erde. Und Gott ist mächtig und weise.

8 Wir haben dich als Zeugen, als Freudenboten und als Warner gesandt, 9 damit ihr an Gott und seinen Gesandten glaubt, ihm beisteht und ihn ehrt, und (damit ihr) Ihn preist morgens und abends. 10 Diejenigen, die dir Treue geloben, geloben Gott Treue. Gottes Hand liegt über ihren Händen. Wer nun (sein Wort) bricht, bricht es zu seinem eigenen Schaden. Und wer das erfüllt, wozu er sich Gott gegenüber verpflichtet hat, dem lässt Er einen großartigen Lohn zukommen.

11 Die Zurückgelassenen unter den arabischen Beduinen werden zu dir sagen: »Unser Vermögen und unsere Angehörigen haben uns zu sehr in Anspruch genommen. So bitte für uns um Vergebung.« Sie sagen mit ihrer Zunge, was nicht in ihrem Herzen ist. Sprich: Wer kann für euch vor Gott überhaupt etwas bewirken, wenn Er euch schaden will oder wenn Er euch nützen will? Nein, Gott hat Kenntnis von dem, was ihr tut. 12 Nein, ihr meintet, dass der Gesandte und die Gläubigen nie mehr zu ihren Angehörigen heimkehren würden, und das ist euch in euren Herzen verlockend gemacht worden. Und ihr hattet eine schlechte Meinung und waret ein verlorenes Volk.

13 Und wenn einer an Gott und seinen Gesandten nicht glaubt, so haben Wir für die Ungläubigen einen Feuerbrand bereitet. 14 Und Gott gehört die Königsherrschaft der Himmel und der Erde. Er vergibt, wem Er will, und Er peinigt, wen Er will. Und Gott ist voller Vergebung und barmherzig.

15 Die Zurückgelassenen werden, wenn ihr auszieht, um Beute zu machen, sagen: »Lasst uns euch folgen.« Sie möchten gern die Worte Gottes abändern. Sprich: »Ihr dürft uns nicht folgen. So hat Gott schon vorher gesprochen.« Sie werden sagen: »Nein, aber ihr hegt Neid uns gegenüber.« Nein, sie begreifen ja nur wenig. **16** Sprich zu den Zurückgelassenen unter den arabischen Beduinen: »Ihr werdet dazu aufgerufen, gegen Leute, die eine starke Schlagkraft besitzen, zu kämpfen, es sei denn, sie ergeben sich. Wenn ihr gehorcht, lässt Gott euch einen schönen Lohn zukommen. Wenn ihr euch aber abkehrt, wie ihr euch vorher abgekehrt habt, dann peinigt Er euch mit einer schmerzhaften Pein.« **17** Es gibt keinen Grund zur Bedrängnis für den Blinden; es gibt keinen Grund zur Bedrängnis für den Krüppel; es gibt keinen Grund zur Bedrängnis für den Kranken*. Wer Gott und seinem Gesandten gehorcht, den lässt Er in Gärten eingehen, unter denen Bäche fließen. Und wer sich abkehrt, den peinigt Er mit einer schmerzhaften Pein.

[52]   ***18** Gott hat an den Gläubigen Wohlgefallen gefunden, als sie dir unter dem Baum* Treue gelobten. Da wusste Er, was in ihren Herzen war, und Er sandte die Ruhe spendende Gegenwart* auf sie herab und schenkte ihnen als Lohn einen nahen Erfolg **19** und viel Beute, die sie nehmen würden. Und Gott ist mächtig und weise. **20** Gott hat euch versprochen, dass ihr viel Beute machen würdet. So hat Er euch erst diese eilig zufallen lassen und die Hände der Menschen von euch zurückgehalten. Dies, damit es ein Zeichen für die Gläubigen sei und Er euch einen geraden Weg führe. **21** Auch eine andere (Beute), die ihr nicht zu erreichen vermochtet, hat Gott schon umfangen. Gott hat Macht zu allen Dingen. **22** Und hätten diejenigen, die ungläubig sind, gegen euch gekämpft, sie hätten den Rücken gekehrt. Und dann finden sie weder Freund noch Helfer. **23** So war das beispielhafte Verfahren Gottes, das früher angewandt wurde. Und du wirst im Verfahren

---

17:    wenn sie am Kampf nicht teilnehmen.
18:    in Ḥudaybiya.
18:    Es geht hier wohl um den erfolgreichen Feldzug gegen die Stadt Khaybar, der nach Ḥudaybiya unternommen wurde (628).

Gottes keine Veränderung finden. 24 Und Er ist es, der im Tal von Mekka ihre Hände von euch und eure Hände von ihnen zurückgehalten hat, nachdem Er euch den Sieg über sie verliehen hatte. Und Gott sieht wohl, was ihr tut. 25 Sie sind es, die ungläubig sind und euch von der heiligen Moschee abgewiesen und verhindert haben, dass die Opfertiere ihren Schlachtort erreichen. Und hätte es nicht gläubige Männer und gläubige Frauen gegeben*, die ihr nicht kanntet, derentwegen aber euch verwehrt wurde, sie niederzutreten und dadurch unwissentlich ihretwegen Schuld auf euch zu laden ... Dies, damit Gott in seine Barmherzigkeit eingehen lässt, wen Er will. Wenn diese sich abgesetzt hätten, hätten Wir diejenigen von ihnen, die ungläubig sind, mit einer schmerzhaften Pein gepeinigt. 26 Als diejenigen, die ungläubig sind, in ihren Herzen den Verbandsgeist entfachten – den Verbandsgeist der Zeit der Unwissenheit –, worauf Gott seine Ruhe spendende Gegenwart auf seinen Gesandten und auf die Gläubigen herabsandte und sie auf das Wort der Gottesfurcht verpflichtete. Sie hatten ja eher den berechtigten Anspruch darauf und waren seiner würdig. Und Gott weiß über alle Dinge Bescheid.

27 Gott hat seinem Gesandten das Traumgesicht der Wahrheit entsprechend wahr gemacht: Ihr werdet gewiss, wenn Gott will, die heilige Moschee betreten in Sicherheit, sowohl mit geschorenem Kopf als auch mit gestutztem Haar, und ohne Angst zu haben. Und Er wusste, was ihr nicht wusstet, und Er bestimmte (für euch) außerdem einen nahen Erfolg. 28 Er ist es, der seinen Gesandten mit der Rechtleitung und der Religion der Wahrheit gesandt hat, um ihr die Oberhand zu verleihen über alle Religion. Und Gott genügt als Zeuge.

29 Muḥammad ist der Gesandte Gottes. Und diejenigen, die mit ihm sind, sind den Ungläubigen gegenüber heftig, gegeneinander aber barmherzig. Du siehst, wie sie sich verneigen und niederwerfen im Streben nach Gottes Huld und Wohlgefallen. Ihr Merkmal steht auf ihrem Gesicht als Spur der Niederwerfung. Das ist ihre Beschreibung in der Tora. Beschrieben werden sie im

---

25: und zwar in Mekka.

Evangelium* wie ein Saatfeld, das seine Triebe hervorbringt und stärker werden lässt, sodass sie verdicken und auf den Halmen stehen, zum Gefallen derer, die gesät haben. (Dies), damit Er die Ungläubigen durch sie in Wut versetze. Gott hat denjenigen von ihnen, die glauben und die guten Werke tun, Vergebung und großartigen Lohn versprochen.

Sure 49

Die Gemächer (al-Ḥudjurāt)

zu Medina, 18 Verse

Im Namen Gottes, des Erbarmers, des Barmherzigen.

[52 ¼] *1 O ihr, die ihr glaubt, kommt nicht Gott und seinem Gesandten zuvor und fürchtet Gott. Gott hört und weiß alles. 2 O ihr, die ihr glaubt, erhebt nicht eure Stimme über die Stimme des Propheten, und sprecht nicht so laut zu ihm, wie ihr laut zueinander sprecht, damit nicht eure Werke wertlos werden, ohne dass ihr es merkt. 3 Diejenigen, die ihre Stimme bei dem Gesandten Gottes dämpfen, das sind die, deren Herzen Gott auf die Gottesfurcht geprüft hat. Bestimmt ist für sie Vergebung und großartiger Lohn. 4 Von denen, die dich rufen, während du dich in den Gemächern aufhältst, haben die meisten keinen Verstand. 5 Würden sie sich gedulden, bis du zu ihnen herauskommst, wäre es besser für sie. Und Gott ist voller Vergebung und barmherzig. 6 O ihr, die ihr glaubt, wenn ein Frevler mit einer Nachricht zu euch kommt, so stellt es eindeutig fest, damit ihr nicht (einigen) Leuten in Unwissenheit etwas antut und dann bereuen müsst, was ihr getan habt. 7 Und wisst, dass der Gesandte Gottes unter euch weilt. Würde er in vielen Angelegenheiten euch gehorchen, würdet ihr in Bedrängnis

---

29:   Vgl. vielleicht Evangelium: Markus 4,26–27.30–32.

geraten. Aber Gott hat euch den Glauben lieb und in euren Herzen verlockend gemacht, und Er hat euch den Unglauben, den Frevel und den Ungehorsam verabscheuen lassen. Das sind die, die den rechten Wandel zeigen. 8 Dies als Huld und Gnade von Gott. Und Gott weiß Bescheid und ist weise.

9 Und wenn zwei Gruppen von den Gläubigen einander bekämpfen, so stiftet Frieden zwischen ihnen. Wenn die eine von ihnen gegen die andere in ungerechter Weise vorgeht, dann kämpft gegen diejenige, die in ungerechter Weise vorgeht, bis sie zum Befehl Gottes umkehrt. Wenn sie umkehrt, dann stiftet Frieden zwischen ihnen nach Gerechtigkeit. Und handelt gerecht. Gott liebt die, die gerecht handeln. 10 Die Gläubigen sind ja Brüder. So stiftet Frieden zwischen euren beiden Brüdern und fürchtet Gott, auf dass ihr Erbarmen findet.

11 O ihr, die ihr glaubt, die einen sollen nicht die anderen verhöhnen, vielleicht sind diese eben besser als sie. Auch sollen nicht Frauen andere Frauen verhöhnen, vielleicht sind diese eben besser als sie. Und nörgelt nicht untereinander und gebt einander keine Schimpfnamen. Welch schlimmer Name, der des Frevels, nach der Annahme des Glaubens! Diejenigen, die nicht umkehren, sind die, die Unrecht tun.

12 O ihr, die ihr glaubt, meidet viel von den Mutmaßungen. Manche Mutmaßung ist Sünde. Spioniert nicht und führt nicht üble Nachrede übereinander. Möchte denn einer von euch das Fleisch seines Bruders, wenn er tot ist, essen? Es wäre euch doch zuwider. Fürchtet Gott. Gott wendet sich gnädig zu und ist barmherzig.

13 O ihr Menschen, Wir haben euch von einem männlichen und einem weiblichen Wesen erschaffen, und Wir haben euch zu Verbänden und Stämmen gemacht, damit ihr einander kennen lernt. Der Angesehenste von euch bei Gott, das ist der Gottesfürchtigste von euch. Gott weiß Bescheid und hat Kenntnis von allem.

14 Die arabischen Beduinen sagen: »Wir glauben.« Sprich: Ihr [52 ½] glaubt nicht (wirklich). Sagt vielmehr: Wir sind Muslime geworden. Der Glaube ist ja noch nicht in eure Herzen gedrungen.

14: D. h.: Wir haben uns der Gemeinschaft der Muslime angeschlossen.

Wenn ihr aber Gott und seinem Gesandten gehorcht, verringert Er euch nichts von euren Werken. Gott ist voller Vergebung und barmherzig. 15 Die Gläubigen, das sind diejenigen, die an Gott und seinen Gesandten glauben und dann nicht zweifeln und sich mit ihrem Vermögen und mit ihrer eigenen Person auf dem Weg Gottes einsetzen. Das sind die Wahrhaftigen. 16 Sprich: Wollt ihr denn Gott über eure Religion belehren, wo Gott weiß, was in den Himmeln und was auf der Erde ist? Und Gott weiß über alle Dinge Bescheid. 17 Sie halten es für eine Wohltat gegen dich, dass sie Muslime geworden sind. Sprich: Haltet nicht eure Annahme des Islams für eine Wohltat gegen mich. Nein, Gott hat euch eine Wohltat erwiesen dadurch, dass Er euch zum Glauben geführt hat, wenn ihr wahrhaftig seid. 18 Gott kennt das Unsichtbare der Himmel und der Erde. Und Gott sieht wohl, was ihr tut.

Sure 50

Qāf

zu Mekka, 45 Verse

Im Namen Gottes, des Erbarmers, des Barmherzigen.
1 Qāf*. Beim glorreichen Koran! 2 Aber nein, sie wundern sich darüber, dass ein Warner aus ihrer Mitte zu ihnen kam. Da sagen die Ungläubigen: »Das ist eine verwunderliche Sache. 3 Sollen wir wirklich, wenn wir gestorben und zu Staub geworden sind ...? Das ist doch eine Rückkehr, die weit hergeholt ist.« 4 Wir wissen wohl, was die Erde von ihnen aufzehrt. Und bei Uns ist ein Buch, das alles aufbewahrt. 5 Aber nein, für Lüge erklärten sie die Wahrheit, als sie zu ihnen kam, und so befinden sie sich in einer verworrenen Lage. 6 Haben sie nicht zum Himmel über ihnen empor-

1:     Die Bedeutung dieses Buchstabens ist noch nicht geklärt.

geschaut, wie Wir ihn aufgebaut und geschmückt haben, und dass er keine Risse aufweist? 7 Auch die Erde haben Wir ausgebreitet und auf ihr festgegründete Berge angebracht, und Wir haben auf ihr verschiedene erfreuliche Pflanzenarten wachsen lassen, 8 um Einsicht zu bringen und als Ermahnung für jeden Diener, der sich (Gott) reumütig zuwendet. 9 Und Wir haben vom Himmel gesegnetes Wasser herabkommen und damit Gärten und Korn für die Ernte wachsen lassen, 10 und Palmen, hochragend und mit übereinandergereihten Blütenscheiden, 11 als Lebensunterhalt für die Diener*. Und Wir haben damit abgestorbene Ortschaften wieder belebt. So erfolgt auch das Herauskommen*.

12 Der Lüge ziehen (ihre Gesandten) schon vor ihnen das Volk Noachs, die Leute des Brunnens und die Thamūd, 13 und die ʿĀd, Pharao und die Brüder Lots, 14 die Leute des Waldes und das Volk des Tubbaʿ. Alle haben die Gesandten der Lüge geziehen, so ist meine Androhung zu Recht fällig geworden*.

15 Waren Wir denn mit der ersten Schöpfung überfordert? Nein, sie aber sind im Unklaren über eine neue Schöpfung*. 16 Wir haben doch den Menschen erschaffen und wissen, was ihm seine Seele einflüstert. Und Wir sind ihm näher als die Halsschlagader. 17 Wenn die beiden*, die entgegenzunehmen haben, entgegennehmen, zur Rechten und zur Linken sitzend, 18 wird er kein Wort sprechen, ohne dass bei ihm ein Bewacher bereitstünde.

19 Und die Trunkenheit des Todes bringt die Wahrheit: »Das ist das, wovor du auszuweichen pflegtest.« 20 Und es wird in die Trompete geblasen. Das ist der angedrohte Tag. 21 Und jede Seele kommt und mit ihr ein Treiber und ein Zeuge. 22 »Du hast dies unbeachtet gelassen. Nun haben Wir deine Decke von dir* weg-

---

11: die Diener Gottes, die Menschen.
11: der Toten aus der Erde, die Auferstehung.
12–14: Vgl. zu Noach 7,59–64; zu Thamūd 7,73–79; zu ʿĀd 7,65–72; zu Pharao 7,103–137; zu Lot 7,80–84; zu den Leuten des Waldes (Madyan) 7,85–93; zum Volk des Tubbaʿ 44,37.
15: über die Auferstehung der Toten.
17: Engel, die über die Menschen Buch führen.
22: die Hülle vor deinen Augen.

gezogen, sodass dein Augenlicht heute scharf ist.« 23 Und sein Geselle* sagt: »Das ist, was bei mir bereitliegt.« 24 – »Werft, ihr beide, in die Hölle jeden, der sehr ungläubig und widerspenstig ist, 25 das Gute verweigert, Übertretungen begeht und Zweifel hegt, 26 und der Gott einen anderen Gott zur Seite stellt. So werft ihn

[52 3/4] in die harte Pein.« *27 Sein Geselle sagt: »Unser Herr, ich habe ihn nicht zu übermäßigem Frevel verleitet, sondern er befand sich selbst in tiefem Irrtum.« 28 Er spricht: »Streitet euch nicht vor Mir, wo Ich euch die Androhung vorausgeschickt habe. 29 Der Spruch wird bei Mir nicht abgeändert. Und Ich tue den Dienern kein Unrecht.« 30 (Dies) am Tag, da Wir zur Hölle sprechen: »Bist du bereits voll?«, und sie sagt: »Gibt es noch mehr?«

31 Und das Paradies wird an die Gottesfürchtigen herangebracht, nicht weit entfernt: 32 »Das ist, was euch versprochen worden ist für jeden, der bereit zur Umkehr ist und sich selbst hütet, 33 der den Erbarmer im Verborgenen fürchtet und mit reumütigem Herzen (zu Ihm) kommt. 34 Geht hinein in Frieden. Das ist der Tag der Ewigkeit.« 35 Sie haben darin, was sie wollen. Und bei Uns steht noch mehr.

36 Wie viele Generationen haben Wir vor ihnen verderben lassen, die eine stärkere Gewalt besaßen als sie und in den Ländern umherzogen! Gibt es ein Entrinnen? 37 Darin ist eine Ermahnung für den, der Herz hat oder hinhört, während er zugegen ist.

38 Und Wir haben die Himmel und die Erde und das, was dazwischen ist, in sechs Tagen erschaffen. Und dabei hat Uns keine Ermattung befallen. 39 So ertrage mit Geduld, was sie sagen. Und singe das Lob deines Herrn vor dem Aufgang der Sonne und vor dem Untergang, 40 und preise Ihn in der Nacht und jeweils am Ende der Niederwerfung.

41 Und höre zu am Tag, da der Rufer aus einem nahen Ort ruft, 42 am Tag, da sie den Schrei in Wahrheit hören. Das ist der Tag des Herauskommens*. 43 Wahrlich, Wir allein machen wieder lebendig und lassen sterben. Und zu Uns führt der Lebensweg.

23: der Satan, der ihn verführt; oder der Engel, der ihn bewacht.
42: der Toten aus der Erde, Tag der Auferstehung der Toten.

44 Am Tag, da die Erde sich vor ihnen spaltet und sie eilig (hervorkommen), das ist ein Versammeln, das Uns ein Leichtes ist.
45 Wir wissen besser, was sie sagen. Und du bist nicht ein Zwingherr über sie. Ermahne nur mit dem Koran die, welche meine Androhung fürchten.

Sure 51

Die aufwirbeln (al-Dhāriyāt)

zu Mekka, 60 Verse

Im Namen Gottes, des Erbarmers, des Barmherzigen.
1 Bei denen, die heftig aufwirbeln, 2 bei denen, die eine Last tragen, 3 bei denen, die leicht dahinziehen, 4 bei denen, die verschiedene Befehle ausführen, 5 siehe, was euch angedroht ist, ist wahr, 6 und das Gericht wird eintreffen.
7 Beim Himmel voller Adern, 8 ihr haltet unterschiedliche Reden. 9 Der wird davon abwendig gemacht, wer sich abwenden lässt.
10 Dem Tod geweiht seien die, die nur Schätzungen anstellen, 11 die sich in abgründiger Achtlosigkeit befinden. 12 Sie fragen: »Wann wird denn der Tag des Gerichtes sein?« 13 – »Am Tag, da sie im Feuer geprüft werden. 14 Kostet nun eure Prüfung. Das ist es, was ihr zu beschleunigen wünschtet.« 15 Die Gottesfürchtigen aber werden in Gärten und an Quellen sein, 16 sie nehmen, was ihr Herr ihnen zukommen lässt. Sie waren ja vordem rechtschaffen. 17 Nur ein wenig schliefen sie in der Nacht, 18 und in der Morgendämmerung baten sie um Vergebung, 19 und sie räumten dem Bettler und dem Unbemittelten ein Recht auf ihr Vermögen ein.
20 Und auf der Erde gibt es Zeichen für die, die Gewissheit hegen, 21 und auch in euch selbst. Wollt ihr denn nicht sehen? 22 Und im Himmel ist euer Lebensunterhalt und das, was euch verspro-

chen wird. 23 Beim Herrn des Himmels und der Erde, das ist so wahr, wie ihr reden könnt.

24 Ist denn die Geschichte von den geehrten Gästen Abrahams zu dir gelangt? 25 Als sie bei ihm eintraten und sagten: »Friede!« Er sagte: »Friede! Lauter unbekannte Leute.« 26 Er schlich sich zu seinen Angehörigen. Er brachte ein (gebratenes) Mastkalb herbei 27 und setzte es ihnen vor. Er sagte: »Wollt ihr nicht essen?« 28 Er empfand Angst vor ihnen. Sie sagten: »Hab keine Angst.« Und sie verkündeten ihm einen klugen Knaben. 29 Da kam seine Frau schreiend herbei. Sie schlug sich ins Gesicht und sagte: »Eine unfruchtbare alte Frau!« 30 Sie sagten: »So hat dein Herr gesprochen. Er ist der, der weise ist und Bescheid weiß.« *31 Er sagte: »Was ist euer Anliegen, ihr Boten?« 32 Sie sagten: »Wir sind gesandt zu Leuten, die Übeltäter sind, 33 um über sie Steine aus Ton niederkommen zu lassen, 34 die bei deinem Herrn gekennzeichnet sind für die Maßlosen.« 35 Und Wir brachten die, die in ihr gläubig waren, hinaus. 36 Aber Wir fanden in ihr nur ein (einziges) Haus von Gottergebenen. 37 Und Wir hinterließen in ihr ein Zeichen für diejenigen, die die schmerzhafte Pein fürchten.

38 (Ein Zeichen ist) auch in Mose*, als Wir ihn mit einer offenkundigen Ermächtigung zu Pharao sandten. 39 Der kehrte sich ab samt seiner Streitmacht und sagte: »Ein Zauberer oder ein Besessener.« 40 Da ergriffen Wir ihn und seine Truppen und warfen sie ins Meer. Er hatte sich Tadel zugezogen. 41 Und auch in den ʿĀd*, als Wir über sie den lebensfeindlichen Wind sandten, 42 der nichts von allem, worüber er kam, übrig ließ, ohne es werden zu lassen wie etwas, was auseinanderfällt. 43 Und auch in den Thamūd*, als zu ihnen gesprochen wurde: »Genießt für eine Weile.« 44 Sie rebellierten gegen den Befehl ihres Herrn. Da ergriff sie der Donnerschlag, während sie hinschauten, 45 und sie konnten sich nicht mehr aufrichten und erfuhren keine Unterstützung mehr.

27. Teil
[53]

38–40: Vgl. 7,103–137.
41–42: Vgl. 7,65–72.
43–45: Vgl. 7,73–79.

46 (Verderben ließen Wir) früher auch das Volk Noachs*. Das waren frevlerische Leute.

47 Und den Himmel haben Wir mit Kraft aufgebaut. Und Wir verfügen über breite Möglichkeiten. **48** Und die Erde haben Wir ausgebreitet. Wie trefflich haben Wir sie geebnet! **49** Und von allem haben Wir ein Paar erschaffen, auf dass ihr es bedenket. **50** Flüchtet nun zu Gott. Ich bin euch von Ihm ein deutlicher Warner. **51** Und setzt nicht Gott einen anderen Gott zur Seite. Ich bin euch von Ihm ein deutlicher Warner. **52** So ist auch zu denen, die vor ihnen lebten, kein Gesandter gekommen, ohne dass sie gesagt hätten: »Ein Zauberer oder ein Besessener.« **53** Haben sie es denn einander (als Vermächtnis) aufgetragen? Nein, sie sind Leute, die ein Übermaß an Frevel zeigen. **54** So kehre dich von ihnen ab. Du ziehst dir damit keinen Tadel zu. **55** Und ermahne, denn die Ermahnung nützt den Gläubigen.

56 Und Ich habe die Djinn und die Menschen nur dazu erschaffen, dass sie Mir dienen. **57** Ich will von ihnen keinen Unterhalt, und Ich will nicht, dass sie Mir zu essen geben. **58** Gott ist es, der Unterhalt beschert und Kraft und Festigkeit besitzt. **59** Für diejenigen, die Unrecht tun, ist ein Los bestimmt wie das Los ihrer Gefährten. So sollen sie Mich nicht um Beschleunigung* bitten. **60** Wehe denen, die ungläubig sind, vor ihrem Tag, der ihnen angedroht ist!

46:	Vgl. 7,59–64.
59:	des Strafgerichtes.

Sure 52

Der Berg (al-Ṭūr)

zu Mekka, 49 Verse

Im Namen Gottes, des Erbarmers, des Barmherzigen.

1 Beim Berg*; 2 bei einem Buch, das zeilenweise niedergeschrieben ist 3 auf ausgebreitetem Pergament; 4 bei dem (zur Pilgerzeit) besuchten Haus* 5 und bei der hochgezogenen Decke 6 und beim angefüllten Meer! 7 Die Pein deines Herrn wird eintreffen. 8 Es gibt niemanden, der sie abwehren könnte.

9 Am Tag, da der Himmel in heftiges Schwanken gerät 10 und die Berge sich fortbewegen, 11 wehe an jenem Tag denen, die (die Botschaft) für Lüge erklären, 12 die in ausschweifenden Reden ihr Spiel treiben! 13 Am Tag, da sie unerbittlich ins Feuer der Hölle gestoßen werden: 14 »Das ist das Feuer, das ihr immer wieder für Lüge erklärt habt. 15 Ist dies nun Zauberei, oder könnt ihr nicht sehen? 16 Ihr sollt darin brennen. Es ist für euch gleich, ob ihr es geduldig ertragt oder nicht. Euch wird das vergolten, was ihr zu tun pflegtet.« 17 Die Gottesfürchtigen befinden sich in Gärten und Wonne. 18 Sie empfinden Wohlbehagen an dem, was ihnen ihr Herr zukommen lässt. Und ihr Herr bewahrt sie vor der Pein der Hölle. 19 »Esst und trinkt zu eurem Wohl für das, was ihr zu tun pflegtet.« 20 Sie lehnen sich auf gereihten Betten. Und Wir geben ihnen als Partnerinnen großäugige Ḥūrī. 21 Und zu denen, die glauben und denen ihre Nachkommenschaft im Glauben folgt, lassen Wir ihre Nachkommenschaft stoßen. Und Wir verringern ihnen nichts von ihren Werken. Ein jeder haftet für das, was er erworben hat. 22 Und Wir versorgen sie mit Früchten und Fleisch von dem, was sie begehren. 23 Darin* greifen sie untereinander

1: Sinai.
4: der Kaʿba.
23: Im Paradies.

nach einem Becher, der nicht zu unbedachter Rede verleitet* und in dem nichts Sündhaftes steckt. *24 Und unter ihnen machen [53 ¼] die Runde Jünglinge, die zu ihnen gehören, als wären sie wohlverwahrte Perlen. 25 Und sie treten aneinander heran und fragen sich gegenseitig. 26 Sie sagen: »Früher waren wir inmitten unserer Angehörigen erschrocken. 27 Da erwies Gott uns eine Wohltat und bewahrte uns vor der Pein des glühenden Windes. 28 Früher pflegten wir Ihn anzurufen. Er ist der, der gütig und barmherzig ist.«

29 Ermahne nun; du bist dank der Gnade deines Herrn weder ein Wahrsager noch ein Besessener. 30 Oder sagen sie etwa: »Ein Dichter. Wir warten ab, was für ein Unheil das Schicksal ihm bringen wird«? 31 Sprich: Wartet ab, ich gehöre mit euch zu denen, die abwarten. 32 Oder befiehlt ihnen etwa ihr Verstand dies, oder sind sie vielmehr Leute, die ein Übermaß an Frevel zeigen? 33 Oder sagen sie: »Er hat ihn sich selbst in den Mund gelegt?« Nein, vielmehr glauben sie nicht. 34 Sie sollen doch eine Botschaft gleicher Art beibringen, so sie die Wahrheit sagen. 35 Oder sind sie aus etwas anderem erschaffen worden, oder sind sie gar selbst die Schöpfer? 36 Oder haben sie etwa die Himmel und die Erde erschaffen? Nein, vielmehr hegen sie keine Gewissheit. 37 Oder besitzen sie etwa die Vorratskammern deines Herrn, oder sind sie es, die alles fest in der Hand haben? 38 Oder haben sie eine Leiter, auf der sie (emporsteigen und) lauschen können? Dann soll doch ihr Lauscher eine offenkundige Ermächtigung beibringen. 39 Oder sind für Ihn die Töchter und für euch die Söhne bestimmt? 40 Oder verlangst du etwa einen Lohn von ihnen, sodass sie mit Schulden belastet wären? 41 Oder liegt ihnen das Unsichtbare vor, sodass sie (es) aufschreiben? 42 Oder wollen sie arglistig handeln? Diejenigen, die ungläubig sind, sind es, die der List erliegen. 43 Oder haben sie einen anderen Gott als Gott? Preis sei Gott! (Erhaben ist Er) über das, was sie (Ihm) beigesellen. 44 Und sähen sie ein Stück vom Himmel herabfallen, sie würden sagen: »Eine aufgeschichtete Wolke.«

23: da er nicht betrunken macht.

45 Lass sie nur, bis sie ihrem Tag begegnen, an dem sie vom Donnerschlag getroffen werden, 46 dem Tag, da ihre List ihnen nichts nützt und sie keine Unterstützung erfahren. 47 Für diejenigen, die Unrecht tun, ist eine Pein außer dieser bestimmt, aber die meisten von ihnen wissen nicht Bescheid. 48 Sei geduldig, bis dein Herr sein Urteil fällt. Du stehst vor unseren Augen. Und sing das Lob deines Herrn, wenn du dich hinstellst*. 49 Und preise Ihn in der Nacht und beim Schwinden der Sterne.

Sure 53

Der Stern (al-Nadjm)

zu Mekka, 62 Verse

Im Namen Gottes, des Erbarmers, des Barmherzigen.
1 Beim Stern, wenn er fällt! 2 Euer Gefährte* geht nicht irre und ist nicht einem Irrtum erlegen, 3 und er redet nicht aus eigener Neigung. 4 Es ist nichts anderes als eine Offenbarung, die offenbart wird. 5 Belehrt hat ihn einer, der starke Kräfte hat, 6 der Macht besitzt. Er stand aufrecht da, 7 am obersten Horizont. 8 Dann kam er näher und stieg nach unten, 9 sodass er (nur) zwei Bogenlängen entfernt war oder noch näher. 10 Da offenbarte Er seinem Diener, was Er offenbarte. 11 Sein Herz hat nicht gelogen, was er sah. 12 Wollt ihr denn mit ihm streiten über das, was er sieht?
13 Und er sah ihn ein anderes Mal herabkommen, 14 beim Zizyphusbaum am Ende des Weges, 15 bei dem der Garten der Heimstätte ist. 16 Als den Zizyphusbaum bedeckte, was (ihn) bedeckte,

48:   zum Gebet.
2:    Muhammad.

17 da wich der Blick nicht ab, und er überschritt das Maß nicht.
18 Wahrlich, er sah etwas von den größten Zeichen seines Herrn.
19 Habt ihr Lāt und ʿUzzā* gesehen, 20 und auch Manāt*, diese andere, die dritte? 21 Ist denn für euch das, was männlich ist, und für Ihn das, was weiblich ist, bestimmt? 22 Das wäre dann eine ungerechte Verteilung. 23 Das sind nur Namen, die ihr genannt habt, ihr und eure Väter, für die Gott aber keine Ermächtigung herabgesandt hat. Sie folgen nur Vermutungen und dem, wozu ihre Seelen neigen, wo doch die Rechtleitung von ihrem Herrn zu ihnen gekommen ist. 24 Oder kann denn der Mensch haben, was er wünscht? 25 Ja, Gott gehört das Jenseits und das Diesseits.

*26 Und wie manche Engel gibt es in den Himmeln, deren Fürsprache nichts nützt, außer nachdem Gott es erlaubt hat, wem Er will und wer sein Gefallen hat. 27 Diejenigen, die an das Jenseits nicht glauben, geben den Engeln Namen, wie man sie weiblichen Wesen gibt. 28 Sie haben jedoch kein Wissen darüber. Sie folgen nur Vermutungen. Aber die Vermutungen nützen in Bezug auf die Wahrheit nichts. 29 Wende dich nun ab von dem, der sich von unserer Ermahnung abkehrt und nur das diesseitige Leben will. 30 Das ist, was sie vom Wissen erreicht haben. Dein Herr weiß besser, wer von seinem Weg abirrt, und Er weiß besser, wer der Rechtleitung folgt.

[53 ½]

31 Gott gehört, was in den Himmeln und was auf der Erde ist, auf dass Er denen, die Böses tun, vergelte für das, was sie tun, und dass Er denen, die Gutes tun, mit dem Allerbesten vergelte*. 32 Diejenigen, die die schweren Sünden und die schändlichen Taten meiden, abgesehen von leichten Verfehlungen ... Wahrlich, dein Herr hat eine umfassende Vergebung. Er weiß besser über euch Bescheid, als Er euch aus der Erde entstehen ließ und als ihr Embryos im Leib eurer Mütter waret. So erklärt nicht euch selbst für rein. Er weiß besser, wer gottesfürchtig ist.

19: Lāt: die Göttin; ʿUzzā: die Starke, die Mächtige.
20: die Schicksalsgöttin. Das waren die drei Göttinnen, die die Polytheisten in der Kaʿba verehrten, und zwar neben Allāh (Gott), den sie als Hochgott betrachteten.
31: Oder: für das Beste ihrer Taten vergelte.

33 Hast du den gesehen, der sich abkehrt 34 und nur wenig gibt und dann (auch) aufhört? 35 Hat er etwa Wissen über das Unsichtbare, dass er (es) sehen könnte? 36 Oder wurde ihm nicht verkündet, was da steht in den Blättern des Mose 37 und des Abraham*, der (seine Pflichten) erfüllte? 38 (Nämlich), dass keine Last tragende (Seele) die Last einer anderen tragen wird. 39 Dass für den Menschen nur das bestimmt ist, wonach er strebt, 40 dass sein Streben sichtbar werden wird 41 und dass ihm hierauf voll dafür vergolten wird. 42 Dass das Ende des Weges zu deinem Herrn führt, 43 dass Er lachen und weinen lässt 44 und dass Er sterben lässt und wieder lebendig macht. 45 Dass Er beide Geschlechter, das männliche und das weibliche, erschafft 46 aus einem Samentropfen, wenn er sich ergießt, 47 und dass Ihm die zweite Schöpfung* obliegt. 48 Dass Er reich macht und Besitz schenkt, 49 und dass Er der Herr des Sirius ist. 50 Und dass Er die ʿĀd*, die damals lebten, verderben ließ, 51 und auch die Thamūd*, wobei Er nichts übrig ließ, 52 und vorher das Volk Noachs* – sie waren ja Leute, die noch mehr Unrecht taten und das Übermaß ihres Frevels noch steigerten. 53 Und dass Er die verschwundene Stadt* stürzen ließ, 54 sodass sie bedeckte, was (sie dann) bedeckte. 55 Welche der Wohltaten deines Herrn willst du nun bestreiten?

56 Das ist ein Warner nach Art der früheren Warner. 57 Die nahende Stunde* steht bevor. 58 Niemand außer Gott kann sie beheben. 59 Wundert ihr euch denn über diese Botschaft 60 und lacht, statt zu weinen, 61 während ihr euch mit etwas anderem beschäftigt? 62 Werft euch doch vor Gott nieder und dienet (Ihm).

37: Hier wie im Vers 87,19 werden Abraham Blätter, d.h. eine Schrift, die nicht näher zu bestimmen ist, zugeschrieben.
47: bei der Auferstehung.
50: Vgl. 7,65–72.
51: Vgl. 7,73–79.
52: Vgl. 7,59–64.
53: zu Sodom vgl. 7,80–84.
57: des Gerichtes.

Sure 54

Der Mond (al-Qamar)

zu Mekka, 55 Verse

Im Namen Gottes, des Erbarmers, des Barmherzigen.
1 Nahegerückt ist die Stunde*, und gespalten hat sich der Mond.
2 Und wenn sie ein Zeichen sehen, wenden sie sich ab und sagen:
»Eine ständige Zauberei.« 3 Und sie erklären (es) für Lüge und folgen ihren Neigungen. Doch jede Angelegenheit wird bestätigt*.
4 Zu ihnen ist doch von den Berichten gekommen, was eine Zu-
rechtweisung enthält, 5 eine triftige Weisheit. Aber da nützen die
Warnungen nicht. 6 So kehre dich von ihnen ab. Am Tag, da der
Rufer zu etwas Unangenehmem ruft 7 und sie aus den Gräbern
wie ausschwärmende Heuschrecken herauskommen, mit gesenkten Blicken, 8 den Hals nach dem Rufer gereckt, da sagen die Ungläubigen: »Das ist ein schwerer Tag.«
*9 Schon vor ihnen hat das Volk Noachs (ihren Gesandten) der   [53 3/4]
Lüge geziehen*. Sie ziehen unseren Diener der Lüge und sagten:
»Ein Besessener.« Und er wurde (von ihnen) zurechtgewiesen.
10 Da rief er zu seinem Herrn: »Ich bin unterlegen, so unterstütze
Du (mich).« 11 Da öffneten Wir die Tore des Himmels durch ein
niederströmendes Wasser 12 und ließen aus der Erde Quellen hervorbrechen. Und das Wasser traf zusammen nach festgelegtem
Befehl. 13 Und Wir trugen ihn auf einem Schiff* mit Planken und
Nägeln, 14 das vor unseren Augen dahinfuhr. Dies als Lohn für
den, der Verleugnung erfahren hatte. 15 Und Wir ließen es als
Zeichen zurück. Aber gibt es denn jemanden, der es bedenkt?
16 Und wie waren dann meine Pein und meine Warnungen!

1:    des Gerichtes.
3:    Oder: hat ihren Platz – oder: die Zeit.
9:    Vgl. 7,59–64.
13:   Wörtlich: etwas.

17 Und Wir haben den Koran leicht zu bedenken gemacht. Aber gibt es denn jemanden, der es bedenkt?
18 Die ʿĀd haben (ihren Gesandten) der Lüge geziehen*. Und wie waren dann meine Pein und meine Warnungen! 19 Wir sandten gegen sie an einem langwährenden unheilvollen Tag einen eiskalten Wind, 20 der die Menschen fortriss, als wären sie Stämme entwurzelter Palmen. 21 Wie waren dann meine Pein und meine Warnungen! 22 Und Wir haben den Koran leicht zu bedenken gemacht. Aber gibt es denn jemanden, der es bedenkt?
23 Die Thamūd haben die Warner der Lüge geziehen*. 24 Sie sagten: »Sollen wir denn einem Menschen aus unseren Reihen, der allein dasteht, folgen? Dann befänden wir uns im Irrtum und litten an Wahnsinn. 25 Ist die Ermahnung wirklich gerade ihm aus unserer Mitte überbracht worden? Nein, vielmehr ist er ein überheblicher Lügner.« 26 Morgen werden sie zu wissen bekommen, wer der überhebliche Lügner ist. 27 Wir werden die Kamelstute schicken als Versuchung für sie. So beobachte sie und sei geduldig. 28 Und gib ihnen kund, dass das Wasser zwischen ihnen zu teilen ist. Jede Trinkzeit soll (dann abwechselnd) wahrgenommen werden. 29 Sie aber riefen ihren Gefährten her. Er griff zu und schnitt (der Kamelstute) die Flechsen durch und stach sie. 30 Wie waren dann meine Pein und meine Warnungen! 31 Wir sandten über sie einen einzigen Schrei, da waren sie plötzlich wie das dürre Zeug dessen, der Tiergehege baut. 32 Und Wir haben den Koran leicht zu bedenken gemacht. Aber gibt es denn jemanden, der es bedenkt?
33 Das Volk Lots hat die Warner der Lüge geziehen*. 34 Wir sandten einen Steinregen über sie, ausgenommen die Angehörigen Lots. Wir erretteten sie im Morgengrauen, 35 aus Gnade von Uns. So entlohnen Wir den, der dankbar ist. 36 Er hatte sie vor unserem gewaltigen Zugriff gewarnt. Aber sie bestritten die Warnungen. 37 Sie versuchten, ihn in Bezug auf seine Gäste zu überreden. Da

18:    Vgl. 7,65–72.
23:    Vgl. 7,73–79.
33:    Vgl. 7,80–84.

wischten Wir ihre Augen aus. »Kostet nun meine Pein und meine Warnungen.« 38 Und am Morgen ereilte sie eine beständige Pein. 39 »Kostet nun meine Pein und meine Warnungen.« 40 Und Wir haben den Koran leicht zu bedenken gemacht. Aber gibt es denn jemanden, der es bedenkt?

41 Und (auch) zu den Leuten Pharaos kamen die Warnungen*. 42 Aber sie erklärten alle unsere Zeichen für Lüge. Da ergriffen Wir sie, wie ein Starker und Mächtiger ergreift.

43 Sind etwa eure Ungläubigen besser als jene? Oder habt ihr einen Freispruch in den Schriften? 44 Oder sagen sie: »Wir sind eine Schar, die siegen wird«? 45 Die Schar wird in die Flucht geschlagen werden, und sie werden den Rücken kehren. 46 Nein, die Stunde* ist ihre Verabredungszeit. Und die Stunde ist noch unheilvoller und bitterer.

47 Die Übeltäter befinden sich im Irrtum und leiden an Wahnsinn. 48 Am Tag, da sie auf ihren Gesichtern ins Feuer hineingezerrt werden: »Kostet die Berührung des Höllenbrandes.« 49 Wir haben alle Dinge nach Maß erschaffen. 50 Und unser Befehl ist ein einziges Wort, gleich einem schnellen Blick. 51 Und Wir haben doch (früher) euresgleichen verderben lassen. Gibt es denn jemanden, der es bedenkt? 52 Alles, was sie getan haben, steht in den Schriften. 53 Alles, ob klein oder groß, ist zeilenweise niedergeschrieben. 54 Die Gottesfürchtigen werden in Gärten und an Bächen sein, 55 auf einem wahrhaftigen Sitzplatz, bei einem mächtigen König.

41: Vgl. 7,103–137.
46: des Gerichtes.

Sure 55

Der Erbarmer (al-Raḥmān)

zu Mekka/Medina, 78 Verse

Im Namen Gottes, des Erbarmers, des Barmherzigen.

[54]   *1 Der Erbarmer 2 hat den Koran gelehrt. 3 Er hat den Menschen erschaffen. 4 Er hat ihn deutliche Rede gelehrt. 5 Die Sonne und der Mond laufen nach Berechnung. 6 Der Stern und die Bäume werfen sich nieder. 7 Den Himmel hat Er emporgehoben und die Waage aufgestellt. 8 Ihr sollt beim Wägen nicht das Maß überschreiten, 9 das Gewicht nach Gerechtigkeit messen und beim Wägen nicht weniger geben. 10 Und die Erde hat Er für die Geschöpfe gelegt; 11 auf ihr gibt es Früchte, Palmen mit Blütenscheiden, 12 Korn auf Halmen und duftende Pflanzen. 13 Welche der Wohltaten eures Herrn wollt ihr beide für Lüge erklären? 14 Er hat den Menschen aus einer Trockenmasse wie dem Töpferton erschaffen. 15 Und Er hat die Djinn aus einer Feuerflamme erschaffen. 16 Welche der Wohltaten eures Herrn wollt ihr beide für Lüge erklären? 17 (Er ist) der Herr der beiden Gegenden des Ostens und der Herr der beiden Gegenden des Westens. 18 Welche der Wohltaten eures Herrn wollt ihr beide für Lüge erklären? 19 Er hat die beiden Meere zugleich entstehen lassen, die zusammentreffen, 20 zwischen denen aber eine Schranke steht, dass sie nicht überlaufen. 21 Welche der Wohltaten eures Herrn wollt ihr beide für Lüge erklären? 22 Aus ihnen beiden kommen Perlen und Korallen hervor. 23 Welche der Wohltaten eures Herrn wollt ihr beide für Lüge erklären? 24 Ihm gehören die gebauten Schiffe, die wie Berge auf dem Meer fahren. 25 Welche der Wohltaten eures Herrn wollt ihr beide für Lüge erklären? 26 Alle, die auf ihr sind, werden vergehen; 27 bleiben wird nur das Antlitz deines Herrn, das erhabene und ehrwürdige. 28 Welche der Wohltaten eures Herrn wollt ihr beide für Lüge erklären? 29 Ihn bitten diejenigen, die in den Himmeln und auf der Erde sind. Jeden Tag hat Er mit einem Anliegen zu tun.

30 Welche der Wohltaten eures Herrn wollt ihr beide für Lüge erklären?

31 Wir werden Uns mit euch befassen, ihr beiden Machtbereiche*.

32 Welche der Wohltaten eures Herrn wollt ihr beide für Lüge erklären? 33 O ihr Verband der Djinn und der Menschen, wenn ihr aus den Regionen der Himmel und der Erde herauskommen könnt, so kommt doch heraus. Ihr werdet nicht herauskommen, außer mit einer Ermächtigung. 34 Welche der Wohltaten eures Herrn wollt ihr beide für Lüge erklären? 35 Über euch beide wird eine Feuerflamme und Qualm geschickt, und ihr werdet euch selbst nicht helfen können. 36 Welche der Wohltaten eures Herrn wollt ihr beide für Lüge erklären? 37 Wenn der Himmel sich spaltet und rosig wie rotes Leder wird 38 – welche der Wohltaten eures Herrn wollt ihr beide für Lüge erklären? –, 39 an jenem Tag werden weder die Menschen noch die Djinn nach ihren (einzelnen) Sünden gefragt*. 40 Welche der Wohltaten eures Herrn wollt ihr beide für Lüge erklären? 41 Die Übeltäter werden an ihrem Merkmal erkannt und dann am Schopf und an den Füßen gepackt. 42 Welche der Wohltaten eures Herrn wollt ihr beide für Lüge erklären? 43 Das ist die Hölle, die die Übeltäter für Lüge erklären. 44 Sie machen zwischen ihr und kochend heißem Wasser die Runde. 45 Welche der Wohltaten eures Herrn wollt ihr für Lüge erklären?

46 Für den, der den Stand seines Herrn fürchtet, sind zwei Gärten bestimmt 47 – welche der Wohltaten eures Herrn wollt ihr beide für Lüge erklären? –, 48 die Zweige haben. 49 Welche der Wohltaten eures Herrn wollt ihr beide für Lüge erklären? 50 Darin fließen zwei Quellen. 51 Welche der Wohltaten eures Herrn wollt ihr beide für Lüge erklären? 52 Darin gibt es von jeder Frucht ein Paar. 53 Welche der Wohltaten eures Herrn wollt ihr beide für Lüge erklären? 54 Sie lehnen sich auf Unterlagen, deren Futter aus Brokat sind. Und die Ernte der beiden Gärten hängt herab. 55 Welche der Wohltaten eures Herrn wollt ihr beide für Lüge er-

31: Djinn und Menschen.
39: Vgl. 28,78.

klären? 56 Darin sind (Frauen), die ihre Blicke zurückhalten, die vor ihnen weder Mensch noch Djinn beschlafen hat – 57 welche der Wohltaten eures Herrn wollt ihr beide für Lüge erklären? –, 58 als wären sie Hyazinth und Korallen. 59 Welche der Wohltaten eures Herrn wollt ihr beide für Lüge erklären? 60 Kann einer, der Gutes tut, anders entlohnt werden als dadurch, dass ihm Gutes getan wird? 61 Welche der Wohltaten eures Herrn wollt ihr beide für Lüge erklären?

62 Außer ihnen beiden gibt es zwei andere Gärten 63 – welche der Wohltaten eures Herrn wollt ihr beide für Lüge erklären? –, 64 dunkelgrüne. 65 Welche der Wohltaten eures Herrn wollt ihr beide für Lüge erklären? 66 Darin sind zwei ergiebig sprudelnde Quellen. 67 Welche der Wohltaten eures Herrn wollt ihr beide für Lüge erklären? 68 Darin sind Früchte und Palmen und Granatapfelbäume. 69 Welche der Wohltaten eures Herrn wollt ihr beide für Lüge erklären? 70 Darin sind Gute und Schöne (Frauen) 71 – welche der Wohltaten eures Herrn wollt ihr beide für Lüge erklären? –, 72 Ḥūrī, die in den Zelten zurückgezogen wohnen. 73 Welche der Wohltaten eures Herrn wollt ihr beide für Lüge erklären? 74 Vor ihnen hat sie weder Mensch noch Djinn beschlafen. 75 Welche der Wohltaten eures Herrn wollt ihr beide für Lüge erklären? 76 Sie* lehnen sich auf grünen Decken und schönen Teppichen. 77 Welche der Wohltaten eures Herrn wollt ihr beide für Lüge erklären? 78 Gesegnet sei der Name deines Herrn, des Erhabenen und Ehrwürdigen!

76: die Rechtschaffenen.

Sure 56

Die eintreffen wird (al-Wāqiʿa)

zu Mekka, 96 Verse

Im Namen Gottes, des Erbarmers, des Barmherzigen.

*1 Wenn die (Stunde) eintrifft, die eintreffen wird 2 – es gibt nie- [54¼]
manden, der ihr Eintreffen leugnen könnte –, 3 wird sie einiges
niedrig machen und einiges erhöhen. 4 Wenn die Erde heftig geschüttelt wird 5 und die Berge völlig zertrümmert werden, 6 und
zu verstreutem Staub werden, 7 und in drei Gruppen aufgeteilt
werden.

8 Die von der rechten Seite – was sind die von der rechten Seite?
9 Und die von der unglückseligen Seite – was sind die von der unglückseligen Seite? 10 Und die Allerersten, ja, sie werden die Allerersten sein. 11 Das sind die, die in die Nähe (Gottes) zugelassen
werden, 12 in den Gärten der Wonne. 13 Eine große Schar von
den Früheren 14 und wenige von den Späteren. 15 Auf durch-
wobenen Betten 16 lehnen sie sich einander gegenüber. 17 Unter
ihnen machen ewig junge Knaben die Runde 18 mit Humpen und
Krügen und einem Becher aus einem Quell, 19 von dem sie weder
Kopfweh bekommen noch sich berauschen, 20 und mit Früchten
von dem, was sie sich auswählen, 21 und Fleisch von Geflügel von
dem, was sie begehren. 22 Und (darin sind) großäugige Ḥūrī,
23 gleich wohlverwahrten Perlen. 24 (Dies) als Lohn für das, was
sie zu tun pflegten. 25 Sie hören darin keine unbedachte Rede
und nichts Sündhaftes, 26 sondern nur das Wort: »Friede! Friede!«
27 Die von der rechten Seite – was sind die von der rechten Seite?
28 Sie sind unter Zizyphusbäumen ohne Dornen 29 und übereinandergereihten Bananen 30 und ausgestrecktem Schatten,
31 an Wasser, das sich ergießt, 32 mit vielen Früchten, 33 die weder aufhören noch verwehrt sind, 34 und auf erhöhten Unterlagen. 35 Wir haben sie* eigens entstehen lassen 36 und sie zu

35: die Ḥūrī, die Paradiesjungfrauen.

Jungfrauen gemacht, 37 liebevoll und gleichaltrig, 38 für die von der rechten Seite. 39 Eine große Schar von den Früheren 40 und eine große Schar von den Späteren.

41 Und die von der linken Seite – was sind die von der linken Seite? 42 Sie sind in glühendem Wind und heißem Wasser, 43 und in Schatten aus schwarzem Rauch, 44 der weder kühl noch trefflich ist. 45 Sie lebten ja vordem üppig 46 und verharrten in der gewaltigen Untreue. 47 Und sie sagten: »Wenn wir gestorben und zu Staub und Knochen geworden sind, sollen wir dann wirklich auferweckt werden? 48 Und auch unsere Vorväter?« 49 Sprich: Die Früheren und die Späteren 50 werden versammelt zum Termin eines bekannten Tages. 51 Dann werdet ihr, die ihr irregeht und (die Botschaft) für Lüge erklärt, 52 von Zaqqūm-Baum essen 53 und davon die Bäuche füllen 54 und darauf heißes Wasser trinken; 55 trinken werdet ihr, wie durstkranke Kamele trinken. 56 Das ist ihre Bewirtung am Tag des Gerichtes. 57 Wir sind es doch, die euch erschaffen haben. Würdet ihr es doch für wahr halten! 58 Habt ihr gesehen, was (für einen Samen) ihr zum Erguss bringt? 59 Seid ihr es, die ihn erschaffen, oder sind nicht vielmehr Wir es, die (ihn) erschaffen? 60 Wir haben für euch den Tod festgelegt. Und niemand kann Uns voraussein (und abwenden), 61 dass Wir (gegen euch) euresgleichen eintauschen und euch in einen Zustand entstehen lassen, den ihr nicht kennt. 62 Ihr wisst doch um die erste Schöpfung. Würdet ihr es doch bedenken! 63 Habt ihr gesehen, was ihr (an Feldern) bestellt? 64 Sät ihr darin, oder sind nicht vielmehr Wir es, die säen? 65 Wenn Wir wollten, Wir könnten es zu zermalmtem Zeug machen, und ihr würdet verwundert darüber reden: 66 »Wir sind mit Schulden belastet. 67 Nein, wir entbehren vielmehr alles.« 68 Habt ihr denn das Wasser gesehen, das ihr trinkt? 69 Habt ihr es von den Wolken herabkommen lassen, oder sind nicht vielmehr Wir es, die (es) herabkommen lassen? 70 Wenn Wir wollten, Wir könnten es bitter machen. Würdet ihr doch dankbar sein! 71 Habt ihr denn das Feuer gesehen, das ihr zündet? 72 Habt ihr etwa den dazu nötigen Baum entstehen lassen, oder sind nicht vielmehr Wir es, die (ihn) entstehen lassen? 73 Wir haben es zur Ermahnung und zur Nutz-

nießung für die Wüstenwanderer gemacht. 74 So preise den Namen deines majestätischen Herrn.

*75 Nein, Ich schwöre bei den Niedergangsorten der Sterne 76 – [54 ½]
das ist, wenn ihr es nur wüsstet, ein gewaltiger Schwur: 77 Das ist wahrlich ein trefflicher Koran 78 in einem wohlverwahrten Buch, 79 das nur die berühren dürfen, die rein gemacht worden sind; 80 Herabsendung vom Herrn der Welten.

81 Wollt ihr denn über diese Botschaft nur schöne Worte machen 82 und es zu eurer täglichen Beschäftigung machen, sie für Lüge zu erklären? 83 Könntet ihr denn, wenn die Seele* die Kehle erreicht, 84 während ihr da zuschaut 85 und Wir ihm* näher sind als ihr – aber ihr könnt es nicht sehen –, 86 könntet ihr denn, wenn ihr doch nicht dem Gericht unterzogen werden sollt, 87 sie* zurückbringen, so ihr die Wahrheit sagt? 88 Wenn er nun zu denen gehört, die in die Nähe Gottes zugelassen werden, 89 dann sind für ihn (bereit) eine angenehme Brise, duftende Pflanzen und Gärten der Wonne. 90 Und wenn er zu denen von der rechten Seite gehört, 91 dann wird er mit »Friede sei dir!« begrüßt von denen, die von der rechten Seite sind. 92 Wenn er aber zu denen gehört, die (die Botschaft) für Lüge erklären und irregehen, 93 dann wird ihm eine Bewirtung aus heißem Wasser (zuteil) 94 und das Erleiden des Höllenbrandes.

95 Wahrlich, dies ist die Wahrheit, die gewiss ist. 96 So preise den Namen deines majestätischen Herrn.

83: Wörtlich: sie.
85: dem Sterbenden.
87: die Seele.

Sure 57

Das Eisen (al-Ḥadīd)

zu Medina, 29 Verse

Im Namen Gottes, des Erbarmers, des Barmherzigen.

1 Gott preist, was in den Himmeln und auf der Erde ist. Und Er ist der Mächtige, der Weise. 2 Ihm gehört die Königsherrschaft der Himmel und der Erde. Er macht lebendig und lässt sterben. Und Er hat Macht zu allen Dingen. 3 Er ist der Erste und der Letzte, der Sichtbare und der Verborgene. Und Er weiß über alle Dinge Bescheid. 4 Er ist es, der die Himmel und die Erde in sechs Tagen erschuf und sich dann auf dem Thron zurechtsetzte. Er weiß, was in die Erde eingeht und was aus ihr herauskommt, was vom Himmel herabkommt und was darin emporsteigt. Und Er ist mit euch, wo immer ihr auch seid. Und Gott sieht wohl, was ihr tut.

5 Ihm gehört die Königsherrschaft der Himmel und der Erde. Und zu Gott werden die Angelegenheiten zurückgebracht. 6 Er lässt die Nacht in den Tag übergehen, und Er lässt den Tag in die Nacht übergehen. Und Er weiß über das innere Geheimnis Bescheid.

7 Glaubt an Gott und seinen Gesandten und spendet von dem, worüber Er euch zu Nachfolgern eingesetzt hat. Für diejenigen von euch, die glauben und spenden, ist ein großer Lohn bestimmt. 8 Warum wollt ihr denn nicht an Gott glauben, wo doch der Gesandte euch dazu aufruft, an euren Herrn zu glauben, und wo Er eure Verpflichtung entgegengenommen hat, so ihr gläubig seid? 9 Er ist es, der deutliche Zeichen auf seinen Diener herabsendet, um euch aus den Finsternissen ins Licht hinauszuführen. Und Gott hat Mitleid mit euch und ist barmherzig. 10 Warum wollt ihr nicht auf dem Weg Gottes spenden, wo doch das Erbe der Himmel und der Erde Gott gehört. Diejenigen von euch, die vor dem Erfolg* gespendet und gekämpft haben, sind (den anderen) nicht gleichzusetzen. Diese haben eine höhere Rangstufe als die, die erst

---

10: Oder: dem Sieg.

nachher gespendet und gekämpft haben. Allen aber hat Gott das Beste versprochen. Und Gott hat Kenntnis von dem, was ihr tut. 11 Wer ist es, der Gott ein schönes Darlehen leiht? Er wird es ihm vervielfachen. Und bestimmt ist für ihn ein trefflicher Lohn.

12 *Am Tag, da du siehst, wie den gläubigen Männern und den gläubigen Frauen ihr Licht vor ihnen und zu ihrer Rechten eilt: »Eine frohe Botschaft für euch heute: Gärten, unter denen Bäche fließen; darin werdet ihr ewig weilen. Das ist der großartige Erfolg.« 13 Am Tag, da die Heuchler und die Heuchlerinnen zu denen, die glauben, sagen: »Wartet auf uns, dass wir Licht von eurem Licht nehmen.« Es wird (zu ihnen) gesagt: »Geht doch nach hinten zurück und sucht dort nach Licht.« Da wird zwischen ihnen eine Mauer errichtet mit einem Tor. Nach innen ist die Barmherzigkeit und nach außen, davor, ist die Pein. 14 Sie rufen ihnen zu: »Waren wir nicht auf eurer Seite?« Sie sagen: »Doch, aber ihr habt euch selbst der Versuchung ausgesetzt, ihr habt abgewartet und gezweifelt, und die (eitlen) Wünsche haben euch betört, bis der Befehl Gottes kam. Und betört hat euch in Bezug auf Gott der Betörer. 15 Heute wird weder von euch noch von denen, die ungläubig sind, ein Lösegeld angenommen. Eure Heimstätte ist das Feuer. Es ist euer Schutzherr – welch schlimmes Ende!

*16 Ist es nicht für die, die glauben, Zeit, dass ihre Herzen demütig werden vor der Ermahnung Gottes und vor dem, was von der Wahrheit herabgekommen ist, und dass sie sich nicht wie diejenigen verhalten, denen früher das Buch zugekommen ist, es aber zu lang gedauert hat, sodass ihre Herzen sich verhärtet haben und viele von ihnen Frevler wurden? 17 Wisst, dass Gott die Erde nach ihrem Absterben wieder belebt. Wir machen euch die Zeichen deutlich, auf dass ihr verständig seid. [54 3/4]

18 Denen, Männern und Frauen, die Almosen geben und damit Gott ein schönes Darlehen leihen, wird es vervielfacht. Und bestimmt ist für sie ein trefflicher Lohn. 19 Diejenigen, die an Gott und seine Gesandten glauben, das sind die Wahrhaftigen und die Zeugen vor ihrem Herrn. Sie erhalten ihren Lohn und ihr Licht.

12–13: Vgl. Evangelium: Matthäus 25,1–13.

Und diejenigen, die ungläubig sind und unsere Zeichen für Lüge erklären, das sind die Gefährten der Hölle.

20 Wisst, dass das diesseitige Leben nur Spiel und Zerstreuung ist, Schmuck und Prahlerei unter euch und Wetteifern nach mehr Vermögen und Kindern. Es ist wie mit einem Regen, der durch die (von ihm hervorgebrachten) Pflanzen den Ungläubigen gefällt. Dann aber verdorren sie, und du siehst, wie sie gelb werden. Dann wird alles zu zermalmtem Zeug. Im Jenseits gibt es eine harte Pein und auch Vergebung von Gott und Wohlgefallen. Und das diesseitige Leben ist nur betörende Nutznießung. 21 Eilt zu einer Vergebung von eurem Herrn um die Wette und zu einem Garten, der so breit ist wie der Himmel und die Erde, und der für die bereitet ist, die an Gott und seine Gesandten glauben. Das ist die Huld Gottes, Er lässt sie zukommen, wem Er will. Und Gott besitzt große Huld.

22 Kein Unglück trifft ein auf der Erde oder bei euch selbst, ohne dass es in einem Buch stünde, bevor Wir es erschaffen. Dies ist Gott ein Leichtes. 23 (Dies), damit ihr nicht traurig seid über das, was euch entgangen ist, und euch nicht (zu sehr) der Freude hingebt über das, was Er euch hat zukommen lassen. Und Gott liebt niemanden, der eingebildet und prahlerisch ist, 24 die, die geizen und den Menschen befehlen, geizig zu sein. Und wenn einer sich abkehrt, so ist Gott der, der auf niemanden angewiesen und des Lobes würdig ist.

25 Wir haben unsere Gesandten mit den deutlichen Zeichen gesandt und mit ihnen das Buch und die Waage herabkommen lassen, damit die Menschen für die Gerechtigkeit eintreten. Und Wir haben das Eisen herabkommen lassen. In ihm ist heftige Schlagkraft und vielerlei Nutzen für die Menschen. Gott wollte feststellen, wer Ihn und seine Gesandten unterstützt, auch in Abwesenheit. Gott ist stark und mächtig. 26 Und Wir sandten Noach und Abraham und ließen in ihrer Nachkommenschaft die Prophetie und das Buch auftreten. Einige von ihnen folgten der Rechtleitung, und viele von ihnen waren Frevler. 27 Dann ließen Wir nach ihnen unsere Gesandten folgen. Und Wir ließen Jesus, den Sohn Marias, folgen und ihm das Evangelium zukommen. Und Wir

setzten in die Herzen derer, die ihm folgten, Mitleid und Barmherzigkeit, und auch Mönchtum, das sie erfanden – Wir haben es ihnen nicht vorgeschrieben –, dies nur im Trachten nach dem Wohlgefallen Gottes. Sie beobachteten es jedoch nicht in der rechten Weise. Und so ließen Wir diejenigen von ihnen, die glaubten, ihren Lohn zukommen. Aber viele von ihnen waren Frevler. 28 O ihr, die ihr glaubt, fürchtet Gott und glaubt an seinen Gesandten, dann lässt Er euch einen doppelten Anteil an seiner Barmherzigkeit zukommen, macht euch ein Licht, in dem ihr wandeln könnt, und vergibt euch. Gott ist voller Vergebung und barmherzig. 29 Die Leute des Buches sollen nun wissen, dass sie über nichts von der Huld Gottes verfügen, sondern dass die Huld in der Hand Gottes liegt. Er lässt sie zukommen, wem Er will. Und Gott besitzt große Huld.

Sure 58

Der Streit (al-Mudjādala)

zu Medina, 22 Verse

Im Namen Gottes, des Erbarmers, des Barmherzigen.
1 Gehört hat Gott die Aussage jener, die mit dir über ihren Gatten streitet und bei Gott Klage erhebt. Gott hört euren Wortwechsel. Gott hört und sieht alles. 2 Für diejenigen von euch, die sich von ihren Frauen durch den Rückenspruch scheiden ... Sie sind doch nicht ihre Mütter. Ihre Mütter sind die, die sie geboren haben. Sie sagen da ein verwerfliches Wort und etwas Falsches. Und Gott ist voller Verzeihung und Vergebung. 3 Diejenigen, die sich

2:    Diese Formel der Scheidung lautet: »Du sollst mir wie der Rücken meiner Mutter sein«, d.h. verwehrt, und so soll zwischen uns keine eheliche Gemeinschaft mehr bestehen. Vgl. 33,4.

von ihren Frauen durch den Rückenspruch scheiden und dann doch zu dem zurückkehren, wovon sie reden, haben einen Sklaven* freizulassen, bevor sie beide einander berühren. Damit werdet ihr ermahnt. Und Gott hat Kenntnis von dem, was ihr tut. 4 Wer es nicht vermag, der hat zwei Monate hintereinander zu fasten, bevor sie beide einander berühren. Wer es nicht vermag, der hat sechzig Bedürftige zu beköstigen. Dies, damit ihr an Gott und seinen Gesandten glaubt. Das sind die Rechtsbestimmungen Gottes. Für die Ungläubigen ist eine schmerzhafte Pein bestimmt. 5 Diejenigen, die sich Gott und seinem Gesandten widersetzen, werden niedergeworfen, wie die niedergeworfen wurden, die vor ihnen lebten. Wir haben doch deutliche Zeichen hinabgesandt. Und für die Ungläubigen ist eine schmähliche Pein bestimmt. 6 Am Tag, da Gott sie alle auferweckt und ihnen kundtut, was sie getan haben. Gott hat es erfasst, während sie es vergessen haben. Und Gott ist Zeuge über alle Dinge. 7 Hast du nicht gesehen, dass Gott weiß, was in den Himmeln und was auf der Erde ist? Es gibt kein vertrauliches Gespräch zwischen dreien, ohne dass Er der Vierte in ihrer Runde wäre, und keines zwischen fünfen, ohne dass Er der Sechste in ihrer Runde wäre, und auch nicht zwischen weniger oder mehr als dieser (Zahl), ohne dass Er mit ihnen wäre, wo immer sie sein mögen. Dann tut Er ihnen am Tag der Auferstehung kund, was sie getan haben. Gott weiß über alle Dinge Bescheid. 8 Hast du nicht auf jene geschaut, denen verboten wurde, vertrauliche Gespräche zu führen, die aber dann zurückkehren zu dem, was ihnen verboten wurde und miteinander über Sünde, Übertretung und Ungehorsam gegen den Gesandten vertraulich sprechen? Und wenn sie zu dir kommen, grüßen sie dich mit einem (Ausdruck), mit dem Gott dich nicht gegrüßt hat, und sagen bei sich: »Könnte Gott uns nur peinigen für das, was wir sagen!« Ihnen genügt doch die Hölle, in der sie brennen werden – welch schlimmes Ende! 9 O ihr, die ihr glaubt, wenn ihr vertraulich miteinander sprecht, dann sprecht nicht vertraulich miteinander über Sünde, Übertretung und Un-

3:    Wörtlich: Nacken.

gehorsam gegen den Gesandten, sondern sprecht vertraulich miteinander über Frömmigkeit und Gottesfurcht. Und fürchtet Gott, zu dem ihr versammelt werdet. 10 Vertrauliche Gespräche sind vom Satan, der damit die betrüben will, die gläubig sind. Aber er kann ihnen keinen Schaden zufügen, außer mit der Erlaubnis Gottes. Auf Gott sollen die Gläubigen vertrauen.

11 O ihr, die ihr glaubt, wenn zu euch gesagt wird: »Macht Platz in den Versammlungen«, dann macht Platz, so macht auch Gott euch Platz. Und wenn gesagt wird: »Erhebt euch«, dann erhebt euch eben, so erhöht auch Gott diejenigen von euch, die glauben, und die, denen das Wissen zugekommen ist, um Rangstufen. Und Gott hat Kenntnis von dem, was ihr tut. 12 O ihr, die ihr glaubt, wenn ihr mit dem Gesandten vertraulich sprechen wollt, dann gebt vor eurem vertraulichen Gespräch im Voraus ein Almosen. Das ist besser und reiner für euch. Wenn ihr es nicht vermögt, dann ist Gott voller Vergebung und barmherzig. 13 Seid ihr erschrocken davor, dass ihr vor eurem vertraulichen Gespräch im Voraus Almosen geben sollt? Nun, wenn ihr es nicht tut und Gott sich euch wieder gnädig zuwendet, dann verrichtet das Gebet und entrichtet die Abgabe, und gehorcht Gott und seinem Gesandten. Und Gott hat Kenntnis von dem, was ihr tut.

*14 Hast du nicht auf jene geschaut, die sich Leute zu Freunden [55 ¼] nehmen, auf die Gott zornig ist? Sie gehören nicht zu euch, und auch nicht zu ihnen. Und sie leisten wissentlich falsche Eide. 15 Gott hat für sie eine harte Pein bereitet. Schlimm ist das, was sie zu tun pflegen. 16 Sie haben sich ihre Eide zu einem Schutzschild genommen und so (die Menschen) vom Weg Gottes abgewiesen. Bestimmt ist für sie eine schmähliche Pein. 17 Ihr Vermögen und ihre Kinder werden ihnen vor Gott nichts nützen. Das sind die Gefährten des Feuers; darin werden sie ewig weilen. 18 Am Tag, da Gott sie alle auferweckt. Da werden sie Ihm schwören, wie sie euch schwören, und meinen, sie hätten nun eine Grundlage. Siehe, sie sind ja doch Lügner. 19 Der Satan hat von ihnen Besitz ergriffen und sie die Ermahnung Gottes vergessen lassen. Sie sind die Partei des Satans. Siehe, die Partei des Satans sind ja doch die Verlierer. 20 Diejenigen, die sich Gott und seinem

Gesandten widersetzen, die gehören zu den Niedrigsten. 21 Gott hat vorgeschrieben: »Siegen werde Ich, Ich und meine Gesandten.« Gott ist stark und mächtig. 22 Du wirst nicht feststellen, dass Leute, die an Gott und den Jüngsten Tag glauben, denen Liebe zeigen, die sich Gott und seinem Gesandten widersetzen, auch wenn sie ihre Väter wären oder ihre Söhne, ihre Brüder oder ihre Sippenmitglieder. In deren Herzen hat Er den Glauben geschrieben und sie mit einem Geist von sich gestärkt. Er wird sie in Gärten eingehen lassen, unter denen Bäche fließen; darin werden sie ewig weilen. Gott hat Wohlgefallen an ihnen, und sie haben Wohlgefallen an Ihm. Sie sind die Partei Gottes. Siehe, die Partei Gottes sind die, denen es wohl ergeht.

Sure 59

Die Versammlung (al-Ḥashr)

zu Medina, 24 Verse

Im Namen Gottes, des Erbarmers, des Barmherzigen.
1 Gott preist, was in den Himmeln und was auf der Erde ist. Und Er ist der Mächtige, der Weise. 2 Er ist es, der diejenigen von den Leuten des Buches, die ungläubig sind, aus ihren Wohnstätten zur ersten Versammlung vertrieben hat*. Ihr habt nicht geglaubt, dass sie fortziehen würden; auch sie meinten, ihre Festungen würden sie vor Gott schützen. Da kam Gott über sie, von wo sie nicht damit rechneten, und jagte ihren Herzen Schrecken ein, sodass sie ihre Häuser mit ihren eigenen Händen und durch die Hände der Gläubigen zerstörten. Zieht nun die Lehre daraus, ihr Einsichtigen. 3 Und hätte Gott ihnen nicht die Verbannung vorgeschrieben, Er

---

2:     Es geht um den jüdischen Stamm Naḍīr in Medina.

hätte sie im Diesseits* gepeinigt. Im Jenseits aber erhalten sie die Pein des Feuers. 4 Dies dafür, dass sie sich Gott und seinem Gesandten widersetzten. Und wenn jemand sich Gott widersetzt, so verhängt Gott eine harte Strafe. 5 Was ihr an Palmen umgehauen habt oder auf ihrem Stamm habt stehen lassen, es geschah mit der Erlaubnis Gottes, auch damit Er die Frevler zu Schanden mache. 6 Und für das, was Gott seinem Gesandten von ihnen als Beute zugeteilt hat, habt ihr weder Pferde noch Kamele anspornen müssen. Gott verleiht vielmehr seinen Gesandten Gewalt, über wen Er will. Und Gott hat Macht zu allen Dingen. 7 Was Gott seinem Gesandten von den Bewohnern der Städte als Beute zugeteilt hat, gehört Gott und dem Gesandten und den Verwandten, den Waisen, den Bedürftigen, dem Reisenden. Dies, damit es nicht eben unter den Reichen von euch die Runde macht. Und was der Gesandte euch zukommen lässt, das sollt ihr nehmen. Und was er euch verwehrt, davon sollt ihr euch fernhalten. Und fürchtet Gott. Gott verhängt eine harte Strafe. 8 (Das gehört) den armen Auswanderern, die aus ihren Wohnstätten und von ihrem Besitz vertrieben wurden, die nach Gottes Huld und Wohlgefallen streben und Gott und seinen Gesandten unterstützen. Das sind die Wahrhaftigen. 9 Und diejenigen, die vor ihnen in der Wohnstätte und im Glauben zu Hause waren*, lieben die, die zu ihnen ausgewandert sind; sie empfinden in ihrem Inneren kein Bedürfnis für das, was diesen* zugekommen ist, und sie bevorzugen sie vor sich selbst, auch wenn sie selbst Not leiden. Und diejenigen, die vor ihrer eigenen Habsucht bewahrt bleiben, sind die, denen es wohl ergeht. 10 Und diejenigen, die nach ihnen gekommen sind, sagen: »Unser Herr, vergib uns und unseren Brüdern, die uns im Glauben vorangegangen sind. Und setze in unsere Herzen keinen Groll gegen die, die glauben. Unser Herr, du hast Mitleid und bist barmherzig.«
*11 Hast du nicht auf jene geschaut, die Heuchler sind? Sie sagen [55 ½]

3:　　auf irgendeine andere Weise.
9:　　Das sind die Muslime von Medina.
9:　　diesen: wörtlich: ihnen, d. h. den Auswanderern.

zu ihren Brüdern von den Leuten der Schrift, welche ungläubig sind: »Wenn ihr vertrieben werdet, werden wir mit euch fortziehen. Und wir werden niemals jemandem gegen euch gehorchen. Und wenn gegen euch gekämpft wird, dann werden wir euch bestimmt unterstützen.« Und Gott bezeugt, dass sie ja lügen. 12 Wenn sie vertrieben werden, werden sie nicht mit ihnen fortziehen. Und wenn gegen sie gekämpft wird, werden sie sie nicht unterstützen. Und sollten sie sie unterstützen, dann werden sie den Rücken kehren, und dann werden sie selbst keine Unterstützung erfahren. 13 Ihr flößt ihnen mehr Angst ein als Gott. Dies, weil sie Leute sind, die nicht begreifen. 14 Sie kämpfen nicht alle zusammen gegen euch, es sei denn in befestigten Städten oder hinter Mauern. Ihre Schlagkraft ist untereinander gewaltig. Du meinst, sie bilden eine Einheit, aber ihre Herzen sind geteilt. Dies, weil sie Leute sind, die keinen Verstand haben. 15 Es ist wie mit denen, die es kurz vor ihnen erlebten*. Sie erlitten die schweren Folgen ihres Verhaltens, und für sie ist eine schmerzhafte Pein bestimmt. 16 Es ist wie mit dem Satan, als er zum Menschen sagte: »Sei ungläubig.« Als er ungläubig wurde, sagte er: »Ich bin unschuldig an dir. Ich fürchte Gott, den Herrn der Welten.« 17 Das Ende von beiden war, dass sie nun im Feuer sind; darin werden sie ewig weilen. Und das ist die Vergeltung für die, die Unrecht tun.

18 O ihr, die ihr glaubt, fürchtet Gott. Und jeder schaue, was er für morgen vorausschickt. Und fürchtet Gott. Gott hat Kenntnis von dem, was ihr tut. 19 Und seid nicht wie diejenigen, die Gott vergessen haben und die Er dann sich selbst vergessen ließ. Das sind die Frevler. 20 Nicht gleich sind die Gefährten des Feuers und die Gefährten des Paradieses. Die Gefährten des Paradieses sind es, die den Erfolg erzielen.

21 Hätten Wir diesen Koran auf einen Berg hinabgesandt, du hättest gesehen, wie er aus Furcht vor Gott demütig innehält und sich spaltet. Diese Gleichnisse führen Wir den Menschen an, auf dass sie nachdenken.

22 Er ist Gott, außer dem es keinen Gott gibt, der über das Un-

---

15:   Das ist der jüdische Stamm Qaynuqāʿ.

sichtbare und das Offenbare Bescheid weiß. Er ist der Erbarmer, der Barmherzige. 23 Er ist Gott, außer dem es keinen Gott gibt, der König, der Heilige, der Inbegriff des Friedens, der Stifter der Sicherheit, der alles fest in der Hand hat, der Mächtige, der Gewaltige, der Stolze. Preis sei Gott! (Er ist erhaben) über das, was sie (Ihm) beigesellen. 24 Er ist Gott, der Schöpfer, der Erschaffer, der Bildner. Sein sind die schönsten Namen. Ihn preist, was in den Himmeln und auf der Erde ist. Und Er ist der Mächtige, der Weise.

Sure 60

Die Prüfung (al-Mumtaḥina)

zu Medina, 13 Verse

Im Namen Gottes, des Erbarmers, des Barmherzigen.
1 O ihr, die ihr glaubt, nehmt euch nicht meine Feinde und eure Feinde zu Freunden, indem ihr ihnen Liebe entgegenbringt, wo sie doch das verleugnen, was von der Wahrheit zu euch gekommen ist, und den Gesandten und euch selbst vertreiben, weil ihr an Gott, euren Herrn, glaubt. (Haltet euch daran), wenn ihr wirklich ausgezogen seid zum Einsatz auf meinem Weg und im Streben nach meinem Wohlgefallen. Ihr zeigt ihnen heimlich Liebe, wo Ich doch besser weiß, was ihr verbergt und was ihr offenlegt. Und wer von euch das tut, der ist vom rechten Weg abgeirrt. 2 Wenn sie euch treffen, sind sie euch feind und strecken gegen euch ihre Hände und ihre Zungen zum Bösen aus. Sie wünschten, ihr wäret ungläubig. 3 Weder eure Verwandtschaftsbande noch eure Kinder werden euch nützen. Am Tag der Auferstehung wird Er zwischen euch entscheiden. Und Gott sieht wohl, was ihr tut.
4 Ihr habt doch ein schönes Beispiel in Abraham und denen, die mit ihm waren, als sie zu ihrem Volk sagten: »Wir sind unschuldig an euch und an dem, was ihr anstelle Gottes verehrt. Wir verleug-

nen euch. Und zwischen uns und euch sind Feindschaft und Hass auf immer sichtbar geworden, bis ihr an Gott allein glaubt.« Dies, bis auf das Wort Abrahams zu seinem Vater: »Ich werde für dich um Vergebung bitten*. Und ich kann dir vor Gott keinen Nutzen bringen. Unser Herr, auf Dich vertrauen wir, und Dir wenden wir uns reumütig zu. Und zu Dir führt der Lebensweg. 5 Unser Herr, mach uns nicht zu einer Versuchung für die, die ungläubig sind. Und vergib uns, unser Herr. Du bist der Mächtige, der Weise.« 6 Ihr habt in ihnen ein schönes Beispiel, und zwar jeder, der auf Gott hofft und den Jüngsten Tag erwartet. Wenn einer sich abkehrt, so ist Gott der, der auf niemanden angewiesen und des Lobes würdig ist.

[55 3/4] *7 Möge Gott zwischen euch und die von ihnen, mit denen ihr verfeindet seid, Liebe setzen! Und Gott ist mächtig. Und Gott ist voller Vergebung und barmherzig. 8 Gott verbietet euch nicht, denen, die nicht gegen euch der Religion wegen gekämpft und euch nicht aus euren Wohnstätten vertrieben haben, Pietät zu zeigen und Gerechtigkeit angedeihen zu lassen. Gott liebt ja die, die gerecht handeln. 9 Er verbietet euch, die, die gegen euch der Religion wegen gekämpft und euch aus euren Wohnstätten vertrieben und zu eurer Vertreibung Beistand geleistet haben, zu Freunden zu nehmen. Diejenigen, die sie zu Freunden nehmen, das sind die, die Unrecht tun.

10 O ihr, die ihr glaubt, wenn gläubige Frauen als Auswanderer zu euch kommen, dann prüft sie. Gott weiß besser über ihren Glauben Bescheid. Wenn ihr feststellt, dass sie gläubig sind, dann schickt sie nicht zu den Ungläubigen zurück. Zur Ehe sind weder diese Frauen ihnen erlaubt, noch sind sie diesen Frauen erlaubt. Und lasst ihnen* jedoch zukommen, was sie (seinerzeit für diese Frauen) ausgegeben haben. Es ist für euch kein Vergehen, sie zu heiraten, wenn ihr ihnen ihren Lohn zukommen lasst. Und haltet nicht am Eheband mit den ungläubigen Frauen fest, und fordert, was ihr (bei der Eheschließung) ausgegeben habt, zurück. Auch

---

4:    Vgl. 19,47; 9,114; 14,41; 26,86.
10:   den früheren Männern dieser Frauen.

sie sollen zurückfordern, was sie ausgegeben haben. Das ist das Urteil Gottes; Er urteilt zwischen euch. Und Gott weiß Bescheid und ist weise. 11 Und wenn euch etwas von euren Gattinnen an die Ungläubigen abhanden kommt und ihr nach einer Strafaktion Beute macht, dann lasst denen, deren Gattinnen fortgegangen sind, so viel zukommen, wie sie ausgegeben haben. Und fürchtet Gott, an den ihr glaubt.

12 O Prophet, wenn gläubige Frauen zu dir kommen, um dir Treue zu geloben, dass sie Gott nichts beigesellen, nicht stehlen, keinen Ehebruch begehen, ihre Kinder nicht töten, keine Verleumdung vorbringen, die sie vor ihren eigenen Händen und Füßen erdichten, und gegen dich nicht ungehorsam sind in dem, was recht ist, dann nimm ihr Treueversprechen an und bitte Gott für sie um Vergebung. Gott ist voller Vergebung und barmherzig.

13 O ihr, die ihr glaubt, nehmt nicht Leute zu Freunden, auf die Gott zornig ist. Sie haben die Hoffnung auf das Jenseits aufgegeben, so wie die Ungläubigen die Hoffnung aufgegeben haben in Bezug auf die (Toten) in den Gräbern.

Sure 61

Die Reihe (al-Ṣaff)

zu Medina, 14 Verse

Im Namen Gottes, des Erbarmers, des Barmherzigen.
1 Gott preist, was in den Himmeln und was auf der Erde ist. Und Er ist der Mächtige, der Weise. 2 O ihr, die ihr glaubt, warum sagt ihr, was ihr nicht tut? 3 Großen Abscheu erregt es bei Gott, dass ihr sagt, was ihr nicht tut. 4 Gott liebt die, die auf seinem Weg kämpfen in einer Reihe, als wären sie ein festgefügter Bau.
5 Und als Mose zu seinem Volk sagte: »O mein Volk, warum fügt ihr mir Leid zu, wo ihr doch wisst, dass ich der Gesandte Gottes an

euch bin?« Als sie nun abwichen, ließ Gott ihre Herzen abweichen. Und Gott leitet die frevlerischen Leute nicht recht. 6 Und als Jesus, der Sohn Marias, sagte: »O Kinder Israels, ich bin der Gesandte Gottes an euch, um zu bestätigen, was von der Tora vor mir vorhanden war, und einen Gesandten zu verkünden, der nach mir kommt: sein Name ist Aḥmad*.« Als er nun mit den deutlichen Zeichen zu ihnen kam, sagten sie: »Das ist eine offenkundige Zauberei.« 7 Und wer ist ungerechter als der, der gegen Gott Lügen erdichtet, während er zur Gottergebenheit aufgerufen wird? Und Gott leitet die ungerechten Leute nicht recht. 8 Sie wollen das Licht Gottes mit ihrem Mund auslöschen. Aber Gott wird sein Licht vollenden, auch wenn es den Ungläubigen zuwider ist. 9 Er ist es, der seinen Gesandten mit der Rechtleitung und der Religion der Wahrheit gesandt hat, um ihr die Oberhand zu verleihen über alle Religion, auch wenn es den Polytheisten zuwider ist.

10 O ihr, die ihr glaubt, soll ich euch auf einen Handel hinweisen, der euch vor einer schmerzhaften Pein rettet? 11 Ihr sollt an Gott und seinen Gesandten glauben, euch auf dem Weg Gottes mit eurem Vermögen und mit eurer eigenen Person einsetzen – das ist besser für euch, so ihr Bescheid wisst –, 12 dann wird Er euch eure Sünden vergeben und euch eingehen lassen in Gärten, unter denen Bäche fließen, und in angenehme Wohnungen in den Gärten von Eden. Das ist der großartige Erfolg. 13 Und noch eine andere (Huld), die ihr liebt, (steht bereit): eine Unterstützung von Gott und ein naher Erfolg. Verkünde den Gläubigen eine Frohbotschaft.

14 O ihr, die ihr glaubt, seid die Helfer Gottes, so wie Jesus, der Sohn Marias, zu den Jüngern gesagt hat: »Wer sind meine Helfer (auf dem Weg) zu Gott hin?« Die Jünger sagten: »Wir sind die Helfer Gottes.« Eine Gruppe der Kinder Israels glaubte, und eine (andere) Gruppe war ungläubig. Da stärkten Wir diejenigen, die glaubten, gegen ihre Feinde, und sie bekamen die Oberhand.

6:     Oder: der Hochgelobte.

Sure 62

Der Freitag (al-Djumuʿa)

zu Medina, 11 Verse

Im Namen Gottes, des Erbarmers, des Barmherzigen.

*1 Gott preist, was in den Himmeln und was auf der Erde ist, [56] (Ihn), den König, den Heiligen, den Mächtigen, den Weisen. 2 Er ist es, der unter den Ungelehrten einen Gesandten aus ihrer Mitte hat erstehen lassen, der ihnen seine Zeichen verliest, sie läutert und sie das Buch und die Weisheit lehrt – sie befanden sich ja zuvor in einem offenkundigen Irrtum –, 3 (sie) und andere von ihnen, die sie noch nicht eingeholt haben. Und Er ist der Mächtige, der Weise. 4 Das ist die Huld Gottes. Er lässt sie zukommen, wem Er will. Und Gott besitzt große Huld.

5 Es ist mit denen, denen die Tora auferlegt worden ist, die sie aber dann doch nicht getragen haben, wie mit einem Esel, der Bücher trägt. Schlimm ist es mit den Leuten, die die Zeichen Gottes für Lüge erklären. Und Gott leitet die ungerechten Leute nicht recht. 6 Sprich: O ihr, die ihr Juden seid, wenn ihr behauptet, ihr seid die Freunde Gottes unter Ausschluss der anderen Menschen, dann wünscht euch den Tod, so ihr die Wahrheit sagt. 7 Aber niemals werden sie ihn sich wünschen wegen dessen, was ihre Hände vorausgeschickt haben. Und Gott weiß über die, die Unrecht tun, Bescheid. 8 Sprich: Der Tod, vor dem ihr flieht, wird euch erreichen. Dann werdet ihr zu dem, der das Unsichtbare und das Offenbare kennt, zurückgebracht, und Er wird euch kundtun, was ihr zu tun pflegtet.

9 O ihr, die ihr glaubt, wenn am Freitag zum Gebet gerufen wird, dann eilt zum Gedenken Gottes und lasst das Kaufgeschäft ruhen. Das ist besser für euch, so ihr Bescheid wisst. 10 Wenn das Gebet beendet ist, dann breitet euch im Land aus und strebt nach etwas von der Huld Gottes. Und gedenkt Gottes viel, auf dass es euch wohl ergehe. 11 Und wenn sie einen Handel oder eine Gelegenheit zur Zerstreuung sehen, laufen sie hin und lassen dich stehen.

Sprich: Was bei Gott ist, ist doch besser als Zerstreuung und Handel. Und Gott ist der beste Versorger.

Sure 63

Die Heuchler (al-Munāfiqūn)

zu Medina, 11 Verse

Im Namen Gottes, des Erbarmers, des Barmherzigen.
1 Wenn die Heuchler zu dir kommen, sagen sie: »Wir bezeugen, dass du der Gesandte Gottes bist.« Gott weiß wohl, dass du sein Gesandter bist. Und Gott bezeugt, dass die Heuchler doch lügen. 2 Sie nehmen sich ihre Eide zu einem Schutzschild und weisen so (die Menschen) vom Wege Gottes ab. Schlimm ist das, was sie zu tun pflegen. 3 Dies, weil sie erst gläubig waren, dann aber ungläubig wurden. Da wurden ihre Herzen versiegelt, sodass sie [56 ¼] nicht begreifen. *4 Und wenn du sie siehst, gefallen dir ihre Gestalten. Und wenn sie sprechen, hörst du ihren Worten zu. Sie sind wie angelehnte Bretter. Sie meinen, jeder Schrei sei gegen sie gerichtet. Sie sind die (wahren) Feinde. Nimm dich vor ihnen in Acht. Gott bekämpfe sie! Wie leicht lassen sie sich doch abwenden! 5 Und wenn zu ihnen gesagt wird: »Kommt her, dass der Gesandte Gottes für euch um Vergebung bittet«, wenden sie den Kopf zur Seite, und du siehst, wie sie sich in Hochmut abwenden. 6 Für sie ist es gleich, ob du für sie um Vergebung bittest oder nicht bittest. Gott wird ihnen nicht vergeben. Gott leitet die frevlerischen Leute nicht recht. 7 Sie sind es, die sagen: »Spendet nicht für diejenigen, die beim Gesandten Gottes sind, bis sie davoneilen.« Doch Gott gehören die Vorratskammern der Himmel und der Erde. Aber die Heuchler begreifen es nicht. 8 Sie sagen: »Wenn wir nach Medina zurückkehren, werden sicher die Mächtigeren die Schwächeren aus ihr vertreiben.« Doch Gott gehört die Macht und auch seinem

Gesandten und den Gläubigen. Aber die Heuchler wissen nicht Bescheid.

9 O ihr, die ihr glaubt, euer Vermögen und eure Kinder sollen euch nicht vom Gedenken Gottes ablenken. Diejenigen, die dies tun, das sind die Verlierer. 10 Und spendet von dem, was Wir euch beschert haben, bevor der Tod einen von euch ereilt und er dann sagt: »Mein Herr, könntest Du mich doch auf eine kurze Frist zurückstellen! Ich würde Almosen geben und einer der Rechtschaffenen sein.« 11 Gott wird aber niemanden zurückstellen, wenn seine Frist kommt. Und Gott hat Kenntnis von dem, was ihr tut.

Sure 64

Die Übervorteilung (al-Taghābun)

zu Medina, 18 Verse

Im Namen Gottes, des Erbarmers, des Barmherzigen.

1 Gott preist, was in den Himmeln und was auf der Erde ist. Ihm gehört die Königsherrschaft, und Lob sei Ihm! Er hat Macht zu allen Dingen. 2 Er ist es, der euch erschaffen hat. Die einen von euch sind ungläubig, die anderen gläubig. Und Gott sieht wohl, was ihr tut. 3 Er hat die Himmel und die Erde in Wahrheit erschaffen, und Er hat euch gestaltet und eure Gestalten schön gemacht. Und zu Ihm führt der Lebensweg. 4 Er weiß, was in den Himmeln und auf der Erde ist, und Er weiß, was ihr im Geheimen redet und was ihr offenlegt. Und Gott weiß über das innere Geheimnis Bescheid.

5 Ist denn nicht der Bericht über die, die zuvor ungläubig waren, zu euch gelangt? Sie erlitten die schweren Folgen ihres Verhaltens, und bestimmt ist für sie eine schmerzhafte Pein. 6 Dies, weil ihre Gesandten mit den deutlichen Zeichen zu ihnen kamen, sie aber sagten: »Sollen etwa Menschen uns rechtleiten?« Da wurden

sie ungläubig und kehrten sich ab. Doch Gott bedurfte ihrer nicht. Gott ist auf niemanden angewiesen und des Lobes würdig.

7 Diejenigen, die ungläubig sind, behaupten, dass sie nicht auferweckt werden. Sprich: Doch, bei meinem Herrn, ihr werdet auferweckt werden. Dann wird euch das kundgetan, was ihr getan habt. Und dies ist Gott ein Leichtes. 8 Darum glaubt an Gott und seinen Gesandten und das Licht, das Wir hinabgesandt haben. Und Gott hat Kenntnis von dem, was ihr tut.

9 Am Tag, da Er euch zum Tag der Versammlung versammelt. Das ist der Tag der Übervorteilung*. Wer an Gott glaubt und Gutes tut, dem sühnt Er seine Missetaten, und den lässt Er in Gärten eingehen, unter denen Bäche fließen; darin werden sie auf immer ewig weilen. Das ist der großartige Erfolg. 10 Und diejenigen, die ungläubig sind und unsere Zeichen für Lüge erklären, das sind die Gefährten des Feuers; darin werden sie ewig weilen – welch schlimmes Ende!

11 Kein Unglück trifft (jemanden), es sei denn mit der Erlaubnis Gottes. Und wer an Gott glaubt, dessen Herz leitet Er recht. Und Gott weiß über alle Dinge Bescheid. 12 Und gehorcht Gott und gehorcht dem Gesandten. Wenn ihr euch abkehrt, so obliegt unserem Gesandten nur die deutliche Ausrichtung (der Botschaft). 13 Gott, es gibt keinen Gott außer Ihm. Auf Gott sollen die Gläubigen vertrauen.

14 O ihr, die ihr glaubt, unter euren Gattinnen und euren Kindern sind welche, die euch Feind sind. So nehmt euch vor ihnen in Acht. Wenn ihr verzeiht, nachsichtig seid und vergebt, so ist Gott voller Vergebung und barmherzig. 15 Euer Vermögen und eure Kinder sind eine Versuchung. Aber Gott hält einen großartigen Lohn bereit. 16 Fürchtet nun Gott, so viel ihr eben könnt. Und hört zu und gehorcht. Und spendet: Es ist besser für euch. Und diejenigen, die vor ihrer eigenen Habsucht bewahrt bleiben, das sind die, denen es wohl ergeht. 17 Wenn ihr Gott ein schönes

---

9: an dem jeder sucht, die anderen zu übervorteilen – oder: an dem die Frevler meinen, Gott übervorteilen zu können, selbst aber Verlust erleiden. Es gibt auch andere Deutungen.

Darlehen leiht, wird Er es euch vervielfachen und euch vergeben. Und Gott zeigt sich erkenntlich und ist langmütig. 18 (Er), der über das Unsichtbare und das Offenbare Bescheid weiß, der Mächtige, der Weise.

Sure 65

Die Entlassung (al-Ṭalāq)

zu Medina, 12 Verse

Im Namen Gottes, des Erbarmers, des Barmherzigen.

*1 O Prophet, wenn ihr die Frauen entlasst, dann entlasst sie unter Beachtung ihrer Wartezeit, und berechnet die Wartezeit (sorgfältig). Und fürchtet Gott, euren Herrn. Weiset sie nicht aus ihren Häusern aus. Sie sollen auch nicht selbst ausziehen, es sei denn, sie begehen eine offenkundige schändliche Tat. Das sind die Rechtsbestimmungen Gottes. Wer die Rechtsbestimmungen Gottes übertritt, der tut sich selbst Unrecht. Du weißt nicht, ob nicht Gott vielleicht danach eine neue Lage herbeiführt. 2 Wenn sie das Ende ihrer Frist erreichen, dann behaltet sie in rechtlicher Weise oder trennt euch von ihnen in rechtlicher Weise. Und nehmt zwei gerechte Leute von euch zu Zeugen, und erhaltet das Zeugnis Gottes aufrecht. Damit wird derjenige ermahnt, der an Gott und den Jüngsten Tag glaubt. Und wer Gott fürchtet, dem schafft Er einen Ausweg 3 und beschert Unterhalt, von wo er damit nicht rechnet. Und wer auf Gott vertraut, dem genügt Er. Gott erzielt sein Anliegen. Gott legt für jede Sache ein Maß fest. 4 Und für die von euren Frauen, die keine Menstruation mehr erwarten, falls ihr da Zweifel hegt, gilt eine Wartezeit von drei Monaten. Und ebenso für die, die keine Menstruation haben. Für die, die schwanger sind, ist ihre Frist erreicht, wenn sie gebären, was sie (in ihrem Leib) tragen. Und wer Gott fürchtet, dem schafft Er Erleichterung

[56 ½]

in seiner Angelegenheit. 5 Das ist die Anordnung Gottes, die Er zu euch herabgesandt hat. Und wer Gott fürchtet, dem sühnt Er seine Missetaten und dem verleiht Er einen großartigen Lohn. 6 Lasst sie dort wohnen, wo ihr selbst wohnt, euren Möglichkeiten entsprechend. Und fügt ihnen keinen Schaden zu, um sie in Bedrängnis zu bringen. Und wenn sie schwanger sind, dann übernehmt für sie die nötigen Aufwendungen, bis sie gebären, was sie (in ihrem Leib) tragen. Wenn sie für euch das Kind stillen, dann lasst ihnen ihren Lohn zukommen, und beratet euch untereinander (darüber) in rechtlicher Weise. Und wenn ihr euch schwer einigen könnt, dann wird wohl eine andere (das Kind) für ihn stillen. 7 Der Wohlhabende soll entsprechend seinem Vermögen die Aufwendungen gestalten. Und wem der Unterhalt bemessen zugeteilt wurde, der soll von dem ausgeben, was Gott ihm hat zukommen lassen. Gott fordert von einem nur das, was Er ihm hat zukommen lassen. Gott wird nach der schwierigen Lage Erleichterung schaffen.

8 Und wie manche Stadt rebellierte gegen den Befehl ihres Herrn und seiner Gesandten, worauf Wir sie einer harten Abrechnung unterzogen und mit einer entsetzlichen Pein peinigten. 9 Da erlitt sie die schweren Folgen ihres Verhaltens. Und das Ende ihres Verhaltens war (nur) Verlust. 10 Gott hat für sie eine harte Pein bereitet. So fürchtet Gott, ihr Einsichtigen, die ihr glaubt. Gott hat zu euch eine Ermahnung herabgesandt, 11 einen Gesandten, der euch die Zeichen Gottes, die alles deutlich machen, verliest, um die, die glauben und die guten Werke tun, aus den Finsternissen ins Licht hinauszuführen. Und wer an Gott glaubt und Gutes tut, den wird Er in Gärten eingehen lassen, unter denen Bäche fließen; darin werden sie dann auf immer ewig weilen. Gott hat ihm (damit) einen schönen Unterhalt gewährt. 12 Gott ist es, der sieben Himmel erschaffen hat, und von der Erde gleich viel. Der Befehl (Gottes) kommt zwischen ihnen herab, damit ihr wisst, dass Gott Macht hat zu allen Dingen und dass Gott alle Dinge mit seinem Wissen umfasst.

Sure 66

Das Verbot (al-Taḥrīm)

zu Medina, 12 Verse

Im Namen Gottes, des Erbarmers, des Barmherzigen.
*1 O Prophet, warum erklärst du für verboten, was Gott dir er-   [56 3/4]
laubt hat, im Streben danach, deinen Gattinnen zu gefallen*?
Gott ist voller Vergebung und barmherzig. 2 Gott hat für euch
festgelegt, wie eure Eide zu lösen sind. Und Gott ist euer Schutzherr, und Er ist der, der Bescheid weiß und weise ist.
3 Als der Prophet einer seiner Gattinnen einige Worte im Geheimen anvertraute. Als sie sie dann mitteilte und Gott ihm darüber
Auskunft gab, gab er einen Teil davon bekannt und überging
einen anderen Teil. Als er es ihr nun mitteilte, sagte sie: »Wer hat
dir das kundgetan?« Er sagte: »Kundgetan hat (es) mir der, der Bescheid weiß und Kenntnis (von allem) hat. 4 Wenn ihr beide zu
Gott umkehrt – eure Herzen waren ja dem Gerede zugeneigt – ...
Und wenn ihr einander gegen ihn Beistand leistet, so ist Gott sein
Schutzherr, und Gabriel, die Rechtschaffenen von den Gläubigen
und außerdem die Engel werden (ihm) Beistand leisten. 5 Möge
sein Herr ihm, wenn er euch (alle) entlässt, zum Tausch andere
Gattinnen geben, die besser sind als ihr: muslimische Frauen, die
gläubig und demütig ergeben sind, bereit zur Umkehr sind, (Gott)
dienen und umherziehen*, ob sie früher verheiratet waren oder
Jungfrauen sind.«
6 O ihr, die ihr glaubt, hütet euch selbst und eure Angehörigen
vor einem Feuer, dessen Brennstoff Menschen und Steine sind
und über das hartherzige und strenge Engel gesetzt sind, die gegen Gott nicht ungehorsam sind in dem, was Er ihnen befiehlt,

---

1: Um seiner Gattin Ḥafṣa zu gefallen, hatte Muḥammad versprochen, auf
    den sexuellen Verkehr mit seiner koptischen christlichen Sklavin Maria
    zu verzichten.
5: Oder: wie Wandermönche asketisch leben; vgl. 9,112.

sondern tun, was ihnen befohlen wird. 7 O ihr, die ihr ungläubig seid, entschuldigt euch heute nicht. Euch wird nur das vergolten, was ihr zu tun pflegtet. 8 O ihr, die ihr glaubt, kehrt zu Gott um in aufrichtiger Umkehr. Möge Gott euch eure Missetaten sühnen und euch in Gärten eingehen lassen, unter denen Bäche fließen, am Tag, da Gott den Propheten und die, die mit ihm gläubig sind, nicht zu Schanden macht! Ihr Licht eilt vor ihnen und zu ihrer Rechten her. Sie sagen: »Unser Herr, vollende für uns unser Licht und vergib uns. Du hast Macht zu allen Dingen.«

9 O Prophet, setze dich gegen die Ungläubigen und die Heuchler ein und fasse sie hart an. Ihre Heimstätte ist die Hölle – welch schlimmes Ende!

10 Gott hat für die, die ungläubig sind, die Frau Noachs und die Frau Lots* als Beispiel angeführt. Sie beide unterstanden zwei Dienern von unseren rechtschaffenen Dienern. Aber sie waren treulos zu ihnen, so konnten ihnen diese vor Gott nichts nützen. Und es wurde gesagt: »Geht ins Feuer ein mit denen, die hineingehen.« 11 Und Gott hat für die, die glauben, die Frau des Pharao als Beispiel angeführt. Als sie sagte: »Mein Herr, baue mir ein Haus bei Dir im Paradies, und errette mich von Pharao und seinem Handeln, und errette mich von den Leuten, die Unrecht tun.« 12 Und (auch) Maria*, die Tochter ʿImrāns, die ihre Scham unter Schutz stellte, worauf Wir in sie* von unserem Geist bliesen. Und sie hielt die Worte ihres Herrn und seine Bücher für wahr und gehörte zu denen, die (Gott) demütig ergeben sind.

10:   Zur Frau Lots siehe unter anderen Stellen 7,83; 11,81; 15,59 f.
12:   Es ist Maria, die Mutter Jesu Christi; vgl. 3,33 f.
12:   in sie: in ihre Scham.

Sure 67

Die Königsherrschaft (al-Mulk)

zu Mekka, 30 Verse

Im Namen Gottes, des Erbarmers, des Barmherzigen.
*1 Gesegnet sei der, in dessen Hand die Königsherrschaft ist! Und
Er hat Macht zu allen Dingen. 2 (Er), der den Tod und das Leben
erschaffen hat, um euch zu prüfen (und festzustellen), wer von
euch am besten handelt. Und Er ist der, der mächtig und voller
Vergebung ist. 3 (Er), der sieben Himmel in Schichten erschaffen
hat. Und du kannst an der Schöpfung des Erbarmers kein Missver-
hältnis sehen. Wende deinen Blick zurück: Siehst du irgendeinen
Mangel? 4 Dann wende deinen Blick zweimal zurück. Dein Blick
kehrt zu dir beschämt und ermüdet zurück.

29. Teil
[57]

5 Und Wir haben den untersten Himmel mit Leuchten geschmückt und haben sie zu Wurfsteinen gegen die Satane gemacht. Und Wir haben für sie die Pein des Feuerbrandes bereitet.
6 Und bestimmt ist für die, die ihren Herrn verleugnen, die Pein
der Hölle – welch schlimmes Ende! 7 Wenn sie hineingeworfen
werden, hören sie sie aufheulen, während sie brodelt, 8 als würde
sie bald vor Wut platzen. Sooft eine Schar hineingeworfen wird,
werden ihre Wärter sie fragen: »Ist denn kein Warner zu euch gekommen?« 9 Sie sagen: »Doch, ein Warner ist zu uns gekommen.
Aber wir haben (ihn) der Lüge geziehen und gesagt: ›Gott hat
nichts herabgesandt; ihr befindet euch ja in großem Irrtum.‹«
10 Und sie sagen: »Hätten wir nur gehört und Verstand gehabt,
wären wir nun nicht unter den Gefährten des Höllenbrandes.«
11 Und sie bekennen ihre Schuld. Weg mit den Gefährten des Höllenbrandes! 12 Für diejenigen, die ihren Herrn im Verborgenen
fürchten, sind Vergebung und ein großer Lohn bestimmt.

13 Ihr mögt eure Worte im Geheimen sprechen oder offen äußern,
Er weiß über das innere Geheimnis Bescheid. 14 Sollte Er denn
nicht über die Bescheid wissen, die Er erschaffen hat? Und Er ist
der Feinfühlige, der Kenntnis von allem hat.

15 Er ist es, der euch die Erde gefügig gemacht hat. So schreitet auf ihrem Rücken umher und esst von dem, was Er (euch) beschert. Und zu Ihm führt die Auferstehung. 16 Wähnt ihr euch denn in Sicherheit davor, dass der, der im Himmel ist, die Erde mit euch versinken lässt, sodass sie ins Schwanken gerät? 17 Oder wähnt ihr euch in Sicherheit davor, dass der, der im Himmel ist, einen Sandsturm gegen euch schickt? Da werdet ihr erfahren, wie meine Warnung ist.

18 Auch diejenigen, die vor ihnen lebten, haben (die Gesandten) der Lüge geziehen. Und wie war meine Missbilligung! 19 Haben sie nicht auf die Vögel über ihnen geschaut, wie sie ihre Flügel ausbreiten und einziehen? Nur der Erbarmer hält sie. Er sieht wohl alle Dinge. 20 Oder wer ist anstelle des Erbarmers derjenige, der euch eine Heerschar wäre, die euch unterstützen könnte? Die Ungläubigen fallen nur der Betörung anheim. 21 Oder wer ist denn der, der euch Lebensunterhalt bescheren könnte, wenn Er seine Versorgung zurückhält? Aber nein, sie verharren in Rebellion und Abneigung. 22 Folgt denn einer, der, auf sein Gesicht gestürzt, umherschreitet, eher der Rechtleitung oder einer, der aufrecht auf einem geraden Weg umherschreitet? 23 Sprich: Er ist es, der euch entstehen ließ und euch Gehör, Augenlicht und Herz machte. Ihr seid aber wenig dankbar. 24 Sprich: Er ist es, der euch auf der Erde vermehrte. Und zu Ihm werdet ihr versammelt werden.

25 Und sie sagen: »Wann wird diese Androhung eintreffen, so ihr die Wahrheit sagt?« 26 Sprich: Nur Gott weiß darüber Bescheid. Und ich bin ein deutlicher Warner. 27 Wenn sie es aber aus der Nähe sehen, dann werden die Gesichter derer, die ungläubig sind, schlimm betroffen. Und es wird gesprochen: »Das ist das, was ihr herbeizurufen suchtet.«

28 Sprich: Was meint ihr, wenn Gott mich und die, die mit mir sind, verderben lassen oder wenn Er sich unser erbarmen sollte, wer wird dann die Ungläubigen schützen vor einer schmerzhaften Pein? 29 Sprich: Er ist der Erbarmer. An Ihn glauben Wir, und auf Ihn vertrauen wir. Ihr werdet noch erfahren, wer sich im offenkundigen Irrtum befindet. 30 Sprich: Was meint ihr, wenn euer Wasser versiegen sollte, wer könnte euch sprudelndes Wasser bringen?

Sure 68

Das Schreibrohr (al-Qalam)

zu Mekka, 52 Verse

Im Namen Gottes, des Erbarmers, des Barmherzigen.

1 Nūn. Bei dem Schreibrohr und (bei) dem, was sie* zeilenweise [57 ¼]
niederschreiben. 2 Du bist dank der Gnade deines Herrn kein Besessener. 3 Bestimmt ist für dich ein Lohn, der nicht aufhört.
4 Und du besitzt großartige Charakterzüge. 5 Du wirst schauen,
und auch sie werden schauen, 6 wer von euch der Versuchung
ausgesetzt ist. 7 Dein Herr weiß besser, wer von seinem Weg
abirrt, und Er weiß besser, wer die sind, die der Rechtleitung folgen. 8 So gehorche nicht denen, die (die Botschaft) für Lüge erklären. 9 Sie möchten gern, dass du nur schöne Worte machst, sodass auch sie schöne Worte machen können. 10 Und gehorche
niemandem, der dauernd schwört und verächtlich dasteht, 11 der
ständig stichelt und Verleumdungen verbreitet, 12 der das Gute
verweigert, Übertretungen begeht und Schuld auf sich lädt,
13 der außerdem grobes Benehmen zeigt und ein Eindringling ist,
14 auch wenn er Vermögen und Söhne hat. 15 Wenn ihm unsere
Zeichen verlesen werden, sagt er: »Die Fabeln der Früheren.«
16 Wir werden ihn auf der Nase mit einem Merkmal brandmarken.
17 Wir haben sie Prüfungen unterworfen, wie Wir die Besitzer des
Gartens Prüfungen unterworfen haben, als sie schworen, sie würden ihn am Morgen abernten, 18 ohne einen Vorbehalt zu machen*. 19 Da machte darin eine Heimsuchung von deinem Herrn
die Runde, während sie schliefen, 20 und er war am Morgen wie
abgeerntet. 21 Da riefen sie am Morgen einander zu: 22 »Geht in
der Frühe zu eurem Saatfeld, wenn ihr ernten wollt.« 23 Sie

1:     Die Bedeutung dieses Buchstabens ist noch nicht geklärt.
1:     sie: die Menschen im Allgemeinen, oder die Engel, die als Begleiter der
        Menschen alles aufschreiben, was diese tun.
18:    ohne zu sagen: »So Gott will.« Vgl. 3,117; 18,32–44.

machten sich auf den Weg und flüsterten dabei einander zu: 24 »Heute darf kein Bedürftiger zu euch hereinkommen.« 25 Und sie gingen hin in der Frühe in der Meinung, sie könnten (den Armen ihren Anteil) verwehren. 26 Als sie ihn aber sahen, sagten sie: »Wir befinden uns im Irrtum. 27 Nein, wir entbehren vielmehr alles.« 28 Derjenige von ihnen, der in der Mitte stand*, sagte: »Habe ich nicht zu euch gesagt: Würdet ihr doch Gott preisen!« 29 Sie sagten: »Preis sei unserem Herrn! Wir haben gewiss Unrecht getan.« 30 Da gingen sie aufeinander zu und machten sich gegenseitig Vorwürfe. 31 Sie sagten: »O wehe uns! Wir haben ein Übermaß an Frevel gezeigt. 32 Möge unser Herr uns zum Tausch dafür einen besseren (Garten) als ihn geben! Auf Gott richten wir unsere Wünsche.« 33 So ist die Pein. Doch die Pein des Jenseits ist größer, wenn sie es nur wüssten!

34 Für die Gottesfürchtigen sind bei ihrem Herrn Gärten der Wonne bestimmt. 35 Sollen Wir etwa die Gottergebenen den Übeltätern gleichsetzen? 36 Was ist mit euch? Wie urteilt ihr nur? 37 Oder habt ihr ein Buch, in dem ihr nachforschen (und finden) könnt, 38 dass euch bestimmt ist, was ihr euch auswählt? 39 Oder haben Wir uns euch gegenüber eidlich verpflichtet bis zum Tag der Auferstehung, dass ihr bekommt, was ihr entscheidet? 40 Frage sie, wer von ihnen dafür bürgt. 41 Oder haben sie etwa Teilhaber? Sie sollen doch ihre Teilhaber herbeibringen, so sie die Wahrheit sagen. 42 Am Tag, da die Angelegenheit ernst wird und sie aufgerufen werden, sich in Anbetung niederzuwerfen, sie aber es nicht vermögen, 43 während ihre Blicke gesenkt sind und Erniedrigung auf ihnen schwer lastet. Dabei wurden sie doch aufgefordert, sich in Anbetung niederzuwerfen, als sie gesund waren. 44 Lass Mich mit denen, die diese Botschaft für Lüge erklären. Wir werden sie nach und nach kommen lassen*, von wo sie es nicht wissen. 45 Und Ich gewähre ihnen Aufschub. Meine List ist fest. 46 Oder verlangst du etwa einen Lohn von ihnen, sodass sie mit Schulden belastet würden? 47 Oder liegt ihnen das Unsicht-

---

28: D.h. der Beste, der Gemäßigteste unter ihnen.
44: dem Verderben entgegen; vgl. 7,182.

bare vor, sodass sie (es) aufschreiben? 48 So sei geduldig, bis das Urteil deines Herrn eintrifft. Und sei nicht wie der mit dem Fisch*, als er voller Gram (zu Gott) rief. 49 Und hätte ihn nicht eine Gnade von seinem Herrn rechtzeitig erreicht, wäre er auf das kahle Land geworfen worden und hätte sich Tadel zugezogen. 50 Da erwählte ihn sein Herr und machte ihn zu einem der Rechtschaffenen. 51 Diejenigen, die ungläubig sind, würden dich, wenn sie die Ermahnung hören, mit ihren Blicken beinahe ins Straucheln bringen. Und sie sagen: »Er ist ja ein Besessener.« 52 Doch es ist nichts als eine Ermahnung für die Weltenbewohner.

Sure 69

Die fällig wird (al-Ḥāqqa)

zu Mekka, 52 Verse

Im Namen Gottes, des Erbarmers, des Barmherzigen.
1 Die fällig wird, 2 was ist die, die fällig wird? 3 Woher sollst du [57 ½] wissen, was die ist, die fällig wird?
4 Die Thamūd und die ʿĀd* erklärten die Katastrophe für Lüge.
5 Die Thamūd nun wurden durch den hereinbrechenden Schrei vernichtet. 6 Die ʿĀd aber wurden durch einen gewaltigen eiskalten Wind vernichtet, 7 den Er sieben Nächte und acht Tage lang immer wieder gegen sie einsetzte. Da hättest du sehen können, wie die Leute dort auf dem Boden lagen, als wären sie Stämme hohler Palmen. 8 Kannst du denn etwas sehen, was von ihnen übrig geblieben wäre? 9 Und Pharao und diejenigen, die vor ihm lebten, und die verschwundenen Städte zeigten sündiges Verhal-

---

48: Jonas; vgl. 21,87–88.

1: Die Stunde des Gerichtes; vgl. 69,13–18.
4: Vgl. zu Thamūd 7,73–79; zu ʾĀd 7,65–72.

ten. 10 Sie waren gegen den Gesandten ihres Herrn ungehorsam. Da ergriff Er sie mit einem noch heftigeren Griff. 11 Als das Wasser (alles) überflutete, trugen Wir euch auf dem dahinfahrenden (Schiff), 12 um es für euch zu einer Erinnerung zu machen, und damit es von jedem aufnahmefähigen Ohr aufgenommen wird.

13 Und wenn in die Trompete geblasen wird – es ist ein einmaliges Blasen – 14 und Erde und Berge gehoben und auf einem Schlag zu Staub gemacht werden, 15 an jenem Tag trifft (die Stunde) ein, die eintreffen wird, 16 und der Himmel spaltet sich, sodass er an jenem Tag brüchig wird, 17 und die Engel stehen an seinem Rand. Über ihnen tragen an jenem Tag acht den Thron deines Herrn. 18 An jenem Tag werdet ihr vorgeführt, und nichts von euch bleibt verborgen. 19 Wem dann sein Buch in seine Rechte gereicht wird, der sagt: »Nehmt und lest mein Buch. 20 Ich rechnete ja damit, dass ich meiner Abrechnung begegnen werde.« 21 Er befindet sich da in einem zufriedenen Leben, 22 in einem hoch gelegenen Garten, 23 dessen Früchte herabhängen. 24 »Esst und trinkt zu eurem Wohl für das, was ihr früher in den vergangenen Tagen getan habt.« 25 Wem aber sein Buch in seine Linke gereicht wird, der sagt: »O wäre mir doch mein Buch nicht gereicht worden! 26 Und hätte ich doch nicht erfahren, wie meine Abrechnung aussieht! 27 O wäre dies nur das Ende! 28 Nicht nützt mir mein Vermögen. 29 Vernichtet ist meine Machtfülle.« 30 – »Nehmt ihn und fesselt ihn. 31 Dann lasst ihn in der Hölle brennen. 32 Dann legt ihn in eine Kette, deren Länge siebzig Ellen ist. 33 Er glaubte nämlich nicht an Gott, den Majestätischen, 34 und er hielt nicht zur Speisung des Bedürftigen an. 35 Hier hat er heute keinen warmherzigen Freund, 36 und auch keine Speise außer Eiterflüssigkeit, 37 die nur die Sünder essen.«

38 O nein, Ich schwöre bei dem, was ihr erblickt, 39 und dem, was ihr nicht erblickt. 40 Das ist die Rede eines edlen Gesandten, 41 das ist nicht die Rede eines Dichters. Aber ihr seid ja so wenig gläubig. 42 Das ist auch nicht die Rede eines Wahrsagers. Aber ihr bedenkt es ja so wenig. 43 Es ist eine Herabsendung vom Herrn der Welten. 44 Und hätte er sich gegen Uns einige Äußerungen selbst in den Mund gelegt, 45 Wir hätten ihn gewiss an der Rech-

ten gefasst 46 und ihm dann die Herzader durchschnitten,
47 und keiner von euch hätte (Uns) von ihm abhalten können.
48 Wahrlich, es ist eine Erinnerung für die Gottesfürchtigen.
49 Und wahrlich, Wir wissen, dass einige von euch (es) für Lüge
erklären. 50 Und wahrlich, es ist ein Grund zum Bedauern für die
Ungläubigen. 51 Und wahrlich, es ist die Wahrheit, die gewiss ist.
52 So preise den Namen deines Herrn, des Majestätischen.

Sure 70

Die Himmelsleiter (al-Maʿāridj)

zu Mekka, 44 Verse

Im Namen Gottes, des Erbarmers, des Barmherzigen.
1 Ein Fragesteller fragt nach einer Pein, die eintreffen wird 2 für
die Ungläubigen, die niemand abwehren kann, 3 von Gott her,
dem Herrn der Himmelsleiter. 4 Die Engel und der Geist steigen zu
Ihm empor an einem Tag, dessen Ausmaß fünfzigtausend Jahre
sind. 5 Übe darum schöne Geduld. 6 Sie sehen sie* weit entfernt,
7 Wir aber sehen sie nahe.
8 Am Tag, da der Himmel wie geschmolzenes Erz 9 und die Berge
wie Wolleflocken sein werden, 10 und kein warmherziger Freund
seinen Freund (nach seinem Befinden) fragt. 11 Sie werden sie gewiss zu sehen bekommen. Der Übeltäter möchte sich gern von der
Pein jenes Tages loskaufen mit seinen Söhnen 12 und seiner Gefährtin und seinem Bruder 13 und seiner Sippe, die ihm eine
Heimstätte bietet, 14 und allen, die auf der Erde sind. (Er
wünscht,) dies möge ihn dann retten. 15 Aber nein, es ist ein lo-
derndes Feuer, 16 das die Gliedmaßen wegnimmt*, 17 das den

6:     die Pein.
16:   Oder: Gesichtszüge auswischt, oder: die Kopfhaut abzieht.

ruft, der den Rücken kehrt und fortgeht, 18 (Vermögen) zusammenträgt und in Behältern hortet.

*19 Der Mensch ist als kleinmütig erschaffen. 20 Wenn das Böse ihn trifft, ist er sehr mutlos; 21 und wenn ihm Gutes widerfährt, verweigert er es anderen. 22 Ausgenommen sind die, die beten 23 und in ihrem Gebet beharrlich sind, 24 und die ein bestimmtes Recht auf ihr Vermögen einräumen 25 dem Bettler und den Unbemittelten, 26 und die den Tag des Gerichtes für wahr halten, 27 und die vor der Pein ihres Herrn erschrocken sind 28 – vor der Pein ihres Herrn befindet sich niemand in Sicherheit –, 29 und die ihre Scham bewahren, 30 außer gegenüber ihren Gattinnen, oder was ihre Rechte (an Sklavinnen) besitzt – dann sind sie nicht zu tadeln; 31 diejenigen aber, die darüber hinaus (andere) begehren, das sind die, die Übertretungen begehen –, 32 und die auf das ihnen Anvertraute und ihre Verpflichtung Acht geben 33 und die ihr Zeugnis ablegen, 34 und die ihr Gebet einhalten. 35 Diese befinden sich in Gärten und werden (darin) ehrenvoll behandelt.

36 Was ist mit denen, die ungläubig sind, dass sie den Hals nach dir recken 37 von rechts und von links, in Gruppen aufgeteilt? 38 Erhofft (wirklich) jeder von ihnen, in einen Garten der Wonne eingehen zu können? 39 Aber nein, Wir haben sie doch aus dem erschaffen, was sie wissen*. 40 Nein, Ich schwöre beim Herrn der östlichen und der westlichen Gegenden, Wir haben dazu die Macht, 41 sie durch andere zu ersetzen, die besser sind als sie. Und niemand kann Uns vorausein. 42 So lass sie ausschweifende Reden halten und ihr Spiel treiben, bis sie ihrem Tag begegnen, der ihnen angedroht ist, 43 dem Tag, da sie aus den Gräbern hastig herauskommen, als würden sie zu den Opfersteinen eilen, 44 während ihre Blicke gesenkt sind und Erniedrigung auf ihnen schwer lastet. Das ist der Tag, der ihnen immer wieder angedroht wurde.

39: »aus Ton«, oder »aus dem Erguss eines verächtlichen Wassers«: 32,7 und ähnliche Stellen.

Sure 71

Noach (Nūḥ)

zu Mekka, 28 Verse

Im Namen Gottes, des Erbarmers, des Barmherzigen.

1 Wir haben Noach* zu seinem Volk gesandt: »Warne dein Volk, bevor eine schmerzhafte Pein über sie kommt.« 2 Er sagte: »O mein Volk, ich bin euch ein deutlicher Warner: 3 Dienet Gott und fürchtet Ihn, und gehorchet mir, 4 dann vergibt Er euch etwas von euren Sünden und stellt euch zu einer bestimmten Frist zurück. Die Frist Gottes, wenn sie eintrifft, kann nicht aufgeschoben werden, wenn ihr es nur wüsstet!«

5 Er sagte: »Mein Herr, ich habe mein Volk bei Nacht und bei Tag gerufen. 6 Mein Rufen hat sie aber nur in ihrer Flucht bestärkt. 7 Sooft ich sie rief, damit Du ihnen vergibst, steckten sie ihre Finger in die Ohren, hüllten sich in Gewänder, blieben verstockt und verhielten sich sehr hochmütig. 8 Dann richtete ich an sie den Ruf öffentlich. 9 Dann sprach ich zu ihnen offen und im Geheimen. 10 Ich sagte: Bittet euren Herrn um Vergebung – Er vergibt ja viel –, 11 dann wird Er den Himmel über euch ergiebig regnen lassen 12 und euch mit Vermögen und Söhnen beistehen, für euch Gärten machen und für euch Bäche machen. 13 Was ist mit euch, dass ihr nicht von Gott erwartet, dass Er würdevoll handelt, 14 wo Er euch doch in Phasen erschaffen hat? 15 Habt ihr nicht gesehen, wie Gott sieben Himmel in Schichten erschaffen hat, 16 den Mond darin zu einem Licht gemacht und die Sonne zu einer Leuchte gemacht hat? 17 Gott hat euch aus der Erde wie Pflanzen wachsen lassen. 18 Dann wird Er euch zu ihr zurückkehren lassen und (wieder aus ihr) hervorbringen. 19 Und Gott hat euch die Erde zu einer ausgebreiteten Unterlage gemacht, 20 damit ihr auf ihr Wege als breite Durchgänge begehen könnt.« 21 Noach sagte: »Mein Herr, sie sind gegen mich ungehorsam geworden und sind

1: Vgl. 7,59–64.

einem gefolgt, der durch sein Vermögen und seine Kinder nur noch größeren Verlust hat. 22 Und sie haben ungeheure Ränke geschmiedet. 23 Und sie sagten: ›Verlasst doch nicht eure Götter. Verlasst doch nicht Wadd, noch Suwāʿ, noch Yaghūth, und auch nicht Yaʿūq und Nasr.‹ 24 Sie haben viele irregeführt. So lass die, die Unrecht tun, noch tiefer in die Irre gehen.« 25 Wegen ihrer Sünden wurden sie ertränkt und in ein Feuer geführt. Da fanden sie für sich außer Gott keine Helfer. 26 Und Noach sagte: »Mein Herr, lass keinen von den Ungläubigen weiter auf der Erde wohnen. 27 Wenn Du sie (leben) lässt, führen sie deine Diener irre und bringen zur Welt nur solche, die voller Laster und sehr ungläubig sind. 28 Mein Herr, vergib mir und meinen Eltern und dem, der als Gläubiger mein Haus betritt, und den gläubigen Männern und den gläubigen Frauen. Und stürze die, die Unrecht tun, noch tiefer ins Verderben.«

Sure 72

Die Djinn (al-Djinn)

zu Mekka, 28 Verse

Im Namen Gottes, des Erbarmers, des Barmherzigen.

[58] *1 Sprich: Mir ist offenbart worden, dass eine Schar Djinn zuhörte. Sie sagten: »Wir haben einen erstaunlichen Koran gehört, 2 der zum rechten Wandel leitet. So haben wir an ihn geglaubt. Und wir werden unserem Herrn niemanden beigesellen. 3 Und* erhaben ist die Majestät unseres Herrn. Er hat sich weder eine Gefährtin noch ein Kind genommen. 4 Und der Tor unter uns pflegte gegen Gott etwas Abwegiges zu sagen. 5 Und wir meinten, dass weder die

---

3:     »Und« leitet hier und in den folgenden Versen die verschiedenen Teile des Berichtes der Djinn ein.

Menschen noch die Djinn gegen Gott eine Lüge sagen würden. 6 Und einige Männer unter den Menschen suchten Zuflucht bei einigen Männern unter den Djinn und mehrten somit bei ihnen ihre Gewalttätigkeit. 7 Und sie meinten, wie ihr ja meint, dass Gott niemanden auferwecken würde. 8 Und wir haben den Himmel abgesucht und festgestellt, dass er mit Wächtern und Sternschnuppen voll ist. 9 Und wir pflegten uns an verschiedenen Stellen von ihm zu setzen, um zu lauschen. Wer aber jetzt horcht, der findet, dass eine Sternschnuppe auf ihn lauert. 10 Und wir wissen nicht, ob für die Bewohner der Erde Böses vorgesehen ist, oder ob ihr Herr vorhat, sie zum guten Wandel zu führen. 11 Und unter uns gibt es Rechtschaffene; und unter uns gibt es solche, die es nicht sind. Wir folgten getrennten Wegen. 12 Und wir meinen, dass wir auf der Erde Gottes Willen nicht vereiteln können, und dass wir ihn nicht durch Flucht vereiteln können. 13 Und als wir die Rechtleitung hörten, glaubten wir an sie. Wer an seinen Herrn glaubt, der befürchtet keinen Lohnabzug und keine Gewaltanwendung. 14 Und unter uns gibt es solche, die gottergeben sind; und unter uns gibt es solche, die dem Falschen zuneigen. Diejenigen nun, die gottergeben sind, bemühen sich um den rechten Wandel. 15 Diejenigen aber, die dem Falschen zuneigen, werden Brennholz für die Hölle sein.«

16 Und würden sie den rechten Weg einschlagen, würden Wir ihnen reichlich Wasser zu trinken geben, 17 um sie dadurch der Versuchung auszusetzen. Und wer sich von der Ermahnung seines Herrn abwendet, den wird Er in eine überwältigende Pein eingehen lassen. 18 Und die Anbetungsstätten gehören Gott; so ruft neben Gott niemanden an. 19 Und als der Diener Gottes aufstand, um Ihn anzurufen, hätten sie ihn im Gedränge fast erdrückt. 20 Sprich: Ich rufe meinen Herrn an, und ich geselle Ihm niemanden bei. 21 Sprich: Ich verfüge für euch weder über Schaden noch über die rechte Unterweisung. 22 Sprich: Niemand kann mich gegen Gott schützen, und ich kann außer bei Ihm keinen Ort finden, wohin ich mich begeben könnte. 23 Ich habe nur etwas auszurichten von Gott und seinen Botschaften. Und für diejenigen, die gegen Gott und seinen Gesandten ungehorsam sind, ist das

Feuer der Hölle bestimmt; darin werden sie auf immer ewig weilen. 24 Wenn sie dann sehen, was ihnen angedroht ist, werden sie wissen, wer die schwächeren Helfer und die geringere Zahl hat. 25 Sprich: Ich weiß nicht, ob das, was euch angedroht ist, nahe ist, oder ob mein Herr ihm noch eine Frist setzt, 26 (Er), der über das Unsichtbare Bescheid weiß und niemandem über das, was bei Ihm verborgen ist, Auskunft gibt, 27 außer dem Gesandten, der Ihm genehm ist; dann lässt Er vor ihm und hinter ihm Wächter gehen, die ihn belauern, 28 um festzustellen, ob sie* die Botschaften ihres Herrn ausgerichtet haben. Er umfasst, was bei ihnen ist, und Er erfasst die Zahl aller Dinge.

Sure 73

Der sich eingehüllt hat (al-Muzzammil)

zu Mekka, 20 Verse

Im Namen Gottes, des Erbarmers, des Barmherzigen.
1 Der du dich eingehüllt hast, 2 steh auf (zum Gebet) die (ganze) Nacht, bis auf einen kleinen Teil, 3 die halbe Nacht, oder verringere sie um einen kleinen Teil, 4 oder füge etwas hinzu. Und trage den Koran Abschnitt für Abschnitt vor. 5 Wir werden dir Worte auferlegen, die schwer zu tragen sind. 6 Das Aufstehen in der Nacht hinterlässt einen stärkeren Eindruck und lässt eher die rechten Worte finden. 7 Du wirst am Tag lange beansprucht. 8 Und so gedenke des Namens deines Herrn und widme dich Ihm allein. 9 (Er ist) der Herr des Ostens und des Westens. Es gibt keinen Gott außer Ihm. So nimm Ihn dir zum Sachwalter. 10 Und ertrage mit Geduld, was sie sagen. Und entferne dich auf schöne Weise von ihnen.

28: die Gesandten.

11 Lass Mich mit denen, die (die Botschaft) für Lüge erklären und die ein angenehmes Leben haben. Und gewähre ihnen noch eine kurze Frist. 12 Bei Uns stehen schwere Fesseln und eine Hölle bereit, 13 und auch eine Speise, die im Hals stecken bleibt, und eine schmerzhafte Pein, 14 am Tag, da die Erde und die Berge beben und die Berge (wie) ein zerrinnender Sandhaufen sein werden.

15 Wir haben zu euch einen Gesandten als Zeugen über euch geschickt, so wie Wir zu Pharao einen Gesandten geschickt haben. 16 Pharao war aber ungehorsam gegen den Gesandten. Da ergriffen Wir ihn mit einem harten Griff. 17 Wie wollt ihr, wenn ihr ungläubig seid, euch vor einem Tag hüten, der die Kinder zu Greisen werden lässt? 18 Der Himmel wird sich an ihm spalten. Seine Drohung wird ausgeführt. 19 Dies ist nur eine Erinnerung. Wer nun will, schlägt einen Weg zu seinem Herrn ein.

*20 Dein Herr weiß, dass du (zum Gebet) aufstehst beinahe zwei [58 ¼] Drittel der Nacht oder die Hälfte oder ein Drittel davon, und ebenso eine Gruppe von denen, die mit dir sind. Und Gott bestimmt das Maß der Nacht und des Tages. Er weiß, dass ihr es nicht (selbst) würdet erfassen können. Da wandte Er sich euch zu. So verlest aus dem Koran, was leicht (zu bewältigen) ist. Er weiß, dass es unter euch Kranke geben würde, und andere, die im Land herumwandern im Streben nach der Huld Gottes, und (wieder) andere, die auf dem Weg Gottes kämpfen. Verlest also daraus, was leicht (zu bewältigen) ist, und verrichtet das Gebet und entrichtet die Abgabe und leiht Gott ein schönes Darlehen. Und was ihr für euch selbst an Gutem vorausschickt, das werdet ihr bei Gott vorfinden als noch besser und großartiger belohnt. Und bittet Gott um Vergebung. Gott ist ja voller Vergebung und barmherzig.

Sure 74

Der sich zugedeckt hat (al-Muddaththir)

zu Mekka, 56 Verse

Im Namen Gottes, des Erbarmers, des Barmherzigen.
1 Der du dich zugedeckt hast, 2 steh auf und warne, 3 und preise die Größe deines Herrn, 4 und reinige deine Kleider, 5 und entferne dich von den Götzen, 6 und poch nicht auf dein Verdienst, um mehr zu erhalten, 7 und sei geduldig, bis dein Herr sein Urteil fällt. 8 Wenn dann in das Horn gestoßen wird, 9 dann ist es an jenem Tag ein schwerer Tag, 10 für die Ungläubigen nicht leicht.
11 Lass Mich mit dem, den Ich allein erschaffen habe, 12 und dem Ich ausgedehntes Vermögen verliehen habe, 13 und auch Söhne, die als Zeugen da sind, 14 und dem Ich alles schön geebnet habe, 15 der aber erhofft, dass Ich (ihm) noch mehr gebe. 16 Nein, er zeigte sich widerspenstig gegen unsere Zeichen. 17 Ich werde Mühsal auf ihm schwer lasten lassen. 18 Er dachte nach und wog ab. 19 Dem Tod geweiht sei er, wie seine Abwägung war! 20 Noch einmal: Dem Tod geweiht sei er, wie seine Abwägung war! 21 Dann schaute er, 22 dann runzelte er die Stirn und zeigte Widerwillen, 23 dann kehrte er den Rücken und verhielt sich hochmütig, 24 und er sagte: »Das ist doch nur eine Zauberei, die (sonst) überliefert wird. 25 Das sind nur die Worte von Menschen.« 26 Ich werde ihn im Höllenfeuer brennen lassen. 27 Woher sollst du wissen, was das Höllenfeuer ist? 28 Es lässt keinen Rest bestehen, und es lässt nichts übrig bleiben. 29 Es versengt die Haut. 30 Es hat über sich neunzehn (Wächter). 31 Als Wächter des Feuers haben Wir nur Engel eingesetzt. Und ihre Zahl haben Wir zu einer Versuchung gemacht für die, die ungläubig sind, damit diejenigen Gewissheit erlangen, denen das Buch zugekommen ist, und damit diejenigen, die glauben, an Glauben zunehmen, und damit diejenigen, denen das Buch zugekommen ist, und auch die Gläubigen keinen Zweifel hegen, und damit diejenigen, in deren Herzen Krankheit ist, und (auch) die Ungläubigen

sagen: »Was will denn Gott mit einem solchen Gleichnis?« Auf diese Weise führt Gott irre, wen Er will, und leitet recht, wen Er will. Und über die Heerscharen deines Herrn weiß nur Er Bescheid. Und es ist nur eine Ermahnung für die Menschen.

32 Nein, beim Mond, 33 bei der Nacht, wenn sie den Rücken kehrt, 34 beim Morgen, wenn er anbricht, 35 siehe, sie* ist eine der größten (Gestalten des Verderbens), 36 zur Warnung für die Menschen, 37 für jeden von euch, der vorankommen oder zurückbleiben will.

38 Ein jeder haftet für das, was er erworben hat, 39 ausgenommen die von der Rechten; 40 sie befinden sich in Gärten, und sie fragen einander 41 nach den Übeltätern: 42 »Was hat euch ins Höllenfeuer getrieben?« 43 Sie sagen: »Wir gehörten nicht zu denen, die beteten, 44 und wir pflegten nicht den Bedürftigen zu speisen, 45 und wir gingen auf ausschweifende Reden ein mit denen, die solche hielten, 46 und wir erklärten den Tag des Gerichtes für Lüge, 47 bis das sichere Ende uns ereilte.« 48 Nun nützt ihnen die Fürsprache der Fürsprechenden nicht.

49 Was ist mit ihnen, dass sie sich von der Ermahnung abwenden, 50 als wären sie aufgeschreckte Wildesel, 51 die vor einem Schützen fliehen? 52 Aber nein, jeder von ihnen will, dass ihm aufgeschlagene Blätter* zukommen. 53 Nein, sie fürchten sich nicht vor dem Jenseits.

54 Nein, er* ist eine Erinnerung. 55 Wer will, gedenkt seiner. 56 Sie werden aber (seiner) nicht gedenken, es sei denn, Gott will es. Ihm gebührt, dass man Ihn fürchtet, und Ihm gebührt zu vergeben.

35: die Hölle.
52: die die Offenbarung enthalten.
54: der Koran.

Die Auferstehung (al-Qiyāma)

zu Mekka, 40 Verse

Im Namen Gottes, des Erbarmers, des Barmherzigen.

[58 ½] *1 Nein, Ich schwöre beim Tag der Auferstehung. 2 Nein, Ich schwöre bei der Seele, die sich selbst Tadel ausspricht. 3 Meint denn der Mensch, dass Wir seine Gebeine nicht zusammenfügen werden? 4 Ja doch, Wir sind im Stande, seine Fingerspitzen zurechtzubilden. 5 Doch der Mensch will voller Laster sein, sein Leben lang. 6 Er fragt: »Wann wird der Tag der Auferstehung sein?« 7 Wenn dann das Augenlicht geblendet ist 8 und der Mond sich verfinstert 9 und Sonne und Mond miteinander vereinigt werden, 10 an jenem Tag sagt der Mensch: »Wohin nun fliehen?« 11 Nein, es gibt keine Zuflucht. 12 Zu deinem Herrn führt an jenem Tag der Weg zum Aufenthaltsort. 13 An jenem Tag wird dem Menschen kundgetan, was er vorausgeschickt und zurückgestellt hat. 14 Nein, der Mensch bringt einsichtige Beweise gegen sich selbst, 15 auch wenn er seine Entschuldigungen vorbringt.

16 Bewege deine Zunge nicht damit*, um dich damit zu übereilen. 17 Uns obliegt es, ihn zusammenzustellen und ihn vorzulesen. 18 Und (erst) wenn Wir ihn vorgelesen haben, dann folge du der Art, ihn vorzulesen. 19 Dann obliegt es Uns, ihn zu erläutern.

20 Aber nein, ihr liebt eher das, was schnell eintrifft*, 21 und vernachlässigt das Jenseits. 22 An jenem Tag gibt es strahlende Gesichter, 23 die zu ihrem Herrn schauen. 24 Und es gibt an jenem Tag finstere Gesichter; 25 du möchtest meinen*, es widerfahre ihnen ein das Rückgrat brechendes Unglück.

26 Nein, wenn sie* das Schlüsselbein erreicht 27 und gesagt wird:

16: mit dem Koran.
20: das Diesseits.
25: Oder: die meinen.
26: die Seele.

»Wer kann als Beschwörer auftreten?«, 28 und wenn er* meint, es sei (jetzt) der Abschied, 29 und wenn (bei ihm) das eine Bein auf das andere trifft, 30 an jenem Tag wird er zu deinem Herrn getrieben.

31 Denn er hielt nicht (die Botschaft) für wahr, und er betete nicht, 32 sondern er erklärte (sie) für Lüge, und er kehrte sich ab. 33 Dann ging er zu seinen Angehörigen mit stolzen Schritten. 34 – »Recht geschieht dir, ja, recht geschieht es. 35 Noch einmal: Recht geschieht dir, ja, recht geschieht es.« 36 Meint denn der Mensch, dass er unbeachtet gelassen wird? 37 Ist er nicht ein Samentropfen, der sich ergießt, 38 dann ein Embryo gewesen? Da hat Er erschaffen und gebildet, 39 und daraus das Paar gemacht: den Mann und das Weib. 40 Ist ein solcher (Gott) denn nicht im Stande, die Toten wieder lebendig zu machen?

Sure 76

Der Mensch (al-Insān)*

zu Medina, 31 Verse

Im Namen Gottes, des Erbarmers, des Barmherzigen.
1 Gab es (nicht) für den Menschen eine Zeitspanne, in der er kein nennenswertes Ding war? 2 Wir haben den Menschen aus einem Tropfen, einem Gemisch erschaffen, um ihn zu prüfen. Und Wir haben ihn mit Gehör und Augenlicht versehen. 3 Wir haben ihn den (rechten) Weg geführt, ob er nun dankbar oder undankbar ist. 4 Wir halten für die Ungläubigen Ketten und Fesseln und einen Feuerbrand bereit. 5 Die Frommen trinken aus einem Becher, in dem Kampfer beigemischt ist, 6 aus einer Quelle, aus der die Die-

---

28:   der Mensch.

*   Oder: Die Zeit (al-Dahr); zu Mekka.

ner Gottes trinken, die sie sprudelnd hervorbrechen lassen. 7 Sie erfüllen das Gelübde und fürchten einen Tag, dessen Unheil sich ausbreitet, 8 und sie geben, aus Liebe zu Ihm, Speise zu essen dem Bedürftigen, der Waise und dem Gefangenen: 9 »Wir speisen euch in der Suche nach dem Antlitz Gottes. Wir wollen von euch weder Lohn noch Dank. 10 Wir fürchten vonseiten unseres Herrn einen finsteren, schauderhaften Tag.« 11 So bewahrt sie Gott vor dem Unheil jenes Tages und lässt sie strahlendes Glück und Freude vorfinden, 12 und Er vergibt ihnen dafür, dass sie geduldig sind, mit einem Garten und mit Seide. 13 Sie lehnen sich darin auf Liegen, und sie leiden darin weder unter heißer Sonne noch unter bitterer Kälte. 14 Seine Schatten hängen über ihnen herab, und seine Früchte sind ihnen sehr leicht erreichbar gemacht. 15 Herumgereicht werden ihnen Gefäße aus Silber und Humpen wie Gläser, 16 Gläser aus Silber, die sie nach Maß bemessen. 17 Und darin wird ihnen ein Becher zu trinken gegeben, in dem Ingwer beigemischt ist, 18 aus einer Quelle darin, die Salsabīl genannt wird. *19 Und unter ihnen machen ewig junge Knaben die Runde. Wenn du sie siehst, meinst du, sie seien ausgestreute Perlen. 20 Und wenn du dort hinschaust, siehst du Wonne und großes Königreich. 21 Sie haben grüne Gewänder aus Seide und auch Brokat an, und sie sind mit Armringen aus Silber geschmückt. Und ihr Herr gibt ihnen ein reines Getränk zu trinken. 22 »Das ist der Lohn für euch, und euch wird für euer Mühen gedankt.«

[58 3/4]

23 Wir, ja Wir haben den Koran auf dich nach und nach hinabgesandt. 24 So sei geduldig, bis das Urteil deines Herrn eintrifft, und gehorche keinem von ihnen, der ein Sünder oder ein Ungläubiger ist. 25 Und gedenke des Namens deines Herrn morgens und abends, 26 und wirf dich in der Nacht vor Ihm nieder und preise Ihn lange zur Nachtzeit.

27 Diese da lieben das, was schnell eintrifft*, und vernachlässigen einen Tag, der schwer lasten wird. 28 Wir haben sie doch erschaffen und ihre Glieder gefestigt. Und wenn Wir wollen, ersetzen Wir sie durch andere ihresgleichen.

27: das diesseitige Leben.

29 Dies ist eine Erinnerung. Wer nun will, schlägt einen Weg zu seinem Herrn ein. 30 Und ihr wollt nicht, es sei denn, Gott will es. Gott weiß Bescheid und ist weise. 31 Er lässt, wen Er will, in seine Barmherzigkeit eingehen. Für die, die Unrecht tun, hält Er eine schmerzhafte Pein bereit.

Sure 77

Die gesandt werden (al-Mursalāt)

zu Mekka, 50 Verse

Im Namen Gottes, des Erbarmers, des Barmherzigen.
1 Bei denen, die nacheinander wie eine Mähne gesandt werden 2 und die im Sturm daherstürmen, 3 bei denen, die offen ausbreiten 4 und die deutlich unterscheiden, 5 und die eine Ermahnung überbringen, 6 als Entschuldigung oder als Warnung! 7 Was euch angedroht wir, wird gewiss eintreffen.
8 Wenn die Sterne ausgewischt werden, 9 und wenn der Himmel Risse aufweist, 10 und wenn die Berge (in den Wind) gestreut werden, 11 und wenn für die Gesandten der Termin festgelegt wird. 12 Auf was für einen Tag wird die Frist gesetzt? 13 Für den Tag der Scheidung. 14 Woher sollst du wissen, was der Tag der Scheidung ist? 15 Wehe an jenem Tag denen, die (die Botschaft) für Lüge erklären!
16 Haben Wir nicht die Früheren verderben lassen? 17 Dann lassen Wir ihnen die Späteren folgen. 18 So handeln Wir an den Übeltätern. 19 Wehe an jenem Tag denen, die (die Botschaft) für Lüge erklären!
20 Haben Wir euch nicht aus verächtlichem Wasser erschaffen, 21 das Wir in einen festen Aufenthaltsort* gelegt haben, 22 bis

21:   in den Mutterleib.

zu einer bekannten Frist? 23 Wir haben (sie) bemessen. Wie trefflich setzen Wir das Maß fest! 24 Wehe an jenem Tag denen, die
(die Botschaft) für Lüge erklären!

25 Haben Wir nicht die Erde gemacht, zu sammeln 26 die Lebenden und die Toten, 27 und auf ihr festgegründete, hochragende
(Berge) gemacht und euch erfrischendes Wasser zu trinken gegeben? 28 Wehe an jenem Tag denen, die (die Botschaft) für Lüge
erklären!

29 – »Begebt euch zu dem, was ihr immer wieder für Lüge erklärt
habt, 30 begebt euch in einen Schatten mit drei Verzweigungen,
31 der keinen (wirklichen) Schatten spendet und auch nicht vor
den Flammen schützt.« 32 Sie* sprüht Funken (hoch) wie ein
Schloss, 33 als wären sie gelbe Kamele. 34 Wehe an jenem Tag
denen, die (die Botschaft) für Lüge erklären!

35 Das ist der Tag, an dem sie nicht reden 36 und ihnen nicht erlaubt wird, Entschuldigungen vorzubringen. 37 Wehe an jenem
Tag denen, die (die Botschaft) für Lüge erklären!

38 – »Das ist der Tag der Scheidung. Wir haben euch zu den Früheren versammelt. 39 Wenn ihr nun eine List habt, so führt sie gegen Mich aus.« 40 Wehe an jenem Tag denen, die (die Botschaft)
für Lüge erklären!

41 Die Gottesfürchtigen befinden sich inmitten von Schatten und
Quellen, 42 und Früchten von dem, was sie begehren. 43 – »Esst
und trinkt zu eurem Wohl (als Entlohnung) für das, was ihr zu tun
pflegtet.« 44 So entlohnen Wir die Rechtschaffenen. 45 Wehe an
jenem Tag denen, die (die Botschaft) für Lüge erklären!

46 Esst und genießt ein wenig, ihr seid Übeltäter. 47 Wehe an jenem Tag denen, die (die Botschaft) für Lüge erklären!

48 Und wenn zu ihnen gesprochen wird: »Verneigt euch«, verneigen sie sich nicht. 49 Wehe an jenem Tag denen, die (die Botschaft) für Lüge erklären!

50 An welche Botschaft nach dieser wollen sie denn sonst glauben?

32:   die Hölle.

Sure 78

Der Bericht (al-Nabaʾ)

zu Mekka, 40 Verse

Im Namen Gottes, des Erbarmers, des Barmherzigen.
*1 Wonach fragen sie sich untereinander? 2 Nach dem gewaltigen Bericht, 3 über den sie uneins sind. 4 Nein, sie werden es zu wissen bekommen. 5 Noch einmal: Nein, sie werden es zu wissen bekommen.

6 Haben Wir nicht die Erde zu einer Lagerstätte gemacht 7 und die Berge zu Pflöcken? 8 Und Wir haben euch als Paare erschaffen. 9 Und Wir haben euren Schlaf zum Ausruhen gemacht. 10 Und Wir haben die Nacht zu einem Kleid gemacht. 11 Und Wir haben den Tag zum Erwerb des Lebensunterhalts gemacht. 12 Und Wir haben über euch sieben feste (Himmelsschichten) aufgebaut. 13 Und Wir haben eine hell brennende Leuchte gemacht. 14 Und Wir haben von den Regenwolken strömendes Wasser herabkommen lassen, 15 um damit Korn und Pflanzen hervorzubringen 16 und Gärten mit dichtem Bestand.

17 Wahrlich, der Tag der Scheidung ist ein (festgelegter) Termin. 18 Am Tag, da in die Trompete geblasen wird und ihr in Scharen herbeikommt, 19 und da der Himmel geöffnet und zu (weiten) Toren wird, 20 und da die Berge versetzt und zu einer Luftspiegelung werden. 21 Die Hölle liegt auf der Lauer, 22 als Heimstatt für die, die ein Übermaß an Frevel zeigen; 23 darin werden sie endlose Zeiten verweilen. 24 Sie werden darin weder Kühle noch ein Getränk kosten, 25 sondern nur heißes Wasser und stinkenden Eiter, 26 als angemessene Vergeltung. 27 Sie erwarteten ja keine Abrechnung 28 und haben unsere Zeichen beharrlich für Lüge erklärt. 29 Alles haben Wir in einem Buch erfasst. 30 So kostet (es); Wir werden euch nur noch eure Pein mehren.

31 Für die Gottesfürchtigen ist ein Ort des Erfolges bestimmt, 32 Gärten und Weinstöcke, 33 und gleichaltrige Frauen mit schwellenden Brüsten, 34 und ein randvoller Becher. 35 Sie hören

darin keine unbedachte Rede und keine Bezeichnung der Botschaft als Lüge. 36 Dies zum Lohn – als Geschenk entsprechend der Abrechnung – von deinem Herrn, 37 dem Herrn der Himmel und der Erde und dessen, was dazwischen ist, dem Erbarmer. Vor Ihm verfügen sie über keine Möglichkeit zu reden, 38 am Tag, da der Geist und die Engel in einer Reihe stehen. Sie werden nicht sprechen, ausgenommen der, dem der Erbarmer es erlaubt und der das Richtige sagt. 39 Das ist der Tag der Wahrheit. Wer nun will, unternimmt die Rückkehr zu seinem Herrn. 40 Wir warnen euch vor einer nahe bevorstehenden Pein, am Tag, da der Mensch erblickt, was seine Hände vorausgeschickt haben, und der Ungläubige ruft: »O wäre ich doch nur Staub!«

Sure 79

Die entreißen (al-Nāziʿāt)

zu Mekka, 46 Verse

Im Namen Gottes, des Erbarmers, des Barmherzigen.
1 Bei denen, die mit Gewalt entreißen, 2 und denen, die mit Leichtigkeit herausziehen, 3 und denen, die schnell dahinschwimmen, 4 und allen vorauseilen, 5 und die Angelegenheiten regeln! 6 Am Tag, da das Beben einsetzt 7 und das Nächste darauf folgt, 8 an jenem Tag werden die Herzen in unruhiger Angst dastehen, 9 mit gesenkten Blicken. 10 Sie sagen: »Sollen wir wirklich in den früheren Zustand zurückgebracht werden? 11 Auch wenn wir zu morschen Knochen geworden sind?« 12 Sie sagen: »Das wäre dann eine verlustreiche Rückkehr.« 13 Es wird ein einziger Schelteschrei sein, 14 und schon befinden sie sich auf der Erdoberfläche. 15 *Ist die Geschichte von Mose zu dir gelangt? 16 Als sein Herr

15–26: Vgl. 7,103–137.

ihm im heiligen Tal Ṭuwā zurief: 17 »Geh zu Pharao. Er zeigt ein Übermaß an Frevel. 18 Und sag: Möchtest du dich nicht läutern, 19 und dass ich dich zu deinem Herrn rechtleite, sodass du gottesfürchtig wirst?« 20 Er ließ ihn das größte Zeichen sehen. 21 Er aber erklärte (es) für Lüge und war ungehorsam. 22 Dann kehrte er den Rücken und eilte davon. 23 Er versammelte (sein Volk) und rief (ihnen) zu. 24 Er sagte: »Ich bin euer Herr, der Höchste.« 25 Da ergriff ihn Gott mit der abschreckenden Strafe des Jenseits und des Diesseits. 26 Darin ist eine Lehre für die Gottesfürchtigen.

27 Ist es etwa schwerer, euch zu erschaffen als den Himmel, den Er aufgebaut hat? 28 Er hob sein Dach empor und gestaltete ihn. 29 Und Er ließ seine Nacht dunkel werden und seinen Morgen hervorkommen. 30 Und Er breitete danach die Erde aus. 31 Er ließ ihr Wasser und ihre Weideflächen aus ihr hervorkommen. 32 Und Er gründete die Berge fest. 33 Dies als Nutznießung für euch und euer Vieh.

34 Wenn dann die große, alles überwältigende Katastrophe kommt, 35 am Tag, da der Mensch sich an das erinnert, was er erstrebt hat, 36 und die Hölle denen sichtbar gemacht wird, die sehen können, 37 dann wird dem, der ein Übermaß an Frevel gezeigt 38 und das diesseitige Leben vorgezogen hat, 39 die Hölle zur Heimstätte. 40 Und dem, der den Stand seines Herrn gefürchtet und seiner Seele ihre (bösen) Neigungen* verwehrt hat, 41 wird das Paradies zur Heimstätte.

42 Sie fragen dich nach der Stunde, wann sie feststehen wird. 43 Was hast du denn davon, sie öfter zu erwähnen? 44 Ihre Schlussetappe führt zu deinem Herrn. 45 Du hast nur die zu warnen, die sie fürchten. 46 Am Tag, da sie sie sehen werden, ist es so, als hätten sie nur einen Abend verweilt oder den Morgen darauf.

40: Wörtlich: die Neigung.

Sure 80

Er runzelte die Stirn (ʿAbasa)

zu Mekka, 42 Verse

Im Namen Gottes, des Erbarmers, des Barmherzigen.

[59 ¼] *1 Er* runzelte die Stirn und kehrte sich ab, 2 weil der Blinde zu ihm kam. 3 Woher sollst du es wissen, vielleicht will er sich läutern 4 oder bedenken, sodass ihm die Ermahnung nützt. 5 Wer sich verhält, als wäre er auf niemanden angewiesen, 6 dem widmest du dich, 7 und es obliegt dir nicht, dass er sich nicht läutern will. 8 Wer aber zu dir eilig kommt 9 und dabei gottesfürchtig ist, 10 dem schenkst du keine Aufmerksamkeit.

11 Nein, es ist eine Erinnerung. 12 Wer nun will, gedenkt seiner*. 13 (Er steht) auf Blättern, die in Ehren gehalten werden, 14 emporgehoben und rein gehalten, 15 in den Händen von Schreibern*, 16 die edel und fromm sind.

17 Dem Tod geweiht sei der Mensch, wie undankbar ist er! 18 Aus was für einem Stoff hat Er ihn erschaffen? 19 Aus einem Tropfen hat Er ihn erschaffen und ihm sein Maß gesetzt. 20 Dann macht Er ihm seinen Weg leicht. 21 Dann lässt Er ihn sterben und begraben. 22 Dann, wenn Er will, erweckt Er ihn auf. 23 Nein, er hat noch nicht ausgeführt, was Er ihm befohlen hat.

24 Der Mensch soll auf seine Nahrung schauen. 25 Wir gießen doch Wasser in Strömen, 26 dann spalten Wir die Erde auf 27 und lassen auf ihr Korn wachsen, 28 und Weinstöcke und Gemüse, 29 und Ölbäume und Palmen, 30 und Gärten mit großen dicken Bäumen, 31 und Früchten und Gras, 32 als Nutznießung für euch und euer Vieh.

33 Wenn die ohrenbetäubende (Stunde) kommt, 34 am Tag, da einer flieht vor seinem Bruder, 35 und seiner Mutter und seinem

---

1: Muhammad ist hier gemeint.
12: des Korans.
15: das sind die Engel.

Vater, 36 und seiner Gefährtin und seinen Söhnen, 37 an jenem Tag hat jeder von ihnen eine Angelegenheit, die ihn voll beansprucht, 38 an jenem Tag wird es strahlende Gesichter geben, 39 die lachen und sich freuen. 40 Und es wird an jenem Tag Gesichter geben, auf denen Staub liegt, 41 und die von Ruß bedeckt sind. 42 Das sind die, die ungläubig und voller Laster sind.

Sure 81

Das Umwinden (al-Takwīr)

zu Mekka, 29 Verse

Im Namen Gottes, des Erbarmers, des Barmherzigen.
1 Wenn die Sonne (von einer Hülle) umwunden wird, 2 und wenn die Sterne herabstürzen, 3 und wenn die Berge versetzt werden, 4 und wenn die im zehnten Monat stehenden Kamelstuten vernachlässigt werden, 5 und wenn die wilden Tiere versammelt werden, 6 und wenn die Meere angefüllt werden, 7 und wenn die Seelen zu ihren Partnern gesellt werden, 8 und wenn das Mädchen, das verscharrt wurde, gefragt wird, 9 wegen welcher Sünde es denn getötet wurde, 10 und wenn die Blätter ausgebreitet werden, 11 und wenn der Himmel (wie ein Fell) abgezogen wird, 12 und wenn die Hölle angefacht wird, 13 und wenn das Paradies herangebracht wird, 14 dann wird jeder erfahren, was er vorgebracht hat.
15 Nein, Ich schwöre bei den rückläufigen Planeten, 16 die dahineilen und sich in ihrem Bau verbergen, 17 und bei der Nacht, wenn sie an einem Ende steht, 18 und beim Morgen, wenn er anbricht: 19 Das ist die Rede eines edlen Gesandten*, 20 der Kraft besitzt und beim Herrn des Thrones hochgestellt ist, 21 dem man

19: Gabriel.

dort gehorcht und der treu ist. 22 Euer Gefährte ist kein Besessener. 23 Er hat ihn gewiss am deutlichen Horizont gesehen, 24 und er hält nicht aus Geiz das (ihm offenbarte) Verborgene zurück. 25 Das ist nicht die Rede eines gesteinigten Satans. 26 Wo geht ihr denn hin? 27 Das ist nur eine Ermahnung für die Weltenbewohner, 28 für die von euch, die sich recht verhalten wollen. 29 Und ihr wollt nicht, es sei denn, Gott will es, (Er), der Herr der Welten.

Sure 82

Das Zerbrechen (al-Infiṭār)

zu Mekka, 19 Verse

Im Namen Gottes, des Erbarmers, des Barmherzigen.

[59 ½] *1 Wenn der Himmel zerbricht, 2 und wenn die Sterne sich zerstreuen, 3 und wenn die Meere zum Ausbrechen gebracht werden, 4 und wenn die Gräber umgewühlt werden, 5 dann wird jeder erfahren, was er vorausgeschickt und zurückgestellt hat.

6 O Mensch, was hat dich gegen deinen edelmütigen Herrn betört, 7 der dich erschaffen und gebildet und zurechtgeformt hat, 8 und dich in der Gestalt, die Er wollte, zusammengefügt hat? 9 Nein, ihr erklärt lieber das Gericht für Lüge. 10 Über euch sind Hüter eingesetzt, 11 vortreffliche, die (alles) aufschreiben, 12 und die wissen, was ihr tut.

13 Die Frommen leben in Wonne. 14 Und diejenigen, die voller Laster sind, leben in einer Hölle, 15 in der sie am Tag des Gerichtes brennen, 16 und der sie nicht entkommen können. 17 Woher sollst du wissen, was der Tag des Gerichtes ist? 18 Noch einmal: Woher sollst du wissen, was der Tag des Gerichtes ist? 19 Am Tag, da niemand für einen anderen etwas bewirken kann. Und die Angelegenheit steht an jenem Tag bei Gott (allein).

Sure 83

Die das Maß verkürzen
(al-Muṭaffifīn)*

zu Mekka, 36 Verse

Im Namen Gottes, des Erbarmers, des Barmherzigen.

1 Wehe denen, die das Maß verkürzen, 2 die, wenn sie sich von den Menschen zumessen lassen, volles Maß verlangen, 3 wenn sie ihnen aber zumessen oder abwägen, weniger geben. 4 Rechnen diese nicht damit, dass sie auferweckt werden 5 zu einem gewaltigen Tag, 6 am Tag, da die Menschen sich vor dem Herrn der Welten hinstellen werden?

7 Nein, das Buch* derer, die voller Laster sind, befindet sich im tiefen Kerker (Sidjjīn). 8 Und woher sollst du wissen, was der tiefe Kerker ist? 9 Es ist ein deutlich geschriebenes Buch. 10 Wehe an jenem Tag denen, die für Lüge erklären, 11 die den Tag des Gerichtes für Lüge erklären! 12 Und nur der erklärt ihn für Lüge, der Übertretungen begeht und Schuld auf sich lädt. 13 Wenn ihm unsere Zeichen verlesen werden, sagt er: »Die Fabeln der Früheren.« 14 Nein, aber das, was sie zu erwerben pflegten, hat sich (wie Rost) über ihre Herzen gelegt. 15 Nein, sie werden an jenem Tag nicht zu ihrem Herrn zugelassen. 16 Dann werden sie in der Hölle brennen. 17 Dann wird gesprochen: »Das ist das, was ihr immer wieder für Lüge erklärt habt.«

18 Nein, das Buch der Frommen befindet sich in der Hohen Stätte. 19 Und woher sollst du wissen, was die Hohe Stätte ist? 20 Es ist ein deutlich geschriebenes Buch, 21 das diejenigen schauen, die in die Nähe (Gottes) zugelassen sind. 22 Die Frommen leben in Wonne, 23 auf Liegen (gelehnt), und halten Ausschau. 24 Du erkennst auf ihren Gesichtern das strahlende Glück der Wonne. 25 Ihnen wird ein versiegeltes reines Getränk zu trinken gegeben,

---

*   Oder: Das Maß verkürzen (al-Taṭfīf)

7:     in dem ihre Taten verzeichnet sind.

26 dessen Siegel aus Moschus ist – darum sollen die Wettkämpfer um die Wette streiten –, 27 und mit Tasnīm beigemischt, 28 aus einer Quelle, aus der diejenigen trinken, die in die Nähe (Gottes) zugelassen sind.

29 Die Übeltäter lachten über die, die glauben. 30 Und, wenn sie sie im Vorbeigehen trafen, zwinkerten sie einander zu. 31 Und, wenn sie zu ihren Angehörigen zurückkehrten, kehrten sie mit Wohlbehagen zurück. 32 Und, wenn sie sie sahen, sagten sie: »Diese da gehen in die Irre.« 33 Dabei waren sie doch nicht als Hüter über sie gesandt. 34 Heute lachen die, die glauben, über die Ungläubigen, 35 auf Liegen (gelehnt), und halten Ausschau. 36 Sind die Ungläubigen wohl entlohnt worden für das, was sie zu tun pflegten?

Sure 84

Sich spalten (al-Inshiqāq)

zu Mekka, 25 Verse

Im Namen Gottes, des Erbarmers, des Barmherzigen.

[59 3/4] *1 Wenn der Himmel sich spaltet 2 und auf seinen Herrn hört – und es obliegt ihm ja –, 3 und wenn die Erde ausgebreitet wird 4 und auswirft, was in ihr ist, und somit ganz leer wird 5 und auf ihren Herrn hört – und es obliegt ihr ja ...

6 O Mensch, du strebst mühevoll deinem Herrn zu, und du wirst Ihm begegnen. 7 Wem nun sein Buch in seine Rechte gereicht wird, 8 für den wird eine leichte Abrechnung erfolgen, 9 und er wird froh zu seinen Angehörigen zurückkehren. 10 Wem aber sein Buch hinter seinem Rücken gereicht wird, 11 der wird rufen: »Was für ein Verderben!«, 12 und er wird im Feuerbrand brennen. 13 Er war froh inmitten seiner Angehörigen. 14 Er meinte, er würde nicht zurückkehren. 15 Doch, sein Herr sieht ihn ja wohl.

16 Nein, Ich schwöre bei der Abenddämmerung 17 und der Nacht und dem, was sie zusammentreibt, 18 und dem Mond, wenn er voll wird. 19 Ihr werdet eine Etappe nach der anderen durchlaufen.

20 Was ist mit ihnen, dass sie nicht glauben 21 und, wenn ihnen der Koran verlesen wird, sich nicht niederwerfen? 22 Nein, diejenigen, die ungläubig sind, erklären (ihn) für Lüge. 23 Und Gott weiß besser, was sie (in ihrem Herzen) bergen. 24 So verkünde ihnen eine schmerzhafte Pein, 25 außer denen, die glauben und die guten Werke tun: Sie empfangen einen Lohn, der nicht aufhört.

Sure 85

Die Sternzeichen (al-Burūdj)

zu Mekka, 22 Verse

Im Namen Gottes, des Erbarmers, des Barmherzigen.
1 Bei dem Himmel mit den Sternzeichen 2 und (bei) dem angedrohten Tag, 3 und dem Zeugen und dem, was bezeugt ist! 4 Dem Tod geweiht seien die Leute des Grabens, 5 des Feuers mit seinem Brennstoff, 6 wenn sie daran sitzen 7 und bezeugen, was sie den Gläubigen angetan haben. 8 Und nichts anderes lässt sie ihnen* grollen, als dass sie an Gott glauben, den Mächtigen, der des Lobes würdig ist, 9 dem die Königsherrschaft der Himmel und der Erde gehört. Und Gott ist Zeuge über alle Dinge. 10 Für diejenigen, die die gläubigen Männer und die gläubigen Frauen in Versuchung bringen und danach nicht umkehren, ist die Pein der Hölle bestimmt, ja, für sie ist die Pein des Feuerbrandes bestimmt.

8:      den Gläubigen.

11 Für die aber, die glauben und die guten Werke tun, sind Gärten bestimmt, unter denen Bäche fließen. Das ist der große Erfolg.
12 Der gewaltige Zugriff deines Herrn ist hart. 13 Er macht (die Schöpfung) am Anfang, und Er wiederholt (sie). 14 Er ist der, der viel vergibt und liebevoll ist, 15 der glorreiche Herr des Thrones. 16 Er tut mit Entschiedenheit, was Er will. 17 Ist die Geschichte von den Heerscharen zu dir gelangt, 18 von Pharao und den Thamūd*?

19 Nein, diejenigen, die ungläubig sind, beharren darauf, (die Botschaft) für Lüge zu erklären. 20 Und Gott umschließt sie von hinten her. 21 Nein, es ist ein glorreicher Koran 22 auf einer wohlverwahrten Tafel.

Sure 86

Der Nachtstern* (al-Ṭāriq)

zu Mekka, 17 Verse

Im Namen Gottes, des Erbarmers, des Barmherzigen.
1 Beim Himmel und dem Nachtstern! 2 Und woher sollst du wissen, was der Nachtstern ist? 3 (Es ist) der leuchtende Stern. 4 Es gibt niemanden, über den nicht ein Hüter eingesetzt ist. 5 Der Mensch soll doch betrachten, aus was für einem Stoff er erschaffen ist. 6 Er ist aus einem sich ergießenden Wasser erschaffen, 7 das zwischen Lende und Rippen herauskommt. 8 Er hat die Macht, ihn zurückzubringen*, 9 am Tag, da die inneren Geheimnisse geprüft werden. 10 Dann hat er keine Kraft und keinen Helfer.

18:   Vgl. zu Pharao: 7,103–137; zu Thamūd 7,73–79.

*   Oder: Was in der Nacht erscheint.

8:    nach dem Tod zu einem neuen Leben.

11 Beim Himmel, mit der Wiederkehr (seiner Erscheinungen) 12 und (bei) der Erde mit ihrem Sprießen! 13 Er* ist eine entscheidende Botschaft. 14 Er ist nicht ein Scherz. 15 Sie führen eine List aus, 16 und Ich führe eine List aus. 17 So gewähre den Ungläubigen noch eine Frist. Gewähre ihnen noch eine kurze Frist.

Sure 87

Der Allerhöchste (al-A'lā)

zu Mekka, 19 Verse

Im Namen Gottes, des Erbarmers, des Barmherzigen.
*1 Preise den Namen deines Herrn, des Allerhöchsten, 2 der erschafft und zurechtformt, 3 und der das Maß setzt und rechtleitet, 4 und der das Weidegras hervorbringt 5 und es dann zu grauer Spreu macht. 6 Wir werden dich lesen lassen, und du wirst nicht vergessen, 7 außer dem, was Gott will. Er weiß, was offen liegt und was verborgen bleibt. 8 Und Wir werden dir das Gute leicht machen. 9 Ermahne nun, so die Ermahnung etwas nützt. [60]
10 Der wird es bedenken, der gottesfürchtig ist. 11 Meiden wird es aber der Übelste, 12 der im großen Feuer brennen wird; 13 darin wird er dann weder sterben noch leben. 14 Es wird dem wohl ergehen, der sich läutert, 15 des Namens seines Herrn gedenkt und betet. 16 Aber ihr zieht das diesseitige Leben vor, 17 wo doch das Jenseits besser ist und eher Bestand hat. 18 Dies steht in den früheren Blättern, 19 den Blättern von Abraham und Mose.

13:   der Koran.

Sure 88

Die bedecken wird (al-Ghāshiya)

zu Mekka, 26 Verse

Im Namen Gottes, des Erbarmers, des Barmherzigen.
1 Ist die Geschichte von der alles bedeckenden Katastrophe zu dir gelangt? 2 An jenem Tag wird es gesenkte Gesichter geben, 3 die sich abarbeiten und Mühsal erleiden, 4 in einem glühenden Feuer brennen 5 und aus einer siedenden Quelle zu trinken bekommen. 6 Ihre Speise besteht nur aus trockenen Dornen, 7 die weder fett machen noch gegen den Hunger helfen. 8 An jenem Tag wird es (auch) fröhliche Gesichter geben, 9 die mit ihrem Mühen zufrieden sind 10 und in einem hoch gelegenen Garten sind, 11 in dem sie keine unbedachten Reden hören. 12 Es gibt darin eine fließende Quelle, 13 und es gibt darin erhöhte Betten, 14 hingestellte Humpen, 15 in Reihen gelegte Kissen 16 und ausgebreitete Teppiche.

17 Schauen sie denn nicht zu den Kamelen, wie sie erschaffen wurden, 18 und zum Himmel, wie er emporgehoben wurde, 19 und zu den Bergen, wie sie aufgerichtet wurden, 20 und zu der Erde, wie sie als Fläche gemacht wurde? 21 So ermahne. Du bist ja ein Mahner. 22 Du hast sie nicht fest in der Hand. 23 Wer sich aber abkehrt und ungläubig bleibt, 24 den peinigt Gott mit der größten Pein. 25 Zu Uns erfolgt ihre Rückkehr, 26 und dann obliegt es Uns, mit ihnen abzurechnen.

Sure 89

Die Morgenröte (al-Fadjr)

zu Mekka, 30 Verse

Im Namen Gottes, des Erbarmers, des Barmherzigen.
1 Bei der Morgenröte 2 und den zehn Nächten, 3 und der geraden und der ungeraden (Zahl), 4 und der Nacht, wenn sie dahingeht! 5 Ist darin wohl ein (ausreichender) Schwur für den, der Verstand hat?
6 Hast du nicht gesehen, wie dein Herr an den ʿĀd* gehandelt hat, 7 (der Stadt) Iram, berühmt für ihre Säulen, 8 dergleichen nicht erschaffen wurde in den Ländern? 9 Und an den Thamūd*, die im Tal die Felsen aushauten? 10 Und an Pharao*, dem Besitzer der Pfähle? 11 Sie zeigten im Land ein Übermaß an Frevel 12 und stifteten darin viel Unheil. 13 Da ließ dein Herr auf sie die Geißel einer (schlimmen) Pein fallen. 14 Dein Herr liegt auf der Lauer.
15 Aber der Mensch, wenn sein Herr ihn prüft und großzügig behandelt und ihm ein angenehmes Leben schenkt, sagt: »Mein Herr behandelt mich großzügig.« 16 Wenn Er ihn aber prüft und ihm seinen Lebensunterhalt bemessen zuteilt, sagt er: »Mein Herr lässt mich Schmach erleiden.« 17 Aber nein, ihr behandelt die Waise nicht großzügig, 18 und ihr haltet nicht zur Speisung des Bedürftigen an. 19 Ihr verzehrt das Erbe ohne Unterschied. 20 Und ihr hegt für den Besitz eine allzu große Liebe.
21 Nein, wenn die Erde ganz zu Staub gemacht wird 22 und dein Herr kommt, und die Engel in Reihen, die eine hinter der anderen, 23 und die Hölle an jenem Tag herbeigebracht wird, an jenem Tag wird der Mensch es bedenken. Was soll ihm aber dann das Bedenken? 24 Er sagt: »O hätte ich doch für mein Leben (hier) etwas vorausgeschickt!« 25 Niemand kann an jenem Tag peinigen, so

6:    Vgl. 7,65–72.
9:    Vgl. 7,73–79.
10:   Vgl. 7,103–137.

wie Er peinigt, 26 und niemand kann fesseln, so wie Er fesselt.
27 – O du Seele, die du Ruhe gefunden hast, 28 kehre zu deinem
Herrn zufrieden und von seinem Wohlgefallen begleitet zurück.
29 Tritt in die Reihen meiner Diener ein, 30 und tritt ein in mein
Paradies.

Sure 90

Das Gebiet (al-Balad)

zu Mekka, 20 Verse

Im Namen Gottes, des Erbarmers, des Barmherzigen.

[60 ¼] *1 Nein, Ich schwöre bei diesem Gebiet*, 2 wo du dich in diesem
Gebiet aufhältst, 3 und bei jedem Vater und dem, was er zeugt.
4 Wir haben den Menschen zur Mühsal erschaffen. 5 Meint er
denn, dass niemand ihn überwältigen kann? 6 Er sagt: »Ich habe
ein großes Vermögen verbraucht.« 7 Meint er, dass niemand ihn
gesehen hat? 8 Haben Wir ihm nicht zwei Augen gemacht, 9 eine
Zunge und zwei Lippen, 10 und ihm beide Wege gewiesen?
11 Würde er doch den steilen Weg hinaufstürmen! 12 Woher
sollst du wissen, was der steile Weg ist? 13 (Es ist) die Befreiung
eines Sklaven 14 oder, am Tag der Hungersnot, die Speisung
15 einer verwandten Waise 16 oder eines Bedürftigen, der im
Staub liegt. 17 Und dass man außerdem zu denen gehört, die
glauben, einander die Geduld nahelegen und einander die Barmherzigkeit nahelegen. 18 Das sind die von der rechten Seite.
19 Die aber, die unsere Zeichen verleugnen, sind die von der unglückseligen Seite. 20 Über ihnen liegt ein (sie) überdeckendes
Feuer.

1:     Mekka.

Die Sonne (al-Shams)

zu Mekka, 15 Verse

Im Namen Gottes, des Erbarmers, des Barmherzigen.
1 Bei der Sonne und ihrem Morgenlicht, 2 und dem Mond, wenn er ihr folgt, 3 und dem Tag, wenn er sie hell scheinen lässt, 4 und der Nacht, wenn sie sie bedeckt, 5 und dem Himmel und dem, was ihn aufbaut, 6 und der Erde und dem, was sie ausbreitet, 7 und der Seele und dem, was sie zurechtformt 8 und ihr ihre Lasterhaftigkeit und ihre Frömmigkeit eingibt! 9 Dem wird wohl ergehen, der sie* läutert, 10 und der wird enttäuscht sein, der sie mit Missetaten überdeckt.

11 Die Thamūd* haben im Übermaß ihres Frevels (die Botschaft) für Lüge erklärt, 12 als sich der Übelste unter ihnen erhob. 13 Der Gesandte Gottes sagte zu ihnen: »Gebt Acht auf die Kamelstute Gottes und ihre Trinkzeit.« 14 Sie aber ziehen ihn der Lüge und schnitten ihr die Flechsen durch und stachen sie. Da überzog sie ihr Herr für ihre Schuld mit Verderben und machte sie dem Erdboden gleich, 15 ohne die Folgen davon fürchten zu müssen.

9:     seine Seele.
11:    Vgl. 7,73–79.

Sure 92

Die Nacht (al-Layl)

zu Mekka, 21 Verse

Im Namen Gottes, des Erbarmers, des Barmherzigen.

1 Bei der Nacht, wenn sie (alles) bedeckt, 2 und dem Tag, wenn er hell scheint, 3 und dem, was den Mann und das Weib erschaffen hat! 4 Euer Streben ist wahrlich verschieden. 5 Wer nun gibt und gottesfürchtig ist 6 und das Allerbeste für wahr hält, 7 dem werden Wir das Gute leicht machen. 8 Wer aber geizig ist und sich verhält, als wäre er auf niemanden angewiesen, 9 und das Allerbeste für Lüge erklärt, 10 dem werden Wir die Drangsal leicht machen, 11 und sein Vermögen wird ihm nicht nützen, wenn er zugrunde geht. 12 Uns obliegt die Rechtleitung. 13 Und Uns gehört das Jenseits und das Diesseits.

14 Ich warne euch vor einem lodernden Feuer, 15 in dem nur der Übelste* brennt, 16 der (die Botschaft) für Lüge erklärt und sich abkehrt. 17 Ferngehalten davon wird der Gottesfürchtigste werden, 18 der sein Vermögen hergibt, um sich zu läutern, 19 nicht dass jemand bei ihm einen Gunsterweis guthätte, der vergolten werden müsste, 20 sondern in der Suche nach dem Antlitz seines Herrn, des Allerhöchsten. 21 Und wahrlich, er wird zufrieden sein.

15: Oder: der Unglückseligste.

Sure 93

Der Morgen (al-Ḍuḥā)

zu Mekka, 11 Verse

Im Namen Gottes, des Erbarmers, des Barmherzigen.
1 Bei dem Morgen 2 und (bei) der Nacht, wenn sie still ist! 3 Dein Herr hat dir nicht den Abschied gegeben und hasst (dich) nicht. 4 Wahrlich, das Jenseits ist besser für dich als das Diesseits. 5 Und wahrlich, dein Herr wird dir geben, und du wirst zufrieden sein. 6 Hat Er dich nicht als Waise gefunden und dir Unterkunft besorgt, 7 und dich abgeirrt gefunden und rechtgeleitet, 8 und bedürftig gefunden und reich gemacht? 9 So unterdrücke die Waise nicht, 10 und fahre den Bettler nicht an, 11 und erzähle von der Gnade deines Herrn.

Sure 94

Das Weiten (al-Sharḥ)*

zu Mekka, 8 Verse

Im Namen Gottes, des Erbarmers, des Barmherzigen.
*1 Haben Wir dir nicht deine Brust geweitet 2 und dir deine Last [60 ½] abgenommen, 3 die deinen Rücken schwer erdrückte, 4 und dir deinen Ruf erhöht? 5 Wahrlich, mit der Erschwernis gibt es eine Erleichterung, 6 ja, mit der Erschwernis gibt es eine Erleichterung. 7 Wenn du fertig bist, dann mühe dich ab 8 und richte deine Wünsche auf deinen Herrn aus.

---

*   Oder: Sich weiten (al-Inshirāḥ).

Sure 95

Der Feigenbaum (al-Tīn)

zu Mekka, 8 Verse

Im Namen Gottes, des Erbarmers, des Barmherzigen.
1 Beim Feigenbaum und dem Ölbaum, 2 und dem Berg Sinai, 3 und diesem sicheren Gebiet! 4 Wir haben den Menschen in schönster ebenmäßiger Gestalt erschaffen, 5 dann haben Wir ihn in den niedrigsten der niedrigen Stände gebracht, 6 ausgenommen die, die glauben und die guten Werke tun: Sie empfangen einen Lohn, der nicht aufhört. 7 Was lässt dich da noch das Gericht für Lüge erklären? 8 Ist nicht Gott der Weiseste all derer, die urteilen?

Sure 96

Der Embryo (al-ᶜAlaq)

zu Mekka, 19 Verse

Im Namen Gottes, des Erbarmers, des Barmherzigen.
1 Lies im Namen deines Herrn, der erschaffen hat, 2 den Menschen erschaffen hat aus einem Embryo. 3 Lies. Dein Herr ist der Edelmütigste, 4 der durch das Schreibrohr gelehrt hat, 5 den Menschen gelehrt hat, was er nicht wusste.
6 Nein, der Mensch zeigt ein Übermaß an Frevel, 7 dass er meint, er wäre auf niemanden angewiesen. 8 Zu deinem Herrn erfolgt die Rückkehr.
9 Hast du den gesehen, der da wehrt 10 einem Diener, wenn er betet? 11 Was meinst du? Ob er da der Rechtleitung folgt, 12 oder ob er die Gottesfurcht gebietet? 13 Was meinst du? Ob er

wohl (die Botschaft) für Lüge erklärt und sich abkehrt? 14 Weiß er denn nicht, dass Gott (alles) sieht? 15 Nein, wenn er nicht aufhört, werden Wir ihn gewiss am Schopf packen und ziehen, 16 einem lügnerischen, sündigen Schopf. 17 Er soll doch da seine Mitstreiter herbeirufen. 18 Wir werden die Schergen herbeirufen. 19 Nein, gehorche ihm nicht. Wirf dich vielmehr nieder und suche die Nähe (Gottes).

Sure 97

Die Bestimmung (al-Qadr)

zu Mekka, 5 Verse

Im Namen Gottes, des Erbarmers, des Barmherzigen.
1 Wir haben ihn* in der Nacht der Bestimmung hinabgesandt. 2 Woher sollst du wissen, was die Nacht der Bestimmung ist? 3 Die Nacht der Bestimmung ist besser als tausend Monate. 4 Die Engel und der Geist kommen in ihr mit der Erlaubnis ihres Herrn herab mit jedem Anliegen. 5 Voller Frieden ist sie bis zum Aufgang der Morgenröte.

1:    den Koran.

Sure 98

Das deutliche Zeichen
(al-Bayyina)

zu Medina*, 8 Verse

Im Namen Gottes, des Erbarmers, des Barmherzigen.

1 Diejenigen von den Leuten des Buches und den Polytheisten, die nicht glauben, wollten nicht aufhören, bis das deutliche Zeichen zu ihnen käme, 2 ein Gesandter von Gott, der gereinigte Blätter verliest, 3 in denen Schriften mit richtigem Inhalt stehen. 4 Und diejenigen, denen das Buch zugekommen ist, haben sich erst gespalten, nachdem das deutliche Zeichen zu ihnen gekommen ist. 5 Es wurde ihnen jedoch nur befohlen, Gott zu dienen und dabei Ihm gegenüber aufrichtig in der Religion zu sein, als Anhänger des reinen Glaubens, und das Gebet zu verrichten und die Abgabe zu entrichten. Das ist die richtige Religion.

6 Diejenigen von den Leuten des Buches und den Polytheisten, die nicht glauben, werden im Feuer der Hölle sein; darin werden sie ewig weilen. Sie sind die Schlimmsten unter den Geschöpfen. 7 Die aber, die glauben und die guten Werke tun, sind die Besten unter den Geschöpfen. 8 Ihr Lohn bei ihrem Herrn sind die Gärten von Eden, unter denen Bäche fließen; darin werden sie auf immer ewig weilen. Gott hat Wohlgefallen an ihnen, und sie haben Wohlgefallen an Ihm. Das ist für den bestimmt, der seinen Herrn fürchtet.

---

*   Oder zu Mekka.

Sure 99

Das Beben (al-Zalzala)*

zu Medina, 8 Verse

Im Namen Gottes, des Erbarmers, des Barmherzigen.
1 Wenn die Erde durch ihr heftiges Beben erschüttert wird, 2 und die Erde ihre schweren Lasten* hervorbringt, 3 und der Mensch sagt: »Was ist mit ihr?«, 4 an jenem Tag erzählt sie ihre Nachrichten, 5 weil dein Herr (es) ihr offenbart hat. 6 An jenem Tag kommen die Menschen in verschiedenen Gruppen hervor, damit ihnen ihre Werke gezeigt werden. 7 Wer nun Gutes im Gewicht eines Stäubchens tut, wird es sehen. 8 Und wer Böses im Gewicht eines Stäubchens tut, wird es sehen.

Sure 100

Die laufen (al-ʿĀdiyāt)

zu Mekka, 11 Verse

Im Namen Gottes, des Erbarmers, des Barmherzigen.
1 Bei denen, die schnaubend laufen 2 und die Funken stieben lassen, 3 und die am Morgen stürmen 4 und damit Staub aufwirbeln 5 und dadurch in die Mitte (der Feinde) eindringen! 6 Wahrlich, der Mensch ist seinem Herrn gegenüber undankbar, 7 und er ist selbst darüber Zeuge. 8 Und er ist heftig in seiner Liebe zu den (irdischen) Gütern. *9 Weiß er es denn nicht? Wenn das, was in [60 3/4] den Gräbern ist, aufgewühlt wird, 10 und das, was im Inneren (der

---

*   Oder: al-Zilzāl, zu Mekka.
2:     die Toten.

Menschen) ist, im Ergebnis erfasst wird, **11** an jenem Tag hat ihr Herr Kenntnis von ihnen (allen).

Sure 101

Die Katastrophe (al-Qāriᶜa)

zu Mekka, 11 Verse

Im Namen Gottes, des Erbarmers, des Barmherzigen.
1 Die Katastrophe! **2** Was ist die Katastrophe? **3** Und woher sollst du wissen, was die Katastrophe ist? **4** Am Tag, da die Menschen wie verstreute Motten sein werden, **5** und die Berge wie zerflockte bunte Wolle. **6** Wer dann schwere Waagschalen* hat, **7** der wird ein zufriedenes Leben haben. **8** Und wer leichte Waagschalen hat, **9** der wird zur Mutter einen Abgrund haben. **10** Und woher sollst du wissen, was das ist? **11** Ein glühendes Feuer.

Sure 102

Wettstreit um noch mehr (al-Takāthur)

zu Mekka, 8 Verse

Im Namen Gottes, des Erbarmers, des Barmherzigen.
1 Der Wettstreit um noch mehr lenkt euch ab, **2** dass ihr (sogar) die Gräber besucht*. **3** Nein, ihr werdet es noch zu wissen bekom-

6:    durch seine guten Werke.

2:    um selbst die Toten einzubeziehen – oder: bis ihr die Gräber erreicht, d. h. euer Leben lang.

men. **4** Noch einmal: Nein, ihr werdet es noch zu wissen bekommen. **5** Nein, wenn ihr es nur mit Gewissheit wüsstet! **6** Ihr werdet bestimmt die Hölle sehen. **7** Noch einmal: Ihr werdet sie mit völliger Gewissheit sehen. **8** Dann werdet ihr an jenem Tag euer angenehmes Leben zu verantworten haben.

Sure 103

Der Nachmittag (al-ʿAṣr)

zu Mekka, 3 Verse

Im Namen Gottes, des Erbarmers, des Barmherzigen.
1 Beim Nachmittag! **2** Der Mensch erleidet bestimmt Verlust, **3** außer denjenigen, die glauben und die guten Werke tun, und einander die Wahrheit* nahelegen und die Geduld nahelegen.

Sure 104

Der Stichler (al-Humaza)

zu Mekka, 9 Verse

Im Namen Gottes, des Erbarmers, des Barmherzigen.
1 Wehe jedem Stichler und Nörgler, **2** der sein Vermögen zusammenbringt und es zählt **3** und dabei meint, sein Vermögen würde ihn unsterblich machen! **4** Nein, er wird bestimmt in die Zermal-

---

3:    Oder: das Rechte.

mende* geworfen werden. 5 Woher sollst du wissen, was die Zermalmende ist? 6 Es ist das angefachte Feuer Gottes, 7 das die Herzen durchdringt. 8 Es liegt über ihnen zugeschlagen 9 in langgestreckten Säulen.

Sure 105

Der Elefant (al-Fīl)

zu Mekka, 5 Verse

Im Namen Gottes, des Erbarmers, des Barmherzigen.
1 Hast du nicht gesehen, wie dein Herr an den Leuten des Elefanten gehandelt hat*? 2 Hat Er nicht ihre List ins Leere gehen lassen 3 und Vögel in Schwärmen über sie gesandt, 4 die sie mit Steinen aus übereinandergeschichtetem Ton bewarfen, 5 und sie somit gleich abgefressenen Halmen gemacht?

Sure 106

Quraysh

zu Mekka, 4 Verse

Im Namen Gottes, des Erbarmers, des Barmherzigen.
1 Dafür, dass Er die Quraysh zusammenbringen lässt, 2 dass Er sie zusammenbringen lässt die Reise* des Winters und des Sommers,

4:     die Hölle.

1:     Es handelt sich um den erfolglosen Feldzug des christlichen Königs des Jemen Abraha gegen Mekka (Mitte des 6. Jahrhunderts).

2:     Karawanenreise.

3 sollen sie dem Herrn dieses Hauses dienen, 4 der ihnen Speise gegen den Hunger gibt und Sicherheit gegen die Furcht gewährt.

Sure 107

Die Hilfeleistung (al-Māᶜūn)

zu Mekka, 7 Verse

Im Namen Gottes, des Erbarmers, des Barmherzigen.
1 Hast du den gesehen, der das Gericht für Lüge erklärt? 2 Das ist der, der die Waise zurückstößt 3 und nicht zur Speisung des Bedürftigen anhält. 4 Wehe den Betenden, 5 die auf ihr Gebet nicht Acht geben, 6 die nur gesehen werden wollen 7 und die Hilfeleistung verwehren!

Sure 108

Die Fülle (al-Kauthar)

zu Mekka, 3 Verse

Im Namen Gottes, des Erbarmers, des Barmherzigen.
1 Wir haben dir die Fülle gegeben. 2 So bete zu deinem Herrn und schächte (Opfertiere). 3 Der dich hasst, der soll ohne Anhang sein.

Sure 109

Die Ungläubigen (al-Kāfirūn)

zu Mekka, 6 Verse

Im Namen Gottes, des Erbarmers, des Barmherzigen.
1 Sprich: O ihr Ungläubigen, 2 ich verehre nicht, was ihr verehrt,
3 auch ihr verehrt nicht, was ich verehre. 4 Weder ich werde verehren, was ihr verehrt habt, 5 noch werdet ihr verehren, was ich
verehre. 6 Ihr habt eure Religion, und ich habe meine Religion.

Sure 110

Die Unterstützung (al-Naṣr)

zu Medina, 3 Verse

Im Namen Gottes, des Erbarmers, des Barmherzigen.
1 Wenn die Unterstützung Gottes kommt, und auch der Erfolg,
2 und du die Menschen in Scharen in die Religion Gottes eintreten siehst, 3 dann sing das Lob deines Herrn und bitte Ihn um
Vergebung. Siehe, Er wendet sich gnädig wieder zu.

Sure 111

Die Palmenfaser (al-Masad)*

zu Mekka, 5 Verse

Im Namen Gottes, des Erbarmers, des Barmherzigen.
1 Dem Verderben geweiht seien die Hände des Abū Lahab*, und dem Verderben geweiht sei er! 2 Nicht nützt ihm sein Vermögen und das, was er erworben hat. 3 Er wird in einem lodernden Feuer brennen. 4 Und auch seine Frau, sie, die Holzträgerin. 5 An ihrem Hals hängt ein Strick aus Palmenfasern.

Sure 112

Der aufrichtige Glaube (al-Ikhlāṣ)

zu Mekka, 4 Verse

Im Namen Gottes, des Erbarmers, des Barmherzigen.
1 Sprich: Er ist Gott, ein Einziger, 2 Gott, der Undurchdringliche*. 3 Er hat nicht gezeugt, und Er ist nicht gezeugt worden, 4 und niemand ist Ihm ebenbürtig.

---

*   Oder: Lodern (al-Lahab).
1:     ein Halbbruder von Muḥammads Vater.
2:     Oder: der Souveräne; der in den Anliegen angegangen wird.

Sure 113

Das Frühlicht (al-Falaq)

zu Mekka, 5 Verse

Im Namen Gottes, des Erbarmers, des Barmherzigen.
1 Sprich: Ich suche Zuflucht beim Herrn des Frühlichtes **2** vor dem Unheil dessen, was Er erschaffen hat, **3** und vor dem Unheil der Finsternis, wenn sie einsetzt, **4** und vor dem Unheil der (Hexen), die auf die Knoten blasen, **5** und vor dem Unheil eines Neiders, wenn er neidisch ist.

Sure 114

Die Menschen (al-Nās)

zu Mekka, 6 Verse

Im Namen Gottes, des Erbarmers, des Barmherzigen.
1 Sprich: Ich suche Zuflucht beim Herrn der Menschen, **2** dem König der Menschen, **3** dem Gott der Menschen, **4** vor dem Unheil des Einflüsterers, des Heimtückischen, **5** der da in die Brust der Menschen einflüstert, **6** sei es einer von den Djinn oder von den Menschen.

Anhang

Texte aus der Tradition (Ḥadīth) zu Themen des Korans

Einleitung: Sunna und Ḥadīth

Die Sunna ist der verbindliche Weg, den der Prophet Muḥammad in der Führung der islamischen Frühgemeinde in Medina aufgezeigt hat. Für den gläubigen Muslim ist Muḥammad, der Verkünder der göttlichen Offenbarung, auch deren bester und authentischer Interpret. Der Koran bezeichnet ihn als Vorbild und Beispiel für die Gläubigen (vgl. 33,21) und bestätigt, dass er ihnen »das Rechte befiehlt und das Verwerfliche verbietet, die köstlichen Dinge erlaubt und die schlechten verbietet ...« (7,157). Die Art und Weise, wie Muḥammad inmitten seiner Gemeinde lebte und sie auf den Wegen Gottes führte, seine Sprüche, durch die er lobte oder tadelte, sein Schweigen, all das verdeutlicht seinen Weg im Leben *(Sunna)* und wurde nach seinem Tod durch verschiedene Gewährsmänner erzählt. Ihre Erzählungen *(ḥadīth)* wurden gesammelt; sie bilden die Tradition des Islams und somit eine Hauptquelle der islamischen Religion.

Die Autorität der Sunna ist im Koran selbst verankert. Der Koran erklärt an vielen Stellen, dass der Weg Gottes in der Offenbarung und der Weg seines Propheten gleich verpflichtend sind. So wird von den Gläubigen gefordert, sich der Führung des Propheten zu unterwerfen und ihm zu folgen (Koran 26,216; 14,44; 60,12). In zahlreichen Versen ergeht der Befehl Gottes: »Und gehorchet Gott und dem Gesandten« (vgl. 8,1.46; 3,32; 33,33.66.71 usw.). Die Gläubigen dürfen sich Gott und seinem Gesandten nicht widersetzen (58,5.20; 8,13; 9,63) und ihnen den Gehorsam nicht verweigern (72,23; 4,14; 33,36). In all den Fällen, die Muḥammad in der einen oder anderen Weise entschieden hat, haben die Gläubigen keine Entscheidungs- und Handlungsfreiheit mehr: »Ein Gläubiger oder eine Gläubige darf, wenn Gott und sein Gesandter eine Angelegenheit entschieden haben, nicht die Möglichkeit haben, in ihrer Angelegenheit frei zu wählen. Und wer gegen Gott und seinen Gesandten ungehorsam ist, der befindet sich in einem offenkundigen Irrtum« (33,36). Die Anwesenheit

des Propheten mitten unter den Gläubigen ist somit eine Garantie für die Wahrheit des Glaubens und die Richtigkeit des Weges der Gemeinde (vgl. 3,101). Es gilt der Grundsatz: »Wer dem Gesandten gehorcht, gehorcht Gott« (4,80).
Da im Laufe der Zeit die Zahl der dem Propheten Muḥammad zugeschriebenen Aussprüche bzw. Entscheidungen ins Uferlose anschwoll, setzte eine scharfe Traditionskritik ein. Sie verwarf zunächst einmal die Erzählungen, deren Inhalt im Widerspruch zu den Aussagen des Korans stand. Die übrigen wurden in drei Kategorien klassifiziert: 1. echte (ṣaḥīh); 2. schöne (ḥasan), also nicht einwandfrei als echt zu erkennen; 3. schwache (ḍaʿīf), also Gegenstand ernster Bedenken. Echte Ḥadīth mussten folgenden Kriterien genügen:

- Der *Gewährsmann* 1. muss in Bezug auf seinen Glauben und sein religiöses Verhalten tadellos sein. 2. Er muss vertrauenswürdig sein und eine vorbehaltlose Annahme finden. 3. Er muss die Gewähr bieten, dass er die überlieferten Angaben richtig versteht und sie auch richtig wiedergibt. 4. Er muss mehr als nur *einen* Ḥadīth überliefert haben.
- Die *Überlieferung* selbst 5. muss eine lückenlose Kette von Gewährsmännern aufweisen. 6. Sie muss ausdrücklich angeben, dass Muḥammad dies oder jenes gesagt bzw. getan hat. 7. Sie muss einen Inhalt haben, der in die Zeit der Frühgemeinde passt.

Verbindlich in Glaubens- und Rechtsfragen sind nur die echten Ḥadīth, welche selbst in drei Gruppen aufgeteilt werden. Die erste Gruppe umfasst die ursprünglichen, in ununterbrochener Tradition überlieferten Erzählungen, die in der Zeit des Propheten Muḥammad, seiner Gefährten (Ṣaḥāba) und der zwei darauffolgenden Generationen tradiert wurden. Sie bilden eine verbindliche Grundlage für die Lebensführung der islamischen Gemeinschaft. Die Mehrheit der Überlieferungen gehört nicht zu dieser Gruppe.
Die zweite Gruppe umfasst die allgemein bekannten Überlieferungen, die jedoch nicht als ununterbrochene Tradition aner-

kannt sind, denn sie tauchen erst nach der Zeit der Gefährten Muhammads und der darauffolgenden Generationen auf, oder sie konnten nicht eine allgemeine Anerkennung ihrer absoluten Gültigkeit erlangen. Sie bilden zwar nicht die Grundlage absoluter Rechtssicherheit und fester Gewissheit, sie verleihen jedoch eine gewisse Sicherheit und begründen eine an Sicherheit grenzende Wahrscheinlichkeit.

Zur dritten Gruppe gehört die Mehrzahl der Ḥadīth. Das sind die Einzelüberlieferungen. Da ihre Echtheit noch annehmbar erscheint, begründen sie nur eine Wahrscheinlichkeit in Rechtsfragen, jedoch keine feste Gewissheit und keine unangefochtene Rechtssicherheit. In Glaubensfragen liefern sie auch kein entscheidendes Argument. Sie werden vor allem auf dem Gebiet der praktischen Regelungen verwendet, denn da reicht die Wahrscheinlichkeit als Grundlage des praktischen Handelns.

Die wichtigsten Ḥadith-Sammlungen sind folgende:

Bukhārī, Ṣaḥīḥ
Verfasser: Abū ʿAbd Allāh Muḥammad ibn Ismāʿīl ibn Ibrāhīm ibn al-Mughīra ibn Bardizbah al-Bukhārī (810–870).
Muslim, Ṣaḥīḥ
Verfasser: Abū al-Ḥusayn Muslim ibn al-Ḥadjjādj ibn Muslim al-Qushayrī al-Nīsābūrī (817/821–875).
Abū Dāwūd, Sunan
Verfasser: Abū Dāwūd Sulaymān ibn al-Ashʿath ibn Isḥāq al-Azdī al-Sidjistānī (817–888).
Tirmidhī, Sunan, Al-Djāmiʿ al-ṣaḥīḥ
Verfasser: Abū ʿIsā Muḥammad ibn ʿĪsa ibn Saura al-Tirmidhī (815–892).
Nasāʾī, Sunan
Verfasser: Abū ʿAbd al-Raḥmān Aḥmad ibn Shuʿayb ibn ʿAlī ibn Baḥr al-Nasāʾī (830–915).
Ibn Mādja, Sunan
Verfasser: Abū ʿAbd Allāh Muḥammad ibn Yazīd ibn Mādja (824–886).

Aus dem großen Reichtum der Ḥadīth-Sammlungen werden hier nur Kostproben präsentiert, wobei der Akzent weniger auf die rechtlich relevanten Stellen als vielmehr auf die religiös geprägten, die Frömmigkeit fördernden Texte gelegt wird. Gerade solche Texte verraten am ehesten den Geist des Islams. Sie lassen erkennen, vor welchem Hintergrund und in welcher Perspektive der Islam seine Ordnungsvorstellungen in Gesellschaft und Staat sehen will. Der Ernst Gottes, aber vor allem seine großzügige Barmherzigkeit sollte die Richtschnur des Handelns sein: Das ist die Botschaft dieser Texte, die die Muslime – und nicht nur sie – beherzigen sollen.

Texte zu einigen Koranstellen

Sure 1: Die Eröffnung

Gott hat gesagt:
Ich habe das Gebet zwischen mir und meinem Diener in zwei Hälften aufgeteilt, und mein Diener soll erhalten, was er erbittet. Wenn nun der Diener sagt: »Lob sei Gott, dem Herrn der Welten!«, sagt Gott: Mein Diener lobt mich. Wenn er sagt: »dem Erbarmer, dem Barmherzigen«, sagt Gott: Mein Diener schätzt mich hoch.

Wenn er sagt: »der Verfügungsgewalt besitzt über den Tag des Gerichtes«, sagt er: Mein Diener verherrlicht mich (oder: Mein Diener stellt alles in meine Verfügungsgewalt).

Wenn er sagt: »Dir dienen wir, und Dich bitten wir um Hilfe«, sagt er: Dies ist zwischen mir und meinem Diener (aufgeteilt), und mein Diener soll erhalten, was er erbittet.

Und wenn er sagt: »Führe uns den geraden Weg, den Weg derer, die Du begnadet hast, die nicht dem Zorn verfallen und nicht irregehen«, sagt er: Dies gehört meinem Diener. Mein Diener soll erhalten, was er erbittet.

Muslim

Sure 9,34

Als der Vers: »Denjenigen, die Gold und Silber horten und es nicht auf dem Weg Gottes spenden, verkünde eine schmerzhafte Pein« *(Koran 9,34)* herabkam, waren wir mit dem Gesandten Gottes auf einer seiner Reisen. Einige seiner Begleiter sagten: Dieser Vers wurde in Bezug auf Gold und Silber herabgesandt. Wenn wir nur wüssten, welches Geld besser (als dies) wäre, würden wir es erwerben.

Da sagte der Gesandte Gottes: Besser ist eine Zunge, die (Gottes)

gedenkt, ein dankbares Herz und eine gute Gattin, die den Gläubigen in seinem Glauben unterstützt.

Tirmidhī

Als der Vers herabkam, empfanden es die Muslime als etwas
Schweres. Da sagte ʿUmar: Ich suche für euch einen Ausweg. Er
ging und sagte: O Prophet Gottes, deine Begleiter haben diesen
Vers als etwas Schweres empfunden.

Da sagte der Gesandte Gottes: Gott hat euch die Sozialabgabe
(zakāt) nur deswegen auferlegt, um euer übriges Vermögen gut
zu machen. Und er hat euch die Erbschaften vorgeschrieben, damit sie bei euren Nachkommen bleiben ... Dann sagte er zu ihm:
Soll ich dir mitteilen, was der beste Schatz ist, den ein Mann horten kann? Die gute Frau, die, wenn ihr Mann zu ihr hinblickt, ihn
erfreut; die, wenn er etwas befiehlt, ihm gehorcht; die, wenn er
abwesend ist, sein Andenken bewahrt.

Abū Dāwūd

Sure 9,88–89.111

Gott hat sich gegenüber dem, der auf seinem Weg ausrückt, verpflichtet: Wenn er ausrückt, nur weil er an mich glaubt und meine Gesandten bestätigt, werde ich ihn mit dem zurückkehren lassen, was er an Lohn oder an Beute errungen hat, oder ich lasse
ihn ins Paradies eingehen.

Und würde es meiner Gemeinschaft nicht schwerfallen, würde
ich *(Muḥammad)* nicht hinter einer Truppe sitzen, und ich würde mir wünschen, auf dem Weg Gottes getötet, dann wieder
zum Leben erweckt, dann wieder getötet, dann wieder zum Leben erweckt, dann wieder getötet zu werden.

Bukhārī

Sure 17,33

Eine Ameise biss eines Tages einen Propheten. Daraufhin befahl er, das ganze Ameisendorf zu verbrennen. Da gab ihm Gott ein: Weil dich eine Ameise gebissen hat, hast du eine (ganze) Gemeinschaft verbrennen lassen, die Gott preist?

Bukhārī; Muslim

Eines Tages setzte sich ein Prophet unter einem Baum nieder. Eine Ameise biss ihn. Daraufhin befahl er, seine (eigene) Ausstattung unter dem Baum wegzuschaffen, und er befahl, ihren ganzen Bau zu verbrennen. Da gab ihm Gott ein: Hättest du doch nur eine Ameise getötet!

Bukhārī; Muslim

Sure 20,114

Wer sich auf den Weg macht, um nach Wissen zu suchen, dem ebnet Gott dafür den Weg ins Paradies.

Muslim

Sure 32,17

Es waren zwei Männer aus den Reihen der Kinder Israels. Sie hatten sich verbrüdert. Der eine pflegte zu sündigen, der andere war eifrig in der Frömmigkeit. Der Eifrige sah immer wieder, wie der andere sündigte, und sagte zu ihm: Halte dich zurück!
Der erwiderte: Lass mich doch, bei meinem Herrn. Bist du zum Wächter über mich bestellt?
Er sagte: Bei Gott, dir wird Gott nicht vergeben, oder Gott wird dich nicht ins Paradies eingehen lassen.
Gott nahm ihre Geister fort. Sie trafen beim Herrn der Welten zusammen. Dieser sagte zu dem Eifrigen: Wusstest du über mich Bescheid? Oder verfügtest du über das, was in meiner Hand liegt?

Und er sagte zum Sünder: Geh, tritt ein ins Paradies aus Barmherzigkeit von mir.

Und er sagte zum anderen: Bringt ihn ins Höllenfeuer. Gott sagt: Ich habe meinen rechtschaffenen Dienern bereitet, was kein Auge gesehen, kein Ohr gehört und keinem Menschen in den Sinn gekommen ist*.

Bukhārī; Muslim

Sure 39,67

Gott wird am Tag der Auferstehung die Himmel zusammenfalten und sie dann in seine rechte Hand nehmen und sagen: Ich bin der König. Wo sind denn die Gewaltigen? Wo sind die Hochmütigen? Dann wird er die Erde in seiner linken Hand zusammenfalten und sagen: Ich bin der König. Wo sind die Gewaltigen? Wo sind die Hochmütigen?

Muslim

Sure 45,24

Gott sagt: Die Kinder Adams fügen mir Leid zu: Sie beschimpfen die Zeit, aber die Zeit bin ich doch. In meiner Hand liegt der Befehl, und ich wälze die Nacht und den Tag um.

Bukhārī

Sure 112

Gott sagt: Die Kinder Adams bezichtigen mich der Lüge, aber dies steht ihnen nicht zu. Sie beschimpfen mich, aber dies steht ihnen nicht zu. Sie bezichtigen mich der Lüge, indem sie sagen: Er wird mich nicht neu erschaffen, wie er mich am Anfang er-

---

*   Vgl. Bibel: Jesaja 64,3; 1 Korinther 2,9.

schaffen hat. Und dennoch fällt mir die Schöpfung am Anfang nicht leichter als die erneute Erschaffung.

Und sie beschimpfen mich, indem sie sagen: Gott hat sich ein Kind genommen. Aber ich bin der Einzige, der Undurchdringliche. Ich habe nicht gezeugt, und ich bin nicht gezeugt worden; und niemand ist mir ebenbürtig.

Bukhārī; Nasāʾī

Gott: Erhabenheit, Vorsehung, Huld, Barmherzigkeit, Vergebung, Menschenfreundlichkeit und Liebe*

Spruch Gottes:

O meine Diener! Ich habe mir selbst die Ungerechtigkeit verboten und habe sie auch euch verboten. So seid nicht ungerecht gegeneinander.

O meine Diener! Jeder von euch geht in die Irre, außer dem, den ich rechtleite. So bittet mich um Rechtleitung, dann werde ich euch rechtleiten.

O meine Diener! Jeder von euch leidet an Hunger, außer dem, dem ich Nahrung beschere. So bittet mich um Nahrung, dann werde ich euch Nahrung bescheren.

O meine Diener! Jeder von euch ist nackt, außer dem, den ich bekleide. So bittet mich um Kleidung, dann werde ich euch bekleiden.

O meine Diener! Ihr sündigt in der Nacht und tagsüber, und ich vergebe alle Vergehen. So bittet mich um Vergebung, dann werde ich euch vergeben.

O meine Diener! Ihr werdet es nicht soweit bringen, dass ihr mir Schaden zufügen oder Nutzen bringen könnt.

O meine Diener! Wenn der erste und der letzte von euch, wenn die Menschen und die Djinn unter euch so fromm wären wie das

---

* Die Stichwörter vor jedem Abschnitt hier und im Folgenden verweisen auf die Koranstellen, die im Sachregister angegeben sind.

Herz des frömmsten Mannes unter euch, das würde meinen
Reichtum um nichts vermehren.

O meine Diener! Wenn der erste und der letzte von euch, wenn
die Menschen und die Djinn unter euch so frevelhaft wären wie
das Herz des frevelhaftesten Mannes unter euch, das würde meinen Reichtum um nichts verringern.

O meine Diener! Wenn der erste und der letzte von euch, wenn
die Menschen und die Djinn unter euch sich an einem Ort versammelten, um mir ihre Bitte vorzutragen, und wenn ich jedem
seine Bitte erfüllte, das würde meinen Besitz um nichts mehr verringern als das, was die Nadel wegnehmen würde, wenn man sie
ins Meer eintauchte.

O meine Diener! Es sind eure Taten. Ich erfasse sie für euch, und
dann vergelte ich sie euch. Wer Gutes vorfindet, der preise Gott.
Und wer etwas anderes vorfindet, der soll nur sich selbst tadeln.

Muslim

Die Erschaffung eines jeden von euch verläuft wie folgt: Er wird
im Schoß seiner Mutter im Laufe von vierzig Tagen und vierzig
Nächten (oder: von vierzig Nächten) zusammengesetzt. Desgleichen wird er dann zu einem Embryo; und desgleichen zu einem
Fötus*. Dann sendet Gott den Engel zu ihm, der ihm vier Worte
zu verkünden hat. Er bestimmt seinen Lebensunterhalt, seine
Lebensfrist, seinen Wandel, sein Ende, ob er unglücklich oder
glücklich wird. Dann bläst er in ihn den Geist hinein.

Der eine von euch mag dann auch handeln, wie die Leute des
Paradieses handeln, sodass er davon nur noch eine Elle entfernt
ist. Dann ereilt ihn die Bestimmung, und da handelt er nun, wie
die Leute des Höllenfeuers handeln, und er tritt ins Höllenfeuer
ein.

Und der andere von euch mag auch handeln, wie die Leute des
Höllenfeuers handeln, sodass er davon nur noch eine Elle ent-

---

*   Vgl. Koran 23,12–14; 32,7–9; 75,36–39; 86,5–7.

fernt ist. Dann ereilt ihn die Bestimmung, und da handelt er, wie die Leute des Paradieses handeln, und er tritt ins Paradies ein.

Bukhārī; Muslim

Nach Ihn ʿAbbās:
Ich befand mich eines Tages hinter dem Propheten. Da sagte er zu mir: Junger Mann, ich bringe dir folgende Worte bei: Bewahre das Denken an Gott, so denkt er an dich. Bewahre das Denken an Gott, so findest du ihn dir gegenüber. Wenn du eine Bitte vorzutragen hast, so bitte Gott. Wenn du um Hilfe rufst, so rufe Gott um Hilfe.
Wisse, wenn alle Mitglieder der Gemeinschaft sich zusammentun, um dir etwas zu nutzen, so werden sie dir keinen Nutzen verschaffen, es sei denn nur das, was Gott dir vorherbestimmt hat. Und wenn sie sich zusammentun, um dir Schaden zuzufügen, so werden sie dir keinen Schaden zufügen, es sei denn das, was dir Gott vorherbestimmt hat.
Die Schreibrohre haben aufgehört zu schreiben, und die Blätter sind trocken geworden.

Tirmidhī

Wenn ihr euch auf Gott verließet, wie es das rechte Vertrauen ist, hätte er euch den Lebensunterhalt beschert, wie er es mit den Vögeln tut. Sie fliegen hinaus mager vor Hunger und kehren am Abend zurück mit vollem Bauch*.

Tirmidhī

Mit euch sowie mit den Juden und den Christen, ist es wie mit einem Mann, der Arbeiter anheuerte und sagte: Wer arbeitet für mich bis zur Mittagszeit für jeweils einen Taler**?
Die Juden arbeiteten für jeweils einen Taler. Dann arbeiteten die Christen für jeweils einen Taler. Dann kamt ihr, die ihr nun vom Nachmittagsgebet bis zum Sonnenuntergang für jeweils zwei Ta-

---

*   Vgl. Evangelium: Matthäus 6,25–26.
**   Wörtlich: Karat. – Vgl. zum Text Evangelium: Matthäus 20,1–16.

ler arbeitet. Da gerieten Juden und Christen in Zorn und sagten: Wir haben mehr gearbeitet und weniger erhalten.

Er *(Gott)* sagt: Habe ich euch in Bezug auf das, was euch zusteht, Unrecht getan?

Sie sagen: Nein.

Er sagt: Das ist meine Huld. Ich lasse sie zukommen, wem ich will.

Bukhārī

Gott freut sich über die Umkehr seines Dieners mehr als der, der sein in der Wüste verlorengegangenes Tier wiedergefunden hat*.

Muslim

Gott sagt: Wenn der Diener mir eine Handlänge entgegenkommt, gehe ich ihm eine Armlänge entgegen. Und wenn er mir eine Armlänge entgegenkommt, gehe ich ihm eine ganze Elle entgegen. Und wenn er mir in einfachem Gang entgegenkommt, komme ich ihm entgegen im Laufschritt.

Bukhārī; Muslim

Als Gott die Schöpfung schuf, schrieb er in einem Buch, das er über dem Thron aufbewahrt, Folgendes: Meine Barmherzigkeit hat über meinen Zorn gesiegt.

Bukhārī; Muslim

Der Gesandte Gottes brachte Gefangene als Beute. Eine Frau aus ihrer Mitte, die unter den Gefangenen einen Knaben fand, lief hin, drückte ihn an ihre Brust und stillte ihn. Der Gesandte Gottes sagte: Meint ihr, diese Frau würde ihr Kind ins Feuer werfen? Wir sagten: Nein, bei Gott.

---

*   Vgl. Evangelium: Matthäus 18,12–14; Lukas 15,4–7.

Er sagte: Wahrlich, Gott ist barmherziger gegen seine Diener als diese gegen ihr Kind.

Bukhārī; Muslim

Unser Herr steigt jede Nacht, wenn sie das letzte Drittel erreicht hat, zum unteren Himmel herab und sagt: Wer ruft mich an, dass ich ihn erhöre? Wer bittet mich, dass ich ihm gebe? Wer bittet mich um Vergebung, dass ich ihm vergebe?

Bukhārī; Muslim

Der Prophet erzählte von seinem Herrn, dem Segensvollen und Erhabenen. Er sagte: Ein Diener beging eine Sünde. Da sagte er: O mein Gott, vergib mir meine Sünde.
Gott, der Segensvolle und Erhabene, sagte: Mein Diener hat eine Sünde begangen, er wusste aber, dass er einen Herrn hat, der die Sünde vergibt.
Dann sündigte er wieder. Daraufhin sagte er: O mein Herr, vergib mir meine Sünde.
Er, der Segensvolle und Erhabene, sagte: Mein Diener hat eine Sünde begangen. Er wusste aber, dass er einen Herrn hat, der die Sünde vergibt und wegen der Sünde belangt.
Da sündigte er nochmals wieder. Und er sagte: O mein Herr, vergib mir meine Sünde.
Er, der Segensvolle und Erhabene, sagte: Mein Diener wusste, dass er einen Herrn hat, der die Sünde vergibt und wegen der Sünde belangt. Ich habe meinem Diener vergeben. So mag er tun, was er will.

Bukhārī; Muslim

Gott der Erhabene hat gesagt: O Kind Adams, solange du mich anrufst und bittest, vergebe ich dir, was immer du auch getan hast, und es kümmert mich nicht.
O Kind Adams, auch wenn deine Sünden bis in die Höhen des

Himmels reichen, sobald du mich um Vergebung bittest, vergebe ich dir.

O Kind Adams, auch wenn du zu mir mit so vielen Sünden kommst, wie die Erde fassen kann, und wenn du dabei mir nichts beigesellst, so komme ich dir entgegen mit genausoviel Vergebung.

Tirmidhī

Wenn Gott einen Diener liebt, ruft er Gabriel und sagt: Ich liebe den, so liebe auch du ihn.

Da liebt ihn Gabriel. Dann ruft er im Himmel aus und sagt: Gott liebt den, so liebt auch ihr ihn.

So lieben ihn die Leute des Himmels. Dann wird ihm eine gute Aufnahme auf der Erde bereitet.

Und wenn Gott einen Diener hasst, ruft er Gabriel und sagt: Ich hasse den, so hasse auch du ihn.

Da hasst ihn Gabriel. Dann ruft er im Himmel aus und sagt: Gott hasst den, so hasst auch ihr ihn.

So hassen sie ihn. Dann werden ihm Hassgefühle auf der Erde entgegengebracht.

Muslim

Gott der Erhabene hat gesagt: Wer einen Freund von mir zum Feind nimmt, dem erkläre ich den Krieg. Mein Diener kann sich mein Wohlwollen nicht mit etwas erwerben, was mir lieber wäre als das, was ich ihm als Pflicht auferlegt habe. Mein Diener befleißigt sich, mit Hilfe freiwilliger guter Werke mein Wohlwollen immer mehr zu gewinnen, bis ich ihn liebe. Und wenn ich ihn liebe, werde ich für ihn das Ohr, mit dem er hört, und das Auge, mit dem er sieht, und die Hand, mit der er gewaltig schlägt, und der Fuß, mit dem er geht. Und wenn er mich bittet, so werde ich ihm gewiss geben, und wenn er bei mir Zuflucht sucht, werde ich ihm gewiss Zuflucht gewähren.

Bukhārī

Muḥammad: Vergebung, Fürsprache

Nach Ibn Masʿūd:
Ich blickte zum Gesandten Gottes. Er glich einem von den Propheten, den seine Leute geschlagen hatten und bluten ließen. Er wischte das Blut von seinem Gesicht und sagte: O mein Gott, vergib meinen Leuten, denn sie wissen nicht, (was sie tun)*.

Bukhārī; Muslim

ʿĀʾisha sagte zum Propheten: Hast du einen schlimmeren Tag erlebt als bei der Schlacht am Uḥud?
Er sagte: Ich habe es erlebt vonseiten deiner Leute. Das Schlimmste, was ich von ihnen erlebte, geschah am Tag von ʿAqaba. Ich trat an Ibn ʿAbbās Yālīl ibn ʿAbd Kulāl mit einem Anliegen heran, er gewährte mir aber nicht, was ich wollte. Ich ging bekümmert ziellos umher. Als ich zu mir kam, war ich beim »Horn der Füchse«. Ich erhob das Haupt, und siehe da, eine Wolke überschattete mich. Ich blickte, da war Gabriel in der Wolke. Er rief mir zu und sagte: Gott hat gehört, was deine Leute zu dir gesagt und wie sie dich nicht erhört haben. Er hat den Engel der Berge zu dir entsandt, damit du ihm in Bezug auf sie befiehlst, was du willst.
Der Engel der Berge rief mir zu und sagte: O Muḥammad, Gott hat gehört, was deine Leute zu dir gesagt haben. Ich bin der Engel der Berge. Mein Herr hat mich zu dir entsandt, damit du mir deinen Befehl erteilst. Wenn du willst, lasse ich die zwei Berge um Mekka über sie stürzen.
Ich sagte: Nein. Ich bitte darum, dass Gott in ihrer Nachkommenschaft Leute entstehen lässt, die Gott allein dienen und ihm nichts beigesellen.

Bukhārī; Muslim

*   Vgl. Evangelium: Lukas 23,34.

Nach Abū Dharr al-Ghifārī:

Ich ging mit dem Gesandten Gottes auf ein Feld mit schwarzen Steinen ... Dann sagte er zu mir: Bleib hier, bis ich zu dir komme. Er ging in die Dunkelheit der Nacht hinein, bis er verschwand. Da hörte ich eine Stimme, die laut wurde. Ich fürchtete, dass jemand sich dem Propheten entgegenstellte. Ich wollte zu ihm gehen, aber ich erinnerte mich an seine Worte: Bleib hier, bis ich zu dir komme. Ich blieb also, bis er zu mir kam. Ich sagte: Ich habe eine Stimme gehört, die mich etwas befürchten ließ. Und ich erzählte es ihm.

Er sagte: Hast du sie gehört?

Ich sagte: Ja.

Er sagte: Das war Gabriel. Er kam zu mir und sagte: Wer von deiner Gemeinschaft stirbt, während er Gott nichts beigesellt hat, geht ins Paradies ein. Ich sagte: Auch wenn er Ehebruch und Diebstahl begangen hat? Er sagte: Auch wenn er Ehebruch und Diebstahl begangen hat.

Bukhārī; Muslim

Der Prophet rezitierte das Wort Gottes über Abraham: »Mein Herr, sie *(die Götzen)* haben viele Menschen irregeführt. Wer nun mir folgt, gehört zu mir« *(Koran 14,36)*, und das Wort Jesu: »Wenn Du sie peinigst, so sind sie deine Diener. Wenn Du ihnen vergibst, so bist Du der Mächtige, der Weise« *(Koran 5,118)*.

Dann erhob er seine Hände und sagte: O Gott, meine Gemeinschaft, meine Gemeinschaft!

Und er weinte. Da sagte Gott: O Gabriel, geh zu Muḥammad. Dein Herr weiß es zwar besser, aber frag ihn, was ihn weinen lässt.

Gabriel kam zu ihm. Der Gesandte Gottes teilte ihm mit, was er sagte, obgleich er es besser weiß.

Gott sagte daraufhin: O Gabriel, geh zu Muḥammad und sag: Wir werden dich in Bezug auf deine Gemeinschaft zufriedenstellen und dir nicht weh tun.

Muslim

Der Prophet betete am Abend des ʿArafa-Tages* für seine Gemeinschaft. Es wurde ihm geantwortet: Ich habe ihnen vergeben, außer dem, der Unrecht tut. Den belange ich zugunsten dessen, der das Unrecht erlitten hat.

Er sagte: Ja, mein Herr. Wenn du willst, gibst du dem, der das Unrecht erlitten hat, das Paradies und vergibst dem, der Unrecht getan hat.

Er antwortete an dem Abend nicht. Als er am Morgen in Muzdalifa war, wiederholte er die Bitte. Und seine Bitte wurde erhört. Da lachte der Gesandte Gottes (oder: da lächelte er). Abū Bakr und ʿUmar sagten zu ihm: Vater und Mutter sollen als Ersatzopfer für dich dienen, das ist doch eine Stunde, in der du nicht zu lachen pflegtest. Was hat dich veranlasst zu lachen?

Er sagte: Als Gottes Feind Iblīs erfuhr, dass Gott meine Bitte erhört und meiner Gemeinschaft vergeben hat, nahm er Staub, streute ihn auf seinen Kopf und rief: O weh, was für ein Verderben! Seine Mutlosigkeit veranlasste mich zu lachen.

Ibn Mādja

Nach Muʿādh ibn Djabal:

Ich ritt hinter dem Propheten auf einem Esel. Da sagte er: O Muʿādh, weißt du, welches Recht Gott bei seinen Dienern hat, und welches Recht die Diener bei Gott haben?

Ich sagte: Gott und sein Gesandter wissen es besser.

Er sagte: Gottes Recht gegenüber seinen Dienern besteht darin, dass sie ihm dienen und ihm nichts beigesellen. Und das Recht der Diener Gott gegenüber besteht darin, dass er niemanden peinigt, der ihm nichts beigesellt.

Ich sagte: O Gesandter Gottes, soll ich es nicht den Menschen verkünden?

Er sagte: Verkünde es ihnen nicht, sonst würden sie sich darauf verlassen.

Bukhārī; Muslim

---

* Während der Wallfahrt.

Der Prophet sagte, während Muʿādh hinter ihm ritt: O Muʿādh!

Er sagte: Da bin ich, o Gesandter Gottes. Dir sei ein doppeltes Glück beschieden!

Er sagte: O Muʿādh!

Er sagte: Da bin ich, o Gesandter Gottes. Dir sei ein doppeltes Glück beschieden!

Er sagte: O Muʿādh!

Er sagte: Da bin ich, o Gesandter Gottes. Dir sei ein doppeltes Glück beschieden!

Er sagte: Kein Diener bezeugt, es gibt keinen Gott außer Gott und Muhammad ist sein Diener und sein Gesandter, in der Aufrichtigkeit seines Herzens, ohne dass Gott ihn aus dem Feuer errettet.

Er sagte: O Gesandter Gottes, soll ich es nicht den Menschen verkünden, sodass sie die frohe Nachricht erhalten?

Er sagte: *(Nein)*, sie würden sich sonst darauf verlassen.

Bukhārī; Muslim

Der Prophet sagt:

Ich bin der Herrscher der Menschen am Tag der Auferstehung. Wisst ihr, wodurch? Gott wird die Ersten und die Letzten auf einer Fläche versammeln. Wer hinblickt, wird sie sehen. Wer ruft, lässt sich von ihnen hören. Die Sonne naht. Da sagen einige von den Menschen: Seht ihr nicht, in welchem Zustand ihr euch befindet, wohin ihr gelangt seid? Wollt ihr nicht jemanden suchen, der für euch bei eurem Herrn Fürsprache einlegt? Einige Menschen sagen: Adam (soll es tun), euer Vater.

Sie kommen zu ihm und sagen: O Adam, du bist doch der Vater der Menschen. Gott hat dich mit seiner Hand erschaffen, er hat dir von seinem Geist eingeblasen, und er hat den Engeln befohlen, und sie warfen sich vor dir nieder, und er hat dich im Paradies wohnen lassen. Willst du nicht für uns bei deinem Herrn Fürsprache einlegen? Siehst du nicht, in welchem Zustand wir uns befinden und wohin wir gelangt sind?

Er sagt: Mein Herr ist in einen derartigen Zorn geraten, den er weder vorher gezeigt hat, noch nachher je zeigen wird. Und er hat mir den Baum verboten, aber ich war gegen ihn ungehorsam. Für mich selbst, für mich selbst (muss ich sorgen). Geht zu einem anderen. Geht zu Noach.

Sie gehen zu Noach und sagen: O Noach, du bist der erste Gesandte zu den Erdenbewohnern. Gott hat dich einen dankbaren Diener genannt. Siehst du nicht, in welchem Zustand wir uns befinden, wohin wir gelangt sind? Willst du nicht für uns bei deinem Herrn Fürsprache einlegen?

Er sagt: Mein Herr ist heute in einen derartigen Zorn geraten, den er weder vorher gezeigt hat, noch nachher je zeigen wird. Für mich selbst, für mich selbst (muss ich sorgen). Geht zum Propheten.

Da kommen sie zu mir. Ich werfe mich unter dem Thron nieder. Und es wird gesagt: O Muhammad, erhebe dein Haupt. Lege Fürsprache ein, so wird deine Fürsprache erhört werden. Bitte, so wirst du erhalten.

Bukhārī

Das Gute/das Böse, Gebote/Verbote, das Rechte/das Verwerfliche

Gott hat bestimmt, was gut und was böse ist. Wer nun sich vornimmt, eine gute Tat zu vollbringen, aber sie doch nicht vollbringt, dem schreibt sie Gott als eine volle gute Tat an. Wenn er sie beabsichtigt und auch vollbringt, dann schreibt Gott sie ihm als zehn gute Taten oder siebenhundert oder viel mehr an. Und wenn er sich vornimmt, eine schlechte Tat zu vollbringen, sie aber nicht vollbringt, dann schreibt Gott sie ihm als eine volle gute Tat an. Wenn er sie beabsichtigt und sie auch vollbringt, dann schreibt sie ihm Gott als eine (einzige) schlechte Tat an.

Bukhārī; Muslim

Die Taten werden nach den Absichten beurteilt. Wer nun ausgewandert ist in der Suche nach Gott und seinem Gesandten, dessen Auswanderung gilt als zu Gott und zu seinem Gesandten. Wer aber in der Suche nach irdischen Interessen oder wegen einer Frau, die er heiraten möchte, ausgewandert ist, dessen Auswanderung gilt als eben zu dem, zu dem er ausgewandert ist.

Bukhārī; Muslim

Die Welt gehört vier Menschen:
– Dem Diener, dem Gott Reichtum und Kenntnis beschert hat; er fürchtet seinen Herrn, er hält damit die Verwandtschaftsbande zusammen und er erkennt Gott ein Recht darauf zu. Ein solcher Mensch steht an höchster Stelle.
– Dem Diener, dem Gott Kenntnis, aber keinen Reichtum beschert hat; er hat eine lautere Absicht und sagt: Wenn ich Reichtum hätte, würde ich ihn benutzen wie der und der. Sein Wert misst sich an seiner Absicht, und sein Lohn ist dem (seines Vorbildes) gleich.
– Dem Diener, dem Gott Reichtum, aber keine Kenntnis beschert hat; er missbraucht seinen Reichtum ohne Kenntnis, er fürchtet seinen Herrn nicht, er hält damit die Verwandtschaftsbande nicht zusammen und er erkennt Gott kein Recht darauf zu. Er steht an der schlimmsten Stelle.
– Dem Diener, dem Gott weder Reichtum noch Kenntnis beschert hat; er sagt: Wenn ich Reichtum hätte, würde ich ihn benutzen wie der und der. Sein Wert bemisst sich an seiner Absicht, und seine Sündenlast ist der (seines Vorbildes) gleich.

Tirmidhī

Die Frömmigkeit ist das gute Verhalten. Der Frevel ist das, was deine Seele beunruhigt und wovon du nicht magst, dass es die Menschen erfahren.

Muslim

Wenn ich euch etwas verboten habe, dann meidet es. Und wenn ich euch etwas geboten habe, so vollbringt es, soviel ihr könnt. Was diejenigen, die vor euch lebten, ins Verderben gestürzt hat, das waren ihre zahlreichen Fragen und ihre Meinungsverschiedenheiten über ihre Propheten.

Bukhārī; Muslim

Mit dem, was Gott mir in meiner Sendung anvertraut hat als Rechtleitung und Wissen, ist es wie mit dem Regen, der auf die Erde fällt. Ein Teil davon ist gute Erde, die das Wasser aufnimmt und Weidepflanzen und viel Gras wachsen lässt. Es gibt auch öde Gebiete, die das Wasser aber halten, sodass Gott dadurch den Menschen Nutzen zukommen lässt: Sie trinken daraus, sie bewässern und pflanzen damit. Es gibt auch Flächen, die das Wasser nicht halten und keine Weidepflanzen wachsen lassen.

Bukhārī; Muslim

Jeder der Propheten, die Gott vor mir gesandt hat, hat aus den Reihen seines Volkes Jünger und Gefährten gefunden, die seinen Weg übernahmen und seinen Befehlen gehorchten. Nach ihm kommen aber Nachfolger, die vorschreiben, was sie selbst dann nicht tun, und tun, was ihnen nicht befohlen wurde. Wer gegen sie mit der Hand kämpft, ist ein Gläubiger; wer gegen sie mit der Zunge kämpft, ist ein Gläubiger; wer gegen sie mit dem Herzen kämpft, ist ein Gläubiger. Wer weniger als das tut, besitzt kein Senfkörnchen Glauben.

Muslim

Der Prophet sagte: Sucht die goldene Mitte und das Rechte, und wisst, dass keiner von euch aufgrund seiner Taten gerettet wird. Sie sagten: Nicht einmal du, o Gesandter Gottes? Er sagte: Nicht einmal ich, es sei denn, Gott umhüllt mich mit Barmherzigkeit und Huld von ihm.

Muslim

Der Gesandte Gottes hörte an der Tür die Stimme zweier Männer, die miteinander stritten und deren Stimme laut wurde. Der eine bat den anderen, ihm etwas von seinen Schulden nachzulassen und Mitgefühl zu zeigen.

Der andere sagte: Bei Gott, das werde ich nicht tun.

Der Gesandte Gottes ging zu ihnen hinaus und sagte: Wo ist der, der bei Gott schwört, er werde das, was recht ist, nicht tun?

Da sagte dieser: Ich, o Gesandter Gottes. Aber nun sei ihm gewährt, was er mag.

Bukhārī

Keiner von euch soll sich selbst geringachten.

Sie sagten: O Gesandter Gottes, wie kann man sich selbst geringachten?

Er sagte: Jemand sieht, dass man über die Angelegenheit Gottes etwas sagen kann, aber er sagt es nicht. Gott wird am Tag der Auferstehung zu ihm sagen: Was hat dich daran gehindert, dich über dies und jenes zu äußern? Er sagt: Die Furcht vor den Menschen. Er sagt: Mich hättest du eher fürchten sollen.

Ihn Mādja

Wer von euch etwas Böses sieht, soll es mit seiner Hand ändern. Wenn er es nicht kann, dann mit seiner Zunge; wenn er das nicht kann, dann mit seinem Herzen. Dies (letzte) ist aber die schwächste Form des Glaubens.

Muslim

Der eine wird am Tag der Auferstehung herbeigebracht und ins Feuer geworfen. Seine Innereien ergießen sich, und er geht damit herum, wie der Esel den Mahlstein im Rundgang vor sich schiebt. Die Leute des Feuers versammeln sich bei ihm und sagen: Du, was ist mit dir? Hattest du nicht das Rechte geboten und das Verwerfliche verboten?

Er sagt: Doch. Ich pflegte jedoch das Rechte zu gebieten, es aber nicht zu tun, und das Verwerfliche zu verbieten und es dennoch zu begehen.

Bukhārī; Muslim

Ein Mann fragte den Gesandten Gottes: Was meinst du, wenn ich die vorgeschriebenen Gebete verrichte, den Ramaḍān faste, das Erlaubte tue und das Verbotene meide, aber nichts zusätzlich tue, gehe ich dann ins Paradies ein?
Er sagte: Ja.

Muslim

Gott der Erhabene ist gut und nimmt nur die guten Dinge an. Gott hat den Gläubigen das geboten, was er seinen Gesandten geboten hat: »O ihr Gesandten, esst von den köstlichen Dingen und tut Gutes« *[Koran 23,51]*. Und Gott hat gesagt: »O ihr, die ihr glaubt, esst von den köstlichen Dingen, die Wir euch beschert haben« *(Koran 2,172)*.
Dann führte er *(Muhammad)* das Gleichnis von einem Mann an, der sich auf einer langen Reise befindet, zerzaust und staubbedeckt ist, und der die Hände zum Himmel erhebt: O Herr, o Herr! Aber sein Essen ist Verbotenes, sein Trinken ist Verbotenes, seine Kleidung ist Verbotenes und seine Nahrung ist Verbotenes. Wie soll denn sein Gebet erhört werden?

Muslim

Wisst ihr, wer pleite ist?
Sie sagten: Wir bezeichnen den als pleite, der kein Geld und keine Habe hat.
Er sagte: In meiner Gemeinschaft ist pleite, wer am Tag der Auferstehung sich hinstellt. Er hat zwar das Gebet, das Fasten und die Entrichtung der Sozialabgabe erfüllt, aber er hat diesen beschimpft und jenen des Ehebruchs bezichtigt, er hat das Eigen-

tum dieses zurückgehalten, das Blut jenes vergossen und jenen geschlagen. Dann werden diese alle der Reihe nach mit seinen guten Taten beschenkt. Wenn diese guten Taten sich erschöpfen, bevor seine Schuld wiedergutgemacht worden ist, wird man von deren Sünden nehmen und ihm zulegen. Dann wird er ins Feuer geworfen.

Muslim

Nach Abū Hurayra:
Der Gesandte Gottes sagte: Wer hört von mir folgende Worte und befolgt sie?
Da sagte ich: Ich, o Gesandter Gottes.
Er nahm mich bei der Hand und zählte bis fünf und sagte:
Meide das Verbotene, so wirst du der beste Diener Gottes.
Sei mit dem zufrieden, was Gott dir bestimmt hat, so wirst du der unabhängigste unter den Menschen.
Tu deinem Nachbarn Gutes, so wirst du ein Gläubiger.
Wünsche den Menschen, was du dir selbst wünschst, so wirst du ein Muslim.
Übertreibe nicht im Lachen, denn das viele Lachen tötet das Herz.

Tirmidhī

Es gibt niemanden unter euch, den Gott nicht ansprechen wird, und zwar ohne dass zwischen ihnen ein Dolmetscher stünde. Er wird nach rechts blicken und nichts anderes als seine vorausgeschickten Taten sehen. Er wird nach links blicken und nichts anderes als seine vorausgeschickten Taten sehen. Er wird nach vorn blicken und nur das Feuer vor seinem Gesicht sehen. So hütet euch vor dem Feuer, wenn auch nur durch einen Teil von einer Dattel. Wer nicht einmal dies findet, der soll es tun durch ein gutes Wort.

Bukhārī; Muslim

Sieben Männer wird Gott mit seinem Schatten am Tag der Auferstehung bedecken, an dem es keinen anderen Schatten als seinen Schatten gibt.

Es sind der gerechte politische Führer;

der junge Mann, der im Dienst Gottes aufgewachsen ist;

der Mann, der in der Einsamkeit Gottes gedenkt und davon Tränen in den Augen hat;

der Mann, dessen Herz an den Moscheen hängt;

die zwei Männer, die um Gottes willen einander lieben, in der Treue zu ihm zusammenkommen und in dieser Treue auseinandergehen;

der Mann, den eine angesehene und schöne Frau zu sich ruft, der aber sagt: Ich fürchte Gott;

der Mann, der spendet und seine Spende verbirgt, sodass seine Linke nicht weiß, was seine Rechte getan hat*.

Bukhārī; Muslim

Nach Muʿādh ibn Djabal:

Ich sagte: O Gesandter Gottes, teile mir mit, welche Tat mich ins Paradies eintreten lässt und mich vom Feuer fernhält.

Er sagte: Du hast nach einer großen Sache gefragt, die jedoch leicht ist für den, dem es Gott der Erhabene leicht macht. Du sollst Gott dienen und ihm nichts beigesellen, das Gebet verrichten, die Sozialabgabe entrichten, den Ramadan fasten und die Wallfahrt zum Bethaus *(in Mekka)* vollziehen.

Dann sagte er: Soll ich dir Hinweise auf die Tore des Guten geben? Das Fasten ist ein Schutzschild, das Almosen löscht die Sünde aus, wie das Wasser das Feuer auslöscht. Auch das Gebet des Mannes in der Tiefe der Nacht.

Dann rezitierte er: »Ihre Seiten halten sich fern von den Schlafstätten. Sie rufen ihren Herrn in Furcht und Begehren an und spenden von dem, was Wir ihnen beschert haben. Und niemand

---

* Vgl. Evangelium: Matthäus 6,3.

weiß, welche Freuden im Verborgenen bestimmt sind als Lohn für das, was sie zu tun pflegten« *(Koran 32,16–17)*.

Dann sagte er: Soll ich dich unterrichten über den Anfang aller Dinge, ihren Stützpfeiler und ihren Höhepunkt?

Ich sagte: O ja, Gesandter Gottes.

Er sagte: Der Anfang aller Dinge ist der Islam, der Stützpfeiler ist das Gebet, und der Höhepunkt ist der Einsatz *(für den Islam)*.

Dann sagte er: Soll ich dich unterrichten über das Mittel, dies alles zu verwirklichen?

Ich sagte: O ja, Gesandter Gottes.

Er wies auf seine Zunge hin und sagte: Halte diese zurück.

Ich sagte: O Prophet Gottes, werden wir für das gescholten, was wir reden?

Er sagte: Möge dich deine Mutter verlieren! Was anderes stürzt die Menschen auf ihrem Gesicht ins Feuer als die Ernte ihrer Zunge?

Tirmidhī

Der Prophet sagte: Meidet das Sitzen an der Straße.

Sie sagten: O Gesandter Gottes, wir brauchen dieses Sitzen, denn wir suchen es, um uns auszutauschen.

Da sagte der Gesandte Gottes: Wenn ihr unbedingt dort sitzen wollt, dann verhaltet euch, wie es sich auf der Straße gehört.

Sie sagten: Wie gehört es sich auf der Straße, o Gesandter Gottes?

Er sagte: Die Blicke senken, keinen Schaden anrichten, den Gruß erwidern, das Rechte gebieten und das Verwerfliche verbieten.

Bukhārī

Diesseits/Jenseits

Ein Mann kam zum Propheten und sagte: O Gesandter Gottes, weise mich auf ein Werk hin, das, wenn ich es tue, mir die Liebe Gottes und die Liebe der Menschen sichert.

Er sagte: Entsage der Welt, so wird Gott dich lieben, und entsage dem, was die Menschen besitzen, so werden die Menschen dich lieben.

Ibn Mādja

Der Gesandte Gottes sandte Abū ʿUbayda ibn al-Djarrāḥ nach Baḥrain, um die Steuern zu sammeln. Er kehrte von Baḥrain mit einigem Geld zurück. Die Anhänger hörten, dass Abū ʿUbayda zurückgekehrt war. Sie trafen zum Morgengebet mit dem Gesandten Gottes zusammen. Als der Gesandte Gottes gebetet hatte, ging er fort. Sie sprachen ihn an. Er lächelte, als er sie sah, dann sagte er: Ich glaube, ihr habt gehört, dass Abū ʿUbayda etwas aus Baḥrain gebracht hat.

Sie sagten: Jawohl, o Gesandter Gottes.

Er sagte: Das ist eine gute Nachricht für euch und ein Grund zu erhoffen, was euch beliebt. Bei Gott, nicht die Armut fürchte ich für euch; ich fürchte für euch, dass das Diesseits vor euch ausgebreitet wird, wie es denen ausgebreitet wurde, die vor euch lebten, und dass ihr nach ihm wetteifert, wie sie nach ihm wetteiferten, und es euch ins Verderben stürzt, wie es sie ins Verderben stürzte.

Bukhārī; Muslim

Der Gesandte Gottes erfuhr etwas über seine Gefährten. Da sprach er sie an und sagte: Mir sind Paradies und Feuer vorgestellt worden, sodass ich an keinem anderen Tag soviel über Gut und Böse gesehen habe. Wenn ihr nur das wüsstet, was ich weiß, ihr würdet wenig lachen und viel weinen.

Die Gefährten des Gesandten Gottes hatten da keinen Tag erlebt, der schlimmer für sie gewesen wäre als dieser. Sie verhüllten sich die Köpfe und fingen an zu schluchzen.

Bukhārī; Muslim

Nach Ibn ʿAmr:
Der Gesandte Gottes fasste mich an der Schulter und sagte: Lebe in der Welt, als wärest du ein Fremder oder ein Durchreisender. Und Ibn ʿAmr pflegte zu sagen: Wenn du den Abend erreicht hast, erwarte nicht den Morgen, und wenn du den Morgen erreicht hast, erwarte nicht den Abend. Sorge in deinen gesunden Tagen für die Zeit deiner Krankheit und in deinem Leben für deinen Tod.

Bukhārī

Der Prophet hatte zwischen Salmān und Abū l-Dardāʾ Bruderschaft gestiftet. Eines Tages besuchte Salmān Abū l-Dardāʾ und traf dessen Frau in ungepflegten Kleidern an. Da sagte er: Was ist mit dir?
Sie sagte: Dein Bruder Abū l-Dardāʾ hat kein Verlangen nach dem Diesseits.
Dann kam Abū l-Dardāʾ selbst ihn besuchen. Er bereitete ihm das Essen zu und sagte zu ihm: Iss; ich selbst halte ein Fasten.
Er sagte: Ich werde nicht essen, bis du selbst isst.
Da aß er mit ihm. Als es Nacht wurde, machte Abū l-Dardāʾ Anstalten zu gehen. Da sagte er zu ihm: Schlaf doch hier. So schlief er. Dann wollte er gehen. Er sagte zu ihm: Schlaf doch. Am Ende der Nacht sagte Salmān: Steh jetzt auf.
Sie beteten beide zusammen. Dann sagte Salmān: Siehe, dein Herr hat Rechte auf dich, du hast Rechte auf dich, und deine Angehörigen haben Rechte auf dich. So gib jedem, der ein Recht hat, sein Recht.
Er kam zum Propheten und erzählte ihm das. Da sagte der Prophet: Salmān hat die Wahrheit gesagt.

Bukhārī

Nach Ḥandhala:
Abū Bakr traf mich und sagte: Wie geht es dir, Ḥandhala?
Ich sagte: Ḥandhala ist ein Heuchler.

Er sagte: Großer Gott! Was sagst du da?

Ich sagte: Wir sitzen beim Gesandten Gottes. Er erinnert uns an das Paradies und das Feuer, so als würden wir sie vor uns sehen. Wenn wir aber vom Gesandten Gottes wieder weggehen, treiben wir unsere Spiele mit den Gattinnen, den Kindern, dem Besitz, und wir haben vieles wieder vergessen.

Abū Bakr sagte: Bei Gott, auch wir erleben das Gleiche.

Wir gingen, Abū Bakr und ich, und traten zum Gesandten Gottes hinein. Ich sagte: Ḥandhala ist ein Heuchler, o Gesandter Gottes.

Der Gesandte Gottes sagte: Wieso?

Ich sagte: O Gesandter Gottes, wir sitzen bei dir, und du erinnerst uns an das Paradies und das Feuer, so als würden wir sie vor uns sehen. Wenn wir hinausgehen, treiben wir unsere Spiele mit den Gattinnen, den Kindern, dem Besitz, und wir haben vieles wieder vergessen.

Der Gesandte Gottes sagte: Bei dem, in dessen Hand mein Leben ist, würdet ihr im Zustand, den ihr bei mir erlebt, bleiben und in der Erinnerung ausharren, so würden euch die Engel auf euren Lagerstätten und auf euren Wegen begrüßen. Aber, Ḥandhala, jede Sache hat ihre Stunde.

Muslim

Islam/Religion, Reinigungsriten, Gebet, Fasten

ʿUmar ihn al-Khaṭṭāb sagte: Während wir eines Tages beim Gesandten Gottes saßen, kam ein Mann auf uns zu, der sehr weiße Kleider anhatte, dessen Haar sehr schwarz war. Man konnte an ihm keine Spuren von der Reise erkennen, und niemand von uns kannte ihn. Er setzte sich zum Propheten. Er legte seine Hände auf dessen Schenkel und stieß seine Knie zu dessen Knien und sagte: O Muḥammad, unterrichte mich über den Islam.

Der Gesandte Gottes sagte: Der Islam besteht darin, dass du bezeugst, es gibt keinen Gott außer Gott, und Muḥammad ist der Gesandte Gottes; dass du das Gebet verrichtest, die Sozialabgabe entrichtest, den Ramaḍān fastest, die Wallfahrt zum Bethaus *(in Mekka)* vollziehst, wenn du dazu imstande bist.

Er sagte: Du hast die Wahrheit gesagt.

Wir wunderten uns über ihn, dass er ihn fragte und ihm bescheinigte, die Wahrheit gesagt zu haben.

Er sagte: Unterrichte mich über den Glauben.

Er sagte: Dass du an Gott glaubst und an seine Engel, an seine Bücher, an seine Gesandten und an den Jüngsten Tag; und dass du an die Vorherbestimmung des Guten und des Bösen glaubst.

Er sagte: Du hast die Wahrheit gesagt.

Dann sagte er: Unterrichte mich über die guten Werke.

Er sagte: Du sollst Gott dienen, als würdest du ihn sehen, denn auch wenn du ihn nicht siehst, er sieht dich gewiss.

Er sagte: Unterrichte mich über die Stunde *(des Gerichts).*

Er sagte: Darüber weiß der Befragte nicht mehr als der Fragesteller.

Er sagte: Dann unterrichte mich über ihre Vorzeichen.

Er sagte: Die Sklavin wird ihre Herrin gebären. Du wirst die barfüßigen, nackten und unabhängigen Schafshirten sich gegenseitig mit dem Bau hoher Häuser überbieten sehen.

Daraufhin ging er *(der Fremde)* fort. Ich blieb eine Weile sitzen. Da sagte er *(der Prophet):* O ʿUmar, weißt du, wer die Fragen stellte?

Ich sagte: Gott und sein Gesandter wissen es besser.

Er sagte: Es war Gabriel. Er kam, um euch eure Religion zu lehren.

Muslim

Wenn der muslimische Diener (Gottes) sich bei den Waschungen das Gesicht wäscht, entfernt sich von seinem Gesicht mit dem Wasser bzw. mit dem letzten Wassertropfen jede Sünde, die er mit den Augen begangen hat. Und wenn er seine Hände wäscht, entfernt sich von seinen Händen mit dem Wasser bzw. mit dem letzten Wassertropfen jede Sünde, die er mit den Händen gewalttätig verübt hat. Und wenn er sich die Füße wäscht, so entfernt sich von seinen Füßen mit dem Wasser bzw. mit dem letzten Wassertropfen jede Sünde, zu der er mit seinen Füßen gelaufen ist. So kommt er (aus der Waschung) rein von der Schuld heraus.

Muslim

Eines Tages hörte der Prophet, als er sich nach der Verneigung aufrecht gestellt hatte, hinter sich einen Beter sagen: O unser Herr, Lob sei dir, ein vielfaches, schönes und segensvolles Lob! Nach Beendigung des Gebets fragte der Prophet: Wer war das, der so sprach?
Der Mann sagte: Ich war es.
Da sagte der Prophet: Ich sah über dreißig Engel wetteifern, wer von ihnen als erster es aufschreibt.

Bukhārī; Muslim

Dein Herr wundert sich über einen Schafhirten, der sich auf der Spitze einer Bergspalte befindet: Er ruft zum Gebet und verrichtet das Gebet. Gott sagt dann: Schaut zu diesem meinem Diener. Er ruft zum Gebet und verrichtet es. Er fürchtet mich. Siehe, ich habe meinem Diener vergeben, und ich lasse ihn ins Paradies eingehen.

Nasāʾī

Das Gebet des Mannes mit einem (anderen) Mann ist besser als sein Gebet, wenn er allein bleibt. Sein Gebet mit zwei Männern ist besser als sein Gebet mit einem Mann. Wenn sie aber noch zahlreicher sind, dann umso gottgefälliger.

Abū Dāwūd; Nasāʾī

Das Gebet der Gemeinschaft ist besser als das Gebet des Einzelnen, und zwar siebenundzwanzigmal (besser).

Bukhārī; Muslim

Das Gebet des Mannes mit der Gemeinschaft ist fünfundzwanzigmal besser als sein Gebet in seinem Haus oder in seinem Geschäft. Denn wenn er sich wäscht und die Waschung gut vollzieht, und wenn er dann in die Moschee geht nur um des Gebets willen, so gereicht ihm jeder Schritt zur Erhöhung seiner Rangstellung um eine Stufe und zur Vergebung einer Sünde. Und wenn er betet, rufen die Engel, solange er betet und sich nicht verunreinigt, den Segen auf ihn herab und sagen: O Gott, segne ihn! O Gott, erbarme dich über ihn!

Bukhārī; Muslim

Eines Tages kam Ibn Maktūm, der blind war, zum Gesandten Gottes und sagte: O Gesandter Gottes, ich würde für dich Vater und Mutter opfern. Du siehst, ich bin alt geworden, meine Knochen sind mager geworden, mein Sehvermögen ist erloschen. Und ich habe einen Führer, dessen Führungsweise meinem Zustand nicht angepasst ist. Kannst du mich vom Gemeinschaftsgebet befreien, sodass ich es zu Hause verrichten darf? Der Gesandte Gottes sagte: Hörst du zu Hause den Gebetsrufer? Er sagte: Ja, o Gesandter Gottes.

Der Gesandte (Gottes) sagte: Ich kann dich nicht davon befreien. Wenn derjenige, der das Gemeinschaftsgebet vernachlässigt, wüsste, was der für einen Lohn erhält, der hingeht, er würde zum Gebet gehen, auch wenn er dorthin auf Händen und Füßen krabbeln müsste.

Muslim

Wenn einer dem Freitagsgebet dreimal aus Nachlässigkeit fernbleibt, versiegelt Gott sein Herz.

Abū Dāwūd; Tirmidhī; Nasā'ī

Wo sich Menschen in einem der Gotteshäuser versammeln, um das Buch Gottes zu lesen und gemeinsam zu studieren, dort kommt die Ruhe auf sie herab, die Barmherzigkeit (Gottes) erfasst sie, die Engel umgeben sie und Gott erwähnt sie im Kreis derer, die bei ihm weilen.

Muslim

Gott sagt: Ich entspreche der guten Meinung, die mein Diener von mir hat. Ich bin mit ihm, wenn er meiner gedenkt. Wenn er meiner in seinem Herzen bei sich allein gedenkt, gedenke ich seiner bei mir allein. Wenn er meiner in einer Gruppe gedenkt, gedenke ich seiner in einer Gruppe, die noch besser ist als jene.

Bukhārī

Gott hat Engel, die unterwegs sind auf der Suche nach den Leuten, die Gottes zu gedenken pflegen. Wenn sie Leute finden, die Gottes gedenken, rufen sie einander zu: Kommt her, hier ist, was ihr sucht. Dann überdecken sie sie mit ihren Flügeln bis zum unteren Himmel. Dann fragt sie ihr Herr – obwohl er besser über sie Bescheid weiß: Was sagen meine Diener?
Sie sagen: Sie preisen dich, sie rühmen deine Größe, sie loben dich und verherrlichen dich.
Er sagt: Haben sie mich denn gesehen?
Sie sagen: Nein, bei Gott, sie haben dich nicht gesehen.
Er sagt: Wie würde es wohl sein, wenn sie mich sähen?
Sie sagen: Würden sie dich sehen, sie würden dich noch mehr anbeten, noch mehr ehren und loben und noch mehr preisen.
Dann sagt er: Worum bitten sie mich?
Sie sagen: Sie bitten dich um das Paradies.
Er sagt: Haben sie es denn gesehen?
Sie sagen: Nein, bei Gott, o Herr, sie haben es nicht gesehen.
Er sagt: Wie würde es wohl sein, wenn sie es sähen?
Sie sagen: Würden sie es sehen, sie würden noch stärker danach

verlangen und noch stärker danach trachten, und sie würden es noch mehr begehren.

Dann sagt er: Wovor suchen sie Zuflucht?

Sie sagen: Vor dem Höllenfeuer.

Er sagt: Haben sie es denn gesehen?

Sie sagen: Nein, bei Gott, o Herr, sie haben es nicht gesehen.

Er sagt: Wie würde es wohl sein, wenn sie es sähen?

Sie sagen: Würden sie es sehen, sie würden noch stärker davor fliehen und es noch stärker fürchten.

Er sagt: Ich nehme euch zu Zeugen, dass ich ihnen vergeben habe.

Einer der Engel sagt: Unter ihnen befindet sich einer, der nicht zu ihnen gehört. Er traf nur wegen eines bestimmten Anliegens da ein.

Er sagt: Sie sind die Teilnehmer an der Sitzung, und wer mit ihnen da sitzt, soll ihretwegen nicht unglücklich sein.

Bukhārī; ähnlich auch bei Muslim und Tirmidhī

Das Fasten ist ein Schutz. (Wer fastet), soll keine ungehörigen Reden halten und keine Torheit begehen. Und wenn jemand ihn bekämpft oder beschimpft, soll er zweimal sagen: Ich faste.

Bei dem, in dessen Hand meine Seele ist, der Mundgeruch des Fastenden ist bei Gott angenehmer als der Moschusduft. Dieser verzichtet ja auf Essen, Trinken und Begierde um meiner willen, und ich entlohne (ihn) dafür. Und die gute Tat erhält den Lohn von zehn ihresgleichen.

Bukhārī

Tugenden, Dankbarkeit, Geduld, Bewährung in der Prüfung
(vgl. Sachregister: Gott, 13.)

Gott sieht nicht auf eure Körper und auch nicht auf eure Gestalten. Er sieht auf eure Herzen und eure Werke.

Muslim

Wer den Menschen nicht dankt, dankt auch Gott nicht.

Abū Dāwūd; Tirmidhī

Die Geduld ist die Hälfte des Glaubens.

Bukhārī

Gott sagt: Wenn ich meinen Diener an seinen beiden Lieblingen *(Augen)* prüfe und er sich geduldig zeigt, gebe ich ihm als Ersatz für sie das Paradies.

Bukhārī

Wem Gott Gutes will, den prüft er mit Krankheit.

Bukhārī

Nichts trifft den Menschen an Schwäche, Krankheit, Sorge, Trauer, Schaden oder Gram, nicht einmal die Dorne, die ihn sticht, ohne dass Gott einen Teil seiner Sünden damit sühnt.

Bukhārī

Eine der Töchter des Propheten schickte einen Boten zu ihm und ließ ihn rufen und ihm mitteilen, dass ein Knabe von ihr im Sterben liege.
Der Gesandte Gottes sagte: Kehre zu ihr zurück und sag ihr: Gott

dem Erhabenen gehört, was er nimmt, und ihm gehört, was er gibt. Alles hat bei ihm eine festgesetzte Frist. Befiehl ihr, sie soll geduldig sein und auf den Lohn Gottes hoffen.

Denn Gott sagt: Wenn ich meinem Diener seinen Vertrauten aus der Mitte der Menschen im Diesseits wegraffe und er daraufhin sich geduldig zeigt und auf den entsprechenden Lohn hofft, so gehört ihm das Paradies als Lohn.

Bukhārī

Der Gesandte Gottes sagte: Wenn das Kind des Dieners stirbt, sagt Gott der Erhabene zu seinen Engeln: Habt ihr das Kind meines Dieners weggerafft?
Sie sagen: Ja.
Er sagt: Habt ihr die Frucht seines Herzens weggerafft?
Sie sagen: Ja.
Da sagt er: Was hat mein Diener gesagt?
Sie sagen: Er hat dich gelobt und rezitiert: Wir gehören Gott, und zu ihm kehren wir zurück.
Gott der Erhabene sagt: Baut meinem Diener ein Haus im Paradies und nennt es »Das Haus des Lobes«.

Tirmidhī

Keiner von euch wünsche sich den Tod wegen einer Drangsal, die ihn trifft. Wenn er es unbedingt tun will, so soll er sagen: O mein Gott, lass mich leben, solange das Leben für mich besser ist, und berufe mich ab, wenn der Tod für mich besser ist.

Bukhārī; Muslim

Unter denen, die vor euch lebten, gab es einen Mann, der eine Wunde hatte. Er wurde mutlos, nahm ein Messer und schnitt sich damit die Hand ab. Sein Blut floss, und schließlich starb er. Gott sagte: Mein Diener kommt zu mir aus eigener Entscheidung! Ich verwehre ihm das Paradies.

Bukhārī

Es waren drei Männer von den Kindern Israels. Der eine litt an Aussatz, der andere hatte einen Kahlkopf, der dritte war blind. Gott wollte sie nun auf die Probe stellen und sandte einen Engel zu ihnen.

Er kam zum Aussätzigen und sagte: Was hast du am liebsten? Er sagte: Eine schöne Farbe, eine schöne Haut, und dass sich von mir entfernt, was mich in den Augen der Menschen unansehnlich macht.

Er strich mit der Hand über ihn, da entfernte sich sein Schmutz, und eine schöne Farbe wurde ihm gegeben.

Er sagte: Welche Art von Besitz ist dir am liebsten?

Er sagte: Die Kamele.

Es wurde ihm daraufhin eine trächtige Kamelstute gegeben.

Und er sagte: Sie gereiche dir von Gott her zum Segen!

Er kam zum Kahlen und sagte: Was hast du am liebsten?

Er sagte: Ein schönes Haar, und dass sich von mir entfernt, was mich in den Augen der Menschen unansehnlich macht.

Da strich er mit der Hand über ihn, und es entfernte sich von ihm, und ein schönes Haar wurde ihm gegeben.

Er sagte: Welche Art von Besitz ist dir am liebsten?

Er sagte: Die Rinder.

Es wurde ihm daraufhin eine trächtige Kuh gegeben.

Und er sagte: Sie gereiche dir von Gott her zum Segen!

Er kam zum Blinden und sagte: Was hast du am liebsten?

Er sagte: Dass Gott mir mein Augenlicht zurückgibt, sodass ich die Menschen sehen kann.

Er strich mit der Hand über ihn, da gab ihm Gott sein Augenlicht zurück.

Er sagte: Welche Art von Besitz ist dir am liebsten?

Er sagte: Die Schafe.

Es wurde ihm daraufhin ein Mutterschaf gegeben.

Die Tiere brachten ihre Jungen zur Welt, sodass (mit der Zeit) der eine eine Kamelherde, der andere eine Rinderherde und der dritte eine Schafherde besaß.

Dann kam er zum Aussätzigen in dessen Zustand und Gestalt und sagte: Ich bin ein armer Mann, alle Stricke sind mir auf meiner Reise gerissen. So habe ich heute keine Lebensversorgung mehr, außer wenn Hilfe von Gott und von dir her kommt. Ich bitte dich im Namen dessen, der dir die schöne Farbe, die schöne Haut und den Besitz gegeben hat, um ein Kamel, dass ich mich auf meiner Reise versorgen kann.

Er sagte: Es sind viele, die in Bezug auf die Herde ihre Rechte geltend machen.

Er sagte: Mir scheint, ich kenne dich. Warst du nicht ein Aussätziger, den die Menschen in seiner Armut als unansehlich betrachteten, dann hat dich Gott beschenkt?

Er sagte: Das Vermögen habe ich vielmehr als Erbe von Generation zu Generation erhalten.

Er sagte: Wenn du lügst, so möge Gott dich in deinen früheren Zustand zurückversetzen!

Und er kam zum Kahlen in dessen Zustand und Gestalt und sprach zu ihm, wie er zu jenem gesprochen hatte. Auch dieser erwiderte ihm, wie jener erwidert hatte.

Da sagte er: Wenn du lügst, so möge Gott dich in deinen früheren Zustand zurückversetzen!

Und er kam zum Blinden in dessen Zustand und Gestalt und sagte: Ich bin ein armer Mann auf der Reise. Alle Stricke sind mir auf meiner Reise gerissen, so habe ich heute keine Lebensversorgung mehr, außer wenn Hilfe von Gott und von dir her kommt. Ich bitte dich im Namen dessen, der dir das Augenlicht zurückgegeben hat, um ein Schaf, dass ich mich auf meiner Reise versorgen kann.

Er sagte: Ich war blind, und Gott hat mir mein Augenlicht zurückgegeben. Nimm, was du möchtest, und lass stehen, was du willst. Bei Gott, ich werde dich heute nicht belangen für etwas, was du um Gottes des Erhabenen willen nimmst.

Er sagte: Behalte deinen Besitz. Ihr wurdet ja nur auf die Probe gestellt. Gott hat Wohlgefallen an dir, und er ist über deine beiden anderen Gefährten zornig.

Bukhārī

Gott hat mir eingegeben, ihr sollt demütig sein, auf dass keiner sich über den anderen erhebe und keiner den anderen ungerecht behandle.

Muslim; Tirmidhī

Gott liebt die Milde in jeder Angelegenheit.

Bukhārī

Wenn jemand einem anderen wegen etwas flucht, so steigt sein Fluch zum Himmel: Die Tore des Himmels bleiben vor ihm verschlossen. Der Fluch steigt zur Erde herab: Ihre Tore bleiben vor ihm verschlossen. Er richtet sich nach rechts und nach links. Wenn er keinen Weg findet, kehrt er zu dem zurück, dem der Fluch galt: Hat er ihn verdient (dann ruht er auf ihm), sonst kehrt er zu dem zurück, der ihn ausgesprochen hat.

Abū Dāwūd

Gott hat vorgeschrieben, alles gut zu verrichten. Wenn ihr tötet, dann tötet in rechter Weise. Wenn ihr schlachtet, dann schlachtet in rechter Weise; ihr sollt euer Schlachtmesser schärfen und dem Schlachttier es erträglicher machen.

Muslim

Wem die Sanftmut vorenthalten wurde, dem ist das Gute allesamt vorenthalten worden.

Muslim

Gott ist sanftmütig, und er liebt die Sanftmut, und er belohnt sie mit dem, was er der Gewalt nicht gibt.

Muslim

Der Starke ist nicht der, der die Menschen zu Boden wirft. Der Starke ist der, der im Zorn seine Seele beherrscht.

Bukhārī; Muslim

Der Zorn ist ein Feuer im Herzen der Menschen: Habt ihr nicht die Röte seiner Augen und das Schwellen seiner Halsadern gesehen? Wer etwas von alledem spürt, der halte sich in der Nähe der Erde*.

Abū Dāwūd

Wird einer von euch zornig, wenn er steht, dann soll er sich setzen. Weicht der Zorn doch nicht ab, dann soll er sich hinlegen.

Abū Dāwūd

Die großen Sünden sind die Beigesellung gegenüber Gott, die Impietät zu den Eltern, der Mord und der falsche Eid.

Bukhārī

Hütet euch vor dem Neid. Denn der Neid frisst die guten Taten, wie das Feuer das Holz (bzw. das Gras) frisst.

Ibn Mādja

Familie, Verwandte, Pietät

Kulayb al-Ḥanafī kam zum Gesandten Gottes und sagte: O Gesandter Gottes, wem schulde ich Pietät?
Er sagte: Deiner Mutter, deinem Vater, deiner Schwester, deinem

---

* D. h.: er soll sich hinsetzen.

Bruder, deinem Sklaven, der darauf folgt. So ist es Recht und Pflicht und Zusammenhalten der Verwandtschaftsbande.

Abū Dāwūd

Ein Mann kam zum Gesandten Gottes und sagte: O Gesandter Gottes, wer hat am ehesten Recht auf gute Gesellschaft von mir? Er sagte: Deine Mutter.
Er sagte: Und wer dann?
Er sagte: Deine Mutter.
Er sagte: Und wer dann?
Er sagte: Deine Mutter.
Er sagte: Und wer dann?
Er sagte: Dein Vater.

Bukhārī; Muslim

Jemand ersuchte den Gesandten Gottes, ihm die Teilnahme am heiligen Krieg zu erlauben. Er sagte: Sind deine Eltern noch am Leben?
Er sagte: Ja.
Er sagte: Vollbringe deinen Einsatz ihnen gegenüber.

Bukhārī; Muslim

Djāhima kam zum Propheten und sagte: O Gesandter Gottes, ich möchte in den Feldzug mitziehen, so bin ich gekommen, dich um Rat zu bitten.
Er sagte: Hast du noch deine Mutter?
Er sagte: Ja.
Er sagte: Dann bleibe bei ihr, denn das Paradies liegt zu ihren Füßen.

Nasāʾī

Der Gesandte Gottes küsste *(sein Enkelkind)* Ḥasan oder Ḥusayn, den Sohn ʿAlīs. Aqraʿ ibn Ḥabīs war bei ihm. Da sagte Aqraʿ: Ich habe zehn Kinder, und ich habe keines von ihnen je geküsst. Der Gesandte Gottes blickte ihn an und sagte: Wer kein Erbarmen zeigt, erfährt auch kein Erbarmen.

Bukhārī; Muslim

Nach Asmāʾ bint Abī Bakr:
Meine Mutter kam zu mir, sie war noch Polytheistin. Ich bat den Gesandten Gottes um Rat und sagte: Meine Mutter ist zu mir gekommen und bittet um etwas. Soll ich es ihr schenken? Er sagte: Ja, beschenke deine Mutter.

Bukhārī; Muslim; Abū Dāwūd

Nach ʿĀʾisha:
Eine Frau, die zwei Töchter bei sich hatte, trat bei mir ein und bettelte. Sie fand bei mir nichts außer einer Dattel. Ich gab sie ihr. Sie teilte sie zwischen ihren beiden Töchtern aus und ging weg. Als der Gesandte Gottes zu mir kam, erzählte ich ihm davon. Da sagte er: Wer durch diese Töchter der Prüfung ausgesetzt ist, ihnen aber Gutes tut, dem werden sie eine Trennwand gegen das Höllenfeuer sein.

Bukhārī; Muslim; Tirmidhī

Wer drei Töchter ernährt, oder drei Schwestern oder zwei Schwestern oder zwei Töchter, und sie erzieht, ihnen Gutes tut und sie verheiratet, der erhält das Paradies.

Abū Dāwūd; Tirmidhī

Ein Mann sagte: O Gesandter Gottes, gibt es etwas, womit ich Pietät zu meinen Eltern nach ihrem Tod zeigen kann? Er sagte: Ja, das Gebet für sie, die Bitte für sie um Vergebung, die

Erfüllung ihres Vermächtnisses nach ihnen, das Zusammenhalten der Verwandtschaftsbande, die ohne sie nicht zusammengehalten werden können, (endlich) die Ehrung ihres Freundes.

Abū Dāwūd

Die Verwandtschaftsbande hängen am Thron (Gottes) und sagen: Wer uns zusammenhält, den hält Gott zusammen. Und wer uns zerreißt, den zerreißt Gott.

Bukhārī; Muslim

Der Prophet sagte von den Sklaven und Leibeigenen: Es sind eure Brüder und eure Knechte, die Gott eurer Verfügungsgewalt unterstellt hat. Wem aber Gott Gewalt über seinen Bruder gibt, der soll ihm von dem zu essen geben, was er selbst isst, und der soll ihn mit dem bekleiden, was er selbst anzieht. Ihr sollt sie nicht mit dem betrauen, was sie nicht bewältigen können. Und wenn ihr sie damit betraut, dann helft ihnen dabei.

Bukhārī; Muslim

Keuschheit, Unzucht, Ehebruch

Wer mir den guten Gebrauch dessen, was zwischen seinen Kiefern ist *(Zunge),* und dessen, was zwischen seinen Beinen ist *(Scham),* garantiert, dem garantiere ich das Paradies.

Bukhārī

Die Augen begehen Unzucht. Ihre Unzucht ist der Blick.

Bukhārī; Muslim

O ʿAlī, lass dem einen Blick nicht einen anderen Blick folgen.
Denn der erste Blick gehört (noch) dir, der letzte aber gehört dir
nicht mehr.

Tirmidhī

Ein Mann befindet sich nie allein mit einer Frau, ohne dass nicht
der Teufel sich als dritter zu ihnen gesellt.

Tirmidhī

Der Mann darf sich nicht allein mit einer Frau befinden, es sei
denn, er gehört zu den Männern, die sie nicht heiraten dürfen
(wie Vater, Sohn usw.). Die Frau darf mit keinem Mann reisen,
es sei denn, er gehört zu denen, die sie nicht heiraten dürfen.

Muslim

Der Prophet sagte: Hütet euch, zu den Frauen zu treten. Da sagte
einer der Helfer (Anṣār): Wie ist es mit dem Schwager? Er sagte:
Der Schwager bringt den Tod.

Bukhārī

Die Frau, die sich parfümiert und an Leuten vorbeigeht, damit sie
ihren Duft vernehmen, begeht Ehebruch. Und jedes Auge begeht
Ehebruch.

Nasāʾī

(Unter den Bewohnern der Hölle beschreibt der Prophet folgende
Personen:)
Frauen, die bekleidet und dennoch nackt sind, verführt und ver-
führend, deren Köpfe so groß aussehen wie der Kamelhocker: Sie
gehen nicht ins Paradies ein, und sie finden dessen Geruch nicht,
obwohl sein Geruch meilenweit wahrnehmbar ist.

Muslim

Gerechtigkeit

Meide die Ungerechtigkeit. Die Ungerechtigkeit ist Dunkelheit am Tage der Auferstehung.

Muslim

Nimm dich in Acht vor der Klage der ungerecht Behandelten, denn zwischen ihr und Gott gibt es keinen Vorhang.

Bukhārī; Muslim

Vier Eigenschaften machen einen Menschen zum reinen Frevler. Wer nur eine davon besitzt, besitzt ein entsprechendes Maß an Frevel, bis er sich deren entledigt. Diese sind: das Anvertraute veruntreuen, beim Reden lügen, den Vertragspartner heimtückisch angreifen, im Streit ungerecht sein.

Bukhārī; Muslim

Am Tage der Auferstehung werde ich der Widersacher dreier Menschen sein. Es sind der, der bei meinem Namen ein Versprechen gegeben, aber sein Wort nicht gehalten hat; und der, der einen freien Menschen verkauft und seinen Preis ausgegeben hat; und der, der einen Arbeiter anheuert, von ihm das Vereinbarte erhalten, ihm aber seinen Lohn nicht gegeben hat.

Bukhārī

Wer Nahrung hortet *(um höhere Preise zu erzielen),* sündigt.

Muslim; Abū Dāwūd

Vier Laster machen einen zum Heuchler. Wenn eines von ihnen sich in einem Menschen befindet, befindet sich in ihm eine Eigenschaft des Heuchlers, bis er sich dessen entledigt. (Heuchler ist derjenige) der, wenn er spricht, lügt; der, wenn er verspricht, sein Versprechen nicht hält; der, wenn er streitet, ausfällig wird; der, wenn er eine Vereinbarung schließt, (seinen Partner) hinterhältig überfällt.

Bukhārī; Muslim

Wahrhaftigkeit, Lüge, Heuchelei

Pflegt die Wahrhaftigkeit. Die Wahrhaftigkeit führt zur Rechtschaffenheit, die Rechtschaffenheit führt zum Paradies ... Hütet euch vor der Lüge. Die Lüge führt zur Sündhaftigkeit, die Sündhaftigkeit führt ins Höllenfeuer.

Bukhārī; Muslim

Ich hörte den Gesandten Gottes nur für drei Fälle ein wenig Lüge erlauben: Wenn der Mann etwas sagt, um Eintracht zu stiften; wenn der Mann im Krieg etwas Falsches sagt; und wenn der Mann sich mit seiner Frau unterhält und die Frau sich mit ihrem Mann unterhält.

Muslim

Wenn der Diener (Gottes) lügt, entfernt sich der Engel von ihm eine Meile weit wegen des Gestankes dessen, was er begangen hat.

Tirmidhī

Der schlimmste Mensch ist der Mensch mit zwei Gesichtern. Er begegnet den einen mit einem Gesicht und begegnet den anderen mit einem anderen Gesicht.

Bukhārī

Wer seine Taten hinausposaunt, dem wird Gott sein Inneres hinausposaunen *(und ihn bloßstellen)*. Wer heuchelt, dessen Heuchelei stellt Gott bloß.

Bukhārī

Meine ganze Gemeinde ist gesund bis auf diejenigen, die die Dinge hinausposaunen. Dazu gehört Folgendes: Jemand tut in der Nacht etwas, er erreicht den Morgen, während Gott ihn zugedeckt hat. Dann kommt einer und sagt: Du, du hast gestern dies und jenes getan.
(Gott), sein Herr, hatte seine Tat in der Nacht verborgen gehalten, da kommt jener am Morgen und entfernt von ihm den Schleier Gottes.

Bukhārī; Muslim

Der (wahre) Gläubige verleumdet nicht, er flucht nicht, er frevelt nicht, und er ist nicht niederträchtig im Reden.

Bukhārī

Ehe, Ehepartner

Drei Männer kamen zu den Wohnungen der Frauen des Gesandten Gottes und erkundigten sich nach der frommen Praxis des Propheten. Als sie es hörten, schienen sie es gering zu achten. Sie sagten: Was sind wir denn gegenüber dem Gesandten Gottes, wo ihm seine frühere und seine spätere Schuld vergeben worden ist *(vgl. Koran 48,2)*. Der eine sagte: Ich aber bete die ganze Nacht durch. Ein anderer sagte: Ich faste die ganze Zeit und breche das Fasten nie. Der dritte sagte: Ich enthalte mich der Frauen und heirate nie.
Der Gesandte Gottes kam hinzu und sagte: Seid ihr es, die dies und jenes gesagt haben? Bei Gott, ich bin sicher unter euch der-

jenige, der Gott am meisten fürchtet und am frömmsten ist, aber ich faste und ich breche das Fasten, ich bete und ich lege mich hin, und ich heirate Frauen. Wer sich von meinem Weg abwendet, gehört nicht zu mir.

Bukhārī; Muslim

Der Prophet sagte: Ihr jungen Männer, wer von euch die Pflichten der Ehe erfüllen kann, der heirate. Das hilft besser, den Blick zu senken und die Keuschheit zu wahren. Wer es nicht kann, soll sich dem Fasten zuwenden, denn es ist für ihn die Überwindung der Begierde.

Bukhārī; Muslim

Die ältere Unverheiratete hat eher das Recht, über sich selbst (zu verfügen), als ihr Sachwalter. Und die Jungfrau muss nach ihrer Erlaubnis gefragt werden, wenn es um ihre Person geht.

Muslim; Abū Dāwūd

Die ältere unverheiratete Frau darf nur mit ihrem eigenen Einverständnis verheiratet werden. Die Jungfrau darf nur verheiratet werden, nachdem sie nach ihrer Erlaubnis gefragt wurde.

Bukhārī; Muslim

Einige unter den Gefährten des Gesandten Gottes sagten zum Propheten: O Gesandter Gottes, die Reichen sind uns in Bezug auf den Lohn voraus, denn auch sie beten, wie wir beten, und auch sie fasten, aber sie spenden vom Überfluss ihres Reichtums. Er sagte: Hat Gott nicht auch euch gegeben, wovon ihr spenden könnt? Durch jedes Lob erfolgt eine Spende, durch jede Verherrlichung *(Gottes)* erfolgt eine Spende, durch jede Lobpreisung erfolgt eine Spende, durch jeden Jubelruf erfolgt eine Spende. Das Gute gebieten ist eine Spende, das Verwerfliche verbieten ist eine Spende. Und wenn einer von euch *(mit seiner Frau)* verkehrt, bringt er eine Spende.

Sie sagten: O Gesandter Gottes, wenn einer von uns seine Begierde befriedigt, wie kann er dafür eine Belohnung erhalten? Er sagte: Was meint ihr, wenn er sie auf verbotene Weise befriedigt, hätte er nicht eine Schuld auf sich geladen? So ist es umgekehrt, wenn er sie auf berechtigte Weise befriedigt, erhält er dafür eine Belohnung.

Muslim

Unter den Gläubigen zeigen diejenigen den vollkommensten Glauben, die den besten Charakter besitzen. Und die besten von euch sind diejenigen, die ihre Frauen am besten behandeln.

Tirmidhī

Eines Tages kam eine Frau zum Gesandten Gottes.
Er fragte sie: Hast du einen Ehemann?
Sie sagte: Ja.
Er sagte: Wie stehst du zu ihm?
Sie sagte: Ich lasse ihn nicht dessen entbehren, was ich zu leisten vermag.
Er sagte: Sieh zu, wie du dich ihm gegenüber verhältst, denn er ist dein Paradies und dein Feuer.

Nasāʾī

Jede Frau, die stirbt, während ihr Mann mit ihr zufrieden ist, geht ins Paradies ein.

Ibn Mādja; Tirmidhī

Wenn ein Mann seine Frau in sein Bett ruft, sie aber nicht kommt, sodass er zornig die Nacht verbringt, dann werden die Engel sie verfluchen, bis es Morgen wird.

Bukhārī; Muslim

Eine Frau hatte dem Propheten geklagt, dass ihr Mann sie schwer geschlagen habe. Er missbilligte dies und sagte: Wie kann jemand von euch seine Frau schlagen, wie man einen Sklaven schlägt, und dann, ohne sich zu schämen, kommen und sie umarmen.

Bukhārī

Der eine von euch entschließt sich, seine Frau auszupeitschen, wie man einen Sklaven auspeitscht, und dann ist es möglich, dass er am Ende seines Tages mit ihr schläft.

Bukhārī; Muslim; Tirmidhī

Es ist der Frau nicht gestattet zu fasten, während ihr Mann anwesend ist, es sei denn mit seiner Erlaubnis; und auch nicht jemandem zu erlauben, sein Haus zu betreten, es sei denn mit seiner Erlaubnis.

Bukhārī

Brüderlichkeit, Hilfsbereitschaft, Liebe

Niemand von euch glaubt (wirklich), bis er seinem Bruder das wünscht, was er sich selbst wünscht.

Bukhārī; Muslim

Wer vom Höllenfeuer entfernt und ins Paradies geführt werden will, ... der tue den Menschen das an, was er wünscht, dass man es ihm selbst antut.

Muslim

Der Muslim ist der Bruder des Muslims. Er behandelt ihn nicht ungerecht und weist ihn nicht zurück. Wer seinem Bruder in der Not beisteht, dem steht Gott in seiner Not bei.

Bukhārī

Der Gläubige ist für den Gläubigen wie der Bau; der eine Teil hält den anderen fest.

Bukhārī; Muslim

Die Gläubigen gleichen in ihrer gegenseitigen Freundschaft, Barmherzigkeit und Güte dem Körper. Wenn ein Glied leidet, so kümmern sich alle übrigen Glieder des Körpers um ihn mit Wachen und Fieber.

Bukhārī; Muslim

Es gab zwei Brüder zur Zeit des Propheten. Der eine pflegte zum Propheten zu gehen, der andere mühte sich im Beruf ab. Derjenige, der seinem Beruf nachging, beschwerte sich über seinen Bruder beim Propheten. Dieser sagte: Vielleicht wird dir durch ihn der Lebensunterhalt beschert.

Tirmidhī

Verachte die kleinste gute Tat nicht, auch wenn sie darin besteht, dass du deinem Bruder mit freundlichem Gesicht begegnest.

Muslim

Beneidet nicht einander. Überbietet euch nicht gegenseitig im Handel. Hasst nicht einander. Kehrt nicht einander den Rücken. Verkauft nicht, was andere unter euch verkaufen. Seid Diener Gottes und Brüder.

Der Muslim ist der Bruder des Muslims. Er tut ihm nicht Unrecht. Er weist ihn nicht zurück, er belügt ihn nicht, er verachtet ihn nicht. Die Frömmigkeit sitzt hier *(in seiner Brust)*. Es ist des Bösen genug, wenn einer seinen muslimischen Bruder verachtet. Der ganze Muslim ist für einen anderen Muslim unantastbar: sein Blut, sein Eigentum und seine Ehre.

Muslim

Während der Prophet dasaß, kam ein Mann vorbei. Da sagte er zu einem Mann, der bei ihm saß: Was hältst du von diesem? Er sagte: Das ist ein Mann von den ehrenwerten Menschen. Dieser ist, bei Gott, würdig, dass, wenn er um die Hand einer Frau anhält, man sie ihm zur Frau gibt, und wenn er Fürsprache einlegt, man seine Fürsprache annimmt.

Der Gesandte Gottes schwieg.

Dann kam ein anderer Mann vorbei. Da sagte der Gesandte Gottes: Was hältst du von diesem?

Er sagte: O Gesandter Gottes, dieser gehört zu den Armen unter den Muslimen. Ihm gegenüber geziemt es, dass, wenn er um die Hand einer Frau anhält, man sie ihm nicht zur Frau gibt, und wenn er Fürsprache einlegt, man seine Fürsprache nicht annimmt, und wenn er spricht, man seinen Worten nicht zuhört. Da sagte der Gesandte Gottes: Dieser ist besser als eine ganze Erdenbevölkerung gleicher Art wie der erste.

Bukhārī

Der Prophet sagte: Leiste deinem Bruder Beistand, sei es, dass er ungerecht handelt, sei es, dass er ungerecht behandelt wird ... Da sagte ein Mann: O Gesandter Gottes, ich leiste ihm Beistand, wenn er ungerecht behandelt wird. Aber was meinst du,

wenn er selbst ungerecht handelt, wie kann ich denn ihm beistehen?
Er sagte: Du behütest ihn davor, oder du hinderst ihn daran, Ungerechtigkeit zu begehen. Das ist dein Beistand für ihn.

Bukhārī

Wer im Diesseits eine der vielen Nöte von einem Gläubigen abwendet, von dem wendet Gott im Jenseits eine der vielen Nöte
ab. Wer einem Bedrängten Erleichterung verschafft, dem verschafft Gott Erleichterung im Diesseits und im Jenseits. Wer die
Schwächen eines Muslims zudeckt, den behütet Gott im Diesseits
und im Jenseits. Gott hilft seinem Diener, solange der Diener seinem Bruder hilft.

Muslim

Der Prophet sagte: Jeder Muslim hat ein Almosen zu geben. Da
sagte einer: Was ist, wenn er es nicht kann?
Er sagte: Er soll mit seinen Händen arbeiten, so bringt er Nutzen
für sich und kann Almosen geben.
Er sagte: Was ist, wenn er es nicht kann?
Er sagte: Dann helfe er dem bedrückten Notleidenden.
Er sagte: Was ist, wenn er es nicht vermag?
Er sagte: Er soll dann das Rechte gebieten und das Verwerfliche
verbieten.
Er sagte: Was ist, wenn er es nicht tut?
Er sagte: Dann soll er das Böse meiden, denn auch das ist ein
Almosen.

Bukhārī; Muslim

Als wir auf der Reise mit dem Propheten waren, kam ein Mann
auf seinem Reittier und fing an, seine Blicke nach rechts und
nach links zu richten. Da sagte der Gesandte Gottes: Wer mehr
Reittiere besitzt, als er braucht, überlasse den Überfluss dem, der

keines hat. Und wer mehr Nahrung hat, als er benötigt, überlasse den Überfluss dem, der keine Nahrung hat.

Und er setzte seine Rede fort, indem er verschiedene Arten von Besitz aufzählte, sodass wir sahen, dass niemand Recht auf Überfluss hat.

Muslim

Besucht den Kranken, gebt dem Hungrigen zu essen und befreit die Gefangenen.

Bukhārī

Gott, der Hohe und Erhabene, wird am Tage der Auferstehung sagen: O Kind Adams, ich bin krank gewesen, und du hast mich nicht besucht.

Er wird sagen: O mein Herr, wie kann ich dich besuchen, wo du doch der Herr der Welten bist?

Er wird sagen: Wusstest du nicht, dass mein Diener Soundso krank war, und du hast ihn nicht besucht. Hättest du ihn besucht, hättest du mich bei ihm gefunden; wusstest du es nicht?

O Kind Adams, ich habe dich um etwas zu essen gebeten, und du hast mir nicht zu essen gegeben.

Er wird sagen: O mein Herr, wie kann ich dir zu essen geben, wo du doch der Herr der Welten bist?

Er wird sagen: Wusstest du nicht, dass mein Diener Soundso dich um etwas zu essen gebeten hat, und du hast ihm nicht zu essen gegeben. Hättest du ihm zu essen gegeben, hättest du es bei mir gefunden; wusstest du es nicht?

O Kind Adams, ich habe dich um etwas zu trinken gebeten, und du hast mir nicht zu trinken gegeben.

Er wird sagen: O mein Herr, wie kann ich dir zu trinken geben, wo du doch der Herr der Welten bist?

Er wird sagen: Mein Diener Soundso hat dich um etwas zu trinken gebeten, und du hast ihm nicht zu trinken gegeben. Hättest du ihm zu trinken gegeben, hättest du es bei mir gefunden; wusstest du es nicht?

Muslim

Wer sich der Menschen nicht erbarmt, dessen erbarmt sich Gott nicht.

Bukhārī; Muslim

Wer sich anderer nicht erbarmt, wird keine Barmherzigkeit finden.

Bukhārī

Ein Mann war unterwegs, und es überfiel ihn ein großer Durst. Er fand einen Brunnen, stieg hinab und trank. Als er heraustieg, fand er einen Hund mit ausgestreckter Zunge, der aus Durst den Staub leckte.
Der Mann sagte: Dieser Hund erleidet aus Durst das Gleiche, was ich selbst erlitten habe.
Er stieg in den Brunnen wieder hinab, füllte seinen Schuh mit Wasser und hielt ihn mit dem Mund fest, bis er emporstieg. Dann tränkte er den Hund.
Gott dankte es ihm und schenkte ihm Vergebung.
Sie sagten: O Gesandter Gottes, haben wir auch in Bezug auf die Behandlung der Tiere einen Lohn zu erwarten?
Er sagte: Für die Tränkung eines jeden Lebewesens gibt es einen Lohn.

Bukhārī; Muslim

Die Pforten des Paradieses werden montags und donnerstags geöffnet, und es wird einem jeden vergeben, der ihm *(Gott)* nichts anderes beigesellt, nur dem Mann nicht, der im Streit mit seinem Bruder liegt. Es wird gesagt: Lasst diese zwei warten, bis sie sich versöhnen. Lasst diese zwei warten, bis sie sich versöhnen. Lasst diese zwei warten, bis sie sich versöhnen.

Muslim

Gott, der Erhabene, wird am Tag der Auferstehung sagen: Wo sind diejenigen, die um meiner Herrlichkeit willen einander liebten? Heute will ich sie unter meinen Schatten nehmen, an diesem Tag, an dem es keinen Schatten gibt außer meinem Schatten.

Muslim

Der Prophet Muhammad erzählt:
Ein Mann ging einen Bruder in einem Dorf besuchen. Gott schickte ihm einen Engel den Weg entgegen. Als er ihm begegnete, sagte er: Wohin gehst du?
Er sagte: Ich möchte einen Bruder von mir in diesem Dorf besuchen.
Er sagte: Ist er dir etwas schuldig, sodass du von ihm die Schuld zurückfordern willst?
Er sagte: Nein, nur dass ich ihn um Gottes willen liebe.
Er sagte: Ich bin der Sendbote Gottes, der zu dir mit der Botschaft kommt, dass Gott dich so liebt, wie du ihn *(den Bruder)* um Gottes willen liebst.

Muslim

Diejenigen, die um meiner Herrlichkeit willen einander lieben, werden Kanzeln aus Licht erhalten, und die Propheten und die Märtyrer werden sie selig preisen.

Tirmidhī

Wenn jemand von euch seinen Bruder liebgewonnen hat, so sage er es ihm.

Abū Dāwūd; Tirmidhī

Regierungsverantwortung

Ihr seid alle Hüter, und jeder von euch ist verantwortlich für das, was seiner Obhut anvertraut ist. Der Imām ist Hüter und verantwortlich für seine Untertanen. Der Mann ist Hüter seiner Familie und ist verantwortlich für seine Angehörigen. Die Frau ist Hüterin im Hause ihres Mannes und ist verantwortlich für ihre Angehörigen. Der Knecht ist Hüter des Eigentums seines Herrn und ist verantwortlich für das ihm anvertraute Gut. Der Mann ist Hüter des Vermögens seines Vaters und ist verantwortlich für das ihm anvertraute Vermögen. Ihr seid alle Hüter, und jeder von euch ist verantwortlich für das, was seiner Obhut anvertraut ist.

Bukhārī; Muslim

Wenn der Diener, dem Gott die Gemeinde anvertraut, um sie zu regieren, stirbt, nachdem er seine Gemeinde betrogen hat, dann wird Gott ihm den Eintritt ins Paradies verwehren.

Bukhārī; Muslim

O Gott, wer Regierungsverantwortung über meine Gemeinschaft trägt und zu den Menschen streng ist, zu dem mögest du auch streng sein. Und wer sie mit Milde behandelt, den behandle auch du mit Milde.

Muslim

Gesetzliche Strafen: Diebstahl, Unzucht, Ehebruch

Die Qurayshiten waren bekümmert wegen einer Frau aus der Sippe der Makhzūm, die gestohlen hatte. Sie sagten: Wer spricht in ihrer Sache mit dem Gesandten Gottes?
Sie sagten: Wer wagt es, ein Wort bei ihm einzulegen, außer Usāma ibn Zayd, dem Liebling des Gesandten Gottes?

Da sprach Usāma mit ihm. Der Gesandte Gottes sagte: Du legst Fürsprache ein in einer Straftat, die von Gott selbst mit einer gesetzlichen Strafe belegt ist?

Dann stand er auf und hielt eine Ansprache. Dann sagte er: Was diejenigen, die vor euch waren, ins Verderben gestürzt hat, ist die Tatsache, dass sie pflegten, den Vornehmen, wenn er gestohlen hatte, laufen zu lassen, und den Schwachen, wenn er gestohlen hatte, der gesetzlichen Strafe zu unterziehen. Bei Gott, würde Fāṭima, die Tochter Muḥammads *(= meine Tochter)* stehlen, so würde ihre Hand abgehackt werden.

Bukhārī; Muslim

Das Blut eines Muslims darf nur in drei Fällen legitimerweise vergossen werden: wenn es um einen älteren Ehebrecher geht, als Strafe für einen Mord und bei demjenigen, der von seiner Religion abfällt und seine Gemeinschaft verlässt.

Bukhārī; Muslim

ʿAlī sagte in einer Predigt: O ihr Menschen, erfüllt die gesetzlichen Strafen an euren Sklaven, die verheiratet, und an denen, die unverheiratet sind. Eine Magd des Propheten hat (einmal) Unzucht begangen, da befahl er mir, ihr Peitschenhiebe zu verabreichen. Ich kam zu ihr, sie war aber noch nicht lange aus dem Wochenbett heraus. Ich befürchtete, wenn ich ihr die Peitschenhiebe verabreiche, dass sie sterben würde. Ich teilte es dem Propheten mit. Er sagte: Du hast gut gehandelt. Lass sie, bis sie sich erholt hat.

Muslim; Abū Dāwūd; Tirmidhī

Eines Tages kam ein Mann namens Māʿiz und bekannte sich des Ehebruchs schuldig. Er bat den Propheten, auf ihn die gesetzliche Strafe anzuwenden. Er bestand darauf, obwohl der Prophet ihm etliche Möglichkeiten zeigte, der Strafe zu entrinnen. Später erfuhr der Prophet, dass ein anderer Mann den Schuldigen dazu gedrängt hatte, sich selbst anzuzeigen. Der Prophet sagte dann zu ihm: Hättest du ihn mit deinem Kleid bedeckt, es wäre besser für dich gewesen.

Bukhārī

Eine Frau kam zum Propheten. Sie war infolge eines Ehebruchs schwanger. Sie sagte: O Gesandter Gottes, ich habe eine gesetzliche Strafe verdient, so verhänge sie über mich.
Der Gesandte Gottes rief ihren Sachwalter zu sich und sagte: Sei gut zu ihr. Und sobald sie ihre Niederkunft gehabt hat, bringe sie zu mir.
Er tat so. Da befahl der Prophet, und ihre Kleider wurden um sie festgebunden. Dann befahl er, und sie wurde gesteinigt. Dann hielt er das Gebet für sie.
Da sagte ʿUmar zu ihm: Du betest für sie, o Prophet Gottes, wo sie doch Ehebruch begangen hat!
Da sagte er: Sie hat eine Reue gezeigt, die, wenn sie auf siebzig Leute aus Medina verteilt würde, sie alle umfassen würde. Gibt es denn eine bessere Reue als die, dass sie ihr Leben Gott geschenkt hat?

Muslim

Ein Mann kam zum Propheten und sagte: Ich habe eine Strafe verdient, so verhänge sie über mich.
Da kam die Zeit des Gebets, so betete er mit dem Gesandten Gottes. Nachdem er das Gebet verrichtet hatte, sagte er: O Gesandter Gottes, ich habe eine Strafe verdient, so erfülle an mir die Bestimmungen des Buches Gottes.
Er sagte: Hast du dem Gebet mit uns beigewohnt?
Er sagte: Ja.
Er sagte: Es ist dir vergeben worden.

Bukhārī; Muslim

Nach Ibn ʿUmar:
Während eines der Beutezüge des Gesandten Gottes fand man
eine getötete Frau. Da verbot er das Töten von Frauen und Kindern.

Bukhārī; Muslim

Tod und Gericht, Vergeltung, Paradies/Hölle

Der Prophet sagte: Wenn einer die Begegnung mit Gott liebt, so
liebt Gott die Begegnung mit ihm. Und wenn einem die Begegnung mit Gott zuwider ist, so ist die Begegnung mit ihm Gott
zuwider.
ʿĀʾisha (oder eine seiner Frauen) sagte: Uns ist der Tod zuwider.
Er sagte: Es geht nicht darum. Vielmehr, wenn der Gläubige im
Sterben liegt, wird ihm das Wohlwollen Gottes und sein Ehrer-
weis als Frohbotschaft verkündet. Dann ist ihm nichts lieber als
das, was ihm bevorsteht. So liebt er die Begegnung mit Gott, und
Gott liebt die Begegnung mit ihm. Wenn dagegen der Ungläubige im Sterben liegt, wird ihm die Pein Gottes und seine Strafe
verkündet. Dann ist ihm nichts mehr zuwider als das, was ihm
bevorsteht. Ihm ist die Begegnung mit Gott zuwider, und Gott
ist die Begegnung mit ihm zuwider.

Bukhārī

Am Tag der Auferstehung wird Gott einen Mann aus meiner Gemeinschaft vor allen Geschöpfen erlösen. Er breitet vor ihm
neunundneunzig Verzeichnisbücher aus, jedes davon so weit,
wie der Blick reicht. Da sagt er: Verleugnest du etwas davon?
Haben meine Schreiber, die alles aufbewahren, dir Unrecht getan?
Er sagt: Nein, o mein Herr.
Er sagt: Hast du eine Entschuldigung?
Er sagt: Nein, o mein Herr.

Er sagt: Doch, du hast eine gute Tat. Heute soll dir kein Unrecht getan werden.

Da wird ein Zettel hervorgebracht, auf dem steht: Ich bezeuge, es gibt keinen Gott außer Gott, und ich bezeuge, Muḥammad ist sein Diener und sein Gesandter.

Er sagt: Du sollst dem Wägen (deiner Taten) beiwohnen.

Er sagt: O mein Herr, was ist dieser (eine) Zettel gegen (all) diese Verzeichnisbücher?

Er sagt: Dir soll kein Unrecht getan werden.

Die Verzeichnisbücher werden auf eine Waagschale gelegt, und der Zettel oben auf eine Waagschale. Die Verzeichnisbücher gehen nach oben wie ein leichtes Gewicht, der Zettel nach unten wie ein schweres Gewicht. Denn niemand hat ein schweres Gewicht gegen den Namen Gottes.

Tirmidhī

Ein Mann tat nie etwas Gutes. Er lieh den Menschen Geld und pflegte seinem Boten zu sagen: Nimm, was leicht beizubringen ist, und lass liegen, was schwer zu erreichen ist, und lass (den Leuten das Übrige) nach, auf dass Gott auch uns nachlassen möge. Als er nun starb, sagte Gott: Hast du etwas Gutes getan?

Er sagte: Nein. Nur dass ich einen Knecht hatte. Ich lieh den Menschen Geld. Und wenn ich ihn schickte, das Geld zurückzufordern, sagte ich zu ihm: Nimm, was leicht beizubringen ist, und lass liegen, was schwer zu erreichen ist, und lass (den Leuten das Übrige) nach, auf dass Gott auch uns nachlassen möge.

Gott sagte: Ich lasse dir (deine Schuld) nach.

Nasāʾī

Niemals werden zwei Engel, welche alles aufbewahren, vor Gott das bringen, was sie nachts oder tagsüber bewahrt haben, und niemals wird Gott am Anfang des Blattes und am Ende des Blattes etwas Gutes finden, ohne dass er sagen würde: Ich nehme euch zu Zeugen, ich habe meinem Diener vergeben, was zwischen den beiden Enden des Blattes steht.

Tirmidhī

Gott lässt die Leute des Paradieses ins Paradies eingehen, er lässt durch seine Barmherzigkeit hineingehen, wen er will. Und er lässt die Leute des Höllenfeuers ins Feuer eingehen. Dann sagt er: Schaut hin, bringt heraus den, in dessen Herzen ihr auch nur das Gewicht eines Senfkörnchens Glauben findet.
Da bringen sie sie heraus wie verbrannte schwarze Scheite. Sie werden in den Fluss des Lebens (oder: in den Regenbach) geworfen, und sie wachsen darin, wie der Wüstensamen am Bachufer wächst. Habt ihr nicht gesehen, wie er (dort) gelb und geschmeidig herauskommt?

Muslim

Gott sagt zu dem, der die leichteste Pein im Höllenfeuer erleidet: Wenn du etwas auf der Erde hättest, würdest du es wohl als Lösegeld für dich hergeben?
Er sagt: Ja.
Er sagt: Ich habe doch von dir etwas Leichteres als dies verlangt, als du noch in den Lenden Adams warst, und zwar, dass du mir nichts beigesellen sollst. Aber du hast es abgelehnt.

Bukhārī

Der erste unter den Menschen, über den das Urteil am Tag der Auferstehung gefällt wird, ist ein Mann, der als Märtyrer gestorben war. Er wird gebracht. Er *(Gott)* lässt ihn seine Gnaden erkennen, und er erkennt sie. Er sagt: Was hast du dafür getan? Er sagt: Ich habe um deinetwillen gekämpft, bis ich als Märtyrer starb.
Er sagt: Du lügst. Du hast vielmehr gekämpft, damit man sagt: Siehe, ein Mutiger! Und man hat es auch gesagt.

Dann ergeht ein Befehl über ihn, und er wird auf seinem Gesicht geschleppt und ins Höllenfeuer geworfen.

Dann folgt ein Mann, der das Wissen erworben und auch gelehrt hat und der den Koran rezitiert hat. Er wird gebracht. Er *(Gott)* lässt ihn seine Gnaden erkennen, und er erkennt sie.

Er sagt: Was hast du dafür getan?

Er sagt: Ich habe das Wissen erworben und auch gelehrt, und ich habe den Koran rezitiert.

Er sagt: Du lügst. Du hast vielmehr das Wissen erworben, damit man sagt: Siehe, ein Gelehrter! Und du hast den Koran rezitiert, damit man sagt: Er ist ein Rezitator! Und man hat es auch gesagt.

Dann ergeht der Befehl über ihn, und er wird auf seinem Gesicht geschleppt und ins Höllenfeuer geworfen.

Dann folgt ein Mann, den Gott großzügig bedacht und ihm von jeder Art Vermögen beschert hatte. Er wird gebracht. Er *(Gott)* lässt ihn seine Gnaden erkennen, und er erkennt sie.

Er sagt: Was hast du dafür getan?

Er sagt: Ich habe auf jedem Weg gespendet, auf dem du liebst, dass man spendet.

Er sagt: Du lügst. Du hast es getan, damit man sagt: Er ist freigebig. Und man hat es auch gesagt.

Dann ergeht der Befehl über ihn, und er wird auf seinem Gesicht geschleppt und ins Höllenfeuer geworfen.

Muslim; Tirmidhī; Nasāʾī

Wenn Gott die Leute des Paradieses ins Paradies und die Leute des Höllenfeuers ins Feuer eingehen lässt, wird der Tod herbeigebracht und auf den Wall hingestellt, der zwischen den Leuten des Paradieses und den Leuten des Feuers steht. Dann wird gesagt: Ihr Leute des Paradieses! Diese blicken auf voller Angst. Dann wird gesagt: Ihr Leute des Feuers! Diese blicken auf in froher Stimmung und hoffen auf eine Fürsprache (zu ihren Gunsten). Es wird zu den Leuten des Paradieses und zu den Leuten des Feuers gesagt: Kennt ihr den?

Sie sagen, diese und jene: Wir kennen ihn. Das ist der Tod, der mit uns betraut ist.

Er wird hingelegt, und er wird geschlachtet auf dem Wall, der zwischen dem Paradies und dem Feuer steht.

Dann wird gesagt: Ihr Leute des Paradieses, es ist nun die Ewigkeit, es gibt keinen Tod mehr. – Ihr Leute des Feuers, es ist nun die Ewigkeit, es gibt keinen Tod mehr.

Tirmidhī

Gott sagt zu den Leuten des Paradieses: Ihr Leute des Paradieses! Sie sagen: Da sind wir, o unser Herr, dir gebührt eine doppelte Seligkeit.

Er sagt: Seid ihr zufrieden?

Sie sagen: Warum sollten wir nicht zufrieden sein, wo du uns gegeben hast, was niemandem von deinen Geschöpfen gegeben wurde?

Er sagt: Ich gebe euch etwas Besseres als dies.

Sie sagen: O Herr, was ist denn besser als dies?

Er sagt: Ich lasse mein Wohlgefallen auf euch ruhen, sodass ich euch fortan niemals mehr zürne.

Bukhārī

Wenn die Leute des Paradieses ins Paradies eingehen, sagt Gott: Wünscht ihr euch, dass ich euch noch mehr gebe?

Sie sagen: Hast du uns nicht unsere Gesichter weiß gemacht? Hast du uns nicht ins Paradies eingehen lassen und uns vor dem Höllenfeuer gerettet?

Da zieht er den Vorhang weg. Siehe, ihnen ist nichts geschenkt worden, was ihnen lieber wäre als das Hinschauen zu Gott.

Muslim

Während die Leute des Paradieses sich in ihrer Wonne befinden, strahlt über ihnen ein Licht auf. Sie erheben ihre Häupter, und siehe, der Herr erscheint über ihnen von oben. Er sagt: Friede sei über euch, ihr Leute des Paradieses! (Und das ist die Anrede Gottes: »Friede, als Anrede von einem barmherzigen Herrn«: Koran 36,58.) Er schaut zu ihnen, und sie schauen zu ihm. Und sie kümmern sich um nichts mehr von der Wonne, solange sie zu ihm schauen, bis er ihnen verhüllt wird. Jedoch verweilen sein Licht und sein Segen über ihnen in ihren Behausungen.

Ibn Mādja

Einige sagten: O Gesandter Gottes, werden wir am Tag der Auferstehung unseren Herrn schauen?
Er sagte: Schadet euch etwa die Sonne, wenn vor ihr keine Wolken hängen?
Sie sagten: Nein, o Gesandter Gottes.
Er sagte: Schadet euch etwa der Mond bei einer Vollmondnacht, wenn vor ihm keine Wolken hängen?
Sie sagten: Nein, o Gesandter Gottes.
Er sagte: Auf diese Weise werdet ihr ihn am Tag der Auferstehung schauen. Gott versammelt die Menschen und sagt: Wer etwas verehrte, soll ihm folgen. Da folgt der Sonne, wer sie verehrte, und da folgt dem Mond, wer ihn verehrte, und da folgt den Götzen, wer sie verehrte. Übrig bleibt diese Gemeinschaft samt ihren Heuchlern. Gott kommt dann zu ihnen in einer anderen Gestalt als der, die sie kennen, und sagt: Ich bin euer Herr.
Sie sagen: Wir suchen bei Gott Zuflucht vor dir. Wir bleiben hier stehen, bis unser Herr zu uns kommt. Wenn unser Herr zu uns kommt, werden wir ihn erkennen.
Gott kommt dann zu ihnen in der Gestalt, die sie kennen, und sagt: Ich bin euer Herr.
Sie sagen: Du bist unser Herr. Und sie folgen ihm.
Die Brücke der Hölle wird geschlagen. Ich werde der Erste sein, der sie überqueren wird. Und die Propheten werden an diesem Tag rufen: O unser Gott, lass uns heil, lass uns heil hinübergelangen.
An der Brücke sind Haken wie die Affendornen ..., über deren

Maße nur Gott Bescheid weiß. Sie schaffen die Menschen weg nach ihren Werken: Einige gehen zugrunde wegen ihrer Taten, andere werden hingeworfen, sie können sich aber retten.

Wenn Gott schließlich damit fertig ist, über seine Diener zu richten, und nun aus dem Höllenfeuer herausholen möchte, wen er will von denen, die bezeugt haben, dass es keinen Gott gibt außer Gott, befiehlt er den Engeln, sie herauszuholen. Sie erkennen sie am Zeichen der Niederwerfungsspuren – und Gott hat es dem Feuer verboten, die Spur der Niederwerfung beim Sohn Adams zu fressen. Sie holen sie heraus, schwarz vom Feuerbrand. Über sie wird Wasser gegossen, das man Wasser des Lebens nennt, und sie wachsen, wie der Wüstensamen auf dem wächst, was der Bach mitschleppt.

Übrig bleibt ein Mann, mit dem Gesicht über dem Feuer. Er sagt: O mein Herr, sein Wind richtet mich zugrunde und seine Flammen verbrennen mich. So entferne mein Gesicht vom Feuer.

Er hört nicht auf, Gott anzurufen. Dieser sagt: Vielleicht wirst du, wenn ich es dir gewähre, mich wieder um etwas anderes bitten.

Er sagt: Nein, bei deiner Macht, ich werde dich nicht um etwas anderes bitten.

So entfernt er sein Gesicht vom Feuer.

Danach sagt er: O mein Herr, bring mich in die Nähe des Tores des Paradieses.

Er sagt: Hast du nicht behauptet, du wirst mich um nichts anderes bitten? Weh dir, Sohn Adams, wie hinterlistig bist du doch! Er hört nicht auf anzurufen.

Da sagt er: Vielleicht wirst du, wenn ich dir dies gewähre, mich wieder um etwas anderes bitten.

Er sagt: Nein, bei deiner Macht, ich werde dich nicht um etwas anderes bitten.

Und er gibt Gott allerlei Versicherungen und Verpflichtungen, dass er ihn nicht um etwas anderes bitten würde. Da bringt er ihn in die Nähe des Tores des Paradieses. Und wenn er sieht, was darin ist, schweigt er so lange, wie Gott will, dass er schweigt.

Dann sagt er: O mein Herr, lass mich ins Paradies eintreten.

Dann sagt er *(Gott):* Hast du nicht behauptet, du wirst mich um nichts anderes bitten? Weh dir, Sohn Adams, wie hinterlistig bist du doch!

Er sagt: O mein Herr, lass mich nicht zum Unglücklichsten unter deinen Geschöpfen werden.

Er hört nicht auf anzurufen, bis er, d. h. Gott der Erhabene, lacht. Wenn er über ihn lacht, erlaubt er ihm hineinzugehen. Wenn er hineingeht, wird zu ihm gesagt: Wünsche dir etwas von dem hier.

Und er wünscht es sich.

Dann wird zu ihm gesagt: Wünsche dir etwas von dem da.

Und er wünscht es sich, bis er nichts mehr zu wünschen hat.

Da sagt er zu ihm: Dies gehört dir und nochmals das Gleiche hinzu.

Bukhārī; ähnlich bei Muslim

Namen- und Sachregister zum Koran

Aaron 2,248; 4,163; 5,23.25; 6,84; 7,122.142.150–151; 10,75.
87–89; 19,28.53; 20,30–35.42–50.56.63.70.90.92–94; 21,48;
23,45–48; 25,35–36; 26,13.15–16.36.48; 28,34–35; 37,114–
122

Abel 5,27–32

Abfall vom Glauben/Apostasie 2,217; 3,77.86–91.106.177;
4,89.115.137; 5,54; 16,106–107; 47,25–28.31–32

Abgabe (Zakāt)/Almosen/Spenden 2,43.83.110.177.215. 254.
263.264.265.267.270–274.277; 3,92.134; 4,38.77.162; 5,12.
55; 7,156; 8,3; 9,5.11.18.60.67.71.79–80.99; 13,22–23;
14,31; 18,81; 19,31.55; 21,73; 22,35.41.78; 23,4; 24,37.56;
25,67; 27,3; 30,39; 31,4; 32,16; 34,39; 35,29; 36,47; 41,7;
51,19; 57,7.18; 58,12–13; 63,10–11; 64,16–18; 70,24–25;
73,20; 98,5

Abraham 2,124–133.135–136.140.258.260; 3,33.65–68.84.95.
97; 4,53–54.125.163; 6,74–84.161; 9,70.114; 11,69–76;
12,6.38; 14,35–41; 15,51–56; 16,120–123; 19,41–49.58;
21,51–72; 22,26.43.78; 26,69–102; 29,16–19.24–27.31;
33,7; 37,83–113; 38,45–47; 42,13; 43,26–28; 51,24–37;
53,37; 57,26; 60,4–5; 87,19

Adam 2,30–37; 3,33–34.59; 4,1; 5,27; 7,11.19–27.31.35.172.
189; 15,26.28–30.33; 17,61–62.70; 18,50; 19,58; 20,115–
123; 36,60; 38,71–76

Adoption 33,4–5.37

Araber 9,90–99.101–110.120–121; 11,49; 12,102; 13,30–31.36;
14,46; 21,10.36–40.42.46.50; 22,78; 24,53–55; 25,30.40–
42.60; 26,3–8.197–207; 27,67–72; 28,46–57; 33,20; 34,15–
19; 36,13–21; 38,2–12; 39,3; 41,26–29.41–44; 42,13–16;
43,5.26–35.57–58; 44,13–16; 48,11–12.15–17; 49,14–18;
53,2.19–23; 62,2–3; 73,11; 89,17–20

Auferstehung der Toten (siehe auch Gericht und Vergeltung)
2,85.113.174.212; 3,55.77.161.180.185.194; 4,87.109.141.

159; 5,14.36.64; 6,12.29.36; 7,14.32.57.167.172; 10,60.93;
11,7.60.98.99; 15,36; 16,21.25.27.38.92.124; 17,13.49.58.
62.97.98; 18,105; 19,15.33.95; 20,100.101.124; 21,47; 22,5.
7.9.17.69; 23,16.37.82.100; 25,69; 26,87; 27,65; 28,41.42.
61.71.72; 29,13.25; 30,50.56; 31,28; 32,25; 35,14; 37,16.
144; 38,76; 39,15.24.31.47.60.67; 41,40; 42,45; 45,17.26;
46,5; 56,47; 58,6.7.18; 60,3; 64,7; 68,39; 72,7; 75,1.6; 83,4

Aufhebung/Abrogation 2,106; 10,15; 16,101; 17,86; 87,6.6

ʿĀd 7,65–72; 9,70.74; 11,50–60; 14,9; 22,42; 25,38–39; 26,123–
140; 29,38; 38,12; 40,31; 41,13–16; 46,21–26; 50,13; 51,41;
53,50; 54,18–21; 69,4.6–8; 89,6–7

ʿArafāt 2,198

Beratung 42,38

Bitte um Vergebung 2,199; 3,135.159; 4,64.106.110; 5,74; 8,33;
9,80.113; 11,3.52.61.90; 12,29.97–98; 18,55; 19,47; 24,62;
27,46; 38,24; 40,7.55; 41,6; 42,5; 47,19; 48,11; 51,18; 60,4.
12; 63,5–6; 71,10; 73,20; 110,3

Böse (das) 2,169; 3,30.120.174; 4,17.78.79.110.123.148.149;
6,54; 7,73.95.131.165.188; 9,37; 11,54.64; 12,24.25.51.53;
13,6.11.22; 16,28.59.94.119; 23,96; 26,156; 27,11.46.62;
28,54; 30,36; 33,17; 35,8; 39,61; 40,37; 41,34; 42,48; 47,14;
60,2

Brüderlichkeit 3,103; 4,25; 49,10.13

Byzantiner 30,2–4

Christen 2,62.111.113.116.120.135.140.213; 3,64.67.113–114.
186.199; 5,5.14.18.46–47.51.57.65–66.68.82–85; 9,30–33;
21,92–93; 22,17; 38,7; 57,27; 98,1
   Trinität 4,171; 5,73

David 2,250–251; 4,163; 5,78; 6,84; 17,55; 21,78–80.105;
27,15–16; 34,10–11.13; 38,17–26.30

Der mit den zwei Hörnern (Dhū l-Qarnayn) 18,83–98

Dhū l-Kifl 38,48

Diesseits 2,85.86.204.212; 3,14.117.185; 4,74.94.109; 6,29.32.

70.130; 7,32.51.152; 9,38.55; 10,7.23.24.64.88.98; 11,15;
13.26.34; 14,3.27; 16,107; 18,28.45.46.104; 20,72.131;
23,33.37; 24,33; 28,60.61.79; 29,25.64; 30,7; 31,33; 33,28;
35,5; 39,26; 40,39.51; 41,16.31; 42,36; 43,32.35; 45,24.35;
46,20; 47,36; 53,29; 57,20; 79,38

Djinn 6,100.128.130; 7,38; 11,119; 15,27; 20,120; 27,39.40;
37,158; 41,25.29; 46,18.29–30; 51,56; 55,15.33.39; 72,1–
17; 114,6

Ehe, Eherecht 2,102.187.197.221.223.224.228.235; 4,3–4.19.
22–25.126–130; 5,5; 7,189–190; 16,72; 23,5–7; 24,3.26.32–
33.60; 30,21; 33,37.49; 60,10–12; 66,1.3–5; 70,29–30

Ehebruch 4,15–16.25; 24,2–10.13.23; 33,30; 65,1

Eid 2,224–227; 3,77; 5,89.106–108; 6,109; 9,12–13; 16,38.91–
92.94; 24,53; 35,42; 48,10; 58,16; 63,2; 66,2; 68,10.39; 89,5

Elias 6,85; 37,123–132

Elischa 6,86; 38,48

Engel 2,30–34.98.102.161.177.210.248.285; 3,18.39.42–43.45.
80.87.123–125; 4,97.136.166.172; 6,8–9.61.93.111.158;
7,11.20; 8,9.12.50: 10,21; 11,12.69–71.73.76–78.81; 13,11.
13.23–24; 15,7–8.28.30.51–65.68–70; 16,2.28.32–33.49.57;
17,40.61.92.95; 18,50; 19,17.64; 20,116; 21,26.103; 22,75;
23,24; 25,7.21–22; 29,31–34; 32,11; 33,9.43.56; 34,40; 35,1;
37,149–150; 38,71–73; 39,75; 40,7–9; 41,14.30; 42,5;
43,19.77; 47,27; 50,17–19; 51,24–34; 53,26–27.60.77.80;
66,4.6; 67,20; 69,17; 70,4; 71,30–31; 74,30–31; 76,6; 82,10–
12; 89,22; 97,4

Evangelium 2,97.253; 3,3–4.23.48–50.65; 5,46–47.66.68.110;
7,157; 9,111; 48,29; 57,27

Ewigkeit der jenseitigen Vergeltung 2,25.39.81.82.162.217.257.
275; 3,15.88.107.116.136.198; 4,13.14.57.93.122.169; 5,80.
85.119; 6,128; 7,20.36.42; 9,17.22.63.68.72.89.100; 10,26.
27.52; 11,23.107.108; 13,5; 14,23; 16,29; 18,108; 20,76.101;
21,8.34.99.102; 23,11.103; 25,15.16.76; 29,58; 31,9; 32,14;
33,65; 39,72.73; 40,76; 41,28; 43,71.74; 46,14; 47,15; 48,5;
50,34; 57,12.21; 58,17; 59,17; 64,9.10; 65,11; 72,23; 98,6.8

Familie 2,215; 4,36; 6,151; 8,41.72–75; 13,23; 16,90; 17,23–24.
26; 29,8; 31,14–15; 33,4.6; 40,8; 42,23; 46,15–18; 52,21;
58,2; 64,14–15

Fasten 2,183–185.187.196; 5,89.95; 19,26; 33,35; 58,4

Frau/Frauen 2,178.221–223.226.228.234–235.240.241.282;
3,195; 4,1–4.15.19.20–21.25.32.34.36.98–99.124.127–129;
9,72, 12,28; 13,23; 16,57–59.97; 23,6; 24,2.6.26.31–33.60;
30,21; 33,4.28–34.51.55.59; 36,55–56; 40,40; 43,16–18.69–
70; 47,19; 48,6; 57,18; 58,1; 64,14; 65,1–6; 66,1–5.10–12;
70,30; 75,39; 81,8–9

Frevel, Frevler 2,59.99.197.282; 3,82.110; 5,25.26.47.49.59.81.
108; 6,49.121.145; 7,102.145.163.165; 9,8.24.53.67.80.84.
96; 10,33; 17,16; 18,50; 21,74; 24,4.55; 27,12; 28,32; 29,34;
32,18.20; 43,54; 46,20.35; 49,6.7.11; 51,46; 57,16.26.27;
59,5.19; 61,5; 63,6

Fürsprache 2,48.123.254–255; 4,85; 6,51.70.94; 7,53; 10,3.18;
19,87; 20,109; 21,28; 26,100; 30,13; 32,4; 34,23; 36,23;
39,43.44; 40,18; 43,86; 53,26; 74,48

Gabriel 2,97–98; 16,102; 26,193; 53,5–9.13–17; 66,4; 81,19–25

Gebet 2,3.43.45.83.110.153.177.238.277; 4,43.77.101–103.142.
162; 5,6.12.55.58.91.106; 6,72.92.162; 7,170; 8,2.35; 9,5.11.
18.54.71.99.103; 10,87; 11,87.114; 13,22; 14,31.37.40; 17,78.
110; 19,31.55.59; 20,14.132; 21,73; 22,35.40.41.78; 23,2.9;
24,37.56.58; 27,3; 29,45; 30,31; 31,4.17; 33,33; 35,18.29;
42,38; 58,13; 62,9.10; 70,23.34; 73,20; 98,5; 107,5

Geduld 2,45.153.155–157.177.250; 3,17.120.125.145.200;
11,115; 16,126–127; 18,28.67; 20,130; 21,85; 22,34–35;
28,54.79–80; 29,58–59; 31,17; 40,55; 50,39; 73,10; 76,24;
90,17; 103,1–3

Geiz 3,180; 4,37.128; 9,76; 17,29.100; 25,67; 47,36–38; 53,33–
34; 57,23–24; 59,9; 64,16; 70,18; 104,1–4

Gerechtigkeit 2,177; 3,75–76; 4,58–59; 5,8.41–42; 6,152; 7,29.
85; 8,27; 11,85–86; 17,34–35; 26,181–183; 55,7–9; 83,1–5

Gericht und Vergeltung 1,4; 2,48.165.259; 3,9–10.25.30.106–
107.162–163.185.194; 4,87; 6,12.31.36.38.40.51.60.128.

130–134; 7,6–10.34.57.187; 9,117; 10,45–54; 11,102–105;
12,107; 13,2.5; 14,21–22.42–52; 15,35.85; 16,38–39.61.77.
84–85.111; 17,13–14.49–52.71–72.97–99; 18,21.36.47–49.
99–101; 19,36–40.66–68.75.93–95; 20,15.102–111; 21,1–2.
38–40.47.49.104; 22,1–2.5–7.17.55–57; 23,15–16.35–42.
78–90.101–117; 25,11.17–19.21–29; 26,82; 27,65–72.82–
90; 28,62–67; 30,12–16.43.55–60; 31,28.33–34; 32,10–14.
25–30; 33,63; 34,3–5.7–9.29–30; 35,9.45; 36,48–54.59–68.
78–83; 37,11–35; 38,78; 39,67–71.73; 40,10–11.16–18.46.
59; 41,19–23.47.50; 42,17–18.22.47; 43,11.61.65–68.85;
44,10–16.34–38.40–42; 45,24–37; 46,33–35; 47,18; 50,1–5.
15.20–30.41–45; 51,1–14.46; 52,1–13; 53,58–62; 54,1–8.
41–48; 55,31–40; 56,1–11.56–74.88–96; 60,3; 64,7.9;
68,35–44; 69,13–37; 70,1–18.26; 73,14.17–19; 74,1–26.38–
55; 75,1–15.22–40; 77,1–50; 78,1–5.17–20.38–40; 79,1–14.
34–46; 80,33–42; 81,1–14; 82,1–19; 83,1–21; 84,1–25;
88,1–26; 89,21–30; 95,7; 99,1–8; 100,1–11; 101,1–10;
102,1–8; 107,1

Glaube (neben unzähligen Versen, die das Verb »glauben« gebrauchen) 2,93.108.109.143; 3,86.90.100.106.167.173.177.
193; 4,25; 5,5; 6,82; 8,2; 9,23.66.124; 10,9.98; 16,106;
30,56; 32,29; 33,22; 40,10.28.85; 42,52; 48,4; 49,7.11.14.
17; 52,21; 58,22; 59,9.10; 60,10; 74,31

Gleichnis/Gleichnisse 2,17–20.26.171.261.264–266; 3,59.117;
6,112; 7,40.58.176; 10,24; 11,24; 13,17; 14,18.24–26; 16,60.
74–76.92.112; 17,48.89; 18,32–45.54; 22,73; 24,34–35.39–
40; 25,9.33.39; 29,41.43; 30,27–28.58; 36,13–27.78–81;
39,27–29; 41,39; 43,56–57.59; 45,23; 47,3.10.15; 48,29;
57,20; 59,15–16.21; 62,5; 63,4; 66,10–12; 67,22; 68,17–33;
74,31

Götzendienst/Polytheismus 2,96.105.165; 4,36.48.50–52.116–
117; 5,60.76; 6,1.19.64.71.74.78–82.88.121.136–137.148.
151; 7,33.37.173.190–198; 9,1–7.17.28.33.36.113; 10,18.
28–29.34–35.104–106; 11,53–54.87.101.108; 12,106–108;
13,14.16.33; 14,30.35; 15,94–95; 16,1.3.20–21.27.35.51.54.
56.86–88.100.120.123; 17,22.39.42.56–57; 18,15–16.38.42.

52.100.102; 19,42.46.49.81–82; 20,88–91.97; 21,36.43.57–
63.66–68.98–99; 22,12–13.17.30–31.71.73; 24,3; 25,3.55.
68; 26,71.75.92–93.213; 28,62–64.71–72.74.87; 29,17.25.41.
52.65–67; 30,13.31.33.35.40.42; 31,13.15; 33,73; 34,22.27;
35,13–14.40; 36,23.74–75; 37,22–33.36.86.91–95; 38,5–6.
9–10; 39,8.36.38.43.45.64–65; 40,12.42.66; 41,6–7.47; 42,6.
9.13.21; 43,15.20.86; 46,4–6,28; 48,6; 52,43; 53,19–25;
60,12; 61,9; 68,41; 71,23; 72,2.18.20; 98,1.6; 109,1–6

Gog und Magog 21,95–97

Gott

1. Seine Existenz 6,73–78; 13,2–4; 22,18; 23,84–89; 29,61–63;
64,1–4; 67,19.30; 87,1–5

2. Seine Einzigkeit/Monotheismus 2,116–117.163.165.255; 3,2.
5–6.18; 4,48–49.116; 5,17.72–77; 6,21–24.56.80–81.94.
100–103.106.148; 9,28; 10,18.28–36.66.68–70; 13,16.33–
34; 16,35–36.57.62.72–73; 17,22.39–40.42–44.111; 19,35.
88–91; 20,14; 21,18–29; 22,31.34.71; 23,91–92; 25,1–2;
27,59–65; 28,62.70.88; 30,40; 34,27; 37,4–5.149–155; 39,4.
14–15.27–32.36–38.43–46.64–67; 40,3.12–15.20.66; 41,6–
7.9.37–38; 43,15.81–83.87; 44,8; 46,5–6; 51,51; 59,1.22–
24; 72,3; 112,1–4

3. Seine Erhabenheit 6,100; 7,190; 10,18; 16,1.3; 17,43; 20,114;
23,92.116; 27,63; 28,68; 30,40; 39,67; 72,3

4. Seine Souveränität 2,117; 7,54; 10,31; 13,2; 22,18; 25,2;
42,49

5. Er ist der Schöpfer. Er ist allmächtig 2,22.74.115–117.164.
255.259–260.284; 3,5–6.83.97.189; 4,126.131–134; 6,1–3.
12–18.59–65.95–99.103; 7,54; 10,3–6; 13,8–18; 14,19–20.
32–34; 15,16–25; 16,1–22.40.48–52.60–61.77.79–81;
22,61–66.74–76; 24,35.41–45; 25,45–50; 27,60–65; 30,19–
28.46.48.50; 31,10–11.16.25–30; 35,41; 36,36.42; 39,5.21.
62–63; 40,60–69; 41,39; 42,9–12.19.29; 43,9–13.85; 46,33;
50,6–11.38; 51,47–49.56–60; 53,42–55; 55,1–30; 57,4–6;
67,1–4.13–17; 80,23–32; 85,13–16

6. Er macht lebendig und lässt sterben 10,31.56; 22,66; 23,80;
30,19.40; 44,8; 45,26; 50,43; 53,44; 56,60; 67,2; 80,21

7. *Er setzt die Fristen fest* 6,2; 10,49; 15,5; 23,43; 29,5; 35,11;
   40,67; 63,11

8. *Er sieht alles wohl* 2,96.110.233.237.265; 3,15.20.156.163;
   4,58.134; 5,71; 8,39.72; 11,112; 17,1.17.30.96; 20,35; 22,61.
   75; 25,20; 31,28; 33,9; 34,11; 35,31; 40,20.44.56; 41,40;
   42,11.27; 48,24; 49,18; 57,4; 58,1; 60,3; 64,2; 67,19; 84,15

9. *Er hört und weiß alles* 2,127.224.244; 4,85.134.148; 5,76;
   6,13.115; 8,53; 9,89; 10,65; 17,1; 18,26; 21,4; 26,220; 29,5.
   60; 31,28; 34,50; 40,20.56; 41,36; 42,11; 44,6

10. *Er lässt nicht unbeachtet, was die Menschen tun* 2,144.149.
    255; 4,86; 22,76

11. *Er ist der Freund, der Sachwalter der Menschen* 2,107.257;
    3,76; 5,55; 6,51; 7,155; 9,116; 11,12; 12,64.101; 18,44.102;
    23,88; 33,48; 42,9.28; 67,19; 73,9; 76,11

12. *Er teilt den Lebensunterhalt zu* 2,212; 3,27.37; 5,64; 6,14;
    7,10; 11,6; 13,26; 14,31; 15,20; 16,26.75.114; 17,18.30.31;
    20,132; 26,79.132; 27,64; 28,54.82; 29,60.62; 34,24.36;
    35,3; 36,35.47.72; 39,52; 40,13; 42,12.27; 43,32; 67,15.21

13. *Er stellt die Menschen auf die Probe* 2,49.124.155.249;
    3,152.154.186; 4,6; 5,48.94; 6,165; 7,141,163.168; 8,17;
    11,7; 14,6; 16,92; 18,7; 21,35; 23,30; 27,40; 33,11; 37,106;
    44,33; 47,4.31; 67,2; 68,17; 76,2; 86,9; 89,15–16

14. *Er setzt die Menschen der Versuchung aus* 5,41; 6,53; 7,155;
    17,60; 20,40.85.131; 21,35.111; 22,11; 25,20; 29,3; 37,63;
    38,24.34; 39,49; 44,17; 54,27; 60,5; 64,15; 72,17; 74,31

15. *Er rettet die Gläubigen* 2,49.50; 7,64.72.83.89.141.165;
    10,73.103; 11,58.66.94; 19,72; 20,80; 21,9.71.74.76.88;
    23,28; 26,65.119.170; 27,53.57; 29,15.24.32; 31,32; 37,76.
    115.134; 39,61; 41,18.30; 54,34

16. *Er ist gütig und voller Huld* 2,105.243.251; 3,73.74.152.174;
    5,54.118; 8,29; 10,107; 12,56.76; 14,11; 16,53; 27,73; 28,5.
    82; 42,8; 57,21.29; 62,4

17. *Er ist langmütig* 2,225.235.263; 3,155; 4,12; 5,101; 9,114;
    17,44; 22,59; 33,51; 35,41; 37,101; 64,17

18. *Er ist der Erbarmer. Er ist barmherzig* 1,1.3; 2,37.54.128.
    143.160.163.173.182.192.199.218.226; 3,31.89.129; 4,16.

23.25.29.64.96.100.106.110.129.152; 5,3.34.39.74.98; 6,54.
145.165; 7,151.153.167; 8,69.70; 9,5.27.91.99.102.104.117.
118.128; 10,107; 11,41.90; 12,64.92.98; 13,30; 14,36;
15,49; 16,7.18.47.110.115.119; 17,66.110; 19,18.26.44.45.
58.61.69.78.85.87.88.91.92.93.96; 20,5.90.108.109; 21,26.
36.42.83.112; 22,65; 23,109.118; 24,20.22.33.62; 25,6.59.
60.63.70; 26,5.9.68.104.122.140.159.175.191.217; 27,11.
30; 28,16; 30,5; 32,6; 33,5.24.43.50.59.73; 34,2; 36,5.11.
15.23.52.58; 39,53; 41,2.32; 42,5; 43,17.19.20.33.36.45.
81; 44,42; 46,8; 48,14.29; 49,5.12.14; 50,33; 52,28; 55,1;
57,9.28; 58,12; 59,10.22; 60,7.12; 64,14; 66,1; 67,3.19.20.
29; 73,20; 78,37.38

19. Er ist voller Vergebung 2,173.182.192.199.218.225.226.235;
3,31.89.129.155; 4,23.25.43.96.99.100.106.110.129.152; 5,3.
34.39.74.98.101; 6,54.145.165; 7,153.167; 8,69.70; 9,5.27.
91.99.102; 10,107; 11,41; 12,53.98; 14,36; 15,49; 16,18.110.
115.119; 17,25.44; 18,58; 20,82; 22,60; 24,5.22.33.62; 25,6.
70; 27,11; 28,16; 33,5.24.50.59.73; 34,2,15; 35,28.30.34.41;
38,5; 39,53; 40,42; 41,32; 42,5.23; 46,8; 48,14; 49,5.14;
57,28; 58,2.12; 60,7.12; 64,14; 66,1; 67,2; 71,10; 73,20;
85,14

20. Er ist bei der Vergeltung nicht ungerecht 2,272.279.281;
3,25.117.161.182; 4,40.49.77.124; 6,131.160; 8,51.60; 9,70;
10,44.47.54; 11,101.117; 16,33.111.118; 17,71; 18,49; 19,60;
21,47; 22,10; 23,62; 29,40; 30,9; 36,54; 39,69; 40,17; 41,46;
43,76; 45,22; 46,19; 50,29

Gottesfurcht, Frömmigkeit 2,177.189; 5,87; 7,26; 9,17–18.107–
109; 25,72–75; 28,83; 30,30; 33,35; 39,33–34; 70,15–35;
98,5

Gute (das) 2,83.201; 3,120; 4,36.40.62.78.79.85.95; 6,151.160;
7,95.131.156.168; 9,50; 11,114; 13,6.22; 16,30.41.90.122.
125; 17,23; 25,70; 27,46.89; 28,54.84; 33,21; 39,10; 41,34;
42,23; 46,15; 55,60; 60,4.6

Gute (das)/die guten Werke 2,25.62.82.277; 3,57; 4,34.57.122.
124.173; 5,9.69.93; 7,43; 9,102; 10,4.9; 11,11.23; 13,29;
14,23; 17,9; 18,2.30.46.88.107.110; 19,60.76.96; 20,75.82.

112; 21,94; 22,14.50.56; 23,51.100; 24,55; 25,70.71; 26,227; 28,67.80; 29,7.9.58; 30,15.44.45; 31,8; 32,12.19; 33,31; 34,11.37; 35,7.37; 38,24.28; 40,40.58; 41,8.33.46; 42,22.23. 26; 45,15.21.30; 46,15; 47,2.12; 48,29; 64,9; 65,11; 84,25; 85,11; 95,6; 98,7; 103,3

Hāmān 28,6; 29,39; 40,24.36

Ḥanīf (Anhänger des reinen Glaubens) 2,135; 3,67.95; 4,125; 6,79.161; 10,105; 16,120.123; 22,31; 30,30; 98,5

Hārūt und Mārūt 2,102

Heilige Monate 2,194.217; 5,2.97; 9,1–5.36–37

Herabsendung (des Buches ...) 2,4.23.41.90.91.97.136.159.170. 174.176.185. 213.231.285; 3,3.4.7.53.65.72.84.93.199; 4,47. 60.61.105.113.136.140.162.166; 5,44–49.59.64.66.67.68.81. 83.101.104; 6,7.91.92.93.114.155.156.157; 7,2–3.157.196; 8,41; 9,64.86.97.124.127; 10,94; 11,4; 12,2; 13,1.19.36.37; 14,1; 15,6.9; 16,24.44.64.89.101.102; 17,82.105.106; 18,1; 20,2.4.113; 21,10.50; 22,16; 24,1.34.46; 25,1.6.32; 26,192. 193.198; 29,46.47.51; 31,21; 32,2; 34,6; 36,5.15; 38,8.29; 39,1.2.23.41.55; 40,2; 41,2.42; 42,15; 43,17.31; 44,3; 45,2; 46,2.30; 47,2.9.20.26; 56,80; 57,9.16.25; 58,5; 59,21; 64,8; 65,5.10; 69,43; 76,23; 97,1 (siehe auch Offenbarung)

Herausforderung 2,23; 10,37–38; 11,13–14; 17,88; 52,34

Heuchler 2,8–20; 3,166–167.172.178; 4,60–63.77.83.88–91. 107–115.138–143.145–146; 5,41.52–53; 8,49; 9,42–59.64– 68.73–78.90.93–94.101–107.107–110.125–127; 24,47–50; 29,10–11; 33,1.12–18.24.48.60–61.73; 47,26; 48,6.11.15; 57,13–15; 58,14; 59,11–17; 60,1; 63,1–8; 66,9

Hochmut 2,34.87; 4,172.173; 5,82; 6,93; 7,13.36.40.48.75.82. 88.133.146.206; 10,75; 14,21; 16,22.23.29.49; 17,37.111; 21,19; 23,46; 24,11; 25,21; 28,39; 29,39; 31,7; 32,15; 34,31. 32.33; 35,43; 37,35; 38,74.75; 39,59.60.72; 40,27.35.47.48. 56.60.76; 41,15.38; 45,8.31; 46,10; 59,23; 63,5; 71,7; 74,33

Hölle 2,24.39.80–81.119.126.167.175.201.206.217.221.257.275; 3,10.12.16.24.106.131.151.162.185.191–192.197; 4,10.14. 55–56.93.97.115.121.140.145.169; 5,10.29.37.72.86; 6,27.

30; 7,18.36.38–39.41.44.47–48.50.179; 8,14.16.36–37;
9,34–35.49.63.68.73.81.95.109.113; 10,8.97; 11,16–17.98.
106.113.119; 13,5.18.25.35; 14,16–17.29; 15,43–44; 16,29.
62; 17,8.97; 18,29.53.100.102.106; 19,68.70–71.86; 20,74.
127; 21,29.39–40.98–100; 22,4.19–22.51.72; 23,103.107–
108; 24,57; 25,11–14.34.65–66; 26,91.94.96; 27,90; 28,41;
29,25.54–55.68; 31,21; 32,13.20; 33,64–66; 34,12.42; 35,6.
36–37; 36,63–64; 37,23–24.55.62–70; 38,55–64.85; 39,16.
19.24–25.32.47–48.60.71–72; 40,6–7.43.46–50.60.70–76;
41,19–24.28.40; 42,7.44–45; 43,74.77; 44,43–50.56; 45,10.
34; 46,20; 47,12.15; 48,6.13; 50,24–26.30; 51,13; 52,11–16.
18; 55,43–44; 56,41–56.94; 57,15.19; 58,8.17; 59,3.17.20;
64,10; 66,6–7.9–10; 67,5–11; 69,31; 70,15–18; 72,15.23;
74,26–37.42; 76,4; 78,21–30; 79,36–39; 81,12; 82,14; 83,7.
16; 84,12; 85,10; 87,12–13; 88,1–7; 89,23; 90,20; 92,14;
98,6; 101,11; 102,6; 104,4–9
Hūd 7,65–72; 11,50–60; 26,123–140; 46,21–26

Iblīs (Satan) 2,34.36.168–169.208.212.256–257.268.275; 3,36.
155.175; 4,38.60.76.83.117–120; 6,43.68.112.121.142; 7,11–
18.20–22.27.30.175.179.200–203; 8,11.48; 12,5.42.100;
14,22; 15,17.31–42; 16,36.63.98–100; 17,27.53.61–65.88;
18,50–51.63; 19,44–45.83; 20,116–117.120; 22,3.52–53;
23,97; 24,21; 25,29; 26,95.210–212.221–222; 27,17.24;
29,38; 31,21.33; 32,13; 33,67–68; 34,20–21.41; 35,6; 36,60;
37,7; 38,37.41.73–85; 39,17; 40,9; 41,29.36; 43,36–38.62;
47,25; 58,10.19; 59,16; 67,5; 81,25
Idrīs 19,56; 21,85–86
Ijob 4,163; 6,84; 21,83–84; 38,41–44
ʿImrān 3,34–35; 66,12
Isaak 2,133.136.140; 3,84; 4,163; 6,84; 11,71; 12,6.38; 14,39;
19,49; 21,72; 29,27; 37,112–113; 38,45–47
Islam 2,111–112.127–128.135; 3,19.67–68.83.84–85; 4,125; 5,3;
9,74; 22,78; 30,30; 39,22; 41,33; 42,13; 49,17; 61,7; 98,5;
110,1–3

Ismael 2,124–125.133.136.140; 3,84; 4,163; 6,86; 14,37.39;
19,54–55; 21,85–86; 37,101–106; 38,48; 90,3

Jakob 2,132–133.136.140; 3,84; 4,163; 6,84; 11,71; 12,4.6.8–9.
11–13.16–18.38.59.61.63–68.78.80–87.93–99; 19,6.49;
21,72; 38,45–47

Jenseits 2,4.86.94.102.114.130.200.201.217.220; 3,22.45.46.77.
85.145.148.152.176; 4,74.77.134; 5,5.33.41; 6,32.92.113.
150; 7,45.147.156.169; 8,67; 9,38.69.74; 10,64; 11,16.19.22.
103; 12,3.57.101.109; 13,26.34; 14,3.27; 16,22.30.41.60.107.
109.122; 17,7.10.19.21.45.72.104; 20,127; 22,11.15; 23,33.
74; 24,14.19.23; 27,3.4.5.66; 28,70.77.83; 29,27.64; 30,7.
16; 31,4; 33,29.57; 34,1.8.21; 39,9.26.45; 40,39.43; 41,7.16.
31; 42,20; 43,35; 53,25.27; 57,20; 59,3; 60,13; 68,33; 74,53;
75,21; 79,25; 87,17; 92,13; 93,4

Jesus Christus 2,73.87.136.253; 3,39.45–63.84; 4,157–159.163.
171–172; 5,17.46–47.72–78.110–119; 6,85; 9,30–31; 19,16–
37; 21,91; 23,50; 33,7; 42,13; 43,57–65; 57,27; 61,6.14

Jonas 4,163; 6,86; 10,98; 21,87–88; 37,139–148; 68,48–50

Josef 3,72; 6,84; 12,4–101

Juden/Kinder Israels 2,40–105.109.111.114.120.122.133.140.
146.159.211. 246; 3,19–22.54.65–80.93.98–100.110–115;
187; 4,44–47.51–55.153–162.171; 5,5.13.15.18–22.24.26.
32.41.44.51–52.57–66.68–72.77–78.80–82.110; 6,146;
7,105.128–129.134.137–138.148–155.159–171; 9,29–30;
10,84–87.90.93; 14,5–6; 16,118; 17,2.101.103–104; 19,58;
20,47.78.80–83.85–90; 21,21–24; 22,17; 26,17.22.52.54.59.
61.65.197; 27,76; 29,46; 32,23–24; 33,26; 40,53; 43,59;
44,18.23.30.32–33; 45,16–17; 46,10; 57,26; 58,14; 59,2.11;
61,5–6.14; 62,6; 98,1.4–6

Keuschheit 4,25; 23,5–6; 24,4.23.30–31.33; 33,35.59; 37,48;
70,29

Kinder 2,233; 3,10.116; 4,11–12.75.97–98.127.176; 6,137.140.
151; 8,28; 9,55.69.85; 17,31; 18,46; 31,33; 34,35.37; 42,49–

50; 52,21; 57,20; 58,2.17; 60,12; 63,9; 63,14–15; 71,21; 73,17

Korach → Qārūn

Koran 2,2.23–24.38–39.75.89.91.97.101.105–106.120–121.129. 151.159.176–177.185.209.213; 3,3.7.23.78–79.138.164; 4,82.105.113.127.136.140.166; 5,5.15.48–49.60.101; 6,19– 20.25.27–28.34.38.51.65.90.92.105.114–115.155–157; 7,2– 3.185.196.203–204; 8,31; 9,6.40.111.124–125.127; 10,1.15– 16.37–40.57–58.61.64.94; 11,1.12.13–14.17; 12,1–3.104. 111; 13,1.31.36–37.39; 14,1.52; 15,1.9.13.87.91; 16,44.64. 89.98.101–105; 17,9.41.45–46.58.60.82.88–89.105–106; 18,1–5.27.54.57; 19,16.51.54.97; 20,2–4.113–114; 21,2.5.10. 50; 22,16.54–55.70.72.78; 23,62.66.71.105; 24,1.34; 25,1.4– 6.29–30.32.52; 26,2.192–199.210–212; 27,1–2.6.75–77.92; 28,2.48–49.51.52–53.85–87; 29,45.47.51; 30,58; 31,2–3.7. 20; 32,2–3; 33,6; 34,31; 35,25.29.31–32; 36,2.69.70; 37,3. 170; 38,1.8.29.87; 39,1–2.23.27–28.41; 40,2.69.70; 41,2–4. 26.41–42.44.52–53; 42,7.10.17.35.52; 43,2–5.29–31.44.61; 44,2–6.58; 45,2.11.20; 46,2.4.7–12.29–30; 47,9.24; 50,1.45; 51,9.23; 52,2–3.33–34; 53,4–10.29; 54,17; 55,2; 56,75–82; 57,9.19; 59,21; 61,9; 62,2; 64,8; 65,5.10; 68,15.44.51–52; 69,40–43.48–51; 72,1–2.13; 73,4.19–20; 74,24–25.49.54– 56; 75,16–19; 76,23.29; 80,11–16; 81,19–28; 83,13; 84,21; 85,21–22; 86,13–14; 87,6–13; 97,1; 98,2–3

Krieg/Kampf 2,154.191–195.216–218.244–252.261; 3,13.110– 111.121–128.139–175.195–197; 4,71–78.84.88–91.94–95. 100–104; 5,33–35.56; 8,5–12.15–26.30.39–48.55–65.67– 68.70–71.74–75; 9,3.5.7–15.19–22.25–27.29.32–33.36–57. 73.81–96.111–114.121–123; 16,110; 22,39–40.58.78; 33,9– 22.25–27; 47,4–7.20–24.35; 48,16–29; 57,10.25; 58,21; 59,2–14; 60,11; 61,4.8–10.13; 66,9

Leute des Buches (Juden und Christen) 2,105.109; 3,64.65.69– 72.75.98.99.110.113.199; 4,123.153.159.171; 5,15.19.47.59. 65.68.77; 21,7; 29,46; 33,26; 57,29; 59,2.7; 98,1.6

Lot 2,59; 6,86; 7,80–84; 11,70.77–83.89; 15,59–77; 21,71.74–
    75; 22,43; 26,160–175; 27,54–58; 29,26.28–35; 37,133–
    138; 38,13; 50,13; 54,33–39; 60,10
Luqmān 31,12–13

Mālik 43,77
Maria 2,87.253; 3,27.33–47; 4,156–157.171; 5,17.46.72.75.78.
    110.112.114.116; 19,16–34; 21,91; 23,50; 57,27; 61,6; 66,12
Meer 2,50.164; 5,96; 6,59.63.97; 7,138.163; 10,22.90; 14,32;
    16,14; 17,66–67.70; 18,60.61.63.79.109; 20,77; 22,65;
    24,40; 25,53; 26,63; 27,61.63; 30,41; 31,27.31; 35,12;
    42,32–34; 44,24; 45,12; 52,6; 55,19–20.24; 81,6; 82,3
Mekka 2,125–127.191; 3,96–97; 4,89.97; 5,97; 6,92; 14,35.37;
    16,112; 17,1.76; 22,26; 27,91; 28,57; 29,67; 36,6; 42,7;
    43,31; 47,13; 48,24; 50,13; 57,10; 90,1–2; 95,3
Mensch/Menschen 2,30–33.213; 4,1.28; 6,98; 7,189; 10,19;
    15,26–27.28–35; 16,4–18.65–67.78.80–81; 17,11.67–70.83;
    18,54; 20,123; 21,37; 22,5.11; 23,12–14.17–22; 27,62;
    29,65; 30,36.41.54; 31,20; 32,7–9; 33,72; 35,11–13.15.27–
    28; 36,77; 38,71–74; 39,6.49; 40,64.67; 42,48; 45,12–13;
    49,13; 53,45–46; 70,19–21; 75,36–39; 76,2; 78,8–16;
    79,27–33; 80,17–22; 86,5–10; 89,15–16; 90,1–11; 95,1–8;
    100,6–7
Michael (Mīkāl) 2,98
Missetat 2,81,271; 3,193.195; 4,18.31; 5,12.65; 6,160; 7,153.
    168; 8,29; 10,27; 11,10.78.114; 16,34.45; 25,70; 27,90;
    28,84; 29,4.7; 35,10; 39,48.51; 40,9.40.45; 42,25; 45,21.33;
    46,16; 47,2; 48,5; 64,9; 65,5; 66,8
Mönche 3,99; 5,82; 9,31.34; 24,36–38; 57,27
Mord/Totschlag 2,178; 4,29.92–93; 5,32; 6,151; 17,33; 25,68
Mose 2,47–57.60–61.63–73.87.92–93.108.246.248.253; 3,84;
    4,153–155.164; 5,20–26; 6,84.91.154; 7,103–156.160;
    10,75–92; 11,96–99; 14,5–8; 17,2.101–104; 18,60–82;
    19,51–53; 20,9–98; 21,48; 23,45–49; 25,35; 26,10–58.61–
    65; 27,7–12; 28,3–44.46.48.76; 29,39; 32,23; 33,7.69;
    37,114–122; 40,23–46.53; 41,45; 42,13; 43,46–56; 44,17–

33; 46,30; 51,38–40; 53,36; 61,5; 73,15–16; 79,15–20;
87,19

Muḥammad

1. *Wesen seiner Sendung, Aufgabe* 2,119,252; 3,62.79.97.144.
159; 4,69; 6,14.19; 7,158; 11,2; 13,7; 16,64.89; 17,54;
18,110; 21,107; 22,49; 25,56; 27,91–93; 33,40.45–47; 34,28;
35,24; 36,2–6; 69,70; 42,6; 46,9; 48,8–9; 94,1–8

2. *Bestätigung seiner Sendung* 2,120; 3,183–184; 4,78–79.163.
166; 5,19; 6,8–11.20.26.35–90; 7,184–185.187; 9,129; 10,2.
15–16.41–43.104; 11,12–14.35; 13,27.40.43; 15,6–9; 21,3–
5.16–17; 23,72; 25,7–10.57; 33,48;
34,47; 38,86; 42,3.7.52–53; 53,1–18; 61,6; 68,46–50

3. *Seine Persönlichkeit, sein Anspruch und seine Stellung* 3,31–
32.132.152; 4,41.59.64–65.80–81.113; 5,49–50; 6,104–105.
107; 7,157; 8,20.46; 9,58–63.128; 10,94–95; 17,47–48.73–
77; 18,6.28; 21,36.41–46; 22,42–43; 24,51–56.73; 25,41–
44.77; 26,215–216; 28,44–47; 29,48; 32,3; 33,6.33.36.57.
69.71; 37,35–38; 41,6; 42,15; 46,35; 47,33; 48,10.17; 52,31.
48; 57,28; 58,5.8–9.21–22; 59,7; 60,12; 62,2; 64,12; 68,1–6.
51; 72,18–24; 88,21–22

4. *Seine Eigenschaften und Vorrechte* 8,1.5–8.30.41; 9,40.61;
15,87–99; 17,1.90–96; 22,15.52–53; 24,11–16; 25,52;
27,79–81; 33,6.28–34.38–39.50–53.56.59–62; 40,77–78;
48,28–29; 49,1–5; 59,6–7; 66,1–5; 73,1–9.20

Muslim/Muslime/gottergeben sein 2,112.128.131.132–133.136;
3,20.52.64.67.80.83–84.102; 4,125; 5,44.111; 6,14.71.163;
7,126; 10,72.84.90; 11,14; 12,101; 15,2; 16,81.89.102;
17,31; 21,108; 22,34; 27,38.42.44.81.91; 28,53; 29,46;
30,53; 31,22; 33,35; 39,12.54; 40,66; 41,33; 43,69; 46,15;
48,16; 49,14.17; 51,36; 66,5; 68,35; 72,14

Nichtmuslime/Haltung ihnen gegenüber (siehe auch Kampf
und Krieg; Toleranz und Frieden; keine volle Gemeinschaft,
keine Freundschaft) 3,28.118.120; 4,89.144; 5,51.57.58.80.
81; 6,1–2; 8,55–58.60.72–73; 9,23–24; 58,22; 60,1–3.13

Noach 3,33; 4,163; 6,84; 7,59-64; 9,70; 10,71-73; 11,25-48;
14,9; 17,3.17; 19,58; 21,76-77; 22,42; 23,23-29; 25,37;
26,105-122; 29,14-15; 33,7; 37,75-83; 38,12; 40,5-6.31;
42,13; 50,12; 51,46; 53,52; 54,9-16; 57,26; 66,10; 71,1-27

Offenbarung (siehe auch Herabsendung) 3,44; 4,163; 6,19.50.
93.106.145; 7,203; 10,2.87.109; 11,12.36.37; 12,3.102.109;
13,30; 16,43.123; 17,73.86; 18,27.110; 20,13.38.48.77.114;
21,7.25.73.108; 23,27; 26,52.63; 29,45; 33,2; 34,50; 35,31;
38,70; 39,65; 41,6; 42,3.7.13.51.52; 43,43; 46,9; 53,4; 72,1

Paradies 2,25.35.82.111.214.221.265-266; 3,15.106-107.133.
136.142.185.195.198; 4,13.57.122.124; 5,12.65.72.85.119;
6,99.141; 7,22-27.40-52; 8,4; 9,21-22.72.89.100.111; 10,9-
10.25-26; 11,23.108; 13,20-24.35; 14,23; 15,45-48; 16,30-
32; 18,31.39-40.107-108; 19,60-63; 20,76.117.121; 21,101-
103; 22,14.23-24.56; 23,8-11.19; 25,8.10.15-16.24.75-76;
26,57.85.90.134.147; 29,58; 30,15; 31,8-9; 32,15-17.19;
34,37; 35,33-35; 36,26.34.54-58; 37,40-61; 38,49-54;
39,20.73-75; 40,8.40; 41,30-32; 42,7.22; 43,69-73; 44,51-
57; 46,14.16; 47,6.12.14-16; 48,5.17; 50,9.31-35; 51,15;
52,17-28; 53,15; 54,54; 55,46-78; 56,8-40.89-91; 57,12.
21; 58,22; 59,20; 61,12; 64,9; 65,11; 66,8.11; 68,17.34;
69,19-24; 70,35.38; 71,12; 74,40; 76,5-22; 77,41-44; 78,16.
31-38; 79,41; 81,13; 83,18.22-36; 85,11; 88,8-16; 89,30;
98,8; 101,7

Polytheismus → Götzendienst

Propheten/Gesandte 2,87.253.285; 3,21.80-82.179.181-182;
4,69.150-152.164-165; 5,32; 6,48; 7,6.35.94-100; 10,13-
14.74; 11,120; 12,110-111; 13,7.32; 14,4.9-17; 15,10-15.
80-84; 16,2.35-36.43-44.63.113; 17,55; 21,7-8.25; 22,42-
48; 23,31-44.51; 25,51; 26,208-209; 33,7-8.38-39; 35,4.
24.42-44; 36,13-32; 38,12-14; 40,21-22.51-52.78.81-85;
41,44; 43,6-8.23-25; 44,5-7; 46,21-28.32-34; 50,12.36-
37; 51,52-55; 57,25; 69,9-12

Qārūn (Korach) 28,76–82; 29,39; 40,24

Rangstufen 2,228.237.253; 3,162–163; 4,32.34.95–96; 6,83.
    132.165; 8,2–4; 9,20; 12,76; 16,71; 17,21.55; 20,75; 43,32;
    46,19; 57,10; 58,11
Reinigungsriten 4,43; 5,6–7
Reisende 2,177.215; 4,36; 8,41; 9,60; 17,26; 30,38; 59,7
Religion 2,132.193.217.256; 3,19.73.83.85; 4,46.125.171; 5,3.
    54.57.77; 6,70.137.159.161; 7,29.51; 8,39.49.72; 9,11.12.29.
    33.36.122; 10,22.104.105; 12,40.76; 16,52; 22,78; 24,2.25.
    55; 29,65; 30,30.32.43; 31,32; 33,5; 39,2.3.14; 40,14.26.65;
    42,13.21; 48,28; 49,16; 60,8.9; 61,9; 98,5; 109,6; 110,2
Reue 2,54.160.222.279; 3,86–90.135–136; 4,16–18.26.110.146;
    5,34.39–40.74; 6,54; 7,143.153.168; 9,3.5.11.74.104.112.
    126; 11,3–5.52.61.75.88.90.112; 13,27; 16,119; 17,25; 19,60;
    20,82; 24,5; 25,70–71; 28,67; 30,31.33.41; 31,15; 32,21;
    34,9; 38,17.24.30.34.44; 39,8.17.54–59; 40,3.7.13; 42,10.13.
    25; 43,48; 46,15.27; 49,11; 50,8.32.33; 60,4; 66,4.5.8; 85,10

Ṣāliḥ 7,73–79; 9,70.95; 11,61–78.89; 14,9; 15,80–84; 17,59;
    22,42; 25,38; 26,141–158; 27,45–53; 29,38; 38,13; 40,31;
    41,13–17; 50,12; 51,43–45; 53,51; 54,23–31; 69,4–5; 85,18;
    89,9; 91,11–14
Salomo 2,102; 4,163; 6,84; 21,81–82; 27,15–44; 34,12–14;
    38,30–40
Satan → Iblīs
Scheidung 2,225–233.236–237.241–242; 4,19–21.35.130;
    33,28.37.49; 58,2–4; 65,1–2.4–5.6–7
Shuʿayb/Madyan 7,85–93; 11,84–85; 26,176–191; 29,36–37
Sklaven/Sklavinnen 2,178.221; 4,24–25.36; 5,89; 9,60; 16,71;
    23,6; 24,32–33.58; 30,28; 33,50; 47,4; 58,3–4; 70,30; 90,13
Spaltung/Konfessionen 2,253; 3,7.19.105; 6,159; 21,93; 23,53–
    56; 30,32; 42,13–14; 98,4
Speisegebote 2,168,172.173; 3,93–94; 4,160; 5,1.3–5.87–88.93.
    96; 6,118–119.121.140.142–146.150; 10,59; 16,66–67.114–
    115; 22,28.30

Streit/Auseinandersetzung 2,76.139.150.176.197.213.253.258.
285; 3,19–20.61.65–66.73.103.105.152; 4,59.107.109.115.
150–151; 6,25.80.121.153.159; 7,71; 8,6.43.46; 10,19.93;
11,32.74.110; 13,13; 16,64; 18,56; 22,3.8.67–69; 24,63;
27,76; 28,4; 30,31; 31,20; 40,4–5.35.47.56.69; 41,45; 42,10.
13–16.35; 43,63.65; 45,17; 58,1; 98,4
Sünde, Schuld 2,27.58.85.173.181.182.188.203.206.219.276.
286; 3,11.16.31.135.147.178.193; 4,20.48.50. 92.111.112;
5,2.18.29.49.62.63; 6,6.107.120; 7,33.100.161; 8,52.54;
9,102; 12,29.91.97; 14,10; 17,3.17; 20,73; 24,11; 25,58;
26,14.51.82; 28,8.78; 29,12.40; 33,5.58.71; 39,53; 40,3.11.
21.55; 42,37; 46,31; 47,19; 48,2; 49,12; 51,59; 53,32; 55,39;
58,8.9; 61,12; 67,11; 69,9.37; 71,4.25; 81,9; 91,14; 96,16

Testament 2,180.240; 4,11–12; 5,106; 6,144; 36,50
Thamūd (siehe auch Ṣāliḥ) 7,73–79; 9,70; 11,61–78.95; 14,9;
17,59; 22,42; 25,38; 26,141–159; 27,45–53; 29,38; 38,13;
40,31; 41,13–14.17; 50,12; 51,43; 53,51; 54,23–30; 69,4;
85,18; 89,9; 91,11–15
Toleranz/Frieden (friedliche Haltung) 2,62.109.137.139.148.
193.256.272; 3,20.64.73.111–114.199; 4,88.90.94.140; 5,34.
44–48.69; 6,35.39.66.68–70.106–108.121.135.149.164;
7,87.199; 8,59.61; 10,41.42–43.99.108; 11,93.121; 12,103.
108; 13,31; 15,85; 16,9.37.82.125; 17,7.15.53–54; 20,130;
21,35; 22,67–69; 25,43.63; 26,126; 27,80–81.91.92; 28,55.
56; 29,18.46; 30,44.52–53; 31,15; 32,13; 33,48; 34,50;
36,17; 39,3.39.41; 41,46; 42,9.15.48; 43,40.83.89; 45,14.15;
59,2.4; 73,10; 109,1–6
Tora 2,53.85; 3,3–4.23.48.50.65.70.93; 5,43–46.66.68.110; 6,91.
154; 7,144–145.157; 9,111; 10,75; 11,17.110; 17,2.4–5;
21,48; 23,49; 25,35; 28,43.48; 32,23; 37,117; 40,53–54;
41,45; 46,12; 48,29; 53,36; 61,6; 62,5

Unglaube (neben unzähligen Stellen, die das Verb »ungläubig
sein« gebrauchen) 2,88.93.108.217; 3,52.80.90.167.176.177;
4,46.137.155.156; 5,41.61.64.68; 9,12.17.23.37.74.97.107;

14,28; 16,106; 17,89.99; 18,80; 25,50; 30,44; 31,23; 35,39; 39,7.8; 49,7

Ungläubig/Ungläubige 2,19.24.34.89.90.98.104.109.161.191. 250.254.264.266.286; 3,13.28.32.91.100.131.141.147; 4,18. 37.101.102.139.140.141.144.151.161; 5,44.54.57.67.68; 6,89.122.130; 7,37.45.50.76.93.101; 8,14.18; 9,2.26.32.37. 49.55.68.73.85.120.123.125; 10,2.86; 11,19.42; 12,37.87; 13,14.35.42; 14,2; 16,27.83.107; 17,8; 18,100,102; 19,83; 21,36; 22,44; 23,99–100.117; 25,26.52; 26,19; 27,43; 28,82; 29,47.54.68; 30,8.13.45; 32,10; 33,1.8.48.64; 34,34; 35,39; 36,70; 38,4.74; 39,32.59.71; 40,14.25.47–48.50.74.85; 41,7. 14.40; 42,26; 43,30; 46,6; 47,10.11.34; 48,13.29; 50,2; 54,8. 43; 57,20; 58,4.5; 60,10.11.13; 61,7–9; 66,9; 67,20.28; 69,50; 70,2; 71,26; 74,10.31; 76,4; 80,42; 83,34.36; 86,17; 109,1

Ungläubig/Ungläubige, Beschreibung ihrer Haltung und ihrer Strafe 2,114.161–162.170–171.210; 3,12.106.116–120.149; 4,18.39.56.167–170; 5,10.36–37.60–63.104; 6,1.4–5.12.29– 31.33.39–49.57–58.109–111; 7,40; 8,30–39.50–56; 10,7–8; 11,18–22.109; 13,31; 15,2–3; 16,33–34.104–105; 18,52–53. 55; 19,73–80; 20,128.134–135; 22,72; 23,63–77.93–96; 24,39–40.57; 25,40.55; 26,3–8.200–207; 27,4–5; 29,12–13. 23.41–43.52–54; 31,23; 34,38; 35,7.39; 36,45–46; 38,2.27– 28; 41,41; 45,3–11; 47,4.8–12.18.29–30.34; 48,13; 52,35– 47; 53,28; 57,8–9; 64,5–6.10; 66,9; 67,6–7; 70,36–44; 73,10–13; 85,17–20; 88,17–26; 109,1–6

Unheil/Unheil stiften 2,11.12.27.30.60.205.220; 3,63; 5,32.33. 64; 7,74.86.103.127.142; 10,40.81.91; 11,85.116; 13,25; 16,88; 18,94; 26,152.183; 27,14.48; 28,4.77.83; 29,30.36; 30,41; 38,28; 40,26; 89,12

Unzucht 4,15–16.19.24–25; 6,151; 7,28.33; 17,32; 23,7; 24,2–3. 33; 25,68; 26,165; 27,55; 29,28–29; 33,30; 60,12

ʿUzayr 9,30

Verantwortung/Erwerben 2,90; 4,111; 6,70.104.164; 10,44.108– 109; 11,21; 13,11; 17,15–17.84; 18,7–8.29.58.59; 23,62;

27,74–75; 29,3.6; 34,25.42; 35,18; 39,7; 40,9; 41,46; 42,20;
45,15.21–22; 46,19; 53,31.38–41; 65,7; 67,1–2; 74,38.55–
56; 76,29–31; 81,29; 90,10; 91,7–10

Vergebung 2,175.221.263.268.285; 3,133.136.157; 4,96; 5,9;
8,4.74; 11,11; 13,6; 22,50; 24,26; 33,35; 34,4; 35,7; 36,11;
41,43; 47,15; 48,29; 49,3; 53,32; 57,20.21; 67,12

Vergeltung 2,48.85.123.191; 3,87.136.144–145; 4,93.123; 5,29.
33.38.85.95; 6,84.93.120.139.146.157; 7,40–41.147.152.
180; 9,26.82.95.121; 10,4.13.27.52; 12,22; 14,51; 16,31.96–
97; 17,63.98; 18,106; 20,15.127; 21,29; 23,111; 24,38;
25,15.75; 27,90; 28,14.84; 29,7; 30,45; 31,33; 32,17; 33,24;
34,4.17.33.37; 35,36; 36,54; 37,39.80.105.110.121.131;
39,34–35; 40,17.40; 41,27–28; 42,40; 45,14.22.28; 46,14.
20.25; 52,16; 53,31.41; 54,14,35; 55,60; 56,24; 59,17; 66,7;
76,12,22; 77,44; 78,26.36; 92,19; 98,8

Verleumdung 4,20.112.148.156; 24,4–5.16.18–20.23–25; 49,6.
12; 60,12; 68,10–16

Verschwendung 6,141; 17,26–27.29; 25,67

Versuchung 2,102.191.193.217; 3,7; 4,91,101; 5,41.49.71; 6,23.
53; 7,27.155; 8,39.73; 9,47–49.126; 10,83.85; 16,110; 17,60.
73; 20,40.85.90.131; 21,35.111; 22,11.53; 24,63; 25,20;
27,47; 29,2–3.10; 33,14; 37,63; 38,24.34; 39,49; 44,17;
51,13–14; 54,27; 57,14; 60,5; 64,15; 72,16–17; 74,31; 85,10

Verwandte 2,83.177.180.215; 4,7–8.33.36.135; 5,106; 6,152;
8,41; 9,113; 16,90; 17,26; 24,22; 26,214; 30,38; 33,6.18;
42,23; 59,7; 90,15

Vorherbestimmung/Prädestination/Vorsehung 2,5–7.64.105.
213.245.253.255.269.272; 3,73–74.129.145.154; 4,83.175;
6,2.25.35.83.88.111.112.125.126.149; 7,30.34.178.186; 9,28;
10,25.49.96.97.100–101.107; 11,6.9.118–119; 12,110; 13,26.
31.33; 14,4; 15,4–5; 16,9.108–109; 17,18–20.30.44.58.86–
87; 18,57; 19,76; 21,9; 22,16.18; 23,43; 24,21.38.46; 27,74–
75; 28,56; 29,63; 30,36–37; 34,3.39; 35,11; 36,43; 39,23;
42,13.27; 45,23; 47,17; 49,7–8; 54,51–53; 57,21–22.28–29;
59,3.19–20; 62,4; 64,11; 65,3; 71,4; 72,25–28; 76,27–31

Waisen 2,83.177.215.220; 4,2–3.5–6.8–10.36.127; 6,152; 8,41;
   17,34; 59,7; 89,16–17; 90,12–15; 93,9; 107,1–2
Wallfahrt 2,158.189.196–200.203; 3,96–97; 5,1–2.94–97;
   22,25.32–33.36–37
Wein 2,219; 4,43; 5,90–91; 6,99; 12,36.41; 16,67; 47,15; 56,18–
   19
Weisheit 2,129.151.231; 3,48.81.164; 4,54.113; 5,110; 16,125;
   17,39; 31,12; 33,34; 38,20; 43,63; 54,5; 62,2
Wind/Winde 2,164; 3,117; 7,57; 10,22; 14,18; 15,22; 17,69;
   18,45; 21,81; 22,31; 25,48; 27,63; 30,46.48.51; 33,9; 34,12;
   35,9; 38,36; 41,16; 42,32–34; 45,5; 46,24–25; 51,41–42;
   54,19–20; 69,6–7
Wolken 2,164; 7,57; 13,12; 24,40.43; 27,88; 30,48; 35,9; 52,44
Wucher/Zins nehmen 2,275–276.278–279; 3,130; 4,161; 30,39

Zakaria 3,37–41; 6,85; 19,2–11; 21,89–90
Zauberer 10,78–81; 20,58–73; 26,36–51
Zeichen und Wunder 2,118–119.145; 3,183; 4,153–155; 6,7–9.
   23–25.35–37.109.111.124–125.158; 7,132.146; 8,9.12;
   10,20.96–97; 11,12; 12,105; 13,7.27.31.38; 15,7–8; 17,1.59–
   60.90–95; 20,133; 21,5–6; 25,7.21; 26,4; 29,50–52; 33,9;
   37,14–15; 41,14; 43,53; 54,1.2
Zeugen/Zeugnis 2,23.133.140.143.181.204.282–283; 3,99.140;
   4,6.15.135; 5,8.44.106–108; 6,19.130.150; 7,37.172; 11,17;
   16,84.89; 17,96; 22,78; 24,4–9.13.24; 25,72; 39,69; 41,20–
   22.47; 57,19
Zorn/Groll 3,119.134; 7,150.154; 9,15.120; 20,86; 21,87; 22,15;
   25,12; 33,25; 42,37; 48,29; 67,8

Bibelstellenregister

In diesem Verzeichnis sind die Bibelstellen zusammengestellt, auf die im Kurzkommentar zum Koran sowie in den Texten aus der Tradition (Ḥadīth) zu Themen des Korans verwiesen wird.

Altes Testament

Genesis
16,1–3: 2,61

Exodus
2,11–22: 20,40
4,1–7: 20,17–23; 26,32f.
4,10–16: 20,25–32; 26,12f.
7,14–11,10: 7,133
20,1–21: 17,22–39
21,23–25: 5,45
22,24: 4,161
32: 20,83–98; 7,148–156
32,20: 2,93
32,27–29: 2,54
32,30–35: 7,155
33,18–23: 7,143
34,28: 7,142

Levitikus
9,24: 3,183
24,19–20: 5,45
25,35–37: 4,161
26,41: 4,155

Numeri
11,5: 2,61

11,16: 7,155
12: 33,69
13,30: 5,23
14,6–9.24.38: 5,23
16,1–17,28: 28,76; 29,39; 40,24
16,31–35: 7,155
19,1–10: 2,67–71

Deuteronomium
9,21: 2,93
19,21: 5,45
21,1–9: 2,72–73
23,20–21: 4,161

Richter
7,5 ff.: 2,249

1 Samuel
8: 2,246

2 Samuel
12,1–14: 38,21

1 Könige
18: 3,183

Jesaja
64,3: Anhang, S. 495

Jeremia
9,25: 4,155

Neues Testament

Matthäus
6,3: Anhang, S. 513
6,25–26: Anhang, S. 498
13,3–9: 7,58
18,12–14: Anhang, S. 499
19,24: 7,40
20,1–16: Anhang, S. 499
23,37: 2,61; 3,21
25,1–13: 57,12–13
26,20–29: 5,112

Markus
4,26–27.30–32: 48,29
10,25: 7,40
14,17–25: 5,112

Lukas
1,5–25: 3,38 ff.; 19,2–11
1,34.37: 3,47
13,34: 2,61; 3,21
15,4–7: Anhang, S. 499
18,20: 17,22–39
18,25: 7,40
22,14–23: 5,112
23,34: Anhang, S. 502

Apostelgeschichte
10,9–16: 5,112

1 Korinther
2,9: Anhang, S. 495